AF628161

San José

② Valle Central

③ Der Norden

④ Der Nordwesten

⑤ Die Pazifikküste

⑥ Der Süden entlang der Panamericana

⑦ Die Karibikküste

Nachlesen & Nachschlagen

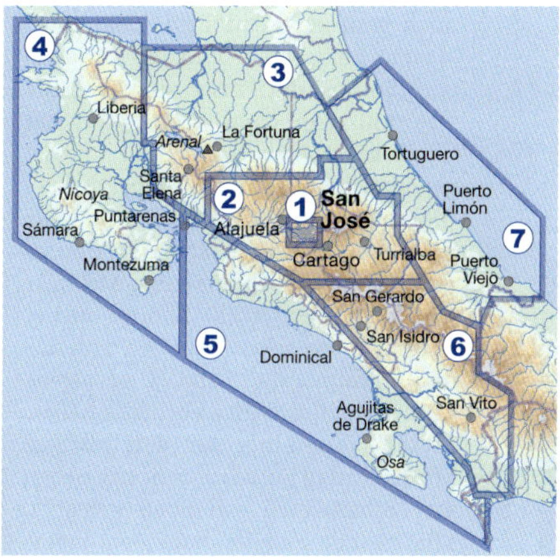

Unterwegs mit

Juliane Israel

Als ehemaliges DDR-Kind wusste Juliane Israel schnell, dass es sie in die Ferne zieht. Nach dem Studium der Archäologie verschlug es sie für ein Jahr nach Mexiko – dort packte sie das Mittelamerikafieber. Gemeinsam mit ihrem Mann baute sie danach das Label ModaFrida auf – mexikanische Kunst und Mode. Nach dem Motto „Carpe Diem" reist Juliane so oft es geht nach Mittelamerika und hat ihr Herz auch an Costa Rica verschenkt.

Was für ein Glückskind ich doch bin: Als ich im Pazifikdorf Matapalo zum Abendessen aufbreche, raschelt es neben mir. Ein Faultier lässt sich den Baum herab. Es muss mal! Die einzige Sache, die es am Boden verrichtet. Ich bin fasziniert. Nicht nur vom Faultier, sondern vom ganzen Land. Jeden Tag passieren hier kleine Dinge, die sich für mich ganz groß anfühlen. Dazu zwei Meere, Berge und Vulkane, Strände zum Surfen und Flüsse zum Raften – was will man mehr? Costa Rica hat tropisches Mittelamerika-Flair und ist gleichzeitig modern und fortschrittlich. Die Ticos sind liebenswürdig, und das Wunderbarste: Man ist der Natur so nah. Seit ich 2003 das erste Mal hier war, zieht es mich immer wieder dorthin. Inzwischen habe ich Freunde und Bekannte im Land. Und eigene Kinder, die Costa Rica ebenfalls lieben. Diesen Reiseführer für den Michael Müller Verlag zu schreiben, hat neben viel Arbeit auch viel Spaß gemacht. Mit meiner Familie habe ich meine dritte Elternzeit hier verbracht und zwischen Windelwechseln und Kinderlachen recherchiert. Unser Auto „Freddy" der Marke Mercury hat uns dabei treue Dienste geleistet. Dieses Buch soll Ihnen ein guter Begleiter bei Ihrem Costa-Rica-Abenteuer sein, O-Töne von Einheimischen und Expats geben einen authentischen Einblick in Land und Leute. Pura Vida!

Was haben Sie entdeckt?

Haben Sie ein besonderes Restaurant, ein neues Museum oder ein nettes Hotel entdeckt? Wenn Sie Ergänzungen, Verbesserungen oder Tipps zum Buch haben, lassen Sie es uns bitte wissen!

Schreiben Sie an: Juliane Israel, Stichwort „Costa Rica"
c/o Michael Müller Verlag GmbH | Gerberei 19 | D – 91054 Erlangen
juliane.israel@michael-mueller-verlag.de

Costa Rica

Juliane Israel

1. Auflage 2024

Inhalt

Orientiert in Costa Rica ▪ 10

Das Land im Profil ▪ 12 | Erlebnis Kultur ▪ 14 | Erlebnis Natur ▪ 16 | Baden ▪ 18 | Outdoorsport ▪ 20 | Costa Rica mit Kindern ▪ 22

Unterwegs in Costa Rica ▪ 24

San José ▪ 26

Die charmante Hauptstadt im Herzen Costa Ricas lässt sich am besten auf einem entspannten Bummel von West nach Ost erkunden. Besonders angesagt ist das Barrio Escalante – hier lautet das Motto schlemmen, trinken und „Leute kucken".

Stadtgeschichte ▪ 28
Spaziergang durch die Altstadt ▪ 30
Weitere Museen ▪ 37
Coole Stadtviertel außerhalb des Zentrums ▪ 37
Tipps für Kinder ▪ 38

Valle Central ▪ 52

Rund um die Hauptstadt geht es trubelig zu, hier brodelt das Tico-Leben. Die Studentenstädte San José, Heredia und Cartago haben kulturell und kulinarisch einiges zu bieten und sind außerdem perfekte Ausgangspunkte für Unternehmungen im Valle.

Heredia und Umgebung ▪ 54
Heredia ▪ 54
Ausflug zum Monte de la Cruz ▪ 55
Parque Nacional Braulio Carrillo/ Volcán Barva ▪ 58
La Paz Waterfall Gardens ▪ 59

Alajuela und Umgebung ▪ 60
Alajuela ▪ 61
Zoo Ave ▪ 61
Parque Nacional Volcán Poás ▪ 65
Atenas ▪ 66
Grecia ▪ 69
Sarchí ▪ 70
San Ramón ▪ 72

Cartago und Umgebung ▪ 74
Cartago ▪ 74
Parque Nacional Volcán Irazú ▪ 78

Das Valle de Orosí ▪ 79
Orosí ▪ 79
Lago de Cachí ▪ 81
Ujarrás und Paraíso ▪ 83
Parque Nacional Tapantí ▪ 84
Turrialba und Umgebung ▪ 86
Turrialba ▪ 86
Reserva Espino Blanco ▪ 87
Catarata Aquiares (Wasserfall) ▪ 87
Monumento Nacional Guayabo ▪ 92
Parque Nacional Volcán Turrialba ▪ 92
Vom Valle Central zur Karibik ▪ 94
Parque Nacional Braulio Carrillo/ Quebrada González ▪ 95
Guápiles und Cariari ▪ 95
Siquirres ▪ 98

Der Norden ▪ 100

Der Norden Costa Ricas ist das ideale Ziel für Naturliebhaber. Vulkankegel durchbrechen die grüne Landschaft, die Nebelwälder Monteverdes sind ideal zum Wandern, und im Caño Negro, dem größten Feuchtgebiet des Landes, gibt es Hunderte Wasservogelarten zu sehen.

Sarapiquí-Region ▪ 102
San Miguel de Sarapiquí ▪ 103
Puerto Viejo de Sarapiquí ▪ 108
La Virgen ▪ 112
Von Ciudad Quesada nach Los Chiles ▪ 114
Ciudad Quesada ▪ 114
Parque Nacional Juan Castro Blanco ▪ 115
Refugio Nacional de Vida Silvestre Mixto Caño Negro ▪ 117
Los Chiles/Las Tablillas ▪ 119
Rund um den Vulkan Arenal ▪ 122
La Fortuna ▪ 124
Sky Adventures Arenal Park ▪ 126
Parque Nacional Volcán Arenal ▪ 132
Reserva privada Arenal 1968 ▪ 134
Cavernas de Venado ▪ 135
Lago Arenal ▪ 135
Nuevo Arenal ▪ 136
Tilarán ▪ 137
Cataratas Viento Fresco ▪ 138
Parque Nacional Volcán Tenorio ▪ 139
Bijagua de Upala ▪ 141
Upala ▪ 142
Die Nebelwald-Region Monteverde ▪ 143
Santa Elena ▪ 146
Reserva Biológica Bosque Nuboso Monteverde ▪ 152
Reserva Bosque Nuboso Santa Elena ▪ 154
Sky Adventures Monteverde Park ▪ 154
Selvatura Park ▪ 156
Reserva Curi-Cancha ▪ 156
Bosque Eterno de los Niños/ Sector Bajo del Tigre (BEN) ▪ 157
The Original Canopy Tour ▪ 159
Las Juntas ▪ 159
Die Region Montes de Oro ▪ 160
Miramar ▪ 160

Der Nordwesten ■ 162

Im Nordwesten befindet sich mit der Halbinsel Nicoya eine der schönsten und vielfältigsten Regionen Costa Ricas. Die artenreiche Tierwelt der Nationalparks und die herrlichen Strände entlang der Pazifikküste machen den Nordwesten zum absoluten Urlaubsparadies.

Von Liberia nach Peñas Blancas ■ 165
Liberia ■ 165
Parque Nacional Rincón de la Vieja ■ 168
Zona Protectora Volcán Miravalles ■ 170
Parque Nacional Santa Rosa ■ 171
Parque Nacional Guanacaste ■ 174
Cuajiniquil ■ 176
La Cruz ■ 177
Bahía de Salinas ■ 177
Isla Bolaños ■ 177
Peñas Blancas ■ 179
Von Liberia nach Cañas ■ 181
Reserva Biológica Lomas Barbudal ■ 181
Parque Nacional Palo Verde ■ 182
Cañas ■ 184
Das Zentrum der Halbinsel Nicoya ■ 185
Santa Cruz ■ 186
Parque Nacional Diriá ■ 187
Nicoya ■ 189
Parque Nacional Barra Honda ■ 193
Die Pazifikküste der Nicoya-Halbinsel ■ 194
Nördliche Strände ■ 194
Playa Panamá ■ 195
Playa Hermosa ■ 195
Playa del Coco ■ 195
Playa Ocotal ■ 195
Playa Matapalo ■ 196
Las Catalinas ■ 196
Potrero ■ 196
Playa Flamingo ■ 197
Brasilito ■ 197
Playa Grande und Parque Nacional Marino Las Baulas de Guanacaste ■ 198
Playa Tamarindo ■ 199
Playa Avellana ■ 201
Playa Junquillal ■ 202
Playa Ostional/ Refugio de Vida Silvestre Ostional ■ 202
Nosara ■ 204
Sámara ■ 205
Playa Sámara ■ 206
Playa Buena Vista ■ 206
Playa Barrigona ■ 206
Playa Carrillo ■ 207
Cóbano ■ 209
Santa Teresa ■ 209
Mal País ■ 211
Am Golf von Nicoya ■ 213
Reserva Natural Absoluta Cabo Blanco ■ 213
Cabuya und Isla Cabuya ■ 217
Montezuma ■ 218
Tambor ■ 225
Paquera ■ 226
Die Inseln im Golf von Nicoya ■ 228
Playa Naranjo ■ 230

Die Pazifikküste ▪ 232

Weißsandige Strände, türkisfarbenes Wasser und grüne Palmenhaine – an der Pazifikküste ballt sich die Schönheit Costa Ricas. Je nach Vorliebe bieten die Küstenorte Party, Wassersport oder Entspannung, und mit etwas Glück ziehen im Meer Wale vorbei.

Von Puntarenas nach Manuel Antonio ▪ 234
Puntarenas ▪ 235
Parque Nacional Carara ▪ 237
Wanderwege ▪ 238
Jacó ▪ 240
Strände ▪ 240
Parque Nacional La Cangreja ▪ 244
Wanderwege ▪ 244
Quepos ▪ 245
Parque Nacional Manuel Antonio ▪ 250
Wanderwege ▪ 250
Strände ▪ 251
Costa Ballena ▪ 252
Matapalo ▪ 252
Dominical ▪ 255
Strände ▪ 255
Uvita ▪ 261
Strände ▪ 261
Walbeobachtung ▪ 262
Parque Nacional Marino Ballena ▪ 265
Strände ▪ 266
Walbeobachtung ▪ 266
Ojochal ▪ 267
Strände ▪ 267
Península de Osa ▪ 269
Palmar ▪ 270
Sierpe ▪ 273
Bahía Drake ▪ 275
Drake Bay Trail ▪ 276
Strände ▪ 277
Isla del Caño ▪ 277
Parque Nacional Corcovado ▪ 281
Wandertouren ▪ 281
Von Carate nach La Palma ▪ 282
Carate ▪ 283
Puerto Jiménez ▪ 284
Strände ▪ 285
Dos Brazos ▪ 288
Cabo Matapalo ▪ 288
La Palma ▪ 291
Golfito und Umgebung ▪ 294
Golfito ▪ 294
Die Arbeiterstadt der UFC ▪ 295
Parque Nacional Piedras Blancas ▪ 297
Wanderungen ▪ 297
Zancudo ▪ 298
Pavones und Punta Banco ▪ 299

Was haben Sie entdeckt?

Haben Sie ein besonderes Restaurant, ein neues Museum oder ein nettes Hotel entdeckt? Wenn Sie Ergänzungen, Verbesserungen oder Tipps zum Buch haben, lassen Sie es uns bitte wissen!

Schreiben Sie an: Juliane Israel, Stichwort „Costa Rica"
c/o Michael Müller Verlag GmbH | Gerberei 19, D – 91054 Erlangen
juliane.israel@michael-mueller-verlag.de

Der Süden entlang der Panamericana ▪ 302

Die Route durch den inneren Süden Costa Ricas führt durch bewaldete Nationalparks und abgelegene Bergdörfer und bietet tolle Ausblicke auf die Cordillera de Talamanca, den höchsten Gebirgszug des Landes.

Von San Gerardo de Dota zum Parque Nacional Chirripó ▪ 304

San Gerardo de Dota ▪ 304
San Gerardo de Rivas ▪ 309
Parque Nacional Chirripó ▪ 312
Besteigung des Cerro Chirripó ▪ 313

Von San Isidro de El General nach Panama ▪ 315

San Isidro de El General ▪ 315
Reserva Indígena Boruca ▪ 319
San Vito ▪ 319
Jardín Botánico Wilson ▪ 320
Parque Internacional La Amistad (PILA) ▪ 321
Wanderwege ▪ 322
Ciudad Neily ▪ 324
Paso Canoas ▪ 324
Aus- und Einreise ▪ 325

Die Karibikküste ▪ 326

In der Hängematte unter Kokospalmen in der leichten Meeresbrise schaukeln, in Tortuguero Schildkröten bei der Eiablage beobachten oder in Puerto Viejo zu Reggae-Beats bis in den Morgen feiern – an der Karibikküste kommt jeder auf seine Kosten.

Gen Norden: Von Puerto Limón nach Tortuguero ▪ 328

Puerto Limón ▪ 328
Indígenas mit Mut ▪ 329
Kakao-Bauern ▪ 331
Schiff ahoi ▪ 331
Parismina ▪ 333
Tortuguero ▪ 334
Parque Nacional Tortuguero ▪ 346
Mit Kanu oder Boot ▪ 346
Wanderwege ▪ 347
Refugio Nacional de Vida Silvestre Barra del Colorado ▪ 349

Gen Süden: Von Puerto Limón nach Manzanillo ▪ 350

Cahuita ▪ 350
Schildkrötenjäger ▪ 351
Strände um Cahuita ▪ 351
Parque Nacional Cahuita ▪ 357
Wandern und Baden ▪ 357
Puerto Viejo de Talamanca ▪ 359
Strände ▪ 359
Strände südlich von Puerto Viejo de Talamanca ▪ 364
Playa Cocles ▪ 364
Playa Chiquita ▪ 365
Playa Punta Uva ▪ 366
Reserva Indígena de Talamanca ▪ 366
Manzanillo ▪ 368
Refugio Nacional de Vida Silvestre Gandoca-Manzanillo ▪ 369
Wanderweg ▪ 370
Wandern mit Führer ▪ 370
Das Ara-Projekt Manzanillo ▪ 370
Sixaloa ▪ 371
Aus- und Einreise ▪ 371

Nachlesen & Nachschlagen ▪ 374

Reiseland Costa Rica ▪ 376
Landschaft und Geografie ▪ 379
Klima und Reisezeit ▪ 380
Pflanzenwelt ▪ 382
Tierwelt ▪ 387
Nationalparks, Naturschutzgebiete und Reservate ▪ 400
Gesellschaftliches Zusammenleben ▪ 401
Traditionen und Bräuche ▪ 406
Staat, Politik und Verwaltung ▪ 410
Wirtschaft ▪ 414
Verkehr und Umwelt ▪ 416
Bildung und Soziales ▪ 417
Kunst und Kultur ▪ 418
Geschichte ▪ 423
Anreise ▪ 432
Verkehrsmittel vor Ort ▪ 438
Übernachten ▪ 443
Essen & Trinken ▪ 445
Sport & Aktivitäten ▪ 448
Reisepraktisches von A bis Z ▪ 451

Ärztliche Versorgung/Apotheken ▪ 451 | Diplomatische Vertretungen ▪ 452 | Drogen ▪ 452 | Einkaufen und Souvenirs ▪ 452 | Elektrizität ▪ 453 | Feiertage und Feste ▪ 453 | Fotografieren ▪ 453 | Frauen unterwegs ▪ 454 | Geld und Währung ▪ 454 | Gesundheitsvorsorge ▪ 455 | Informationen ▪ 458 | Internet ▪ 458 | Karten ▪ 458 | Kinder ▪ 459 | Klima und Reisezeit ▪ 459 | LGBT+ ▪ 459 | Medien ▪ 459 | Nationalparks ▪ 460 | Notfälle ▪ 460 | Öffnungszeiten ▪ 460 | Orientierung ▪ 461 | Post ▪ 461 | Preisangaben ▪ 461 | Reisebudget ▪ 461 | Reisen mit Handicap ▪ 462 | Reiseveranstalter ▪ 462 | Sicherheit ▪ 462 | Sprache/Sprachschulen ▪ 463 | Telefonieren ▪ 464 | Toiletten ▪ 464 | Trinkgelder ▪ 464 | Trinkwasser ▪ 464 | Uhrzeit ▪ 464 | Verhaltenstipps ▪ 465 | Versicherungen ▪ 465 | Visum ▪ 466 | Wäsche waschen ▪ 466 | Zoll ▪ 466

Preise Übernachten
(DZ mit Bad)

€	bis 50 Euro
€€	50–100 Euro
€€€	100–150 Euro
€€€€	über 150 Euro

Preise Essen
(ein Hauptgericht)

€	bis 10 Euro
€€	10–15 Euro
€€€	über 15 Euro

nachhaltig, ökologisch, regional

meinTipp Die besondere Empfehlung unserer Autorin

Verzeichnisse & Sprachführer

Etwas Spanisch ▪ 468 | Kartenverzeichnis ▪ 474 | Alles im Kasten ▪ 475 | Fotonachweis ▪ 476 | Impressum ▪ 476 | Register ▪ 486

Strände ohne Ende – auf Nicoya

Orientiert

in Costa Rica

Das Land im Profil ▪ 12

Erlebnis Kultur ▪ 14

Erlebnis Natur ▪ 16

Baden ▪ 18

Outdoorsport ▪ 20

Costa Rica mit Kindern ▪ 22

Das Land im Profil

Costa Rica ist …

… einfach traumhaft. In diesem mittelamerikanischen Land gibt es alles, was „corazón" und „alma", Herz und Seele, guttut: Es ist grün und herzlich, nicht zu groß und nicht zu klein, vielfältig und lebendig, sonnig und tropisch, lecker und gesund. Ob Berge oder Meer, Dschungel oder Vulkanlandschaften – hier findet jeder genau das, was er braucht … Stets umgeben von üppigem Grün, kommt der Geist zur Ruhe und taucht ein in eine exotische Welt.

- Einwohner: 5 Mio.
- Währung: Colón
- Amtssprache: Spanisch

… eines der kleinsten Länder Mittelamerikas

Nach El Salvador ist Costa Rica mit einer Fläche von 51.100 km² das kleinste mittelamerikanische Land. Dennoch sind einige Regionen nur dünn besiedelt. Etwa 84 Einwohner leben hier durchschnittlich pro Quadratkilometer.

… die Schweiz Lateinamerikas

Und das nicht aufgrund des relativen Wohlstands im Land oder wegen der schönen Berge. Costa Rica hat keine Armee, es gibt keinen Verteidigungshaushalt. Stattdessen wird das Geld in Bildung und Soziales gesteckt. Die Verkündung der politischen „Neutralität" brachte Präsident Óscar Arias Sánchez den Friedensnobelpreis ein.

… Pura Vida

Das „wahre Leben" – die zwei Worte, die in Costa Rica zur Begrüßung und Verabschiedung genutzt werden, sind inzwischen viel mehr als das. Sie sind das Mantra im Tourismusmarketing, eine Lebensphilosophie, das „Carpe Diem" der Ticos. Einfach leben, glücklich sein und jeden Tag genießen.

… ein Wunder der Natur

Mit zwei Meeren, aktiven Vulkanen, Regen- und Nebelwäldern, Nationalparks und Naturschutzgebieten sowie einer reichen Tierwelt hält sich Costa Rica an der Spitze der Reiseziele in puncto Naturerlebnisse. Auf die trifft man in allen Regionen des Landes.

Zentrales Hochland

Das Valle Central rund um die Hauptstadt San José lässt es mit gleich drei aktiven Vulkanen ordentlich krachen. Poás, Irazú und Turrialba liegen quasi vor der Haustür von Chepe, wie San José von seinen Einwohnern genannt wird.

Auch Wasserfälle, wie die Cataratas La Paz, und Seen, wie der Lago de Cachí, sind schöne Ziele. Durch die Konzentration der mittelgroßen Städte Cartago, Alajuela, Heredia und Turrialba ist das Valle Central die am dichtesten besiedelte Region Costa Ricas.

Norden

Der Norden hat mehrere Naturwunder parat: Der aktive Vulkan Arenal mit seinen heißen Thermalquellen ist das Topziel der Region, gefolgt von der Wandergegend Monteverde und ihren Bergnebelwäldern. Ganz im Norden kommen Vogel- und Reptilienliebhaber im Feuchtgebiet Caño Negro auf ihre Kosten und wer gern raftet, findet in der Sarapiquí-Region sein Eldorado.

Nordwesten

Strand, Strand, Strand – die Provinz Guanacaste mit der Halbinsel Nicoya ist vor allem als Sonnen- und Badeparadies bekannt. Die Auswahl zwischen Ruhe oder Party, Hippie oder Schickimicki, dunklem oder hellem Sand, Wellen oder seichtem Wasser ist groß. Wer nicht nur am Strand liegen möchte, kann in Nationalparks wandern, Dörfer der indigenen Chorotega besuchen oder Wassersport treiben.

Zentraler und Südlicher Pazifik

Weiter mit Strand und Meer geht es an der Pazifikküste. Auch hier ist von Party- bis Backpackerstrand alles dabei. Ein Highlight ist die Costa Ballena – hier liegen nicht nur die schönsten Playas, hier ziehen auch die Buckelwale vorbei. Ganz im Süden auf der Península Osa liegt der Corcovado-Nationalpark, eine der ursprünglichsten und wildesten Naturregionen Costa Ricas. Ab in den Dschungel ist hier auf mehrtägigen Expeditionen möglich.

Innerer Süden

3820 m Höhe und ein Vogel sind die Must-Sees des Inneren Südens, durch den sich die Panamericana zieht. Der Chirripó ist der höchste Berg des Landes und dominiert die zentrale Cordillera de Talamanca. Zwei Tage dauert es, ihn zu besteigen; wer ganz früh oben ist, den belohnt eine atemberaubende Sicht. Frühaufsteher muss man auch sein, um den Quetzal zu Gesicht zu bekommen, der sich in das Tal von San Gerardo de Dota und den Parque Nacional Los Quetzales zurückgezogen hat. Wenn die langen grünen Schwanzfedern dann durch die Avocadobäume wippen, ist das ein wirklich besonderer Moment.

Karibik

Diese Traumregion Costa Ricas lässt kaum jemand aus. Von Cahuita bis Manzanillo reihen sich wunderschöne Strände aneinander. Tauchen, surfen oder die Küstenstraße mit dem Fahrrad erkunden – es macht Spaß. Dazu gibt es karibische Küche und Fiesta im Partyort Puerto Viejo. Affen, Schlangen und Kleinbären warten im Parque Nacional Cahuita und im Refugio Nacional Gandoca-Manzanillo. Schildkröten und die Welt der Lagunen und Wasserkanäle können Sie im nördlichen Teil der Karibik erleben, in Tortuguero und dem dazugehörigen Nationalpark.

Die Highlights

Erlebnis Kultur

Zugegeben: Großartige Ruinenstätten gibt es in Costa Rica nicht zu bewundern. Doch Spuren der indigenen Völker verstecken sich überall im Land und sehenswerte Museen warten auf Besucher.

- 5 große Städte im Valle Central sorgen für das Kulturprogramm.
- 8 indigene Volksstämme gibt es im Land.
- Über 350 riesige Steinkugeln wurden bis heute im Land entdeckt.

Museen, Kirchen und Kunst

Obwohl Naturerlebnisse in Costa Rica die Hauptrolle spielen, gibt es kulturelle Highlights, die sich sehen lassen können. Die Nase vorn hat das Valle Central, in dem die großen Städte liegen.

San José: Neben dem Gold- und dem Jademuseum warten hier ein bekanntes Theater, belebte Plätze, spannende Skulpturen und bunte Graffitikunst. → S. 33 ff.

Cartago: Als älteste spanische Siedlung und ehemalige Hauptstadt Costa Ricas schaut die Stadt auf eine intensive Geschichte zurück. Die Basílica de Nuestra Señora de los Ángeles und die Ruine des Templo de Santiago Apóstol sind die Hauptattraktionen. → S. 74

Sarchí: Der kleine Ort ist eine Wiege der Handwerkskunst. Hier wurden und werden die bunten Ochsenkarren hergestellt, die nur noch selten über Feldwege rumpeln. Wozu sie heute dienen und was deutsches Know-how mit ihrer Produktion zu tun hat, erfahren Sie bei einer Führung durch eine der Fabriken. → S. 70

Liberia: Im hohen Norden der Provinz Guanacaste liegt die Cowboystadt Liberia. Sie ist mit ihren aus vulkanischem Schmelztuff weiß getünchten Häusern die kolonialste der Tico-Städte. Auch die raffinierten Ecktüren einiger Häuser sind ein Hingucker. → S. 165

Bei den Indígenas

Noch immer leben indigene Völker in Costa Rica. Einige gewähren Besuchern Einblicke in ihre Lebensweise.

Bribri: Sie leben unweit der Karibikküste in der Nähe des Badeortes Puerto Viejo de Talamanca, haben ihre eigene Sprache und leben mit alten Traditionen. Mehrere Touranbieter haben die Dörfer in ihrem Programm. → S. 367

Ngäbe/Guaymí: Vor allem im abgelegenen Süden des Landes liegen die Reservate der Ngäbe, eine der größten indigenen Ethnien in Costa Rica. Auf der Península Osa und in der Region Comte Burica ist es möglich, sie zu besuchen. → S. 292

Chorotega: Sie sind bekannt für ihre Töpferkunst, die in ein paar wenigen Dörfern auf der Halbinsel Nicoya noch praktiziert wird. Im Ecomuseo in San Vicente erhalten Sie nicht nur Einblicke in die Bräuche und Traditionen des Stammes, sondern können Töpfern bei ihrer Arbeit zuschauen und an Workshops teilnehmen. → S. 190

Alte Kulturen

In Costa Rica gibt es zwar nur wenige Hinterlassenschaften aus prähispanischer Zeit zu entdecken. Beeindruckend sind sie aber allemal.

Monumento Nacional Guayabo: An den Abhängen des Vulkans Turrialba liegen die Reste einer prähispanischen Stadt. Die alten Pflasterstraßen, Gräber und Aquädukte zählen zu den bedeutendsten Kulturdenkmälern des Landes. → S. 92

Steinkugeln: Sie geben bis heute Rätsel auf und sind über mehrere Kantone verteilt. Schöne Exemplare liegen im Park von Palmar Sur. Auch im Nationalmuseum in San José wurden die riesigen Kolosse eindrucksvoll in Szene gesetzt. Sie zählen zum UNESCO-Weltkulturerbe. → S. 271

Feste

Die Ticos können feiern und es gibt ein paar Fiestas, die Sie nicht verpassen sollten, falls Sie gerade in der Nähe sind.

Karibischer Karneval: Selbst Faschingsmuffel sollten sich den Spaß beim Carnaval an der Karibikküste auf keinen Fall entgehen lassen. Mit dem ungewöhnlichen Datum des 12. Oktober starten vor allem in Puerto Limón 12 Tage lang Fiesta & Co. Hingehen! Mitfeiern!

Ostern: Städte leer – Strände voll. Das Land steht auf Urlaub und es ist durchaus spannend mitzuerleben, wenn alle Ticos auf Achse sind. Prächtige Karfreitags-Prozessionen finden in San José und Cartago statt. → S. 405

Fiesta de los Diablitos: Im Süden des Landes, in Boruca und Rey Curre, ist zum Jahresende der Teufel los. Hier können Sie in uralte Traditionen eintauchen und Tico-Spezialitäten probieren. → S. 407

Día de la Independencia: Zum Unabhängigkeitstag am 15. September wird im ganzen Land mit Paraden gefeiert, besonders bunt in San José und Cartago. → S. 453

Fiesta de la Virgen del Mar: Mitte Juli wird in Puntarenas der Jungfrau des Meeres gehuldigt. Ein guter Grund also, sich dann die Hafenstadt genauer anzusehen und von dort gleich zur Nicoya-Halbinsel überzusetzen. → S. 408

Einfach schön

Erlebnis Natur

Mutter Natur meint es gut mit Costa Rica und hat der Nation neben Pulversandstränden und einer üppigen Küste auch Nebel- und Regenwälder, Berge und Vulkane geschenkt. Dazu Wasserfälle, Lagunen, Flüsse, Seen und eine reiche Tierwelt. Magisch.

- 32 Nationalparks, 5 aktive Vulkane
- Ca. 900 Vogelarten, darunter der seltene Quetzal
- Höchster Berg: Chirripó (3820 m)
- Längster Fluss: Río Térraba (160 km)

Unterwegs in Nationalparks

32 Nationalparks verteilen sich über das gesamte Land.

Vulkan Tenorio: Hier ist nicht der Vulkan der Held, sondern der türkisblaue Río Celeste samt Wasserfall und Quellwanderung. Ein Abenteuer, das noch Geheimtipp ist. → S. 139

Monteverde: Mystischer Nebelwald, der auf Höhen bis zu 1800 m wächst, ist das Highlight dieser Wanderregion – gespickt mit Attraktionen für Actionfans. → S. 143

Corcovado: Am südlichen Pazifik gelegen und eines der wildesten Dschungelgebiete Costa Ricas. Sogar Tapire schleichen hier durchs Gebüsch. Eine Nacht mitten im Dschungel ist unvergesslich. → S. 281

Vulkane erleben

Costa Rica befindet sich auf dem Pazifischen Feuerring, einem Vulkangürtel, der den Pazifik umgibt. Derzeit sind noch fünf Vulkane aktiv. Die schönsten Vulkan-Nationalparks des Landes sind:

Poás: Bei Alajuela im Valle Central dampfen Fumarolen rund um einen fantastisch blauen Kratersee. Der Zugang kann aufgrund vulkanischer Aktivitäten zeitweise geschlossen werden. → S. 65

Irazú: Gleich zwei Kraterseen warten bei Cartago auf Vulkanfans. Man kann mit dem Auto hinauffahren. → S. 78

Turrialba: Der östlichste der aktiven Vulkane rumort immer wieder heftig. Seine drei Gipfelkrater werden auf einer mehrstündigen Wanderung erreicht. → S. 92

Arenal: Ein echter Bilderbuchvulkan! Heiße Thermalbäder drumherum – ein Traum zum Entspannen. → S. 132

Rincón de la Vieja: Fast 2000 m hoch ist der Vulkan und seine Umgebung eine echte Naturschönheit: blubbernde

Schlammlöcher, Fumarolen, heiße Quellen und schöne Wasserfälle finden sich hier. → S. 168

Der Berg ruft

Die Besteigung des höchsten Berges, des Cerro Chirripó, ist eine Herausforderung. Zwei Tage dauert die Expedition, die im Dorf San Gerardo de Rivas beginnt. Die Belohnung: ein spektakulärer Ausblick auf zwei Meere. → S. 313

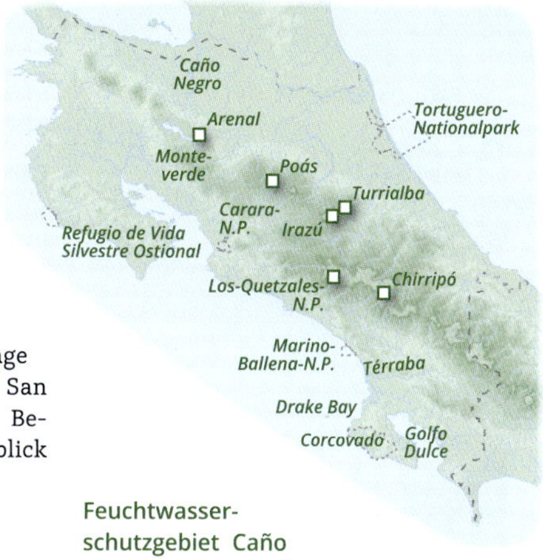

Schildkröten beobachten

Fünf der weltweit sieben Meeresschildkrötenarten gehen in Costa Rica an Land, um an einem der fast 300 Strände ihre Eier im Sand zu vergraben. Einmal dabei sein – großartig.

Tortuguero-Nationalpark: Der Name ist Programm. Von März bis Oktober stehen die Chancen gut, Meeresschildkröten bei der Eiablage zu beobachten. → S. 346

Refugio de Vida Silvestre Ostional: In diesem Schutzgebiet auf der Halbinsel Nicoya können von Juli bis Februar olivgrüne Bastardschildkröten beobachtet werden, vor allem vor Neumond. → S. 202

Golfo Dulce: Die Echte Karettschildkröte hat einen extra schönen Panzer und kommt zwischen Mai und Oktober in diese Meeresbucht ganz im Süden des Landes. Ein Glückspilz, wer die seltenen Tiere zu Gesicht bekommt! → S. 392

Birdwatching

Hobbyornithologen kommen in einigen Schutzgebieten auf ihre Kosten. Von Wasservögeln über Papageien bis hin zum seltenen Quetzal flattern ihnen die Vögel vor die Linse. Ein gutes Fernglas gehört ins Gepäck.

Feuchtwasserschutzgebiet Caño Negro: Der Name lässt erahnen, dass hier vor allem Wasservögel auf dem Programm stehen. Bei einer Bootstour durch die Lagune begegnen Sie auch Kaimanen und Schildkröten. → S. 117

Los-Quetzales-Nationalpark: Ganz früh am Morgen wird gestartet, um dem Göttervogel mit seinen langen Schwanzfedern aufzulauern. Erspäht man ihn, ist das ein wunderbarer Moment. → S. 305

Carara-Nationalpark: Er ist zwar klein, doch hier brüten die Roten Aras am liebsten und schweben mit ihren leuchtenden Federn die nahe Küste entlang. → S. 237

Whalewatching

Imposant ist es, wenn die Riesen vorbeiziehen und ihre Wasserfontäne ausblasen. Saison ist von Dezember bis April und von August bis Oktober.

Marino-Ballena-Nationalpark: Wer die Meeresgiganten nicht mit Glück bereits vom Strand aus schon erblickt, kann in Uvita eine Tour zu den Walen buchen. → S. 265

Drake Bay: Buckelwale halten sich in der Bucht auf, um sich im tropischen Klima zu paaren und ihre Walbabys zur Welt zu bringen. → S. 275

Die schönsten Strände

Baden

Weißer Strand, schwarzer Strand, einsame Bucht oder Partybeach? In Costa Rica ist für alle Strandtypen das Richtige dabei.

▪ Pazifik und Atlantik haben ihre Tücken – Unterströmungen sind extrem gefährlich. Selbst wenn Ihnen die Brandung nicht hoch erscheint, achten Sie auf die Signalfahnen:

▪ grüne Fahne = keine Gefahr

▪ gelbe Fahne = nur für geübte Schwimmer

▪ rote Fahne = Baden verboten

Freie Auswahl aus fast 300 Stränden

Das ist mal eine schöne Qual der Wahl: An fast 300 Stränden können Sie sich in Costa Rica in puncto Badevergnügen so richtig austoben. Die meisten Strände sind sandig, die Palette reicht von hellem bis vulkanisch-dunklem Sand. Der Zugang ins Wasser ist in der Regel flach, sodass man sich wunderbar vorantasten kann. Trotzdem sollte man immer ein bisschen vorsichtig und auf tückische Unterströmungen gefasst sein.

Oft wachsen Palmen am Strand, für Schattenplätzchen ist also gesorgt. Die Hängematte nicht vergessen! Die Wasserqualität ist gut und viele Strände sind mit der Blauen Flagge ausgezeichnet, der zweiten „Nationalflagge" des Landes, wie die Ticos sagen. Tauchen und Schnorcheln macht in diesem glasklaren Wasser besonders viel Spaß.

Strände mit Blauer Flagge

Die „Bandera Azul Ecológica" wird u. a. für exzellentes Badewasser und besonders saubere Strände vergeben, außerdem müssen sie sicher und für jeden zugänglich sein. Damit alles seine Ordnung hat, wird jedes Jahr aufs Neue zertifiziert. Die höchsten Auszeichnungen erhalten regelmäßig die folgenden zwei Strände:

Playa Manuel Antonio: Vor allem die Kombination aus Tierbeobachtung und Postkartenkulisse mit Palmen und türkisfarbenem Wasser lockt viele Besucher an den beliebten Pazifikstrand bei Quepos. Manchmal können es zu viele sein … → S. 251

Playa Matapalo: Die Naturhighlights dieses abgelegenen Strands ganz im Süden der Halbinsel Osa sind ein Wasserfall und tolle Sonnenuntergänge. → S. 288

Die Top Drei an der Karibik

Playa Punta Uva: Auch hier bietet sich wieder eine Traumkulisse aus drei Elementen: Palmen, gelber Sand, seichtes Wasser. Und gleich um die Ecke hält eine Beachbar Getränke und Snacks bereit. Was will man mehr? → S. 366

Playa Blanca: Der weißsandige Strand mitten im Cahuita-Nationalpark ist urig und nicht überlaufen. Beim Schwimmen ist allerdings etwas Vorsicht geboten. Also besser keine großen Experimente wagen. → S. 357

Playa Gandoca: Der Strand im Gandoca-Manzanillo-Nationalpark ist einer der schönsten Schnorchel- und Tauchplätze des gesamten Landes. Korallenriffe und kleine Buchten ziehen rund 400 verschiedene Fisch- und Krebstierarten magisch an. Bunte Unterwasseraussichten sind also garantiert. → S. 370

Die Top Drei auf Nicoya

Playa Conchal: Einer der ruhigsten und schönsten Strände in ganz Costa Rica. Gesäumt ist er von Palmen und einer türkisfarbenen Bucht. Das I-Tüpfelchen ist der Sand: Millionen kleiner Muschelsplitter bedecken den Boden. Deshalb ist das Meer hier besonders klar. → S. 197

Playa Ocotal: Dieser ruhige, bewaldete, graue Sandstrand am nördlichen Ende der Halbinsel Nicoya ist ideal für Familien, die ein authentisches Erlebnis abseits der Resorts suchen. Das Wasser ist schön zahm und um die Felsen am südlichen Ende kann man schnorcheln. → S. 195

Playa Montezuma: An diesem ganz im Süden der Halbinsel Nicoya gelegenen Strand überzeugen vor allem die Hippie-Atmosphäre und die wirklich prächtigen Sonnenaufgänge. Ein weiteres Plus: In der Nähe liegt der spektakuläre Montezuma-Wasserfall. → S. 218

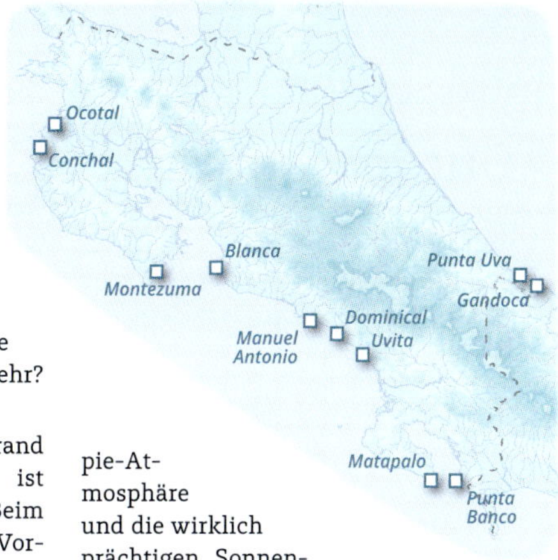

Die Top Drei am Pazifik

Playa Dominical: An diesem Hippiestrand sind Party, Badespaß und Shopping entlang der Strandpromenade angesagt – Palmen sorgen für Schatten. Auch das Rundumpaket passt: Von Restaurants und Bars über kultige Hostels, Yoga- und Surfkurse bis hin zu Tauch- und Whalewatching-Touren ist alles dabei, was das touristischen Herz begehrt. → S. 255

Playa Uvita: An diesem Strand in Form einer Walflosse ziehen Wale vorbei, und Rote Aras fliegen durch die Palmen und Meermandelbäume – man kann wunderbar am Strand entlangspazieren. → S. 261

Playa Punta Banco: Hier an der Punta Banco ist die Welt zu Ende. Der Strand ist weit und breit, Treibholz wird angeschwemmt, Palmen ragen schräg über die lang anrollenden Wellen und Felsen aus dem Wasser, die Kokosnüsse schmecken. Und: Die ruhige Playa ist Nistplatz für Schildkröten. → S. 299

Aktivurlaub

Outdoorsport

Lust auf Bewegung an der frischen Luft? Kein Problem! Surfen, Rafting, Reiten, Trekking oder Biken – langweilig wird es ganz bestimmt nicht: Es locken vergnügliche Fahrradtouren rund um die Karibik-Strände bei Puerto Viejo de Talamanca, Reitausflüge an den Vulkanen Arenal und Tenorio oder ein kräftiger Adrenalinschub beim Canopy.

- 4 Küsten zum Surfen
- 14 Flüsse zum Raften
- 32 Nationalparks zum Wandern
- Etwa 100 Canopy-Anlagen für Actionfans zwischen 5 und 90 Jahren

Die Nummer 1: Surfen

Surfen kann man in Costa Rica das ganze Jahr – bei Wassertemperaturen von über 25 °C und einer Lufttemperatur von 30 °C. Allerdings gibt es so viele tolle Surfspots in dem wasserumspülten Land, dass man die Qual der Wahl hat. Ob Anfänger oder Surfcrack, Reef- oder Beachbreak, Atlantik oder Pazifik – für jedes Level und jeden Gusto gibt es die passende Welle. Die Surfnomaden Heidi und Christian bieten auf ihrer Website www.meerdavon.com/costa-rica-surfen eine Karte und jede Menge Infos.

Nördliche Pazifikküste: Von Mai bis November sind die Wellen auf der Pazifikseite besonders intensiv, allerdings sind die Anfahrtswege zu den besten Spots oft schlammig, da Regenzeit ist. Zur Trockenzeit von Dezember bis April sind die Swells etwas kleiner, aber mit mittelgroßen Wellen und Dauersonne immer noch fantastisch! Die Küsten von Guanacaste und der Halbinsel Nicoya halten Point- und Beachbreaks bereit. Playa Tamarindo (→ S. 199) und Playa Avellana (→ S. 201) sind gute Spots für Anfänger und Fortgeschrittene. Playa Junquillal (→ S. 176) und die Playa Naranjo (→ S. 230) mit dem legendären Witch's Rock sind dagegen was für Profis. Die beliebten Strände Mal País (→ S. 211) und Santa Teresa (→ S. 209) ganz im Süden der Halbinsel eignen sich für jedes Niveau. → S. 194

Zentrale Pazifikküste: Wellen das ganze Jahr! Playa Jacó (→ S. 240) hat zahlreiche Surfschulen und ist ein Anfängerstrand mit Funfaktor. Anspruchsvoller sind die Playa Hermosa (→ S. 241) und die Playa Esterillos. (→ S. 241)

Südliche Pazifikküste: Sie ist berühmt für eine der längsten linkslaufenden Wellen der Welt, die im beliebten Surferort Pavones (→ S. 299) rollt. Playa

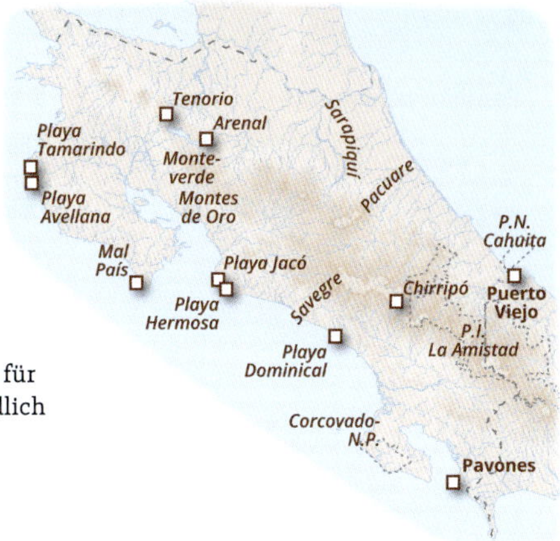

Dominical (→ S. 255) an der Costa Ballena ist ebenfalls ein perfekter Spot mit einem Rund-um-die-Uhr-Beachbreak.

Karibikküste: Puerto Viejo ist der Treffpunkt der Surferszene. In lässiger Reggae-Bacardi-Atmosphäre gibt es ringsum Buchten für alle Levels. Etwas für Anfänger ist die Playa Negra nördlich von Cahuita. → S. 359

Die Nummer 2: Rafting

Gleich 14 Flüsse sind in Costa Rica zum Rafting geeignet, alle Schwierigkeitsgrade sind zu haben. Das ganze Jahr über kann man durch Wildwasser und über Stromschnellen düsen. Zur Regenzeit sind die Flüsse wasserreicher.

Río Pacuare: Aufregende Weißwasser-Stromschnellen der Klassen III–IV warten entlang des 108 km langen Flusses, der in die Karibik mündet. Affen und tropische Vögel können während der Tour beobachtet werden. → S. 87

Río Sarapiquí: Bekannt für aufregende Touren ist der Flussabschnitt bei San Miguel im Norden des Landes. Durch dichten Regenwald schlängelt sich der Fluss mit Stromschnellen der Klassen III–IV – ein Territorium für Raftingfans ab 12 Jahren. Mit den Klassen II–III etwas einfacher ist der Abschnitt beim nahen Dorf La Virgen und damit ideal für Anfänger und Familien mit kleineren Kindern. Außerdem flattern hier Tukane und andere Vögel in den Bäumen am Flussufer. → S. 108

Río Savegre: Sanfte Wildwasser-Fahrten der Klassen II–III führen durch die Natur nahe des Manuel-Antonio-Nationalparks. Schon für Kinder ab 5 Jahren geeignet. → S. 248

Ríos Peñas Blancas, Balsa und Toro: Rund um den Vulkan Arenal ist Rafting von einfach bis anspruchsvoll möglich. Während der Peñas Blancas und Balsa (Klassen I–II) gemütlicher und für Anfänger geeignet sind, wartet der Toro mit Herausforderungen der Klassen III–IV. → S. 129

Gediegene Nummer 3: Wandern

Nicht ganz so wild wie die beiden Outdoor-Sportarten ist das Wandern. Ein Viertel der Fläche Costa Ricas sind Nationalparks und Schutzgebiete – Natur, die erwandert werden will. Highlights sind u. a. der Corcovado-Nationalpark (→ S. 281), die Monteverde-Region (→ S. 143) und der Chirripó (→ S. 312).

Parque Internacional La Amistad: Der Freundschaftspark in Costa Rica und Panama ganz im Süden ist noch ein Geheimtipp. Bis auf tierische Begleiter können Sie hier ganz einsam und ungestört unterwegs sein. → S. 321

Parque Nacional Cahuita: Wandern und Baden – die perfekte Kombination mit Kindern. Die Wege in diesem Park sind einfach, immer wieder lassen sich Affenbanden blicken. → S. 357

Montes de Oro: Eine schöne Wandergegend sind die Goldberge bei Miramar. → S. 160

Familienurlaub

Costa Rica mit Kindern

Was gibt es Schöneres, als in der Natur zu sein? Im Meer und an Wasserfällen baden, Faultiere beobachten und Boot fahren, tropisches Obst naschen und den ganzen Tag frische Fruchtshakes trinken.

- Kindertag: am 9. September
- Ins Elternbett: In Hotels und Lodges schlafen Kleinkinder oft kostenfrei im Elternbett. Hotelbedingungen checken!
- Eintritt frei: für Kinder bis 6 Jahre in vielen Museen

Das perfekte Ziel

Costa Rica ist für Kinder ein Urlaub im Paradies und Schlaraffenland zugleich. Das Land ist das perfekte Ziel für die ganze Familie – ob mit kleinen Kindern oder Teenagern, jeder hat hier seinen Spaß, denn Abenteuern und Abwechslung sind kaum Grenzen gesetzt. Die wunderbar warmen Temperaturen sorgen für Ganztagesprogramme an der frischen Luft und abends lassen Sie sich in einer der vielen schönen Unterkünfte in die Hängematte fallen. Sie werden sehen – das Pura-Vida-Gefühl stellt sich ruckzuck ein. Bei allen.

Geht nicht, gibt's nicht

Das Kind wird auf dem langen Flug nur schreien, in der Hitze einen Sonnenstich bekommen und nichts finden, was ihm schmeckt? Erfahrungsgemäß schlafen Kinder wunderbar beim Fluggeräusch, an den meisten Stränden wachsen Palmen, die für Schatten sorgen, und das Nationalgericht Gallo Pinto isst jedes Kind gerne – zumindest den Reis. Tico-Mamis werden entzückt von ihren Kindern sein und besonders gern durch blonde Haare wuscheln. Wie die meisten Latinos sind Ticos sehr kinderlieb. Wer dennoch nicht mit Kind und Kraxe in Bussen herumreisen möchte, leiht sich einen Mietwagen – eine wunderbar unkomplizierte Möglichkeit, das Land frei und flexibel zu erkunden.

Alles da

Vom Babybrei über Feuchttücher bis zu Windeln und Spielzeug gibt es in den Supermärkten alles fürs Baby, wie Sie es auch aus Europa gewohnt sind. Außerdem ist die ärztliche Versorgung gut, vor allem im Valle Central und in der Hauptstadt San José.

Unterwegs in der Natur

Die Nationalparks sind für Kids ideal, um Affen, Faultiere, Krokodile, Schildkröten, Papageien und sogar Tapire zu beobachten, zum Beispiel im Corcovado-Nationalpark (→ S. 281). Besonders spannend sind Nachttouren, bei denen Kinder über Pfeilgiftfrösche und unter Blättern versteckte Schlangen staunen können – und den Nervenkitzel einer Nachtwanderung gibt's gratis dazu.

Jede Menge Action

In Nationalparks locken Hängebrücken und Canopy-Anlagen zu einem Abenteuer mit Adrenalinschub. Vor allem die Monteverde-Region (→ S. 143) und die Gegend um den Vulkan Arenal (→ S. 122) sind dafür bekannt. Schon Kinder ab fünf Jahren dürfen hier beim Ziplining mitmachen. Im Norden und auf dem Weg zur Karibik wartet ein anderes Outdoor-Abenteuer: Rafting auf dem Río Pacuare (→ S. 87) oder auf dem Río Sarapiquí (→ S. 108). Ein bisschen Mut braucht es schon, doch bei professionellen Anbietern für Rafting-Touren steht die Sicherheit der Teilnehmer an erster Stelle. Rein ins Boot!

Ganz viel Wasser

Boot fahren geht natürlich auch gemütlicher bei einer Kanutour im Golf von Nicoya (→ S. 228). Auch die Überfahrt im Schnellboot zur Drake Bay (→ S. 275) auf der Halbinsel Osa ist eine Gaudi. Wasser bestimmt jede Costa-Rica-Reise, ist das Land doch von zwei Meeren umgeben und hat beachtliche 300 Strände zur Auswahl. Ein Bad im Wasserfall ist mindestens genauso verlockend und kann in Montezuma im Süden der Halbinsel Nicoya mit einer schönen Flusswanderung kombiniert werden (→ S. 219).

Bei Regenwetter

Sollte es mal regnen, macht das nichts. Die Temperaturen bleiben ja warm – also den Regenponcho übergestülpt und weiter die Natur erforschen. Viele Nationalparks verleihen Gummistiefel in sämtlichen Größen, sodass auch die Füße trocken bleiben. Es gibt aber auch ein paar für Kids spannende Museen, so das Museo de los Niños in San José, wo sich Kids beim Experimentieren austoben können. → S. 38

Rund um fünf beeindruckende Wasserfälle wurde in den La Paz Waterfall Gardens ein Freizeitpark mit verschiedenen Tierhäusern angelegt. Frösche, Schmetterlinge, Wildkatzen und Kolibris – die Tierwelt Costa Ricas zeigt sich Kindern hier ganz nah. → S. 59

So lecker

Wassermelone, Ananas und saisonal auch Mango sind Leckereien, an denen sich Kinder in Costa Rica richtig satt essen können. An jeder Ecke erhält man zudem eine Riesenauswahl köstlicher Smoothies. Meine Tochter liebt den Cas-Batido, den es in Sierpe im Restaurant gleich am Pier gibt.

In der Dschungellodge

Unterwegs

in Costa Rica

San José ▪ 26

Valle Central ▪ 52

Der Norden ▪ 100

Der Nordwesten ▪ 162

Die Pazifikküste ▪ 232

Der Süden entlang der Panamericana ▪ 302

Die Karibikküste ▪ 326

San José

Im Herzen Costa Ricas liegt die Hauptstadt San José, von den Einheimischen liebevoll „Chepe“ genannt, ein Kosename für „José“. Alle wichtigen Straßen des Landes laufen hier zusammen. Die herbe Schönheit der Stadt offenbart sich vielen jedoch erst auf den zweiten Blick.

- **Hauptstadt** seit 1824
- **Höhe:** 1172 m
- Je nachdem, wie tief man in das Hauptstadtleben eintauchen will, reichen ein bis drei Tage zur Besichtigung.

Menschen hasten über die Avenida Central, Musiker spielen im Schatten hoher Häuser, während an der Plaza de la Cultura Kinder Brotkrümel für die Tauben ausstreuen. In der Ferne klingelt ein Glöckchen, dazu ruft ein Mann „Aguacateees“. In San José herrscht Trubel, besonders unter der Woche, wenn zum Feierabend die Josefinos, wie sich die Bewohner San Josés nennen, nach Hause eilen oder eine der Pulperías in Beschlag nehmen. In der Hauptstadt Costa Ricas und der umliegenden Provinz San José leben 1,6 Mio. Menschen, mehr als ein Viertel der Gesamtbevölkerung. Auch viele Migranten aus dem Nachbarland Nicaragua haben sich hier niedergelassen.

Im Zentrum der Hauptstadt reihen sich klotzige Betonbauten, Boulevards und Bürokomplexe, Plätze und Parks, Einkaufszentren und Sehenswürdigkeiten dicht aneinander. Eine architektonische Schönheit ist Chepe wahrlich nicht. Der Charme steckt im Detail. Das Zentrum von „Chepe“ ist nicht sehr groß. Wer gut zu Fuß unterwegs ist, erkundet die Stadt am besten bei einem entspannten Bummel, einmal quer von West nach Ost oder umgekehrt. Am Paseo Colón liegen Restaurants, Geschäfte, Krankenhäuser, Autovermietungen und Banken. Beliebt ist der Stadtosten. Hier befinden sich angesagte Stadtviertel wie das Barrio Escalante. Im Barrio Amón nördlich des Zentrums stehen historische Villen aus dem späten 19. Jh., in denen früher Kaffeebarone residierten – heute handelt es sich dabei um ansehnliche Hotels und Restaurants.

Was anschauen?

Nationaltheater: Kulturfans können in dem Gebäude mit seiner auffälligen klassizistischen Fassade eine Abendveranstaltung besuchen. **→ S. 33**

Museo de Jade: Die ganze Palette des indigenen Lebens vor Ankunft der Spanier ist in diesem Museum exzellent ausgestellt. Die Vitrinen und Inszenierungen sind modern gestaltet mit vielen Erklärungstafeln. **→ S. 34**

Museo del Oro: Gold, Gold, Gold – das Pendant zum Museo de Jade in Sachen glänzendes Edelmetall. Kostbare Funde aus prähispanischer Zeit bringen interessierte Besucher zum Staunen über die Kunstfertigkeit der indigenen Stämme. **→ S. 34**

Kunst im öffentlichen Raum: Auf Plätzen und vor Gebäuden entdeckt man Skulpturen, die Momente aus dem Leben in Costa Rica thematisieren, so die **Hunde** vor dem Mercado Central (→ S. 30) oder die **Bauern** vor der Banco Central (→ S. 32). Im **Nationalpark** treffen Sie auf Persönlichkeiten aus der Geschichte Mittelamerikas und Costa Ricas (→ S. 35).

Was unternehmen?

Mit dem Zug durch San José: Ein Erlebnis ist eine Zugfahrt durch San José, z. B. nach Heredia oder Cartago. Vor allem Einheimische sind bei der Zuckeltour mit von der Partie. **→ S. 43**

Bummel im Barrio Escalante: Es macht Spaß, sich durch die Straßen treiben zu lassen und den Trubel der Stadt zu genießen, neue Gerüche einzuatmen und Menschen zu beobachten – am besten bei einem Kaffee oder mit einem deftigen Gallo Pinto auf dem Teller. Pura Vida. **→ S. 37**

Wo essen?

Barrio Escalante: kulinarische Vielfalt auf kleinstem Raum: schnuckelige Cafés, Foodmärkte, gute Restaurants und urige Bierkneipen samt eigener Brauerei. **→ S. 50**

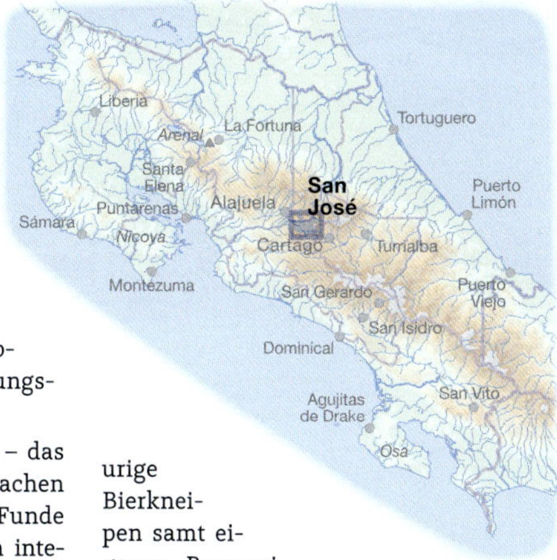

La Casona Típica: günstige, typische Kost in einheimischem Ambiente. **→ S. 49**

Wo ausgehen?

San Pedro und Barrio Escalante: In den Studentenvierteln reihen sich jede Menge Bars aneinander. Fans guter Biere gehen in eine der vielen **Craft Beer Bars** (→ S. 51) im Escalante-Viertel. Um die Nacht durchzufeiern, ist das Mamba (→ S. 51) eine angesagte Adresse. Im Barrio Escazú ist das **Jazz Café** (→ S. 51) mit Live-Events beliebt.

Wo shoppen?

Mercado Central: Der Markt ist ein Erlebnis. Hier wuseln und handeln die Menschen, laut und bunt geht es zu! Obst, Gemüse, Meeresfrüchte? Alles zu haben. Aber auch alles andere, was man (nicht) braucht. **→ S. 30**

Avenida Central: In der breiten Einkaufsmeile gibt es Geschäfte für sämtliche Bedürfnisse. Auch ein paar ganz spezielle Läden sind darunter.

Viertel Escazú: Modernste Malls mit sämtlichem Schnickschnack haben sich angesiedelt. Dazu gehören Multiplaza Escazú, Amara Plaza oder Escazú Village. **→ S. 38**

Stadtgeschichte

Noch zu Beginn des 19. Jh. war San José, heute eine kosmopolitische und geschäftige Großstadt im Herzen von Costa Rica, ein unbedeutendes kleines Dorf. Damals war das benachbarte Cartago die Hauptstadt und stritt regelmäßig mit dem nahen Städtchen Alajuela um diese Position. Damit war Schluss, als 1824 der erste Präsident des Landes, Juan Mora Fernández, entschied, dass San José zukünftig die Hauptstadt des Landes sein soll. Die zentrale Lage war perfekt und das ganzjährig milde Klima in der Hochebene des Valle Central angenehm erfrischend. Das waren perfekte Voraussetzungen für den Anbau eines Produktes, das vor allem in Europa immer beliebter wurde: Kaffee. Seit etwa 1830 werden um San José die aromatischen Kirschen angebaut, vor allem Arabica-Bohnen trugen zum Image vom Qualitäts-Hochlandkaffee aus Costa Rica bei. Kaffeebarone bauten sich Villen in der Hauptstadt und förderten die Kultur. Von da an ging es steil bergauf mit der Stadtentwicklung.

Viele Menschen strömten in die neue Hauptstadt, die sich schnell zum Verkehrsknotenpunkt entwickelte und heute das kulturelle, wirtschaftliche und administrative Zentrum des Landes ist. Etwa 80 % der gesamten Bevölkerung des Landes leben in den Städten des Valle Central, die meisten in San José. Aus allen Richtungen führen große Straßen in die Hauptstadt, sogar die berühmte Panamericana (Av. 2) verläuft durch San José. Und selbst für ganz Zentralamerika ist San José von Bedeutung, da hier wichtige Institutionen sitzen wie der Interamerikanische Gerichtshof für Menschenrechte oder der Zentralamerikanische Währungsrat.

Skulpturen im Parque Nacional

Spaziergang durch die Altstadt (5 km)

Sicher durch San José

San José ist nicht krimineller als andere Hauptstädte auch – im Gegenteil: Costa Rica gilt als relativ sicheres Reiseland. Trotzdem sollte man die üblichen Regeln beachten.

- Wertsachen nicht offen zeigen
- Geld und Kreditkarten sicher am Körper tragen
- Kein Gepäck sichtbar im Auto liegen lassen
- Einsame, abgelegene Viertel meiden, vor allem nach Einbruch der Dunkelheit, was in San José um 18 Uhr ist. Dann lieber mit dem Taxi von A nach B fahren.
- Im Zentrum von San José ist eine Touristenpolizei im Einsatz. Sollte trotz aller Vorsicht etwas passieren, ist sie über die kostenfreie **Notrufnummer 911** rund um die Uhr erreichbar, auch englischsprachige Beamte.

Ein wunderbarer, etwa 5 km langer Spaziergang (ca. 4 Std. mit Besichtigungen) bietet sich vom Parque Metropolitana La Sabana im Westen der Stadt quer durch das Zentrum bis zum Paseo de las Artes im Osten der Stadt an (oder in umgekehrter Richtung). Wer nicht ganz so weit laufen möchte, beginnt den Spaziergang am Mercado Central, den man auf keinen Fall verpassen sollte.

Parque Metropolitana La Sabana: Auf dem 72 ha großen, ehemaligen Flughafengelände herrscht überraschende Ruhe im Schatten mächtiger Pinien und Zypressen. Neben Konzerten, Festivals und Sportevents an den Wochenenden gibt es hier zahlreiche Möglichkeiten, aktiv zu werden: eine Skater- und Rollschuhbahn, ein Schwimmbad, Spielplätze, einen Trimm-Dich-Fit-Trail und Tretboote auf der Lagune. Auch die Kultur kommt nicht zu kurz. Besuchen Sie das Museum für costa-ricanische Kunst (→ S. 37).

- Immer zugänglich. Eintritt frei. Av. de Las Américas.

Paseo Colón: Eine der trubeligen Hauptgeschäftsstraßen der Stadt, gesäumt von Trompetenbäumen, die während der Trockenzeit wunderbar lila blühen, führt ins Herz von San José. So erreichen Sie nach 2 km die Kirche La Merced.

Iglesia La Merced: 1894 wurde der Grundstein für das imposante Bauwerk im neogotischen Stil gelegt. Knapp 13 Jahre später wurde es mit dem Einsetzen der Turmuhr vollendet. Im Inneren der Kirche steht ein wunderschöner Altar, der von zahlreichen Buntglasfenstern und prächtigen Mosaikböden umgeben ist. Außen gleich gegenüber vom Eingang liegt der Parque La Merced. Schön zum Entspannen und Leute beobachten. Doch Vorsicht vor Taschendieben!

- Av.2/C. 10. Tägl. geöffnet.

Mercado Central: Nur zwei Straßenblöcke weiter östlich liegt der Markt (der frühere Mercado Antiguo), heute bekannt als Bauernmarkt mit vielen Obst- und Gemüseständen. Er gibt authentische Einblicke in das Einkaufsleben der Ticos, hier fühlt man den Pulsschlag der Stadt. Schlendern Sie mit Zeit durch das schmale Labyrinth aus Düften, Gerüchen und Genüssen. Duftende Blumen, fangfrischer Fisch oder landestypisches Kunsthandwerk – alles wird angeboten. In den zahlreichen Garküchen brutzeln leckere Tico-Gerichte. Probieren Sie die Sopa de Pescado (Fischsuppe) oder die herzhaften Chorreadas, Pfannkuchen aus Maismehl. Sind Sie ein Kaffee-Fan, dürfen Sie die Kaffeespezialitäten im Café

Central nicht verpassen, denn hier werden die Kaffeebohnen frisch geröstet. Eisliebhaber gehen in die Sorbetera de Lolo Mora, wo Vanilleeis mit Zimt der Renner ist.

- Mo–Sa 8–17 Uhr.

Das berühmte Eis von Lolo Mora

Die Schlange ist schon am Morgen lang und je später der Tag, desto drängender die Gäste. Die Hälse werden gereckt, die Lippen geleckt – jeder freut sich auf das Eis der Heladería Lolo Mora im Mercado Central. Das Geheimnis? Kein Schnickschnack, nur echte Vanille und ein paar Gewürze – ein gehütetes Familienrezept – sind die Zutaten und werden zu einer wunderbar cremigen Eismasse verrührt. Die Portionen sind groß und längst nicht nur Besucher von San José gehören zu den Kunden. Im Gegenteil. Die Stammkundschaft sind die Josefinos selbst, die sich während oder nach einem langen Arbeitstag mit der gelben Erfrischung belohnen. Neben dem klassischen Eis gibt es auch Smoothie-Varianten oder Eisbecher mit ein bisschen Deko. Doch die meisten wählen den traditionellen „Cono", die Eiswaffel, mit ein bis zwei Kugeln. Don Jorge Mora, der Chef der Heladería, ist jeden Tag im Laden. Während seine Angestellten im Eiltempo das Eis verteilen, sitzt er hinter der Kasse und tippt fleißig die Umsätze ein. Ab und an schiebt er mit seiner faltigen Hand die Brille hoch und lugt über die Ränder hinweg zu der erwartungsvollen Kundschaft. Don Jorge ist stolz auf sein Geschäft. Es läuft. Der über 70-jährige führt es nun in der vierten Generation. Und wird das Geschäft bald an seinen Sohn übergeben. Bereits 1901 hat die Familie mit dem Eisgeschäft begonnen. Und es soll weitergehen. Denn ein Mercado Central ohne das Eis von Lolo Mora ist einfach undenkbar.

Groß, gelb, gut – das Eis von Lolo Mora

Monumento al Zaguate (Denkmal der Straßenhunde): Südlich vor dem Mercado Central in der Avenida Central stehen mehrere bunte Hundekarikaturen aus Metall. Der Künstler Francisco Munguía erinnert mit den Skulpturen an die Tausende von Straßenhunde, die in den Städten und an den Stränden Costa Ricas ihr Dasein fristen. Bobi, Ewok, Oso, Pauleta, Shampú und Tábata sind sechs von 23 Hunden, die Munguía und seine Frau über die Jahre gerettet und aufgepeppelt haben. Denn die meisten Straßenhunde sind krank oder verletzt. So wie Tábata, die unter ein Auto geriet und dabei ein Bein einbüßte. Oder Shampú, der rastlos durch die Straßen streifte und sich vor lauter Stress selbst den Schwanz abbiss. „Es hat lange gedauert und viel Geduld erfordert, Shampú ein halbwegs normales Hundeverhalten anzuerziehen", erinnert sich der Künstler. Munguía ruft mit dem Denkmal die Bürger San Josés auf, sich der Hunde anzunehmen. Es gibt immer wieder Kastrierungskampagnen, die öffentlich ausgehängt werden, um das Problem der Straßenhunde in den Griff zu bekommen.

■ Av. Central/C. 6–8.

Monumento Los Presentes: Einen Block weiter links abgebogen, steht in der Calle 4 vor dem imposanten Gebäude der Zentralbank Costa Ricas eine weitere, auffällige Skulpturengruppe aus Bronze. Sie zeigt Männer, Frauen und ein Kind in einfacher Kleidung und mit ernsten Gesichtern. Der costa-ricanische Künstler Fernando Calvo hat sie 1982 geschaffen und „Presentes" genannt, die Anwesenden. „Es zeigt die Bauern unseres Landes, sie sind immer da, immer fleißig, auf ihren Schultern wird Costa Rica mitgetragen", erzählte Calvo gegenüber der Tico Times. Die Zentralbank kaufte die Skulpturen 1985 für rund 59.000 $. „Es ist gut, dass sie an einem öffentlichen Platz zu sehen sind. Costa Rica darf die Bauern, sein gewöhnliches Volk, nicht vergessen", betont der Künstler.

Denkmal für Straßenhunde

Hauptpost/Museo Postal, Telegráfico y Filatélico: Geradeaus weiter und gleich rechts in die Avenida 1 hinunter, steht links die Hauptpost der Stadt. Das herrschaftliche Postgebäude ist über 100 Jahre alt und gehört zu den schönsten Bauwerken von San José. Entworfen wurde es von einem katalanischen Architekten im Stil der Neorenaissance. Ab 1917 konnten die Ticos von hier aus ihre Briefe losschicken. Anlässlich des hundertsten Geburtstags des Gebäudes wurde es komplett renoviert und auch das Briefmarkenmuseum mit alten Postgerätschaften und Kommunikationsmitteln wurde neu gestaltet. Reingehen und sich fühlen, wie in einer anderen Zeit!

■ Av. 1 und 3/C. 2. Mo–Fr 8–17 Uhr.

Teatro Popular Melico Salazar: Auf der Calle 2 drei Blöcke gen Süden und dann auf der Avenida 2 einen Block in Richtung der Kathedrale von San José am Stadtpark entlang, ist der nächste Punkt des Spaziergangs erreicht. Das später nach dem berühmten costa-ricanischen Tenor Manuel „Melico" Salazar benannte Volkstheater wurde bereits 1799 errichtet. Mehrfach wurde es durch Erdbeben und Brände zerstört und immer wieder neu aufgebaut. Dabei hielt man stets am barocken Stil fest. Zu recht günstigen Eintrittspreisen werden klassisches Theater, Ballett, Auftritte der Philharmonie sowie verschiedene Konzerte angeboten. Es empfiehlt sich, zeitig da zu sein, da es keine Sitzplatznummern gibt. Wer zuerst

San José → Karten S. 28/29 und 44/45

Das Nationaltheater

kommt, sitzt in der ersten Reihe. Die Spielzeit läuft von April bis Dezember.

■ Av. 2 und Calle Central. Spielplan unter www.teatromelico.go.cr.

Catedral Metropolitana (Kathedrale): Schräg gegenüber vom Teatro Salazar steht westlich am Parque Central die gewaltige Catedral Metropolitana, das katholische Zentrum Costa Ricas. Kaum zu glauben, dass ihre Karriere als Lehmziegelbau mit Strohdach begann. 1983 stattete Papst Paul II. der Kathedrale einen Besuch ab. Ihm zu Ehren wurde eine 220.000 $ teure Skulptur aus italienischem Carraramarmor vor der Kathedrale platziert. In der Kirche, die mit ihren vielen dorischen Säulen einen interessanten Mix aus griechischer und kolonialer Architektur zeigt, liegt das Grab von Tomás Guardia Gutiérrez, Präsident von Costa Rica von 1871 bis 1876. Er hat die Todesstrafe im Land abgeschafft. Der Pavillon in der Mitte des Parque Central war dagegen ein Geschenk des Nachbarlandes Nicaragua. Wir folgen der Avenida 2 zum nächsten Punkt.

■ Av. 2 und 4/C. Central. Tägl. 6–19.30 Uhr.

Teatro Nacional (Nationaltheater): An einem lauen Abend am 21. Oktober 1897 öffnete das Nationaltheater nach siebenjähriger Bauzeit erstmals seine Pforten für Besucher. Aufgeführt wurde Goethes „Faust". Keine geringere als die Pariser Oper diente dem Architekten als Vorbild und so verpasste er dem Theater eine klassizistische Fassade und edles Interieur, wie Kronleuchter, vergoldete Spiegel und antiquarisches Mobiliar, sowie Deckenmalereien. Im Theatersaal befindet sich das Wandbild „Allegorie von Kaffee und Bananen" des Mailänder Künstlers Aleardo Villa, das auf dem Fünf-Colón-Schein abgebildet ist. Finanziert wurde der Bau durch eine eigens dazu eingeführte Kaffeesteuer, denn die Geschäfte der Kaffeebarone liefen prächtig. Und Costa Rica war eines der wenigen lateinamerikanischen Länder, das noch kein Theater hatte – welch kultureller Frevel! Das Symphonie-Orchester spielt Stücke nationaler und internationaler Komponisten in höchster Qualität, die Tickets sind erschwinglich. Täglich gibt es von 9 bis 15 Uhr zu jeder vollen Stunde eine Führung durch die Räumlichkeiten, anschließend einen Kaffee im stilvollen Ambiente des preislich gehobenen Café del Teatro (tägl. 9–19 Uhr) und der Besuch ist perfekt.

▪ Mo–So 9–16 Uhr. Eintritt 3500 CRC (inkl. Führung). Südseite der Plaza de la Cultura, Av. 2/C. 3 und 5, www.teatronacional.go.cr. Führungen stündlich im Wechsel auf Englisch und Spanisch.

Der weitere Weg führt nun zu den drei bekanntesten Museen Costa Ricas. Je nach Zeit sollten Sie sich vielleicht für eines der drei entscheiden.

Museo del Oro Precolombino: Es ist nicht alles Gold, was glänzt – oder doch? Das Goldmuseum an der Plaza de la Cultura beherbergt auf mehreren Stockwerken originale Goldfunde aus prähispanischer Zeit: Amulette, Figuren, Schmuck, Objekte für Zeremonien und Rituale – Hinterlassenschaften, die nicht von den Spaniern erbeutet, abtransportiert und eingeschmolzen wurden. In anschaulichen figürlichen Szenen wird gezeigt, wie die Gegenstände einst von den Indígenas der Diquís-Kultur verwendet wurden. Daneben gibt es eine numismatische Ausstellung über die Geschichte des Geldes. Das Museum liegt unterirdisch an der Plaza de la Cultura in einem Gebäudekomplex der Banco Central de Costa Rica – daher auch der offizielle Name (Museos del Banco Central de Costa Rica). Die moderne, etwas düstere Sichtbetonbauweise erzeugt einen spannenden Kontrast zum Glanz der vielen Goldschätze. Wer vom Gold der Ureinwohner Costa Ricas verzaubert wird, kann im Museumsshop Repliken erstehen. Nur 450 m weiter wartet das nächste tolle Museum.

▪ Tägl. 9.15–16.30 Uhr. 16 $, Kinder unter 12 Jahren frei. An der Ostseite der Plaza de la Cultura, C. 5 zwischen Av. 2 und Av. Central. Besichtigungsdauer ca. 1 Std. www.museosdelbancocentral.org.

Museo de Jade: Bereits seit Jahrtausenden begeistert Jade die Menschen, denn das grün schimmernde Mineral lässt sich zu wunderbaren Schmucksteinen verarbeiten. Die indigenen Völker Mittelamerikas schätzten Jade sehr und schufen daraus z. B. Amulette, denen sie Heilkräfte zusprachen. Im Jademuseum werden all die Verwendungszwecke, Fundorte und Handelsrouten von Jade in zwei Sälen anschaulich erklärt. Alle weiteren Ausstellungen widmen sich anderen Themen, z. B. dem Alltag der indigenen Völker bei Tag und bei Nacht – eine recht interessante Betrachtungsweise. Für einen unbeschwerten Rundgang können Sie kostenfrei Schließfächer mieten und im netten Café zwischendurch eine Pause einlegen – und wieder auftauen, denn in den Sälen ist es durch die Klimaanlage recht kalt (Jacke mitnehmen).

Zwischen dem Jade- und dem Nationalmuseum liegt ein recht großer **Kunsthandwerksmarkt** für Touristen. Bevor Sie das nächste Museum ansteuern, können Sie hier noch (nicht unbedingt günstig) Souvenirs shoppen.

▪ Tägl. 8–17 Uhr. 15 $, Studenten 5 $ (mit Ausweis), Kinder 2 $. Besichtigungsdauer 1–2 Std., barrierefrei. Av. Central/C. 13 (an der Plaza de la Democracia), museodeljadeins.com.

Museo Nacional de Costa Rica (Nationalmuseum): Schräg gegenüber vom Museo de Jade, einmal die Plaza de la Democracia überquert, steht ein kastellartiges, gelb getünchtes Gebäude – eine ehemalige Festung und Militärgarnison. Heute ist hier das Nationalmuseum von Costa Rica untergebracht. Außen am Gebäude sind zum Teil noch Einschusslöcher aus dem Bürgerkrieg von 1948 erkennbar (→ Geschichte, S. 430). Es gibt mehrere Säle und Ausstellungsräume mit Dauer- und Wechselausstellungen. Man startet den Rundgang mit dem Besuch eines romantischen Schmetterlingsgartens, wo blaue Morphos in allen Größen umherschwirren. Nach einer Ausstellung über heimische Insekten klärt die Hauptausstellung anschaulich über die Geschichte des Landes auf. Los geht es

Vor dem Nationalmuseum

mit der prähispanischen Zeit, die anhand von über 800 Objekten wie Schmuck, Pfeilspitzen, Werkzeug, Zeremonialgefäßen, Knochen und persönlichen Wertgegenständen anschaulich dargestellt ist. Die Bedeutung von Gold für die indigenen Stämme spielt dabei eine Sonderrolle. Weiter geht es mit der Kolonialgeschichte. Neben den Gefängniszellen des alten Kastells sind auch einige Wohnräume im Kolonialstil eingerichtet – die spanischen Konquistadoren und Siedler ließen es sich gutgehen. Im Saal für Sonderausstellungen werden Ausstellungen zu Malerei, Skulptur oder Umwelt installiert. Im grünen Innenhof, wo Sie Ruhe finden und entspannen können, liegen ein paar der großen mysteriösen Steinkugeln aus prähispanischer Zeit, über deren Herstellung und Bedeutung Wissenschaftler bis heute rätseln (→ Kasten, S. 271). Von den oberen Etagen des Gebäudes ergibt sich eine schöne Aussicht auf die Stadt. Erklärungen gibt es auf Spanisch und Englisch.

▪ Di–Sa 8.30–16.30, So 9–16.30 Uhr. 11 $, Studenten 6 $ (Nachweis, ISIC), Kinder unter 12 Jahren frei. Besichtigung ca. 2 Std., barrierefrei. Zwischen Av. Central und Av. 2, an der Ostseite der Plaza de la Democracia (Haupteingang), museocostarica.go.cr.

> Es gibt einen **Museumspass** für 33 $, der ab Kaufdatum zwei Monate gültig ist und den Eintritt in alle drei Museen beinhaltet, erhältlich in jedem der drei Museen.

Wandgemälde in der Calle 17: Gleich hinter dem Nationalmuseum liegt die Calle 17. Gefühlt jede Hauswand wurde hier in ein Kunstwerk verwandelt – meterhohe Wandmalereien bedecken die Mauern, knallfarbig, skurril und sehenswert. Sie eignen sich auch super als Fotomotive (→ Scott's Walking Tour, S. 47).

Parque Nacional und Monumento Nacional: Auf dem Weg zur alten Eisenbahnstation schlendern Sie nun durch den Parque Nacional, eine weitläufige Grünanlage. Auf den Bänken knutschen junge Paare, im Schatten der hohen Bäume spielen Eltern mit ihren Kindern Ball oder üben Fahrradfahren. Lassen Sie sich von dieser entspannten Atmosphäre anstecken, Päuschen, Beine hochlegen und nebenbei vielleicht noch ein Auge über die Kunstwerke im Park schweifen lassen. Die bronzene Skulpturengruppe in der Parkmitte ist das Nationalmonument, das wichtigste öffentliche Denkmal des Landes. Es zeigt den Sieg der zentralamerikanischen Nationen gegen auswärtige Invasoren, bekannt als Filibuster. Ihr Anführer war der bekannte nordamerikanische Freibeuter William Walker, der nicht nur Costa Rica zusetzte, sondern ganz Zentralamerika erobern wollte (→ Kasten, S. 429). Die fliehende Männerskulptur stellt den geschlagenen

William Walker dar, während die Frauenfiguren die gegen ihn kämpfenden Nationen Mittelamerikas symbolisieren: Costa Rica ist die Dame mit der Flagge, Nicaragua hält das zerbrochene Schwert, Guatemala schwingt die Axt, Honduras trägt Pfeil und Bogen und El Salvador wieder ein Schwert. Auch die Reliefs im Sockel nehmen Bezug auf Schlachten und Ereignisse während dieses Befreiungskrieges.

Im Park verteilt harren außerdem weitere Skulpturen wichtiger Persönlichkeiten aus der Geschichte Lateinamerikas aus: der mexikanische Unabhängigkeitskämpfer Miguel Hidalgo, der kubanische Dichter und Revolutionär José Martí sowie der venezolanische Humanist Andrés Bello. Rund um den Park stehen einige bedeutende Gebäude wie der Kongress, das Oberste Gericht, die historische Brennerei oder die Nationalbibliothek. Und gleich um die Ecke liegt auch die nächste Station des Spaziergangs, die alte atlantische Eisenbahnstation.

▪ Av. 1 und 3/C. 15 und 19.

Estación al Atlántico: Ab 1908 rollten von dem herrschaftlichen Gebäude der „Atlantischen Eisenbahnstation" Züge in Richtung Atlantik. Das Bahnhofsgebäude ist ein Mix aus vielen Baustilen: viktorianische Elemente treffen auf Neoklassik, Barock und Jugendstil. Die Bahn war vor allem wichtig, um Güter und Arbeiter zu den Karibikhäfen zu bringen. Das hatte 1996 ein Ende, da die Bahn unrentabel war und schlecht verwaltet wurde. Da der Verkehr in Costa Rica allerdings ein Stau-Wahnsinn ist, hatte die Regierung ein Einsehen und die Bahnstrecke neu belebt. Heute fahren hier wieder Züge nach Cartago, Heredia und Alajuela.

▪ Av. 3.

Gebäude der Estación al Atlántico

Weitere Museen

Museo de Arte Costarricense (MAC, Museum für costa-ricanische Kunst): In dem historischen Gebäude, das einst der Tower des ersten internationalen Flughafens von Costa Rica war und Ende der 1930er-Jahre gebaut wurde, sind verschiedene Ausstellungen untergebracht. Das Ganze ist recht übersichtlich und gratis: eine Abteilung für internationale Kunst mit Gemälden und Skulpturen verschiedener Kunstepochen und – für Costa-Rica-Reisende sicher noch interessanter – eine Ausstellung mit Werken nationaler Künstler aus der zweiten Hälfte des 19. Jh. bis heute. Im Garten stehen Skulpturen. Beeindruckend ist der „Goldene Saal": Auf einer Fläche von 150 m² wird die Geschichte Costa Ricas gezeigt – in einem vergoldeten Flachrelief.

▪ Di–So 9–16 Uhr. Eintritt frei. Besuchsdauer ca. 1 Std. An der Ostseite des Parque Metropolitano La Sabana, bei der Statue von León Cortés, www.musarco.go.cr.

Museo de Arte y Diseño Contemporáneo (MADC, Museum für zeitgenössische Kunst und Design): In vier Ausstellungsräumen und einem Open-Air-Bereich wird zeitgenössische Kunst aus Zentralamerika gezeigt, doch auch internationale Objekte mischen sich darunter. Werke junger Künstler und anerkannter Koryphäen aus den Bereichen Malerei, Radierung, Skulptur, Fotografie, Installation und Virtual Reality gehören dazu. Vor allem die Installationen sind interessant und regen zum Nachdenken an.

▪ Di–Sa 10 –17 Uhr. Eintritt 4 $, Kinder unter 5 Jahren frei, jeder erste Di im Monat frei. Av. 3 und 5/C. 15 und 17, www.madc.cr.

Coole Stadtviertel außerhalb des Zentrums

Wenn dem Zentrum von San José oft Gesichtslosigkeit und Langeweile nachgesagt werden, trifft das für die östlich angrenzenden Stadtviertel nicht zu. Zumindest nicht in puncto Ess- und Ausgehkultur. Barrio Escalante und Barrio San Pedro sind die Treffpunkte für junge Leute. Vor allem abends wird es gesellig.

Barrio Escalante

Das aufstrebende Hipster-Stadtviertel Escalante liegt im Osten von San José, nicht weit von der Estación de Ferrocarril al Atlántico. Hier gibt es trendige Läden und Bars, die besten Cafés der Stadt und Restaurants mit neuen Ideen und Styles – kein Wunder also, dass die Gegend vor allem bei jungen Leuten angesagt ist. Schlemmen, trinken, quatschen und „Leute kucken" ist das Motto des Barrio.

Neben diesen kulinarischen Highlights kommt auch die Kultur nicht zu kurz. Die alte **Zollstation** (Antigua Aduana, C. 23), nicht weit entfernt vom Bahnhof Estación al Atlántico, ist heute ein Kulturzentrum. Hier finden regelmäßig Ausstellungen und Kunsthandwerksmärkte statt. Früher wurden in dem Komplex die Waren verzollt, die ins Land kamen oder es verließen. Außerdem befand sich hier bis 1949 eine Münzprägestätte.

Abstecher zur Universität/ Barrio San Pedro

Die Universität von Costa Rica liegt im Studentenviertel San Pedro im Osten

Im Barrio Escalante

der Stadt. Mal über den Campus zu schlendern, gibt einen interessanten Einblick ins studentische Leben der jungen Josefinos. Rings um die Uni herrscht Trubel. Geschäfte jeder Art, viele Bars, Cafés, günstige Sodas, Pizzerien und Restaurants reihen sich z. B. in der Calle de la Amargura. Im beliebten Jazz Café (→ S. 51) spielt regelmäßig Livemusik, dazu gibt's gutes Essen. Eine große Outlet-Mall gibt es hier ebenfalls.

▪ Mit dem Zug erreichbar – die Bahnstation UCR liegt um die Ecke der Plaza Libertad De Expresión. Die Bushaltestelle für Busse nach San Pedro (Parada de buses de San Pedro) ist in der Av. Central/C. 9 schräg gegenüber vom Restaurant Chelles, Fahrzeit 10 Min.

Barrio Escazú

Das Viertel liegt westlich des Zentrums von „Chepe". Es ist vor allem bei Auswanderern beliebt. Die Umgebung ist grün und hügelig, eine Wandergegend, denn südlich erstrecken sich die Cerros de Escazú. Außerdem gibt es hier alle erdenklichen Shoppingmöglichkeiten, mit dem Multiplaza befindet sich in Escazú eine der größten Malls Lateinamerikas. Einige nette Unterkünfte, wie die Posada Nena, sind hier angesiedelt und das Zentrum ist mit dem Auto in 30 Minuten erreicht.

▪ Busse nach San José fahren von der Plaza Central alle 5–10 Min., Fahrzeit 45 Min., ein Taxi ins Zentrum kostet ca. 25 $.

Tipps für Kinder

Museo de los Niños (Kindermuseum): Von Dinos über Indianer bis hin zu Astronomie und interaktiven Experimenten können sich Kinder hier in 30 Räumen bilden und ausprobieren. Das Museum ist im gelb getünchten Centro

Costarricense de la Ciencia y la Cultura untergebracht. Erwarten Sie jedoch nichts Außergewöhnliches.

▪ Di –Fr 8.30–16.30, Sa/So 9–17 Uhr. 3000 CRC, Kinder 2500 CRC. Av. 9/C. 4.

Parque Zoológico y Jardín Botánico Nacional Simón Bolívar (Zoo und Botanischer Garten): Affen, ein Jaguar, ein Tapir, Faultiere, Krokodile – hier finden verletzte Tiere eine Zuflucht, denn der Zoo ist mehr Auffangstation als Vergnügungspark. 2 ha Grün warten darauf, erkundet zu werden.

▪ Mo–Fr 8–15.30, Sa/So 9–16.30 Uhr. 4200 CRC, Kinder 3150 CRC. Vom Morazán-Park 300 m nördlich und 200 m nordöstlich im Barrio Amón, Zugang über die Av. 11. www.fundazoo.org.

Parque Diversiónes (Freizeitpark): Lust auf Karussells, Aqua-Rutschen mit Gummikreisel, Wasserscooter, Zuckerwatte und Schokoapfel? Dann ab in den Freizeitpark, der sicher ist und viel Spaß für große und kleine Kinder bereit hält.

▪ Sa/So 9–17 Uhr. 12.700 CRC inkl. Fahrgeschäfte. Nahe des Internationalen Flughafens Tobías Bolaños, ca. 15 Min. mit dem Auto. www.parquediversiones.com.

Praktische Infos

Einwohner Ca. 340.000

Information **Oficina de Información Turística,** Av. Central/C. 1/3 im Edificio de las Academias del Ministerio de Cultura, ✆ 222 21090. Mo–Sa 9–12 und 13–17 Uhr.

Botschaften und Konsulate **Deutsche Botschaft (Embajada de Alemania),** Bürokomplex Torre La Sabana, 8. Stock, 300 m westlich vom ICE (Instituto Costarricense de Electricidad, ein auffälliges braunes Hochhaus an der Nordseite des Parque La Sabana), Av. De las Americas/C. 60, ✆ 22909091, für Notfälle ✆ 83817968, www.san-jose.diplo.de.

Österreichisches Honorarkonsulat, Paseo Colón, Edificio Colón, 7. Stock (neben Banco de Costa Rica), San José, Costa Rica, ✆ 22214306, consulado.austria.cr@gmail.com.

Schweizer Botschaft (Embajada de Suiza), Edificio Centro Colón, 10. Stock, Paseo Colón, San José, Costa Rica, ✆ 22214829, sjc.vertretung@eda.admin.ch.

Einwanderungsbehörde **Dirección General De Migración,** Transversal 70, migracion.go.cr. Mo–Fr 7–15 Uhr, früh kommen.

Internationale Organisationen Deutsche Kulturinstitute und Organisationen sind, bis auf das GIZ, im Barrio Pavas angesiedelt.

Colegio Humboldt, Barrio Pavas, C. Alexander Humboldt, 50 m nördlich der US-Botschaft, humboldt.ed.cr.

Goethe-Zentrum (Centro Goethe), Barrio Pavas, C. 100, im Humboldt-Colegio, centrogoethe.com.

Deutscher Akademischer Austauschdienst (DAAD, Servicio de Intercambio Académico Alemán), Barrio Pavas, C. Alexander Humboldt, 850 m nördlich vom Colegio Humboldt, centroamerica.daad.de.

Deutsche Gesellschaft für Internationale Zusammenarbeit (GIZ), Barrio Rohrmoser, Transversal 88, giz.de.

Geld **Banco Central de Costa Rica,** Av. Central und 1/C. 2 und 4. Mo–Fr 9–16 Uhr. Geld tauschen, Reisepass nicht vergessen – Kopie reicht nicht. Vor der Bank kann man sich die Skulpturen anschauen (→ Monumento Los Presentes). An der Ecke Av. Central/C. 2 befindet sich auch ein Geldautomat.

Gesundheit In San José ist die ärztliche Versorgung modern und allumfassend. Von staatlichen und privaten Krankenhäusern bis hin zu Ärztehäusern mit sämtlichen Fachrichtungen findet man für jedes Problem einen Arzt. Für die Behandlung wird grundsätzlich eine Anzahlung oder Vorkasse gefordert. Eine Entlassung aus dem Krankenhaus erfolgt erst nach Begleichung der Rechnung. Einige Krankenhäuser in San José haben eine Versicherungsabteilung, über die manche deutsche Auslandsreisekrankenversicherungen direkte Bezahlungen vornehmen. Eine stets aktuell gehaltene Liste von deutschsprachigen Ärzten findet man als PDF-

San José → Karten S.28/29 und 44/45

Streetart

Download unter https://san-jose.diplo.de/cr-de/service/wichtige-kontakte/1512794.

Notfallnummer: ✆ **911**

Hospital Metropolitano, Av. 8/C. 14, ✆ 25219595, metropolitanocr.com. Gute Klinik mit Möglichkeit für Ultraschall, Röntgen, Physiotherapie, Apotheke und sämtlichen Fachrichtungen.

Hospital San Juan de Dios, Paseo Colón, ✆ 25478000, ccss.sa.cr/hospitales?v=25. Etabliertes Haus, das sich vor allem auf Chirurgie spezialisiert hat. Mit Wartezeiten muss gerechnet werden.

The California Medical Center (Privatklinik), C. 25, ✆ 25399400, hospitallacalifornia.com. Die moderne Klinik mit sehr gutem Ruf hat erst Ende 2012 ihre Türen geöffnet. Allgemeinmedizin, Gynäkologie, Kardiologie, Innere Medizin und andere Fachrichtungen sind vertreten.

Hospital Nacional De Niños (Kinderklinik), Paseo Colón/C. 20, ✆ 25233600, ccss.sa.cr/hospitales?v=21. Neues Krankenhaus, dessen Service und Leistungen gelobt werden. Sämtliche Fachrichtungen sind vertreten.

Farmacía Fischel, eine renommierte Apotheken-Kette mit Lieferservice im Großraum San José. Z. B. in der Av. 3/C. 2 und Av. Central/C.1, geöffnet Mo–Sa 8–20, So 9–19 Uhr. Von Sonnencreme über Elektrolyt-Getränke und Medikamente gibt es hier für fast jedes Wehwehchen ein Heilmittel. Auch die **Clínica Biblia** hat eine große Apotheke, Av. 14, ✆ 25221000, geöffnet 24 Std.

Post Av. 1 und 3/C. 2. Mo–Fr, 7.30–18, Sa 6.30–12 Uhr. In der Post informiert das **Briefmarkenmuseum** über die Geschichte der costa-ricanischen Post (→ S. 32).

Sprachschulen **CRLA Costa Rican Language Academy,** gut geführte Sprachschule im Universitätsviertel. Kleine Lerngruppen, hilfsbereites Team, Familienaufenthalt und diverse Freizeitaktivitäten werden geboten. Barrio Dent, Av. 5 in der Nähe vom Viertel Los Yoses, ✆ 22801685, www.spanishandmore.com.

ILISA, kleine, aber feine Sprachschule in einem Vorort von San José. Einheimische, zertifizierte Spanisch-Lehrer geben Unterricht in kleinen Gruppen. Av. 14/C. 59 und 61, San Pedro, ✆ 22800700, www.ilisa.com

Stadttouren → Kasten, S. 47

Waschsalon **Lavandería Dry Cleaning,** Av. 2 A gegenüber der Plaza de las Artes. Mo–Fr 7–17 Uhr. Die meisten Hotels und Pensionen bieten ebenfalls einen Wäscheservice an.

WiFi und Internet Die meisten Hotels, Restaurants und Cafés bieten ihren Gästen einen schnellen und kostenfreien WiFi-Zugang. Wer neben seinem E-Mail-Verkehr etwas drucken oder scannen will, sollte eines der zahlreichen Internet-Cafés aufsuchen.

Cyber Bodega, Av. 12, zwischen C. 42 und 46. Mo–Sa 9.30–19 Uhr, So Ruhetag.

Für **mobiles Internet** einfach in den Shops von Krölpi, Claro oder Liberty eine SIM-Karte mit Prepaid-Datenpaket erwerben und los geht das mobile Surfen (→ Reisepraktisches von A bis Z/Internet).

Transport

Flugzeug Internationaler Flughafen **Juan Santamaría** (SJO) in Alajuela, 18 km nordwestlich von San José. Das Terminal ist überschaubar. Es gibt einige Bankfilialen mit Geldautomaten, Wechselstuben und eine Touristeninformation. Hier und in Flughafennähe sind alle bekannten und unbekannten Mietwagenverleiher angesiedelt. Lizensierte Taxis warten direkt vor dem Terminal auf Kundschaft. Eine Fahrt ins Stadtzentrum kostet ca. 30 $. Achten Sie darauf, dass das Taxameter eingeschaltet ist. Es gibt auch öffentliche Busse von TUASA, die das nahegelegene Alajuela und San José anfahren. Abfahrt ist im 15-Minuten-Takt direkt an der Hauptstraße vor dem Terminal. Die Fahrt ins Zentrum von San José kostet 3 $ und dauert, je nach Verkehrsdichte, 30 Min. bis 1 Std. Mehr Infos, Pläne und Hinweise zum Geschehen am Flughafen unter www.flysanjose.com. Hier gibt es auch diverse Fluglinien, die Ziele im Inland bedienen (→ S. 442).

Bus Diverse kleine und große Transportunternehmen decken die öffentliche Beförderung in San José ab. Es ist auf den ersten Blick ein großes Chaos, welches aber doch recht gut funktioniert. Am besten macht man sich im Hotel nach dem Weg kundig oder fragt Passanten oder am besten gleich den Busfahrer.

Bezahlen: Den Fahrpreis kassiert immer der Busfahrer beim Einstieg. Am besten hat man das Geld passend parat. Der Fahrpreis ist immer außen auf der Frontscheibe oder direkt über dem Busfahrer angegeben.

Weiterkommen: In der Großstadt San José gibt es viele verschiedene Busbahnhöfe und kleine Terminals, die die verschiedenen Landesrichtungen bedienen. Je nachdem, in welche Richtung man reisen möchte, gilt es, den richtigen Busbahnhof anzusteuern. Es fahren große, luxuriöse Reisebusse zu Fernzielen, kleinere lokale Busse in die nähere Umgebung. Die

San José → Karten S.28/29 und 44/45

Busverbindungen ab San José

Reiseziel	Entfernung von San José	Fahrtzeit (ungefähr)	Busterminal in San José
Jacó	ca. 95 km	2 Stunden	Terminal 7–10
Quepos	ca. 160 km	3–4 Stunden	Terminal Tracopa
Manuel Antonio	ca. 155 km	3–4 Stunden	Terminal Tracopa
La Fortuna	ca. 130 km	3–4 Stunden	Terminal 7–10
Monteverde	ca. 145 km	3–4 Stunden	Terminal 7–10, Terminal Tracopa
Puerto Viejo	ca. 215 km	4–5 Stunden	Terminal Gran Caribe
Tamarindo	ca. 265 km	4–5 Stunden	Terminal 7–10
Liberia	ca. 215 km	4–5 Stunden	Terminal 7–10
Nicoya	ca. 195 km	4–5 Stunden	Terminal 7–10
Puntarenas	ca. 90 km	1,5–2 Stunden	Terminal 7–10
Limón	ca. 170 km	3–4 Stunden	Terminal Gran Caribe

Dies ist nur eine Auswahl an Reisezielen. Die genannten Busterminals sind einige der wichtigsten in San José, aber es gibt auch andere Busgesellschaften und -terminals in der Stadt. Es ist ratsam, sich vor der Reise über aktuelle Busverbindungen und Fahrpläne zu informieren.

Preise der lokalen Busse sind günstig, die Busse voll.

Webseiten: Es gibt verschiedene Übersichten zu den Landeszielen ab San José:

Auf der Webseite www.thebusschedule.com/cr (spanisch und englisch) findet man die meisten Abfahrtsorte und Ziele samt Abfahrtszeiten, Busgesellschaft und Fahrtdauer. Es kann natürlich vorkommen, dass die eine oder andere Zeit nicht mehr stimmt, aber im Großen und Ganzen passt es.

Die Webseite www.buscobus.co.cr stellt ebenfalls die Busbahnhöfe vor und man kann nach bestimmten Reisezielen suchen.

Ziele und Zeiten von Fernbussen stellt außerdem das ICT, Tourismusbehörde Costa Ricas, unter www.visitcostarica.com/en/costa-rica/bus-itinerary zusammen. Wer viel mit dem Bus reisen möchte, sollte sich die Übersicht (27 Seiten) vorab zu Hause ausdrucken oder auf dem Smartphone speichern.

Auch die Seite https://www.sanjosecostarica.org/sobre-san-jose-costa-rica/servicios/transporte-publico/rutas-y-horarios-de-autobuses/ stellt alle Ziele ab San José zusammen und steht als PDF zum Download bereit.

Eine gute Übersicht zu vielen Zielen des Landes ab San José bietet außerdem Tracopa (s. u.).

Busbahnhöfe in San José **Terminal de Buses Tracopa:** Privates Unternehmen mit Busverbindungen ins ganze Land und damit das wichtigste Terminal. Es gibt Sodas, Ladestationen fürs Smartphone und am Samstag ist vor dem Busbahnhof ein großer Markt. Plaza Viquez, C. 5/Av. 20, www.tracopacr.com. Die moderne Webseite stellt alle Routen und Ziele samt Preisen bereit.

Terminal 7–10: Nach Jacó (zentrale Pazifikküste), San Carlos (Norden), Guanacaste und Nicoya (Montezuma und Cobano), Monteverde, Nicaragua und El Salvador. Es ist das modernste Terminal der Stadt mit Geschäften und Lebensmittelläden, Toiletten, Spielplatz und Fahrstühlen. Barrio México, Av. 7/C. 10, www.terminal7-10.com. Auf der Webseite steht auch der Fahrplan.

Terminal La Coca Cola: Zur zentralen Pazifikküste. Die Umgebung ist das Coca-Cola-Rotlichtviertel und nicht sicher. Taschendiebe haben es speziell auf Touristen abgesehen. Nachts ein Taxi nehmen und möglichst wenig Zeit hier verbringen. Av. 1–3/C. 16.

Terminal Alfaro: Zur Nicoya-Halbinsel. Nördlich der Av. 7/C. 10.

Terminal Atlántico-Norte: Zur Karibik (mit Busunternehmen MEPE), in den Norden (Miramar), zur südlichen Pazifikküste (Palmar Norte und Puerto Jiménez mit Transportes Blanco Lobo) und nach Nicaragua (Central Line). Am Terminal gibt es auch ein Hotel und ein Restaurant. Av. 9/C. 12, Terminal Atlántico Norte (Facebook).

Gran Terminal del Caribe: Zur Karibik (Autotransportes Caribeños und MEPE) und zum Braulio-Carillo-Nationalpark. Es gibt Sodas, einen Bäcker, Gepäckaufbewahrung und einen ATM der Banco de Costa Rica. C. Central, südlich der Av. 15 unweit des Museo de los Niños.

Terminal Tralapa: Nach Guanacaste und zur Nicoya-Halbinsel (Tralapa Limitada). Av. 5/C. 20–22.

Terminal Empresarios Unidos: Nach Puntarenas, Esparza, El Roble y San Ramón. Barrio Cuba, Av. 20 A/C. 18.

Terminal Musoc: In den Süden. Av. 22/C. Central-C. 1.

Terminal Tuasa: Nach Alajuela, Flughafen, Poás. Av. 2, an der Nordseite des Parks der Kirche La Merced.

Direktbusse in die Nachbarländer und weiter **Central Line:** tägl. nach Nicaragua/Managua, einfache Fahrt ca. 30 $, Online-Kauf und Reservierung möglich. Terminal Atlántico Norte, www.transportescentralline.com.

Tica Bus: tägl. nach Panama, 3-mal tägl. nach Nicaragua, Honduras, El Salvador, Guatemala und Mexiko. Tickets online buchbar. Abfahrt: Torre Mercedes am Paseo Colón, Av. 3 und Transversal 26, www.ticabus.com.

Tracopa: 2-mal tägl. nach Panama. Plaza Viquez, Av. 20/ C. 5, www.tracopacr.com.

Transnica: 4-mal tägl. nach Nicaragua/Managua, 1-mal tägl. nach Honduras. Av. 3–5/C. 22, ✆ 84080000 (WhatsApp), www.transnica.com.

Nica Express: 2-mal tägl. nach Nicaragua, über Rivas, Granada und Masaya (nur der 12-Uhr-Bus), Managua mit Endstation Chinandega. Terminal 7–10, Online-Kauf möglich, www.nicaexpreso.online.com.ni.

Zugverbindungen Inzwischen hat die Regierung die Wichtigkeit der Reaktivierung der alten Zuggleise erkannt, um den vollkommenen Verkehrskollaps zu vermeiden. Mehrere Linien kreuzen San José, z. B. fahren Züge nach Heredia und Cartago. Die Züge werden vor allem von Berufspendlern genutzt, bieten aber zu Stadtbussen und Taxis eine besondere Alternative – wenn man Zeit hat und flexibel ist. Denn die Fahrt dauert und die Züge fahren nur morgens von 5.30–8 Uhr alle 30 Min. und dann wieder nachmittags ab 15.30 Uhr. Doch es ist ein Erlebnis. Die Tickets werden an den Estaciones oder im Zug gekauft.

Estación al Atlántico, Av. 3 beim Parque Nacional, von hier fahren Züge nach Heredia, Alajuela und Cartago.

Estación al Atlántico–Cartago: Los geht es um 6.30, 7.31 und 7.55 Uhr, dann erst wieder 15–19.30 Uhr etwa halbstündlich.

Cartago–Estación al Atlántico: 5.30–9 und 16.05–18.30 Uhr.

Estación al Atlántico–Heredia: 4.45–8 Uhr etwa alle 30 Min., nachmittags erst wieder zwischen 15.30 und 19.30 Uhr.

Heredia–Estación al Atlántico: 6–9.24 und 16.25–20 Uhr.

Estación al Atlántico–Alajuela: 4.45, 6.45 und 8 Uhr, dann wieder 15.30 und 17.30 Uhr.

Alajuela–Estación al Atlántico: 5.45, 7.45 und 9 Uhr, nachmittags 16.30 und 18.30 Uhr.

Die Zeiten stehen auch unter incofer.go.cr/tren-urbano-cartago-estacion-atlantico/.

Estación del Pacífico, Av. 20/C. 2–4. Diese Station ist für Touristen (noch) nicht so interessant, denn der Zug fährt in die Vororte Pavas und Belén. Vielleicht wird er eines Tages wieder bis Puntarenas fahren. Fahrzeiten unter: incofer.go.cr/tren-interurbano-belen-estacion-pacifico.

Taxis Die autorisierten Taxis in Costa Ricas Hauptstadt sind kirschrot und gut an dem gelben Dreieck an den Türen zu erkennen. Das Einschalten des Taxameters „La Maria" ist gesetzlich vorgeschrieben. Der Zähler beginnt bei ungefähr 550 CRC oder 1 $ und klettert, basierend auf zurückgelegten Kilometern und Wartezeiten.

Taxis Alfaro, ✆ 22218466

La Guaria, ✆ 22267125

Coopetico, ✆ 22247979

Coopetaxi, ✆ 22359966

Mietwagen In der Kompaktklasse sind Mietwagen in Costa Rica je nach Saison zwischen 20 und 30 €/Tag zu bekommen. Zahlreiche Anbieter befinden sich in Flughafennähe.

Sixt, C. 43, Barrio San Pedro, ✆ 24313803.

Alamo, Av. 9/C. 8 San José Int. Airport, ✆ 22427733.

Mit dem Zug nach Cartago

Auf den alten Gleisbetten der Zuglinie von San José nach Cartago werden die Passagiere ordentlich durchgeschüttelt. Die harten Sitze der Bahn erhöhen nicht gerade den Fahrkomfort. Doch egal, die Fahrt macht Spaß! Wie durch ein Schlüsselloch blickt man vom Zug in die Hinterhöfe der Josefinos. Durch das Barrio Escalante, hupend vorbei an der Universität und den Villen der Reichen, schlängelt sich der Zug aus dem Kessel von San José langsam in die Höhe, durchquert Kaffeeplantagen. Unaufhörlich hupt die Bahn, um ihr Kommen im Stadtverkehr anzukündigen. Josefinos erzählen, dass es ab und an zu Unfällen mit Pkws kommt, da Schranken nicht zuverlässig funktionieren und der Zug mitten über Kreuzungen fährt. Bei meiner Tour klappte alles reibungslos. Der Schaffner sagt laut die Stationen an. Beim Verlassen des Zuges an der Station Cartago ist man gleich mittendrin im bunten Treiben rund um den Mercado Municipal der trubeligen Stadt. Die Zugfahrt ist eines der wenigen Erlebnisse, wo der ausländische Tourist noch die Einheimischen-Preise zahlt.

■ Preis: 550 CRC. Am Bahnhofsschalter oder im Zug beim Schaffner zahlbar. Fahrzeit Estación al Atlántico–Cartago 50 Min.

San José → Karten S. 28/29 und 44/45

Übernachten (S. 48/49)

11 Hotel Presidente
18 Hotel Fleur de Lys
19 Hotel Casa 69
20 Casa León Guesthouse
21 Hotel Colonial
25 Stray Cat Hostel
27 Hotel Aranjuez
29 Hotel Santo Tomas
34 Hostel Finca Escalante
37 Hostel del Paseo

Nachtleben (S. 51)

10 El Cuartel de la Boca del Monte/ La Esquina
42 Shakespeare Bar
46 Mamba

Essen & Trinken (S. 49–51)

8 Pizza Oliva
9 Café La Mancha
12 Alma de Café
13 Sphaere Coffee and Bakery
14 Tenedor Argentino
15 Nuestra Tierra
22 La Esquina de Buenos Aires
24 Tin Jo
28 Restaurante Silvestre
32 Wilk Craftet Beer
33 Lupulus Beer Shop
35 Costa Rica Beer Factory
36 Franco
39 Cafeoteca
40 Calle 33 Mercadito
41 Árbol de Seda
43 La Casona Típica
44 Jardín de Lolita
45 Sofía Mediterráneo
47 Club Alemán

Einkaufen (S. 46/47)

16 Plaza de las Artes
17 Chietón Moren
23 Mercado Municipal de Artesanías
26 Feria Verde de Aranjuez
30 Galeria Namu
31 Mercado Borbón
38 Mercado Central

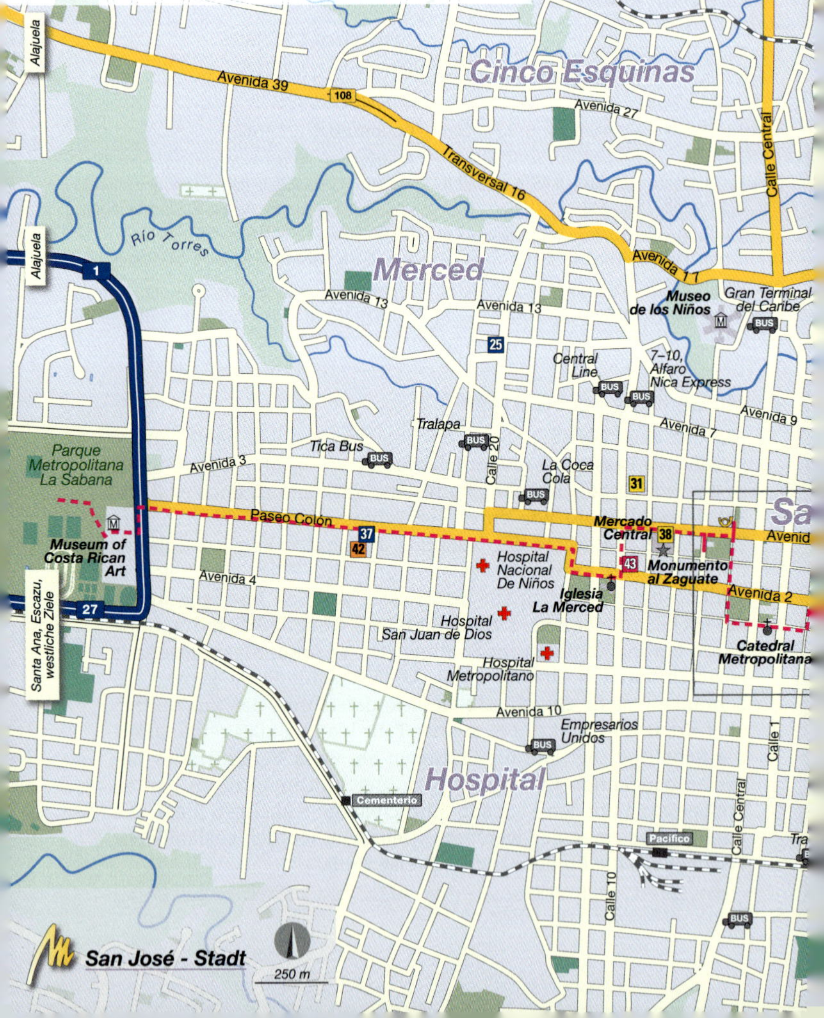

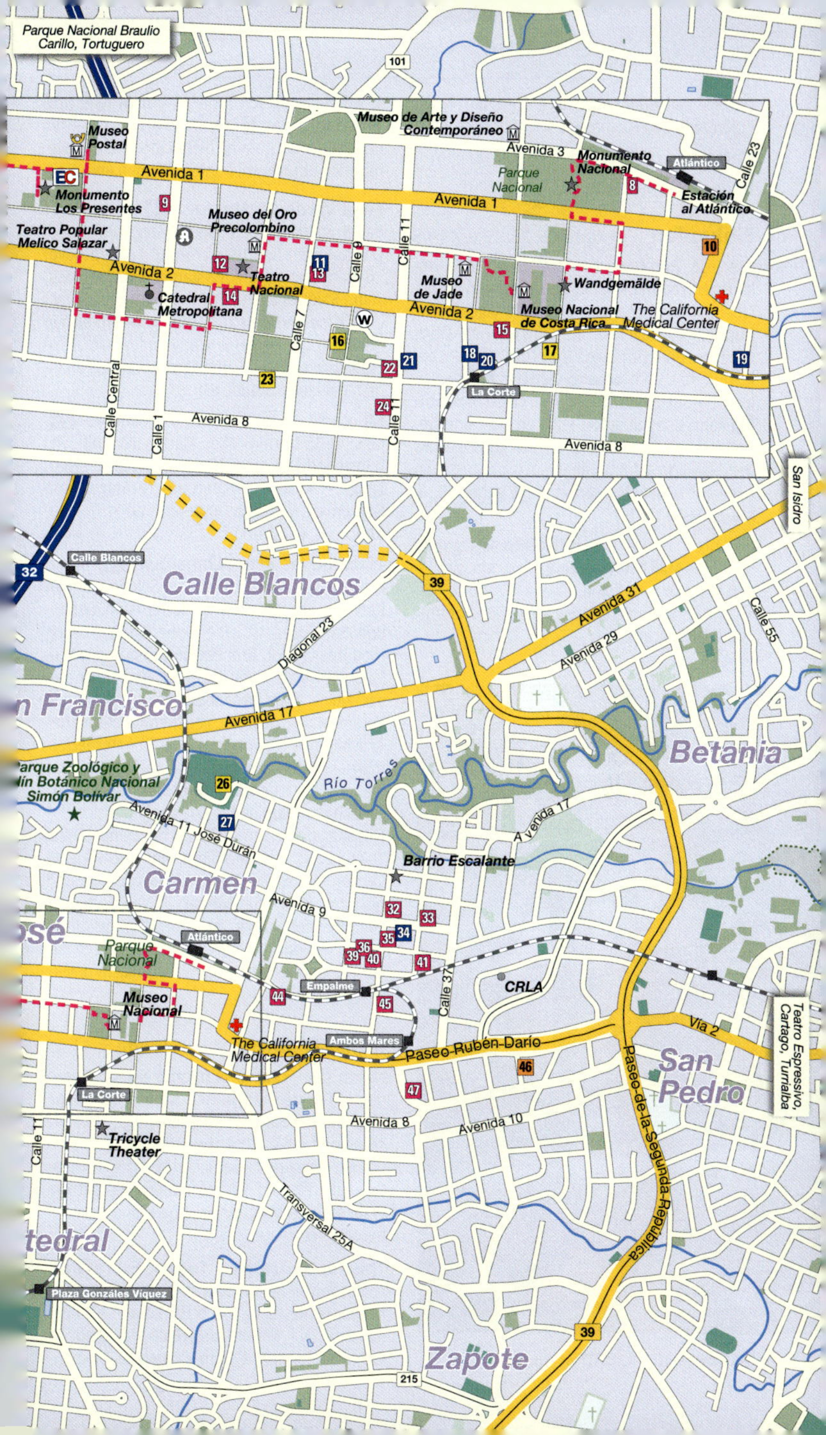

Parque Nacional Braulio Carillo, Tortuguero
101
Museo Postal
Museo de Arte y Diseño Contemporáneo
Avenida 3
Monumento Nacional
Atlántico
Calle 23
Avenida 1
Parque Nacional
Estación al Atlántico
Monumento Los Presentes
Teatro Popular Melico Salazar
Museo del Oro Precolombino
Avenida 2
Teatro Nacional
Calle 9
Calle 11
Museo de Jade
Wandgemälde
Catedral Metropolitana
Calle 7
Museo Nacional de Costa Rica
The California Medical Center
Calle Central
Calle 1
Avenida 8
La Corte
San Isidro
Calle Blancos
32
39
Avenida 31
Avenida 29
Calle 55
Diagonal 23
San Francisco
Avenida 17
Betania
Parque Zoológico y Jardín Botánico Nacional Simón Bolívar
Río Torres
Avenida 11 José Durán
Barrio Escalante
Carmen
Avenida 9
San José
Empalme
Calle 37
CRLA
Vía 2
Ambos Mares
Paseo Rubén Darío
San Pedro
Teatro Espressivo, Cartago, Turrialba
Avenida 10
Tricycle Theater
Transversal 25A
Paseo de la Segunda República
Catedral
Plaza Gonzáles Víquez
Zapote
215

Weitere Anbieter haben ihren Sitz am Paseo Colón zwischen Flughafen und Stadtzentrum.

Hertz, Paseo Colón/C. 38, ✆ 22211818.

Budget, Paseo Colón/C. 30, ✆ 24362007.

Einkaufen → Karten S. 28/29 u. 44/45

San José. Rechts und links gibt es große Einkaufszentren mit sämtlichen bekannten Modelabels, dazwischen liegen Musikgeschäfte, Buchläden, Drogerien und Supermärkte. Obst, Gemüse und Sonstiges „für die Küche" bekommt man im **Mercado Central** **38** de San José (→ S. 30). Auch der **Mercado Borbón** **31** kann sich mit seiner Fülle an Obst und Gemüse sehen lassen, ist ein Stück günstiger als der Mercado Central, aber auch ein bisschen rustikaler – auf Wertsachen Acht geben (C. 8, Mo–Sa 5–18 Uhr).

Im Vorort Escazú lädt Lateinamerikas größte Shopping-Mall **Multiplaza** **2** dazu ein, sich jeden Wunsch zu erfüllen. Mo–Sa 10–20, So 10–19 Uhr. C. Multiplaza, www.multiplaza.com/m/multiplaza-escazu.

Im Mercado Central

Am Samstag von 5 bis 13 Uhr ist in Escazú **Wochenmarkt** **7** (Feria del agricultor) – die Bauern der Umgebung bieten ihr Obst und Gemüse an übervollen, bunten Ständen an.

Feria Verde de Aranjuez **26**, ein weiterer Bauernmarkt findet jeden Samstag von 7 bis 13 Uhr auf dem Sportfeld (Parque Polideportivo) im Stadtviertel Aranjuez statt, 1,5 km nordöstl. vom Stadtzentrum. Bio-Produkte von Obst über Käse und Fleisch werden von zahlreichen Händlern der Umgebung angeboten, wer Tico-Essen probieren will, nimmt einen Imbiss an einem der vielen Stände ein.

Mercado Municipal de Artesanías **23**, tägl. 8–18 Uhr. Große Markthalle mit viel Kunsthandwerk und Kitsch zu Touri-Preisen. Einige Produkte stammen aus Nicaragua und Guatemala; wer sich auskennt, merkt das natürlich. Av. 6, C 5 und 7.

Plaza de las Artes/Chinatown **16**, dieser Platz gegenüber der Kirche La Soledad, umgeben von den üblichen modern-tristen Gebäuden San Josés, ist eine Open-Air-Ausstellung moderner Kunst. Bronzeskulpturen und Installationen wurden hier inszeniert und so ist dieser kleine Platz besonders am Wochenende Veranstaltungsort verschiedener künstlerischer Aktivitäten wie Konzerten oder Theaterperformances. John Lennon hat auf seiner Bank immer ein Plätzchen frei. **Samstag ist Markt!** Südlich der Plaza de las Artes befindet sich das Eingangstor zu San Josés Barrio Chino (China Town, C. 9), das allerdings eine recht kleine Version dieses asiatischen Mikrokosmos und nicht mit den großen Vierteln in New York oder London vergleichbar ist. Trotzdem bekommt man hier vom leckeren asiatischen Essen bis hin zur gold schimmernden Winkekatze unverwechselbare China-Waren.

Kunst & Kultur → Karte S. 44/45

Neben dem **Teatro Nacional** (→ S. 33) und dem **Teatro Popular Melico Salazar** (→ S. 32) hat San José eine lebendige Theaterszene und regelrechte Theaterviertel, z. B. südlich der Plaza de la Democracia, wo sich Theater, Kabarett und Varieté reihen. Da fällt die Wahl schon schwer. Anbei eine kleine Auswahl besonderer Häuser:

Theater/Konzerte **Teatro Espressivo,** professionell, guter Sound, spannende Bühnenbilder, Restaurant und Bar sorgen für Kulinarisches zur Kultur. Außerhalb der Stadt in Richtung Cartago, Centro Comercial Momen-

Touren in und um San José

Die meisten Unterkünfte bieten Touren in und um San José an bzw. arbeiten mit Touranbietern zusammen. Viele Highlights, die rund um die nahen Städte Alajuela, Cartago oder Heredia liegen, können auch gut direkt von der Hauptstadt aus besucht werden.

Scott's Walking Tour: Scott zeigt San José auf seine besondere Art und Weise und lässt einen vergessen, ein Tourist zu sein. Da er selbst mit Krücken geht, ist das Tempo langsam und bietet Zeit, mit offenen Augen durch Chepe zu spazieren. Als Fotograf hat Scott wertvolle Tipps für tolle Motive. Auch seine Food-Tour durch San José ist erstklassig. ✆ 83051607, www.scottkwimercostarica.com.

Chepecletas: Eine Stadt mit dem Fahrrad zu erkunden, bietet gänzlich andere Blickwinkel und Eindrücke. Chepecletas hat darin mehrjährige Erfahrung. In 2 Std. geht es ab durch das chaotische San José. Fahrrad und Helm werden gestellt. Noch mehr Chepe? Es gibt auch eine Kaffeetour, eine Tour durch nächtliche Bars und eine Food-Tour. ✆ 22227548, www.chepecletas.com.

VIP City Bus: Verschiedene Attraktionen der Stadt werden mit dem Bus angefahren und können dann zu Fuß erkundet werden. Mittags gibt es die Option inkl. Mittagessen, am Abend eine Rundfahrt mit Abendessen. ✆ 22820240, www.vipcitybus.com.

Urban Adventures: Diverse Touren sind im Angebot, ob eine 3-stündige Tour durch die Märkte und Parks der Stadt, die nächtliche Genuss-Tour durch die Gassen von San José oder die mehrtägige Rundfahrt zu den Highlights um San José. ✆ 6121250, www.urbanadventures.com.

Costa Rican Trails: Der Anbieter hat sicher für jeden die passende Tour im Sortiment, ob abenteuerlich mit Rafting und Canopy, sportliche Trekkingtouren oder entspannende Birdwatching-Safari. Außerdem gibt es Touren in das angrenzende Nicaragua. ✆ 25276700, www.costaricantrails.com.

tum Pinares an der alten Straße (antigua carretera) nach Tres Ríos, espressivo.cr.

Tricycle Theater, Komödie und aktuelle Themen aus Politik und Gesellschaft. Zwischen Av. 8 und 10/C. 15, teatroeltriciclo.com.

Little Theatre Group, die älteste Theater-Crew Costa Ricas gibt mehrere Stücke pro Saison zum Besten, auch auf Englisch. Das Ambiente ist persönlich, die Location klein und die Schauspieler haben es drauf. C. Vista Alegre, Escazu, littletheatregroup.org.

Galerien **Galeria Namu 30,** atemberaubende Galerie mit erlesenem Kunsthandwerk aus Mittelamerika. Holzschnitzereien, Keramiken, Textilien, Webarbeiten und vieles mehr wird aus fairem Handel zu angemessenen Preisen angeboten. Wer nach einem authentischen Mitbringsel sucht, ist hier richtig. Av. 7/C. 5 und 7. Mo–Sa 9–18.30.

Chietón Moren 17, hier kauft man nachhaltig ein und unterstützt dabei die Indígenas von Costa Rica. In dem kleinen Laden unweit des Nationalmuseums wird Kunsthandwerk der indigenen Völker verkauft. Auf anschaulichen Erklärungstafeln zu den einzelnen Stämmen und ihrer Kunst erhält man einen guten Überblick über die indigenen Regionen des Landes. Keramik, Naturschmuck, Taschen, Kokosprodukte und Körbe werden angeboten. Eine Organisation kümmert sich um den Verkauf – Fairtrade, direkt erworben von den indigenen Familien. Tägl. 10–16 Uhr. Av. 2 und 4/C. 17, südl. Ecke vom Museo Nacional, www.chietonmoren.org.

Übernachten

→ Karten S. 28/29 u. 44/45

Vom einfachen Hostel bis zum Sternehotel – sorglose Träume in der Hauptstadt sind für jeden Geldbeutel zu haben. Viele Unterkünfte konzentrieren sich im Zentrum, doch auch in den Barrios gibt es Übernachtungsmöglichkeiten.

Folgende **Webseiten** eignen sich für die Suche:
www.booking.com,
www.hostelbookers.com,
www.hostelworld.com,
www.airbnb.com,
www.couchsurfing.com.

In Flughafennähe/Alajuela Da der internationale Flughafen Juan Santamaría in Alajuela liegt, ist für die erste und letzte Nacht der Reise eine flughafennahe Unterkunft in Alajuela die bessere Wahl, als den weiteren Weg ins Stadtzentrum von San José auf sich zu nehmen, zumal viele Flüge abends ankommen. Eine Möglichkeit ist auch, einen der Vororte von San José, wie das Viertel Escazú oder Santa Ana, zu wählen (s. u.), die etwa 20 Min. Fahrzeit vom Flughafen entfernt sind. Zu den Unterkünften in Alajuela → Alajuela/Übernachten, S. 62.

Im Zentrum **Casa León Guesthouse** **20** Das Casa Leon bietet saubere Zimmer mit warmer Dusche zu einem tollen Preis-Leistungs-Verhältnis. In gemütlichen Sitzecken kann man sich von der Anreise erholen und im Reiseführer schmökern. Gastgeber Patrick hält so manchen Tipp für den Stadtrundgang bereit. Abholung vom Flughafen ist möglich. 75 m nordöstlich der Klinik Doctores Echandi, C. 13, ✆ 22211651, www.hotelcasaleon.com. €

Stray Cat Hostel **25** Bunt bemalte, zweckmäßige Unterkunft für junge Leute ohne viel Schnickschnack. Gemeinschaftsküche und -bäder geben den Ton an. Es gibt Schließfächer, einen Pick-Up-Service vom Flughafen, Tourangebote und eine Free Walking Tour durch Chepe. Av. 9/C. 20, Barrio Mexico, ✆ 40343805, www.straycathostel.com. €

Hotel Fleur de Lys **18** Charmantes Haus im Kolonialstil mit besonderem Flair. Die Zimmer sind sauber, das Frühstück ist umfangreich. Die angrenzende Bahnlinie mit beginnendem Zugverkehr ab 5.30 Uhr ist annehmbar. Zwischen Av. 2 und 6/C. 13, ✆ 22231206, www.hotelfleurdelys.com. €€

Hotel Aranjuez **27** Eine Ruhe-Oase im turbulenten San José. Kleine, aber feine Zimmer. Im begrünten Innenhof lässt es sich hervorragend pausieren. Das Frühstück ist erstklassig. Av. 11 und 13/C. 19, ✆ 22561825, www.hotelaranjuez.com. €€

Hotel Santo Tomas **29** Das Haus im Kolonialstil bietet solide Zimmer und ein gutes Frühstück (inkl.). Im Patio befindet sich ein kleiner Pool. Für Erkundungen in der Stadt ist das Hotel gut gelegen. Av. 7, zwischen C. 3 und 5, vom INS-Gebäude 250 m westlich, ✆ 22550448, www.hotelsantotomas.com. €€

Colours Oasis Resort **1** Das Colours Oasis im Kolonialstil bietet geräumige Zimmer und ist LGTBIQ-freundlich. Der Pool sorgt für kühle Erfrischung nach einem anstrengenden Stadtrundgang, an der Bar warten Getränke. Triángulo de Pavas Rohrmoser, ✆ 22961880, www.coloursoasis.com. €€

Hotel Casa 69 **19** Kleines Hotel mit kleinen Zimmern. Dafür überzeugen die Dachterrasse mit einem tollen Blick über San José, die zentrale Lage und der begrünte Patio, in dem das Frühstück, im Preis inbegriffen, serviert wird. Die nahegelegene Zugstrecke ist verkraftbar. C. 25–69, Barrio California, ✆ 22568879, www.hotelcasasanjose.com. €€

Hostel del Paseo **37** Das Hostel ist perfekt für junge Leute. Es gibt gemischte Schlafsäle, aber auch DZ, alle mit Etagenbetten. Im Aufenthaltsraum warten Kicker, Billard und Tischtennisplatte. Kontinentales Frühstück ist inbegriffen. Paseo Colón zwischen C. 26 und 28, ✆ 40201212. €€

Hotel Colonial **21** Im kolonialen Haus gibt es geräumige Zimmer mit bequemen Betten und Nachttischlampen, äußerst hilfsbereite Mitarbeiter und einen erfrischenden Pool. Ein überschaubares Frühstück hilft beim Start in den Tag. Av. 2 und 6/C. 11, ✆ 22230109, www.hotelcolonialcr.com. €€

mein Tipp **Hostel Finca Escalante** **34** Tolles familiäres Guesthouse mit grünem Garten, Gemeinschaftsküche und großem Aufenthaltsraum. Es gibt DZ mit eigenem Bad, aber auch Familienzimmer mit bis zu 6 Betten. Manche Zimmer haben Gemeinschaftsbäder, sehr sauber und geräumig. Das inklusive Frühstück wird als Buffet angeboten. Sehr gute Lage inmitten des Restaurantviertels Escalante. Av. 9/C. 33 und 35, Barrio Escalante, ☎21005560, www.fincaescalante.com. **€€**

Hotel Presidente **11** Geschmackvoll eingerichtetes, modernes Haus in zentraler Lage. Die Zimmer sind sauber und geräumig. Auf der Dachterrasse werden leckere Drinks serviert, Frühstück kann dazu gebucht werden. Av. Central/C. 7, ☎20100000, www.hotel-presidente.com. **€€€**

Vorstädte Escazú und Santa Ana Wer nicht mitten im Zentrum von San José übernachten möchte und sowieso die nähere Umgebung erkunden will, findet in den stadtnahen Vororten Escazú und Santa Ana schöne Unterkünfte.

Posada Nena **4** Volker aus Deutschland und seine venezolanische Frau leben mit ihren zwei Kindern schon seit über 15 Jahren in Lateinamerika, zuerst in Venezuela, nun schon lange in Costa Rica. Die Posada befindet sich in einer ruhigen Straße in der Vorstadt Santa Ana und ist wunderschön eingerichtet, mit Holzmöbeln, Wanddeko und schicken Bädern, alles ist sehr sauber, geräumig und gemütlich. Es gibt verschiedene Zimmerkategorien, einige gehen vorn zur Straße hinaus, andere zum hübschen Garten, bepflanzt mit Blumen und ausgestattet mit Hängematten, und haben eine private Terrasse oder einen Balkon. An der Bar gibt es kühles Bier und man kann den Hausherren nach Reise-Tipps befragen, denn Volker organisiert auch alle Arten von Touren durch Costa Rica und kennt sich bestens im Land aus. Ein leckeres Frühstück ist im Zimmerpreis enthalten. Av. 7/C. 4, San José, Santa Ana, ☎228211 73, www.posadanena.com. **€€**

Posada El Quijote **6** Gutes Hotel in Escazú außerhalb von San José mit sauberen, geräumigen Zimmern mit allem, was man braucht (Klimaanlage, Küchenecke, Terrasse). Sehr freundliches Personal und gutes Frühstück, Pool mit tollem Blick über die Stadt. Restaurants im Ort sind zu Fuß erreichbar. C. Los Leones, Bello Horizonte, San José, Escazú, ☎22898401, www.quijote.cr. **€€**

Vista Canyon Inn **5** Zu der sehr schönen Hotelanlage gehören ein Garten mit Blick auf den Canyon, eine Sonnenterrasse und ein Pool. Die Zimmer samt Bad sind liebevoll gestaltet mit guten Betten, schicken Möbeln und schöner Deko an den Wänden, außerdem mit AC und TV. Die Suiten haben ein Sofa, eine Minibar und einen Kühlschrank. Frühstück ist inklusive. C. Copey, Santa Ana, www.vistacanyoninn.com. **€€€**

Essen & Trinken im Zentrum

→ Karte S. 44/45

Cafés **Café La Mancha** **9** Im historischen Ambiente eines überdachten Innenhofs sitzt man entspannt bei Cookies und Kaffee, wahlweise mit Schuss oder auch gesund mit Soja-Milch. Für herzhafte Momente gibt es Burger und andere Kleinigkeiten. Mo–Sa 7.30–19, Sa erst ab 10 Uhr. C. 1 oberhalb der Av. Central nördlich der Kathedrale, ☎22215591, Facebook. **€–€€**

Sphaere Coffee and Bakery **13** In dem Bistro-Café werden schon morgens die herzhaften Tico-Frühstücksgerichte aufgetischt, doch es gibt auch Vitrinen wie bei einem Bäcker, wo man sich zum Kaffee leckere Teilchen aussuchen kann. Mo–Sa 8–19 Uhr. Av. Central/C. 7, unweit des Nationaltheaters, ☎839 53000, Facebook. **€–€€**

meinTipp **Alma de Café** **12** Wer nach dem Theaterbesuch eine Pause braucht, kann hier bei Kaffee und Kuchen entspannen. Das historische Ambiente passt wunderbar dazu. Tägl. 9–19 Uhr. Im Nationaltheater, ☎20101110, www.teatronacional.go.cr/Cafeteria.

Tipico **La Casona Típica** **43** Das Restaurant ist besonders bei Einheimischen beliebt. Hier werden leckere Casados wahlweise mit Rind, Fisch oder Huhn serviert. Die Preise sind vernünftig und der Service ist engagiert. Tägl. 7–22 Uhr. Av. 2, gegenüber dem Hotel Talamanca, ☎22588384. **€€**

Nuestra Tierra **15** In lebendiger Atmosphäre werden kräftige Steaks und herzhafte Ceviches serviert. Auch Vegetarier kommen auf ihre Kosten. Die Portionen sind für den großen Hunger. Der Service ist fesch und erfrischend. Tägl. 7–22 Uhr. Av. 2/C. 15, an der Plaza de la Democracia, ☎22586500. **€€**

Silvestre **28** Im Silvestre wird die heimische Küche neu interpretiert. Beste Zutaten und feinste Aromen machen die Gerichte zum Geschmackserlebnis, z. B. die Wildbrühe mit Wolfsbarsch und Garnelen an Mais, Avocado und Ingwer oder gegrilltes Rib-Eye mit Kürbismüsli und Pilzen. Die Karte ist übersichtlich, die Atmosphäre einzigartig und der Service exzellent. Mo–Sa 18–21.30 Uhr. Av. 11/C. 3 a, ☎222 12465, www.restaurantsilvestre.com. **€€€**

San José → Karten S. 28/29 und 44/45

Pizza Oliva

Südamerikanisch **Tenedor Argentino** **14** Ob T-Bone, Tenderloin oder Mignon – die punktgenau gebratenen Steaks und hausgemachten Pommes sind eine kulinarische Offenbarung. Die Weinliste ist gut sortiert. Mo–Mi 7–22, am Wochenende bis 23, So 12–22 Uhr. Rückseite vom Teatro Nacional, ✆22215152, www.tenedorargentino.com. **€€–€€€**

La Esquina de Buenos Aires **22** Gemütlich! Tintenfischringe, Muscheln oder Rinderfilet – die beliebte „Ecke" bereitet alles frisch zu, sehr lecker sind die passenden Soßen. Die Dekoration ist wie in einem alten Restaurant in Buenos Aires, der Service super, Weine und Cocktails klasse. Besser reservieren! Hinter der Iglesia Nuestra Señora de la Soledad, C. 11, ✆222319 09, www.laesquinadebuenosaires.net. **€€€**

Asiatisch **Tin Jo** **24** Ob Thai, Indisch oder Japanisch, leckere Currys oder Sushi – im Tin Jo lässt sich vorzüglich speisen. Und dies zu vernünftigen Preisen. Tägl. 11.30–14.30 und 18–22 Uhr. Av. 6 und 8/C. 11, hinter der Kirche La Soledad, ✆22217605, www.tinjo.com. **€€**

Mediterran **Pizza Oliva** **8** Leckere Pizzen aus dem Holzofen werden im Oliva serviert. Dazu kommen hausgemachte Öle. Neapel lässt grüßen. Di–So 12–14 und 18–21 Uhr. Av. 3/C. 19, Casa 172, Barrio El Carmen, ✆88321222, www.pizzaoliva.net. **€€**

Deutsch **Club Alemán** **47** Wem es nach deutscher Kost gelüstet, der ist hier genau richtig. Essen wie daheim: Jägerschnitzel, Gulasch oder Königsberger Klopse. Dazu ein frisches Weißbier. Prost! Di und Do 11.30–21.30, Fr/Sa 12–20, So 12–16 Uhr. Barrio Los Yoses, Av. 8, 2. Stock, ✆22250366, Club Aleman de Costa Rica (Facebook). **€€**

Essen & Trinken im Barrio Escalante

→ Karte S. 44/45

Cafés/Frühstück **Franco** **36** Hier gehen die Ticos gerne frühstücken, da das Gallo Pinto in einer großen Schüssel daherkommt, der Laden modern eingerichtet ist und man auch draußen ganz nett sitzen kann. Mo–Fr 7–19, Sa/So 9–19 Uhr. Av. 7/C. 31 und 33, www.franco.cr. **€**

Cafeoteca **39** Hier bekommen Kaffeefans echte Kaffeekunst in die Tasse und unterstützen damit auch noch kleine Produzenten in ganz Cosa Rica. Dazu passt die Auswahl an Croissant-Variationen ausgezeichnet. Di–So 8–19 Uhr. Av. 5/C. 31, 50 m östlich vom Parque de Francia im zugehörigen Restaurant Kalú, Cafeoteca Coffee Shop (Facebook). **€**

Restaurants/Essensmärkte **Sofía Mediterráneo** **45** Im Barrio Escalante findet man das Mittelmeer in Mittelamerika. Ravioli mit Feigenfüllung, Shrimp-Risotto oder gebratenes

Lamm. Die Gerichte sind geschmacklich fein abgestimmt. Ergänzend findet die tolle Weinkarte Beachtung. Zum Abschluss ein köstliches Kadayif, ist jede Kalorie wert. 12–15 und 18–22 Uhr, Di geschl. C. 33, Barrio Escalante, ✆ 222 45050, Sofia Mediterráneo (Facebook). €€

Nach der Zecherei Hunger? Dann nix wie hin zum **Jardín de Lolita 44** oder zum **Calle 33 Mercadito 40** – zwei angesagten Streetfood-Märkten südlich und östlich vom Parque Francia (12–22 Uhr). Burger, Tacos, Pizza, Fruchtsmoothies, Cocktails, Eis – durch die verschiedenen Anbieter ist für jeden Geschmack das Richtige dabei. €€

Vegetarisch/Vegan **Árbol de Seda 41** Hier kommen nicht nur Vegetarier auf ihre Kosten. Gerichte wie Ananas-Quesadillas oder Kochbananen-Burger sorgen für wahre Geschmacksexplosionen. Der Basilikum-Orangen-Saft ist unglaublich lecker. 9–17, Do–So bis 22 Uhr, Mo geschl. Barrio Escalante, Av. 7/C. 35, ✆ 22810513. €€

Bierkneipen **Lupulus Beer Shop 33** Wer eher dem Bier zugeneigt ist, sitzt im Biergarten wunderbar entspannt in gemütlicher Lichter-Atmosphäre. Die Karte ist voll mit „Cerveza artesanal", Bieren von kleinen Brauereien, darunter das hauseigene Chuletesen, ein kühles Blondes. Ab und zu spielt Livemusik. Di–Do 14–22, Fr/Sa 12–24, So 12–21 Uhr. Av. 9/C. 35, www.lupuluscr.com.

Costa Rica Beer Factory 35 Auch hier kann man aus den vielen Sorten sein Lieblings-Cerveza küren, allerdings in der Flasche, vom Fass gibt's nur Imperial. Tägl. ab 12 Uhr. Ecke Av. 7/ C. 33.

Wilk Craftet Beer 32 Urig und sehr beliebt, man bekommt alles vom guten Handgemachten von Stout bis hin zu Met. Tacos können sie hier auch gut, dazu spielt Musik in Unterhaltungslautstärke. Mo-Fr ab 15 Uhr, Sa/So ab 12 Uhr. Av. 9/C. 33.

Nachtleben → Karten S. 28/29 u. 44/45

Tanzen/Bars **Mamba 46** In Feierlaune? Dann nichts wie in die Disko Mamba im Studentenviertel Los Yoses. Satte Beats setzen die Füße in Bewegung, angesagter Reggaeton bringt die Hüften in Schwung und bei Salsa ist es eine Freude, den Tanzkünsten der Latinos zuzusehen – oder mitzumachen. Jeden Tag gibt es irgendeine Promo auf Getränke. Auf der Ecke sind noch mehrere Pubs, Bars und Clubs. Fr/Sa ab 19 Uhr. Av. 2/C. Rafael Cardona.

Shakespeare Bar 42 Cooles, schummriges Shakespeare-Ambiente mit guten Drinks und flottem amerikanischen Essen wie Burgern. Mo–Sa 16–23 Uhr. Av. 2/C. 28, Barrio San Bosco, unweit vom Sabana-Park, barshakespeare.com.

El Cuartel de la Boca del Monte/La Esquina 10 In dem Trend-Restaurant mit separater Bar, genannt La Esquina, treffen sich vor allem junge Hipster zum Essen, Plausch und Cocktail-Schlürfen – über 200 stehen zur Wahl. Mo, Mi und Fr ist besonders viel los, denn dann gibt es Livemusik. Auf der Ecke gibt es noch weitere Bars und Clubs wie das Avalon, gleich ein paar Häuser weiter. Tägl. 11–14 und 18–24 Uhr. Av. 1/C. 23.

Live **Jazz Café Escazú 3** Im Jazz Café essen, trinken und quatschen Touristen, Auswanderer und Costa Ricaner alle unter einem Dach und genießen die Klänge der allabendlich verschiedenen Live-Jazz-Künstler. Tägl. ab 18 Uhr. Parallel an der Autobahn 27 im Vorort Escazú, gegenüber dem Marriott Hotel, www.jazzcafecostarica.com.

San José → Karten S.28/29 und 44/45

Costa Rica's Craft Brewing Company

In einer alten, wiederaufbereiteten Fabrik, 30 Minuten westlich von San José beim Ort Brasil, stellen ein paar Bierliebhaber „cerveza artesanal" her, das nur aus Vollkorn, Hopfen, Hefe und Wasser besteht. Das Konzept ist neu in einem Land, das seine nationalen Biere Imperial und Pilsen liebt, aber die Biersorten von CRCBC sprengen die traditionellen Geschmacksnormen. Während der Besichtigung wird der Brauprozess erklärt und mehr als sieben verschiedene Biersorten werden verkostet. Unbedingt das Libertas Golden Ale und das Segua Red Ale probieren! Anreise am besten per Uber.

▪ Di–Sa 14–22, So nur bis 18 Uhr. C. Brasil, Brasil de Mora (Facebook).

Valle Central

Schmale Straßen, jede Menge Verkehr und Städte, die ineinander wachsen: Im Valle Central rund um die Hauptstadt San José brodelt das Tico-Leben.

- **Vulkane:** Poás (2708 m) und Irazú (3432 m)
- **Höhe:** durchschnittlich 1400 m ü. d. M.
- **Haupterntezeit für Kaffee:** Dezember und Januar

Es ist nicht klar auszumachen, ob man sich noch in San José befindet oder bereits in Alajuela. Oder in Heredia. Oder in Cartago. Die Städte rund um San José wachsen in die Hauptstadt hinein bzw. andersherum, denn einige sind deutlich älter als die Kapitale. Entsprechend trubelig geht es im Großstadtkessel zu. Die Verbindungsstraßen zwischen den Orten sind häufig nicht breiter als eine Dorfstraße, langsam fahren ist angesagt; und nicht selten zuckeln Traktoren oder Lkws voran. Die Städte gliedern sich nach dem spanischen Schachbrettsystem – vertikal und horizontal verlaufen die durchnummerierten Straßen, was vor Ort die Orientierung vereinfacht.

Im Valle Central lebt ein Drittel der Gesamtbevölkerung Costa Ricas und das im Vergleich zum Rest des Landes auf ziemlich engem Raum. Dementsprechend weltoffen und heterogen präsentiert es sich. San José, Heredia und Cartago sind quirlige Studentenstädte, das Leben im Valle ist deutlich geschäftiger und hektischer als an den Küsten oder in den Bergen. Dafür hat es viel Kultur zu bieten wie Theater und Ausstellungen, Museen und Konzerte. Auch kulinarisch möchten die Ticos mit dem Rest der Welt mithalten, daher gibt es in den Städten neben internationalen Restaurants auch oft Streetfood und Food-Märkte, wo selbstgemachtes Bio- und kreatives Essen präsentiert wird.

Abwechslungsreiche Unternehmungen im Valle Central füllen den Tag: Besteigen der Vulkane, Baden in Wasserfällen, abenteuerliche Wildwasserfahrten bis hin zum Besuch auf Kaffeeplantagen oder in Käsereien. Da das Klima das ganze Jahr über frühlingshaft freundlich ist, steht beliebten Ausflügen zum Vulkan Poás und zu den Wasserfallgärten von La Paz nichts im Weg. Am besten sucht man sich eine der Städte als Standort und Ausgangspunkt zum Erkunden des Valle Central aus.

Was unternehmen?

Vulkane erobern: Wer sich entscheiden muss – der Vulkan Poás bei Alajuela und der Irazú zwischen Cartago und Turrialba faszinieren am meisten – den türkisblauen und smaragdgrünen Kraterlagunen sei Dank. → S. 65 und 78

Ab in die Natur: Das Orosí-Tal ist eine grüne Oase mit viel Wasser, Hügeln und Wanderwegen. Und die kann man noch fast allein entdecken. → S. 79

Rafting: Der Río Pacuare ist der Fluss der Region für Rafting-Fans. Rein ins Boot und ab über die Stromschnellen. → S. 87

Reiten durch Kaffeeplantagen: Die Hacienda Monte Claro organisiert Ausritte und Touren in die grüne Hügellandschaft um Turrialba → S. 87

Mountainbiking: Der Lago Cachí ist der perfekte Ort für eine Fahrradtour durch wunderschöne Natur. → S. 81

Wo entspannen?

Termales Hacienda Orosí: Das Grün des Orosí-Tals befreit nicht nur den Geist, in den warmen Thermalquellen der Hacienda kommt auch die körperliche Entspannung nicht zu kurz. → S. 80

Wo shoppen?

Mercado Municipal: Auf Cartagos großem Markt mitten im Zentrum gleich beim Bahnhof ist Shoppen unter Locals angesagt, auch im Gassengewirr rund um den Markt: Obst, Gemüse, Alltagsgegenstände und Klamotten. Wer nichts braucht, genießt das geschäftige Flair. → S. 75

Berge und Käse: In der Ortschaft Santa Cruz bei Turrialba wird Costa Ricas leckerster Käse hergestellt. Hinfahren, zuschauen und probieren! → S. 88

Wo übernachten?

In Flughafennähe: In Alajuela gibt es viele Unterkünfte unweit des Internationalen Flughafens – perfekt für den An- und Abreisetag. → S. 62 ff.

Hotel Hojarascas: Günstig, kultig und mitten in Heredia. → S. 56

Hotel Casa Turire: Abschalten! Kolonialer Charme in absoluter Ruhe am Angostura-See bei Turrialba. → S. 90

Wo essen?

Restaurante Cachí: Einheimische Casados, lecker und günstig, mit Fleisch und Gemüse aus dem fruchtbaren Orosí-Tal – inklusive tollen Ausblicks! → S. 81

La Casona del Cafetal: Fisch- und Fleischgerichte mit regionalem Bio-Gemüse und Blick auf den Lago de Cachí. → S. 83

Wo ausgehen?

Miraflores Disco Club: Wer unter jungen Ticos zu Elektro und angesagten Latino-Hits feiern will, ist in diesem Tanzschuppen richtig. → S. 58

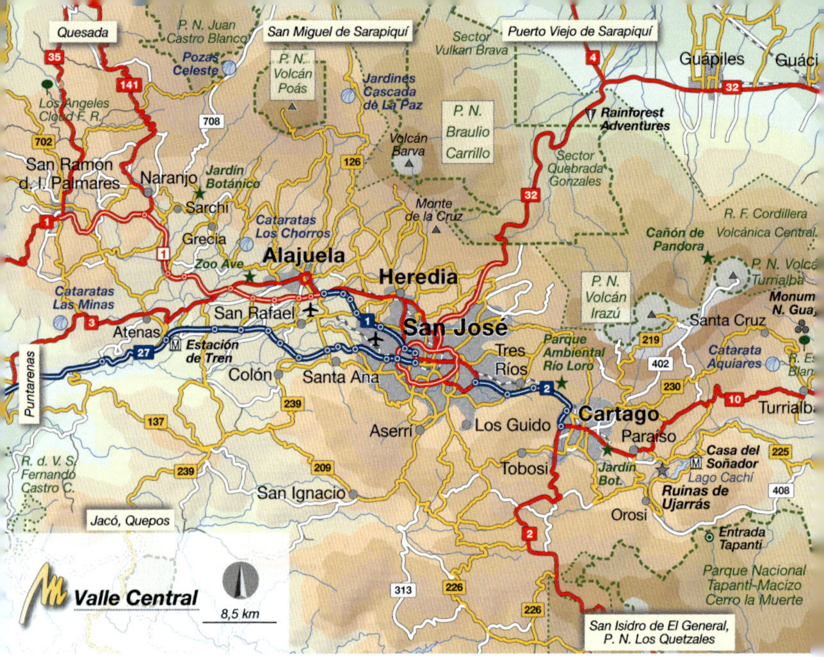

Heredia und Umgebung

Heredia ist eine typische Provinzstadt, quirlig, aber überschaubar. Sie eignet sich bestens für die Erkundung des nördlichen Valle Central.

Ein Tagesausflug zum Nationalpark Braulio Carrillo führt in den wenig besuchten Sektor Volcán Barva mit seinem mystischen Nebelwald. Nicht weit davon entfernt rauschen die beeindruckenden La-Paz-Wasserfälle in die Tiefe. Und in den La-Paz-Gärten können Sie verschiedene Tiergehege und Orchideengärten erkunden.

Heredia

Die Orientierung im Zentrum fällt durch das klassische Schachbrettmuster relativ leicht. Bekannt ist die Stadt für ihre renommierte Universität, die Universidad Nacional de Costa Rica, eine der größten Unis des Landes. Aber auch der heimische Fußballklub ist zumindest landesweit bekannt und gehört zu den besten. Ein Topspiel im ausverkauften Stadion ist auf jeden Fall ein Erlebnis der besonderen Art. Erst 2018 konnte der CS Herediano die nationale Meisterschaft für sich entscheiden.

Stadtgeschichte

„Cubujuqui“ lautet der indigene Name der ersten Siedlung, die bereits 1570 gegründet wurde. Durch die Umsetzung der Pfarrkirche vom südlicher gelegenen Alvirilla im Jahre 1714 nahm die städtische Entwicklung ihren Lauf. Schnell wurde aus der Siedlung mit vielleicht 500 Seelen ein größerer Ort, bald eine Kleinstadt. Im Jahre 1763 wurde ihr der Titel „Villa de la Inmaculada Concepción de Cubujiqui de Heredia" verliehen. Erst viel später setzte sich der kurze Name Heredia für die Stadt durch. Heredia entwickelte sich gemeinsam mit San José zu einem bedeutenden Zentrum für den Kaffeeanbau. Viele spanische Adlige ließen sich hier nieder und gelangten durch den Kaffeehandel zu Wohlstand, den sie durch ihre prächtigen Kolonialbauten zeigten. Heute wird Heredia auch die Stadt der Blumen, „La ciudad de las flores", genannt. Grund dafür sind die zahlreichen gepflegten Grünanlagen und Parks mit Springbrunnen, Palmen und Mangobäumen. Ein bekannter Sohn der Stadt ist der ehemalige Präsident und Friedensnobelpreisträger Óscar Arias Sánchez (→ Geschichte, S. 431).

Sehenswertes

Der koloniale Stadtkern Heredias lässt sich prima zu Fuß erkunden.

Um den Parque Central: Dreh- und Angelpunkt ist der Parque Central. Unter seinen schattenspendenden Bäumen kann man angenehm pausieren und das alltägliche Treiben der Ticos beobachten. An den Platz grenzen einige sehenswerte Gebäude der Stadt. Allesamt sind schön saniert und ansehnliche Vorzeigeobjekte kolonialer Architektur. Ein Blick in das koloniale Postgebäude **Correos de Costa Rica** an der Av. Central lohnt sich (Mo–Fr 8–17, Sa 8–12 Uhr). Schreiben Sie doch mal wieder eine Postkarte. In der **Casa de la Cultura** an der Nordseite des Parque Central finden zahlreiche kulturelle Aktivitäten einen Raum. Ausstellungen verschiedener Künstler, Lesungen und Workshops fügen sich gut in den einstigen Wohnsitz des Präsidenten Alfredo González Flores ein (Mo–Fr 9–17 Uhr).

El Fortín: Am Parque Central steht auch das Wahrzeichen Heredias, der aus Ziegeln gemauerte Turm El Fortín. Einst Gefängnis für politische Gefangene, bietet sich heute von der Aussichtsplattform ein schöner Blick über die Stadt. Der Schlüssel zum Turm ist im angrenzenden Gebäude der Gemeindeverwaltung hinterlegt und kann Mo-Fr 7-16 Uhr gegen ein kleines Entgelt entliehen werden. Wem der Ausblick vom El Fortín nicht genügt, sollte einen Ausflug zum nahen Monte de la Cruz unternehmen.

Parroquia Inmaculada Concepción: Erst 1797 wurde mit dem Bau des Templo de la Inmaculada Concepción begonnen. Zehn Jahre sollten die Bauarbeiten an der festungsartigen Basilika dauern. Die Glocke im Gestühl stammt aus Cusco in Peru und die prächtigen Buntglasfenster wurden aus Frankreich geliefert. Ein Besuch der alten und kühlen Gemäuer darf nicht ausbleiben.

▪ C. Central. Tägl. ab 6 Uhr, tägl. 12 Uhr Messe.

Museo de Cultura Popular: Nur 3 km außerhalb, in Santa Lucia de Brava, liegt das Museum. Im ehemaligen Sommersitz des Präsidenten Alfredo Gonzáles Flores gibt es eine geballte Ladung costa-ricanischer Geschichte, Kultur und Tradition zu entdecken. Ständig wechselnde Mitmach-Angebote laden ein. Im angeschlossenen Restaurant La Fonda kann man die Eindrücke auf sich wirken lassen und gut essen.

▪ Mo–Fr 8–16, So 10–17 Uhr. Eintritt 4000 CRC. www.museo.una.ac.cr.

Ausflug zum Monte de la Cruz

Wem der Ausblick vom El Fortín am Zentralpark nicht ausreicht, der sollte einen Ausflug zum Monte de la Cruz machen, am besten mit dem Auto. Knapp 10 km vom Zentrum entfernt liegt der Hügel. Von hier oben hat man einen grandiosen Blick über das Valle

Valle Central → Karte S. 54

Central. Üppiges Grün, wohltuende Ruhe und frische Luft machen den „Monte" an den Wochenenden zu einem beliebten Ausflugsziel bei den Einheimischen. Kinder turnen auf dem Spielplatz oder spielen auf den verschiedenen Ballplätzen, während die Eltern in der Picknick-Area grillen. Die gesamte Anlage ist sehr gepflegt und es gibt öffentliche Toiletten.

▪ Anfahrt über San Rafael Richtung Angeles, Tägl. 8–16 Uhr. Eintritt 2500 CRC.

Praktische Infos

→ Karte S. 57

Einwohner Ca. 138.000 mit Vororten

Busverbindungen Die Busse in die benachbarten Städte fahren von verschiedenen Punkten innerhalb des Stadtgewimmels ab, die meisten jedoch vom **Mercado Central.**

Alajuela: ab 5 Uhr im 10-Min.-Takt, Mercado Central Av. 8, Fahrzeit 25 Min.

San José: ab 5 Uhr im 10-Min.-Takt, Mercado Central Av. 8, Fahrzeit 30 Min.

San José de la Montaña (Sacramento): 6.25, 11.45 und 15.55 Uhr, So 6.30, 11 und 16 Uhr, C. 4/Av. 6, Fahrzeit 1:45 Std.

Taxi Mehrere Kooperativen bieten ihre Dienste im Zentrum Heredias an. **COOPEHERIDA,** ☏ 22626262, oder **PURAVIDA Taxis,** ☏ 226 28000. Taxi-Stopps gibt es am Parque Central und am Mercado Central. Es sollte aber kein Problem sein, ein freies Taxi aus dem fließenden Verkehr zu ziehen. San José ca. 7000 CRC, Flughafen 6500 CRC. In Heredia ist auch der private Fahrdienstleister **UBER** präsent, www.uber.com.

Zugverbindungen Nach **San José,** Abfahrt mindestens halbstündlich am Bahnhof südlich vom Mercado Florense, Mo–Fr 6–9.30 und 16.15–20.01 Uhr, Fahrzeit 30 Min., www.incofer.go.cr.

Einkaufen Wer alles kompakt mag, geht am besten in eine der zahlreichen Shopping Malls, die nach US-amerikanischem Vorbild errichtet wurden. Für die Dinge des täglichen Bedarfs ist man mit einem Besuch des **Mercado Central** **10** und seinen umliegenden Geschäften gut bedient. Av. 8 zwischen C. 4 und C. 2.

Paseo de las Flores **12**, mehr als 300 Läden und Restaurants haben täglich geöffnet und bieten alles, was man so braucht und nicht braucht. Ein Kino und Bankfilialen gibt es auch. Tägl. 10–20 Uhr. C. Cordero, südliche Ausfallstraße nach San José.

Geld **Banco Nacional,** Av. 6/C. 6

Banco Popular, Av. Central/C. 3

Gesundheit **Apotheke Farmacia Sucre Los Angeles,** Av. 6 zwischen C. 4 und C. 6, Tägl. 6–22 Uhr.

Hospital San Vicente de Paúl, modernes Krankenhaus im Süden der Stadt, 700 m südlich vom Stadion Cordero, ☏ 25628100.

Sprachschule **Tico Lingo Spanischschule,** die zentral gelegene Schule bietet ein breites Kursprogramm für alle Altersklassen. Garniert wird das Ganze mit einem bunten Freizeitangebot wie Tanz- und Kochkurs sowie Exkursionen in die schöne Umgebung. Übernachtet wird nach Wunsch bei ausgesuchten Gastfamilien oder in empfohlenen Hotels. C. 8 zwischen Av. 11 und Av. 13, ☏ 63467400, www.ticolingo.com.

Waschsalon **La Magnolia Lavandería,** C. 10/Av. Central, ☏ 22370729. Mo–Fr 8.30–17, Sa bis 15 Uhr.

Übernachten **Cibeles Resort** **1** Großes Hotel mit angenehmer Atmosphäre, die Zimmer sind geräumig und ideenreich gestaltet mit viel Holz und Natursteinen. Es gibt ein Schwimmbecken und einen Whirlpool. Der Speiseraum ist im US-amerikanischen Stil eingerichtet. Hier wird das gute Frühstück serviert. Carretera nach San Rafael, 1 km von der Uni, ☏ 22603176, www.hotelcibelesresort.com. **€€**

MeinTipp **Hotel Hojarascas** **11** Das Haus liegt an einer Einkaufszeile, Touristen sind hier kaum zu finden. Einfach mal eintauchen. Die Zimmer sind hell, sauber und ansprechend eingerichtet. José ist ein toller Gastgeber. Parkplätze kostenfrei. Av. 6 zwischen C. 3 und 4, ☏ 22607781, www.hotelhojarascas.com. **€€**

Hotel Valladolid **2** Super Blick über das Valle, der Lichterglanz zur Nacht ist beeindruckend. Die Zimmer sind sauber und das Hotel liegt in einem sicheren Viertel. An der Bar mit Ausblick kann man den erlebnisreichen Tag mit einem kühlen Bier oder Cocktail ausklingen lassen. Av. 7/C. 7, ☏ 22602950. **€€**

Hotel América **9** Stilvolles Haus in zentraler Lage. Die Zimmer sind hell, sauber und modern eingerichtet. Av. 2–4/C. Central, ☏ 22609292, www.hotelamericacr.com. **€€€**

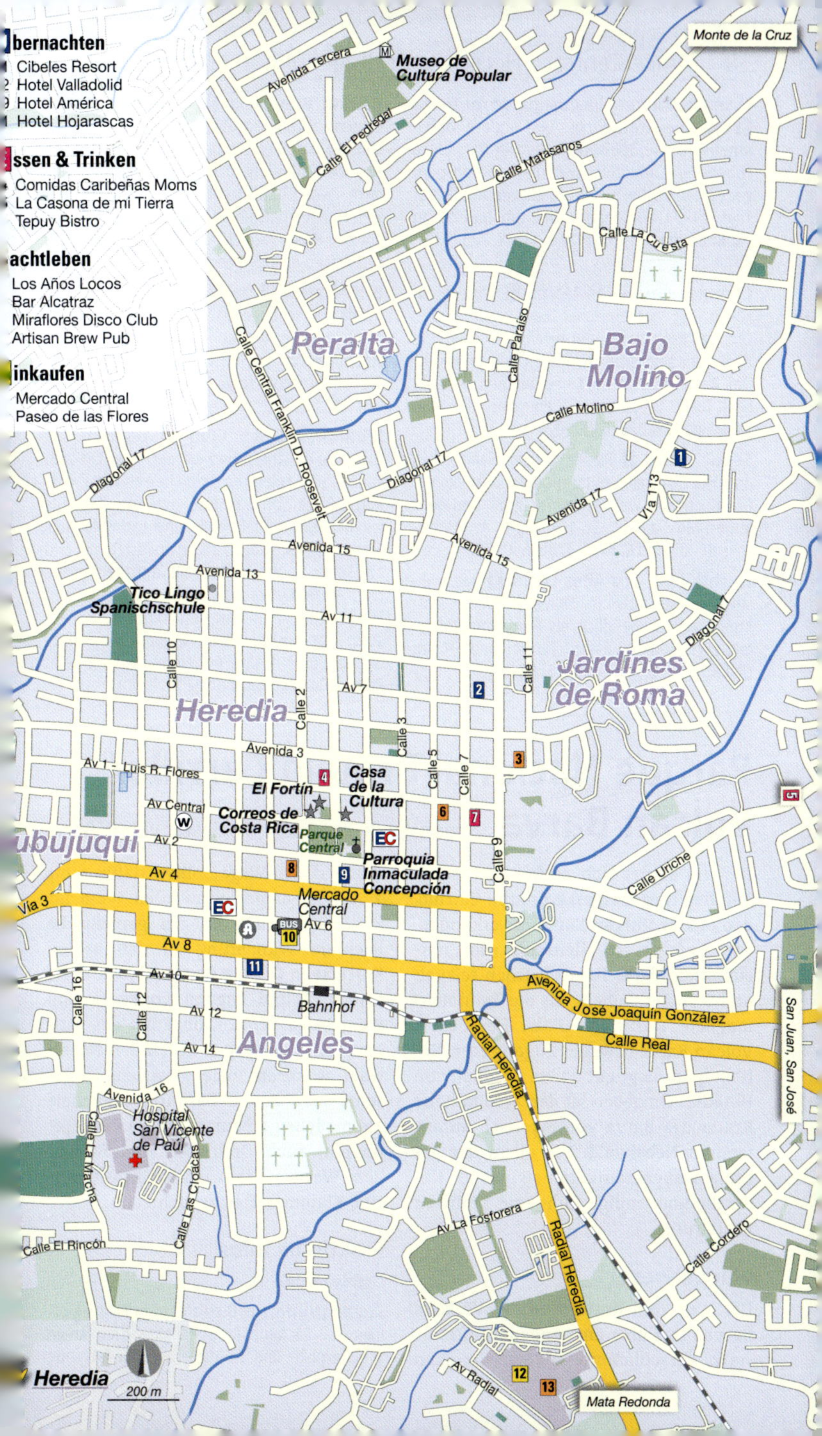
bernachten
Cibeles Resort
Hotel Valladolid
Hotel América
Hotel Hojarascas
ssen & Trinken
Comidas Caribeñas Moms
La Casona de mi Tierra
Tepuy Bistro
achtleben
Los Años Locos
Bar Alcatraz
Miraflores Disco Club
Artisan Brew Pub
inkaufen
Mercado Central
Paseo de las Flores
Monte de la Cruz
Museo de Cultura Popular
Avenida Tercera
Calle El Pedregal
Calle Matasanos
Calle La Cuesta
Peralta
Bajo Molino
Calle Paraiso
Calle Central Franklin D. Roosevelt
Calle Molino
Diagonal 17
Avenida 17
Via 113
Avenida 15
Avenida 13
Tico Lingo Spanischschule
Av 11
Diagonal 7
Jardines de Roma
Calle 10
Av 7
Calle 11
Heredia
Calle 2
Avenida 3
Calle 3
Calle 5
Calle 7
Av 1 - Luis R. Flores
Casa de la Cultura
El Fortín
Av Central
Correos de Costa Rica
Parque Central
Av 2
ubujuqui
Parroquia Inmaculada Concepción
Calle 9
Calle Uriche
Av 4
Mercado Central
Via 3
Av 6
Av 8
Av 10
Avenida José Joaquín González
Calle Real
Bahnhof
Calle 16
Calle 12
Av 12
Av 14
Angeles
Radial Heredia
San Juan, San José
Avenida 16
Hospital San Vicente de Paúl
Calle La Macha
Calle Las Cloacas
Av La Fosforera
Calle El Rincón
Calle Cordero
Av Radial
Heredia
200 m
Mata Redonda

Essen & Trinken **La Casona de mi Tierra** **5** Typische Tico-Gerichte und andere mittelamerikanische Speisen werden in der Küche zubereitet. Gemütlich sitzt man an den bunt gedeckten Esstischen im rustikalen Ambiente. Tägl. 11–21 Fr–So ab 7 Uhr. Im Barrio San Pablo an der Ortsdurchfahrt 112, ✆ 22629281. **€**

Comidas Caribeñas Moms **4** Winzige Lokalität mit authentischer karibischer Küche. Cremige Kokosmilch gibt hier den Ton an. Die Portionen sind groß bemessen und preiswert. Das Restaurant ist bei Einheimischen sehr beliebt. Di–So 11–20 Uhr. C. Central nördlich vom Zentralpark, ✆ 22620359. **€**

Tepuy Bistro **7** Riesige Burger, Sandwiches und Hot Dogs gibt es im modernen Ambiente. Die Kuchenauswahl ist leider groß und sehr lecker. Mo–Sa 8–20, So 10–19 Uhr. Av. 31 zwischen C. 65 und C. 67, ✆ 47003640. **€€**

Nachtleben **Los Años Locos** **3** Das zweistöckige Gebäude in Universitätsnähe entpuppt sich allabendlich als Partytempel. Perfekt zum Trinken, Essen, Tanzen und Feiern. Di–Sa 11–22 Uhr. Av. 3/C. 11. **€€**

Artisan Brew Pub **13** Ein echter Pub mit echtem Craft-Tico-Bier! Die Atmosphäre stimmt, das Bier schmeckt, die Musik ist gut und die Stimmung locker. Die Bedienung hinterm Tresen berät freundlich und sachkundig, wer Hunger hat, findet köstliche Kleinigkeiten auf der Karte. Tägl. 12–24 Uhr, Sa/So bis 1.30 Uhr. Paseo de las Flores.

Bar Alcatraz **6** Steht für Bier und laute Rockmusik. Ein schöner Ort, um ein paar davon zu genießen. Die Auswahl an Craft-Bieren ist erstaunlich groß. Leider schließt das Lokal schon vor Mitternacht. Tägl. 15–24, Do–Sa bis 2.30 Uhr. Av. 1/C. 5.

Miraflores Disco Club **8** Legendär seit mehr als 40 Jahren und ein perfekter Ort zum Tanzen und Feiern im Städtchen Heredia, eine kurze Fahrt von San José entfernt. Zwei DJs legen tanzbare Elektronik- und Latin-Mix aufs Ohr, High-Tech-Laser, Plasmabildschirme und ein super Sound treiben alle auf die Tanzfläche. An den zwei Bars gibt es Cocktails und kühle Getränke und für den Mitternachtssnack sorgt eine Küche, die bis 5 Uhr früh geöffnet ist. Do–So 21–6 Uhr. Av. William H. Taft beim Parque Central (Facebook).

Parque Nacional Braulio Carrillo/ Volcán Barva

Nationalpark Braulio Carrillo/Sektor Vulkan Barva

Heredia eignet sich perfekt, um einen Teil des Nationalparks Braulio Carrillo, den Sektor Vulkan Barva, zu erkunden. Die Anfahrt ist allerdings sehr umständlich, dafür landschaftlich reizvoll und weniger trubelig als die Touristenmagnete Irazú und Poás. Der Sektor Volcán Barva bzw. der Zugang zum Nationalpark liegt gut 20 km nördlich von Heredia. Umgeben ist der 2906 m hohe Krater des Barva von mystisch anmutendem Nebelwald. Vor allem das geringe Besucheraufkommen gibt der Natur die notwendige Ruhe und Kraft zur Entfaltung.

Wanderwege

Der Weg **zum Kraterrand** des Vulkans Barva führt über anstrengende, oftmals stark verschlammte 2,5 km. Je nach Zustand der Wege sollten dafür 1 bis 2 Stunden eingeplant werden. Wem das zu abenteuerlich ist, der genießt die leichtere Wanderung zu den beiden **Kraterseen Laguna Barva** (3,5 km in ca. 1:30 Std.) und **Laguna Copey** (knapp 8 km in ca. 3 Std.) am Fuße des Vulkans. An den Wegen durch den Nebelwald wachsen viele Pflanzen, insgesamt 6000 Arten. Darunter sind viele kleinwüchsige Bäume, Moose und Epiphyten, auch Orchideen und Bromelien. Wer wachsam ist, hat gute Chancen, Klammeraffen zu sichten.

Praktische Infos

Größe 47.586 ha.

Zugang/Anfahrt Die Fahrt zum Eingang erfolgt via Sacramento über eine 4 km lange Schotterpiste und ist nur im Allrad-Fahrzeug

Auch Kapuzineraffen kann man im Nationalpark begegnen

Valle Central → Karte S. 54

machbar. Wer mit dem öffentlichen **Bus** anreist, kommt auch bis Sacramento und muss die letzten 4 km zu Fuß bewältigen.

Besucherzentrum An der **Ranger-Station** am Eingang erhält man gutes Kartenmaterial zur Orientierung, ✆ 22661883.

Öffnungszeiten Tägl. 8–15.30 Uhr.

Eintritt Die Eintrittstickets für diesen Sektor sind zwingend unter https://serviciosenlinea.sinac.go.cr/ zu erwerben oder zu reservieren. 14 $.

Geführte Touren Wer eine geführte Tour machen möchte, ist mit **Tours Paradise** gut beraten. Tägl. 7–20.30 Uhr. Av. 15 in Heredia, ✆ 85970935 (WhatsApp), www.toursparadise.com.

Ausrüstung Gutes Schuhwerk und wetterfeste, warme Kleidung sind günstig, da das Wetter schnell umschlagen kann und es oben am Vulkan kühl ist.

La Paz Waterfall Gardens

Eine äußerst reizvolle Route führt an die 36 km entfernt liegenden Wasserfälle von La Paz. Auf dem 70 ha großen Gelände verteilen sich insgesamt fünf Wasserfälle, einer schöner als der nächste. Der höchste stürzt 35 m in die Tiefe. Gut ausgebaute Wanderwege ziehen sich durch den schönen Nebelwald. Es gibt neben den Wasserfällen viele weitere Attraktionen zu erkunden. Verschiedene **Tiergehege** und ein wundervoller **Orchideengarten** gehören dazu. Der hohe Eintrittspreis ist abschreckend, aber für das Gebotene durchaus vertretbar. Wer nur den La-Paz-Wasserfall sehen möchte, hat die kostenfreie Gelegenheit von der Straße aus.

▪ Tägl. 8–17 Uhr. Eintritt 50 $, Kinder 34 $. ✆ 24822720, www.waterfallgardens.com.

Übernachten Am Parkeingang besteht die Möglichkeit, ein **Zelt** für 2 $ pro Nacht aufzuschlagen. Wer in der Nähe des Parkeingangs eine ordentliche Unterkunft beziehen will, findet dazu Möglichkeiten im 10 km entfernten San José de la Montaña.

Hotel Cypresal Einfach ausgestattete Zimmer mit eigenem Bad. Angeschlossenes Restaurant, Poolbillard und Kaminzimmer. An der Dorfstraße in San José de la Montaña, ✆ 47030467. **€€**

Tatika Lodge Liegt auf dem Weg nach Saccramento. Die Zimmer sind schlicht eingerichtet und sauber. Kein Highlight, aber für eine Nacht in Ordnung. 2,5 km vor dem Parkeingang, ✆ 88296571. **€€**

Der Vulkan Poás ist von Alajuela aus gut zu erreichen

Alajuela und Umgebung

Die Stadt Alajuela mit dem internationalen Flughafen ist für viele Costa-Rica-Besucher die erste und letzte Station ihrer Reise. Außerdem ist die Studentenstadt ein guter Ausgangspunkt für eine Tour zum berühmten Vulkan Poás, der immer wieder durch spontane Aktivität in die Schlagzeilen gerät.

Die Vulkanausbrüche sorgten aber auch für eine florierende Landwirtschaft und so werden im Umland der Stadt Kaffee und Zuckerrohr angebaut, denn die Lage auf knapp 1000 m Höhe und der vulkanische Boden sind perfekt dafür. Bestens geeignet ist Alajuela als Ausgangspunkt zum Nationalpark Vulkan Poás, doch nicht nur das. Erkunden Sie von hier aus die alte, rostige Bahnstation im stets frühlingshaften und bei Expats beliebten Atenas. Besuchen Sie Grecia, die sauberste Stadt Costa Ricas und ihre stählerne Kirche. Erleben Sie kleinstädtischen Charme in San Rámon, der Stadt der Dichter und Denker, und erfahren Sie in Sarchí, warum die Ochsenkarren so prächtig bemalt wurden.

Alajuela

Stoßstange drängt sich an Stoßstange in den gewundenen Straßen von Alajuela, Tauben picken Körner im Parque Central, der voller Mangobäume steht. Studenten schwatzen im beliebten Café Delicias in der Avenida 3 über den neuesten Polit-Klatsch. Der Übergang von San José nach Alajuela ist kaum spürbar. Die beiden Städte verschmelzen quasi ineinander. Nicht weit von dieser Szenerie ragt der Vulkan Poás mit seinen 2704 m in die Höhe.

Stadtgeschichte

La Lajuela, so hieß einst die kleine Siedlung am Fuße des Poás bis zur offiziellen Gründung Alajuelas im Jahr 1782. Alles begann mit dem Bau einer Kirche, um den Bewohnern den weiten Weg in die nächstgelegene Kirche nach Heredia zu ersparen. Rund um die Kirche wuchs und entwickelte sich der Ort immer weiter. 1823 geriet Alajuela in einen kurz andauernden Bürgerkrieg. Auf Seiten des Republikanischen Lagers kämpfte es mit San José gegen das monarchistische Lager Heredia und Cartago, welche den Anschluss an das mexikanische Kaiserreich forderten. Die Schlacht bei Ochomogo bei Cartago konnten die Republikaner für sich entscheiden. Die Unabhängigkeit Costa Ricas war gewahrt.

Alajuela ist auch der Geburtsort von Juan Santamaría, des costa-ricanischen Nationalhelden, welcher aufopfernd den Sieg gegen William Walker (→ S. 429) und dessen Söldnertruppen in der Schlacht bei Rivas im Jahre 1856 herbeiführte. Der nahegelegene internationale Flughafen sowie ein Museum in Alajuela sind nach ihm benannt.

Sehenswertes

Wer sich näher mit der Schlacht von Rivas befassen will, sollte das dem Nationalhelden gewidmete **Museo Juan Santamaría** besuchen. In den Räumlichkeiten des ehemaligen Stadtgefängnisses werden die Schlacht, ihre Hintergründe und Nebenschauplätze dargestellt. Unterstrichen wird das Ganze durch zahlreiche Ausstellungsstücke, wie Waffen, Uniformen und Zeitdokumente. Konzerte, Workshops, Vorträge und Lesungen bringen Leben in die Räumlichkeiten.

▪ Av.1/C. Central. Di–So 9–17.30 Uhr. Freier Eintritt. www.museojuansantamaria.go.cr.

Die erdbebengeschundene **Kathedrale Nuestra Señora de Pilar** an der Ostseite des Parque Central von Alajuela trägt heute ein rotes Wellblechdach. Im **Parque Juan Santamaría,** unweit des Zentralparks, wurde dem Helden der Stadt ein Denkmal gebaut. Mit Fackel und Gewehr in den Händen wird die Freiheit der Nation verteidigt.

Zoo Ave

Nur 5 km vor den Toren Alajuelas liegt der Zoo Ave. In der sehr gepflegten Anlage können verschiedene heimische Vogelarten beobachtet werden. Herz des Zoos ist die Aufzuchtstation roter und grüner Aras, die vom Aussterben bedroht sind. Die Eintrittspreise sind recht hoch. Doch bedenkt man, dass die gesamte Anlage privat geführt wird und keine öffentlichen Gelder erhält, ist die Preisgestaltung nachvollziehbar. Im angeschlossenen Café kann man schön entspannen.

▪ Alajuela auf dem Highway 3 in Richtung Atenas verlassen, Ausschilderung nach ca. 5 km. Tägl. 9–17 Uhr. Eintritt 30 $, Kinder 15 $. ✆ 243 38989, www.rescateanimalzooave.org.

Praktische Infos

→ Karte S. 63

Einwohner Ca. 302.000

Flugverbindungen → San José/Transport/Flugzeug, S. 41.

Valle Central → Karte S. 54

Busverbindungen Die Busse in die benachbarten Städte fahren alle von verschiedenen Punkten innerhalb des Stadtgewimmels ab. Am besten im Hotel nachfragen. Wichtige Terminals sind FECOSA, TUASA und La Radial.

Atenas, Grecia, Sarchí: 5.50–22.30 Uhr fast stündlich, Av. Central/ C. 10, Fahrzeit 1 Std.

Heredia: 5–23 Uhr alle 10 Min., Terminal TUASA C. 6/Av. 4, Fahrzeit 25 Min.

San José/Flughafen: 4–22 Uhr alle 5 Min., Terminal FECOSA Av. Central/C. 8, Fahrzeit San José 1 Std., Flughafen 20 Min.

Volcán Poás: tägl. 9.15 Uhr, Terminal TUASA Av. 2/C. 6 und Terminal FECOSA Av. Central/C. 8, Fahrzeit 1 Std.

Überlandbusse aus San José in den Nordwesten des Landes halten an der Hauptverbindung zum Flughafen, dem **Terminal de Buses La Radial,** auch als **Terminal Toyota** bekannt. Es halten unter anderem Busse mit dem Fahrziel Fortuna, Liberia, Monteverde, Tilarán und Peñas Blancas. Auch TRANSNICA mit dem Ziel Managua fährt das kleine Terminal täglich an, 4.30, 5 und 9 Uhr, www.transnica.com.

Taxi Taxis warten an der Ostseite des Parque Central auf Kundschaft. Die Preise ändern sich regelmäßig und das eher nach oben. Für längere Touren können bessere Preise ausgehandelt werden. Wer es unkonventionell und etwas preiswerter mag, bestellt ein **UBER-Taxi.**

Zugverbindungen Ausflüge mit dem Zug nach Heredia oder San José sind eine willkommene Abwechslung und bringen dem Reisenden eine völlig andere Perspektive auf die Stadt und Umgebung. Die Züge fahren in 50 Min. via Heredia nach San José. Abfahrt 5.45, 7.45 und 9 Uhr, nachmittags 16.30 und 18.30 Uhr. Samstags gibt es stündlich einen Zug. Das Terminal liegt nur einige Gehminuten südlich vom Zentrum beim San Rafael Hospital. www.incofer.go.cr.

Einkaufen Hunderte von Händlern, Landwirten und Kleinbauern finden am Freitag und Samstag den Weg zur **Plaza Ferias** **9**, einem **Wochenmarkt** der Extraklasse. Fr. 13–21.30 und Sa 5–14.30 Uhr. ✆ 24400007.

Auch in Alajuela gibt es viele **Shopping-Malls.** Die meisten von ihnen haben auch ein Kino. **Plaza Real Alajuela** **10**, Av. 10/C. 9 oder die **Mall Internacional** **14**, Radial Francisco Orlich.

Geld **Scotiabank,** Av. Central/C. 1

Gesundheit Mehrere Krankenhäuser mit moderner Einrichtung stehen im Notfall bereit.

Hospital San Rafael de Alajuela, Radial Francisco Orlich, ✆ 24361000.

Clínica San Miguel, Av. 3/C. 6–8, ✆ 24425958.

Apotheke Farmacia Santa Lucía, Av. 7 100 m westlich vom Parque Palmares. Tägl. 8–20 Uhr.

Kunst & Kultur Das **Teatro Municipal** empfängt nach umfangreichen Renovierungsarbeiten wieder Besucher in den historischen Gemäuern. Fr–So ab 18 Uhr. Av. 2 am Parque Juan Santamaría, ✆ 24362300.

MeinTipp **Sprachschulen** Das **ICLC Spanish Institute** liegt nur 10 km außerhalb von Alajuela in Carillo. Der „grüne" Campus im ländlichen Vorort eignet sich hervorragend zum Spanisch lernen. C. La Mónica, ✆ 24588485, www.iclc.ws.

Veranstaltungen Jährlich an einem Wochenende im März findet die **Tope de Alajuela** statt. Mehr als 3000 Reiter nehmen die Straßen Alajuelas in Beschlag. Das Spektakel wird umrahmt von Konzerten und Tanzaufführungen. Das traditionelle Fest der regionalen Viehzüchter ist leider immer mehr zu einem Trinkgelage verkommen. Aber trotzdem sehenswert.

Immer im Juli findet das **Mango-Festival** im Stadtpark unter den vielen Mangobäumen statt. Es gibt Musik, Tanz und kulinarische Leckereien.

Waschsalon **Su Lavandería,** Av. 10 Jesús Ocaña Rojas, ✆ 83163468.

Übernachten **Casa Lapa** **12** Einfache, saubere Unterkunft mit angenehmer Atmosphäre, bequemen Betten mit Nachttischlampen, TV, Gemeinschaftsküche und Infomappe. Besitzer Miguel empfängt auch spät seine Gäste zum Check-in, Ankunftszeit vorher durchgeben. Flughafenshuttle ist gegen Aufpreis möglich. Av. 10, Lotes Llobet, 5 Fahrminuten vom Flughafen, www.casalapa.com. **€**

Toucan Hostel 18 Kleine Zimmer mit Dusche und AC für wenig Geld, alles noch recht neu, nette Betreiber, 24-Stunden-Rezeption und gut ausgestattete Gemeinschaftsküche. C. 3, Seitenstraße der Av. 3 Richtung San José, Barrio Cacique, 1,7 km vom Flughafen, ✆ 243 03835. €

Hostel Alajuela Backpackers 8 40 Zimmer stehen für Reisende aus aller Welt bereit, darunter Dorms für 4–10 Personen. Das Hotel liegt superzentral und die Zimmer sind schlicht und sauber. Es wird ein kostenfreier Flughafentransfer angeboten. Av. 4 Concordia/C. 4, ✆ 244 17149, www.alajuelabackpackers.com. €

Airport Costa Rica B & B 17 Geräumige Zimmer, große Queen-Size-Betten, TV, AC, eine Terrasse und ein modernes, sauberes Bad bietet diese Unterkunft mit einem super Preis-Leistungs-Verhältnis. Im schönen Garten schmeckt das reichhaltige Frühstück besonders gut, das man dazubuchen kann. Die Besitzer sind sehr freundlich und versuchen uneigennützig, bei der Reiseplanung zu helfen. Alajuela, Stadtteil Rio Segundo, erste Straße rechts hinter der Brücke Barrio La Union, nur 2 km vom Flughafen, ✆ 83684728. **€€**

Casa Primo CR **19** Freundliche, helle Zimmer hat Lili in ihrem kleinen Hotel für Gäste hergerichtet. Die Betten sind mit bequemen Matratzen ausgestattet und die Badezimmer sind hell und sauber. Casa Primo liegt zwischen San José und Alajuela unweit des Flughafens. Trotzdem ist die Gegend ruhig. Es gibt einen kleinen Pool und viele nette Sitzgelegenheiten im Garten und ums Haus. Barrio Cariari, C. Diagonal 66, ✆ 22397117, www.casaprimocr.com. **€€**

MeinTipp **Hotel 1915** **1** Direkt im Zentrum von Alajuela liegt dieses antike Schmuckkästchen. Sehr komfortable und geschmackvoll eingerichtete Zimmer. Frühstück und Flughafentransfer sind inklusive. C. 2 zwischen Av. 7 und Av. 5, ✆ 24407163, www.1915hotel.com. **€€**

Hotel La Rosa de America **16** Überraschend grün und ruhig ist diese Bungalow-Anlage im Stadtviertel La Mandarina unweit vom Stadtzentrum und vom Flughafen (abends ca. 20 Min. Fahrzeit). Die gefliesten Zimmer sind recht geräumig und sehr sauber, Familienzimmer haben ein Doppelstockbett, es gibt keine Klimaanlage, dafür Ventilatoren und Insektenschutz vor den Fenstern. Das Highlight ist ein Pool. Bequeme Holzliegen stehen zum Relaxen bereit. Das Frühstück mit Bananenbrot, Gallo Pinto, Rührei und Früchten ist gut und bringt die nötige Energie für einen ereignisreichen Tag. Eine gute Adresse für Ankunft und Abreise. C. La Rosa, ✆ 24332741. **€€**

Hotel Pibi Boreal **15** Der freundliche Besitzer Mathieu hat in der kühlen Bergluft eine kleine Oase geschaffen. Die familiengeführte Anlage ist noch recht neu und liegt in der Nähe des Flughafens von San José, aber in ruhiger Natur mit wundervollem Blick auf den Nebelwald. Es gibt 5 saubere und geräumige Zimmer, der Service ist sehr persönlich und das Frühstück auf der privaten Terrasse spitze. Das Shopping Center Plaza Real ist um die Ecke und der Flughafen nur 15 Fahrminuten entfernt. Zwischen Alajuela and Santa Barbara, C. El Comun/C. Rosales, ✆ 61749157, www.hotelpibiboreal.com. **€€€**

Tacacori Ecolodge **13** Liegt etwas außerhalb vom Zentrum. Wunderschöne kleine Anlage mit sehr viel Liebe zum Detail. Im gepflegten Garten ist Entspannung angesagt, der Lärm der Stadt ist hier weit weg. Die Gastgeberin Nadine bemüht sich auf liebenswert zurückhaltende Art, ihren Gästen einen angenehmen und erholsamen Aufenthalt zu ermöglichen. Das leckere Frühstück wird auf einer gemütlichen Terrasse serviert. Die Appartements sind hochwertig ausgestattet mit einem kleinen Kühlschrank sowie Kaffeemaschine und Wasserkocher. Zum Flughafen sind es 20 Min. Wer kein eigenes Auto hat, kann den günstigen Shuttleservice der Lodge buchen. C. Burios Tacacori, ✆ 24305846, www.tacacori.com. **€€€€**

Essen & Trinken **La Hendija Sabrosa** **4** Kleine Karte, leckeres Essen, gute Preise. Die Picadillos und Chorreadas schmecken klasse. Tägl. 11–20 Uhr. C. Central zwischen Av. 3 und Av. 5, ✆ 24305105, www.lahendija.com. **€€**

Coffee Dreams **5** Frisch gebrühter Kaffee, knusprige Sandwiches und hausgemachter Kuchen. Ein perfekter Stopp, um Kräfte zu sammeln und das Erlebte setzen zu lassen. Tägl. 11–19 Uhr. C. 10 zwischen Av. 7 und Av. 5, ✆ 40315025.

Goodlight Books **7** An- und Verkauf von Büchern in mehreren Sprachen. Auch deutschsprachige Bücher sind hier zu finden. Schöner Ort zum Stöbern und versinken. Dazu gibt es Kaffee und Kuchen. Di–Fr 12.30–18, Sa ab 11 Uhr. Av. 3 zwischen C. 1 und C. 3, ✆ 24304083.

Cevichería Junior **2** Bei Einheimischen beliebte Lokalität. Einfaches Ambiente, es werden frische Fische und Meeresfrüchte serviert. Tägl. 11–21 Uhr. C. 2/Av. 7, ✆ 24307315. **€**

Jalapeños Central **6** Im gemütlichen, verspielten Mexiko-Ambiente wird schnörkellose TexMex-Küche geboten. Gut und günstig. Die Margaritas sind klasse. Eine Tischreservierung ist an den Wochenenden ratsam. Tägl. 11.30–21 Uhr. C. Central 50 m südlich vom Postamt, ✆ 24304027. **€€**

Kurcuma Artisanal Food **3** Gourmet-Küche trifft Fast Food. Burger und Surf and Turf, saftiges Steak mit Garnelenspieß. Einfach und originell zugleich. Dazu gibt es regionale Biere. Di–So 12–21.30 Uhr. C. 4/Av. 7, ✆ 40802300. **€€€**

Nachtleben **Hacienda Sierpe** **11** Wer am Abend noch Energie für etwas Nachtleben hat, der findet im Hacienda Sierpe eine schöne Lokalität. Snacks werden serviert. Am Wochenende Livemusik und Karaoke. Tägl. 16–2 Uhr. C. Central/Av. 3, ✆ 24416005.

Parque Nacional Volcán Poás

Nationalpark Vulkan Poás

Der Nationalpark Volcán Poás, 37 km von Alajuela entfernt, ist einer der größten Anziehungsmagnete für Costa-Rica-Reisende und der meistbesuchte Park des Landes. Der Grund ist für mittelamerikanische Verhältnisse so trivial wie für europäische spektakulär: Der Poás ist mit seinen 2708 m einer der vier noch dauerhaft aktiven Vulkane in Costa Rica. Die Aussicht in den Krater mit seinem türkisgrünen Kratersee, umgeben von zischenden Dampfsäulen, ist beeindruckend. Erst im April 2017 kam es zu mehreren Eruptionen, bei denen Vulkanasche in die Luft geschleudert wurde. Daraufhin wurde der Park für die Öffentlichkeit über ein Jahr geschlossen. Seit August 2018 ist der Krater wieder zu bewundern. Erst im Frühjahr 2018 hatte sich wieder ein Kratersee gebildet.

Das Gelände des Nationalparks beherbergt eine reiche Flora und Fauna. Es wird grundsätzlich in vier Vegetationsbereiche unterschieden. Im niedrigen Höhenwald wachsen kleine Bäume und Sträucher, wie der gelb blühende Stechginster, mit einer maximalen Wuchshöhe von 3 m. Im feuchten und schattigen Nebelwald können Bäume wie Eichen und Zypressen 20 m Höhe erreichen. Märchenhaft wirkt die Kulisse. Im Krüppelwald wachsen, wie es der Name sagt, verkrüppelte, von Flechten bewachsene Bäume. Im Kraterbereich gibt es nur sehr wenige kleine Pflanzen, die sich an die extremen Verhältnisse angepasst haben. Das tierische Leben im Nationalpark ist aufgrund seiner Höhe eher spärlich. Es gibt Kaninchen, Koyoten, Opossums und verschiedene Vogelarten zu sichten.

Üppige Vegetation prägt das Gebiet um den Poás

Valle Central → Karte S. 54

Der Vulkan Poás mit seinem Kratersee ist leicht zugänglich

Zum Kraterrand

Der Besuch des Kraterrandes mit Aussichtsplattform ist recht komfortabel gestaltet und auch für mobilitätseingeschränkte Besucher problemlos zu machen. Der Parkplatz mit Informationszentrum, Sanitäreinrichtungen und Restaurant befindet sich nur 500 m vom Kraterrand entfernt und ist gut über einen asphaltierten Weg erreichbar. Da sich der Krater häufig in Wolken und Nebelschwaden hüllt, ist ein Besuch früh am Morgen empfehlenswert. Wer Ruhe in der Natur sucht, ist hier oben grundsätzlich falsch. Doch ist ein Besuch unter der Woche sehr viel angenehmer als am Wochenende, denn dann besuchen auch zahlreiche Ticos ihr Naturwunder.

Wer Zeit hat oder auf den wolkenfreien Blick warten muss, der kann in der Zwischenzeit noch einen **Rundwanderweg zur Laguna Botos,** einem kleinen Kratersee, gehen. Der Weg führt in 30 Minuten durch märchenhaften Nebelwald.

Praktische Infos

Größe 6506 ha.

Zugang/Anfahrt Zum Nationalpark Poás gelangt man von Alajuela in ca. 37 km durch San Pedro de Poás, der Weg ist gut ausgeschildert. Von San José geht es via Heredia und den Ort Barva zum einzigen Nationalparkeingang. Von San José (nördlich am Park La Merced) fährt täglich ein öffentlicher **Bus** von TUASA um 8.30 Uhr zum Poás. Der Bus fährt über Alajuela. Abfahrt in Alajuela ist vom Busterminal an der Av. Central um 9.15 Uhr. Die Rückfahrt erfolgt ab 14 Uhr.

Besucherzentrum Parkplätze und Toiletten stehen am Besucherzentrum zur Verfügung. Im Gebäude gibt es auch eine Ausstellung über den Nationalpark.

Öffnungszeiten Tägl. 8–16 Uhr. Die **Verweildauer** am Kraterrand beträgt maximal 20 Min. wegen der teils giftigen Dämpfe.

Eintritt Tickets müssen vorab online gekauft werden, https://serviciosenlinea.sinac.go.cr/. Der Preis beträgt 15 $ zzgl. 2000 CRC Parkplatzgebühr.

Atenas

Eine Werbekampagne behauptete schon vor langer Zeit, dass das kleine Atenas „el mejor clima del mundo" – das beste Klima der Welt – haben soll. Die Durchschnittstemperatur liegt bei frühlingshaften 21 °C. Nahverkehrsbusse mit diesem Slogan im Fenster fahren fleißig durch das Valle Central rund um San José und locken immer wieder Reisegruppen in das Städtchen, auf der Suche nach Sehenswürdigkeiten. Beinahe könnte man sagen „vergeblich", denn im Ort selbst gibt es nicht viel zu sehen. Allein die **Kirche** am Parque Central dominiert das unspektakuläre Stadtbild. Umgeben ist Atenas allerdings von sanften grünen Hügeln. Das milde Klima bekommt den Kaffeepflanzen bestens. Im späten 18. Jh. lag Atenas an der Ochsenkarren-Route, Camino Carretas, auf der die Kaffeeernte vom Valle Central an die Häfen am Pazifik und an der Karibikküste transportiert wurde. Das Nationalmonument vom **Boyero,** dem Viehtreiber, am Parque Los Angeles 1 km vom Stadtzentrum entfernt, zeugt noch von dieser alten Zeit. Auch zahlreiche Auswanderer aus Nordamerika und Europa animierte das angenehme Klima zum Bleiben.

Estación de Tren Río Grande

Unweit vom Stadtzentrum, am Río Grande, liegt der alte Bahnhof mit angeschlossenem **Museum.** Hier erfährt man Interessantes und weniger Interessantes über die alte Bahnlinie, welche San José mit Puntarenas verbunden hatte. Bei Kindern kommt vor allem der Führerstand der alten Elektrolok gut an. Nur 10 Minuten Fußweg entfernt erreicht man die alte, 209 m lange und 105 m hohe Stahlbrücke. Der Museumsführer weiß einiges über das gigantische Bauwerk zu berichten. Am Fuße der Brücke gibt es einen alten Stollen. In diesem nisten Hunderte Fledermäuse.

▪ So 9–18 Uhr. Eintritt auf Spendenbasis. Unweit der Kreuzung zwischen der großen Hauptverkehrsstraße Ruta 27 mit der Ruta Radial Atenas, ✆ 87576953.

Ausflüge in die Umgebung

Orchideengarten La Garita: Vor über 30 Jahren wurde in La Garita, 12 km von Atenas entfernt, eine Kaffeeanpflanzung in eine einzigartige Ansammlung von Orchideen und anderen tropischen Pflanzen umgewandelt. Mehrere Rundwege führen durch die bezaubernde Pflanzenwelt. In den Gewächshäusern, welche zur Orchideenzucht dienen, lässt sich der gesamte Lebenszyklus dieser speziellen Pflanze kennenlernen. An den Wochenenden ist der Garten sehr gut besucht. Unterhalb der Woche hat man den Garten fast für sich alleine.

▪ Di–So 9–16 Uhr. Eintritt 12 $. 1 km südöstlich vom Restaurant Fiesta del Maiz, La Garita, ✆ 24878095, www.orchidgardencr.com.

Cataratas Las Minas Del Aguacate: Nur 14 km westlich von Atenas, in Desmonte, liegen die schönen Wasserfälle mit natürlichen Badebecken. Im Gelände über den Fällen soll es eine Goldmine gegeben haben. Daher stammt der Name.

▪ Kurz vor Desmonte, von Atenas kommend, am Supermarkt Aguacate rechts zur Finca Chicarronera El Minero abbiegen und der Ausschilderung folgen. Keine Wertsachen im Auto liegen lassen und die Badesachen nicht vergessen.

El-Toledo-Coffee Tour: Wer passionierten Kaffeebauern über die Schulter blicken will, macht einen Ausflug in die Berge zu den Toledos. Schritt für Schritt wird von der Kaffeeanpflanzung bis zu einer guten Tasse Kaffee alles erklärt. Was Perma-Kulturen sind und warum die Zubereitung des Kaffees mit einem Chorreador, der typischen Filtersocke, besser ist, erfährt man auf der gut zweistündigen Tour durch die Anlage.

▪ Mo–Fr 8–12, Sa 10–12 Uhr. 20 $/Pers. Die 15-minütige Anfahrt erfolgt via Morazán nach San Isidro, ✆ 87111221, www.coffee-tour.business.site.

Praktische Infos

Busverbindungen Busse fahren vom Busbahnhof gegenüber dem Mercado Central (gute Sodas!) an der Avenida Central ab.

Alajuela: 6–20 Uhr stündlich, Fahrzeit 1 Std.

Valle Central → Karte S. 54

Straßenszene in Atenas

San José: 6–19.30 Uhr stündlich, Fahrzeit 1 Std.

La Garita: 4.30–20.30 Uhr mehrmals stündlich, Fahrzeit 15 Min.

Orotina: 7–22 Uhr stündlich, Fahrzeit 30 Min.

Einkaufen In Atenas findet man die üblichen **Pulperías** mit allem, was den täglichen Bedarf angeht, im **Mercado Central** isst man gut und günstig. Zentral an der Durchgangsstraße gelegen, findet man die genossenschaftlich geführte Unternehmung **Coopeatenas** mit Tankstelle, Werkstatt und Supermarkt. Hier werden biologisch angebaute Produkte regionaler Herkunft angeboten, darunter auch verschiedene, frisch geröstete Kaffeesorten. ✆ 24465141, www.coopeatenas.com.

Jeden Freitag findet ab 6 Uhr der wöchentliche **Farmers Market** statt. Obst, Gemüse, Kaffee, Kräuter, aber auch Kuchen, Eier, Käse, Pflanzen und Blumen aus lokalem Anbau und Produktion werden feilgeboten. Es gibt auch einige Essensstände für das leibliche Wohl. An der Radial Atenas unweit des Stadtzentrums. Fr 6–14 Uhr.

Übernachten **Bungalow Atenas** Gut ausgestatteter Bungalow für 3 Pers. Ruhig gelegen in einer weitläufigen Gartenanlage mit Swimmingpool. Atenas, Vorort Pan de Azucar, Anfahrt über die Pulpería Toni, ✆ 88157807 (WhatsApp). €€

Mein Tipp **Boutique Hotel Villa Toscana** Traumhaft gelegene Hotelanlage mit stilvoll eingerichteten Zimmern, Suiten und Ferienhäusern. Die Poolanlage und der Gartenbereich sind sehr gepflegt. Das angeschlossene Restaurant ist empfehlenswert. Frühstück ist im Zimmerpreis inklusive. C. La Granja, ✆ 24464632. €€€€

Essen & Trinken **Pizzería La Finca** Bietet eine große Auswahl an Pizzen und Pastagerichten, dazu frische Salate und lokales Fassbier von El Granero. Das Ambiente und der Service sind stimmig. Tägl. 12–21 Uhr. C. 2 zwischen Av. 1 und Av. 3, ✆ 24466666. €€

Chicharronera Don Yayo Herzhafte Gerichte zumeist mit Schweinefleisch zubereitet. Das Don Yago ist bei Einheimischen sehr beliebt, die Chicharrones sind knusprig und lecker. Für diejenigen, die es weniger gehaltvoll mögen, gibt es auch tolle Gemüseeintöpfe. Tägl. 11–23 Uhr. Radial 3 Richtung La Garita, ✆ 24465901. €€

Grecia

Nur 27 km vom Flughafen entfernt liegt dieses kleine Städtchen auf gut 1000 m Höhe, umgeben von Zuckerrohr- und Kaffeeplantagen und eingebettet in die Cordillera Central. Unangefochtenes Highlight der Stadt ist die stählerne **Kirche** im neogotischen Stil am Parque Central. Der Stahl aus Belgien sollte der Zerstörung durch die ständig wiederkehrenden Erdbeben Einhalt gebieten. Dies hat bisher, wie sich sehen lässt, gut funktioniert. Im angrenzenden **Park** kann man sich ausruhen und auch sehen, warum Grecia den Titel „Sauberste Stadt Zentralamerikas" trägt.

Ausflüge in die Umgebung

La Hacienda Los Trapiches: Auf dem Gelände der alten Zuckermühle kann man es sich täglich ab 8 Uhr gut gehen lassen. Restaurants, Spielplätze und Schwimmbecken stehen zur Verfügung. Am Sonntag wird die alte Mühle zum Leben erweckt und die einzelnen Schritte der Zuckerherstellung werden vorgeführt.

▪ Im Dorf Santa Gertrudis Sur, 700 m südlich der Dorfkirche, ☏ 61665080. Tägl. 8–17 Uhr.

Cataratas Los Chorros: Los Chorros, die Düsen, donnern aus über 40 m in die Wasserbecken. Der Lärm benebelt, die Gischt benetzt das Gesicht und kühlt herrlich. Ein mutiger Sprung in die Becken ist erfrischend und belebend. Der 20-minütige Weg zu den Fällen führt über privates Gelände und ist nicht anspruchsvoll, abgesehen von den teils glitschigen Felsen. Tische und Sitzbänke für ein gemütliches Picknick mit tropischem Obst stehen bereit. An den Wochenenden ist es ein gut besuchter Spot der Ticos.

▪ 7 km südlich von Grecia bei Tacares. Kleine Schilder weisen auf den bewachten Parkplatz (4 $) hin, Eintritt 6 $.

Praktische Infos

Busverbindungen Busse halten an der Westseite vom Mercado, C. 4/Av. 0–2 und eine Station später am Busbahnhof, C.0/Av. 1–3.

Alajuela: 4.25–20.30 Uhr im 30-Min.-Takt, Fahrzeit 45 Min.

Atenas: über Alajuela.

San José (Terminal Coca Cola, Ruta 201, über Flughafen Alajuela): 4.20–20.30 Uhr alle 15 Min., Fahrzeit 1 Std.

Santa Gertrudis: 4.45–22 Uhr alle 30 Min. Fahrzeit 20 Min.

Sarchí: alle 25 Min., Fahrzeit 30 Min.

Einkaufen Im Zentrum von Grecia gibt es zahlreiche **Pulperías,** die die Dinge des täglichen Bedarfs anbieten. Ein Block entfernt vom Parque de Grecia in der Calle 4 befindet sich der **Mercado Central.** An der Ausfallstraße nach Sarchí gibt es größere **Einkaufzentren** und Supermärkte.

Geld Um den Parque Central sind einige Banken angesiedelt. Die **Banco de Costa Rica** in der Av. 2 gegenüber der Parroquia de Grecia oder die **Banco Popular** in der Av. 1 verfügen über Geldautomaten.

Auf dem Weg nach Grecia

Valle Central → Karte S. 54

Gesundheit Das **Hospital San Francisco de Asís** ist für Notfälle 24 Std. geöffnet. Av. Central, ✆ 24379500, www.ccss.sa.cr.

Touren Alle Hotels bieten Ausflüge in die nähere Umgebung an bzw. kennen erfahrene Touranbieter.

Übernachten **Mangifera Hostel** Nettes, kleines, familiengeführtes Hostel. Einfache und zweckmäßig eingerichtete Zimmer, kleiner Garten zum Entspannen. Eine Gemeinschaftsküche ist vorhanden. Am Parque Central, ✆ 24946065, www.mangiferahostel.com. **€**

B & B Garden Grecia Klein, aber fein. Die Zimmer ansprechend und sehr sauber. Schöne Gartenanlage mit Frühstücksrestaurant. Eine Gemeinschaftsküche ist vorhanden. Santa Gertrudis, ✆ 83214745, www.bandbgardengrecia.com. **€€**

Hotel Mango Valley Die gepflegte Anlage liegt abgeschieden in der Natur. 6 geräumige Bungalows mit Küche stehen zur Verfügung. Der Ausblick vom Pool ist traumhaft schön. Frühstück inkl. 7 km nördlich von Grecia, C. Carbonal, ✆ 24448833, www.mangovalley.com. **€€€**

Essen & Trinken **Café Delicias** Optimal für eine koffeinhaltige Pause. Frisch zubereitete Kaffeespezialitäten und hausgemachte Kuchen. Ab 8 Uhr wird Frühstück serviert. Tägl. 8–21 Uhr. Av. 2 zwischen C. 2 und C. 4, ✆ 24942093, www.cafedelicias.com.

meinTipp **Más Q Sabor** Hier wird mexikanische Küche serviert, klassisch, authentisch und toll angerichtet. Der Service ist freundlich, das Ambiente eher schlicht. Di–Sa 11.30–19, So 8.30–16 Uhr. Av. 1, ein Block vom Parque Central entfernt, ✆ 24442660. **€€€**

Sarchí

Der schön gelegene Ort Sarchí ist die „Wiege des nationalen Kunsthandwerks“. Von hier stammen die allseits bekannten, bunt bemalten und kunstvoll verzierten Ochsenkarren, die **Carretas.** Die weltweit größte Carreta ist am Parque Central ausgestellt. Entlang der Hauptstraße reiht sich ein Geschäft mit Kunsthandwerk an das andere und wartet auf die Busladungen voll kauffreudiger Touristen aus aller Welt. Leider ist unter den angebotenen Produkten auch viel Kitsch zu finden. Es wird so ziemlich alles mit den typischen

Mit Liebe bemalt: die Carretas von Sarchí

Im Jardín Botánico

Valle Central → Karte S. 54

Mustern bemalt, was man sich denken kann. Ja, auch Klopapierhalter. Nichtsdestotrotz ist der Besuch einer alten Manufaktur interessant und informativ.

Die älteste Manufaktur ist die von **Joaquín Chaverri.** Allerdings schloss diese Ende 2022 ihre Pforten. In der Manufaktur **Eloy Alfaro** dagegen wird täglich die Herstellung der Carretas anschaulich erläutert. „Und hier haben wir eine deutsche Maschine aus Leipzig, die damals von der Familie Eloy angeschafft wurde." Juan erzählt leidenschaftlich und mit vielen Gesten. Er ist Angestellter der Fábrica de Carretas Eloy Alfaro, eine von wenigen Familien, die noch immer Ochsenkarren herstellen und bemalen. Diese dienen heutzutage fast nur noch Dekorationszwecken. Alternative und preiswertere Transportmittel haben die Carretas längst aus dem Straßenbild verdrängt. Die ersten Fuhrwerke dieser Art wurden bereits im 17. Jh. eingesetzt und dienten zum Abtransport landwirtschaftlicher Güter. Erst Anfang des 19. Jh. wurden die Karren samt Rädern aus massiven Holzscheiben rot grundiert und kunstvoll bemalt. Letztlich ging es um Status und Prestige. Wer hat den schönsten Karren? Warum sollte es damals anders als heute gewesen sein? Bis in die 40er-Jahre des 19. Jh. wurden regelmäßig Wettbewerbe abgehalten. Ochsenkarren aus allen Landesteilen trafen sich in San José zum „Schaulaufen". Der schönste wurde gekürt. Heute werden die Ochsenkarren nur noch auf Bestellung gefertigt. „Manche Leute möchten einfach einen im Garten stehen haben", erzählt Juan. „Mit 4500 Dollar inklusive Bemalung ist man dabei. Die dauert drei Wochen." Oft gehen solche Sonderbestellungen nicht bei der Firma Eloy ein. Dafür finden die Karren en miniature reißenden Absatz.

- **Fabrica de Carretas Eloy Alfaro,** Sarchí Norte C. Central zwischen Av. 1 und Av. 3, ✆ 24544131, www.souvenirscostarica.com. Tägl. 7–17 Uhr.

Wer die prächtigen Ochsenkarren noch in Bewegung erleben will, sollte sich den großen **Ochsenkarrenumzug in Escazú** nicht entgehen lassen, der jedes Jahr im März stattfindet.

Jardín Botánico Else Kientzler

Am Rande ihres weitläufigen Firmengeländes hat sich die Deutsche Else Kientzler einen Traum erfüllt. Hier erblüht ein botanischer Garten, der nicht nur Pflanzen Costa Ricas in einer parkähnlichen Anlage vereint. Es gibt Pflanzen aus Neuseeland, Japan, Indien, Brasilien und vielen weiteren Ländern, darunter seltene Orchideen, Bromelien und Sukkulenten. Ein Fluss mit steinigem Bett führt durch das Grundstück. Auf mehreren gut angelegten Pfaden können Sie die Pflanzenfülle entdecken. Sitzgelegenheiten und Wiesen sind wunderbar für ein Picknick geeignet, während die Kinder auf dem Spielplatz toben. Mit dem Eintrittsticket bekommt man eine anschauliche Karte der Anlage ausgehändigt.

■ Tägl. 8–16 Uhr. Eintritt 3500 CRC, Kinder 2500 CRC. Sarchí Norte, 800 m vom Stadion Eliécer Pérez, ✆ 24542070, www.elsegarden.com.

Praktische Infos

Busverbindungen Die Busse starten an der Südseite des Parque de Sarchí.

Alajuela: 5.30–20 Uhr stündlich, Fahrzeit 2:30 Std.

Grecia: 5.25–22.35 Uhr im 30-Min.-Takt, Fahrzeit 30 Min.

San José: via Alajuela.

Einkaufen Neben den zahlreichen Souvenirshops gibt es zum Glück auch einige kleine Supermärkte im Zentrum.

Geld **Banco de Costa Rica,** Av. 1 gegenüber dem Parque Sarchí.

Gesundheit **Centro Médico Sarchí,** Plaza de la Artesanía, ✆ 24544060. Mo–Fr 9–19, Sa 9–13 Uhr.

meinTipp **Übernachten** **Jucahuje Lodge** Etwas abgelegen liegt dieses kleine Hotel nordöstlich von Sarchí. Die Zimmer sind sehr gemütlich eingerichtet. Das künstlerische Händchen der beiden Gastgeber Juan und Carlos sieht man der gesamten Anlage an. Ca. 1 km nordöstlich von der Shell-Tankstelle in Sarchí, ✆ 83038206, https://hotel-jucahuje-lodge.negocio.site/. **€€**

Essen & Trinken **Soda Rustica** Casados, Tacos und gebratenes Hühnchen im urigen Ambiente. Die Portionen sind großzügig bemessen, der Service ist engagiert. Tägl. 8–22 Uhr. C. Central/Av. 2, ✆ 24543503. **€**

San Ramón

Eingebettet zwischen Hügeln auf einer Höhe von 1057 m liegt das kleine, sehenswerte Städtchen San Ramón de los Palmares. Es wurde im Jahre 1844 offiziell gegründet und zwölf Jahre später zur Hauptstadt des gleichnamigen Kantons erklärt. Ruhig und beschaulich läuft der Alltag der knapp 11.000 Einwohner ab, die angrenzenden Kaffee- und Zuckerrohrplantagen geben dem größten Teil davon Arbeit. Die 1968 gegründete Universität bringt etwas studentisches Leben nach San Ramón, Stadt der Dichter und Denker. Mehrere Präsidenten und bedeutende Schriftsteller wurden hier geboren.

Sehenswertes

Das **Geburtshaus von Präsident José Figueres Ferrer** steht dem Besucher offen. Zu sehen ist eine ausführliche Ausstellung über das Leben und Wirken des beliebten Präsidenten. Sonderausstellungen, Konzerte, Workshops und Lesungen füllen das Haus mit Kultur.

■ Di–Sa 10–18 Uhr. Eintritt frei. Av. 1 gegenüber der Kirche am Park, ✆ 24472178, www.centrojosefiguera.org.

Wer sich tiefgehender mit der Geschichte San Ramóns befassen mag, besucht das kleine **Regionalmuseum.** In dem altehrwürdigen Gebäude am Parque Central finden auch Sonderausstellungen, Lesungen und Konzerte statt.

▪ Di–Sa 10–18 Uhr. ✆ 24477137.

Ausflüge in die Umgebung

Los Angeles Cloud Forest Reserve: Nur 20 km von San Ramón entfernt befindet sich das fast 810 ha große Privatreservat des Ex-Präsidenten Rodrigo Carazo Odio und seiner Gattin. In der nebelwaldähnlichen Vegetation kann man sich auf mehreren Wanderwegen von 1,5 bis 7 km ausgiebig bewegen und die Ruhe und Kraft der Natur genießen. Vogelliebhaber kommen auch auf ihre Kosten. Kolibris, Papageien und Trogone umschwirren die reiche Pflanzenwelt. Wer mag, lässt sich von einem Guide durch das Gelände führen. Auf dem Gelände befindet sich auch das luxuriöse Cloud Forest Hotel mit Restaurant, Pool und weiteren Annehmlichkeiten.

▪ Tägl. 8–16 Uhr. Eintritt 20 $. Anfahrt über San Juan, ✆ 24610643.

Los Alpes Private Reserve: Das 200 ha große Reservat liegt am südlichen Zipfel der Cordillera de Tilarán auf 1400 m Höhe. Es ist weitgehend mit primärem Bergregenwald bedeckt, einem der artenreichsten Wälder der Erde. Das restliche Gelände besteht aus ehemaligem Farmland, welches nun Stück für Stück wieder aufgeforstet wird. Für geführte Erkundungen gibt es ein 5 km langes Wegenetz durch das Reservat. Der Zugang ist leider ausschließlich Besuchern der Los Alpes Lodge vorbehalten.

▪ Die Preise liegen bei 120 $ für eine Übernachtung im DZ. Verpflegung kann hinzugebucht werden. Anfahrt erfolgt im allradtauglichen Pkw von San Ramón via Piedades Sur. ✆ 24478269, www.los-alpes.com.

Balneario Las Musas: Ein gewöhnliches Spaßbad mit langer Rutsche an einem ungewöhnlichen Ort. Eingebettet in wunderbare Natur liegen die Schwimmbecken. Das Highlight ist das Naturbecken mit riesigem Wasserfall. Picknicktische und ein einfaches Restaurant sind vorhanden. Eine Canopy-Bahn ergänzt das Freizeitvergnügen. Das Bad ist bei den Einheimischen sehr beliebt.

▪ Di–So 9–16 Uhr. Erwachsene 3500 CRC, Kinder 2500 CRC. Verlassen sie San Ramón auf der Av. 2 und folgen der 742 ganze 7 km, ✆ 24450059.

Praktische Infos

Busverbindungen Am Zentralmarkt fahren die Busse in die nähere Umgebung ab. Nur einen Block weiter in der C. 16/Av. 1–3 fahren die Überlandbusse nach San José, Alajuela und Puntarenas ab.

Alajuela via Flughafen San José: 4–20.25 Uhr halbstündlich, Fahrzeit 2 Std.

San José: 4–19.30 Uhr halbstündlich, Fahrzeit 1:30 Std.

Puntarenas: 5–23.50 Uhr stündlich, Fahrzeit 1 Std.

Einkaufen In den Straßen um den Park an der Kirche finden sich eine Vielzahl von Geschäften mit einem breiten Sortiment.

Geld **BAC** und **Banco Popular** in der Av. 1/C. 2–3

Gesundheit **Hospital Carlos Luis Valverde Vega,** Av.11/C. 0–4, ✆ 24569700. Tägl. 24 Std. geöffnet.

Übernachten **Hotel La Posada** Einfache, ruhige und geräumige Zimmer in zentraler Lage. Parkplätze sind vorhanden. Das Frühstück ist inklusive. Av. 1/C. 9, ✆ 24457359, www.posadahotel.net. **€€**

MeinTipp **Casa Amanecer** Tolle Anlage in den Bergen mit fantastischem Weitblick ins Valle Central. Die Zimmer sind hell und sauber, Frühstück ist inklusive. Nördliche Ausfahrt Richtung La Fortuna, ✆ 24452100, www.casa-amanecer-cr.com. **€€€**

Essen & Trinken **Aroma's Café 2** Reichhaltige Gerichte und leckere Kuchenkreationen werden angeboten. Freundlicher Service. Tägl. 7–20 Uhr. C. 1 zwischen Av. 2 und Av. 4, ✆ 24450249. **€€**

Taquería La Tica Gut, schnell und preiswert isst man in der Taquería. Hamburger, Sandwiches und Tacos werden serviert. Die Taquería ist stadtbekannt und sehr beliebt. Tägl. 12.30–22.40 Uhr. C. 0 zwischen Av. 5 und Av. 7, ✆ 24457592. **€€**

Valle Central → Karte S. 54

Bedeutende Pilgerstätte: Basílica de Nuestra Señora de los Ángeles

Cartago und Umgebung

Die mittelgroße Stadt am Fuß des Vulkans Irazú ist eine Alternative für Hauptstadtmuffel, denn sie liegt nur 22 km von ihr entfernt und ist ein guter Ausgangspunkt für alle Ausflugsziele östlich von San José.

Die meist flachen Gebäude der Stadt lassen kaum mehr erahnen, dass Cartago selbst einmal die Hauptstadt des Landes war. Die Nähe zum Nationalpark Irazú macht Cartago zum optimalen Startpunkt für einen Besuch des Parks, ebenso bieten sich Ausflüge in die Umgebung an.

Cartago

Die meisten Präsidenten Costa Ricas stammen wohl aus Cartago, zumindest jede Menge von ihnen, wie Jesús Jiménez Zamora, der gleich zweimal Präsident war und dessen historisches Wohnhaus heute ein Museum ist. Oder Ricardo Jiménez Oreamuno, der das noch toppte und dreimal Präsident des Landes war. Die ehemalige Hauptstadt Costa Ricas liegt am Fuße des noch aktiven Vulkans Irazú. Der Besuch des nur 26 km entfernten Nationalparks ist definitiv einen Tagesausflug wert (→ S. 78). Das Zentrum ist sehr lebendig. Um den Mercado Municipal beim Bahnhof reiht sich ein Geschäft ans nächste.

Stadtgeschichte

Cartago war die erste spanische Siedlung, die in Costa Rica gegründet wurde. Das war im Jahr 1563 und der Begründer war der Konquistador Juan Vásquez de Coronado. Der Hauptstadt-Status wechselte mehrmals zwischen Cartago, San José und Alajuela, wurde aber 1823 durch den ersten gewählten Staatschef Juan Mora Fernández endgültig in das damals kleine Dorf San José verlegt. Ein Grund dafür waren die zahlreichen heftigen Erdbeben, die Cartago mehrfach fast komplett zerstört hatten. Ein beeindruckendes Zeugnis sind die Ruinen im Stadtzentrum. Heute ist Cartago eine quirlige Kleinstadt mit Universitätssitz.

Sehenswertes

Ruinen Templo Inconcluso de Santiago Apóstol: Das imposante Bauwerk aus dem Jahr 1575 fiel dem Erdbeben von 1841 zum Opfer. Immer wiederkehrende Beben ruinierten das Gebäude zunehmend, sodass von einem Wiederaufbau gänzlich abgesehen wurde. Im Inneren wurde jedoch ein schöner Park mit Bepflanzung und Skulpturen angelegt. Bitte erschrecken Sie nicht vor der Menschenstatue im Priestergewand und ohne Kopf. Diese Skulptur soll an die Legende des nächtlich umherwandelnden „Padre sin cabeza" erinnern. Der Priester wurde mit seiner Schwägerin in flagranti in den heiligen Hallen erwischt. Und das auch noch von seinem Bruder. Dieser schlug ihm daraufhin den Kopf ab.

■ Plaza Mayor. Tägl. 8–16 Uhr.

Basílica de Nuestra Señora de los Ángeles: Einige Blöcke östlich der Plaza Mayor liegt ein weiteres kirchliches Bauwerk, die vollkommen intakte Basílica de Nuestra Señora de los Ángeles. Der orientalisch anmutende Bau wurde Cartagos Schutzpatronin Negrita, der dunkelhäutigen Jungfrau, geweiht. Genau an diesem Ort erschien dem kleinen indigenen Mädchen Juana Pereira im Jahre 1635 mehrmals eine Marienfigur. Das Mädchen nahm die Figur mit nach Hause. Doch Negrita kehrte stets an ihren Fundort zurück. Dies wurde als göttliches Zeichen verstanden und eine Kirche an dieser Stelle errichtet. Jährlich am 2. August zum Jahrestag der Erscheinung pilgern Tausende Costa Ricaner zu Ehren Negritas zur Kirche. Auch Tausende Pilger aus den Nachbarländern Panama und Nicaragua begeben sich auf mehrtägige Fußmärsche. Demütig auf Knien rutschend bitten die Pilger um Heilung von Krankheiten. Verschiedenste Körperteile, geformt aus Weißblech, werden als Opfergaben in der Gruft auf der Hinterseite der Basilika niedergelegt. Damit verbunden ist die Hoffnung auf Heilung des erkrankten Körperteils. Hier befindet sich auch der Felsen, auf welchem die schwarze Madonna erschienen sein soll.

Museo Casa Jesús Jiménez Zamora: Traditionelles Wohnhaus des costaricanischen Staatspräsidenten Jesús Jiménez Zamora (1823–1897). Es ist im landestypischen Stil aus Holz erbaut und vollständig erhalten.

■ Di–So 9–16 Uhr. Eintritt frei. Av. 4/C. 1.

Museo Municipal de Cartago: Viel Geschichte und ein kleiner grüner Park mitten in der trubeligen Stadt – ein Ort, um einmal durchzuatmen und der Hektik Cartagos ein wenig zu entgehen.

■ Tägl. 9–16 Uhr. Eintritt frei. Av. 3.

Mercado Municipal: Wer handfesten, irdischen Alltag auf costa-ricanisch sucht, der stattet dem Mercado Municipal und den angrenzenden Straßenzügen einen Besuch ab. Täglich ab 6 Uhr werden in der Markthalle zwei Blocks nördlich vom Parque Central frische Lebensmittel und nützliche und unnütze Dinge verkauft. Auffällig sind die zahlreichen Secondhand-Shops mit der

Aufschrift „Ropa Americana". So manches nette, ausgemusterte Teil zum Schnäppchenpreis versteckt sich zwischen den Kleiderbügeln.

Ausflüge in die Umgebung

Parque Ambiental Río Loro: Nur wenige Kilometer von Cartago entfernt liegt das 23 ha große Gelände mit verschiedenen Rundwanderwegen, Mariposarium und Schlangenhaus. Spielplätze und Picknickbereiche stehen bereit.

▪ Mi–So 8–15 Uhr. Eintritt 4 $. 7 km von Cartago Richtung San José, in Ochmogo abbiegen, ✆ 25371200.

Jardín Botánico Lankester: Hier kommen Orchideenfreunde voll auf ihre Kosten. Der Garten wurde 1940 von dem britischen Botaniker Charles Lankester angelegt und beständig erweitert. Nach dessen Tod im Jahre 1973 wurde der Garten der Öffentlichkeit zugänglich gemacht. Heute gehört der Garten der Universidad de Costa Rica und dient der Forschung durch Studierende und Wissenschaftler aus aller Welt. Auch interessierten Besuchern öffnet sich der Park. Auf dem Rundweg durch die sehr gepflegte Anlage können zahlreiche Orchideenarten bestaunt werden.

▪ 8.30–16.30 Uhr. Eintritt 10 $. 4 km von Cartago in Richtung Paraíso, ✆ 25117939, www.jbl.ucr.ac.cr.

Praktische Infos

→ Karte S. 76

Einwohner Ca. 160.000

Busverbindungen Die Busse ins Umland fahren an verschiedenen Punkten in der Stadt ab.

Cachí/Ujarrás: 5.30–22 Uhr alle 45 Min., C. 6 zwischen Av.1 und 2, Fahrzeit 45 Min.

Orosi: 5.15–22.30 Uhr fast viertelstündlich, C. 6 zwischen Av. 1 und 3, Fahrzeit 45 Min.

Paraíso (Botanischer Garten Lankester): mehrmals tägl. 4.30–22 Uhr, C. 6 zwischen Av. 1 und 2, Fahrzeit 30 Min.

San José: 4–23 Uhr alle 5 Min., ab Terminal Lumaca nördlich vom Bahnhof, Fahrzeit 45 Min.

Turrialba: 6–22 Uhr alle halbe Stunde, am Wochenende seltener, Av. 3 zwischen C. 8 und 10, Fahrzeit 1:15 Std.

Vulkan Irazú: tägl. 8.45 Uhr, Av. 3/C. 4, mit SACSA, Bus kommt aus San José, Fahrzeit 1 Std.

Taxis Taxistandplätze gibt es an der C. 1 an der Plaza Mayor und am Mercado Central C. 3/Av. 4. Die Preise zu weiter entfernten Zielen sind Verhandlungsbasis. Botanischer Garten Lankester ca. 8 $, Orosi ca. 20 $, Nationalpark Tapanti ca. 30 $.

Zugverbindungen **San José:** 5.30–9 und 16.25–18.15 Uhr halbstündlich, der Bahnhof liegt am Markt Av. 3/C. 4. Fahrzeit 45 Min., Ticketpreis 1 $. www.incofer.go.cr.

Einkaufen Auf dem **städtischen Markt** **3** und in den Straßen um die Plaza Mayor findet man alles, was man gebrauchen kann. Jeden Samstag findet ab 5.30 Uhr ein **Bauernmarkt** **5** auf dem Platz neben der Kirche María Auxiliadora statt. Regionale Produzenten bieten Obst, Gemüse, Käse, Brot und Fleisch in hervorragender Qualität an (C. 16/Av. 4).

Etwas außerhalb liegen die großen **Shopping Malls** mit diversen Shops, Foodcourts und Kino.

Geld **Banco Nacional,** Av. Central, zwischen C. 2 und C. 4. Mo–Fr 8.30–15.45 Uhr.

Scotiabank, C. 2 zwischen Av. 2 und Av. 4. Mo–Fr 8–15.30 Uhr

Gesundheit **Farmacia Central,** Av. 2 an der Plaza Mayor. Tägl. 7.30–19.40 Uhr.

Rund um die Uhr ist das Ärztehaus **Clinica Señora de los Ángeles** geöffnet. Notaufnahme, Allgemeinmediziner und Fachärzte stehen bereit. C. 4 zwischen Av. 8 und 10, ✆ 25525252, www.clinicalosangeles.com.

Wäscheservice **Lavandería Las Brumas,** wäscht schnell und preiswert. Mo–Fr 8.30–12 und 14–17, Sa nur bis 12 Uhr. C. 4/Av. 12.

Übernachten Die Stadt selbst hat nur wenige Hotels, die überzeugen. Die tollen Lodges liegen im grünen Umland und lohnen sich mehr als die Stadtviertel.

meinTipp **La Casa de Mama Coyita** **1** Etwas außerhalb vom Zentrum, dafür ruhig gelegen. Damaris ist eine hervorragende Gastgeberin. Die Zimmer sind makellos. Mahlzeiten erhältlich. C. 12 zwischen Av. 11 und 13, ✆ 836 82558. **€€**

Hotel Casa Aura **2** Die Gastgeberin gibt sich alle Mühe, ihren Gästen einen angenehmen und sehr persönlichen Aufenthalt zu gestalten. So bemüht und detailreich ist auch das Haus ausgestattet, mit einem leichten Hang zum Kitsch. Die Zimmer haben große Betten mit Nachttischlampen, es gibt einen kleinen Innenhof. C. 2 zwischen Av. 3 und 7 in der Nähe vom Busbahnhof, ✆ 87947457, www.casaauracr.com. **€€**

Casa Mora B & B **6** Das familiengeführte Bed and Breakfast mit kolonialem Charme ist die Bleibe in Cartago. Gemütlich, sauber und fast ein wenig kitschig sind der Aufenthaltsraum und Rezeptionsbereich. Die 5 Zimmer haben gute Betten, schwere Vorhänge und sind recht rustikal eingerichtet. Das Beste ist das tolle inklusive Frühstück. Außerdem hat das Stadthaus einen eigenen Gästeparkplatz. Av. 3 y Transv. 13/C. 13, ✆ 25510324. **€€€**

Essen & Trinken **Boutique Café** **8** Guter Kaffee und leckerer Kuchen, es gibt auch andere kleinere Mahlzeiten. Mo–Sa 9–17 Uhr. Av. 6/C. 9 und 11. **€€**

La Puerta del Sol **7** Uriges, sauberes Restaurant mit einer umfangreichen Ganztageskarte vom kräftigen Frühstück bis zum herzhaften Fleischgericht. Der Service ist schnell und zuvorkommend. Tägl. 9–21 Uhr. Av. 1 an der Plaza Mayor, ✆ 25510615. **€€€**

meinTipp **Restaurante Ton Hoi** **4** Leckere asiatische Küche. Es gibt auch typische Fleischgerichte und Meeresfrüchte. Das Ambiente ist sehr gemütlich, die Auswahl an Weinen sehr gut. Di–Fr 11.30–22 Uhr, Mittagspause 15–18 Uhr, Sa 11–22, So bis 21 Uhr. An der Diagonale 1/Av. 3, ✆ 25922185. **€€€**

Zug nach San José

Valle Central → Karte S. 54

Parque Nacional Volcán Irazú

Nationalpark Vulkan Irazú

Schon die Anfahrt von Cartago aus ist spektakulär. Innerhalb weniger Kilometer windet sich die gut ausgebaute Straße von 1400 m auf über 3000 m. Die Ausblicke in die Landschaft sind atemberaubend, doch man muss Glück mit dem Wetter haben, das am Vulkan schnell umschlagen kann. Als Faustregel gilt: Früh da sein, denn ab Mittag steigen die Wolken auf.

Der Nationalpark wurde 1955 gegründet und umschließt den 3432 m hohen Cerro Alto Grande des Vulkans Irazú, welcher damit auch der höchste Gipfel der Cordillera Central ist. Mit einer Ausbreitung auf 500 km² ist der Irazú auch der mächtigste Vulkan des Landes. Sein letzter Ausbruch im Jahre 1963 währte knapp zwei Jahre und bedeckte das Umland von Cartago und San José mit einer feinen Ascheschicht. Auch heute noch ist ab und an ein dumpfes Grollen zu hören.

Zu den Kratern

Der Vulkan ist mit dem Auto erreichbar, den Gipfel kann man nicht besteigen. Vom Parkplatz führt ein asphaltierter Weg über 500 m zu den beiden Kratern. **La Laguna** heißt der spektakuläre Hauptkrater, dahinter liegt der kleinere Krater **Diego de la Haya** mit aufsteigenden Dampfsäulen. Der Hauptkrater hat einen Durchmesser von 1000 m und eine Tiefe von ca. 300 m. Man darf bis zum Geländer am Kraterrand heran und hat bei bester Sicht einen tollen Blick auf den türkisblauen Kratersee. Wer die Möglichkeit hat, sollte den Besuch an einem Wochentag planen, denn an den Wochenenden wird der Vulkan auch gerne von den Ticos in Beschlag genommen. Es empfiehlt sich warme, wetterfeste Kleidung mitzunehmen.

Praktische Infos

Größe 2390 ha.

Zugang/Anfahrt Die Anreise per **Auto** vom 32 km entfernten Cartago verläuft auf einer gut ausgeschilderten Landstraße, den Irazú stets im Blick. Nach dem Parkeingang führt eine Straße hoch zum Krater. Auf dem Cerro Alto Grande gibt es Parkplätze, einen Souvenirshop und einen Picknickbereich.

Von San José fährt am Wochenende um 8 Uhr ein **Bus** vom Gran Hotel Costa Rica an der Plaza de la Cultura via Cartago, Start 8.45 Uhr an der Kirchruine. Zurück geht es um 12 Uhr. **Taxis** kosten vom Stadtzentrum Cartago um die 20 $ mit einstündiger Wartezeit.

Öffnungszeiten Tägl. 8–16 Uhr. Der letzte Einlass ist um 15.30 Uhr.

Eintritt Das Eintrittsticket ist zwingend vorab unter https://serviciosenlinea.sinac.go.cr/ zu kaufen bzw. zu reservieren. 15 $.

Mächtigster Vulkan Costa Ricas: der Irazú

Im Orosí-Tal kann man hervorragend wandern und Rad fahren

Das Valle de Orosí

Etwas südlich von Paraíso erstreckt sich das Orosí-Tal, dessen gleichnamiger Fluss sich das sattgrüne Tal hinabwindet und den Stausee Cachí speist. An den fruchtbaren Hängen des Tals werden Obst, Gemüse und Kaffee kultiviert.

Die Ausstrahlung des Tals ist einzigartig. Auf 1000 m Höhe gelegen, sind die Ruhe und milden Temperaturen perfekt zum Entspannen und eignen sich für sportliche Aktivitäten. Wanderungen und Radtouren sind gut machbar. Wie die Kolonialherren ihre ersten Kirchen bauten, können Sie sich in Orosí anschauen und im Anschluss gleich eine Runde um den nahen Stausee, den Lago de Cachí, drehen – am besten per Drahtesel. Vielleicht finden Sie im Ort Paraíso noch Einwohner, die Ihnen etwas über die alten Zeiten in der Siedlung Ujarrás erzählen können, aus der sie zwangsumgesiedelt wurden. Und ein Sprung ins kühle Wasser des Río Orosí im Tapantí-Nationalpark macht müde Geister munter – so viel steht fest.

Orosí

Die kleine Ortschaft liegt zentral im Valle de Orosí und ist der Ausgangspunkt für Touren in die grüne Umgebung. Große Bedeutung hat die **Klosterkirche Parroquia de Orosí.** Sie ist die älteste noch erhaltene Kolonialkirche

Costa Ricas. Wenn ihre Mauern sprechen könnten, würden sie von einer sehr lebhaften Geschichte berichten. Ob Naturkatastrophen wie Erdbeben oder Überschwemmungen, Aufstände der indigenen Bevölkerung gegen die Kolonialherren oder die verheerende Ausbreitung der Pest Ende des 17. Jh. – das Tal hat all das erlebt. Zum Glück sind die Zeiten ruhiger geworden und einer genussvollen Erkundung steht nichts im Wege. Durch das viele Wasser rund um Orosí werden rings um den Ort Forellen gezüchtet, meist ist ein rustikales Restaurant angeschlossen (s. u.).

Wer sich für religiöse Kunst interessiert, sollte in Orosí das **Museo de Arte Religioso de Orosí** neben der Kirche besuchen. Die Sammlung zeigt sakrale Kunst und erläutert die Geschichte der Klosteranlage.

▪ Di–So 10–12 und 13–16 Uhr. Eintritt 1 $. ✆ 25333051.

Busverbindungen **Cartago via Paraíso:** 4–22.30 Uhr alle 30 Min., Fahrzeit 45 Min.

Nationalpark Tapantí: 7.10, 11.30, 13.30 und 16.30 Uhr, Bus kommt von Paraíso, Fahrzeit 15 Min.

Ujarrás/Cachí, nur über Paraíso: mehrmals tägl., Fahrzeit von Paraíso 25 Min.

Geld **Banco Nacional,** mit Geldautomat. An der Hauptstraße 200 m südlich vom Sportplatz.

Gesundheit **Farmacia Candelaria #3,** an der Hauptstraße, 100 m nördlich vom Sportplatz.

Einkaufen Mehrere Pulperías und Supermärkte ziehen sich entlang der Hauptstraße. Täglich kommt auch Ernesto vorbei und verkauft frisches Obst und Gemüse direkt von der Ladefläche seines Pick-up-Trucks. Seine Ankunft wird durch lautes Hupen angekündigt.

Sprachschule **Montaña Linda Spanish School,** hier können schon Kinder ab 4 Jahren in kleinen Gruppen Spanisch lernen. Eine Woche inkl. Übernachtung im Hostel kostet 200 $. Übernachtungen bei einheimischen Familien sind auch möglich. Der Unterricht wird durch ein breites Rahmenprogramm und Ausflüge in die Umgebung ergänzt. Die Sprachschule liegt 350 m südlich der Kirche, ✆ 25333640, www.montanalinda.com.

Touren Orosí ist der Dreh- und Angelpunkt für Ausflüge in die nähere Umgebung. In allen Unterkünften werden Touren zu Pferd, Fahrrad oder Motorrad empfohlen oder vermittelt.

Costa-Rica-Moto, verleiht Motorräder (70 $/Tag) und veranstaltet geführte Motorradtouren durch Costa Rica. Weitere Infos in der Panadería Suiza (s. u.), ✆ 83327777, www.costarica-moto.com.

Fahrräder verleiht die Panadería Suiza (s. u.).

Reiten, Don Pancho bietet Ausritte ins Orosi-Tal an, auch mehrtägig. Tägl. 9–16 Uhr. ✆ 880 79338.

Wellness **Termales Hacienda Orosí,** nach einer ausgedehnten Wanderung oder Radtour lässt es sich in den 32 bis 38° C warmen Natursteinbecken hervorragend entspannen. Die Thermalanlage ist sehr gepflegt und der Blick in die Ferne grandios. Das angeschlossene Restaurant verköstigt auf höchstem Niveau. Tägl. geöffnet, Zutritt 9–17 oder 15–21.30 Uhr. Eintritt 45 $. 2 km außerhalb auf dem Weg nach Tapantí, ✆ 22032265, www.haciendaorosi.com.

Übernachten **Montaña Linda Guesthouse** Günstige Unterkunft mit akzeptablen Einzelzimmern mit Bad und Dormitorios. Im gemütlichen Gemeinschaftsbereich trifft man Reisende aus aller Welt. Eine Küche steht allen Gästen zur Benutzung zur Verfügung. Wer Spanisch lernen will, kann dies in der angegliederten Sprachschule (s. o.) tun. Zahlreiche Touren zu Highlights in der Nähe werden angeboten. Die Reittour kostet 20 $/Std. Die Unterkunft liegt 370 m südlich vom Sportplatz, ✆ 25333640, www.montanalinda.com. **€**

House of Coffee Eine einfache Herberge inmitten der hauseigenen Kaffeeplantagen. Die Zimmer, alle ohne eigenes Bad, sind schön eingerichtet und sauber. Von der Terrasse hat man einen wunderbaren Blick ins Tal. Walter und seine Familie sind hervorragende Gastgeber. La Alegría, auf der anderen Seite der Hängebrücke, ✆ 60212229. **€€**

Orosi Lodge Das Haus verfügt über 6 sehr geschmackvoll eingerichtete Zimmer und ein Ferienhaus für 6 Personen. Der Blick in die Landschaft und auf den Irazú ist fantastisch. Touren zu Rad oder Ross werden angeboten. Direkt neben dem Thermalbad, ✆ 25333578, www.orosilodge.com. **€€**

Hotel Rio Perlas Resort und Spa Das Hotel liegt in einem schönen grünen Tal 8 km außerhalb von Orosí. Die Zimmer sind sehr sauber und bieten genug Platz, einige haben TV und einen Balkon. Das Beste aber ist: Im Garten, der einer grünen Oase voller Palmen und tropischer Pflanzen gleicht, gibt es einen Pool, der von einer Thermalquelle gespeist wird. Er ist also wunderbar warm. Zur Abkühlung steht noch ein Kaltwasserpool bereit. 6 km Richtung Paraíso, an der schwarzen Brücke der Ausschilderung folgen, ✆ 2533 3341, www.rio-perlas.com. **€€€**

Essen & Trinken **Panaderia Suiza** Hier hat sich die Schweizerin Franziska ihren Traum verwirklicht. Es gibt leckere Backwaren und frischen Kaffee aus der Region, auch kleine Frühstücksgerichte werden angeboten. Franzi ist sehr freundlich und gibt gerne Tipps zu Erkundungen in der Umgebung. Auch Fahrräder und Motorräder werden hier verliehen. Di-So 7–16 Uhr. 100 m südlich der Banco Nacional an der Hauptstraße, ✆ 85879152.

MeinTipp **Restaurante Cachí** Die Gerichte sind äußerst schmackhaft, reichhaltig und toll angerichtet. Das Ceviche ist klasse. Günstig. Di–So 9–20 Uhr. Entrade C. La Virginia. **€**

Mi Ranchito Hier fängt man seine Forelle selbst und kann bei der Zubereitung zuschauen. Dazu gibt's Reis, Bohnen, Salat und Patacones. Das Ambiente ist holzig-rustikal, auf dem grünen Gelände flattern Schmetterlinge um Orchideen. Sa/So 11–16 Uhr. 5 km südl. von Orosí, ✆ 24381274. **€€**

Orosi al Natural Hier kommt kreative Küche mit südamerikanischem Einschlag auf den Tisch. Das Lachssteak ist ein auf den Punkt gebratenes Gedicht. Der Blick von der Terrasse ist atemberaubend. Di–So 9–17 Uhr. Auf der anderen Flussseite, 2 km von der Hängebrücke entfernt, ✆ 25331414. **€€€**

Valle Central → Karte S. 54

Lago de Cachí

Cachí-See

Der künstlich angelegte See entstand in den 1970er-Jahren durch das Anstauen des Río Reventazón. Die Staumauer mit einer Höhe von 75 m und einer Länge von 148 m gehört zu den ersten Bauwerken dieser Art in Costa Rica. Der auf mittlerweile 550 ha angewachsene See ist landschaftlich sehr reizvoll und zu einem geschützten Biotop für Flora und Fauna geworden.

Der Río Orosí

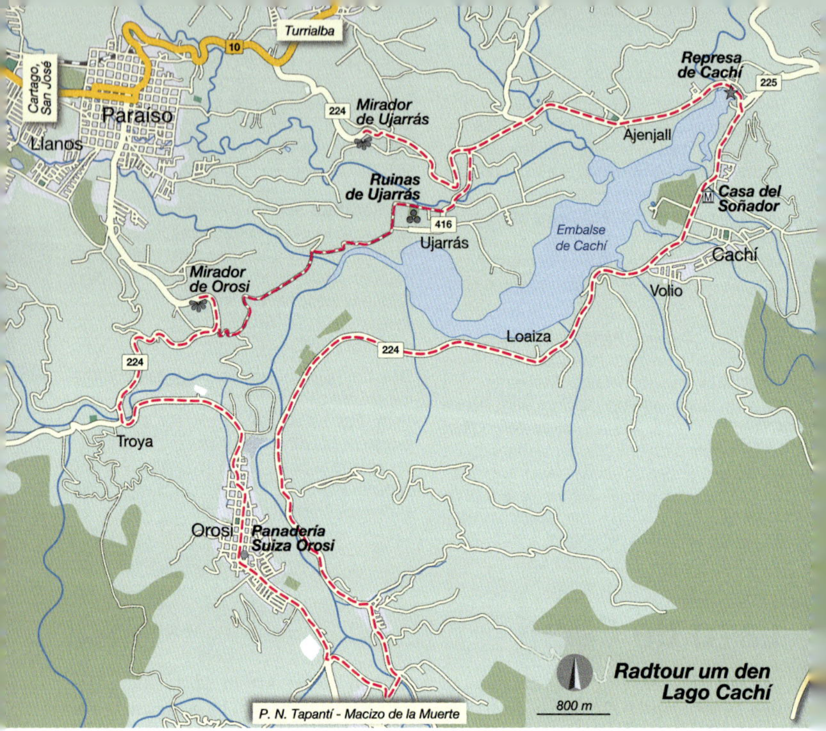

Um den See herum gibt es einiges zu entdecken. Wer auf Motorisierung nicht verzichten will und kann, leiht sich in Orosí bei Costa-Rica-Moto (→ S. 80) ein Motorrad aus und begibt sich auf die gut 30 km lange Runde. Fahrräder verleiht die Panadería Suiza (→ S. 80). Die Ruta 224 führt östlich um den Stausee nach Cachí. Beim Radeln muss man aufpassen, da der Verkehr auf der Straße nicht wenig ist, vor allem am Wochenende, wenn Stadtausflügler den See besuchen.

Einen schönen Blick auf den Stausee hat man vom Hotel Casona del Cafetal kurz hinter **Cachí.** Etwas weiter in Richtung Staumauer befindet sich die **Casa del Soñador,** das Haus des Träumers. Das einfache Holzhaus war Wohn- und Arbeitsstätte des 1995 verstorbenen Bildhauers Macedonio Quesada. Sein Sohn führt Handwerk und Galerie fort. Die teils bizarr anmutenden Schnitzereien aus den Wurzeln des Kaffeestrauches sind ein beliebtes Mitbringsel. Das Meisterwerk von Macedonio Quesada ist an der Außenwand neben dem Hauseingang zu sehen. Es handelt sich um das letzte Abendmahl, La Ultima Cena, das mit indigenen Kindern dargestellt ist. Von hier sind es noch 1,3 km bis zur Staumauer.

▪ Mo–Sa 9–17 Uhr. Eintritt frei. ✆ 89557779.

Übernachten **Hotel Quelitales** Abseits gelegene Oase mit 10 stilvoll eingerichteten Bungalows und Suiten. Im angeschlossenen Restaurant Casa José werden unter anderem Forellen aus hauseigener Zucht serviert. Das Frühstück ist inklusive. 3 km vom Sportplatz in Cachí, ✆ 25772222, www.hotelquelitales.com. **€€€**

La Casona del Cafetal Im Herzen des Kaffeeanbaugebietes rund um Cartago liegt ruhig und idyllisch am See das exklusive Boutique-Hotel mit allen Annehmlichkeiten und direktem Seezugang. Die Zimmer sind sehr schön eingerichtet. Spa und Restaurant (s. u.) ergänzen das Programm. Cachí, ✆ 25771414, www.lacasonadelcafetal.com. **€€€**

Essen & Trinken **El Café de Chumi** Gute und preiswerte Soda mit großen Portionen und tollem Blick auf den Staudamm. Der Service ist herzlich und das Ambiente einladend. Di–So 8–17 Uhr. Zwischen Cachí und Staumauer, ✆ 257 72323. **€€**

La Casona del Cafetal Hotel-Restaurant mit erstklassiger Küche aus regionalen Produkten, flottem Service und natürlich ausgezeichnetem Kaffee. Die Blicke in die weite grüne Landschaft sind einen Zwischenstopp wert. Am Lago de Cachí, ✆ 25771414, www.lacasonadelcafetal.com. **€€€**

Ujarrás und Paraíso

Nachdem man die Staumauer passiert hat, gelangt man in die ehemalige Siedlung **Ujarrás.** Diese wurde mehrfach von Erdbeben und Überschwemmungen heimgesucht. Schließlich wurden die Bewohner im Jahre 1832 in das nahegelegene Paraíso umgesiedelt. Zu sehen gibt es aber noch die verwitterten Ruinen einer vom Erdbeben zerstörten Kirche. Die steinernen **Überreste der Iglesia de Nuestra Señora de la Limpia Concepción** geben heute ein tolles Fotomotiv ab. Im Jahr 1570 war es immerhin die erste von Spaniern errichtete Kirche Costa Ricas. Jedes Jahr im April findet zu Ehren der Jungfrau eine große Prozession mit Andacht statt. Diese erschien 1666 mit einer bewaffneten Hundertschaft und schlug britische Freibeuter in die Flucht. Kurz vor den Ruinen zweigt links eine kleine Straße zum **Catarata El Salto de la Novia** ab. Das Wasser rauscht hier ca. 500 m in die Tiefe. Je nach Witterung kann die Anfahrt beschwerlich sein. Wer sich die 3 $ Wegegeld sparen will, kann auch den **Mirador Ujarras** kurz hinter Ujarrás besuchen. Von diesem Aussichtspunkt sieht man den Salto de la Novia und die Kirchruine. Der Eintritt ist frei. Es gibt hier Toiletten und einen Picknick-Bereich. Von dort geht es über den Aussichtspunkt Mirador de Orosí wieder zurück nach Orosí.

Ujarrás: Ruine der Iglesia de Nuestra Señora de la Limpia Concepción

Das von Ujarrás 6 km entfernte **Paraíso** ist heute Dreh- und Angelpunkt für die An- und Abreise in das Orosí-Tal.

Busverbindungen **Cartago:** 5.20–22.25 Uhr im 5-Min.-Takt, Fahrzeit 20 Min.

Turrialba: 6.25–23.20 Uhr, stündlich, Fahrzeit 1 Std.

Einkaufen Auf dem **Mercado Central** in der Av. Central/C. 4 macht das Bummeln Freude. Hier verkaufen die Bauern der Umgebung ihre frischen Waren wie Obst, Gemüse und Fleisch direkt.

Übernachten **Paraíso Orocay Lodge** Hoch über dem Tal liegt die Hotelanlage mit ihren 24 sauberen und zweckmäßig eingerichteten Zimmern. Die gepflegte Anlage bietet neben dem atemberaubenden Ausblick einen Whirlpool und ein Restaurant. Zwischen Paraíso und Orosí, an der Feuerwehr links ab, nach 800 m halb rechts zur Lodge. ✆ 25742031, www.orocaylodge.com. **€€**

El Salto Ecolodge Die Lodge liegt in den Bergen über Ujarrás und bietet einen fantastischen Blick über das Tal. Und das auch von der Hängematte aus. Die Zimmer sind hell und freundlich eingerichtet. Das Frühstück ist inklusive, verschiedene Touren werden angeboten – Reiten mit Pancho oder Christinas Coffee Tour. 500 m südlich vom Mirador Ujarrás, ✆ 257 44407. **€€€**

Essen & Trinken **El Rincón** Auf der großen Speisekarte ist ganz sicher für jeden etwas dabei. Die Portionen sind großzügig und der Service prompt. Freitags immer Karaoke. Mi–Mo 11.30–23 Uhr. C. el Rincón, ✆ 25742049. **€€**

Parque Nacional Tapantí

Nationalpark Tapantí

Nur 12 km südlich von Orosí befindet sich der Haupteingang zum 1999 gegründeten Nationalpark Tapantí, der den Beinamen Macizo Cerro de la Muerte, Massiv des Todes, trägt. Mit seiner Gründung wurden die anliegenden Schutzgebiete Reserva Forestal Los Santos und Reserva Forestal Río Macho vereint. Ein nächster Schritt zur Erweiterung eines grünen Korridors war getan, um der Tierwelt ungestörte Bewegungsfreiheit zwischen Costa Rica und Panama zu ermöglichen, denn der Tapantí grenzt südlich an den Na-

Blick über die fruchtbaren Hänge des Orosí-Tals

Am Orosí-Fluss

Valle Central → Karte S. 54

tionalpark Cerro Chirripó und dieser wiederum im Süden an den Nationalpark La Amistad, der sich bis nach Panama erstreckt. Bedeutsam ist das Schutzgebiet auch wegen des Regenreichtums. Bis zu 6000 mm Niederschläge jährlich gewährleisten eine konstante Wasserversorgung des Großraums San José.

Wanderwege

Wer trockenen Fußes einen der zahlreichen Wege bewandern will, sollte den Park zwischen Februar und April besuchen. Die 1 bis 2 km langen Wander- und Rundwanderwege sind gut begehbar und führen durch prämontanen und montanen Regenwald mit einer Fülle von verschiedenen Pflanzenarten wie Eichen, Erlen, Bromelien und Orchideen. Auch die Vogelwelt ist vielfältig. Bisher wurden 265 Arten gesichtet, darunter auch der Quetzal (frühmorgens da sein). Derzeit entwickelt die Parkverwaltung ein Konzept für geführte Birdwatching-Touren und nächtliche Erkundungswanderungen. Wie immer ist festes Schuhwerk wichtig und regenfeste Kleidung empfehlenswert. Wer im kühlen Río Orosí baden gehen will, wählt den Sendero la Pava und sollte ein Handtuch mitnehmen. Eine Karte mit den Wanderwegen erhält man am Eingang.

Praktische Infos

Größe 58.500 ha.

Zugang/Anfahrt 12 km südl. von Orosí. Die Anfahrt zum Park erfolgt über eine Schotterpiste mit dem eigenen **Auto** oder öffentlichen **Bus** über Purisil, das 12 km südlich von Orosí liegt. Von hier sind es weitere 5 km zum Eingang des Parks. Alternativ kann der Park auch mit dem Fahrrad erreicht werden, das man in Orosí leihen kann.

Besucherzentrum Am Haupteingang gibt es ein kleines Besucherzentrum. Hier wird der Eintritt bezahlt und grundlegende Informationen über den Nationalpark werden bereitgestellt.

Öffnungszeiten Tägl. 8–16 Uhr.

Eintritt Die Tickets sind zwingend unter www.sinac.go.cr/ES/resvlinea zu kaufen oder zu reservieren (per Login). 10 $, Kinder bis 12 Jahre 5 $.

Übernachten **Albergue Ecológico Tapantí** Bäuerliches Anwesen mit einfachen Zimmern hoch oben in den Bergen. Die Betreiber sind sehr freundlich und hilfsbereit. Zwischen Orosí und Pejibaye an der Ruta 408, ✆ 880 53280. €

Turrialba und Umgebung

Auszeit in Grün: Turrialba liegt auf halber Strecke von San José zur Karibikküste. Der Río Turrialba fließt durch das Städtchen und sorgt für eine grüne Landschaft und gute Bedingungen für die Landwirtschaft. Wer ein entspanntes Wochenende in der Natur verbringen will und außerdem Käse mag, ist hier gut aufgehoben.

Willkommen in der Tico-Pampa: grüne Hügel, grasende Kühe und urige Berghütten. Dazwischen? Rauschende Flüsse mit Stromschnellen und Wasserfällen. Darüber? Thront imposant der rauchende Vulkan Turrialba. Mit seinen 3325 m ist er der zweithöchste Vulkan Costa Ricas. An seinen Hängen mit den fruchtbaren Feldern gedeihen Obst und Gemüse prächtig. Und so ist das Landleben rund um Turrialba auch die Sehenswürdigkeit Nummer Eins: Man kann Farmen besuchen, Reitausflüge unternehmen, Geschichten vom Kaffeeanbau lauschen, Käse probieren und bei der Herstellung zusehen und – wenn er nicht gerade aktiv ist – den Vulkan Turrialba erwandern. Actionfans steigen in ein Schlauchboot und raften den Río Pacuare hinunter – ein unvergessliches Abenteuer.

Turrialba

Das kleine Städtchen Turrialba gehört zur Provinz Cartago und ist eine der ältesten Städte in Costa Rica. Als die Spanier anrückten, passierte mit der indigenen Siedlung das, was überall in Mittelamerika nach der Konquista geschah: Die Eroberer bauten eine Kirche über heiligen indigenen Stätten, versklavten die Einwohner und schleppten europäische Krankheiten ein, die die einheimische Bevölkerung dezimierten. 1697 gab es in Turrialba nur noch zehn indigene Familien, heute ist es ein reiner Tico-Ort. Er liegt am Ufer des Río Turrialba, einem wichtigen Nebenfluss des Río Reventazón, in wunderschöner Landschaft. Und Turrialba ist ein echter Nutznießer. Mit dem Ausbau der Karibikroute von San José nach Puerto Limón bekam es auch ein Stück vom Tourismus-Kuchen ab und man begann intensiv damit, die Landschaft und das Landleben der Region zu vermarkten: also rauf aufs Pferd, ab ins Boot oder rein in die Wanderschuhe.

Im Ort Turrialba geht es chillig zu, authentisches Tico-Leben mit ein paar Supermärkten, Sodas und Bars, einer Sprachschule und kleinen Läden, in denen man vor allem ein Produkt der Region besonders gern anpreist: den Käse aus dem nahen Dorf Santa Cruz (→ Kasten, S. 87).

Sehenswertes

Wer sich über tropische Landwirtschaft näher informieren mag, sollte dem **Jardín Botánico CATIE** (Centro Agronómico Tropical de Investigación y Enseñanza) einen Besuch abstatten. Wissenschaftler aus aller Welt finden auf dem weitläufigen Areal optimale Forschungsbedingungen. Lehre und Austausch stehen im Focus. Glücklicherweise steht der Garten auch Interessierten offen. Selbst Übernachtungsmöglichkeiten werden angeboten. Eine tolle Gelegenheit, mit der Forschung in Kontakt zu treten. Voranmeldung ist erwünscht.

Die Anlage liegt kurz hinter Turrialba auf dem Weg nach La Suiza.

▪ Mo–Fr 8–16, Sa 8–15 Uhr. Eintritt 10 $, Übernachtung 28–75 $. ✆ 25562700, www.catie.ac.cr.

Reiten

Es bietet sich an, die grünen Hügel in der Umgebung auf dem Rücken eines Pferdes zu erkunden. Und Sie haben sogar die Wahl, denn sowohl die Hacienda Monte Claro ein Stück außerhalb der Stadt und das Hotel Casa Turire (→ Übernachten) bieten Reittouren an. Die Hacienda hat verschiedene Optionen: schnuppern, ein Drei-Stunden-Ausritt oder eine Ganztagestour. Das Equipment wird gestellt. Wer nicht genug bekommen kann: Erkunden Sie das Valle Central auf einer 10-Tages-Tour.

▪ **Hacienda Monte Claro,** 9 km östlich von Turrialba an der Ruta 10, www.haciendamonteclaro.com.

Rafting

Die Flüsse in der Umgebung von Turrialba bieten ganzjährig optimale Bedingungen für ein Vergnügen der wilden Art. Vor allem der Río Pacuare und der Río Pejibaye sind bestens für Rafting-Touren geeignet. Es gibt Stromschnellen der Klassen III bis IV. Fast alle Hotels vermitteln die abenteuerlichen Touren. Die Preise beginnen für 1-Tages-Touren bei 90 $.

▪ **Green Frog Rafting:** ein renommiertes Unternehmen mit mehrjähriger Erfahrung. Mehrtägige Touren auf dem Río Pacuare sind im Programm. ✆ 9706891194, www.greenfrografting.com.

Adrenalina Rafting: Luis und sein Team arbeiten professionell und haben auch langjährige Erfahrung. Neben Rafting bieten sie auch Kajak- und Fahrradtouren an. C. 2, ✆ 86521316, www.adrenalinarafting.com

Explornatura Rafting: Seit über 20 Jahren bietet dieses Unternehmen Touren an und ist auf Rafting spezialisiert. Das Familien-Rafting auf dem sanfteren Río Pejibaye macht riesigen Spaß. Kinder ab 7 Jahren sind willkommen. Interessant sind auch die Canyoning-Touren, bei welchen man sich mit Helm und Neoprenanzug durch die Flüsse schlägt. Av. 4, ✆ 25560111, www.explornatura.com.

Kaffee & Radfahren

Die **Hacienda Monte Claro** (→ Reiten) hat noch mehr im Programm. Bei einer 1,5- oder dreistündigen Tour erfahren Sie alles über den Bio-Kaffeeanbau der Farm und können natürlich auch probieren. Wenn Sie anschließend eine Radtour machen möchten – kein Problem. Bei der dreistündigen Tour durch die Berge, über Flüsse, durch Wälder und entlang der Kaffeeplantagen begleitet Sie ein Führer, der alles weiß, was Sie wissen wollen. Fragen Sie ihn auf Spanisch, Englisch oder Französisch aus.

▪ **Hacienda Monte Claro,** 9 km östlich von Turrialba an der Ruta 10, www.haciendamonteclaro.com.

Reserva Espino Blanco

8 km nördlich von Turrialba erstreckt sich auf einer Höhe von 1100 m das Espino-Blanco-Schutzgebiet. Fünf verschiedene Wanderwege führen durch primären Regenwald. Die Touren durch das private Reservat können nur geführt unternommen werden. Übernachtungen sind im Reservat möglich. Die **Espino Blanco Lodge** 8 (→ Karte S. 91) hat 10 einfach eingerichtete Bungalows ohne Stromanschluss. Ruhe und Natur pur. Das angeschlossene Restaurant kümmert sich um das leibliche Wohl. Die Anfahrt ist nur mit Allrad möglich.

▪ Der Preis für die geführte Tour beträgt 40 $, Anfahrt und Verpflegung sind inklusive. Wer das Gelände im Rahmen einer Canyoning-Tour erkunden mag, zahlt 25 $ mehr, inklusive Ausrüstung für das nasse Vergnügen. ✆ 25561029, www.wageliaespinoblancolodge.com.

Catarata Aquiares (Wasserfall)

7,5 km nordwestlich von Turrialba stürzen sich die Aquiares-Wasserfälle ca. 30 Meter hinab in den Río Jesus María,

Alles Käse?

Stimmt, denn die Region um Turrialba an den Abhängen des Vulkans ist dank der günstigen Höhen-, Klima- und Bodenbedingungen bekannt für den guten „Queso Turrialba", der sogar herkunftsgeschützt ist. Es ist ein fester Frischkäse, der wenig Fett und eine weiße bis gelbliche Farbe hat. Das Aroma ist leicht und besinnt sich mehr auf den natürlichen Geschmack der Milch, die nach traditionellen Methoden verarbeitet wird. In Santa Cruz, 20 km nordwestlich von Turrialba, arbeiten 90 % der Bevölkerung in den 275 Milchviehbetrieben und 150 Käsereien, in denen der berühmte Turrialba-Käse noch nach alten handwerklichen Methoden hergestellt wird. Die Verwendung von Zusatzstoffen wie Maisstärke, Kasein, Milchpulver oder Fett ist verboten.

Die Produktion begann in den 1870er-Jahren, als eine spanische Familie aus La Mancha hierher kam und sich in Santa Cruz de Turrialba niederließ, um Käse nach Rezepten herzustellen, die sie aus ihrer Heimat mitgebracht hatten. Als in den 1890er-Jahren der Bahntransport zwischen Turrialba und der Hauptstadt San José begann, schickte die Familie Vargas ihre Produkte in Holzkisten bis nach San José und Cartago.

1930 erwarb schließlich der Kaffeeproduzent Don Florentino Castro die Hacienda El Volcán. Unter ihm wurden Käse, Butter und Sauerrahm hergestellt und mit Etiketten versehen für den weiteren Vertrieb ins ganze Land verpackt. In den 1950er-Jahren wurde der Käse dann zusammen mit Kaffee sogar nach Chile und bis nach England exportiert. Heute essen die Einheimischen den Käse gerne als Appetithappen in Kombination mit Fruchtgelatine. In Santa Cruz gibt es viele Queserías, die nicht nur Käse herstellen, sondern ihn auch im Straßenverkauf anbieten.

Highlight ist jedes Jahr im Juli die **Expoferia del Queso.** Hier dreht sich mehrere Tage alles um den Käse. Riesige Käseräder treten im Wettbewerb gegeneinander an, es gibt Käsesalat, Käsetortillas, Käse mit Kräutern, Nüssen oder Früchten. Ein Käsetraum. Drumherum ein Volksfest mit Workshops für Kinder, Hüpfburg, Ständen mit Kunsthandwerk, Tanz, Musik und Bühnenprogramm.

Käseherstellung – Schritt für Schritt

Turrialba-Käse muss nach den Vorgaben seines Herkunftsschutzes wie folgt hergestellt werden:

Filtration: Ein hygienischer Filter verhindert das Eindringen von Fremdkörpern und Verunreinigungen, die die Qualität der Milch beeinträchtigen.

Standardisierung: Der gewünschte Fettanteil wird reguliert. Die zuvor erhitzte Milch wird bei 30 °C entrahmt. Dann werden die Sahne und Magermilch gemischt.

Pasteurisierung: 30 Minuten bei 65 °C oder 15 Sekunden bei 72,5 °C. Wenn nicht pasteurisierte Milch verwendet wird, was manche Käsereien ebenfalls machen, unterliegt sie strengen Hygienekontrollen.

Koagulation: Das Lab wird direkt in die Milch gegeben und gerührt, bis es gleichmäßig verteilt ist. Nun muss die Masse mindestens 30 Minuten ruhen, bis der Käsebruch entsteht. Die Verwendung von transgenem Lab ist verboten.

Schneiden: Der Schnitt erfolgt sanft, langsam und gleichmäßig mit mindestens zwei Durchgängen der Leier.

Verühren: Der Käsebruch wird 5 bis 10 Minuten langsam und gleichmäßig gerührt.

Salzen: Direkte Zugabe von in Wasser verdünntem Salz. Nach 5 Minuten hat sich das Salz komplett aufgelöst.

Pressen und Formen: Die Presszeit beträgt im Durchschnitt 8 Stunden. Danach sollte der Käse bis zur Verkaufsstelle gekühlt aufbewahrt werden.

Reifung: Über einen Zeitraum von 3 bis 8 Monaten muss der Käse nun reifen. Das passiert bei kontrollierten Temperaturen und unter bestimmten Feuchtigkeitsbedingungen, die bei Höhen über 1800 m ü. d. M. allerdings natürlich gegeben sind.

einen Nebenfluss des Río Turrialba. Vom Naturwunder, einem mächtigen Ceiba-Baum, führt ein Pfad recht steil in die Tiefe und man erreicht den kleinen Wasserfall. Um zum großen zu kommen, muss man noch ca. 300 m das steinige Flussbett entlanglaufen. Im Becken des Wasserfalls kann man baden, die Kraft des Wassers ist beeindruckend.

■ Immer zugänglich. Eintritt frei. 7,5 km nordwestlich von Turrialba beim Ort Aquiares.

Praktische Infos

→ Karte S. 91

Einwohner Ca. 31.000

Busverbindungen Es gibt einen **Busbahnhof** in der Av. 2, der die Umgebungsziele abdeckt. Busse nach San José und zu anderen Zielen fahren vom **Transtusa-Busbahnhof** bei der Transtusa-Mall an der Av. 4/C. 6 ab.

Guayabo: Mo–Sa 6.20, 11.15, 15.10 und 17.20 Uhr, So 9, 15 und 18.30 Uhr, Fahrzeit 1 Std., Transportes Rivera, ✆ 25560362.

San José: direkt 5–17.20 Uhr stündlich, Fahrzeit 1:45 Std.

Siquirres: Mo–Do 6–18 Uhr alle 2 Std., Fr–So 6–19 Uhr stündlich, Fahrzeit 1:30 Std.

Taxi Der zentrale Taxi-Standplatz befindet sich am Busbahnhof C. 1, ein weiterer in der C. Central/Av. Central.

Einkaufen **Megasuper** **1** in der C. 3/Av. 2.

In Turrialba findet jede Woche ein **Farmers Market** **6** statt. Die Preise sind gut und die Qualität der angebotenen Waren ist bestens. Viele Einheimische und Restaurantbetriebe decken sich hier ein. Av. 2 an der Palmenallee. Fr und Sa 6–14 Uhr.

Geld **Banco Nacional,** Av. Monge Dumani zwischen C. 1 und 3.

Banco Popular, Av. 4/C. 1.

Gesundheit **Farmacía San Buenaventura,** tägl. 7–19 Uhr. C. 1/Av. 2, ✆ 25560379.

William Allen Taylor Hospital, am Ortsausgang Richtung Paraíso, ✆ 25581300.

Post C. Central/Av. 8, 200 m nördlich vom Parque Quesada Casal. Mo–Fr 8–17 Uhr.

Sprachschule **AEC Spanish Institute,** breit aufgestellte Schule mit Spezialkursen für Kinder, Ärzte und Landwirte. Aber auch der Normalinteressierte wird hier in Gruppen bis 6 Personen unterrichtet. Av. 9/C. 4, ✆ 84289025, www.adventurespanishschool.com.

Waschsalon **Lavandería Turrialba,** bügeln, waschen, reinigen zu vernünftigen Preisen. C. 2/Av. 8, ✆ 25562194.

Übernachten **Hotel Interamericano** **5** Preiswerte Unterkunft mit kleinen, aber sauberen Zimmern. Die Lage ist zentral und Patricia stets hilfsbereit. Hinter dem Bahngleis an der Palmenallee an der Av. 1, ✆ 25560142. €

MeinTipp **Hostel Casa de Lis** **7** Tolle Unterkunft mit einfachen Zimmern. Begrünter Innenhof und eine Dachterrasse mit Hängematten sowie eine Gemeinschaftsküche stehen zur Verfügung. Sehr freundliches Personal. Av. Monge Dumani zwischen C. 2 und 4, ✆ 255 64933, www.hotelcasadelis.com. €

Hotel Wagelia Turrialba **3** Alle 18 Zimmer sind ruhig zum grünen Innenhof gelegen, die Zimmer hell und geräumig. Das Restaurant serviert klassische Küche. Das Frühstück ist inklusive, aber leider sehr spartanisch. Av. 4/C. 2–4, ✆ 25561566, www.hotelwageliaturrialba.com. €€

MeinTipp **Reventazon River Mountain Ranch** **10** Mitten in Bergen und Wald um Turrialba liegt die wunderbar rustikale Lodge von Ranzel und Mia. Sie sind unschlagbar nette Gastgeber und möchten, dass man sich hier wie zu Hause fühlt. Das fällt nicht schwer, denn die geräumigen Holzcabañas sind gemütlich eingerichtet, haben große Betten, ein eigenes Bad und eine umlaufende Terrasse, von der aus der Blick über die grünen Hügel fällt. Nachts ist er ebenfalls beeindruckend: Über der Lodge strahlen Millionen Sterne, zu Füßen glitzern die Lichter der Stadt. Genial. Das Frühstück ist im Preis inbegriffen. Um auf den Berg zu kommen, ist ein Allrad-Fahrzeug nötig oder man vereinbart mit Ranzel eine Abholung im Tal. San Rafael, 14 km von Turrialba in Richtung Siquirres von der Ruta 10 abzweigen, ✆ 86453838, www.thelodgerrmr.com. €€€

Hotel Casa Turire **11** Natur, Ausblick und Weite! Die Lodge liegt traumhaft, nur wenige Kilometer außerhalb von Turrialba am Angostura-See, und erinnert an eine alte Hacienda. Der Vulkan Turrialba thront beeindruckend über der Landschaft. Schon der Zugang über eine Palmenallee ist herrschaftlich. Und so bleibt es: Das ganze Ambiente ist in einem noblen Retro-Stil gehalten, ein kräftiges Mintgrün dominiert die Farben. Die Zimmer sind wun-

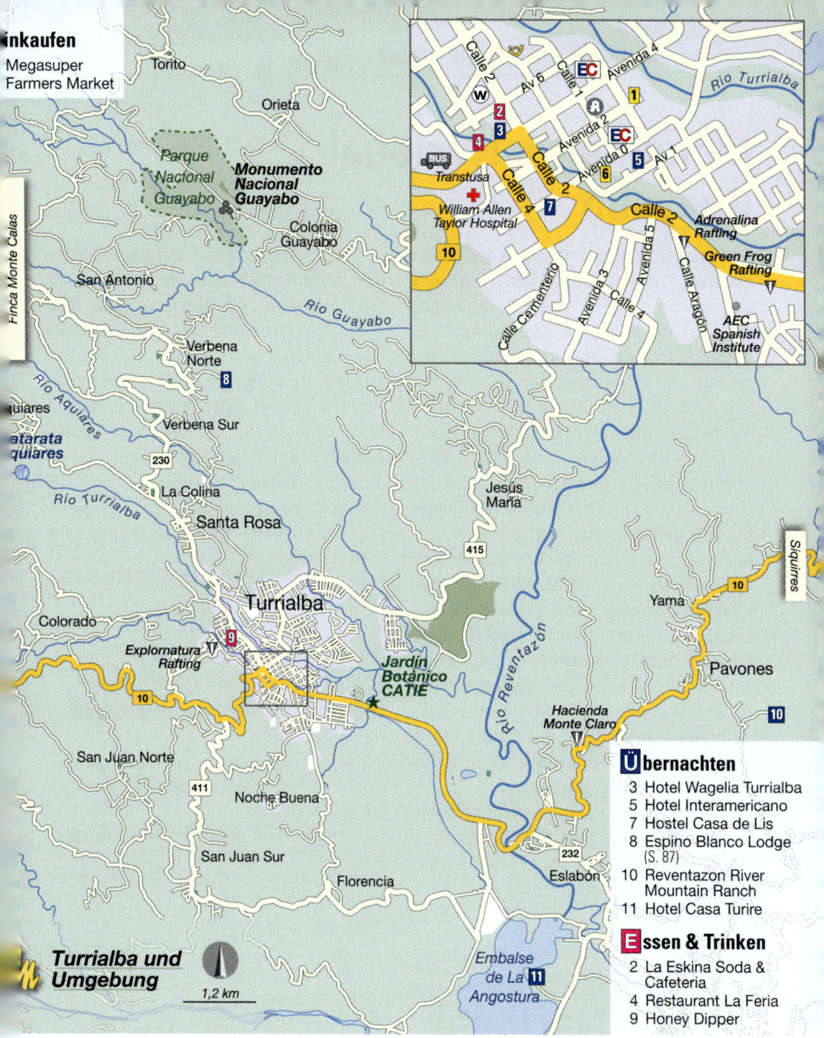

derschön eingerichtet und haben große Betten, Nachttischlampen und schicke Bäder mit Badewanne und Dusche. Außerdem hat jedes Zimmer einen eigenen Balkon mit Gartenblick. Es gibt einen Verwöhnbereich mit Spa und Massageliege, außen wartet ein Pool mit Whirlpool. 11 km von Turrialba an der Ostseite des Angostura-Sees an der Ruta 225, ✆ 43509090, www.hotelcasaturire.com. **€€€€**

Essen & Trinken **Restaurant La Feria** **4** Hier gibt es herzhafte Küche im einfachen Ambiente. Die nach Belieben gefüllten Tacos sind der Klassiker des Hauses. Der Eintopf ist sehr zu empfehlen. Tägl. 11–22, Di nur bis 15 Uhr. C. 6/Av. 4, ✆ 25560386. **€€**

La Eskina Soda & Cafeteria **2** In der kleinen Soda werden leckere Käsetortillas bereitet. Es gibt auch Kaffee, Kuchen und Eis. Tägl. 10–19 Uhr. C. 2/Av. 6, ✆ 25562829. **€€**

Mein Tipp **Honey Dipper** **9** Das kleine Lokal präsentiert sich frisch und modern und bietet neben Kuchen und Crepes herzhafte Gerichte an, darunter auch vegetarische. Di–So 11–21 Uhr. C. 2 am Parque La Dominica, ✆ 87233332. **€€**

Monumento Nacional Guayabo

Nationalmonument Guayabo

Guayabo ist eine der wenigen archäologischen Stätten Costa Ricas. Sie liegt an den dschungelreichen Berghängen des Vulkans Turrialba. Man nimmt an, dass der Ort vor über 2500 Jahren gegründet und besiedelt wurde und zu einer der größten Städte in präkolumbischer Zeit heranwuchs. Ihre Blütezeit hatte die Siedlung ca. 800 n. Chr. Vermutlich lebten hier und im näheren Umfeld 1500 bis 2000 Menschen. Zeugnis von der gesamten Anlage legen die nur teils freigelegten Bauwerke wie Steinmauern von Wohngebäuden, gepflasterte Straßen und Bewässerungskanäle ab. Am interessantesten sind die kreisrunden „Montículos", die Fundamente ehemaliger Behausungen. Bis zu 30 Menschen lebten in diesen kegelförmigen Gebäuden aus Holz und Palmblättern. Der größte Montículo wird dem Stammesoberhaupt zugeschrieben. In ihm fanden Archäologen Gräber dreier weiterer Häuptlinge. Die Grabbeigaben sind im Nationalmuseum in San José ausgestellt.

Ein 1,3 km langer Rundweg führt zu den wichtigsten Teilen der Anlage. Mit der Hilfe von Schaubildern kann man sich ganz gut vorstellen, wie hier einst das Leben dieser frühen Hochkultur aussah. Es bleibt zu hoffen, dass endlich die notwendigen Mittel zur weiteren Erschließung des Geländes bereitgestellt werden, um diesen kulturellen Schatz zu heben.

Anfahrt Die Anfahrt nach Guayabo folgt der Ausschilderung von Turrialba via Sta. Rosa. Die letzten beiden der 19 km sind unasphaltiert. **Busse** fahren um 11.15 und 15.10 Uhr vom regionalen Busterminal in Turrialba los, um 12.30 und 16 Uhr geht es zurück.

Öffnungszeiten Tägl. 8–15.30 Uhr.

Eintritt 5 $, Kinder bis 12 Jahre kostenfrei.

Übernachten Wer in der Anlage **campen** will, zahlt 2 $ mehr.

Hotel Guayabo Nahe am Nationalmonument; das Hotel bietet einfache, saubere Zimmer zu guten Konditionen. Die Betreiber sind äußerst liebenswürdig und bekochen die Gäste hervorragend. Colonias de Guayabo kurz vor dem Eingang zur Stätte, ✆ 40002635, www.guayabolodge.co.cr. **€€**

Parque Nacional Volcán Turrialba

Nationalpark Vulkan Turrialba

Der Zwillingsvulkan des Irazú und der zweithöchste Vulkan Costa Ricas thront mit seinen 3325 m weithin sichtbar über dem Land. Der Aufstieg zum Kraterrand ist nicht so komfortabel wie der Besuch des Irazú. Die Wanderung beträgt etwa 4,5 km im Aufstieg und dauert 2 Stunden bis zum Krateraussichtspunkt und ca. 1:30 Stunden im Abstieg. Sie wird als mittelschwer bis anspruchsvoll eingestuft. Die Tour ist nur mit einem zertifizierten Führer möglich (s. u.). Die ersten 2 km führen durch schattigen Wald, die letzten 2 km können sehr sonnig sein.

Aufgrund starker vulkanischer Aktivität ist der Vulkan aus Sicherheitsgründen immer wieder mal gesperrt. Der Vulkan spuckt dann kilometerhohe Aschewolken aus, die sogar den Flugverkehr am Internationalen Flughafen Juan Santamaría zum Erliegen bringen. Menschen, die um den Vulkan wohnen, mussten seit 2016 bereits mehrfach evakuiert werden, Schulen blieben geschlossen. Das vulkanologische und seismologische Observatorium von Costa Rica hat eine Kamera installiert, die Bilder in Echtzeit überträgt, um die Aktivität des Vulkans zu beobachten.

Ein Besuch der angrenzenden Gebiete ist aber ebenso reizvoll. Die vom Wasserdampf eingehüllten Wälder und der schwefelige Geruch in der Luft erzeugen eine magische Stimmung. Wer mutig ist, macht sich auf die Suche nach dem Örtchen **La Silvia.** Das kleine Dorf wurde 2012 von Lava überströmt. Einige Ruinen sind noch sichtbar. Der Einstieg zu dem Pfad zum Dorf ist kurz vor dem Eingang zum Nationalpark linker Hand. Manchmal wird Wegegeld kassiert.

Größe 1577 ha.

Zugang/Anfahrt 24 km nordwestl. von Turrialba. Die Anreise erfolgt auf eigene Faust. Der offizielle Zugang zum Park führt durch grünes Weideland über Santa Cruz bis nach La Pastora und von dort über eine teils unasphaltierte Strecke zur Finca Monte Calas in der Region El Tapojo. Dort beginnt die offizielle Wanderung.

Richtlinien Nicht geeignet für Schwangere und Personen mit gesundheitlichen oder körperlichen Problemen wie chronischem Asthma, Bluthochdruck oder Herzproblemen. Kinder müssen mindesten 12 Jahre alt sein.

Besucherzentrum Am Haupteingang zum Nationalpark befinden sich die Kasse und Besuchertoiletten. Der Eintritt zum Park muss per Kreditkarte bezahlt werden.

Öffnungszeiten 5–16 Uhr.

Eintritt Der Park kann nur im Rahmen einer geführten Tour (mind. 8, max. 20 Pers.) besucht werden, buchbar unter www.icetur.com/volcán-turrialba. 22.500 CRC kostet die Wanderung (Helm, Nutzung des Basecamps, Sicherheitsinfo inkl.), weitere 14 $ Eintritt zum Park (zahlbar per Kreditkarte vor Ort oder vorab online über die Webseite von SINAC, www.serviciosenlinea.sinac.go.cr.

Kleidung/Ausrüstung Dryfit oder leichte, schnell trocknende Materialien, wasserdichte Windjacke, Bergschuhe, Sonnenschutzmittel, Sonnenbrille, Handschuhe für Kälte, Schal, Mütze oder Hut, Regenschutz für technische Geräte, da sich die Wetterbedingungen innerhalb von Minuten ändern können. Ausreichend Wasser, sowie Müsliriegel, Obst. Für die 5-Uhr-Gruppe wird empfohlen, eine kleine Taschenlampe mitzubringen.

Weiter Wandern Am Fuße des Vulkans mit spektakulärer Sicht bieten sich Wanderungen von der **Hacienda La Central** an. Die Finca organisiert verschiedene Touren, z. B. eine Wanderung durch den „verbrannten Wald“ (5 km). Es gibt ein Café und tolle Ausblicke auf den Vulkan. 3,7 km von der Finca Monte Calas weiter Richtung Westen, www.haciendalacentral.com.

Cañon de Pandora, 6 km nördlich der Hacienda La Central liegt die Pandora-Schlucht, an deren Abhängen 26 Wasserfälle plätschern. Ein Besuch sollte über einen erfahrenen Kenner der Region geplant werden, z. B. mit Don Armado von Coto Adventures Camping, ✆ 62381711.

Valle Central → Karte S. 54

Was haben Sie entdeckt?

Haben Sie ein besonderes Restaurant, ein neues Museum oder ein nettes Hotel entdeckt? Wenn Sie Ergänzungen, Verbesserungen oder Tipps zum Buch haben, lassen Sie es uns bitte wissen!

Schreiben Sie an: Juliane Israel, Stichwort „Costa Rica“

c/o Michael Müller Verlag GmbH | Gerberei 19, D – 91054 Erlangen

juliane.israel@michael-mueller-verlag.de

Hier herrscht viel Verkehr

Vom Valle Central zur Karibik

Zwei Straßen führen vom Valle Central bzw. von San José nach Puerto Limón an der Karibikküste. Egal welche man nimmt, es dauert seine Zeit, bis das östliche Valle Central durchquert ist und endlich das Meer in Sicht kommt. Dafür begleiten Vulkankulissen und ein grüner Nationalpark den Weg.

Die südliche Route führt über Cartago und Turrialba und dauert etwas länger, die nur wenig kürzere, aber schnellere, da gut ausgebaute nördliche Route 32 führt vorbei am Nationalpark Braulio Carrillo und über Guápiles und Siquírres nach Puerto Limón. Es ist noch gar nicht so lange her, da tuckerte die Eisenbahn gemütlich durch das Valle Central, verband die Hauptstadt mit der Karibik und beförderte Güter und Menschen hin und her. Heute zeugen noch verlassene Bahnhöfe und alte Waggons von dieser Eisenbahnzeit. Je weiter man Richtung Küste kommt, desto voller werden die Straßen. Bananen- und Ananasplantagen bestimmen die Landschaft und riesige Transporter von Dole und Chiquita quälen sich durch die Straßen, die gen Küste immer enger werden. Dementsprechend langsam zuckelt der Verkehr der ersehnten Karibik entgegen.

Parque Nacional Braulio Carrillo/ Quebrada González

Nationalpark Braulio Carrillo

Dieser Park liegt etwa 43 km nördlich von San José und ist in drei Hauptsektoren unterteilt: Zurquí, Quebrada González und Barva. Während der Barva-Sektor mit dem Barva-Vulkan über Heredia und das Dorf Sacramento angesteuert wird (→ S. 58), führt die Route 32 zu den Sektoren Quebrada González und Zurquí.

Die Einrichtung des Nationalparks wurde auf Druck von Umweltlobbyisten beschlossen, um die weitere bauliche Entwicklung des Gebiets nach dem Bau der Karibikroute, der Hauptverbindung zwischen San José nach Puerto Limón, einzuschränken bzw. zu verhindern. Seinen Namen erhielten der Park und der Highway zu Ehren des ehemaligen Präsidenten von Costa Rica Braulio Carrillo. Er hatte die Landwirtschaft während seiner Präsidentschaft sehr gefördert und eine erste Straße bauen lassen, die San José über die Sarapiquí-Region mit der nördlichen Karibikküste, konkret dem Seehafen San Juan de Nicaragua (Greytown) in Nicaragua, verband.

Wanderwege

Im Sektor Quebrada González gibt es drei kurze Wanderwege: **Las Palmas, Ceiba** und **Botarrama,** Letzterer führt ans Flussufer. Viele Tiere sieht man allerdings nicht, was am Lärm der nahen Straße liegen mag. Wer keine Langeweile hat, kann um den Parkabschnitt getrost einen Bogen machen.

Auch der Sektor Zurquí hat nur den 250 m langen **Sendero Los Jilgueros** zu bieten, der recht unspektakulär ist.

Rainforest Adventures

3 km weiter bietet Rainforest Adventures eine 1,5-stündige Aerial Tram Tour an. In offenen Kabinen gleitet man durch den Dschungel und kann viele Vögel wie Kolibris und Tukane beobachten, aber auch Affen – mit etwas Glück. Ein Führer ist während der Tour dabei und erklärt die Natur.

▪ 65 $, Kinder 30 $. www.rainforestadventure.com.

Praktische Infos

Größe 47.586 ha.

Zugang/Anfahrt Über die Carretera 32 gelangt man zum Eingang. Kurz hinter der Brücke über den Río Sucio liegt der Eingang bzw. die Rangerstation Quebrada González. Kurz nach der Mautstelle, 500 m vor dem Zurquí-Tunnel, kommt der Eingang zum Sektor Zurquí.

Öffnungszeiten Tägl. 8–15.30 Uhr.

Eintritt 13 $.

Guápiles und Cariari

Das Städtchen Guápiles an der Carretera 32 ist nur eine Zwischenstation auf dem Weg in den Tortuguero-Nationalpark und das auch nur für diejenigen, die mit dem Boot von La Pavona nach Tortuguero fahren möchten. In Guápiles biegt man mit dem eigenen Auto von der Hauptstraße auf die Ruta 247 zum Bootshafen La Pavona ab oder steigt in den Bus nach Cariari um. Zurück fährt auch ein Direktbus von Cariari nach San José oder Puerto Limón. Wer hängen bleibt, egal ob in Guápiles oder Cariari, findet aber ein

Valle Central → Karte S. 54

Die Eisenbahn in Costa Rica

Alternative gesucht: Was kann den mühsamen Transport über Eselspfade durch die Berge des Valle Central ersetzen? Darüber wurde schon seit der Unabhängigkeit Costa Ricas im Jahr 1821 nachgedacht. Nur die Realisierung blieb lange schwierig. Als in den 1840er-Jahren jedoch der Kaffeeboom einsetzte und die aromatischen Kirschen zum Exportgut Nummer 1 des Landes aufstiegen, musste eine Lösung her. Der Kaffee ging vor allem nach England und so wurden mehrere Verträge über den Bau einer Eisenbahnstrecke mit britischen Unternehmern unterschrieben, die jedoch nie oder nur teilweise umgesetzt wurden. 1871 wurde schließlich ein Vertrag zwischen der Regierung Costa Ricas unter Präsident Tomás Guardia Gutiérrez und dem Amerikaner Henry Meiggs geschlossen, der bereits erfolgreiche Eisenbahnprojekte in Chile und Peru realisiert hatte und versprach, die Eisenbahnstrecke innerhalb von drei Jahren für 1,6 Mio. Pfund Sterling zu bauen. Costa Rica nahm bei mehreren Finanzinstituten Kredite auf, musste Provisionen und zahlreiche Gebühren zahlen, sodass die Auslandsverschuldung am Ende 3,4 Mio. Pfund Sterling betrug, ohne dass auch nur eine Bahnschwelle verlegt worden war. Kurz bevor es zum Vertragsbruch gekommen wäre und Costa Rica seinen Auftrag zurückgezogen hätte, wurde schließlich unter der Bauaufsicht von Henry Meiggs Neffen, Minor Cooper Keith, mit dem Bau eines Teilabschnitts über 43 km zwischen Alajuela und Cartago begonnen. Das raue Gelände, dichter Dschungel, strömende Regenfälle und Tropenkrankheiten forderten allein für dieses kurze Stück das Leben von 4000 Männern, darunter Keiths drei Brüder. 1879 wurde ein neuer Vertrag mit Minor Cooper Keith geschlossen, der die Reaktivierung des Projekts „Ferrocarril Nacional" festzurrte.

Mit den Zügen von INCOFER soll Bahnfahren attraktiver werden

Zugstrecke zwischen San José und Cartago

Keith hatte inzwischen auch ganz persönliche Interessen an dem Bahnprojekt. Im Gegenzug für eine ausgeklügelte Finanzierungshilfe für das Bahnprojekt hatte er von Costa Rica 3200 km^2 steuerfreies Land erhalten und investierte in den Aufbau riesiger Bananenplantagen für den Export von der Karibik aus. Um einen möglichst schnellen Arbeitsablauf zu ermöglichen, ließ er vor allem Jamaikaner ins Land bringen, die Wälder abholzten, Gleise verlegten und für einen geringen Lohn die schwere Arbeit übernahmen. Zehn Jahre später war die Zugverbindung fertiggestellt und die Jamaikaner arbeiteten nun auf den Bananenplantagen. Aufgrund von finanziellen Problemen und politischen Unstimmigkeiten verzögerte sich der Ausbau der Gleise bis zur Pazifikküste, sodass die erste Fahrt zwischen Puntarenas (Pazifikküste) über San José bis nach Puerto Limón (Karibik) erst 1910 stattfinden konnte. Nun rollte die Bahn ein paar Jahrzehnte, bis die Strecke durch ein schweres Erdbeben im Jahr 1991 stark beschädigt wurde. Der damalige Präsident José María Figueres Olsen ordnete im Juni 1995 schließlich die Schließung der Bahnstrecke an, eine Entscheidung, die viele Ticos bis heute kritisieren. Figueres rechtfertigte seinen Schritt mit der Unwirtschaftlichkeit der Bahn, die bis zu diesem Zeitpunkt ein Defizit von 1642 Mio. Colones angehäuft hatte. 1171 Costa Ricaner verloren ihre Jobs. Doch die schmalen Straßen im Valle Central sind überlastet, die Umwelt wird von dem starken Autoverkehr verschmutzt und wirkt dem „grünen Ruf" des Landes entgegen. Seit 2000 versucht das Instituto Costarricense de Ferrocarriles (INCOFER) nun schon, das Bahnfahren wieder attraktiv zu machen, baut Gleise und Verbindungen aus (→ S. 43). Das Projekt, die Strecke zwischen San José und Puntarenas, wieder zu aktivieren, ist jedoch aktuell in Neuplanung.

paar Unterkünfte und Sodas mit vernünftigem Essen. Da es in Tortuguero keinen Geldautomaten gibt, hat man in beiden Orten noch mal die Chance, Bares abzuheben. Rings um Cariari liegen ausgedehnte Bananenplantagen und auf dem Weg nach La Pavona bleibt es nicht aus, an einer Bananenschranke zu warten, um den mit blauen Plastikfolien umhüllten Bündeln den Vortritt zu lassen.

Busverbindungen ab Guápiles Der **Busbahnhof** von Guápiles liegt gleich an der Carretera 32.

San José: 5–20.30 Uhr alle 30 Min., Fahrzeit 1:30 Std.

Puerto Limón: 5.20–19 Uhr stündlich, Fahrzeit 1:30 Std.

Siquirrres: 6–22 Uhr alle 2 Std., Fahrzeit 40 Min.

Puerto Viejo de Sarapiquí: 5.30–18.30 Uhr alle 2 Std., Fahrzeit 1:30 Std.

Busverbindungen ab Cariari In Cariari gibt es zwei Busbahnhöfe. Vom **Terminal De Autobuses San José** schräg gegenüber der Bank fahren die Busse nach San José. Vom **Terminal Coopetraca** weiter nördlich bei der Banco Nacional fahren Busse nach La Pavona und Guápiles.

Guápiles: 6–22 Uhr alle 20 Min., Fahrzeit 40 Min.

La Pavona: 6, 9, 11.30 und 15 Uhr, Fahrzeit 1 Std.

San José (direkt): 10 Busse tägl. zwischen 5.30 und 17.30 Uhr, Fahrzeit 2:30 Std.

Übernachten in Guápiles **Hotel Oasis** Die ruhig gelegene Hotelanlage mit ihrem gepflegten Garten, dem erfrischenden Pool und dem angeschlossenen Restaurant ist empfehlenswert. Die Zimmer sind einfach und sauber. 1 km nördlich der Fruit Company Guápiles, ✆ 27111582, www.hotelycabinasoasis.com. **€€**

Hotel Wilson Schöne Unterkunft in zentraler Lage. Die Zimmer sind einfach und zweckmäßig eingerichtet. Von der Veranda lässt sich das abendliche Treiben beobachten. Das Frühstück ist inklusive. ✆ 27102217, www.hoteleswilson.com. **€€**

Übernachten in Cariari **Hotel Vista al Tortuguero** Einfach und sauber, die Zimmer mit den Gitterstäben vor den Fenstern sind aber wirklich nur etwas für eine Nacht. Die laute Straße und Lkws auf dem Parkplatz vor dem Hotel tun das Übrige. Pluspunkt: Wer nicht das ganze Gepäck mit nach Tortuguero schleppen möchte, kann hier etwas deponieren und nur mit kleinem Gepäck reisen. Ortseingang Cariari rechts der Hauptstraße, ✆ 27674141. **€**

Essen & Trinken **Soda Buenos Aires** Hier essen die Ticos. Es wird kreolische Küche zubereitet. Ab 6 Uhr wird ein herzhaftes Frühstück serviert. Für eine Pause auf dem Weg von oder zur Küste ideal. Mo–Sa 6–19 Uhr. Carretera Braulio Carrillo in Guápiles, ✆ 27101768. **€€**

Mein Tipp **Crepería Esquina 66** Himmlisch leckere Crepes und Shakes im coolen Ambiente. Die kräftigen Kaffeekreationen und herzhaften Snacks ergänzen das Angebot. Mo–Sa 12–19 Uhr. Av. 7/C. 6 in Guápiles, ✆ 27106019. **€€**

Siquirres

Das kleine Landstädtchen Siquirres ist unspektakulär und meist nur eine Durchgangsstation von der Karibik ins Valle Central, denn es liegt am Kreuzungspunkt der beiden großen Routen, die von San José nach Puerto Limón an der südlichen Karibikküste führen. Autofahrer müssen sich auf dem Rückweg von der südlichen Karibik hier entscheiden, ob sie „oben" lang fahren über Guápiles und Heredia oder „unten" über Turrialba und Cartago. Busse von Puerto Limón nach San José nehmen auf jeden Fall die obere Route. Auch die alte Zugstrecke verlief durch Siquirres, der verlassene Bahnhof mit verrosteten Waggons ist ein stummer Zeuge dieser Eisenbahnzeit. Wer in das einsame Karibikdorf Parismina möchte, steigt in Siquirres um. Als Ort mit immerhin 31.000 Einwohnern verfügt Siquirres über eine gängige Infrastruktur und so gibt es neben ein paar einfachen Übernachtungsmöglichkeiten, Sodas und Bäckereien auch Banken, Autowerkstätten und zwei große Palí-Supermärkte.

Busverbindungen Die zwei Busbahnhöfe liegen an der Calle Central. Am südlichen, dem **Gran Terminal del Caribe,** stoppen die Busse aus bzw. nach San José. 200 m weiter nördlich liegt die **Estación Intercantonal,** wo Busse zu den Umgebungszielen abfahren.

Puerto Limón: 5–20 Uhr alle 20 Min., Fahrzeit 1 Std.

Guápiles: 5.30–18.50 Uhr etwa stündlich, Fahrzeit 30 Min.

San José: 4.30–18.50 Uhr alle 30 Min., Fahrzeit ca. 2 Std.

Einkaufen Im Zentrum von Siquirres gibt es viele kleine Geschäfte und die gängigen Supermarkt-Ketten. Der **Mercado Central** ist Mo–Sa 6–16.30 Uhr geöffnet.

Geld **Banco Nacional,** Av. Central/C. 2. **Banco Popular,** Av. 1/C. 2.

Übernachten/Essen **Cabinas Anita** Die Unterkunft liegt 4 km außerhalb von Siquirres. Die wenigen Zimmer sind sauber und freundlich eingerichtet. Das Betreiberpaar ist an Hilfsbereitschaft nicht zu übertreffen und die angeschlossene Soda ein Tipp. 4 km nach Siquirres Richtung Limón, ✆ 70892970. **€**

Hotel Pacuare Die Motelanlage ist für Durchreisende für eine Nacht optimal. Die Zimmer sind ordentlich. Das angeschlossene Restaurant und der gepflegte Garten mit Pool kommen gelegen. An der Hauptstraße, ✆ 27688111, www.hotelpacuare.com. **€€**

Boom Burgers Wirklich gute Burger in verschiedensten Ausführungen servieren die jungen Betreiber. Die Preise sind in Ordnung und der Service ist zügig. Hier macht man nichts falsch. Tägl. 11–20 Uhr. Barrio La Amelia, ✆ 27681320. **€€**

Valle Central → Karte S. 54

Wichtiges Exportgut: Bananen

Der Norden

Es wird grün, es wird hügelig bis bergig und ab und zu durchbricht ein mächtiger Vulkankegel abrupt das Landschaftsbild. Im Norden Costa Ricas werden die Menschen weniger und die Natur mehr.

- **Perfekt geformt:** der Vulkan Arenal (1670 m)
- **Mystisch:** die Nebelwald-Region Monteverde
- **Spritzig unterwegs:** Rafting auf dem Sarapiquí

Die Natur im Norden zeigt sich von ihrer prächtigsten Seite: Eine Vulkankette durchzieht die grüne Landschaft, viele Flüsse entspringen hier. Um den mächtigen Vulkan Arenal dampfen heiße Thermalquellen und ein beeindruckender Wasserfall rauscht in die Tiefe. Zu seinen Füßen liegt der Lago Arenal, ein wunderbarer Ort für ausgedehnte Kajaktouren oder Windsurfen. Eine Bergkette, die Cordillera de Tilarán, bildet eine Wasserscheide zwischen Atlantik und Pazifik und trennt die Arenal-Region von einem weiteren Top-Öko-Ziel, der Wanderregion Monteverde mit ihren Nebelwäldern. Hier gibt es neben klassischen Wanderrouten ein großes Angebot sportlicher Action in Form von Canopy-Parks und Hängebrücken-Pfaden. Ein echter Geheimtipp ist der Tenorio-Nationalpark. Die strahlend indigoblaue Farbe des Río Celeste, der ihn durchfließt, ist beeindruckend schön. Die Einsamkeit dort toppt noch die Gegend um den Río Sarapiquí, die sich ab dem Städtchen San Miguel gen Norden bis Puerto Viejo de Sarapiquí erstreckt. Der Sarapiquí entspringt an den Abhängen des Vulkans Poás und ist bekannt für Rafting. Daneben bietet die Region noch weitere Erlebnisse: Wasserfälle, Flusswanderungen und Badepools in ausgehöhlten Kalksteinbecken fernab der üblichen Travellerpfade. Nördlich von Ciudad Quesada, einer Stadt, die sich ganz der Land- und Viehwirtschaft verschrieben hat, führt eine gut ausgebaute Straße gen Norden bis Los Chiles an der Grenze zu Nicaragua. Vogelliebhaber gönnen sich einen Abstecher zum Caño Negro, dem größten Feuchtgebiet Costa Ricas am Río Frío. Und wer schon mal hier oben ist, sollte den Sprung nach Nicaragua wagen.

Was anschauen?

Estación Biológica La Selva: Sich wie ein Tropenforscher fühlen? In dem intakten Regenwald um die Forschungsstation leben über 500 Vogelarten und viele Säugetiere, darunter Ozelots, Gürteltiere und Ameisenbären. Wandern erlaubt! → **S. 109**

Refugio Nacional de Vida Silvestre Mixto Caño Negro: Hunderte Wasservogelarten leben in der Lagune, die zur Regenzeit alles Grasland in eine weitläufige Sumpflandschaft verwandelt. → **S. 117**

Was unternehmen?

Monteverde-Region: Wanderlust? Die Nebelwaldregion ist perfekt dafür. Gleich mehrere Naturparks bieten viele Kilometer Wanderwege an. Wer wandern mit Action verbinden möchte, findet in einem der zahlreichen Abenteuerparks sein Glück → **S. 143**

Rafting auf dem Sarapiquí: Mit den Whitewater-Leveln II-IV sorgt der Fluss für einen Adrenalinkick bei Anfängern und Fortgeschrittenen. → **S. 109**

Kaffeetour: Spannendes über den Kaffeeanbau lernen, Kaffee verkosten und dem Familienunternehmen von Don Juan unter die Arme greifen; in Bijagua de Upala am Río Celeste. → **S. 141**

Ausritte: Reiten und im blauen Fluss baden – diesen Spaß organisieren David und sein Team am Tenorio-Nationalpark. → **S. 141**

Kajakfahren: Auf dem Lago Arenal gemächlich am Ufer entlangschippern – den mächtigen Arenal immer vor Augen. → **S. 135**

Cavernas de Venado: Mutige wagen sich in die entlegene Region nordwestlich des Vulkans Arenal und erkunden das Labyrinth des Höhlensystems. → **S. 135**

Abstecher nach Nicaragua: Der Grenzfluss Río San Juan kann ganze 199 km per Boot von San Carlos am Nicaraguasee bis zur Karibik befahren werden. → **S. 120**

Wo übernachten?

OutBox Inn Hostel: Wer Wandern mit einem geselligen Abend unter Travellern verbinden möchte, ist in diesem Kult-Hostel mit gemütlichem Sitzbereich genau richtig. → **S. 150**

Finca La Pipilacha: Einen Traum aus Holz hat die französische Künstlerin Amania auf ihrer Finca bei Miramar geschaffen: von Pferdegewieher geweckt werden und beim Morgenkaffee einen traumhaften Blick in die Hügellandschaft der Montes de Oro genießen. → **S. 161**

Was sonst noch?

Rundtour durch den Norden: Vor allem für Selbstfahrer, jedoch auch mit dem Bus möglich. Von San José über die Sarapiquí-Region bei San Miguel weiter nach La Fortuna und zum Vulkan Arenal (je zwei Übernachtungen, sechs Tage). Die „große Runde" (mindestens zehn Tage) führt über den Tenorio-Nationalpark und von dort in die Monteverde-Region. Da die Straßen um Monteverde schlecht sind, bietet sich die Taxi-Boot-Taxi-Variante von La Fortuna nach Monteverde bzw. Santa Elena an, eine Abkürzung über den Lago Arenal mit schöner Bootsfahrt.

Sarapiquí-Region

Ausspannen, durchatmen und wunderschöne Natur beinahe alleine genießen. Die Region, durch die der Río Sarapiquí fließt, ist eine grüne, wasserreiche Weidelandschaft zwischen zahlreichen Hügeln. Von September bis November führt der Fluss genügend Wasser, um zwischen den großen Gesteinsbrocken einer beliebten Sportart nachzugehen: dem Rafting.

Der Sarapiquí entspringt in der Laguna Botos am Vulkan Poás auf 2708 m über dem Meeresspiegel. Zur Kolonialzeit wurden noch fleißig Waren über den wilden Sarapiquí transportiert, in Richtung Norden, wo der Sarapiquí auf den Río San Juan trifft, den Grenzfluss zwischen Costa Rica und Nicaragua. Über diesen wurden Güter und Menschen weiter bis zur Karibik geschippert. Andersherum kamen über ihn aber auch Piraten bis ins Landesinnere und plünderten und raubten, wo sie konnten. Im Krieg gegen die Filibuster von 1856 bis 1857 war der Sarapiquí von großer strategischer Bedeutung, da Waffen, Güter und Soldaten über ihn transportiert wurden, was am Ende zum entscheidenden Erfolg bei der Schlacht von Sardinal führte. Aufgrund dieser historischen Bedeutung trägt der Sarapiquí den Titel „Nationaldenkmal".

Heute dient der Fluss vor allem dem Fischfang und seit der Privatisierung der Stromerzeugung in Costa Rica wurden entlang des Sarapiquí einige Staudämme gebaut. Außerdem spielt er eine wichtige Rolle im Tourismus in der ländlichen Region.

Von September bis November sind die Bedingungen zum Raften am besten. Der Sarapiquí führt dann ordentlich Wasser, das die Regenzeit gebracht hat. So ist die Gegend um den Fluss auch hochwassergefährdet, ringsherum ist die Landschaft sattgrün und es gibt Plantagen mit Kaffee, Zuckerrohr, Bananen und Kakaobäumen. Das weitere Gebiet um den Fluss besteht hauptsächlich aus tropischen Regenwäldern mit üppiger Vegetation und einer großen Vielfalt an Pflanzen, Säugetieren und Insekten.

Die wichtigsten Orte am Fluss sind San Miguel, Puerto Viejo und La Virgen.

 → Karte S. 102

San Miguel de Sarapiquí

Bienvenidos in der costa-ricanischen Pampa! In San Miguel läuft das Leben gemächlich ab, die Kleinstadt gleicht vielmehr einem Dorf. Touristen gibt es wenige, dafür grasen die Kühe auf saftigen Wiesen, Traktoren tuckern über die Feldwege, durch die grüne Hügellandschaft schlängelt sich der Río Sarapiquí, der je nach Jahreszeit mehr oder weniger Wasser führt. In der Trockenzeit kann der Abschnitt in San Miguel so ausgedörrt sein, dass im Flussbett große runde Steine zum Vorschein kommen, die der Sarapiquí mit sich gerissen hat. Einer Wanderung im Flussbett steht dann nichts im Wege. Die Einwohner von San Miguel sind ganz entspannt, hier ein Tratsch an der Ecke, dort ein kumpelhafter Spruch von einer Straßenseite auf die andere gerufen, man kennt sich, abends trifft man sich auf ein Cerveza Imperial. Es gibt ein paar kleine Supermärkte, eine Bank und eine Tankstelle. Fast automatisch lässt man sich von der entspannten Stimmung im Ort mitziehen und durch den Tag treiben, die Herzlichkeit der „San Miguelitos" verbreitet das Gefühl, angekommen zu sein. Und ganz nebenbei ist der Ort eine gute Basis für Rafting-Ausflüge auf dem Sarapiquí. Der Fluss ist zwar nicht ganz so wild wie der Río Pacuare bei Turrialba, doch der Adrenalin-Kick ist deutlich spürbar.

Aktivitäten

Kaffeetour: Auf einer mehrstündigen Tour erläutert das Team von Mi Cafecito locker und verständlich alle Schritte der Prozesskette von der Pflanze bis zur frisch gebrühten Tasse Kaffee. Die Tour durch das weitläufige Areal endet mit einer Kaffeeverkostung und einem köstlichen Mittagessen. Victor und seine Kollegen sind mit Herz dabei, das spürt man sofort.

▪ Tägl. 7–17 Uhr. 4 km Richtung San José, ✆ 24760215, www.micafecitocoffeetour.com.

Picknick am Río Sarapiquí: An der Hauptstraße in Richtung la Virgen liegt auf der rechten Seite der Friedhof von San Miguel. Direkt davor folgt man einer kleinen Straße nach rechts und gelangt direkt an den Río Sarapiquí. Um an die Stellen zu kommen, wo viele runde Flusssteine im Wasser liegen, fährt man zunächst noch über die Brücke, hält sich links und folgt der Straße noch ein Stück, die jetzt parallel zum Fluss verläuft. Hier gibt es Trampelpfade zum Fluss hinab. In den Bäumen halten sich gerne Tukane auf. Für das Picknick bieten Supermärkte in San Miguel Obst, Gemüse, Kekse und andere Kleinigkeiten an.

Rafting: Die Agentur Epic mit Sitz in San Miguel startet die Flusstouren ganz in der Nähe. David und Julio sind erfahrene Guides, man fühlt sich immer sicher und auch der Spaß kommt nicht zu kurz. Schon Kinder ab 4 Jahren dürfen mitfahren. Levels I–III werden gemeistert, es macht Gaudi und nebenbei lassen sich Wasservögel und Affen blicken.

▪ Die Tour dauert knapp 2 Std., die Rückfahrt vom Zielort nach San Miguel 30 Min. 85 $ Erwachsene, 50 $ Kinder. Startzeit ist 9 und 14 Uhr. ☏ 27665274, www.sarapiquigreenrivers.com.

Ausflüge in die Umgebung

Das Umland westlich von San Miguel ist umwerfend grün, denn auch hier schlängeln sich verschiedene Flüsse durch die hügelige, bewaldete Landschaft. Alle Ausflugsziele haben daher mit Wasser zu tun (Badesachen einpacken): Lagunen, Wasserfälle und Kalksteinpools liegen versteckt in dieser untouristischen Gegend. Besonders entlang der Ruta 708, einer schmalen, kurvigen, aber asphaltierten Straße, die, eingebettet zwischen dem Vulkan Poás und dem Nationalpark Juan Castro Blanco, von Río Cuarto gen Süden bis nach Sarchí verläuft, liegt ein Wasserhighlight am nächsten. Es ist eine tolle Tagestour, die am Catarata Río Agrio endet. Von diesem Wasserfall aus kann man jedoch auch weiter in Richtung Sarchí fahren, also zurück ins Valle Central und nach San José, oder in die umliegenden Städte wie z. B. Alajuela mit dem Internationalen Flughafen gelangen.

Pozas La Presa: Die erste Station an der Ruta 708 sind die Pozas La Presa. „Poza" bedeutet Pool. Rund um eine Finca liegen viele natürliche Wasserpools und Wasserfälle. Die Besitzer der Finca sind gerade dabei, diesen Ort als Ausflugsziel auszubauen. So gibt es bereits ein Restaurant mit günstigen Mahlzeiten, ca. 6 km ausgebaute Wanderwege und das Highlight sind natürlich die drei Wasserfälle, die aus einer Höhe von mindestens 7 m in einen natürlichen Pool herabstürzen. Hier kann man wunderbar baden.

▪ 13,2 km von San Miguel, von der 708 links ab (ausgeschildert). Eintritt 3500 CRC. Das Restaurant hat Fr–So bis 17 Uhr geöffnet, Frühstück und Mittagessen werden angeboten. ☏ 893 45446, Pozaslapresa (Facebook).

Cataratas Paraíso de Manantiales: Acht Wasserfälle rauschen eine hohe Felswand hinab in den **Río Toro.** Die schönsten unter ihnen sind „La Serena" und „La Llovizna", der Besucher gleich nach dem Abstieg über eine Wendeltreppe willkommen heißt. Danach kommt der „Velo de Novia" (der Brautschleier-Wasserfall) und schließlich mit „El Salto del Toro", „La María" und „La Mica" die höchsten der acht Fälle mit einem imposanten Höhenunterschied von 80 m. Im Flussbett des Río Toro liegen cremefarbene Felsbrocken zum Herumklettern und in den Wasserbecken kann man sich natürlich auch abkühlen. Ein toller Platz für ein Picknick. Es gibt zudem ein Restaurant mit Pool, das problemlos mit dem Auto erreichbar ist. Von hier aus führen die Wege zu den Wasserfällen. Zwei Stunden können für die Wanderung eingeplant werden. Die Aussicht ins Tal ist wunderschön.

▪ 15,1 km von San Miguel, von der 708 rechts ab (ausgeschildert). Eintritt günstig, Restaurant tägl. 8–15 Uhr. ☏ 86513422.

Catarata del Toro: Er zählt zu den größten Wasserfällen von Costa Rica und ist ein echtes Naturschauspiel. Catarata del Toro ist ein privates Reservat und sehr gepflegt. Naturlehrpfade, ein Kolibri-Garten, ein Restaurant, Toiletten und vieles mehr gehören zum Gelände. Gleich nach dem Eingang eröffnet sich der erste Blick auf den rauschenden Schleier. Beeindruckende 90 m tost der Wasserfall in die Tiefe und mündet in einen erloschenen Vulkankrater. Der Fußmarsch hinab dauert etwa eine Stunde und hat mehrere Aussichtspunkte. Der Anfang des Weges ist flach und leicht, doch dann folgen 182 Stufen, die sich bis zum Grund des Wasserfalls hinunterwinden. Am besten achtsam gehen, es ist steil und einige Stufen sind uneben. Dementsprechend anstrengend ist auch der Rückweg. Doch unten am Wasserfall zu stehen, seine Kraft zu hören und zu spüren, den Wind der Wassermassen im Haar zu fühlen und Tropfen auf die Haut zu bekommen, ist spektakulär und die Anstrengung wert. Baden ist aufgrund der Wucht des Wasserfalls verboten. Wer die Wanderung nicht auf sich nehmen möchte, kann den Wasserfall vom Restaurant aus bewundern. Es ist günstig, früh da zu sein, da das Wetter am Morgen meist besser ist und es in der Gegend schnell umschlagen kann.

▪ 15,1 km von San Miguel beim Dorf Bajos Del Toro. Mo–Sa 7–17 Uhr, der späteste Einlass ist um 16.30 Uhr. Eintritt 14 $, Kinder 7,50 $ (4–11 Jahre), Kombiticket Erwachsene mit Blue Falls 25 $, Kinder 15 $. Wer online auf der Webseite bucht, erhält 15 % Rabatt. www.catarata-deltoro.com.

Foto-Tipp: Wasserfall mal anders!
Neben ästhetischen Naturfotos kann man den Wasserfall auch für lustige Fotos „verwenden". Wer Durst hat, kann ihn in den Mund laufen lassen, auch zum Haare Waschen ist er bestens geeignet. Der Kreativität sind keine Grenzen gesetzt!

Blue Falls: Die Blue Falls gehören zum selben Privatreservat wie der Catarata del Toro und sind erst seit Ende 2017 zugänglich. Ein klarer Fluss mit mehreren Wasserfällen, von denen einige eine wunderbar blaue Farbe haben, Stromschnellen, Schwimmpools und Aussichtsplätze inmitten der Natur liegen versteckt in dicht-grüner Vegetation. Der erste Wasserfall, „Las Gemelas", ist

Der Norden → Karte S. 102

Catarata del Toro – 90 Meter rauscht der Wasserfall in die Tiefe

recht einfach, sicher und schlammfrei zugänglich! Hier kann man ins kalte und herrlich blaue Wasser eintauchen. Ein kleines Stück weiter folgt ein Wasserfall in einem anderen Blau. Wahnsinn! Auch der „Pozo Azul" ein Stück zurück ist unbedingt noch den Abstecher wert. Er rauscht mächtig und wild und mündet in ein ruhiges Becken. Ein Traum. Die restlichen Wasserfälle müssen „erklettert" werden und sind über teils sehr steile und feucht-rutschige Treppen erreichbar. In einer halben Stunde Fußmarsch ist der untere Wasserfall „La Celestial" erreicht. Hier ist baden ebenfalls erlaubt, bevor es wieder den anstrengenden Weg zurück nach oben geht.

■ Die gesamte Tour umfasst 4,5 km und dauert 2–3 Std. 15,1 km von San Miguel beim Dorf Bajos Del Toro. Mo–Sa 7–16 Uhr. Eintritt 15 $, Kinder 7,50 $ (4–11 Jahre), Kombiticket Erwachsene mit Cataratas del Toro 25 $.

Catarata Río Agrio und Pozas Celeste: Wer vorher die Cataratas del Toro oder die Blue Falls besucht hat, wird von der Catarata Río Agrio nicht mehr so überwältigt sein. Der Wasserfall liegt ebenfalls auf Privatgrund, ist zugänglich über ein familiengeführtes Restaurant mit günstigen Tico-Gerichten und ganz nett zum Baden. Die Familie kassiert im Restaurant auch den Eintritt für die Pozas Celeste – ein echter Traum in Blau! Die Pozas Celeste liegen 950 m vor dem Zugang zum Wasserfall. Hier kann man an der Straße parken, dann führt von einem Kassenhäuschen ein schmaler, schlammiger Dschungelpfad hinab und verläuft ein Stück parallel zu einem Bächlein. Dann sind sie erreicht: mehrere mit türkisblauem Wasser gefüllte Badelöcher reihen sich aneinander und sind erfrischend kühl. Die Farbe kommt von den Mineralien aus dem Vulkangestein, in das sich das Wasser der Berge über Jahrtausende hineingegraben und diese wunderschönen natürlichen Pools erschaffen hat. Der perfekte Ort für ein Picknick. Nicht vergessen: Mückenspray. Es schwirren hier ein paar dieser fiesen kleinen Beißfliegen umher, optisch vergleichbar mit einer Essigfliege, nur leider angriffslustig. Allerdings sind sie wählerisch und lassen manch einen auch in Ruhe.

■ 23,3 km von San Miguel. Tägl. 7–17 Uhr. Eintritt je 3000 CRC, Kombiticket 5000 CRC. Falls

Traum in Blau: die Pozas Celeste

am Kassenhäuschen zu den Pozas niemand sitzt, sind sie frei zugänglich, es sei denn, man fährt bis zum Restaurant Catarata Río Agrio und bezahlt dort.

Laguna Hule: Eingebettet in tropische Wälder liegt der See im Krater eines alten Vulkans, über 1 km lang und etwa 800 m breit. Der See ist zwischen 25 und 30 m tief und eine Anfahrt abenteuerlich, denn selbst mit einem Allradfahrzeug ist die holprige Schlammpiste schwer zu bewältigen. Oben an der Straße wartet jedoch das Restaurant mit Aussichtspunkt **Mirador Tinamú** (Fr–So 7–17 Uhr). Neben gutem Essen und Übernachtungsmöglichkeiten in Zelten oder Cabañas bietet Besitzer Don Fernando an, Gäste hinunter zur Lagune zu fahren. Man kann Stand-Up-Paddle-Boards leihen und die eigenen Fähigkeiten auf dem smaragdgrünen Kratersee testen. Ein Stück entfernt liegen zwei weitere Lagunen im Wald, die **Laguna Bosque Alegre** und die **Laguna Congo** mit ihrem milchig-blauen Wasser. Es ist eine schöne Wanderung inmitten der Natur ohne Menschen. Dafür ist der Weg, je nach Saison, recht schlammig. Wer leise ist, entdeckt Affen und jede Menge bunter Vögel.

▪ Von San Miguel der Ruta 140 in Richtung Río Cuarto/Venecia folgen. Nach 1,8 km links in den Feldweg abbiegen, diesem 950 m, vorbei an einigen Häusern, folgen und dann wieder scharf links abbiegen. Nun 3 km Piste immer geradeaus und man erreicht den Mirador Tinamú und die Lagunen.

Praktische Infos

Busverbindungen Der Bus hält im Dorfzentrum.

San José: über Puerto Viejo de Sarapiquí, Fahrzeit ca. 3 Std.

Puerto Viejo de Sarapiquí: zwischen 6.40 und 20.10 Uhr fahren alle 2–3 Std. Busse, Fahrzeit 50 Min. Anschluss nach San José ebenfalls alle 2–3 Std.

La Virgen: stündlich zwischen 6 und 20 Uhr, Fahrzeit 30 Min.

La Fortuna (Umstieg in Ciudad Quesada): stündlich, Fahrzeit ca. 3 Std.

Übernachten **Casa Tucan** Geräumiges und sehr gut ausgestattetes Ferienhaus für bis zu 8 Personen am Río Sarapiquí. Der Garten ist traumhaft schön. Die überdachte Veranda mit Blick in den Dschungel und bunten Hängematten ist die perfekte Pause im Grünen, auch Tukane lassen sich ab und zu blicken. C. a El Soccoro, ✆ 84079269. **€€€**

MeinTipp **Los Gallitos Hotel** Familie Fonseca Rodriguez hat auf einem tollen Grundstück mit einem super Blick in die Hügellandschaft eine Bungalowanlage geschaffen. Einfach ausgestattete und saubere Cabinas mit eigenem Bad liegen verstreut auf dem weitläufigen, gepflegten Gartengelände. Der rustikale Frischwasserpool mit wirklich kaltem Wasser, das aus einem großen Schlauch ständig ein- bzw. durchläuft, bringt echte Erfrischung. In einem großen, offenen Aufenthaltsraum mit umlaufender Terrasse, Küche und Bar kann man sich abends die Zeit vertreiben. Gute Mahlzeiten werden im familiengeführten Restaurant im Ort angeboten. Anmeldung im Restaurant Los Gallitos an der Hauptstraße, ✆ 24760405 oder 86857946 (Jorge). **€–€€**

Albergue El Soccoro Die Anlage ist für Familien bestens geeignet. Der Aufenthalt ähnelt einem Urlaub auf dem Bauernhof. Wer mag, geht auf den Plantagen mit zur Hand oder kann die Kühe melken. Die 4 Bungalows sind geräumig, sauber und schlicht eingerichtet. Im Restaurant werden Mahlzeiten serviert. Das angeschlossene Reservat lässt sich auf mehreren Wanderwegen erkunden. Richtung Puerto Viejo geht es vor dem Friedhof rechts ab, nach der Brücke rechts, kommende Kreuzung rechts, ✆ 88202160, www.albergueelsoccoro sarapiqui.com. **€€€**

Essen & Trinken Mehrere kleine **Sodas** liegen direkt an der Hauptstraße und servieren altbekannte Tico-Küche.

Mi Cafecito Das kleine Restaurant ist der Treff- und Ausgangspunkt für die Kaffeetour der Kooperative. Es wird natürlich der frisch geröstete, hauseigene Kaffee serviert. Es gibt auch frischen Fisch aus der eigenen Talapia-(Barsch)-Zucht. Tägl. 7–17 Uhr. 4 km Richtung San José, ✆ 24760215, www.micafecitocoffeetour.com. **€€**

Los Gallitos BBQ Es gibt immer ein Tagesgericht vom Grill: Hühnchen, Steak, manchmal Fisch. Dazu klassische Beilagen. Wer satt ist, kann anschließend Billard spielen oder den Blick durch das riesige Panoramafenster in die Ferne schweifen lassen. An der Hauptstraße, ✆ 24760405. **€€**

Der Norden → Karte S. 102

Puerto Viejo de Sarapiquí

Die 20.000-Einwohner-Stadt in der grünen Chilamate-Ebene liegt an den Ufern des Río Sarapiquí und steht ganz im Zeichen einer der beliebtesten Wassersportarten in Costa Rica: Rafting. Mit seinen Stromschnellen ist der Sarapiquí der perfekte Fluss dafür und die Stadt ein guter Ausgangspunkt für Rafting-Touren.

Seit der Kolonialzeit war Puerto Viejo, wie die Stadt von den Einheimischen abgekürzt wird, ein bedeutender Hafenstandort. Bananen der United Fruit Company wurden über den Río Sarapiquí bis hinauf zum Río San Juan und weiter nach Nordamerika transportiert. Durch den Bau der Eisenbahn zum Karibikhafen Puerto Limón und den Ausbau der Straßen wurde der Warentransport über den Sarapiquí allerdings überflüssig und Puerto Viejo ist heute nicht viel mehr als ein Provinznest, das regelmäßig von Reisenden mit dem Wunsch nach einer Rafting-Adrenalin-Kur besucht wird. Durch das feuchtheiße Klima wird viel Landwirtschaft betrieben und so produziert die Chilamate-Sarapiquí-Region nicht nur Zitrusfrüchte, Bananen und Zuckerrohr, sondern ist eines der größten Anbaugebiete für Ananas. Neben dem Rafting kann man also auch interessante Ausflüge zu Fincas und endlos scheinenden Ananasplantagen unternehmen. Für den Alltag ist in Puerto Viejo ebenfalls gesorgt: Es gibt Banken, Supermärkte, eine Klinik und eine Reihe kleiner Familienunternehmen, von Bäckereien über Schönheitssalons bis hin zu Obstläden.

Bootstour auf dem Sarapiquí

Die etwa zweistündige Fahrt mit dem Motorboot startet am Bootsanleger von Puerto Viejo. Während das Boot den Fluss mal schneller, mal langsamer entlangfährt, fliegen zahlreiche Vögel in den Uferbäumen umher, Brüllaffen

Mobiler Obstverkäufer

klettern in den Wipfeln und im Fluss dümpeln Schildkröten und Krokodile in der Sonne. Die Tour kann direkt an der Anlegestelle gebucht werden, wo Bootsführer auf Gäste warten.

Rafting

Es gibt mehrere Anbieter im Ort.

Aguas Bravas Rafting: renommierter Touranbieter für Whitewater-Rafting, der Wert auf die Unterstützung lokaler Führer und ihrer Familien legt. Es gibt zwei Schwierigkeitsgrade: das familienfreundliche Level II–III und das adrenalinsteigernde Extreme-Rafting mit Level IV. Freundlich und professionell erklären zertifizierte Guides die Sicherheit rund ums Raften und geben Paddelanweisungen. Dann beginnt das Abenteuer! Stromschnellen mit Namen wie „Roller Coaster", „Superman" und „Air Force" müssen bezwungen werden. Nach der Hälfte der Strecke gibt es in einer Pause frische Früchte, die Möglichkeit zu schwimmen und von den Klippen zu springen, bevor es durch den Rest der Stromschnellen geht. Die Touren dauern etwa 2:30 Std. und starten täglich um 9.30 bzw. 13.30 Uhr. Auch eine reine Schlauchboottour und eine Nachttour auf dem Fluss werden angeboten. Wer lieber reitet, ist bei Aguas Bravas ebenfalls richtig.

■ Die Agentur sitzt zwischen Puerto Viejo und La Virgen an der Hauptstraße Ruta 4. Tägl. 8–20 Uhr. Ab 60 $. ✆ 22922072, www.aguasbravascr.com.

Green Rivers Rafting: Die Company bietet Whitewater-Rafting der Level II und III an – ein Spaß für die ganze Familie mit Kindern ab 9 Jahren. Flusstouren mit kleineren Kindern zwischen 4 und 8 Jahren sind ebenfalls möglich. Die Führer sind professionell, gut gelaunt und legen viel Wert auf sanften Tourismus und Naturschutz. Sie erklären Besonderheiten des Flusses, der Landschaft und Tierwelt. Während der etwa zweistündigen Flussfahrt haben die Guides Helme mit Kameras auf, machen Videos und Fotos, die hinterher gekauft werden können und dann per Mail verschickt werden. Auch dieser Anbieter legt eine Obstpause ein mit der Möglichkeit zum Baden und Springen in den Fluss. Neben Rafting gibt es auch Kajaktouren und Vogelbeobachtung.

■ Kurz vor dem Ortszentrum im Barrio Jardín Heredia an der Hauptstraße. Tägl. 8–17 Uhr, die Touren starten in San Miguel (Transport inklusive), Startzeit ist 9 und 14 Uhr. ✆ 27665274, www.sarapiquigreenrivers.com.

Kakaotour

Costa Rica Best Chocolate: Die Besichtigung lässt jeden, der Schokolade liebt, am Prozess der Verarbeitung von der Frucht bis zum fertigen Schokoriegel teilhaben. Witzig und informativ wird jeder Schritt erklärt und natürlich darf man auch selbst mitmachen und probieren! Der Familienbetrieb arbeitet mit den Einheimischen der Region zusammen und bildet Mitarbeiter aus.

■ Kurz vor Puerto Viejo an der Ruta 4 in Chilamate. Tägl. 7–20 Uhr. ✆ 88163729 (WhatsApp), www.crbestchocolate.com.

Ausflüge in die Umgebung

Estación Biológica La Selva: Die Forschungsstation La Selva ist weltweit eine der renommiertesten und produktivsten Feldforschungsstationen für Tropenökologie. Sie gehört zur (Non-Profit-)Organisation for Tropical Studies (OTS), der wiederum 63 Universitäten und Forschungseinrichtungen aus den USA, Lateinamerika und Australien angehören. Jedes Jahr wohnen und arbeiten hier etwa 300 Wissenschaftler und Studenten, um dabei zu helfen, den umliegenden, noch intakten tropischen Regenwald von 1600 ha zu erhalten und die lokale Bevölkerung über Nachhaltigkeit und Naturschutz aufzuklären. Besucher können in der Forschungsstation ebenfalls übernachten und ausgiebige Erkundungstouren

Der Norden → Karte S. 102

entlang der vielen, teils sehr gut ausgebauten und weitläufigen 61 km umfassenden Wanderwege unternehmen. Verschiedene Touren werden zudem angeboten: Nachtwanderung, Vogelbeobachtungsspaziergang, Naturkundespaziergang, Bootstour (mit einem Drittanbieter). Die Tierwelt im La-Selva-Regenwald ist sehr umfangreich. Bei den jährlichen Vogelzählungen „Christmas Bird Count" im Dezember kamen Experten über die Jahre auf insgesamt 517 Arten. Pfeilgiftfrösche, Schlangen, Fledermäuse, Gürteltiere, Ameisenbären bis hin zu den selten anzutreffenden Pumas, Jaguaren und Ozelots leben in dem Areal. Da der Regenwald in einem landwirtschaftlich extensiv genutzten und besiedelten Gebiet liegt und viele Einheimische noch Wilderei betreiben, ist Aufklärung der Bevölkerung und der Schutz der vielen Tiere umso wichtiger.

▪ An der Ruta 4, Anfragen über info@tropicalstudies.org, ✆ 25115100, www.tropicalstudies.org.

Finca Sura: Riechen und tasten, probieren und schmecken – ein Besuch auf der Finca Sura und der Ananasplantage von Don Rodolfo und seiner Familie ist ein intensives Erlebnis für alle Sinne. Sie bauen auf ihrer Öko-Finca verschiedene Pflanzen und Früchte zur Selbstversorgung an. Ein Rundgang mit ihnen über die Felder und durch den tropischen Garten mit seinen vielen Palmen, Sträuchern und kleinen Seen macht Spaß und ist lehrreich. Auch der Surá-Baum ist dabei, nach dem die Finca benannt ist. Mit seinen Brettwurzeln ist er ein sehr auffälliger Baum. Er ist bedroht, denn sein hartes Holz wird immer beliebter für den Möbelbau. Beim weiteren Rundgang wird Pfeffer gekostet, von dem Fruchtfleisch der Kakaoschote probiert, an Zimtrinde geleckt, auf Zitronengras gekaut und an selbstgemachtem Citronella-Öl gerochen. Während die meisten der riesigen Ananas-Felder im Umland großen internationalen Unternehmen gehören, die die Früchte in die ganze Welt exportieren, baut Don Rudolfo vor allem für den Selbstbedarf an. Ananas werden frisch vom Feld gepflückt und gleich an Ort und Stelle verkostet, ein geschmacklicher Traum. Don Rudolfo presst außerdem frisches Zuckerrohr vor den Augen seiner Gäste und mischt es mit ein paar „geheimen" Zutaten. Dieser Zuckerrohrsaft à la Rudolfo wird anschließend natürlich probiert!

▪ Ortsteil Linda Vista, 8 km südlich von Puerto Viejo. Bei der Anfahrt muss eine Hängebrücke mit dem Auto überquert werden. ✆ 27665603.

Parque Arqueológico Alma Ata: Auf der in die Jahre gekommenen Sarapiquís Rainforest Lodge wurde ein archäologischer Park eingerichtet, als 1999 ein präkolumbisches Gräberfeld entdeckt wurde. In Zusammenarbeit mit dem Nationalmuseum in San José wurde der Park gestaltet. Es gibt ein nachgebildetes Dorf aus der Zeit vor den Spaniern mit rekonstruierten indianischen Wohnhäusern und nachgebildeten Petroglyphen. Alles in allem nicht sonderlich spektakulär. Neben dem Park bietet die Lodge viele Touren durch den Regenwald an, wie Vogel- oder Fledermaustouren und Nachtwanderungen.

▪ Tägl. 6–17 Uhr. 15 $. ✆ 27611004.

Praktische Infos

Busverbindungen Der **Busbahnhof** von Transportes Caribeños befindet sich gegenüber dem Park in der Nähe des Hotel El Bambú.

San José: 5, 5.30, 7, 8, 11, 13.30, 15 und 17.30 Uhr, Fahrzeit 2 Std.

> **Achtung:** In Costa Rica gibt es zwei Städte mit dem Namen Puerto Viejo: Puerto Viejo de Talamanca und Puerto Viejo de Sarapiquí. Busse für beide „Puertos" fahren in San José vom selben Busterminal in der Innenstadt ab (Terminal del Caribe, Av. 13/C. Central). Im Fenster steht nur „Puerto Viejo", also lieber noch mal nachfragen, wenn man unsicher ist.

La Virgen/San Miguel: 6–20 Uhr stündlich, Fahrzeit 30 Min.

Guápiles: 5.30–17 Uhr etwa stündlich, Fahrzeit 2 Std.

Einkaufen Neben einem großen Palí-Supermarkt an der Hauptstraße gibt es mitten im Ort auch mehrere kleine.

Geld Ein Automat der BAC befindet sich an der Nordseite des Parque Central an der Av. 1.

Touren **Aventuras del Sarapiquí,** ob Rafting, Mountainbike-Touren, Reitausflüge oder Dschungelwanderungen – der renommierte Tourenveranstalter hat alles im Programm und sorgt für eine sichere Durchführung. Tägl. 8–17 Uhr. Kurz vor Puerto Viejo im Vortort Chilamate, www.sarapiqui.com.

Übernachten **Gran Gavilán Río Sarapiquí Lodge** Ruhig gelegene Anlage mit großem gepflegtem Garten. Die Zimmer sind einfach eingerichtet und sauber. Diverse Touren werden angeboten und es gibt ein angeschlossenes Reservat zum Erkunden. 1,3 km nach der Abzweigung nach Horquetas, ✆ 27667131, www.gavilanlodge.com. **€€**

Privatreservat Rara Avis Rainforest Lodge Die Unterkunft in Holzbungalows ist einfach, aber originell. Holzleitern führen zu den oberen Doppelstockbetten und auf den großen Outdoor-Holzterrassen baumeln Hängematten für die Erholung nach der Dschungeltour. Denn: 419 ha Regenwald, zwei Wasserfälle mit natürlichen Schwimmbecken, tropische Pflanzen und Vögel können auf dem Gelände der Regenwald-Lodge erkundet werden. ✆ 27641111, www.rara-avis.com. **€€€**

Ara Ambigua Lodge Etwas in die Jahre gekommene Lodge. Trotzdem reizvoll und ruhig mit toller Lage am Berg, eingebettet ins Grüne. Ein Pool sorgt für Badespaß. Die 44 Zimmer sind sauber und geräumig. Frühstück ist inklusive. 2,5 km Richtung La Virgen, C. Ice 400 m nördlich vom Friedhof, ✆ 27667101, www.hotelaraambigua.com. **€€€**

meinTipp **Finca Sura** Die familiengeführte Finca bietet authentische und schnörkellos einfache Zimmer an. Die Mahlzeiten sind lecker. 9 km vor Puerto Viejo im Barrio Linda Vista, ✆ 27665603. **€€€**

Hotel El Bambú Mitten im Ort und doch im Grünen. 40 Zimmer stehen zur Wahl. Die neueren Zimmer im Anbau mit Balkon und Blick ins Grüne sind zu empfehlen. Pool, Bar und Restaurant sowie viele Touren in die Region werden angeboten. Eine kostenfreie Nachttour auf dem hauseigenen Gelände findet täglich statt. Vollpension inklusive. C. Central am Fußballplatz, ✆ 27666005, www.elbambu.com. **€€€**

Leckeres Obst: Ananas und manzanas de agua, Wasseräpfel

Essen & Trinken Die Restaurants der **Hotels Ara Ambigua** (6–22 Uhr) und **El Bambú** (10–22 Uhr) sind empfehlenswert. Es werden kräftige Fleischgerichte und preiswerte, landestypische Küche serviert.

Pizza Quinchos Sarapiquí Pizza, Pizza. Das quietschgrüne Gebäude im American-Diner-Stil ist kaum zu übersehen. Knusprige Pizzen kommen in diversen Größen mit verschiedensten Belägen auf den Tisch. Einfach und gut. Tägl. 9–23 Uhr. Av. 2, ein Block vom Fußballplatz, ✆ 27666493. **€€**

meinTipp **La Casita Tipica** Einfache und ehrliche Küche zu günstigen Preisen. Unter dem Vordach der Soda sitzt man herrlich, egal ob bei Regen oder Sonne. Ab 6.30 Uhr werden Frühstücksgerichte serviert. Mo–Sa 6.30–19.30 Uhr. 4 km vom Zentrum Richtung San Miguel, ✆ 27666913. **€€**

La Virgen

Das Dorf La Virgen liegt 8 km nördlich von San Miguel und 15 km südwestlich von Puerto Viejo. Richtung Süden grenzt es an ein bergiges Gebiet, während das Land in nördlicher Richtung abfällt und in die Ebenen des Sarapiquí übergeht. Weite Ananasfelder sind auch hier in der Umgebung überall zu sehen und machen den Großteil der Wirtschaft von La Virgen aus. Der Tourismus ist ein weiterer wichtiger Zweig, denn neben Rafting auf dem Sarapiquí kann man von hier aus das Tirimbina Rainforest Center und die Hacienda Pozo Azul besuchen.

Sehenswertes

Reserva Biológica Tirimbina: Das private Tirimbina-Rainforest-Reservat hat sich zur Aufgabe gemacht, den nahen Regenwald zu schützen, denn hier wachsen neben stattlichen Baumriesen viele tropische Pflanzen. Außerdem leben Brüllaffen, Kapuziner- und Klammeraffen im Wald. Durch das Reservat verlaufen ca. 7 km gut befestigte Wanderpfade und gleich am Eingang führt eine 700 m lange Hängebrücke, eine der längsten in Costa Rica, über den Sarapiquí-Fluss, die auch gerne von Affen zum Herumturnen genutzt wird. Es werden geführte Touren zu verschiedenen Themen angeboten, z. B. eine Nachtwanderung zur Fledermausbeobachtung oder eine „Schokoladentour". Die beginnt an der Hängebrücke und führt zunächst zu einer ehemaligen Kakaobaum-Plantage. Während des Rundgangs erklärt Schokoladen-Spezialistin Carolina begeistert und witzig die Geschichte des Kakaos. Anschließend kann man ihr bei der Verarbeitung über die Schulter schauen und natürlich auch von der leckeren Bio-Regenwaldschokolade probieren. Das Reservat hat auch eine schicke Lodge mit Zimmern von günstig bis gehoben.

■ 2 km nördlich von La Virgen an der Ruta 126. Tägl. 6.30–21 Uhr. www.tirimbina.org.

Hacienda Pozo Azul: Die Hacienda ist eine ca. 800 ha große Milchfarm am Ufer des Río Sarapiquí. Hühner, Schafe, Ziegen, Kälber, Falabella-Ponys, Kaninchen und andere Tiere werden hier gehalten. Neben der ökologischen Milchwirtschaft mit Biogas-Produktion hat sich die Farm seit einigen Jahren ein zweites Standbein im Tourismus aufgebaut und bietet erfolgreich Abenteuer- und ökologische Touren auf der Farm und in die Regenwälder am Rande des Braulio-Carillo-Nationalparks (→ Parque Nacional Braulio Carillo, S. 58) an. Das reicht von Canopy- und Rafting-Touren über Pferdeausritte und Traktorfahrten bis hin zu Kochkursen und einer „Bauernhof-Tour". Dabei lernt man viel über Pflanzen wie Vanille, Pfeffer, exotische Früchte sowie Heilpflanzen und ihre Verwendung und besucht natürlich auch die Tiere.

■ Am Ortsausgang in Richtung San Miguel, ✆ 86086888, www.pozoazul.com.

Planschen am Fluss: Nur 200 m von der Hacienda Pozo Azul gleich hinter der Brücke über den Sarapiquí gibt es eine schöne flache Stelle am Fluss mit riesigen, rundgewaschenen Steinen. Hier halten sich vor allem am Wochenende gern die Einheimischen zum gemeinsamen Picknick auf und das aus gutem Grund. Auf einem Stein sitzen, den Stromschnellen lauschen und die Wasservögel beobachten tut einfach nur gut. Hier beginnen auch einige Rafting-Touren.

Rafting

Auch in La Virgen sind Freunde des Wildwassersports gut aufgehoben. Wie-

Am Río Sarapiquí

der, muss man sagen. Denn 2009 gab es in der Gegend ein starkes Erdbeben, das den Flusslauf veränderte und mehrere Rafting-Anbieter zum Standortwechsel zwang. Inzwischen haben sich wieder Rafting-Unternehmen angesiedelt.

Sarapiqui Outdoor Center: Whitewater-Rafting (Level II–IV) und Kajaktouren, auch Kurse für Anfänger bis Fortgeschrittene in beiden Disziplinen.

▪ Am südlichen Ortseingang rechts der Hauptstraße, ✆ 85066889 (WhatsApp), www.costaricaraft.com. Tägl. 7–18 Uhr.

Praktische Infos

Busverbindungen Transportes Linaco verbindet La Virgen regelmäßig mit den Nachbarorten.

Puerto Viejo: etwa alle 2 Std. zwischen 6.10 und 20.30 Uhr, Fahrzeit 30 Min.

San Miguel: etwa alle 2 Std. zwischen 5.10 und 19 Uhr, Fahrzeit 20 Min.

Übernachten **Cabinas del Río** 7 kleine Bungalows mit eigenem Bad in ruhiger Lage am Fluss. Preis-Leistung ist super. Im angeschlossenen Restaurant gibt es authentische Tico-Küche. Richtung Ciudad Quesada am Ortsende links, ✆ 27610138. **€**

Tirimbina Rainforest Lodge Große Hotelanlage auf einem riesigen eigenen Urwaldgelände mit Tourangebot (s. o.) und Hängebrücke. Die Zimmer sind gemütlich und sauber. Knapp 2 km nördlich von La Virgen, ✆ 40202900, www.tirimbina.org. **€€–€€€**

Hacienda Pozo Azul 30 voll ausgestattete Zelte auf Holzplattformen mit bequemen Matratzen und Beleuchtung mitten in einem Wäldchen bieten ein Übernachtungserlebnis der besonderen Art. Die zugehörige Magsasay Lodge ist ein historisches, am Waldrand in der Nähe der Farm gelegenes Holzgebäude mit 10 Gästezimmern und einem Restaurant (tägl. 8–16 Uhr). Die Farm bietet zudem ein breites Tourenangebot (s. o.). Am Ortsausgang Richtung San Miguel, ✆ 86086888, www.pozoazul.com. **€€€**

Essen & Trinken **El Tronco** Für den schnellen Imbiss werden Hamburger und Pizzen in einfachem Ambiente zubereitet. Die Pizza ist eher mittelmäßig, dafür sind die Hamburger umso besser. Tägl. 11–22 Uhr. An der Hauptstraße in der Nähe des Parque de la Virgen, ✆ 85622229. **€€**

Sansi Seafood Wem es in den Bergen nach Seafood gelüstet, der ist bei Don Carlos im Sansi genau richtig. Die in Knoblauch gebratenen Jumbo-Shrimps sind köstlich. Es gibt auch Hummer, Krebse und gebratenen Fisch. Tägl. 10–21 Uhr. An der Hauptstraße in der Nähe des Super La Familia, ✆ 27611163. **€€€**

Der Norden → Karte S. 102

Von Ciudad Quesada nach Los Chiles

Von Ciudad Quesada, der Stadt der Landwirtschaft und Viehzucht, zur Grenze nach Nicaragua geht es immer geradeaus, immer gen Norden. Der Zubringer, die Ruta 35, wurde neu ausgebaut und lässt sich super fahren.

Der Weg führt vorbei an weiten Feldern und kleinen Dörfern. Die Highlights an der Route sind der Parque Nacional Juan Castro Blanco, ein sehr untouristischer Nationalpark, und das Refugio Nacional de Vida Silvestre Caño Negro, ein Sumpfgebiet, in dem zahlreiche Wasservögel nisten und das vor allem bei Ornithologen beliebt ist.

Ciudad Quesada

Ciudad Quesada liegt in 650 m Höhe in der Provinz Alajuela und wird von den Ticos auch gerne einfach „San Carlos" genannt, denn sie ist die Hauptstadt des gleichnamigen Kantons. Rund um die Stadt wird intensive Vieh- und Landwirtschaft betrieben, denn die Gegend ist grün und durch die Vulkanerde sehr fruchtbar. San Carlos ist deshalb ein wichtiges Handelszentrum. Die Bauern strömen aus der hügeligen Umgebung hierher, um ihre Waren auf dem Wochenmarkt anzubieten. Neben Fleisch werden vor allem Milch und Käse produziert und man könnte denken, der Name der Stadt rührt daher. Doch weit gefehlt: ein Dichter, Napoleón Quesada, ist der Namensgeber.

In der Stadt befindet sich die größte **Molkereigenossenschaft** Costa Ricas. Probieren Sie unbedingt die lokalen Käsesorten, vor allem einen sehr leckeren Fadenkäse.

Neben der frischen Luft und der grünen Landschaft ist in Ciudad Quesada eines besonders schön: Es gibt kaum Touristen im Ort, sodass authentisches Tico-Leben beobachtet und miterlebt werden kann. Besonders gut klappt das im **Mercado Municipal,** der großen Markthalle der Stadt (Mo–Sa 6.30–18 Uhr). Hier kaufen die Einheimischen, denn hier gibt es alles: Obst und Gemüse, Käse und Wurst bzw. Fleisch, außerdem Haushaltsgeräte, Kosmetika und Smartphones. Wer zwischendurch Hunger bekommt, bestellt ein gutes günstiges Tico-Gericht in einer der vielen Garküchen.

Auch wer Vulkane bewundert und gerne wandert, hat hier eine gute Basis, denn der Nationalpark Juan Castro Blanco (→ S. 115) ist nicht weit entfernt und wartet gleich mit drei Vulkanen in seinem Gebiet auf. Kein Wunder, dass es in der Gegend viele Thermalbäder gibt, wo man die müden Wanderknochen im warmen Wasser ausruhen kann.

Busverbindungen In Ciudad Quesada befindet sich einer der größten Busterminals des Landes, das **Terminal Plaza San Carlos,** zwischen Av. 21 und 23.

San José: Direktbusse fahren von 4.30–18 Uhr alle 40 Min., Fahrzeit 2:30 Std.

Frei laufende Rinder – kein seltener Anblick

Der Norden → Karte S. 102

La Fortuna: 10 Busse zwischen 5 und 20 Uhr (über Chachagua), zwischen 9 und 22 Uhr geht fast stündlich ein Bus (über El Tanque).

Puerto Viejo de Sarapiqui: 8 Busse zwischen 4.40 und 18.30 Uhr, Fahrzeit 2 Std.

Einkaufen Der **Mercado Municipal** liegt nördlich des Parque Central an der Av. 1. Hier gibt es alles.

Geld **Scotiabank** mit ATM an der C. 2 schräg gegenüber dem Parque Central.

Gesundheit **Ärztehaus INS San Carlos,** C. Central, 1,5 Blöcke südlich des Parque Central. Mo–Fr 8–17 Uhr. Es gibt mehrere **Apotheken** im Stadtzentrum.

Übernachten **Legacy Boutique Hotel** In dem ruhig gelegenen Hotel mit schönem Garten, geräumigen Zimmern mit Terrasse und traumhaftem Blick über die Landschaft in Richtung Vulkan Arenal kann man es aushalten. Sogar einen kleinen Pool gibt es. Ein typisches Frühstück ist im Preis inbegriffen. Eine Renovierung würde dennoch guttun. Unweit vom Zentrum im Barrio Guadalupe, die kleine Straße „Urbanización Rojas" gegenüber vom Sportplatz hinein, www.legacyboutiquehotel.com. **€€**

Villa Blanca Cloud Forest Hotel & Nature Reserve Elegant und schick präsentiert sich dieses Hotel im Kolonialstil. Die Casitas verfügen über Queensize-Betten oder Einzelbetten, einen Wohnbereich mit Kamin, ein Bad mit Dusche, kostenlosen Kaffee und eine gut gefüllte Minibar. Damit die Gäste sich voll und ganz auf die Natur konzentrieren können, haben die Zimmer keinen Fernseher. 50 km südlich von Ciudad Quesada mitten im Wald, www.villablanca-costarica.com. **€€€€**

Essen & Trinken **Restaurante y Soda Lorena** Typisches Soda-Essen wie Reisgerichte und Casados, aber auch Salate mit Hühnchenbrust und andere Gerichte werden aufgetischt. Mo–Sa 6–19, So 7–16 Uhr. C. 2/Av. 3. **€–€€**

Parque Nacional Juan Castro Blanco

Nationalpark Juan Castro Blanco

16 km südlich von Ciudad Quesada bettet sich der Juan-Castro-Blanco-Nationalpark in die Hügellandschaft ein. Er wird auch Wassernationalpark (Parque de Aguas) genannt, denn über 30 Quellen, die sich zu bedeu-

tenden Flüssen wie den Río Sarapiquí und den Río Agua Zarcas vereinigen, entspringen hier. Sowohl für die Gewinnung von Trinkwasser als auch für die Stromerzeugung durch Wasserkraft ist der Park für die Region von zentraler Bedeutung. Die Gegend ist deshalb sehr feucht, Moose, Farne und Flechten wachsen an den Eichen, Zypressen und Zedern und verzaubern den Park mit einer mystischen Stimmung. Drei hohe Vulkane prägen zudem die Landschaft: der inaktive Platanar (2183 m), der schlafende Porvenir (2267 m) und der inaktive El Viejo (2122 m), in dessen erloschenem Krater Schwefellöcher und geologische Formationen besichtigt werden können. Aufgrund des Wasserreichtums eignet sich der Park bestens zur Vogelbeobachtung. Pfauen, Falken, schwarze Truthähne und Quetzale leben hier und freuen sich darüber, dass der Nationalpark nur wenig von Touristen besucht wird, denn er verfügt kaum über touristischen Einrichtungen. Neben Vögeln leben im Park auch viele Affenarten, Ziegen, Gürteltiere, Frösche, Schlangen und Eidechsen.

Wandern

Eine Wanderung auf den verschlungenen Pfaden verspricht also noch Abenteuer, vorbei an sattgrünen, moosbedeckten Wiesen und Flussläufen hin zu versteckten Lagunen, Wasserfällen und heißen Quellen. Die Höhenlage zwischen 1000 und 2500 m geht auf die Puste. Beim Dorf Bajos del Toro, am besten erreichbar über San Miguel de Sarapiquí (→ S. 103), beginnt der **Sector Volcán Viejo.** Eine 3 km lange schmale Straße führt zur **Estación Biológica,** die recht verlassen wirkt. Von Ciudad Quesada aus ist der **Sector Quetzal** besser erreichbar. Hinter dem Dorf San José de la Montaña liegt der Zugang. Hier gibt es ein kleines Besucherzentrum und sogar eine Tafel mit einer – allerdings recht reduzierten – Übersicht zu den Wanderpfaden. Der beste Weg führt über gut 2 km zur **Laguna Pozo Verde** auf 1850 m am Fuß des Vulkans Porvenir. Es wird offiziell davon abgeraten, den knapp 3 km langen **Sendero Minas** allein zu gehen. Generell empfiehlt es sich aufgrund der fehlenden Beschilderung, den Park mit einem Guide zu erkunden, den die Albergue Pozo Verde gern vermittelt.

Praktische Infos

Größe 14.000 ha.

Anfahrt/Zugänge Der Parkeingang **Sector Quetzal** liegt 16 km südöstlich von Ciudad Quesada beim Dorf San José de la Montaña und ist nur mit einem privaten Fahrzeug von Sucre aus (an der 141) erreichbar. Am ehemaligen Café Pozo Verde kann das Auto geparkt werden. Dort beginnt auch der 2 km lange Wanderweg zur Laguna Pozo Verde. Picknick nicht vergessen, es gibt keine Angebote. Der Zugang zum **Sector Volcán Viejo** erfolgt über 2,5 km von Bajos del Toro aus.

Öffnungszeiten Tägl. 9–16 Uhr.

Eintritt 3000 CRC.

Ausrüstung Pullover (es kann kühl werden), Regenjacke (es regnet oft) und Mückenschutz, feste Schuhe.

Übernachten/Essen **Albergue Ecológico Pozo Verde** Wer hätte in dieser Gegend ein 3-Sterne-Hotel erwartet? Doch so ist es. Die schicke Herberge, umgeben von Wald und Bergen, bietet 6 geräumige Holzcabañas, die mit Nachttischlampen, gemütlichen Betten und sogar einem Kamin ausgestattet sind. Auch im zugehörigen rustikalen Restaurante Congo, verkleidet mit Holz, brennt der Kamin. Ein Highlight: Im Teich um das Haupthaus schwimmen Forellen, die frisch gefischt und zubereitet werden. Neben der „Trucha" gibt es Casados, Gallo Pinto und Olla de Carne, köstliches Rindfleisch, gekocht mit landestypischem Gemüse wie Yucca und Chayote (ähnlich einer Zucchini). Ein leckeres Frühstück ist im Übernachtungspreis enthalten. In San José de la Montaña, 1 km vom Eingang zum Sector Quetzal, ✆ 24608452, www.alberguemonterreal.com. **€€€**

Refugio Nacional de Vida Silvestre Mixto Caño Negro

Naturschutzgebiet Caño Negro

Das Feuchtgebiet von Caño Negro ist für seine Tierwelt, vor allem für die über 300 Vogelarten, darunter viele Wasservögel, bekannt – Fernglas und Fotokamera gehören zur Grundausstattung bei einem Besuch in diesem wasserreichen Naturschutzgebiet nahe der Grenze zu Nicaragua. Aber auch das Mückenschutzmittel sollte nicht vergessen werden, denn wo viel Wasser ist, fühlen sich auch die Plageinsekten sehr wohl und können einen Spaziergang zum Bootssteg oder durch die kleine **Siedlung Caño Negro** besonders zum Sonnenuntergang zur Tortur werden lassen. Das 10.000 ha große Schutzareal und damit wichtigste Feuchtgebiet des Landes hat seinen Namen vom eigentlich kleinen **Caño-Negro-See,** den die zahlreichen Seitenarme des Río Frío speisen und der zur Regenzeit bis auf 500 ha anschwillt und alles drum herum zu einer einzigen Sumpflandschaft werden lässt. Doch das Naturparadies ist in Gefahr, denn für die umliegende Landwirtschaft, wie Yuccaplantagen, wird viel Wasser abgeleitet und mit Dünge- und Insektenschutzmitteln verschmutzt. Durch die Änderung des Status vom Reservat zum Nationalpark könnte das Gebiet davor geschützt werden, doch die Großgrundbesitzer, denen 60 % der Fläche gehört, wollen davon nichts wissen.

Bootstouren

Wer die Anfahrt in die abgelegene Region auf sich nimmt, möchte natürlich die Wasserlandschaft erleben und Tiere beobachten und das geht am besten vom Boot aus. Touren organisiert jedes Hotel im Ort, die jedoch teurer sind als die Bootstouren mit der ansässigen Organisation der einheimischen Führer (Paraíso Tropical Caño Negro) direkt am Bootsanleger. Während der Fahrt, die in der Regel zwei bis drei Stunden

Im Feuchtgebiet Caño Negro

dauert, staken Störche und Ibisse durchs flache Wasser, Schlangenhalsvögel (Anhingas), blaugrüne Krickenten, Pfeifgänse und Kuhreiher schippern vorbei, Löffelreiher, Fischreiher, Eisvögel und Kormorane machen ein Päuschen auf knorrigen Ästen, während Affenbanden durch die Bäume turnen und Kaimane samt Nachwuchs auf flachen Sandbänken ihre Körpertemperatur auf Vordermann bringen. Da die Touristen hier noch nicht scharenweise einfallen, gibt es auf der Bootstour wirklich viel zu sehen, während man im Dorf von Caño Negro nicht viel mehr unternehmen kann, als einen Spaziergang zum einzigen Supermarkt (tägl. 6–21 Uhr) oder zum rustikalen Restaurant Fogón.

Praktische Infos

Größe Knapp 10.000 ha.

Zugang/Anfahrt Die beste Anfahrt, auch von La Fortuna aus, ist über die Ruta 35, denn die Straße ist neu und verläuft ziemlich gerade. Kurz vor Los Chiles geht es links rein auf die Ruta 138, die nach einem kleinen Stück Asphalt zu einer Schotterpiste wird. Sie ist aber auch ohne Allrad gut zu bewältigen.

Busse fahren nur zwischen Los Chiles und Caño Negro je 3-mal tägl. hin und zurück. Wer aus La Fortuna oder San José kommt, muss in Los Chiles umsteigen. Um 5, 14 und 17 Uhr fährt ein Bus von Los Chiles nach Caño Negro, um 7, 12 und 18 Uhr von Caño Negro nach Los Chiles, Fahrzeit 1 Std.

Besucherzentrum Das Besucherzentrum ist tägl. 8–16 Uhr geöffnet. Eine Brücke führt hinaus auf den Fluss. Von hier aus starten zukünftig auch Touren.

Öffnungszeiten 8–16 Uhr.

Eintritt 10 $, die aber von Individualtouristen vor Ort nicht kassiert werden, da die Infrastruktur fehlt. Einige Touranbieter treiben sie aber ein.

Ausrüstung Unbedingt Mückenschutz dabei haben.

Zeitplanung Die Bootstour dauert 2–3 Std., die Anreise von La Fortuna mit dem Auto ca. 2 Std., mit dem Bus (über El Muelle de San Carlos und Los Chiles) 5 Std.

Was sonst? Pass oder Passkopie müssen am Bootsableger vorgezeigt werden, Personenanzahl und Uhrzeit werden in eine Liste eingetragen und bei der Rückkehr muss man sich abmelden.

Extratipp Am frühen Morgen sind die Vögel besonders aktiv.

Touren **Caño Negro Experience,** eine gute Alternative zu den teureren Hoteltouren (ca. 40 $ pro Person bei 2 Teilnehmern) ist das Angebot von Tatiana und Renato. Die Biologin und der Parkranger zeigen Besuchern leidenschaftlich und mit viel Geduld sämtliche Tiere. Sie haben verschiedene Trips im Programm, z. B. neben der dreistündigen Bootstour auch Wanderungen, einen Kakao-Workshop und vieles mehr. Die Preise staffeln sich nach der Anzahl der Gäste. ✆85394437 (WhatsApp), www.canonegroexperience.com.

Paraíso Tropical Caño Negro, die einheimischen Führer werben damit, 100 % von Caño Negro zu sein. Und das merkt man. Rosi und ihr Team sind engagiert und kennen sich wunderbar aus. Keine Frage zur Pflanzen- und Tierwelt bleibt unbeantwortet. Neben der klassischen Bootstour bieten sie eine 3-stündige Birdwatching-Tour, eine 2-stündige Kajaktour und Sportfischen an. Tägl. 6–17 Uhr. An der Ostseite des kleinen Parque Central neben der Soda La Palmera am Fluss, ✆60347387, www.canonegrotours.com.

Übernachten Es gibt einige schicke Lodges und eine gute Pension.

Posada Rural Oasis Geflieste Zimmer mit Bad, einfach-ländlich, aber sauber. Viele Haustiere leben auf dem gepflegten Gelände, der Garten ist groß und viel Gemüse wird angebaut. Pferdeausritte können organisiert werden. www.posadaoasiscanonegro.com. **€**

Natural Lodge Caño Negro Die schicke Variante. Die geräumigen Zimmer der 3-Sterne-Lodge sind modern, sauber und gemütlich, die Superior-Zimmer haben WiFi. Am großen Pool stehen hölzerne Sonnenliegen und durch den Garten fliegen bunte Vögel aller Art. Es gibt auch ein Restaurant mit gutem Essen zu gehobenen Preisen, das Frühstück ist im Preis inbegriffen. An der Hauptstraße im Ort, www.canonegrolodge.com. **€€€€**

Essen & Trinken **Restaurant Fogón** Das beste Restaurant im Ort! Fleisch- und Fischgerichte, wahlweise mit Pommes oder Tostones (frittierten Kochbananen) und Gemüse oder Salat. Auf der rustikalen Holzterrasse im Obergeschoss sitzt man wunderbar. Tägl. 7–21 Uhr. Um die Ecke vom Hotel de Campo am Ortseingang, FogonCanoNegro (Facebook). **€€**

Los Chiles/Las Tablillas (Grenze zu Nicaragua)

Der Grenzübergang Las Tablillas, 6 km nördlich vom Städtchen Los Chiles, ist nichts weiter als ein Containerdorf an der Grenze zum nördlichen Nachbarn Nicaragua. Die neu ausgebaute Straße zwischen beiden Ländern existiert noch nicht so lange und die „Gebäude" sind entsprechend dürftig. Zuvor ging es nur per Boot von Los Chiles über den Grenzfluss Río Frío ins nicaraguanische San Carlos am Nicaraguasee. Seit 2014 ist die **Brücke Santa Fe** über den berühmt-berüchtigten Piratenfluss Río San Juan fertig und man kann per Auto bzw. mit Bussen nach San Carlos oder zu anderen Nica-Zielen fahren. Wer in Los Chiles hängen bleibt, findet Unterkünfte und Supermärkte. Außerdem fährt von hier auch der Bus ins Refugio Nacional Caño Negro.

Aus- und Einreise

Viel los ist an dieser Grenze nicht. Das **Ausreise-Prozedere** funktioniert so: Salida (Ausgang) und Entrada (Eingang) sind klar am Fenster angeschrieben. Bevor man sich anstellt, muss im Container links am Fenster „Impuestos de Salida territorial" die Ausreisesteuer bezahlt werden. Falls die Beamten dort gerade Mittagspause machen, was gegen 12 Uhr durchaus passiert, kann man am Automaten hinten rechts alles selbst eintippen und mit Karte bezahlen: 5 $ Ausreisegebühr, 2 $ Gepäckkontrolle pro Person. Auch Kinder zahlen. Und das Gepäck wird gar nicht kontrolliert. Falls der Automat nicht funktioniert, was ebenfalls passiert, muss man warten, bis die Muchacha aus dem Ausreisesteuer-Büro ihre Mittagspause beendet hat und zahlt dann bei ihr. Dieser persönliche Service kostet noch mal einen Extradollar/Person. Nur zur Not werden Colones akzeptiert. Nun darf man sich bei der Migration den Ausreisestempel abholen. Fertig.

Wer mit dem Auto ausreist: Bei der Gepäckkontrolle hat auch der Zollbeamte sein Büro. Ihm gibt man die Einfuhrgenehmigung und er regelt den Rest.

Die Grenze in Nicaragua heißt San Pancho und die **Einreise** läuft ebenfalls unkompliziert. Links steht das Gebäude für die Migration. Hier zahlt man ca. 12 $ Einreisegebühr in Dollar oder Córdoba – C$ – (Colones kann man vor Ort bei mobilen Geldwechslern tauschen, Kurs zuvor bei Oanda checken!), zeigt den Pass und erhält den Stempel mit 90 Tagen Gültigkeit. Darauf achten, dass der Beamte nicht „Transit" dazuschreibt, denn sonst bekommt man bei der Ausreise Probleme.

Praktische Infos

Öffnungszeiten **Grenze Las Tablillas:** 8–16 Uhr.

Grenze San Pancho: 7–17 Uhr

Busverbindungen **Busbahnhof** an der Av. 1 gleich an der großen Ortsdurchgangsstraße Ruta 35.

Caño Negro: 5, 14 und 17 Uhr, Fahrzeit 1 Std.

Los Chiles–Las Tablillas: Busse der Firma Chilsaca fahren regelmäßig von Los Chiles nach Nicaragua und halten an der Grenze.

Ciudad Quesada: 4–18 Uhr halbstündlich Busse der Firma Chilsaca, Fahrzeit 2:30 Std.

San Carlos: An der Grenze in Nicaragua warten Colectivos, die regelmäßig nach San Carlos fahren, Fahrzeit 30 Min.

Übernachten/Essen **Los Chiles Hotel** Günstig und sauber empfängt den Gast die „blaue Burg". Es gibt ein Restaurant und Touren in die Reserva Caño Negro werden organisiert, doch die macht man besser auf eigene Faust. Av. 2, zwischen C. 3 und 5, 2 Blöcke südlich vom Busbahnhof, ✆ 83078585. **€**

Hotel y Restaurante Carolina Eine gute Option im Ort, sauber und günstig, wenn die Zimmer auch etwas dunkel sind, aber WiFi funktioniert dafür gut. Im angeschlossenen Restaurant gibt's Tico-Hausmannskost. C. 5, ✆ 24711151. **€**

Abstecher nach Nicaragua I

Bienvenidos en Nicaragua. Gleich hinter der Grenze beginnen die Wasserwelten des nördlichen Nachbarn, denn hier plätschert nicht nur der Nicaraguasee friedlich vor sich hin, sondern hier fließt auch der große Río San Juan bis zur Karibik und bildet über viele Kilometer die Grenze zu Costa Rica. Eine Flussreise vom Städtchen **San Carlos** am Nicaraguasee immer flussabwärts bis zum Karibikdorf San Juan de Nicaragua verspricht Abenteuer und neue Eindrücke vom Wasser aus. Es geht vorbei an der Ortschaft **Sábalos** und dem früheren Piratennest **El Castillo.** Hier sollte man unbedingt das kleine spanische Fort samt Museum besuchen, das erhöht über dem Dorf liegt und einen wunderschönen Blick über den Fluss und die intensiv-grüne Landschaft des angrenzenden **Reserva Biológica Indio Maíz** bietet, eines der größten und großartigsten Regenwald-Schutzgebiete ganz Mittelamerikas. Dschungeltouren ins Reservat organisieren verschiedene Unterkünfte und Agenturen in El Castillo. Noch ein paar Flussstunden weiter ist man schließlich in **San Juan de Nicaragua** (früher San Juan del Norte) angekommen und findet sich in einer ganz anderen Welt wieder. Wenig erinnert hier an die Karibik wie aus dem Bilderbuch, das Meer ist rau, der Strand wild und die Häuser im Dorf stehen alle auf Pfählen, denn der Untergrund ist sumpfig. Dazwischen verlaufen schmale betonierte Pfade ähnlich wie in Tortuguero in Costa Rica. Autos gibt es hier ebenso wenig wie in El Castillo. Boote und Fahrräder sind die Transportmittel Nummer Eins und Zwei. Eine Spezialität sind die köstlichen Nacatamales, die von den Einheimischen ab der Dämmerung auf ihren Holzterrassen zubereitet und über das Geländer hinweg verkauft werden:

El Castillo am Río San Juan in Nicaragua

mit Fleisch und Gemüse gefüllte Teigtaschen, eingewickelt in Bananenblätter. Es gibt sogar einen Lieferservice – per Fahrrad, versteht sich. Nachts, wenn alles schläft, lassen sich im Río Indio, der das Dorf wie eine Lagune vom Karibischen Meer abgrenzt, Krokodile blicken. Dann hört man sie bei der Jagd nach Fischen durch den Fluss platschen und im Strahl der Taschenlampe leuchten ihre Augen wie glühende Kohlen.

Doch nicht nur die Flussreise ist einen Abstecher wert. Im Nicaraguasee liegt eine Inselgruppe, die **Solentiname-Inseln.** Neben Kanutouren von Insel zu Insel oder einem Bad im See kann man hier viele Vögel beobachten, Petroglyphen bei Wanderungen entdecken und die Künstler der naiven Malerei kennenlernen, die mit ihren bunten Vögeln und der idealisierten Natur so typisch für Nicaragua ist. Wer im Norden Costa Ricas unterwegs ist, sollte einen Abstecher nach Nicaragua nicht verpassen.

Währung 1 € = 39,60 Córdoba (Nov. 2023).

Verbindungen ab San Carlos per Boot
El Castillo (über Sábalos und Reserva Montecristo): Schnellboot Mo–So 6, 10.30 und 16 Uhr, 140 C$, Fahrzeit 2:30 Std.; langsames Boot Mo–Fr 8, 12, 14, So nur 8 und 13.30 Uhr, 90 C$, Fahrzeit 5 Std.

San Juan de Nicaragua: Express Di und Fr um 6 Uhr, Mi und So um 10 Uhr, 630 C$, Fahrzeit 7 Std.! Langsames Boot Di, Do und Fr um 6 Uhr, 340 C$, Fahrzeit 11 Std. Zurück nach San Carlos geht's Do, Sa und So um 6 Uhr.

Solentiname: Panga Colectiva, Di und Fr um 13 Uhr, 4 $, Fahrzeit 2:30 Std. mit Zwischenstopps bei den Inseln La Venada, San Ferando und Mancarrón. Schnellboot von Transol tägl. um 15 Uhr, 10 $, Fahrzeit 1 Std., gleiche Zwischenstopps.

Übernachten **Hostal Buen Amigo** Um einen bunt blühenden Garten stehen mehrere Bungalows mit je 2 separaten Zimmern und einer eigenen Terrasse. Die Zimmer sind sauber, die Matratzen gut, der Ventilator wird bei Bedarf vom netten Besitzer eingeschaltet, denn hier wird Solarenergie genutzt. Überall laufen Hühner frei herum und fliegen Kolibiris. Auch das Abendessen (Fisch oder Huhn mit Reis und Salat) kann vorbestellt werden, die Mahlzeiten werden ganz authentisch im offenen Wohnbereich der Familie eingenommen. Isla Mancarrón, Solentiname, El Refugio, vom Steg aus den Berg 400 m hinauf, ✆ +505/88696619, hostalbuenamigo@gmail.com. **€**

Nena Lodge Einfache Unterkunft in El Castillo, aber mit dem besten Preis-Leistungs-Verhältnis. Alles ist sauber und mit viel Holz gestaltet. In der oberen Etage gibt es 2 Doppelzimmer, die sich um eine große Holzterrasse mit Hängematten gruppieren. Von hier aus hat man einen Blick auf den Weg durch den Ort und auch etwas auf den Fluss. Sehr nett und chillig. Die Betreiber bieten Touren in die Umgebung und in die Reserva Indio Maíz an. El Castillo, vom Pier ca. 350 m nach links, ✆ +505/25833010, www.nenalodge.com. **€**

Hostal Familiar Definitiv das beste der wenigen Hostels vor Ort. Es gibt 8 Zimmer, 2 davon mit einer kleinen Terrasse direkt über dem Fluss. Zimmer Nr. 8 ist hell und neu im 1. OG mit einer großen Terrasse. Alles ist sauber und schön gemacht, eine hölzerne Veranda ragt über den Fluss, hier werden Frühstück, Mittag- und Abendessen serviert, wenn Gäste da sind. San Juan de Nicaragua, direkt am Fluss, vom Pier etwa 200 m links laufen, ✆ +505/84462096, Hostal familiar como en familia (Facebook). **€–€€**

Essen & Trinken **Soda San Carlos** Hühnchen-Gericht mit Reis und Salat sowie andere Nica-Gerichte dazu eine köstliche, frische, selbstgemachte Limonade! Tägl. 8–20 Uhr. San Carlos, in Sichtweite der Muelle Flotante mit den Booten nach Solentiname. **€**

Soda Allisson Eine der besten Adressen vor Ort, denn hier stimmt einfach alles: das Ambiente und das Preis-Leistungs-Verhältnis. Es gibt leckere, riesige Eintöpfe vom Huhn oder Fisch, Flussgarnelen und Fischgerichte mit Reis und Salat. Alles wird frisch von der Hausfrau zubereitet. Auf der Terrasse über dem Fluss sitzt es sich herrlich und es stört nicht, wenn die Zubereitung des Essens etwas länger dauert. 6–22 Uhr. El Castillo, gegenüber der Nena Lodge. **€**

Literaturtipp Ahoi Nicaragua – Bootsreise durch den Dschungel, Globetrotter-Magazin Ausgabe 128, Winter 2018.

Rund um den Vulkan Arenal

In die Kleinstadt La Fortuna am Lago Arenal kommt man vor allem aus einem Grund: um den Riesen zu sehen, den mächtigen Vulkan Arenal. Mit seiner perfekten Kegelform thront er am Ostufer des gleichnamigen Sees und hat die Gegend optisch fest im Griff.

Meist schweben dünne Wolkenschleier kreisförmig über der Spitze des Arenal, das Glück, ihn völlig wolkenfrei zu erleben, hat man selten. Da er zu den aktivsten Vulkanen Costa Ricas gehört, ist es nicht möglich, auf seinen Gipfel zu wandern. Trotzdem wurde der Arenal natürlich bestiegen und erforscht. Das passierte zum ersten Mal 1937. Damals hielt man ihn noch für einen erloschenen Vulkan, denn er war vollständig mit Bäumen und Sträuchern bewachsen. Während der Zeit der Expeditionen nahm seine vulkanische Aktivität allerdings zu: Wurden 1937 erst acht Fumarolen gezählt, waren es 1951 schon 15 und 1959 noch mal doppelt so viele. Und es wurde noch schlimmer. Im Laufe der Jahre wurde das Wasser des Platanillo-Flusses für den menschlichen Genuss ungeeignet, einige Rinder starben an Gasen, die an einem Riss austraten und die Lagune von Cedeño versiegte. Im Jahr 1967 wurde ein erheblicher Temperaturanstieg des Río Tabacón gemeldet. Und dann kam der 29. Juli 1968. Schon im Mai waren mehrere Beben gemeldet worden und die Temperatur des Tabacón noch weiter angestiegen. Am Morgen dieses Tages um 7.30 Uhr erwachte der Feuergott und tobte bis zum 2. August. Magma schoss an die Oberfläche. Ein Bombardement von Steinen und glühender Lava fiel auf die Dörfer Pueblo Nuevo und Tabacón am Fuße des Vulkans nieder, tötete 87 Menschen und viele Tiere, die ausgeharrt und nicht bereits Tage zuvor die Flucht ergriffen hatten. Die Steine flogen bis zu 5,5 km weit und hatten solch hohe Geschwindigkeiten, dass Einschlagskrater mit einem Durchmesser von bis zu 25 m und einer Tiefe von 4 m entstanden. Pyroklastische Ströme gingen nieder, die giftigen Gase erstickten alles Leben, das bis dahin noch nicht getötet worden war. Die Aschewolke reichte bis Liberia auf der Halbinsel Nicoya. Eine Gesamtfläche von 15 km^2 wurde zerstört, eine Vulkanwüste blieb zurück, drei neue Krater waren entstanden.

Seitdem spuckt der Arenal regelmäßig Steine, Lava, Asche und giftige Gase aus. Seine explosive Natur ist zwar gefährlich für die nahen Bewohner, sorgte jedoch auch für einen Ansturm von Touristen, die sich vor allem nachts an den rotglühenden Lavaströmen satt sehen wollten. Seit 2010 schläft der Arenal wieder, beeindruckend ist er trotzdem.

Ganz nah kommt man ihm im Parque Nacional Volcán Arenal oder im Privatreservat Arenal 1968.

Und als wäre der Vulkan selbst nicht schon Wunder genug, verstecken sich in der Gegend viele weitere Naturhighlights wie der beeindruckende Wasserfall La Fortuna und die Venado-Höhlen. Auch der Lago Arenal ist ein tolles Ziel, denn er eignet sich zum Kajakfahren und Windsurfen. Beim Ort Nuevo Arenal liegen idyllische Badestellen – ein Grund mehr, genug Zeit für die Region einzuplanen. Von Tilarán am Südufer des Lago Arenal ist es nicht mehr weit in die bekannte Nebelwald-Region von Monteverde (→ S. 143).

Imposant: der Vulkan Arenal

Der Norden → Karte S. 102

Ein Bad im Fluss am Catarata La Fortuna ist herrlich erfrischend

La Fortuna

La Fortuna ist ein übersichtliches, geschäftiges Provinzstädtchen mit ca. 15.000 Einwohnern, das sich in der Hauptreisezeit mit vielen Touristen aus aller Welt füllt und sich den Rest des Jahres friedlich auf den Ansturm im nächsten Jahr vorbereitet. Viel zu sehen gibt es im Ort nicht, dafür aber alles zu kaufen und zu organisieren, um für Touren in die Umgebung bestens gerüstet zu sein, denn die Region ist eines der Zentren für **Abenteuersport** in Costa Rica, wie Canopy oder Rafting. Um mal wieder richtig zu entspannen und den Körper einer Wellness-Kur zu unterziehen, bieten sich die zahlreichen **Thermalbäder** um La Fortuna an, die von der vulkanischen Aktivität des Arenal profitieren (→ Sport & Wellness). Es gibt sehr günstige, aber auch exklusive und dementsprechend teure Thermalbäder. Wer günstig am Arenal übernachten möchte, ist in La Fortuna ebenfalls richtig, denn die Lodges außerhalb sind meist teuer bis sehr teuer.

An der Plaza Principal von La Fortuna wird es gegen Nachmittag gesellig, wenn die Tico-Familien mit ihren Kindern kommen, um Fahrradfahren zu üben oder Ball zu spielen. Auch der „Copos-Mann" ist dann da. Von einem mobilen Wagen aus verkauft er Wassereis, Copos, was nichts anderes ist als geschabtes Eis, das mit Sirup übergossen wird, und wer möchte, bekommt noch eine dickflüssige süße Kondensmilch darüber – anders, lecker und für nur 1000 Colones eine erschwingliche Erfrischung.

Ausflüge in die Umgebung

Catarata La Fortuna: Ein Besuch an diesem spektakulären Wasserfall mit seinem kühl dahinplätschernden Fluss gehört zum Pflichtprogramm am Arenal. Es ist auch ein wirklich beeindruckendes Erlebnis, wenn man nur früh genug kommt, am besten gleich zur Öffnung des Parks. Es geht 500 Stufen hinab durch tropische Vegetation, es ist feucht, Tukane und andere prächtige Vögel fühlen sich hier wohl. In der Ferne rauscht der Wasserfall und wird immer lauter, bis man schließlich an einer Aussichtsplattform mit einem super Blick ankommt. Nach dem obligatorischen Foto geht es noch weiter hinab bis an den Fluss. Hier fängt das Badevergnügen an im sehr frischen Wasser. Das lieben auch die Forellen, die zwischen den Besuchern umherschwimmen und ein ganz kostenloses „Fisch-Spa" anbieten, indem sie die Haut von den Füßen knabbern. Wer auf dem Rückweg noch Zeit und Lust hat, kann einen **Schmetterlingspfad** entlang spazieren oder den **Orchideengarten** besuchen. Es gibt auch ein Restaurant und einen Souvenirshop.

▪ 4,5 km südlich von La Fortuna. Tägl. 7–17 Uhr. 18 $ Eintritt, für Kinder bis 8 Jahre kostenfrei. www.catarataalafortuna.com.

Wanderung zum Cerro Chato: Der inaktive Cerro Chato ist ein 1140 m hoher Nebenvulkan des Arenal mit einer Lagune im Krater mit etwa 500 m Durchmesser. Bei einem seiner Ausbrüche, der letzte erfolgte vor etwa 3500 Jahren, ebneten Lavaströme den Weg für den Río Fortuna und den La-Fortuna-Wasserfall. Die Wanderung erfordert eine gute Kondition und ist nicht ganz „ohne". Sie beginnt an der Observatory Lodge, zu der man kurz vor dem La-Fortuna-Wasserfall rechts abbiegt. An der Lodge werden 10 $ Eintritt verlangt und man kann ca. 45 Min. gehen, bis eine Absperrung erreicht ist. Hier ist die Wanderung offiziell zu Ende. Der Zaun lässt sich allerdings umgehen – auf eigene Verantwortung. Denn was recht einfach mit leichtem Anstieg anfing, wird nun schnell steil, schlammig, steinig und rutschig. Am Kraterrand angekommen, liegt unten die Lagune, der Abstieg ist eine weitere Herausforderung. Festhalten an Wurzeln und Bäumen inklusive. Wer das Pech haben sollte, auf einen Ranger zu treffen, wird zurückgeschickt. Aber sie sind selten vor Ort. Die Tour ist nichts mit Kindern und nur was für hartgesottene Wanderer.

▪ Dauer ca. 5 Std. ohne Pausen!

Kaffee- und Schokoladentour: Das Don Juan Coffee House bietet mit den Don Juan Tours Arenal ein Kombipaket aus Kaffee- und Schokoladentour an. Ein Mitglied des Familienunternehmens erklärt die Geschichte und Prozesse der Herstellung von der Bohne bzw. Frucht bis hin zum heißen, begehrten Getränk. Nach der Führung über die Plantagen darf man sich selbst im Herstellungsprozess versuchen, Getränke verkosten und sich natürlich im Souvenirshop mit dem Bedarf für zu Hause eindecken.

▪ Touren starten um 10 und 14 Uhr am Kaffeehaus, Dauer 3 Std. Die Führer sprechen Englisch und Spanisch. www.donjuantours.com.

Er rauscht gewaltig, der Catarata La Fortuna

Sky Adventures Arenal Park

Abenteuer für alle! Wie der große Bruder in Monteverde umfasst der Park eine große Auswahl an Touren – mit und ohne Adrenalinfaktor. Doch die meisten Besucher kommen gerade, um den **Sky Trek** mit Ziplining in einer Höhe von bis zu 200 m und mit einer Geschwindigkeit von bis zu 70 km/h zu erleben oder den 4 km langen **Sky Walk** auf baumkronenhohen Hängebrücken mitzumachen. Ein einsames Naturerlebnis ist dieser Ausflug allerdings nicht. Das Geräusch der Ziplines und Gemurmel in allen Sprachen sind ständige Begleiter. Mit **Sky Limit** bietet der Park zudem einen Abenteuerparcours an, der über 10 Aktionen wie Hochseilgarten, Seilrutschen, Canyoning, Abseilen, Tarzan-Schaukel, tibetische Brücken und andere Abenteueraktivitäten miteinander kombiniert. Das Mindestalter ist hier 15 Jahre. **Sky Tram** ist eine Seilbahntour, bei der es über 800 m in etwa 10 Min. bergauf geht. Von oben ergibt sich ein herrlicher Blick auf den Arenal. Anschließend geht es mit der Gondel wieder nach unten. Da die Kabinen sehr geräumig sind, ist die Tour auch im Rollstuhl möglich.

Im Gegensatz zu Monteverde gibt es am Arenal zwei zusätzliche Angebote. Die **Sky-River-Drift-Tour** umfasst zwei verschiedene Sportaktionen: Um gleich zu Beginn Adrenalin zu tanken, beginnt die Tour mit zwei schnellen Seilrutschen über den Wald. Nach einem kurzen Spaziergang erreicht man die Hauptattraktion, den Piedras Negras, einen Fluss zum Rafting. Schmal und kurvenreich windet er sich durch den Dschungel. Über Stromschnellen und kleine Wasserfälle geht es im Schlauchboot hinweg, man muss über 3 km fleißig mitpaddeln, der Adrenalinpegel hat keine Chance zu sinken.

Wer mehr Lust auf herkömmliche Sporterlebnisse hat, kann bei dem Anbieter auch eine **Kajaktour** über den Lago Arenal oder eine **Mountainbiketour** um den See buchen. Die Fahrradtour verläuft über 13 km am See entlang mit Zwischenstopps in Dörfern. Die Führer erzählen viel über die Geschichte des Vulkans und der Gegend.

> Wer die Sky Trek Canopy Ziplining Tour bucht, nimmt automatisch an der 20-minütigen Fahrt mit der **Sky Tram** teil, ohne extra dafür zu bezahlen. Die Canopy-Tour startet dann oben von der Plattform.

▪ **Anfahrt:** 22 km von La Fortuna an der Südseite des Lago Arenal vor der Ortschaft El Castillo.

Do it Yourself: Schokolade selbst herstellen

Von der Bohne zum fertigen Riegel bekommen Schokoenthusiasten beim zweistündigen Workshop des ChocoMuseo step by step die Verarbeitung von Schokolade erklärt, gezeigt und man darf mitmachen. Am Ende ist der eigene Schokoriegel fertig und auch zwischendurch darf man das Getränk der Götter als Trinkschokolade verkosten. Es gibt einen Vormittagskurs und jeweils zwei am Nachmittag und Abend (ab 29 $, Kinder zahlen weniger). Ein Schoko-Intensivkurs startet täglich um 15.15 Uhr und dauert 3 Std. (49 $). Bei diesem Kurs besucht man auch die Kakaoplantage. Das zugehörige Museum ist vielmehr ein Schokogeschäft und vom losen Kakao bis hin zum Schokotee kann man sich mit süßen Souvenirs eindecken.

▪ **ChocoMuseo La Fortuna,** an der Südostecke des Parque Central, www.chocomuseo.com. Tägl. 10–22 Uhr.

Öffnungszeiten: Tägl. 7–16 Uhr.

Eintritt: Die Touren (ab 41 $) sind für Tag und Uhrzeit direkt über die Website buchbar, www.skyadventures.travel.

Ausrüstung: leichte und wärmere Kleidung, denn es kann im Nebel durchaus frisch sein. Auch ein Regenponcho kann nicht schaden.

Praktische Infos → Karte S. 127

Einwohner Ca. 15.000

Information Das Reisebüro **Fortuna Welcome** hat viele Flyer und Infos und bietet Touren in die Umgebung an. Mo–Fr 7–17, Sa bis 15 Uhr. C. 702/Av. 323 beim Supermarkt Rosvil, www.fortunawelcome.com.

Busverbindungen Der **Busbahnhof** befindet sich in der Av. 325 um die Ecke vom Centro Comercial mitten im Zentrum.

San José: 9.10, 12.45, 14.45 und 16.10 Uhr, Fahrzeit 4:30 Std.

Tilarán (über Nuevo Arenal): 7.30, 12.30 und 17 Uhr, Fahrzeit 2 Std.

Ciudad Quesada: 5–19.30 Uhr alle 45 Min., Fahrzeit 1 Std.

San Ramón de los Palmares: 5.30, 9, 13 und 16 Uhr, Fahrzeit ca. 1:30 Std.

Venado Caves: 9 und 15.30 Uhr.

Taxis Rote Taxis starten am Parque Central, ✆ 88228080 oder 88009999.

Mietwagen Es gibt mehrere Anbieter, gut sind **Budget** (C. 702, ein Block westlich vom Stadtpark und ein Stück südlich der Hauptstraße), und **Alamo** (einfach geradeaus in die andere Richtung, tägl. 7–17.30 Uhr).

Einkaufen **MegaSuper** **10**, gut sortierter Supermarkt, der alles hat. Im Centro Comercial in der C. 470. Tägl. 7–22 Uhr.

Mini Market Arenal **8**, der angeschlossene Imbiss verkauft Kaffee und Sandwiches. An der Hauptstraße. Tägl. 7–22 Uhr.

Frutas Y Verduras 11, Obst, Gemüse und gleich die Smoothies daraus gibt es in dieser kleinen Frutería. C. 702, unweit der Bushaltestelle. Tägl. 7–20 Uhr.

MeinTipp **Chocolatería 4**, handgemachte Schokopralinen und hausgemachtes Eis, ein Traum. Unbedingt probieren (→ Essen). Av. 331, gegenüber dem Parque de la Fortuna. Tägl. 9–20 Uhr.

Mercado de Artesanías 5, Kunsthandwerk aus Lateinamerika, an der Hauptstraße beim Stadtpark.

Suveni Lavas 7, bunter Souvenirshop mit einem großen Angebot von der Postkarte über Holzfiguren und Schmuck bis hin zu Costa-Rica-Shirts. An der Hauptstraße beim Stadtpark. Tägl. 9–22 Uhr.

Geld ATM der Banco Popular an der 142 zwei Blocks östlich vom Stadtpark.

Banco Nacional und BAC mit Geldautomaten befinden sich in der Av. 331, einen Block östlich vom Stadtpark.

La Fortuna ist ein entspannter Ort

Gesundheit Es gibt gleich mehrere Krankenhäuser im Zentrum. Einen guten Ruf hat die **Clínica Medicenter Fortuna,** an der Ruta 142 (Hauptstraße), ✆ 24798990. 8–22 Uhr.

Apotheke: Am Zócalo.

Waschsalon **Lavandería Burbujas,** schnell und sauber. C. 466 zwischen der 142 und Av. 325. Tägl. 7.30–18 Uhr.

Sport & Wellness Die Gegend um den Arenal ist Natur pur. Hier sind nicht nur Wandern, Radfahren, Canopy oder Rafting angesagt, sondern auch Wellness-Fans können es sich von morgens bis abends gutgehen lassen, denn obwohl der Vulkan gerade schläft, sorgt er doch für jede Menge thermische Energie.

Thermalbäder Am Fuße des Arenal ist es heiß: Flüsse und Thermalquellen werden durch die vulkanische Aktivität unterirdisch erhitzt. Zum Glück, denn es gibt kaum etwas Entspannenderes, als im warmen bis heißen Wasser zu liegen, von Natur umgeben. Da Thermalwasser so wohltuend und gesund ist, entstanden viele Thermalbäder am Arenal, von günstig bis teuer ist alles zu haben. Einige Hotels bieten sogar ihre eigenen heißen Quellen. Die meisten Bäder liegen an der Nordostseite des Vulkans an der Straße zwischen La Fortuna und Tabacón. Das Angebot ist so groß, dass man längst nicht alle Bäder testen kann, deshalb gibt es hier eine kleine Auswahl von luxuriös-preisintensiv bis kostenlos für Ökobackpacker am Río Chollin. In den teuren Bädern ist es nicht gestattet, eigenes Essen mitzubringen. Bei Herz-Kreislauf-Erkrankungen, Schwangerschaft oder unter Einfluss von Alkohol wird in jedem Bad eindringlich zur Vorsicht geraten.

Tabacón Hot Springs, das wohl bekannteste und schönste Thermalbad liegt direkt am Río Tabacón und ist mit Abstand das teuerste, aber auch das beliebteste Thermalbad des Landes. Obwohl in den 1980er-Jahren ein Bauverbot für das Areal verhängt und der Standort vom Vulkanologischen und Seismologischen Institut als hochgefährlich eingestuft wurde, entstanden die Tabacón Hot Springs mitsamt dem dazugehörigen Resort & Spa. Viele Touristen aus aller Welt kommen jedes Jahr, um die einzigartigen Quellen und den wunderschönen Kurgarten zu genießen. Verschiedene Becken mit Wasser von angenehm warm bis „kaum noch betretbar"-heiß sind sehr naturnah in dem schönen tropischen Areal eingerichtet. Hier und da rauschen Wasserfälle, kleine Flüsse plätschern durch den Garten, ein Spaziergang führt über romantische kleine Brücken, während der Wasserdampf einen verwunschenen Nebelschleier über die Becken legt. Doch vor allem der warme Río Tabacón macht den Unterschied zu anderen Hot Springs aus, denn er fließt frei durch das Gelände – eine Attraktion, die andere Bäder nicht bieten. Ruheliegen stehen bereit, mehrere Bars, Poolbars und ein Restaurant versorgen die Gäste kulinarisch. Es gibt auch ein paar Wasserrutschen, doch sie sind so in die Becken integriert, dass sie kaum auffallen. Der Eintritt ist nur in Kombination mit mindestens einer Mahlzeit möglich. Tägl. 10–22 Uhr (für Hotelgäste bereits ab 8 Uhr), Eintritt 85 $ inkl. einer Mahlzeit, Kinder 38 $. Der Abendtarif von 18–22 Uhr ist etwas günstiger, 70 $ inkl. Abendessen, Kinder 28 $. 12 km von La Fortuna an der 142 in Richtung Tabacón/Nuevo Arenal, www.tabacon.com.

Baldi Hot Springs, eine weitere Königin unter den Thermalbädern am Arenal mit einem größeren Fokus auf dem Spaßfaktor. 25 verschiedene Thermalwasserpools sind umgeben von üppiger und abwechslungsreicher Vegetation. Es gibt coole Poolbars, die Getränke werden allerdings auch zu Königspreisen verkauft (Bier 5,50 $). Im Whirlpool für 60 Personen kann es kuschelig werden und auch in der größten Sauna des Landes tummeln sich Besucher aus aller Welt. Kinder haben ihren Spaß in einem eigenen Bereich mit superschnellen, steilen und kurvigen Wasserrutschen und Wasserduschen. Die Beleuchtung zur Nacht ist wunderschön und sorgt mit vielen bunten Lichtern für eine ganz besondere Atmosphäre. Neben der Verwöhnkur im warmen Wasser kann man sich, sozusagen als Krönung, eine der professionellen Massagen (ab 62 $) oder eine der vielen anderen Schönheits- und Entspannungskuren gönnen. Tägl. 9–22 Uhr. Eintritt 40 $, Kinder 20 $, Essen kostet ca. 20 $ extra. Knapp 6 km westlich von La Fortuna an der 142 in Richtung Tabacón, Nuevo Arenal, www.baldihotsprings.cr.

Ecotermales Fortuna, baden wie im Dschungel. Ecotermales ist wunderschön naturbelassen, die unterschiedlich heißen Becken umgeben von Pflanzen und kleinen Wegen, wabernd steigt der Wasserdampf von den heißen Becken auf und hüllt alles in eine unwirkliche Stimmung. Das heißeste Becken kommt auf 41,5 °C und das „kälteste" auf 33 °C. Die Pools, Duschen, Liegen und Bäder sind sehr sauber, der Einlass ist auf 150 Personen begrenzt. Handtücher und ein Spind werden gestellt. Es gibt auch ein Restaurant und eine Bar. Von den zwei vorgegeben Zeitfenstern, das erste von 10–16 Uhr und das zweite von 17–22 Uhr, muss man bei der Buchung eines auswählen. Tägl. 10–22 Uhr. Eintritt 40 $, Kinder 26 $ (5–11 Jahre). Knapp 6 km westlich von La Fortuna an der 142 gegenüber von Baldi Hot Springs, www.ecotermalesfortuna.cr.

Termales Laureles, eine günstige Variante mit 7 verschiedenen Thermalbecken, 2 Kaltwasserbecken, Wasserrutschen und Picknicktischen, wo man sein Mitgebrachtes verzehren darf. Eine Alternative, vor allem für Familien, die nicht die teuren Eintritte für den Wasserrutschenspaß mit Kindern zahlen möchten. Die sind auch hier zufrieden. Das Ambiente ist allerdings nicht tropisch, sondern gleicht vielmehr einem deutschen Freizeitbad, nur dass hier viele Tico-Familien sind. Nachts sind aber auch bunte Lichter an und die Becken sind angenehm warm bis heiß (25–45 °C) und sauber. In einem großen kühlen Becken kann man sogar richtig schwimmen. Tägl. 9–21 Uhr. Eintritt 12 $, Kinder (3–11 Jahre) 8 $. Knapp 7 km von La Fortuna an der 142 in Richtung Nuevo Arenal, www.termalesloslaureles.com.

Río Chollin, Baden im warmen Fluss – für lau! Dieser Geheimtipp ist zwar inzwischen nicht mehr ganz so geheim und neben Einheimischen kommen viele Backpacker hierher, um sich ganz umsonst dem thermischen Vergnügen hinzugeben. Wer das Glück hat, unter der Woche zu kommen, wird den Fluss je nach Uhrzeit sogar ganz für sich allein haben. Am Wochenende kommen auch Tico-Familien her, aber der Río Chollin bietet genug Platz für alle. Die bekannteste Stelle zum Baden liegt am Tabacón Resort, doch eigentlich kann man überall in den Fluss gehen. Das Wasser ist um die 40 °C warm. Selbstfahrer parken an der Brücke beim Resort und geben dem „Parkplatzwächter" etwas Trinkgeld, damit er aufpasst. Nur 2 Min. dauert der Fußweg hinab zum Fluss. Am besten nichts mitnehmen, da es keine Ablagemöglichkeiten gibt. Die Stelle ist mit dem Bus in Richtung Tilarán leicht zu erreichen, dem Fahrer Bescheid sagen, dass er am Tabacón halten soll.

Massagen Unweit vom Zentrum kann man sich bei **Bamboo Massagen** in schönem Ambiente verwöhnen lassen, ob als Paar oder alleine. Tägl. 8–22 Uhr. Barrio Pilo, C. 468/Av. 317, ✆ 85431434 (WhatsApp).

Rafting **Wave Expeditions** bietet mit Whitewater-Rafting-Touren und Whitewater-Tubing auf dem Río Sarapiquí großen Abenteuerspaß mit Adrenalinspritze. Über Stromschnellen und vorbei an Felsen rauscht die

Landschaft vom Schlauchboot aus vorbei. Es gibt die Level III und IV für Erwachsene und Kinder ab 12 Jahren, aber auch eine Familienversion mit Level II und III für kleinere Kinder. Die Betreuer sind professionell und freundlich und nehmen Anfängern das mulmige Gefühl. Tägl. 6.30–21 Uhr. Wave Expeditions, Av. 331, www.waveexpeditions.com.

Fahrrad **Bike Arenal,** vom Fahrradverleih über die Reparatur bis hin zu mehrtägigen Fahrradtouren hat Bike Arenal ein umfassendes Programm aufgebaut. Neben Fahrradausflügen bieten sie viele andere Touren an wie Rafting, Canopy, Reiten, Birdwatching bis hin zu Ausflügen zu weiter entfernten Zielen in Costa Rica. Tägl. 7–19 Uhr. Südlich der Plaza Central im Barrio Pilo, www.bikearenal.com.

Hängebrücken-Wanderung Im **Mistico Arenal Hanging Bridges Park** führen 15 Brücken über eine Länge von 3,2 km durch dichten Tropenwald, sechs davon sind Hängebrücken. Am besten ist es, ruhig und aufmerksam durch die Baumwipfel zu laufen, dann sieht man tropische Vögel, winzige Frösche, pelzige Nasenbären und jede Menge farbenprächtiger Orchideen und andere wunderschöne Pflanzen. Gut ausgebaute Wege führen durch den Park, zementiert und barrierefrei. Tägl. 6–16 Uhr, 2,5-stündige geführte Touren starten stündlich von 9 bis 14 Uhr. Eintritt 26 $, Kinder 16 $ (11–18 Jahre). Westlich von la Fortuna, nach 18 km bei der Bootsrampe an der Ruta 142 den Weg rechts hinauf und diesem 2 km folgen. www.misticopark.com.

Taxis bringen Touristen zu den Zielen um La Fortuna

Lago Arenal Canopy/Ziplining **Sky Adventures Arenal Park** → S. 154.

Arenal Ecoglide Park, ein weiterer Canopy-Park mit Parcour, Tarzanschaukel und Nacht-Ziplining. Auch Vogelbeobachtungen und Naturwanderungen stehen auf dem Programm. Die Canopy-Tour dauert ca. 2 Std. und startet 4-mal tägl.: 8, 10, 13 und 15 Uhr. Knapp 5 km außerhalb von La Fortuna in Richtung Tabacón, www.arenalecoglide.com.

Touranbieter Wer nicht alleine losziehen möchte, obwohl das alles problemlos möglich ist, findet eine gute Auswahl an Touranbietern in La Fortuna.

Red Lava Tours, Angebote rund um den Arenal – Wandern, Wasserfallbesuch, Canopy, Reiten, Raften oder sogar eine Wandertour von La Fortuna nach Monteverde. Das Team ist freundlich, kompetent und auch englischsprachige Führer werden vermittelt. Tägl. 8–20 Uhr. Im Centro Comercial „Adifort" im Zentrum, www.redlavatouristservicecenter.com.

Arenal Jungle Tours, ähnliches Angebot wie oben. Eine witzige Idee, vor allem für Familien mit kleineren Kindern, ist der „Faultier-Pfad". Zwei Stunden lang werden Faultiere, Frösche und Vögel entlang eines einfachen Wanderwegs gesucht und beobachtet. Die Preise sind mit 49 $ für Erwachsene und 25 $ für Kinder (6–12 Jahre) allerdings hoch. Tägl. 7–22 Uhr. An der Südseite des Parque Central, www.jungletourscr.com.

Übernachten Es gibt zahlreiche Unterkünfte für jedes Budget in La Fortuna und auch am Weg zum Wasserfall befinden sich viele bezahlbare Cabinas, oft mit Kochzeile, doch der Weg zum nächsten Supermarkt zieht sich (2–4 km). Teurere Lodges, Resorts und Spas liegen weit verstreut rund um La Fortuna, die meisten „hinter dem Arenal" an der Ruta 142 in Richtung Tabacón.

... im Zentrum **Ecohostel** **2** Einfach, günstig, zentral. C. 472, um die Ecke vom Zócalo, ✆ 83034491. **€**

Mein Tipp Arenal Hostel Resort 9 Ein kultiger Ort, bunt, gemütlich, günstig. Durchaus auch für Familien geeignet. Die Zimmer mit Klimaanlage sind geräumig und sauber, die Matratzen in den Betten sind dick und bequem. Abends sind das Hostel und der Innenhof mit bunten Lichtern beleuchtet und man kann es sich in einer der vielen Hängematten, im Pool oder an der Bar gutgehen lassen. Mit Kindern sollte man allerdings versuchen, Zimmer weit entfernt von der Bar zu bekommen, denn laute Musik läuft bis Mitternacht. An der Hauptstraße einen Block westlich vom zentralen Platz, www.arenalhostelresort.com. €€

San Bosco Inn 1 Die Zimmer sind geräumig, die Betten bequem und die Badezimmer in Ordnung. Das Personal ist freundlich und hilfsbereit, das im Preis inbegriffene Frühstücksbuffet ist sehr gut! Der Pool ist zwar klein, aber schön gemacht mit Sonnenliegen drum herum, es gibt Kaffee, Tee und Eiswürfel rund um die Uhr. Da i-Tüpfelchen: der kostenlose Eintritt in die heißen Quellen des Partnerhotels Volcano Lodge. Ein Block nördlich vom Stadtpark, www.hotelsanbosco.com. €€

... am Weg zum La-Fortuna-Wasserfall
Cabinas La Catarata 5 (→ Karte S. 122) Einfache, etwas dunkle Holzcabinas mit kleiner Terrasse, ausreichend breiten Doppelbetten, eigener Küche und viel Grün drum herum. Im Garten schwirren Kolibris und abends geben Grillen und andere Insekten ein Zirp-Konzert. Die Besitzerfamilie ist sehr freundlich und bietet für 5 $ ein gutes Frühstück. Links an der Straße zum La-Fortuna-Wasserfall, ✆ 247997 53, cabinaslacatarata@hotmail.com. €€

Hotel Arenal Green 4 (→ Karte S. 122) Schicke Holzcabinas verteilen sich in einem weitläufigen Gelände, davor befinden sich kleine Terrassen mit Tisch und Stühlen. Die Betten sind in Ordnung, das Bad ist sauber und das Frühstück gut. An der Straße zum La-Fortuna-Wasserfall, ✆ 24798383. €€

Mein Tipp Tio Felix Ecolodge 6 (→ Karte S. 122) Die Familie von Yvonne und Felix macht alles, um den Aufenthalt in ihrer kleinen Ecolodge für ihre Gäste angenehm zu gestalten. Die Cabinas sind einfach, haben je nach Bedarf Doppelbetten und sind für bis zu 4 Personen ausgelegt. Die Betten sind gut, die Zimmer sauber und das schönste ist der Bereich vor den Zimmern mit Hängematte und Blick in einen schönen Garten. Hier fliegen bunte Vögel um Futterstationen mit Obst und der Arenal thront ganz nah über der Landschaft. Das Frühstück nimmt man am Haus der Familie ein, es ist gut und ausreichend. 1 km vor dem Wasserfall (man kann hinlaufen), ✆ 85210105, tiofelixecolodge81@gmail.com. €€

... außerhalb Cabinas Los Guayabos 1 (→ Karte S. 122) Mehrere Bungalows mit einfachen, gefliesten Zimmern und kleinen Terrassen stehen verteilt in einem grünen Garten mit vielen blühenden Büschen. Der Blick auf den Arenal ist phänomenal. Mehrere Restaurants sind in Laufnähe. Direkt an der Straße nach Tabacón, ✆ 24791444. €€

Arenal Volcano Inn 2 (→ Karte S. 122) Ein tolles Areal für gehobene Ansprüche bietet diese schicke 3-Sterne-Resort-Anlage. Hellgelbe Casitas mit roten Dächern verteilen sich in einem weitläufigen Gelände mit vielen Pflanzen. Die Zimmer sind groß, mit gefliesten Böden und Klimaanlage. Die meisten Häuschen bieten einen großartigen Blick auf den Arenal. Nach einem erfüllten Tag freut man sich auf den Pool und den warmen Jacuzzi. 7 km von La Fortuna in Richtung Tabacón, www.arenalvolcanoinn.com. €€€

Mein Tipp Hotel Lomas del Volcan 3 (→ Karte S. 122) Mitten im Grünen, 14 km vom Nationalpark Arenal entfernt und umgeben von einem üppigen Garten mit Palmen und tropischen Blumen verteilen sich locker mehrere Holzbungalows. Sie bieten viel Platz, versprühen Charme durch Wandbilder und gemütliches Licht und haben private Terrassen mit Gartenblick. In jedem Cottage stehen ein Kühlschrank und eine Kaffeemaschine, im Bad gibt es einen Haartrockner und kostenfreie Pflegeprodukte. Genial ist der Blick vom Pool oder wahlweise vom Jacuzzi auf den Arenal. Das Hotel betreibt auch ein Restaurant mit Tico-Gerichten und internationalen Speisen. 4,5 km westlich von La Fortuna, www.lomasdelvolcan.com. €€€€

Essen & Trinken Kappa Sushi 3 Ein Ort für Fischliebhaber! Frisch und liebevoll werden Sushi und Sashimi zubereitet, mit Lachs, Thunfisch, Garnelen, dazu – sehr lecker – Kochbananen oder Gemüse. Es gibt auch Mixteller, sodass viele verschiedene Sushi probiert werden können. Das vegane Sushi-Boot ist ebenfalls ein Hingucker und ein super Gericht für Veganer oder Vegetarier. Beim Essen sitzt man direkt an der Straße und kann wunderbar die Menschen beobachten. Tägl. 11–21.30 Uhr. Halber Block nördlich des Hauptplatzes in der C. 468, ✆ 24797475. €–€€

MeinTipp **Pollo Fortuneño** **6** Ein Ort für Fleischliebhaber! Hier gibt es nicht nur alles rund ums Hühnchen, auch Schweinekoteletts, Rippchen und Rindersteaks kommen in großen Portionen auf die rustikalen Holztische. Fleisch ist auf jeden Fall das Motto des Grillrestaurants, dazu werden allerdings auch Salate in sämtlichen Varianten angeboten. Tägl. 11–22 Uhr. 200 m westlich vom zentralen Platz direkt an der Hauptstraße, ✆ 24797475. **€–€€**

MeinTipp **Chocolatería** **4** Leckeres Eis! Unbedingt die Sorte Cas probieren. Außerdem produziert man hier köstliche Schokopralinen in unterschiedlichsten Sorten, z. B. mit Obst wie Banane, Orange oder Feige, aber auch mit Nüssen und Karamell, mit Ziegenmilch oder Honig, Chili oder Tequila und vieles mehr. Tägl. 8–20 Uhr. Nördlich des Parque Central.

Parque Nacional Volcán Arenal

Nationalpark Vulkan Arenal

Majestätisch – beeindruckend – aktiv: Obwohl der jüngste Vulkan Costa Ricas seit 2010 ruhig ist, bleibt der Arenal ein Highlight. Allein seine perfekte Kegelform von 1633 m Höhe zu sehen, ist ein besonderes Erlebnis. Im Nationalpark kommt man dem Riesen sehr nahe. Der Arenal liegt genau zwischen dem Städtchen La Fortuna und Lago Arenal und bildet das Herzstück des gleichnamigen Nationalparks, der westlich des Vulkans eingerichtet wurde. Dieser gehört wiederum zur Área de Conservación Arenal Tilarán, die 16 Schutzgebiete Costa Ricas in der Gebirgsregion von Guanacaste und Tilarán umfasst.

Am Arenal zu wandern bedeutet nicht, seinen Gipfel zu besteigen oder an seinen Abhängen zu spazieren, was nicht annähernd möglich ist. Früher gab es Wanderwege entlang der Westflanke bis zum Kratervorsprung, doch aufgrund einer Vielzahl von Unfällen und sogar Todesfällen zu mutiger Abenteurer, die von giftigen Dämpfen, Schlammlawinen oder Lavageröll überrascht wurden, ist dieser Weg für Besucher gesperrt. Trotz Ruhephase ist der Arenal einer der aktivsten Vulkane der Welt. Einige Wanderwege führen jedoch heute noch über Lavafelder ehemaliger Eruptionen und so nahe wie er-

Ein Vulkan mit vielen Namen

Der Arenal hatte über die Jahrhunderte viele verschiedene Namen. Die Legenden der indigenen Maleku, die an seinen Abhängen lebten, erzählen von einem Feuergott, der im Berg lebte, und sie nannten ihn deshalb auch so – „Diós Fuego". Aus dem Jahr 1852 stammt die erste schriftliche Nennung, „Las Ahogadas", was so viel bedeutet wie „der mit den Vertiefungen", was ein Hinweis auf seine tiefen Furchen an den Flanken ist. Später wurde er weniger einfallsreich einfach als Vulkan von Costa Rica oder Vulkan am Río Frío bezeichnet, auch Zuckerberg (Cerro Pan de Azúcar) oder der Kahlköpfige (Volcán Pelón) genannt. 1922 taucht schließlich der Begriff „Arenal" auf. Er bezieht sich auf die Lava, die aufgrund physikalisch-chemischer Effekte zerfällt und lithisch-kristalline Sande bildet, die sich auf den Rändern des Kegels ablagern und ihm das Aussehen eines Sandhaufens verleihen: Volcán Arenal.

Meist versteckt sich der Gipfel des Arenal in den Wolken

laubt an den Vulkankrater heran. Doch der Aufstieg ist verboten.

Seismologen schätzen das Alter des Vulkans auf mindestens 7000 Jahre. Es wird angenommen, dass über diesen Zeitraum mindestens vier „plinianische" Ausbrüche auftraten und die nah wohnende indigene Bevölkerung auslöschten – riesige Explosionen, wie sie Plinius der Jüngere beim Ausbruch des Vesuv im Jahr 79 n. Chr. ähnlich erlebte und beschrieb und damit den frühesten wissenschaftlichen Bericht eines Vulkanausbruchs lieferte. Während der Kolonialzeit gab es keine Eruptionen und es wird geschätzt, dass die letzte Eruption vor dem großen Ausbruch von 1968 vor ungefähr 500 Jahren erfolgte.

Wandern

Der Parque Nacional Volcán Arenal unterteilt sich in zwei Abschnitte, **Sector Volcán** und **Sector Península.** In beiden Abschnitten kann man parken, wandern und Aussichten auf den Vulkan und den Lago Arenal genießen. Vogelbeobachter sind hier gut versorgt, denn ein Großteil der 850 in Costa Rica identifizierten Arten lebt im Park, darunter der bedrohte prächtige Quetzal. Kapuzineraffen, Hirsche, Nasenbären und Schlangen fühlen sich hier ebenfalls wohl. Ob sie sich tatsächlich blicken lassen, ist allerdings eine Frage der Uhrzeit und des Besucherandrangs. Doch auch die Pflanzenwelt ist üppig. Da der Boden sehr fruchtbar ist, wachsen im Park vor allem Orchideen, Helikonien, Farne und Bromelien, aber auch Lorbeer, Palmen und Würgefeigen. Wirklich spektakulär sind die Wanderwege allerdings nicht und manch einer ist für den hohen Eintrittspreis enttäuscht von dem Erlebnis. Eine Alternative ist der private Park Arenal 1968 (→ S. 134).

Wanderwege Sector Volcán

Von der Parkverwaltung führt der schmale **Sendero Heliconias** über flache 650 m entlang einer üppigen Vegetation, vorbei an Helikonien und Farnen, und mündet in den **Sendero Las Coladas.** Der ist knapp 2 km lang und von Vulkanausbrüchen schwarz gefärbt. Er endet an einem alten Lavafeld samt Aussichtspunkt (Mirador Colada) mit Panoramablick über den Lago Arenal bis hinüber nach Tilarán. Der dritte Weg, **El Ceibo,** führt vom Wanderweg

Las Coladas kreisförmig über 2,3 km durch dichte Vegetation. Hauptattraktion auf diesem Weg ist ein 400 Jahre alter und 50 m hoher Ceiba-Baum, der diesem Weg seinen Namen gab.

Wanderwege Sector Península

2 km westlich des Sector Volcán befindet sich der Parkplatz für den Sector Península. Das Eintrittsticket zum Park ist auch hier gültig. Der **Sendero Los Miradores** führt über 2 km einfache Wanderung durch dichte Vegetation der Halbinsel, vorbei an verschiedenen Aussichtspunkten und einem 12 m hohen Aussichtsturm, zum **Mirador Lago Arenal.** Es ist schön ruhig, nur wenige Besucher kommen hierher, da die Anfahrt ohne eigenes Auto schwierig ist. Man trifft immer wieder auf Tramper, die gern wieder mit zurück nach La Fortuna fahren wollen. Ein zweiter Weg, der **Sendero El Tororoi,** macht vom Parkplatz einen Bogen über eine Brücke und trifft nach 600 m auf den Sendero Los Miradores (zur Zeit der Aktualisierung war der Bereich wegen Wartungsarbeiten geschlossen).

Mirador Principal

Der Hauptaussichtspunkt auf den Vulkankegel ist auf einem 1,3 km langen Weg zu Fuß, aber auch mit dem Auto erreichbar (Parkplatz vorhanden). Von dort ergibt sich ein Blick auf die Lavafelder der Eruptionen von 1968 bis 1992 sowie auf den Cerro Chato und den Lago Arenal.

Praktische Infos

Größe 12.124 km².

Zugänge/Anfahrt Der Sector Volcán liegt 17 km von La Fortuna entfernt und ist über die Calle La Fortuna–El Castillo erreichbar. Der Sector Península liegt nur 2 km weiter. Dort gibt es ebenfalls einen Parkplatz. Der Park ist auch von El Castillo aus erreichbar.

Besucherzentrum **Arenal Volcano National Park Visitor Center,** 8–14.30 Uhr.

Öffnungszeiten Tägl. 8–16 Uhr.

Eintritt 17 $, Kinder 6 $. Tickets können vorab unter www.sinac.go.cr erworben werden.

Übernachten Beim Besucherzentrum gibt es einen **Campingplatz.**

Essen & Trinken Vor Ort ist derzeit eine **Cafetería** geplant.

Reserva privada Arenal 1968

Privates Schutzgebiet Arenal 1968

Noch vor dem Arenal-Nationalpark liegt an der Schotterstraße nach El Castillo das private Reservat Arenal 1968. Der **Sendero Lava** führt über alte Lavafelder der Eruption von 1968 und der **Sendero Bosque** durch die nachgewachsene, buschige Vegetation. Oft begleiten die Rufe der Brüllaffen den Wanderer. Beide Wege zusammen sind eine drei- bis vierstündige Tour, einzeln benötigt man für die Wege etwa zwei Stunden. Es ist erlaubt, ohne einen Führer zu wandern, doch meist wissen sie doch viel und da jegliche Infoschilder fehlen, ist eine Wanderung mit Guide interessanter. Ein besonderer Spaßfaktor sind die geführten Mountainbike-Touren. Über Felsen, Lava und Schlamm führen die Pisten und man sollte schon ein geübter Radfahrer sein.

Zugang/Anfahrt Das Reservat ist 16 km von La Fortuna entfernt entlang der Ruta 142 und liegt an der Schotterpiste nach El Castillo.

Besucherzentrum Es gibt eine tolle **Cafetería** mit einer umfangreichen Speisekarte und einem schönen Ausblick über die Landschaft.

Information www.arenal1968.com.

Öffnungszeiten 8–17 Uhr.

Eintritt 25 $, Kinder unter 12 Jahren frei. Ein Führer kostet extra. Nur Barzahlung.

Cavernas de Venado

Rotwild-Höhle

Ein Besuch des Höhlensystems beim Dorf Venado de San Carlos ist etwas für echte Abenteurer, Liebhaber enger Räume und Schlammbad-Fans. Nachdem man erst einmal von der Dunkelheit verschluckt wurde, geht es watend und kriechend durch ein Labyrinth aus Felsspalten, Wasserläufen und niedrigen Durchgängen. Ohne einen Führer, der sich auskennt, wäre man verloren, doch zum Glück bekommt man am Eingang einen Guide zugeteilt. Auch Stiefel, Helme mit Stirnlampen oder Taschenlampen werden ausgehändigt. Begegnungen mit Tieren kommen bei der Tour nicht zu kurz: Fledermäuse hängen von der Höhlendecke oder schwirren umher und an den dunklen feuchten Wänden fühlen sich Spinnen äußerst wohl. Stalaktiten und Stalagmiten wachsen Millimeter um Millimeter und einige dieser Felsformationen sind über 6 Mio. Jahre alt. Ein Jäger hat die Höhlen im Jahr 1945 bei einem seiner Streifzüge durch den Wald zufällig entdeckt, auch wenn Einheimische schon länger munkelten, dass da irgendwas Geheimnisvolles in der Gegend versteckt sei. Nach der Höhlenerfahrung tut es gut, sich im Swimmingpool zu erfrischen und endlich wieder saubere Sachen anzuziehen.

▪ An der Ruta 734. Tägl. 8–15 Uhr. Eintritt 28 $, Dauer ca. 2 Std. 28 km hinter La Fortuna zweigt die Ruta 734 von der größeren Ruta 142 rechts ab. Ab hier ist es eine schmale, kurvige Piste bis zu den Höhlen. www.cavernasdelvenadocr.com.

Lago Arenal

Arenal-See

Westlich des Vulkans erstreckt sich der Lago Arenal, ein 80 km² großer Stausee und damit der größte See in Costa Rica. Das Stauseeprojekt wurde in den 1970er-Jahren gestartet, die Staumauer liegt nahe dem Eingang zum Arenal-Nationalpark. Hinter der Staumauer kann man gleich Kanus und Kajaks leihen. Durch die gewonnene Energie werden fast 60 % des Energiebedarfs von ganz Costa Rica gedeckt. Durch die Größe des Sees herrschen zudem hohe Windgeschwindigkeiten, sodass am westlichen Seeufer ein Windpark installiert wurde. Durch die starken Winde vor allem von November bis April ist der Lago Arenal auch ein beliebtes Surfrevier. Wunderschöne Badestellen liegen beim Ort **Nuevo Arenal** (→ S. 136) und wer gerne angelt, hat in den sauberen Gewässern gute Chancen auf gesunden und frischen Fisch. Hier gibt es viele Regenbogenbarsche und andere Süßwasserfische. Um den See herum liegen an der Ruta 142 noch weitere Dörfer mit Unterkünften, Aussichtspunkten und Restaurants, wie **Aguacate** und **Guadalajara.** Wer Lust auf Wassersport hat – im Örtchen **Piedras** kann man sich in die Kunst des Windsurfens einweisen lassen.

Aktivitäten

Arenal Kayaks: Per Kajak ist man der Natur des Lago Arenal ganz nah. Reiher, Gelbstirn-Blatthühnchen und Eisvögel fliegen vorbei und Brüllaffen schicken ihre Rufe vom Ufer über das Wasser, den mächtigen Vulkan immer vor der Nase. Arenal Kayaks bietet auch geführte Touren an.

▪ 3 km vor dem Dorf Nuevo Arenal an der Ruta 142. Tägl. 8–17 Uhr. ✆ 26944336, www.arenalkayaks.com.

Tico Wind: Besitzer Peter bietet Unterricht im Kitesurfen, Windsurfen und

Der Norden → Karte S. 102

Schöne Badestellen gibt es am See in Nuevo Arenal

SUP an. Mit über 20 Jahren Erfahrung sind er und sein Team geduldige und professionelle Lehrer, die die Konditionen auf dem windumtosten westlichen Lago Arenal bestens kennen. Wer es schon kann, darf hier auch nur die Ausrüstung leihen.

■ Do–So 9–17 Uhr. Am Westufer unweit des Dorfes Piedras, www.ticowind.com.

Praktische Infos

Übernachten Living Forest Lodge and Retreat Die ruhige Atmosphäre am Lago Arenal bietet sich dazu an, mal wieder richtig durchzuatmen. Beim Entspannen hilft die Lodge gerne. Neben einfachen, aber dennoch mit Wandmalereien aufgehübschten Zimmern bietet sie Yoga-, Qigong- und Estatic-Dance-Kurse an. Johanna ist eine geduldige Lehrerin, die den Flow des Lago schon in sich aufgesogen hat. In der Gemeinschaftsküche ist alles vorhanden, was man zum Kochen braucht. Bei Piedras, am Restaurant Plaza del Café rechts abbiegen Richtung Sabalito, nach 1,3 km rechts und man ist da, ☏ 70313239, www.livingforestlakearenal.com. **€€**

Essen & Trinken Casa Delagua Blick auf den See, nette Terrasse, gute Casados und Burger, Sandwiches und Omelettes, dazu ein Bier oder Kaffee – was will man mehr? Tägl. außer Di 8–18 Uhr. In Piedras an der Ruta 142. **€–€€**

Mein Tipp **Cafe y Macadamia** Auf dem Weg von Nuevo Arenal nach Tilarán bietet sich hier eine Pause an. Auf einer Holzterrasse sitzt man wunderschön oberhalb des Lago Arenal und hat einen weiten Blick in die Landschaft. Guter Kaffee, große Kuchenauswahl und frisch bereitete Batidos. Es gibt auch knusprige Pizza, Salate und andere herzhafte Dinge. Tägl. 8–17 Uhr. Kurz vor der Ortschaft Guadalajara an der Seestraße Ruta 142, www.cafe-macadamia.com. **€€**

Nuevo Arenal

Die malerische Ortschaft direkt am Lago Arenal ist bekannt für ihre atemberaubenden Aussichten auf die umliegenden Berge, den See und die Vulkane. Auf einer Höhe von 620 m über dem Meeresspiegel ist das Klima hier ganzjährig frühlingshaft frisch. Gegründet wurde Nuevo Arenal im Jahr 1973, als in der Region der Damm gebaut wurde und die ehemalige Stadt Arenal im Wasser verschwand. Nuevo Arenal wurde deshalb auf einem höheren Gelände sicher errichtet. Beim Ort gibt es tolle Badestellen und der See ist wunderbar klar. Eine Stelle ist zugänglich über die beschilderte „Area de Desbarca", eine Art Halbinsel mit Bootsanlegestelle. Im Ort gibt es einige gute Restaurants und ringsum tolle Lodges, aber auch günstigere Übernachtungsmöglichkeiten. Und selbst in diesem kleinen Ort gibt es einen gut sortierten Supermarkt (tägl. 7–22 Uhr) am Ortsausgang Richtung Tilarán, eine Autowerkstatt und eine Tankstelle, einen Geldautomat der Banco Nacional und eine Apotheke, ebenfalls gleich an der Hauptstraße.

Busverbindungen Busse halten an der Seestraße Ruta 142.

La Fortuna: 5.30 und 13.30 Uhr, Fahrzeit 1:30 Std.

Tilarán: 5–17:30 Uhr etwa stündlich, Fahrzeit 1 Std.

Übernachten/Essen **Casa Donna Rosa B & B** Stilvolle Unterkunft mit schicken Zimmern, kleinem Pool und Blick in die Landschaft. Ruhe pur – Erholung garantiert. Das Frühstück wird frisch und liebevoll zubereitet. Die Inhaber Werner und Carlos stehen allen Gästen mit Rat und Tat zur Seite. 400 m westlich und 200 m südlich der Banco Nacional, www.casadonnarosa.com. **€€**

Tom's Pan German Bakery Wer Sehnsucht nach deutscher Bäckerkunst, Brot und Brötchen verspürt, kann sie in der deutschen Bäckerei stillen. Deutsche Speisen wie Spätzle, Currywurst, Gulaschsuppe und Bratwurst sind ebenfalls im Angebot. Tägl. 8–17 Uhr. Direkt an der 142 in Nuevo Arenal. **€**

Los Platillos Voladores Italienische Küche, lecker und reichhaltig. Di–So 12–20.30 Uhr. An der Ruta 142. **€–€€**

Moyas Place Super Pizza zu guter Musik in gemütlicher Atmosphäre. Das Besitzer-Ehepaar ist sehr gastfreundlich. Tägl. 11.30–21 Uhr. An der Ruta 142. **€–€€**

Der Norden → Karte S. 102

Tilarán

Angekommen in der kleinen Stadt Tilarán, verlässt man so langsam den Lago Arenal. Von den intensiv-grünen Hügeln um den Ort ergibt sich ein schöner letzter Blick auf das Westufer des Sees. Der Bezirk hat eine Bevölkerung von rund 2500 Menschen. Im Gebiet zwischen Tilarán und dem benachbarten Tejona steht einer der wichtigsten Windparks Costa Ricas und Turbinen prägen die Landschaft. Das stört die Optik der Gegend aber nicht weiter, denn in Richtung Monteverde wird es noch hügeliger, noch grüner und einfach wunderschön ländlich. So ist auch die Viehzucht ein wichtiger Bestandteil der lokalen Wirtschaft. Im April finden einige Feste mit Rodeos und Viehshows statt. Ansonsten ist in Tilarán nicht viel los, aber wer von La Fortuna nach Monteverde möchte und sich bei der Tour um den Lago Arenal Zeit lassen will, findet hier eine gute Möglichkeit für einen Zwischenstopp. Auch Übernachtungsmöglichkeiten, einen Supermarkt mitten im Zentrum, sämtliche

Costa Rica setzt auf klimafreundliche Energie

Hügellandschaft um Tilarán

Banken und jede Menge Restaurants gibt es. Und einiges in der Umgebung zu entdecken.

Cataratas Viento Fresco

12 km von Tilarán in Richtung Monteverde rauschen mehrere Wasserfälle über schroffe Felsen in die Tiefe und ergießen sich in einen kleinen See zu Füßen einer Höhle. Der Weg hinab ist steinig und steil, denn man startet oben auf einem Berg bei einem Restaurant und läuft einen schmalen Pfad und viele Stufen in die Tiefe. Bei zwei der vier aufeinanderfolgenden Wasserfälle – der höchste stürzt 95 m hinab – befinden sich Umkleiden, denn in dem Wasserbecken des letzten Wasserfalls kann man baden. Es ist recht einsam dort. Für die Wanderung sollte man etwas Kondition haben und feste Schuhe tragen.

■ An der Ruta 145. Tägl. 8–17 Uhr. Den Eintritt von 16 $ zahlt man im Restaurant. Von dort aus geht es noch ein Stück unbefestigte Straße bis zu Parkplätzen, wo der Abstieg beginnt.

Praktische Infos

Busverbindungen Tilarán ist Umsteigestation von Monteverde nach La Fortuna. Die Busstation liegt an der Nordwest-Ecke des Parque Central.

Santa Elena (Monteverde): 12.30 Uhr, Fahrzeit 2:30 Std.

Cañas: zwischen 5 und 18 Uhr stündlich, letzter Bus 19.45 Uhr, Fahrzeit 30 Min.

Übernachten/Essen **Hotel Guadelupe** Sehr ordentliche Hotelanlage in zentraler Lage. Die Zimmer sind groß, hell und sauber. Ein Swimmingpool, Jacuzzi und Fitnessraum stehen zur Nutzung bereit. Das Frühstück ist inklusive und wird im angeschlossenen Restaurant serviert. Das Restaurant ist auch einen Besuch wert. Vor allem die saftigen Rindersteaks aus regionaler Zucht gibt es nicht an jeder Ecke. Mo–Sa 6–21.30, So nur bis 17 Uhr. C. 1 zwischen Av. 4 und Av. 6, ✆ 26955943, www.hotelguadelupe.co.cr. **€€**

Parque Nacional Volcán Tenorio

Vulkan-Tenorio-Nationalpark

Von Nuevo Arenal ist ein Abstecher zum Vulkan Tenorio günstig. Der 13 ha große Nationalpark kann noch als Geheimtipp bezeichnet werden, denn das Besucheraufkommen ist im Vergleich zu anderen Nationalparks in Costa Rica noch relativ gering. Unberührte Natur und üppig wuchernder Regenwald bedecken das Gebiet. Und aus diesem ragen die vier Vulkankrater heraus. **Tenorio I** ist mit 1620 m der höchste Krater, gefolgt von **Tenorio II, Carmela** und **Montezuma.** Unangefochtenes Highlight des Parks sind aber weniger die Vulkankrater, sondern vielmehr der **Río Celeste,** der mit seinem milchig-blauen Wasser den Park durchfließt. Angeblich hat Gott hier, nachdem er den Himmel gemalt hatte, seine Pinsel ausgewaschen. Die Parkverwaltung spricht hingegen von einer chemischen Reaktion, die beim Zusammenfluss unterschiedlicher Wasserläufe hervorgerufen wird. Dabei werden Schwefel und Kalziumcarbonat zusammengeführt und so das Farbspektakel angemischt. Am intensivsten ist das Blau in den regenarmen Monaten zwischen Dezember und April.

Der Besuch des Parks ist in den frühen Morgenstunden zu empfehlen. Idealerweise verbringt man die Nacht zuvor in der Nähe des Parks. Gegen Mittag ist das Besucheraufkommen natürlich höher. Ein weiterer Tipp: Der letzte Einlass wird um 14 Uhr gewährt, bis 16 Uhr hat man jedoch ungestört Zeit, den Park zu verlassen.

Wanderweg

Ein ziemlich anspruchsvoller Wanderweg mit dem Namen **Misterios del Tenorio** führt über 7 km in gut 3 Stunden zu den verschiedenen Highlights des Parks. Das erste ist schnell erreicht: Am **Wasserfall Río Celeste** stürzt der Fluss 30 m in die Tiefe. An den **Teñideros,** den Einfärbern und gleichzeitig der Quelle des blauen Flusses, ist das mystische Ereignis der Farbverwandlung am besten sichtbar. Zwei Bachläufe, der Río Ácido und der Río Buenavista mit klarem Wasser, vereinigen sich zum blauen **Río Celeste.** Überwältigend! Genauso überwältigend ist der Schwefelgestank, der immer wieder in der Luft hängt. Wo die Gaswolken besonders intensiv sind, ist auch der Fluss besonders warm – er kommt auf Temperaturen bis zu 45 °C! 500 m weiter sammelt die **Laguna Azul,** die blaue Lagune, das farbintensive Nass in einem Naturbecken.

> Auf dem gesamten Weg entlang des Flusslaufes ist das Baden untersagt!

Für die Wanderung sind festes Schuhwerk und wetterfeste Kleidung unabdingbar. Mindestens genauso wichtig ist Mückenschutz.

Am Zusammenfluss von Río Ácido und Río Buenavista

Der Norden → Karte S. 102

Praktische Infos

Größe 12.905 km².

Zugang Der Eingang des Nationalparks liegt bei der **Rangerstation El Pilón** an der Straße nach Bijagua. Es gibt einen Parkplatz, einen Mini-Markt, wo man Wasser und Kekse kaufen kann, und ein paar einfache Sodas.

Anfahrt **Auto:** Man erreicht die Rangerstation El Pilón über zwei Anfahrtswege. Die nördliche Zufahrt führt über Bijagua an der Carretera 6 via San Miguel nach El Pilón. Für die letzten Kilometer ist ein geländegängiges Fahrzeug notwendig. Die zweite Möglichkeit führt über die Carretera 4 nach San Rafael de Guatuso via Río Celeste nach El Pilón. Der Weg ist zwar auch nicht asphaltiert, aber wesentlich besser in Schuss.

Bus: Die Anreise zum Nationalpark per Bus gestaltet sich umständlich bzw. ist nicht direkt möglich. Es gibt einen Bus von Cañas nach Bijagua. Für die restlichen 10 km nach El Pilón muss ein Taxi genommen werden. Von La Fortuna fährt täglich ein Bus um 6 Uhr nach San Rafael Guatuso. Die Weiterfahrt nach Río Celeste ist dann um 9 Uhr möglich. Die letzten 4 km zum Parkeingang sind zu Fuß oder via Mitfahrgelegenheit zu bewältigen.

Öffnungszeiten Tägl. 8–16 Uhr. Letzter Einlass ist 14 Uhr.

Eintritt 12 $. Nur Kartenzahlung möglich. Gummistiefel können ausgeliehen werden.

Ausrüstung Regenponchos, Mückenschutz! Feste Schuhe anziehen.

Immer neugierig: Nasenbären

Zeitplanung Je nach Kondition und Pausen dauert die Wanderung zur Quelle des Río Celeste und zurück zum Parkeingang 3–5 Std.

Baden Was im Park nicht geht, ist an der Straße unweit der Cabinas Piuri möglich. Hier gibt es einen Parkplatz (1000 CRC) samt kostenfreier Badestelle unterhalb der Brücke. Das Wasser ist auch hier milchig-blau. Achtung, teils starke Strömungen!

Übernachten Viele Unterkünfte gibt es im und um den Ort Bijagua. Einige liegen aber auch in unmittelbarer Nähe des Parkeingangs.

Posada Río Celeste La Amistad Die kleine familiengeführte Anlage liegt nur knapp 2 km vom Parkeingang entfernt. Zwei einfach ausgestattete, saubere Bungalows stehen am Ufer eines Sees. In diesem wird Tilapia gezüchtet, wie man auf den Tellern im angeschlossenen Restaurant sehen kann. Die Portionen sind ordentlich. 200 m nördl. der Schule El Pilón, Bijagua, ✆ 83560285. **€€**

Cabinas Piuri Hier hat sich der Besitzer etwas einfallen lassen: Die Bungalows sehen wie riesige Dino-Eier aus, sind innen schlicht und geräumig, wenn auch ziemlich dunkel. Highlight der Anlage ist die Badestelle am Río Celeste. Das Frühstück ist inklusive und im Restaurant werden preiswerte Mahlzeiten angeboten. Alex steht mit Rat und Tat zur Seite. 1 km östl. des NP-Eingangs, ✆ 87060617. **€€**

MeinTipp **Casitas Tenorio** 6 sehr geschmackvoll gestaltete Bungalows stehen mitten im Regenwald und bieten jeglichen Komfort. Pip und ihr Ehemann Donald sind sehr liebenswert und hilfsbereit. Verschiedene Touren in den 11 km entfernten Nationalpark werden angeboten. 2,5 km von Bijagua, ✆ 84399084, www.casitastenorio.com. **€€€**

Celeste Mountain Lodge Die ökologisch nachhaltig errichtete Anlage des französischen Betreibers liegt direkt am Fuße des Tenorio. Die Zimmer sind, zur Philosophie des Hauses passend, relativ einfach gestaltet. Der Zimmerpreis beinhaltet alle 3 Mahlzeiten. 3,5 km von Bijagua auf dem Weg zum Parkeingang, ✆ 227 86628, www.celestemountainlodge.com. **€€€**

Essen & Trinken Mehrere gute Sodas haben sich in der Nähe des Parkeingangs postiert und bieten gute und preiswerte Tico-Küche. Die **Soda El Parque** direkt gegenüber dem Eingang bietet unspektakuläre Küche, aber vernünftige Preise.

Bijagua de Upala

Das Örtchen Bijagua, eingebettet in wunderbar grüne Landschaft zwischen Bergen, Feldern und den Vulkanen Mirador und Tenorio, ist eine gute Basis für einen Ausflug zum blauen Río Celeste im Tenorio-Nationalpark. Die Gegend ist sehr ländlich, mehr Feldwege als Straßen führen in die Natur. Oft hängen die Wolken tief in den Bergen. Es ist ein ruhiger Ort, hier bleibt man gerne länger. Neben dem blauen Fluss und dem Nationalpark lockt die Natur ringsum zu Ausflügen per Pferd und Mountainbike oder zu Tierbeobachtungs-Touren. In einer der vielen Öko-Fincas rund um den Ort kann man wunderbar die Seele baumeln lassen. Trotz des ländlichen Charmes hat Bijagua ein gutes Angebot an Supermärkten, eine Filiale der Banco Nacional samt Geldautomat, Apotheken und eine breite Palette guter Restaurants.

Aktivitäten

Tapir Valley Nature Reserve: Vor über zehn Jahren kauften Einheimische aus Bijagua das Land, das heute dem privaten Reservat gehört, um einen sicheren Lebensraum für die Tiere des Regenwaldes zu bewahren. Auch der gefährdete Mittelamerikanische Tapir ist auf dem 220 ha großen Gelände zu Hause. Der Einzelgänger streift durch den Primär- und Sekundärwald, immer auf der Suche nach saftigen Pflanzen. Die sorgen dafür, dass er bis zu 300 kg auf die Waage bringt. Der Tapir ist nachtaktiv, tagsüber schläft er im Dickicht. Die Chancen, einen zu erspähen, sind also bei der Nachttour des Reservats am besten (2:30 Std.). Man muss sehr leise sein, denn Tapire haben ein sehr gutes Gehör. Und wenn man ihn nicht trifft, dann entdecken Sie vielleicht Fußspuren oder Kothaufen, mit denen er sein Revier markiert. Neben der Nachttour werden auch Birdwatching-Touren angeboten. Auf dem Grundstück befinden sich über 8 km private Wanderwege und mehrere Vogelbeobachtungsplattformen. Das Reservat ist in Besitz von Naturführer Donald Varela Soto und wird von ihm und dem Bijaguano Melvin Rodríguez und ihren Familien verwaltet.

■ Tägl. 9–17 Uhr. Eintritt 25 $. 15-minütige Fahrt (5 km) vom Dorf Bijagua Richtung Nationalpark. www.tapirvalley.com.

Juan Jarquins Kaffeetour: Die kleine Kaffeefinca von Don Juan Jarquin ist nur einen Hektar groß, dafür wird jede Kirsche mit Liebe geerntet und weiterverarbeitet – zumindest scheint es so, wenn man Juan oder Sohn Christian über die Kaffeepflanzen und den Verkauf des Kaffees an Touristen erzählen hört. Gerne führen sie Besucher über das Gelände und erklären den Prozess der Kaffeeproduktion. Wer hier Kaffee kauft, unterstützt die Familie und zaubert Don Juan ein Lächeln ins sonnengebräunte Gesicht.

■ Tägl. 8–18 Uhr. Eine einstündige Tour kostet 20 $ (Hotels der Umgebung verkaufen sie wesentlich teurer). 1,2 km vom Parkplatz am Nationalpark an der Straße Richtung Bijagua, ☏ 83642724.

Río Celeste Horseback Riding Tours: Was kann es Schöneres geben, als auf dem Rücken eines stolzen Pferdes durch üppige Natur zu reiten? Nicht viel jedenfalls. Und hier ist man in guten Händen. Besitzer David und sein Team kennen sich mit den Tieren aus, sie werden gut gefüttert und sind an Menschen gewöhnt. Der zweistündige Trip (40 $/Pers.) führt über das Farmland der Familie zum Río Celeste. Hier

Der Norden → Karte S. 102

wird gebadet und das Wasser ist immer noch blau.

▪ Tägl. 8–16 Uhr. C. Asentamiento el Pilón, 1,2 km vom Eingang zum Parque Nacional Tenorio, ✆ 84828415 (WhatsApp), www.rioceleste horsebackride.com.

Praktische Infos

Busverbindungen Der kleine Busbahnhof liegt mitten im Zentrum beim Café La Semilla.

Upala: 5–17.30 Uhr etwa alle 30 Min., Fahrzeit 40 Min.

Cañas: 5–18 Uhr etwa stündlich, Fahrzeit 1 Std.

Touren **Bijagua Rainforest Tours,** die lokale Reiseagentur bietet geführte Touren in den Parque Nacional Tenorio und zum Río Celeste an: per Pferd, Mountainbike oder Shuttlebus. Chef und Guide Marlon ist Bijaguano mit Leib und Seele und weiß alles über die Natur seiner Heimat. Auch eine Rainforest Hanging Bridges Tour oder ein Besuch im Tapir Valley Reservat stehen auf dem Programm. Es ist ein gutes Angebot für alle, die nicht allein gehen wollen und fundierte Infos von Einheimischen zu schätzen wissen. Tägl. 7–17 Uhr. An der Hauptstraße, www.bijaguarainforesttours.com.

Übernachten **Hotel Cacao Río Celeste** Die Zimmer sind groß und in freundlichem Gelb gestrichen, der Empfang ist herzlich, das Frühstück inklusive. Auf der umlaufenden Terrasse baumeln Hängematten, von denen man den Blick in die Berge schweifen lässt. 300 m nordwestlich der Kirche, ✆ 24666142, www.hotelcacaobijagua.com. **€€**

Hotel Sueño Río Celeste B & B Schicke und gepflegte Anlage mit modernen, neuen Bungalows auf dem Gelände. Die Zimmer sind mit viel Liebe zum Detail eingerichtet, Nachttischlampen, Moskitonetze, Bilder an den Wänden – alles da. Die Glasfront lässt viel Licht herein, auf der Terrasse wartet die Hängematte. Eine Mappe mit Tipps für Ausflüge und zu den Restaurantpreisen liegt bereit. Der kleine Pool ist zur Erfrischung ausreichend, aber das Beste sind die vielen bunten Vögel, die durch den tropischen Garten flattern. Am Ortsausgang an der Ruta 6 Richtung Cañas, ✆ 87137676, www.suenoriocelestecostarica.com. **€€€€**

Upala

27 km nördlich von Bijagua liegt das Provinzstädtchen Upala. Die Grenze zu Nicaragua ist nun ganz nah. 2016 hat Hurrikan Otto in dem Ort ganz schön gewütet, doch inzwischen sind die Schäden beseitigt. Upala ist ein Zentrum der Viehzüchter und Reisbauern in dieser nördlichen Region Costa Ricas. Es gibt ein Krankenhaus, eine Bank, eine Klinik, Apotheken und eine Tankstelle. Im Stadtzentrum verkaufen Händler auf dem geschäftigen **Mercado Central** (8–17 Uhr, So geschlossen) Obst und Gemüse aus eigenem Anbau sowie eine große Auswahl anderer Produkte. Mehrere kleine Restaurants verteilen sich rund um das Marktviertel und es gibt einige einfache Übernachtungsmöglichkeiten in der Stadt (z. B. Cabinas Enith). Von hier fahren Busse nach Caño Negro und von dort weiter nach Los Chiles, es gibt auch Direktbusse zur Grenze Peñas Blancas.

Busverbindungen Es gibt zwei Busbahnhöfe im kleinen Upala. Das **Terminal de Buses Upala** liegt zwei Blocks vom Parque Central an der Ruta 4, zwischen den Av. 3 und 5 und bedient umliegende Ziele.

Bijagua (weiter nach Cañas): 5–17.30 Uhr etwa alle 30 Min., Fahrzeit 40 Min.

Caño Negro: 3-mal tägl. um 5, 11 und 16 Uhr, Fahrzeit 1 Std.

Das neuere **Terminal Caribeños Upala** ist etwas außerhalb an der großen Kreuzung der Ruta 6 und Ruta 4 im Barrio Heliconias. Hier fahren Busse des Unternehmens Transnorte de Upala.

Peñas Blancas (Grenze zu Nicaragua): 9 und 17 Uhr, Fahrzeit 3 Std.

San José (Umstieg in Alajuela): 4.30, 5, 9, 9.30 Uhr, So auch 13.30 Uhr, Fahrzeit 6 Std.

Die Nebelwald-Region Monteverde

Moosgrün, dschungelgrün, grasgrün – wer sich mal wieder ausgiebig die Füße vertreten möchte, sich an Grüntönen nicht sattsehen kann und frische Temperaturen mag, sollte in die Nebelwaldregion Monteverde kommen und in einem der vielen Nationalparks, die sich in der hügeligen Gegend verteilen, wandern gehen.

Wolkenfetzen ziehen vorbei, Nebel türmt sich auf und die Bäume strecken ihre moosbewachsenen Äste wie dürre Arme aus den dunstigen Wolkenschleiern empor. Dauerhafter Sprühregen hängt in der Luft und mannshohe Farne ragen aus dem Unterholz dem trüben Licht im grauen Himmel entgegen. Willkommen im Wolkenwald. Ein Wolkenwald beginnt ab etwa 1000 m Höhe und liegt oft an den Rändern von Gebirgen. Monteverde liegt an den Hängen der Cordillera de Tilarán im Nordwesten des Landes in der Provinz Puntarenas auf einer Höhe zwischen 1330 und etwa 1550 m. Die Bergkette bildet die kontinentale Wasserscheide und ist eine natürliche Barriere, die Baumwipfel sind meist von Wolken umhüllt, die an den Bergen hängen bleiben. Die Bäume sind mit dicken Moosschichten bedeckt, Farne und Orchideen, Bromelien und Sukkulenten fühlen sich in diesem immerfeuchten Klima besonders wohl und bevölkern die Baumriesen. Wenn dann die Sonne blassgelb durch den Nebel schimmert, ist die Stimmung mystisch. Es regnet viel, die Luftfeuchtigkeit ist hoch, die Temperaturen sind im Vergleich zum restlichen Costa Rica mit 13 bis 24 °C eher kühl.

Gleich mehrere Nationalparks wie die bekannten Naturschutzgebiete Monteverde und Santa Elena, aber auch weniger besuchte Parks wie das Curi-Cancha-Reservat liegen in der Region. Die Wälder über die Hängebrücken und schmalen Pfade zu erkunden macht selbst Spaß, wenn einmal nicht so viele Tiere unterwegs sind. Doch in der Regel sieht man viele Vögel und auch manches Säugetier.

Die Monteverde-Region gehört zu den Öko-Zielen in Costa Rica: Als die National Geographic 1983 schrieb, dass hier der seltene Quetzal beobachtet werden kann, verwandelte sich der einsame Nebelwald quasi über Nacht zu einem gut besuchten Touristen-Highlight. Der größte Ort der Region, um den sich alles dreht, heißt Santa Elena und ist gut auf Touristen eingestellt. Damit nicht nur Tagestouristen nach Monteverde kommen, sondern das vielfältige Hotel- und Freizeitangebot in und um Santa Elena umfangreich genutzt wird, werden die Straßen in die Region absichtlich nicht besser ausgebaut. Auf buckeligen Schotterpisten nähert man sich dem Gebiet über viele Kilometer und ist wirklich froh, wenn man die endlich hinter sich gebracht hat. Ohne Allrad ist es zwar zu schaffen, aber beinahe eine Qual.

Wetterkapriolen: Wie es der Name vermuten lässt, ist es in der Monteverde-Region oft neblig. Dazu kommen Regen, kühle Temperaturen und dementsprechend schlammige Wanderwege. Richtige Kleidung und Schuhe sind wichtig, um sich den Spaß nicht zu verderben. Vor allem zur Regenzeit. In der Trockenzeit von Januar bis April ist es nicht ganz so feucht und nass, aber auch hier gibt es kalte Morgen und regnerische Tage.

Der Norden → Karte S. 102

Selbstfahrer: Anfahrt zum Bergnebelwald Monteverde

Die Straßenverhältnisse rund um die Nebelwaldregion Monteverde sind mehr als schlecht. Genügend Zeit muss also eingeplant werden. La Fortuna liegt zum Beispiel nur 25 km Luftlinie von Santa Elena entfernt, doch aufgrund der Berge führt die Straße einmal um den Lago Arenal herum und es sind 110 km Strecke, für die man locker 5 Stunden Autofahrt benötigt.

Anfahrt von San José oder der Pazifikküste (z. B. Jacó, Manuel Antonio, Tamarindo, Samará oder anderswo in Guanacaste): Die Route 606 ist die beste und am häufigsten befahrene Straße nach Santa Elena/Monteverde. Sie beginnt an der Autobahn Interamericana (A 1) an der Tankstelle „Gasolinera Full" in Rancho Grande. Ab der Tankstelle ist die Route 606 etwa 16 km asphaltiert, aber schmal. Danach wird sie zur kurvigen Piste, die immer höher steigt. Oben ist der Blick auf die umliegenden Berge und die hügeligen Felder einfach fantastisch. Die Strecke auf der Ruta 606 nach Santa Elena und Monteverde beträgt etwa 40 km und die Fahrt dauert etwa 1 Stunde.

Anfahrt von der Pazifikküste, z. B. vom Norden der Nicoya-Halbinsel: Über den authentischen Tico-Ort Las Juntas gelangt man nach 45 km nach Monteverde, Fahrzeit ca. 1:30 Std. Dafür biegt man im Straßenort La Irma an der Uno-Tankstelle von der Interamericana auf die Ruta 145 in Richtung Las Juntas ab. Knapp 19 km folgt man dieser asphaltierten Straße und kann auch einen kurzen Bummel in Las Juntas einplanen. Nach diesen 19 km erreicht man eine Gabelung. Hier hält man sich weiter rechts auf dem Asphalt, die Straße heißt nun Calle Candaleria. Ihr folgt man noch 15 km bis Santa Elena, wobei sie ab dem Dorf San Rafael leider zum Feldweg wird. Vor San Rafael passiert man noch einen schönen Ort für eine Pause mit Aussicht: Das Café Horizonte direkt an der Straße hat eine tolle Terrasse mit einem weiten Blick in die Landschaft und bietet leckeren Kaffee, Smoothies und tolle Kuchen an (tägl. 7–18 Uhr).

Anfahrt von La Fortuna oder dem Lago Arenal: Zunächst folgt man der Route 142 nach Tilarán, dann der Route 145 und schließlich geht es über die 606 nach Santa Elena. Diese Fahrt dauert etwa 3:30 bis 4 Stunden (von La Fortuna) und verläuft auf einer Mischung aus Asphalt und Schotterpisten. Die Route 142 ist eine asphaltierte Straße, die rund um den Lago Arenal führt (ca. 1:30 Stunden). Sie ist kurvig, aber malerisch, umgeben von grünen Hügeln und den Lago Arenal vor Augen. Auf dem Weg kommt man in Nuevo Arenal an Badestellen, Restaurants und einem deutschen Bäcker vorbei. Wenn man die Windkraftanlagen sieht, ist die Stadt Tilarán nicht mehr weit, wo man die Route 142 nach links verlässt und auf die Route 145 trifft. Nun ist die Straße nur noch ein Stück asphaltiert und verwandelt sich nach kurzer Fahrt an einer Y-Kreuzung in eine holprige Schotterpiste. Die Fahrt entlang der Route 145, die dann in die Route 606 übergeht, dauert 1:30 bis 2 Stunden. Sie führt an Weiden, Kaffeefeldern und Wasserfällen vorbei. Achtung: Es gibt nur zwei Tankstellen auf der Strecke, eine in Nuevo Arenal und die andere in Tilarán.

Übernachten (S. 150)
2 OutBox Inn Hostel
7 Cabinas Eddy B & B
8 Hotel Claro de Luna
13 Belcruz Bed and Breakfast
20 Los Pinos Lodge and Gardens
22 Greemount Hotel
24 Hotel Trópico Monteverde
Essen & Trinken (S. 147 u.151)
1 Panaderia Jimenez
3 Raulito's Pollo Asado
4 Tree House
5 Orchid Coffee
6 Boca2 Café
9 Choco Café Don Juan
10 Restaurante Sabor Tico
11 The Green Restaurant
12 Morphos Restaurant
15 Café de Monteverde
16 Bon Appetit!
21 Café Caburé
23 Monteverde Cheese Factory
nkaufen (S. 148)
afé Evocaré
uper La Plaza
lonteverde Art
louse Gallery
asa Variedades
Santa Elena
Jardín de Orquídeas de Monteverde
Calle Central
Avenida Central
Calle Paraíso
Avenida 1
Transmonteverde
BUS
Avenida 2
606
620
619
Tilarán
Monte de Los Olivos
Río Negro
Hacienda Monteverde
Selvatura Adventure Park
La Reserva Bosque Nuboso Santa Elena
Sky Adventures Monteverde Park
La Cruz de Abangares
Alto Cebadilla
El Trapiche
The Original Canopy Tour
Ficus Baum
Reserva Aguti
Villa Bonita
Ficus La Raiz
Ecological Sanctuary
Butterfly Gardens
Monteverdetours
Monte Verde Visitor Center
Children's Eternal Rain Forest Bajo del Tigre
Curi-Cancha Reserve
Reserva biológica Bosque Nuboso Monteverde
Los Llanos
Monteverde
Monteverde Wild Hikes
Sardinal
500 m
Monte Verde und Santa Elena

Santa Elena

Santa Elena ist eine geschäftige, kleine Stadt und ganz auf Tourismus eingestellt. In den schmalen verzweigten Straßen gibt es Outdoor-Shops, jede Menge Restaurants und Cafés, ein paar Sehenswürdigkeiten wie Schmetterlingsfarmen und viele Hotels und Pensionen. Auch die Milchprodukte der Quäker kann man in Santa Elena kaufen.

Stadtgeschichte

In den 1940er-Jahren haben sich fünf costa-ricanische Familien in der Region niedergelassen, im Jahr 1951 kam eine aus den USA stammende Gruppe Quäker hinzu. Die aus religiösen Gründen überzeugten Pazifisten lehnten jegliche Unterstützung ihres Landes im Koreakrieg ab. Da Costa Rica 1948 die Armee abgeschafft hatte, war es das perfekte Ziel für einen Neuanfang. Die guten Böden versprachen zudem eine erfolgreiche Viehzucht und so ließen sich die Quäker schließlich am „grünen Berg" nieder und nannten ihre Siedlung Monteverde. Seitdem setzten sie sich auch für den Naturschutz ein. Sie führen ein einfaches Leben und produzieren ihre Lebensmittel selbst. Noch heute sind ihre Milchprodukte und ihr Käse im Land berühmt.

Sehenswertes

Die meisten Attraktionen liegen in der nahen Umgebung von Santa Elena. Highlights sind die Nebelwaldreservate Monteverde und Santa Elena, die von der Stadt aus auch mit öffentlichen Verkehrsmitteln erreichbar sind. Im Norden des Ortes liegt zudem der Selvatura-Park, der jede Menge Action und Funsport bereithält, genauso wie der Sky Adventure Monteverde Park. Ein paar künstlich erschaffene „Naturwunder" sind allerdings auch zu Fuß erreichbar.

Ficus-Baum: Völlig kostenlos und beeindruckend ist der kurze Spaziergang zum Ficus-Baum, der mitten im Ortskern versteckt in einem kleinen Wäldchen steht. Er gehört zur Art der Würgefeige. Ihre Luftwurzeln wachsen in einem dichten Geflecht um einen Wirtsbaum herum, der schließlich abstirbt. Übrig bleiben die verholzten Luftwurzeln, die ein kunstvolles Gebilde um einen Stamm sind, der nicht mehr existiert. Der Ficus-Baum kann dadurch sogar betreten werden. Von der Plaza Monteverde, dem Einkaufszentrum im Ort, folgt man der Calle El Sapo über knapp 1 km in Richtung Cloud Forest Lodge bzw. der Original Canopy Tour. An der Gabelung mit der Calle Perro Negro noch vor der Cloud Forest Lodge führen ein paar Pfade in den Wald. Hier steht der mächtige Ficus-Baum.

Jardín de Orquídeas de Monteverde (Orchideen-Garten): Über 460 Orchideen-Arten können auf der geführten Tour (englisch oder spanisch) von ca. 45 Minuten bewundert werden. Erklärt werden die Sammlungsgeschichte, die Pflege von Orchideen und ihre Vermehrung.

▪ Tägl. 9–17 Uhr. Eintritt 13 $, Kinder ab 6 Jahren 7 $. im Zentrum, 50 m südlich der Banco Nacional, www.monteverdeorchidgarden.net.

Monteverde Butterfly Garden: Der einstündige Rundgang führt durch vier Gärten voller Schmetterlinge, Käfer und Spinnen. Dabei wird ein Blick in die Aufzuchtkammer geworfen, in der Raupen zu Schmetterlingen werden. Außerdem wird ein Stopp bei einer Blattschneiderameisenkolonie eingelegt.

▪ Im Vorort Cerro Plano 700 m südlich der Schule, 20 Min. zu Fuß oder eine kurze Taxifahrt von Santa Elena entfernt. Tägl. 8.30–16

Uhr. Eintritt 16 $, Kinder ab 6 Jahren 13 $, unter 6 Jahren frei. www.monteverdebutterflygarden.com.

Ausflüge in die Umgebung

Neben einem Besuch in den berühmten Nebelwald-Schutzreservaten (→ S. 152) rund um Santa Elena gibt es inzwischen viele Angebote, um den Tag abwechslungsreich zu gestalten. Wer nicht nur wandern möchte, kann dabei vor allem Einblicke in die Landwirtschaft der Monteverde-Region erhalten.

Bat Jungle: Die Führung dauert ca. 45 Minuten. In einem 17 m langen Gehege leben 90 Fledermäuse, unterteilt in acht verschiedene Arten. Man kann sie gut beobachten und an einer Fütterung teilnehmen. Interessant ist das Ultraschallmikrofon, mit dem Besucher in Echtzeit das Echo von Fledermäusen (Biosonar) hören können.

▪ 2,5 km südlich des Zentrums von Santa Elena auf dem Weg zum Curi-Cancha-Reservat. Tägl. 9–18 Uhr, Besuchsdauer ca. 1 Std. www.batjungle.com.

Monteverde Cheese Factory: Selbstgemachtes Eis probieren und Käse für einen Snack beim Wandern kaufen – die Käserei der Quäker bietet leckere Produkte und ausgefallene Eissorten wie Feige oder Macadamia.

▪ 3 km südlich vom Zentrum von Santa Elena auf dem Weg zum Curi-Cancha-Reservat, **23** (→ Karte S. 145). Tägl. 9–17 Uhr.

Kaffeetour: Das Café de Monteverde ist ein Zusammenschluss von zwölf Kaffeebauern-Familien, die den Kaffee in den 1930er-Jahren nach Monteverde brachten. Ihre Tour ist keine Touristenabfertigung, sondern sehr interessant und wird kompetent durchgeführt. In 2:30 Stunden lernt man alle Phasen der Kaffeeverarbeitung kennen, von der Samenkeimung bis hin zur Ernte, Verarbeitung und Röstung. Es geht über die Kaffeefarm und am Ende findet eine Kaffeeverkostung statt, wobei man versuchen kann, verschiedene Kaffeesorten herauszuschmecken.

▪ 5 km nordwestlich von Santa Elena, **15** (→ Karte S. 145). Tägl. 8–17 Uhr. www.cafedemonteverde.com.

Schokoladentour: Das schön gelegene Café Caburé (Mi–Mo 12–19 Uhr) ist ein argentinisches Restaurant, Schokoladen- und Kaffeegeschäft zugleich. Auf einer Schokoladentour wird nicht nur Spannendes über die beliebte Nascherei erzählt, sondern man kann selbst mit anpacken und probieren. Es wird Kakao geröstet, Trinkschokolade hergestellt, Gewürze werden getestet und unterschiedliche Qualitäten von Schokolade erklärt.

▪ 2 km südlich von Santa Elena an der Ruta 620, **21** (→ Karte S. 145). Mo–Sa um 13 und 16 Uhr, 15 $/Pers. www.cabure.net.

Zucker-, Kaffee- und Kakao-Tour: El Trapiche (dt. Zuckermühle) ist ein costa-ricanisches Familienunternehmen, das Zuckerrohr, Kaffee, Schokolade, Bananen, Kochbananen, Orangen und mehr anbaut. Auf der Trapiche-Tour lernt man die gesamte Farm und ihre Produkte kennen, der Schwerpunkt liegt auf der Kaffeeproduktion und dem Zuckerrohr. Beides wird verkostet. Die Tour beinhaltet eine Fahrt mit einem traditionellen Ochsenwagen über die Farm.

▪ 4 km nordwestlich von Santa Elena. Mo–Sa um 10 und 15, So nur 15 Uhr, Dauer 2 Std. www.eltrapichetour.com.

Reserva Aguti (Aguti-Wildreservat): Die Aguti-Lodge betreibt neben dem Hotel und Restaurant ein 25 ha großes Reservat. Über 4 km Wanderwege verlaufen durch den Wald, in dem besonders viele Baumriesen wachsen, darunter die eindrucksvollen Würgefeigen mit ihren begehbaren Stämmen. Einer der eindrucksvollsten Bäume befindet sich am Wanderweg „Los Gigantes Verdes“. An seinem Ende steht ein mächtiger Tempisque-Baum, eine der bedrohten

Baumarten in Costa Rica, der über Jahrzehnte hinweg wegen seines harten Holzes teuer verkauft wurde. Der älteste Baumriese im Schutzgebiet ist über 250 Jahre alt. Benannt wurde das Reservat nach der Nagerart Aguti, die man hier häufig zu Gesicht bekommt. Besitzer José versucht immer wieder, neue Flächen anzukaufen, um sie wieder aufzuforsten.

▪ Man kann von Santa Elena in einem kurzen Spaziergang zum Reservat laufen, an der BCR-Bank rechts dem Weg zum Hotel Aguti folgen. Tägl. 7–15.30 Uhr. 15 $ ohne Führung. ✆ 400 03385.

Santuario Ecológico Monteverde: Durch das kleine ökologische Schutzgebiet verlaufen drei Wanderwege, durchs Gebüsch huschen Nasenbären und in den Bäumen hüpfen Kapuzineraffen. Der längste Trail dauert drei Stunden und führt über einen kleinen Wasserfall. Eine geführte Nachtwanderung oder ein „Natural History Walk" sind ebenfalls möglich. Die Familie, die das Santuario betreibt, hat auch eine Kaffeefarm. Sie bietet Touren an, die den ganzen Prozess erklären und natürlich wird auch Kaffee verkostet. Außerdem kann man mit der Familie von Chris, einem der Betreiber, gemeinsam kochen. Es werden verschiedene Optionen angeboten, vom Reisgericht mit Tortillas über ein typisches Casado bis hin zu einem leckeren Dessert oder Snack. Die Kochkurse dauern je nach Gericht zwei bzw. drei Stunden.

▪ Bei der Schule Rafael Herrera die Calle Los Aguedas rein und immer geradeaus. Tägl. 7–17 Uhr. Eintritt 15 $. www.santuarioecologico.com.

Praktische Infos

→ Karte S. 145

Information **Monte Verde Visitor Center,** Infos und Flyer zu sämtlichen Zielen der Umgebung. Kurz bevor die Ruta 606 nach rechts in den Ort abzweigt, links halten. Tägl. 7–21 Uhr. Mehr unter www.monteverdeinfo.com.

Busverbindungen Der **Busbahnhof** des Unternehmens Transmonteverde befindet sich gegenüber vom Centro Comercial mitten in Santa Elena.

San José (über Cambronero): 6.30 und 14.30 Uhr, Fahrzeit 5 Std.

Puntarenas: 4.20 (über Las Juntas), 5.30 (über Sardinal), 6 (über Lagartos) und 15 Uhr (über Las Juntas), Fahrzeit 2–3 Std.

Tilarán/La Fortuna (über Cabeceras): 5, 7, 12 und 16 Uhr, Fahrzeit 1:30 Std. In Tilarán muss man umsteigen, um weiter nach La Fortuna zu kommen, Fahrzeit 6 Std.

Bus und Boot Die Verbindung nach La Fortuna kann auch mit einer **Bootsfahrt** kombiniert werden. **Monteverdetours** bietet einen schnelleren Transfer zwischen Monteverde und La Fortuna für 29 $/Pers. an. Täglich um 8 und 14 Uhr fährt ein Minivan zum Lago Arenal, wo man auf ein kleines Boot umsteigt. Dieses fährt dann zur anderen Seite des Sees, wo es wieder mit dem Minivan weiter nach La Fortuna geht. Fahrzeit ca. 4 Std., www.monteverdetours.com.

Anfahrt für Selbstfahrer → Kasten, S. 144.

Mietwagen **Hertz,** an der Hauptstraße mitten im Ort. Tägl. 9–16 Uhr. ✆ 61239090 (WhatsApp).

Einkaufen **Super La Plaza 17,** es gibt fast alles. Schräg gegenüber vom Fußballplatz. Tägl. 6–22 Uhr.

Casa Variedades 19, große Weinauswahl, Bier und kalte Getränke, aber auch Souvenirs und Alltagsdinge. An der 620 neben Charlys Pizzagrill. Tägl. 6.30–21, So erst ab 8 Uhr.

Café Evocaré 14, kleines Familienunternehmen, das selbst Kaffee produziert. Im Laden kann man ihn probieren und auch Pakete kaufen, gemahlen oder die Bohnen. Nördlicher Vorort von Santa Elena Perro Negro, an der Ruta 619. Mo–Fr 8–16 Uhr.

Monteverde Art House Gallery 18, in einem tropischen Garten mit Spazierpfaden, einem Bachlauf und vielen Sitzbänken aus Stein wird Kaffee und Kunsthandwerk aus Costa Rica verkauft. Allerdings recht teuer. 800 m östlich vom Stadtzentrum führt ein kurzer Stich am Restaurant Casa Luca von der Ruta 620 zur Galerie. Tägl. 9–18 Uhr.

Geld Alle bekannten Banken Costa Ricas sind in Santa Elena vertreten. ATM BCR, mitten im Zentrum an der Ruta 606 neben Supermercado Vargas.

WELCOME
CONSULTORIO MEDICO.DOCTOR'S OFFICE 24HRS
SOFIA NUEVO LATINO CUISINE 50mts
HOTEL Historias Lodge 75MTS
DE LUCIA HOTEL AND REST 120mts
Monteverde country lodge 300
150 mts Los Pinos – Cabañas & Jardines
M T V BUTTERFLY GARDEN 500mts
JARDIN DE MARIPOSAS 500mts
VALLE ESCONDIDO-WATERFALLS-TRAILS-VISTAS
MONTEVERDE INN-NIGHT WALK-CAFE 750 MTS
Hotel Cala Lodge 200MTS.
HOTEL LOS JARDINES 300 m NORTH
Proyecto familiar senderos Tour nocturno
ECOLOGICAL SANCTUARY
Family proyect Trails and Night hikes
1km
1700m BOSQUE ETERNO DE LOS NIÑOS
.5km CABURE CHOCOLATES & RESTAURANT
STELLAS BAKERY 1.5 km
ATURAL WONDERS WALK 250mts
THE BAT JUNGLE 1.5 km
DREAMS LODGE 450 M
HOTEL BELL BIRD

Gesundheit **Farmacia Vitosi,** riesige Apotheke mit angegliederter Arzt-Sprechstunde. Tägl. 8–20 Uhr. Mitten im Zentrum an der 606, ✆ 26455004.

Touren **Monteverdetours,** der lokale Veranstalter bietet neben Touren in der Monteverde-Region und am Arenal auch Shuttle-Service an. Tägl. 7–22 Uhr. Südlich von Santa Elena an der Ruta 620 neben der Bella Vista Lodge, ✆ 71147550 (WhatsApp), www.monteverdetourscr.com.

Monteverde Wild Hikes, Vogelbeobachtung, Nachttouren und Naturspaziergänge in die Umgebung. Führer Wilson aus Monteverde kennt alle Vögel und findet sie! Tägl. 6–21 Uhr. Südlich von Santa Elena direkt an der Ruta 620, Kontaktaufnahme über Monteverde Wild Hikes (MWHCR) (Facebook) oder ✆ 26456555 (WhatsApp).

Wäscherei **Hotel El Sueño,** mitten im Ort an der Ruta 606. Bietet Wäscheservice an.

Übernachten **Hotel Claro de Luna** **8** Unweit des Monteverde-Besucherzentrums liegt dieses schöne Landhotel. Das weiß getünchte Haus mit dem roten Dach und dem blühenden Garten versprüht sofort einen Charme zum Gerne-Bleiben. Jedes Zimmer, alle mit eigenem Bad, ist individuell eingerichtet und jedes ist auf seine Weise gemütlich, manche allerdings etwas dunkler als andere – am besten die Optionen zeigen lassen. Viel Holz sorgt für ein warmes Gefühl und die Schaukelstühle auf den Terrassen der Zimmer ergeben den Rest. Parkplätze stehen kostenfrei zur Verfügung. Und Augen auf: Im Garten lebt ein Faultier. C. Paraíso, ✆ 264 55269. **€€**

MeinTipp **OutBox Inn Hostel** **2** Die ultimative Unterkunft für junge und jung gebliebene Leute mit einfachen Ansprüchen und Gemeinschaftssinn. Tolles modernes Ambiente mit einem schönen Gemeinschaftsbereich, viel Platz, viel Holz und vielen Infos. Sitzsäcke und Europaletten bilden das Mobiliar. Die Betten in den Doppel- und Einzelzimmern oder Dorms sind bequem, bestehen allerdings nur aus einer Matratze auf Holzpaletten. Ab und zu gibt es Live-Events. Ein Restaurant ist angegliedert. Im Zentrum, wenige Meter nördlich der Katholischen Kirche an der Ruta 606, eine Bäckerei ist um die Ecke. ✆ 64046902, OutBox Inn (Facebook). **€–€€**

MeinTipp **Belcruz Bed and Breakfast** **13** Etwas außerhalb gelegen abseits vom Touristentrubel, mit Restaurant und schönen Holz-Cabinas. Die Zimmer sind groß und sauber, die Betten bequem, es gibt Ablagemöglichkeiten, der Empfang ist herzlich und die Besitzer stehen ihren Gästen mit Rat und Tat zur Seite. Toll sind auch der große Garten, die Sitzmöglichkeit auf kleinen Balkonen und das leckere Frühstück. Empfehlenswert ist auch das Restaurant. Hier gibt es eine Kolibri-Futterstation und Ferngläser liegen aus, um die Vögel zu beobachten. Nordwestlich vom Stadtzentrum, 75 m von der katholischen Kirche Cañitas an der Ruta 606, ✆ 26455295. **€€**

Greemount Hotel **22** Nachdem die lange Anfahrt bewältigt ist, kommen die super bequemen Betten mit ihren hohen „Prinzessin-auf-der-Erbse-Matratzen" genau richtig, um die Beine hochzulegen und erstmal zu entspannen. Alles ist sauber, neu und freundlich. Morgens wartet ein amerikanisches Frühstück auf die Gäste. Das Greemount liegt etwas außerhalb und man sollte ein Auto dabei haben, will man abends im Ort etwas essen. Parkplätze gibt es kostenlos an der Unterkunft. Südlich vom Stadtzentrum an der Ruta 606, ✆ 264564 00. **€€**

Cabinas Eddy B & B **7** Einfach, sauber und gerade groß genug sind die Zimmer mit Bad und Balkon in diesem B & B. Das Frühstück ist gut und Besitzer Eddy samt Sohn kümmern sich fürsorglich um die Bedürfnisse ihrer Gäste. Der Hausdackel beobachtet sie ungeniert bei der Arbeit. Parkplätze, TV und eine Gemeinschaftsküche sind vorhanden. 150 m südwestlich des Zentrums an der Ruta 606, ✆ 87430278 (WhatsApp), www.cabinaseddy.com. **€€**

Los Pinos Lodge and Gardens **20** Mitten im Wald verteilen sich die Cottages der Lodge, ausgestattet mit viel Holz, einem Sitzbereich auf umlaufenden Holzterrassen und meist mehreren Schlafzimmern. Der Blick von der Hütte fällt direkt in die Bäume und die sind voller Leben! Viele Vogelarten tummeln sich hier und jeder Hobbyornithologe wird seine Freude haben. Ein eigener Wanderweg ist ganz nah und auch Restaurants sind nicht weit entfernt. 150 m östlich der Schule, ✆ 26455252, www.lospinos.net. **€€**

Hotel Trópico Monteverde **24** Was für eine Aussicht! Die grüne Ebene erstreckt sich weit und Wolkenfetzen tanzen ständig neue Bilder, das Lagerfeuer brennt und gerade geht die Sonne sanft in Richtung der Nicoya-Halbinsel unter. Diesen Traum erfüllt die Lodge mit ihren Holzcabinas samt Panoramafenstern, großen Betten, Bad mit Dusche und einer Kaffeemaschine, um gleich morgens mit einem dampfenden Kaffee die Berge zu begrüßen. Besitzer José ist freundlich und hilft bei allen Fragen weiter. 500 m südlich der Tankstelle an der Ruta 606, ✆ 26457700, www.hoteltropicomonteverde.com. **€€€€**

Essen & Trinken Der Ort ist klein – die kulinarische Auswahl ist riesig. Die meisten Restaurants sind allerdings recht teuer. Für den schmaleren Geldbeutel sind die kleinen einheimischen Sodas eine gute Option.

MeinTipp **Panaderia Jimenez** **1** In der Bäckerei bekommt man gute und günstige Snacks und Teilchen für den Wanderrucksack. Frühstück gibt es auch gleich hier, ebenso Sandwiches oder etwas Warmes zum Mittag! Deutlich günstiger als die Restaurants und Cafés. Mo–Sa 5–20 Uhr, So nur bis 12 Uhr geöffnet. An der 620 mitten im Ortszentrum. **€**

Raulito's Pollo Asado **3** Die günstige Hähnchenbraterei ist beliebt bei Touristen und Einheimischen. Man sitzt auf hohen Barhockern aus Holz an kleinen Holztischen und genießt frisch gebrutzelte Hühnchen oder leckere Empanadas, die man durchaus als Snack für die Wanderung mitnehmen kann. Tägl. 8–21.30 Uhr, So nur bis 15 Uhr. Mitten im Ort gegenüber vom Treehouse Restaurant. **€**

MeinTipp **Boca2 Café** **6** Frisch, lecker und regional mit einer herzlichen Bedienung, die einen super Cappuccino bereitet. Zum Frühstück, Mittag- und zeitigem Abendessen eine super Adresse. Neben Gallo Pinto gibt es auch Sandwiches, Waffeln, Kuchen und Brownies, für herzhafte Geschmäcker werden Steaks gebraten und hausgemachte Casados serviert. Auch die Säfte und Smoothies sind klasse! Mi–Mo 12–16 und 18–23.30 Uhr. 50 m nordwestlich von Supercombo. **€€**

MeinTipp **Orchid Coffee** **5** Kleines, gemütliches Café in der Ortsmitte mit einer umfangreichen Speisekarte! Interessante Kreationen, die Portionen sind großzügig. Von Süßem wie Pancakes und Crepes über herzhafte Eiergerichte, auch im Mexiko-Style, bis hin zu Suppen, Salaten und Fleischgerichten lässt das Orchid Coffee keine Wünsche offen. Der Service ist freundlich und aufmerksam. Do–Di 7–18 Uhr. An der 620 neben dem Orchid Garden. **€€**

Choco Café Don Juan **9** Nettes Ambiente, gut gefüllte Kuchenvitrine, drinnen und draußen sitzen, auch etwas Herzhaftes auf der Karte – kurzum, hier ist für jeden gesorgt! Ein schöner Ort, um nach einer Wanderung zu entspannen und den nächsten Tag zu planen. Tägl. 8–20 Uhr. An der Hauptstraße gegenüber vom Centro Comercial. **€**

Restaurante Sabor Tico **10** Einheimische Küche, flotter Service, günstiger Preis. Die Reisgerichte sind sehr üppig, auch Vegetarier kommen auf ihre Kosten. Unschlagbar ist die Auswahl an leckeren hausgemachten Fruchtsäften. Der Blick von der Terrasse lohnt sich. Tägl. 7–22 Uhr. An der 606 gegenüber vom Fußballplatz, www.restaurantesabortico.com. **€**

Bon Appetit! **16** Vor allem Pizza- und Nudelfans kommen hier auf ihre Kosten. Die Bedienung ist freundlich und flott. Insgesamt etwas teurer, aber gut im Geschmack. Tägl. 11–22 Uhr. 300 m nordwestlich vom Fußballplatz, ✆ 26455301. **€€**

Morphos Restaurant **12** Tolle Aussicht, gutes Essen, Salate, Steaks und dazu gibt's leckeres lokales Bier. Die Bedienung ist überaus freundlich. Zum Sonnenuntergang ist es hier besonders romantisch. Tägl. 10.30–21.30 Uhr. Calle El Sol, ✆ 26457373. **€€**

Tree House **4** Witzig gemacht, das zweistöckige Restaurant wurde um einen mächtigen Baum gebaut. Die Speisekarte ist so umfangreich, dass für jeden Geschmack etwas dabei ist. Pizza, Nudeln, Salate, Reisgerichte – die Portionen sind groß und lecker. Köstliche Smoothies gibt's on top, auch glutenfreies Essen ist dabei. Abends warm anziehen, dann pfeift der Wind. Tägl. 11–22 Uhr. Mitten im Ort an der Ruta 606, www.treehouse.cr. **€€**

The Green Restaurant **11** Das Ambiente ist zwar nicht so der Hammer, aber das Essen ist gut und zählt zur gehobenen Küche im Ort. Steaks, Pasta, Burger und Salate – hausgemacht und ansprechend aufgetischt. Es gibt auch Kindergerichte und glutenfreie Speisen, außerdem Bier, Wein und Cocktails und eine große Auswahl alkoholfreier Säfte und Smoothies. Tägl. 12–21 Uhr. Plaza Comercial, www.thegreenmtv.com. **€€€**

Der Norden → Karte S. 102

Reserva Biológica Bosque Nuboso Monteverde

Monteverde-Nebelwaldreservat

Monteverde heißt „grüner Berg" und ist der passende Name für die Region und das private 10.000 ha große Nebelwaldreservat, das vielleicht beliebteste Wandergebiet in Costa Rica. Das Reservat verdankt seinen Schutzstatus u. a. einem historischen Moment. Quäker aus Alabama flohen vor der Einberufung zum Kriegsdienst im Koreakrieg aus den USA und erkoren die fruchtbare Region um Monteverde zu ihrer neuen Wahlheimat. Als in den 1970er-Jahren illegale Siedler eine Bedrohung für die Natur wurden, schlossen sich Teile der Quäker-Gemeinde mit Umweltorganisationen zusammen und erwarben, auch mit Hilfe des Wissenschaftlers George Powell, einen Teil des Landes, das unter die Verwaltung des Centro Científico Tropical (Tropenwissenschaftliches Zentrum) gestellt wurde. Seitdem wurde es immer mehr erweitert bis zum heutigen Umfang von 10.000 ha Land.

Allein 755 verschiedene Baumarten wachsen in dem Nebelwald, die meisten mit Moosen und Aufsitzerpflanzen bewachsen, sogenannten Epiphyten, in den Farben Waldgrün über Moosgrün bis Blassgrau. Die Stimmung im Wald ist durch diese Pflanzen und die ständigen Wolkenschleier mystisch.

Natürlich leben hier auch viele Tiere, doch wenn auch viele Menschen wie zu den touristischen Spitzenmonaten Dezember und Januar im Reservat unterwegs sind, verstecken sie sich lieber. Die vielen Frösche lassen sich noch am leichtesten unter den großen Blättern entdecken. Die endemische Goldkröte ist traurigerweise bereits ausgestorben. Offiziell sind die Ursachen dafür unbekannt. Auch der bedrohte Quetzal lebt hier – man sollte möglichst leise umherwandern. Affen, Nabelschweine und Agutis könnten dann den Wanderweg kreuzen.

Wanderwege

Insgesamt führen 13 km Wanderwege und zehn verschiedenen Trails in verschiedenen Schwierigkeitsgraden durch den Park. Eine 100 m hohe Hängebrücke bietet spektakuläre Blicke von oben auf den Dschungel mit all seinen Bäumen, Bromelien und Orchideen. Alle Wege können grundsätzlich allein begangen werden. Am Eingang wird ein Tourenheft für Individualisten verkauft, das sowohl in englischer als auch in spanischer Sprache erhältlich ist.

Sendero Bosque Nuboso (Nebelwaldpfad): 1,9 km, Höhenunterschied 65 m, Gehzeit ca. 1:30 Std. Er ist einer der beliebtesten Pfade, da er durch die vielen Würgefeigen sehr urig ist.

El Camino: 2 km, Höhenunterschied 40 m, Gehzeit etwas mehr als 1 Std. Der Weg ist breiter und offener als andere Wanderwege und lässt mehr Sonnenlicht und somit mehr Schmetterlinge zu und eignet sich deshalb auch hervorragend zur Vogelbeobachtung.

Sendero El Río (Flusslehrpfad): 1,9 km, Höhenunterschied 65 m, Gehzeit etwa 1:30 Std. Er führt entlang der Quebrada Cuecha, einem Flussarm, und hat einen kurzen Seitenweg zu einem Wasserfall, wo mehrere Zapote-Bäume, Breiäpfelbäume, stehen.

Sendero Chomogo: 1,8 km, Höhenunterschied 150 m, Gehzeit etwa 1:30 Std. Dies ist der höchste Weg im Reservat, er erreicht 1680 m über dem Meeresspiegel. Eiche, Bambus und Helikonien sind hier weit verbreitet.

Geführte Touren

Ein Führer in persona empfiehlt sich vor allem für alle, die aufgrund der Tiere kommen, denn die entdeckt ein Guide besser, er weiß, wo sie sich verstecken. Außerdem hat er garantiert ein gutes Fernglas dabei. Es wird auch eine Nachttour angeboten mit dem Fokus, nachtaktive Tiere zu beobachten. Die Tour beginnt etwa um 17.30 Uhr und dauert bis 20.30 Uhr.

Praktische Infos

Größe 10.000 ha.

Zugänge Der einzige Zugang zum Parkt liegt 5 km südöstlich von Santa Elena.

Anfahrt Südlich von Santa Elena führt nur eine Straße zum Reservat und endet dort. **Busse** zum Reservat fahren von der Banco Nacional in Santa Elena ab: 6.15, 7.20 und 13.15 Uhr. Die Busse verlassen das Reservat um 11.30, 14 und 16 Uhr. Preis: je 1 $. Besucher können den Bus überall entlang der Straße zwischen der Stadt Santa Elena und dem Eingang des Nebelwaldreservats Monteverde besteigen.

Ein **Taxi** zum Reservat kostet pro Strecke ca. 10 $ für bis zu 4 Mitfahrer.

Besucherzentrum Im **Info-Zentrum am Eingang** gibt es Wanderkarten. Hier können auch Führungen gebucht werden.

Informationen www.cloudforestmonteverde.com.

Öffnungszeiten Tägl. 7–16 Uhr.

Eintritt 25 $, mit Führung 45 $, Kinder von 6 bis 12 Jahren zahlen 12 $, ermäßigt (Schüler und Studenten mit Ausweis) 12 $. Täglich dürfen höchstens 160 Menschen gleichzeitig in das Naturschutzgebiet. Das ist in der Hauptsaison oft schon morgens erreicht. **Rechtzeitig da sein!**

Ausrüstung Leichte und wärmere Kleidung, denn es kann im Nebel durchaus frisch sein.

Übernachten/Essen/Einkaufen In dem beliebten Reservat ist man touristisch auf alles eingestellt. Es gibt am Eingang ein **Restaurant** (tägl. 7–16 Uhr), die **La Casona-Lodge €€€€** mit Übernachtungsmöglichkeiten inklusive Vollverpflegung und Parkeintritt (buchbar über die Webseite des Parks) und einen **Souvenirshop.**

Bananenstaude, Blauscheitelmotmot und Kaffeepflanze

Reserva Bosque Nuboso Santa Elena

Santa-Elena-Nebelwaldreservat

Das Santa-Elena-Nebelwald-Reservat wurde Anfang der 1990er-Jahre von einer Stiftung gegründet. Es liegt etwas höher als das Monteverde-Nebelwald-Reservat und ist mit einer Fläche von 320 ha deutlich kleiner. Doch die Pflanzen- und Tierwelt ähneln sich. Da es touristisch noch weniger erschlossen ist und die Wege naturbelassener sind, verbessern sich die Chancen auf Tierbeobachtungen sogar. Das Ziel der Stiftung ist, weiterhin angrenzendes Farmland zu erwerben und es wieder aufzuforsten, damit die Wildtiere wie der Quetzal, Pumas, Jaguare, Ozelote und Rehe ein größeres Schutzgebiet vom Kern des Reservates bis hinab in die niedrigeren Höhenlagen nutzen können. Im Reservat entspringen die Flüsse Chiquito und Caño Negro. Ein Großteil ihres Wassers wird entlang des Bachs Aguas Gatas zum Arenal-Wasserkraftwerk transportiert.

Wanderwege

Insgesamt 12 km Naturpfade mit Aussichtspunkten und einem Beobachtungsturm führen durch die dichte Vegetation im Reservat. Es ist möglich, eine geführte Tour zu buchen oder auf eigene Faust zu wandern. Eine Karte ist im Informationszentrum am Parkeingang erhältlich. Vier Wanderwege sind ausgeschildert:

Challenge Trail: 1,4 km

Del Bajo Trail: 2,6 km

Caño Negro Trail: 4,5 km

Encantado Trail: 3,4 km.

Praktische Infos

Größe 320 ha.

Anfahrt 7 km nördlich von Santa Elena führt nur eine Straße zum Reservat. 4-mal täglich fährt ein **Bus** für 2 $ von der Banco Nacional in Santa Elena hin und zurück. Ein **Shuttle** ist buchbar unter ✆ 26456332.

Besucherzentrum Im **Info-Zentrum am Eingang** gibt es Wanderkarten und Führer können gebucht werden.

Information www.reservasantaelena.org.

Öffnungszeiten Tägl. 7–16 Uhr.

Eintritt Wanderung ohne Führer 16 $, Kinder 7 $ (8–12 Jahre), ermäßigt (Schüler/Studenten mit Ausweis) 9 $, Kinder unter 7 Jahren haben kostenfreien Eintritt. Geführte Wanderung 33 $, Kinder 20 $, ermäßigt (Schüler/Studenten mit Ausweis) 25 $. Private oder Sonderführungen kosten 125 $ für bis zu 3 Teilnehmer.

Ausrüstung Leichte und wärmere Kleidung, denn es kann im Nebel durchaus frisch sein.

Essen/Einkaufen Auch in diesem Reservat ist man touristisch auf alles eingestellt. So gibt es ein **Café** (tägl. 7–16 Uhr) und einen **Souvenirshop.**

Sky Adventures Monteverde Park

Sky Trek, Sky Walk, Sky Tram – das sind die drei Klassiker im Sky Adventures Monteverde Park. Es bedeutet nichts anderes als Ziplinig über den Baumkronen, auf Hängebrücken durch die Baumkronen oder mit einer Seilbahn über und durch die Baumkronen zu fahren. Der Nebelwald wird hier auf abenteuerlichere Weise erkundet, als bei einer normalen Wanderung, die Touren sorgen sozusagen für eine Extra-Portion Adrenalin. Die Aktionen sind für Kinder und auch ältere Menschen machbar. Zusätzlich gibt es die Möglichkeit, auf Bäume zu klettern oder Schlangen in einem Herpetarium zu beobachten.

Sky Trek – Canopy Ziplining Tour: Der Sky Trek ist für abenteuerlustige Menschen geeignet, die Spaß am Nervenkitzel haben. An acht durch den Wald gespannten Seilen kann man sich über knapp 3 km Länge hängend und gleitend fortbewegen. Start ist an einer Basis, wo die Ausrüstung angelegt wird. Hier gibt es auch eine Probe-Zipline, sodass ängstliche Gemüter testen können, ob ihnen die Tour überhaupt Spaß machen wird. Danach kann man sich immer noch dagegen entscheiden. Wer loslegen möchte, beginnt mit einem ersten Zipline. Anschließend geht es im 20-minütigen Sky Tram Aerial Tram Ride, einer Seilbahn, hinauf auf eine Plattform. Hier kann man den Ausblick genießen und sich auf die verbleibenden Zipline-Kilometer freuen, die nochmals gut eine Stunde dauern! Das längste Kabel, das noch kommt, ist 750 m lang. Insgesamt dauert die Canopy-Tour etwa zwei Stunden. Ab 5 Jahren ist eine Teilnahme möglich. Die älteste Person, die je in Monteverde Ziplining gemacht hat, war laut den Mitarbeitern eine 93-jährige Frau. Das Maximalgewicht für die Teilnahme beträgt 136 kg. Wer dieses Höchstgewicht überschreitet, wird vom technischen Personal je nach Größe und körperlicher Verfassung beurteilt und es wird entschieden, ob eine Teilnahme möglich ist.

Sky Walk – Hängebrückentour: Über sechs Hängebrücken mit einer Gesamtlänge von 712 m wird der Nebelwald erforscht mit tollen Ausblicken in die Natur. Affen tollen durch die Bäume oder entlang der Canopy-Kabel. Der Führer erzählt viele interessante Dinge über den Wald, verschiedene Pflanzen und Tiere, die darin leben. Insgesamt ist die Tour 2,5 km lang und leicht zu bewältigen. Die Hängebrückentour ist als eigenständige Tour buchbar, doch natürlich auch in Kombination mit den anderen beiden Touren. Es ist automatisch eine geführte Tour, doch wer die Brücken lieber ohne Führer begehen möchte, kann das auf eigene Faust tun, nur günstiger wird es deshalb nicht. Es ist außerdem exklusiv im Sky Adventures Park Monteverde möglich (und bisher nicht im Sky Adventures Arenal Park), die Sky-Walk-Hängebrückentour als Nachttour zu buchen. Der Wald und die Brücken werden nach Einbruch der Dunkelheit betreten. Für ein komplettes Abenderlebnis kann die Hängebrücken-Nachttour mit einer Sky-Tram-Fahrt bei Sonnenuntergang kombiniert werden. Vor allem im Dezember und Januar ist es besser, vorab zu reservieren.

Sky Tram – Seilbahntour: Die Fahrt in der Seilbahn dauert von der Basis bis zu einer Aussichtsplattform ca. 20 Minuten. Während der Fahrt gibt ein Führer Erklärungen zur heimischen Flora und Fauna. Oben angekommen, breitet sich die ganze grüne Pracht der Monteverde-Region vor den Augen aus. Da die Kabinen sehr geräumig sind, ist die Tour auch im Rollstuhl möglich.

Hoch über den Baumkronen

> Wer die Sky-Trek-Tour bucht, nimmt automatisch an der 20-minütigen Fahrt mit der Sky Tram teil, ohne extra dafür zu bezahlen. Die Canopy-Tour startet dann oben von der Plattform.

Arboreal – Baumkletterpark: Die Tour besteht aus einer Kletterrunde mit vier Bäumen, die zwischen 10 m und 20 m hoch sind und unterschiedliche Schwierigkeitsgrade haben. Die Bäume sind mit Haltegriffen ausgestattet, die so befestigt sind, dass es den Bäumen nicht schadet. Kletterer werden mit Klettergurten und einer Sicherung ausgestattet und wenn die Baumspitze erreicht ist, lässt man los und wird sanft zur Erde hinabgelassen.

Herpetarium: Über 30 Reptilien- und Amphibienarten wie Pfeilgiftfrösche, die Jesus-Christus-Echse, Boas, Schildkröten, Vogelspinnen und der berühmte rotäugige Laubfrosch sind in Terrarien untergebracht. Ein zweisprachiger Führer ist während der Tour dabei und unterrichtet über die Tiere, ihren Lebensraum und ihre Eigenschaften.

Anfahrt Nördlich von Santa Elena führt eine schmale Straße zum Park, die weiter zum Santa-Elena-Reservat geht. Das Herpetarium befindet sich im Stadtzentrum von Santa Elena.

Information www.skyadventures.travel.

Öffnungszeiten Tägl. 7–16 Uhr.

Eintritt Verschiedene Touren und Erlebnisse (ab 49 $) sind für Tag und Uhrzeit direkt über die Website buchbar.

Ausrüstung Leichte und wärmere Kleidung, denn es kann im Nebel durchaus frisch sein. Auch ein Regenponcho kann nicht schaden.

Selvatura Park

Bei diesem Abenteuer-Park handelt es sich um ein Gebiet, das rund 300 ha Nebelwald schützt und jede Menge Action bereithält. Neben einem Hängebrückenpfad und einer 2,5-stündigen **Canopy-Tour** mit Tarzanschaukel und 13 Ziplines, die längste davon 1 km lang, gibt es einen **Schmetterlings-** und einen **Kolibrigarten,** ein Insektenmuseum und eine Reptilien- und Amphibienausstellung. Man kann die Angebote im Park mit oder ohne Guide besuchen (bis auf die Canopy-Tour). Der **Hängebrückenpfad** führt über eine Strecke von 3 km über acht kürzere und längere Hängebrücken durch den Nebelwald und manchmal auch hoch über den Baumkronen entlang. Die längste Hängebrücke ist 170 m lang und bis zu 60 m hoch. Diese Tour dauert ca. 1:30 Stunden.

Größe 300 ha.

Anfahrt Nordwestlich von Santa Elena gelegen am Weg zum Santa-Elena-Reservat.

Information www.selvatura.com.

Öffnungszeiten Tägl. 7–16 Uhr.

Eintritt Alle Angebote sind einzeln und im Paket buchbar. Die Touren starten jeweils 4-mal pro Tag (→ Webseite).

Reserva Curi-Cancha

Eine gute Alternative zum berühmten Monteverde-Reservat und gut besuchten Santa-Elena-Reservat ist das kleinere und ruhigere Curi-Cancha-Reservat mit 83 ha Größe. Es umfasst 7 km Wanderwege und liegt auf der höchsten Erhebung in der Region Monteverde, zwischen 1450 und 1615 m. Die Besucheranzahl ist auf 70 Personen zur selben Zeit begrenzt. Viele Vögel haben sich deshalb hierher zurückgezogen.

1970 erwarb die Familie Lowther ein großes Gelände und nannte es Curi-Cancha, was so viel heißt wie „Goldene Einfassung". Zu dieser Zeit bestand das Grundstück aus 50 % Weidefläche und 50 % jungfräulichem Nebelwald. Die Lowthers rodeten keine weiteren Flächen, sondern ließen die Weideflächen wieder zu Wäldern wachsen. 1997 wurde das Anwesen durch die Bemühungen von Julia Lowther gesetzlich als Refugio de Vida Silvestre unter MINAE ausgewiesen und 2011 wurde das Curi-Cancha-Reservat in seiner jetzigen Form für Touristen geöffnet.

Während der untere Teil trockener ist und daher weniger krautige Epiphyten an den Bäumen wachsen, ist der obere Teil wieder schönster Nebelwald. Viele farbenfrohe Vögel leben hier, darunter der prächtige Quetzal. Doch auch Tukane und Goldbauch-Trogon suchen hier Zuflucht. Zweifingerfaultiere und Affen gehören ebenfalls zu den Bewohnern von Curi-Cancha. Es ist kein Problem, das Reservat auf eigene Faust zu erkunden, es werden natürlich auch Touren angeboten, z. B. eine Birdwatching-Tour und eine Nachttour.

Größe 83 ha.

Anfahrt/Zugang Südöstlich von Santa Elena, 300 m von der Käsefabrik. Am Eingang sind Wanderkarten erhältlich und Führer bieten ihre Dienste an.

Information www.reservacuricancha.com.

Öffnungszeiten Tägl. 7–15 Uhr.

Eintritt Man muss sich in eine Besucherliste eintragen und ein Ausweisdokument vorlegen. 20 $, Kinder 12 $ (5–20 Jahre).

Bosque Eterno de los Niños/Sector Bajo del Tigre (BEN)

Der Ewige Wald der Kinder

Der „Ewige Wald der Kinder" ist das größte private Reservat in Costa Rica und gehört mit fast 23.000 ha zu den artenreichsten Orten der Erde, was vor allem daran liegt, dass sechs der zwölf Klimazonen von Costa Rica im BEN anzutreffen sind. Allerdings: Bajo del Tigre ist nur ein kleiner Sektor des riesigen Areals. Interessant ist dieses Zahlenspiel: Obwohl das Schutzgebiet nur 0,0048 % der Landfläche der Welt ausmacht, beheimatet es eine erstaunliche Menge der Flora und Fauna der Welt: 2 % der weltweit bekannten Orchideenarten, 3,5 % der Schmetterlinge, 5 % der Vögel, was 440 Arten entspricht, und 6,5 % aller Fledermausarten, was 60 der bekannten Arten entspricht. Im März 2014 wurde erstmals wieder die Anwesenheit eines Jaguars im BEN mit Hilfe einer Fotofalle dokumentiert.

Der BEN wurde 1986 von der Asociación Conservacionista de Monteverde (ACM) gegründet, eine gemeinnützige, costa-ricanische Naturschutzorganisation, die sich für den nachhaltigen Schutz des tropischen Regenwaldes einsetzt. Den Kauf und Schutz der Fläche verdankt Costa Rica jedoch vor allem Spendenaktionen von Kindern auf der ganzen Welt – der Name des Parks erweist ihnen die Ehre. Der erste Funke für die Schutzaktion war die Kampagne einer kleinen Gruppe schwedischer Studenten Ende der 1980er-Jahre, die schnell andere Schulen, Einzelpersonen und Organisationen in 44 Ländern inspirierte. Auch Deutschland unterstützt das Projekt durch den „Kinderregenwald Deutschland e. V.", der 1990 gegründet wurde. Seit September 2007 ist der BEN außerdem Bestandteil des UNESCO-Biosphärenreservats „Water and Peace".

Das Reservat „Bajo del Tigre" ist Teil des BEN und wurde dem ACM 1988 von Ken und Irma Scudder, den Besitzern der Farm Bajo del Tigre, geschenkt und konnte wieder aufgeforstet werden. Es ist auch der Teil, der für Besucher von Monteverde aus zugänglich ist.

Wanderwege

Durch den Park führen einige einfache, kurze Wege, die auf der Karte, die man am Eingang erhält, eingezeichnet sind: **Sendero de los Niños, Sendero Aboretum** und **Sendero Murciélago.** Insgesamt sind sie 3,3 km lang. Die Betreiber des Parks betonen extra, dass keine Tiere angefüttert werden. Manch einer ist enttäuscht, wenn die Quote der Tiersichtungen etwas mager ausfällt.

Praktische Infos

Größe 23.000 ha, Bajo del Tigre ist nur ein kleiner Teil davon.

Anfahrt Der „ewige Kinderregenwald" erstreckt sich über Berge und Täler zwischen den Nationalparks Arenal und Monteverde. Der Eingang zum Teil **Bajo del Tigre** liegt etwa 3 km von Santa Elena entfernt. **Busse,** die zum nahen Nebelwaldreservat Monteverde fahren (→ S. 153), halten auf Wunsch auch hier.

Zugänge Der Eingang zum **Sector Bajo del Tigre** liegt 3 km südlich von Santa Elena. Im Bosque Eterno de los Niños liegen noch die Finca Steller und die Forschungsstation Pocosol ganz im Osten (nicht zugänglich von Monteverde aus), sowie die Forschungsstation San Gerardo im Nordwesten, nur 3,5 km hinter dem Santa-Elena-Reservat. Dieses Stück muss man schon wandern, denn der Bus fährt nur bis zum Santa Elena Reservat. Im **Sector San Gerardo** gibt es sieben Wanderwege (Eintritt 15 $, Wanderkarte zum Download auf der Website). In der **Forschungsstation** kann man auch übernachten (mit Vollpension) und geführte Wanderungen buchen (nur mit Vorreservierung über die Website).

Blauscheitelmotmot

Besucherzentrum/Führungen Im **Infobüro** am Eingang von Bajo del Tigre können Führungen gebucht werden (mind. 2 Pers.).

Information https://acmcr.org.

Öffnungszeiten Tägl. 8–17 Uhr.

Eintritt 17 $, Kinder 11 $ (6–12 Jahre), Studenten 15 $. Führungen/Nachttouren kosten extra.

The Original Canopy Tour

Der Name sagt es schon: die Original-Canopy-Tour war die erste Zipline-Strecke in Monteverde und löste den Touristen-Boom in der Region mit aus. Damals einzigartig, ist heute ist die Konkurrenz groß und die Ziplines sind nicht ganz so hoch und schnell wie die Strecken der Nachahmer. Dafür steht hier das Erlebnis Nebelwald noch im Mittelpunkt. Und auch der Adrenalin-Kick kommt nicht zu kurz: Der Start ist ein Tarzan-Swing und dann geht es los durch den Wald. Auf 14 Plattformen, bis zu 800 m langen Ziplines und über 5 km Wanderwegen kommt man dem Wald und seinen Geheimnissen nahe. Ein Highlight ist die Abseilmöglichkeit in das Innere eines alten, 45 m hohen Feigenbaums.

Anfahrt 1,5 km östlich des Hotels Cipreses im nördlichen Vorort Perro Negro. Tägl. 7.30–17 Uhr, Tourdauer 2–3 Std. www.canopytour.com.

Preis 45 $, Kinder 25 $, ermäßigt (Schüler/Studenten mit Ausweis) 35 $.

Der Norden → Karte S. 102

Weitere Anbieter für Canopy-Touren

100 % Aventura: Professionelle Touren – auch für Kinder ab 4 Jahren – mit langen Ziplines und Tarzan-Swing, ab 54 $. Es sind außerdem eine Hängebrücken-Tour, Quad-Touren und Reitausflüge im Angebot. Nördlich von Santa Elena an der Ruta 619. Tägl. 7–16 Uhr. www.aventuramonteverdecr.com. Der Transfer vom und zum Hotel ist im Preis inbegriffen.

Extremo Canopy Monteverde: Alles professionell und freundlich. Superman-Zipline und Tarzan-Swing lassen den Adrenalinpegel nach oben schnellen und sorgen den Rest des Tages für gute Laune – selbst wenn es regnet. Nördlich von Santa Elena zwischen den Vororten Los Tornos und La Cruz, Anfahrt über die Ruta 606 und vor der Schule in Los Tornos rechts abbiegen. Tägl. 8–17 Uhr. www.monteverdeextremopark.com.

Las Juntas

Wer von Monteverde weiter in den Norden Guanacastes, zur Nicoya-Halbinsel oder nach Nicaragua möchte, sollte einen Stopp in dem authentischen Städtchen Las Juntas einlegen. Hier gibt es keine Touristen, keine Souvenirstände und keine Touranbieter. Nur echtes, buntes Tico-Leben rund um einen Fußballplatz.

Die Region Montes de Oro

Nördlich von Puntarenas liegt diese reizvolle Landschaft mit ihren sanften, smaragdgrünen Hügeln und Tälern.

Der gleichnamige Kanton erstreckt sich bis hoch in den Norden in die Cordillera Tilarán. Hauptstadt der goldenen Hügel ist das beschauliche Städtchen Miramar. Rinderzucht und Reisanbau sind bisher die wichtigsten Einnahmequellen der Region, doch ein sanfter Öko-Tourismus entwickelt sich seit einigen Jahren. Wer kann schon der Schönheit dieses Landstriches, dem stets präsenten Blick auf den Golf von Nicoya und dem ganzjährig milden Klima widerstehen.

Miramar

Miramar liegt eingebettet in die grünen Hänge der Montes de Oro. Ruhig und beschaulich gestaltet sich der Alltag der knapp 7000 Einwohner. Der Ort bietet so ziemlich alles, was man benötigt. Vor allem Ruhe, keine ausländischen Touristen und ein mäßiges Klima. Mit 27 °C im Jahresdurchschnitt kann man es gut aushalten. Kein Wunder, dass sich hier auch einige Ausländer niedergelassen haben. Probieren sollte man das Rindfleisch der Region. Es gibt viele Fleischer und wer eine Unterkunft mit Küche hat, sollte sich den persönlichen Rindfleisch-Bratkurs nicht entgehen lassen. Von Miramar führen viele Kurven hinauf in die Berge mit den Dörfchen Tajo Alto und Zapotal, die Landschaft ist wunderschön hügelig und grün. Selbst in dieser einsamen Natur verstecken sich noch ganz besondere Unterkünfte und Restaurants und es gibt ein paar spezielle Ausflugsziele.

Ausflüge in die Umgebung

Wanderung nach Zapotal: Für die 16 km lange Strecke von Miramar ins Bergdorf Zapotal durch wunderbare Landschaft benötigt man ca. 5 Stunden und viel Energie, denn 1300 Höhenmeter sind zu überwinden. Doch die Ausblicke auf den Golf von Nicoya und die herrliche Natur entschädigen für die Strapazen. Der Einstieg zum Pfad befindet sich 700 m nördlich vom Hauptplatz in Miramar an der Kirche Lirio de los Valles, einem schnöden Funktionsbau mit Wellblechdach. Durch hügeliges Farmland und die bewaldeten Hänge der Cordillera schlängelt sich der Weg hinauf nach Zapotal. Wer bleiben möchte, findet dort sogar ein paar Unterkünfte (s. u.). Manche bieten auch Verpflegung an.

Reserva Biológica Alberto Manuel Brenes: Im Jahr 1975 wurde dieses riesige Schutzgebiet eingerichtet und wird seit 1991 von der Universität von Costa Rica für Feldforschungen genutzt. Seit einigen Jahren ist auch der Zugang für die Öffentlichkeit möglich. Ein zweitägiger Ausflug mit Übernachtung in den rustikalen Bungalows Finca Daniel samt Verpflegung gibt Einblicke in die Forschungsarbeit der Universität und gewährt Zugang in das wundervolle Reservat.

■ 26 km von Miramar in Cedral, ✆ 24379906, www.finca-daniel.com.

Canopy im Adventure Park: Mehr als 25 Gleitseile ziehen sich durch das weitläufige Areal des Parks. Zu viele Tagestouristen aus den küstennahen Urlaubszentren trüben das Erlebnis.

▪ Tajo Alto, ✆ 23639803, www.finca-daniel.com.

Baden im Río Seco: Mehrere Bachläufe und Nebenflüsse winden sich die Hänge der Cordillera Tilarán hinab und vereinigen sich zum Río Seco. Ganz in der Nähe der Finca La Pipilacha gibt es ein herrliches Plätzchen zum Abkühlen im klaren Bergwasser. Auf den großen Felsen am und im Fluss kann man die Knochen ausstrecken, die Seele baumeln lassen und dem sanften Rauschen des Wassers lauschen.

▪ In La Unión, 11 km nördlich von Miramar, 500 m nach der Kirche.

Praktische Infos

Übernachten in Miramar **Cabinas Las Delicias** Nichts Spektakuläres, aber ruhig und sauber präsentiert sich die Unterkunft in zentraler Lage. Die Betreiber sind sehr zuvorkommend und haben so manchen Tipp in petto. Av. 12/C. 1, ✆ 26399504. €

Cabinas Mora Die kleine Hotelanlage hat 12 Zimmer. Alle sind geräumig, zweckmäßig eingerichtet und sauber. Kostenfreie Parkplätze stehen an der Unterkunft zur Verfügung. Av. 12/C. 1, ✆ 26399597. €

Übernachten in Tajo Alto **Finca El Mirador** Die kleine Bungalowanlage liegt traumhaft in den Bergen mit einem grandiosen Blick über den Golf von Nicoya – auch vom Pool aus. Die Bungalows sind freundlich eingerichtet und haben Küche und Bad. Besitzerin Ulrike, die vor über 20 Jahren aus Deutschland nach Costa Rica kam, gibt gerne Tipps für Ausflüge in die Umgebung. 8 km nördlich von Miramar in Tajo Alto, an der ersten Kreuzung scharf links abbiegen und der Ausschilderung folgen, ✆ 88157807. €€

mein Tipp **Finca La Pipilacha** Ruhiger und friedlicher geht es nicht. Die französische Künstlerin Amania stellt in ihrem architektonischen Juwel extravagante Zimmer mit Bad zur Verfügung. Ihre eigene Küche und der genial mit viel Holz gestaltete Wohnbereich können mitgenutzt werden. Wer auf dem großen Gelände mit anpacken will, ist als Volontär herzlich willkommen. Es gibt viele Tiere und Hund Chimi

Blick über die Montes de Oro

freut sich immer über Besuch. Der weite Blick in die grüne Landschaft ist einfach nur traumhaft. Nicht ganz günstig, aber unvergesslich. Die Anfahrt ist nur mit Allrad empfehlenswert. 8 km nördlich von Miramar in Tajo Alto links abbiegen und 3 km unbefestigte Straße in Richtung La Unión, ✆ 84168463, www.amaniabliss.com. €€€

Übernachten in Zapotal **Las Orqídeas** Einfach eingerichtete, putzige Bungalows warten auf die erschöpften Wanderer. Inmitten der Bergwelt lässt es sich vortrefflich erholen. Im angeschlossenen Restaurant wird man bestens versorgt. Die Anfahrt ist nur mit Allrad möglich. Zapotal, ✆ 22495257. €

mein Tipp **Colinas Verdes Zapotal Lodge** Hier will man nicht mehr weg. 5 gut ausgestattete Bungalows positionieren sich verstreut um den Warmwasserpool. Im Restaurant wird für das leibliche Wohl gesorgt. Das Frühstück ist inklusive. Das 35 ha große, oft wolkenverhangene Gelände der Lodge liegt an den Ausläufern des Nebelwaldes Bosque Eterno de los Niños (→ S. 157) auf einer Höhe von durchschnittlich 1500 m. Es gibt einen Wanderweg mit schönen Aussichten. Reit- und Fahrradtouren werden organisiert. Zapotal, ✆ 26398516, www.colinasverdescr.com. €€

Essen & Trinken **Yk's Café** Kleine, bei Einheimischen sehr beliebte Lokalität mit kalorienreicher, aber leckerer Kost. Für den schnellen Hunger gibt es Hamburger, Sandwiches und Burritos. Der Eiskaffee mit Sahnehaube und ein Stück hausgemachter Käsekuchen beschließen das Menü. Mi–So 14–22 Uhr. C. Central zwischen Av. 1 und Av. 3, ✆ 26399720. €€

Der Nordwesten

Die Provinz Guanacaste mit der Halbinsel Nicoya ist eine der schönsten und vielfältigsten Regionen Costa Ricas. Mit üppig grünen Nationalparks, vielen Wildtieren, imposanten Vulkanen und vor allem traumhaften Stränden gibt es hier viel zu erleben. Von der kleinen, weißsandigen Badebucht bis hin zum windgepeitschten Surferstrand ist alles dabei.

- **Hauptstadt:** Liberia
- **Einwohner Provinz Guanacaste:** ca. 355.000
- **Surf-Karte:** www.vacationcostarica.us/maps/surf-map
- **Infos:** www.nicoyapeninsula.com

Es ist heiß und trocken, mächtige Mangobäume wippen mit ihren wuchtigen Ästen im warmen Wind, Rinder grasen zarte Halme ab, irgendwo im Dickicht kreischen Papageien. Die Provinz Guanacaste liegt im Nordwesten von Costa Rica und grenzt an das Nachbarland Nicaragua. Der größere Teil der Nicoya-Halbinsel gehört zur Provinz Guanacaste, während der Süden dem Departamento Puntarenas unterstellt ist. Es ist die trockenste Gegend in Costa Rica, aber dennoch grün. Deshalb ist sie auch das Zentrum der costa-ricanischen Viehzucht. Viele Nationalparks bieten Lebensraum für eine artenreiche Tierwelt – Vögel, Schildkröten, Krokodile und jede Menge Säuger können beobachtet werden. Dass Nicoya das Urlaubsparadies des Landes ist, liegt aber vor allem an den herrlichen Stränden, die sich entlang der Pazifikküste wie an einer Perlenkette reihen.

Schon die Urvölker siedelten dort, wo es schön ist. In Höhlen der Region wurden Knochen von Männern, Frauen und Kindern sowie Steinwerkzeuge gefunden. Zu den indigenen Stämmen gehörten die Chorotega, die um 600 n. Chr. aus dem Norden kamen und als größte Gruppe in der Region lebten. Als die Spanier um das Jahr 1523 bis hierher vordrangen, erkannten sie den Wert der Region: fruchtbare Böden, eine fischreiche Küste und eine tüchtige indigene Bevölkerung. Zudem war die Region wichtiger strategischer Punkt für den Handel. Der Kontakt zu den Eingeborenen lief nur kurze Zeit friedlich ab. Schnell zeigten die Eindringlinge ihr wahres Gesicht, zwangen die Indios zur christlichen Taufe, viele starben durch Folter, eingeschleppte Krankheiten, flüchteten in die Berge oder wurden in die Sklaverei verkauft.

Die Halbinsel Nicoya zählt heute unter anderem aufgrund der Naturschönheiten, des guten Essens und der Ruhe zu den „Blauen Regionen", in denen die ältesten Menschen der Erde leben – und das bei guter Gesundheit. Zahlreiche Gründe also, Nicoya zu besuchen. Für den einen oder anderen auch ein Grund, für immer zu bleiben.

Wo baden?

Das ist eine schwierige Entscheidung. Oder auch ganz einfach, denn die meisten Strände sind wunderschön. Man muss nur wissen, was man will. **Sámara** (→ S. 205) in der Mitte der Nicoya-Küste ist ein entspannter Badeort, der alles bietet, aber nicht überlaufen ist. Wer schöne Strände mit ein bisschen Hippie-Feeling verbinden möchte, fährt nach **Montezuma, Mal País** oder **Santa Teresa** (→ S. 218, 211 und 209).

Wo surfen?

Wer surft, liebt Nicoya. Vom Anfänger bis zum Profi – jeder findet den passenden Strand. Wer das erste Mal auf dem Brett steht, versucht sich an der oft menschenleeren **Playa Cedros** (→ S. 219) oder der **Playa Carmen** (→ S. 210) im Süden Nicoyas, auch **Brasilito** (→ S. 197) in der Mitte ist gut geeignet. Fortgeschrittene gehen an die **Playa Santa Teresa** (→ S. 209) und die richtigen Cracks reiten die Breaks an der **Playa Naranjo** (→ S. 230), wo der legendäre Witches Rock aus dem Wasser ragt, bekannt geworden durch den Surferfilm „Endless Summer II". Auch Zuschauen macht Spaß!

Wo Schildkröten beobachten?

Die beste Chance, Schildkröten bei der Eiablage oder das Schlüpfen der Babys zu beobachten, ergibt sich an der **Playa Ostional.** Hier kommen über das Jahr verteilt drei verschiedene Schildkrötenarten an, um ihre Eier im Sand zu vergraben. **→ S. 202**

An der **Playa Nancite** im Santa-Rosa-Nationalpark gibt es ebenfalls etwas zu sehen: Hier legt zwischen Juli und Dezember die bis zu 50 kg schwere Bastardschildkröte ihre Eier ab. **→ S. 172**

Wo wandern?

Außer zum Surfen, Quadfahren und zum Schwimmen bzw. Baden in den Becken von Wasserfällen sind die Nationalparks Costa Ricas bestens für stundenlange Wanderungen geeignet. Die meisten und größten Parks befinden sich im Norden Guanacastes. Am schönsten ist der **Vulkan-Nationalpark Rincón de la Vieja** (→ S. 168) mit seinen blubbernden Schlammlöchern und dampfenden Fumarolen. Nach einer Wanderung am **Vulkan Miravalles** oder gar hinauf zum Krater kann man sich in einer der umliegenden Thermalquellen bestens entspannen. Ganz im Süden der Halbinsel lohnt es sich außerdem, zur **Friedhofsinsel Cabuya** (→ S. 217) hinauszulaufen – ein kleiner Nervenkitzel, denn das klappt nur bei Ebbe zu Fuß.

San Jorge
NICARAGUA
Peñas Blancas
Escamequita
Cárdenas
Lago Cocibolca
La Flor
Archipiélago de Solentiname
La Garita
Colón
Bahia de Salinas
La Cruz
Santa Cecilia
Santa Elena
Refugio de Vida Silvestre Corredor Fronterizo
Golfo de Santa Elena
R. N. d. V. S. Bahia Junquillal
Parque Nacional Guanacaste
Birmania
San José
Cuajiniquil
Sector Murcielago
917
Upala
San Isidro de Zapote
P. N. Rincón de la Vieja
Parque Nacional Santa Rosa
Isla Colorada
Hacienda La Casona
Volcán Rincón de la Vieja
Sector Pailas
Santa María Ranger Station
Canalete
730
Golfo de Papagayo
Cañas Dulces
Volcán Miravalles
P. N. Miravalles
Bijagua de Upala
Tapir Valley N. R.
Katira
Yoko Hot Springs
Las Hornillas
Río Celeste
Punta Cabuyal
Puerto Culebra
Nacascolo
Monte Galán
Liberia
Volcán Tenorio
P. N. Volcán Tenorio
Panamá
Tierras Morenas
Cabanga
El Coco
Matapalo
Comunidad
Sardinal
Palmira de Carrillo
Paso Tempisque
Cataratas Llanos de Cortes
Bagaces
Guadalajara
Aguacate
Lago Arenal
Las Catalinas
La Libertad
San Blas
R. B. Lomas Barbudal
Los Ángeles
Tilarán
Tronadora
Potrero
Flamingo
Brasilito
Filadelfia
Tempisque
923
Quebrada Grande
Tempate
Cañas
Puerto Viejo
Cartagena
Belén
Líbano
Cataratas Viento Fresco
Matapalo
Huacas
P. N. Palo Verde
Bebedero
Playa Tamarindo
Villarreal
Portegolpe
930
Tamarindo
Santa Bárbara
150
Las Juntas
La Sierra
Langosta
Santa Cruz
Ecomuseo de la Ceramica Chorotega
P. N. M. Las Baulas de Guanacaste
904
P. N. Barra Honda
601
Guacimal
Playa Junquillal
Colorado
P. N. Diriá
Nicoya
Isla de Chira
Manzanillo
Lagarto
Península de Nicoya
Reserva Matambú
Isla Pájaros
Punta Morales
Juda
Hojancha
Golfo de Nicoya
Chomes
Quebrada Palo
Ostional
Catarata de Belén
Zapotal
I. Venado
I. Caballo
Playa del Ostional
Nosara
Carmona
Jicaral
Lepanto
R. d. V. S. Ostional
163
Dominica
Punta Guiones
Garza
Sta Marta
R. B. W. Sauter
Sámara
Camaronal
623
Puerto Carrillo
Bejuco
Paquera
Playa Bejuco
San Francisco de Coyote
Océano Pacífico
R. d. V. S. Camaronal
Pochote
Tambor
Pozas La Florida
Bahía Ballena
Manzanillo
Cóbano
Tango Mar
C. de Montezuma
Montezuma
Sta Teresa
Playa Montezuma
Playa Santa Teresa
Mal País
Cabuya
R. d. V. S. Caletas-Arío
Playa Mal País
I. Cabuya
Reserva Natural Absoluta Cabo Blanco
Reserva Natural Cabo Blanco
Der Nordwesten
11 km

Von Liberia nach Peñas Blancas

Wer einen Abstecher ins Nachbarland Nicaragua plant, durchfährt auf dem Weg über Liberia bis zum Grenzübergang Peñas Blancas wunderschöne Natur.

Im Norden von Guanacaste liegen die meisten Nationalparks der Provinz – in einigen schlummern aktive oder erloschene Vulkane, sprudelnde Wasserfälle und heiße Thermalquellen. An der Bahía Salinas ganz im Nordwesten, fast an der Grenze, trifft sich die Kitesurfer-Szene – der Wind ist hier ein ständiger Begleiter. Liberia ist das Geschäftszentrum der Region und vor allem bekannt für die vortrefflichen Rinder, die hier gezüchtet werden. Gleich vier Nationalparks erstrecken sich nördlich der Stadt: der Parque Nacional Rincón de la Vieja, dessen Vulkan immer wieder raucht und spuckt, die Zona Protectora Volcán Miravalles mit ihren heißen Thermalquellen, der Parque Nacional Santa Rosa und der Parque Nacional Guanacaste mit den ausgedehnten Trockenwäldern, die beliebte Wandergebiete sind. Beim Fischerdorf Cuajiniquil versteckt sich im Refugio Nacional de Vida Silvestre Bahía Junquillal ein sehr schöner Strand, der sogar ausgezeichnet wurde, und noch weiter nördlich erstreckt sich die Bahía Salinas bis an die Grenze zu Nicaragua. Einmal hier oben, lohnt sich durchaus ein Abstecher ins Nachbarland.

Liberia

Das Tor zur Halbinsel Nicoya liegt 77 km südlich der Grenze zu Nicaragua und ist drei Autostunden von San José entfernt. Nur 30 Minuten entfernt liegt die Pazifikküste mit ihren herrlichen Stränden wie Playa Hermosa und Playa Panama (→ S. 195). Liberia ist das wirtschaftliche Zentrum von Guanacaste und hat sogar einen internationalen Flughafen. Wer die Halbinsel Nicoya besuchen will, kommt um den wichtigen Verkehrsknotenpunkt kaum herum. Bleiben tun die Wenigsten, denn allzu viel gibt es in der heißen Stadt und dem regionalen Zentrum der Rinderzucht nicht zu entdecken.

Liberia, „Die weiße Stadt" (La ciudad blanca), wie sie genannt wird, hat nicht mehr viel Weiß zu bieten, die alten Straßen aus weißen Pflastersteinen wurden asphaltiert und die weiß getünchten **Bahareque-Häuser** durch moderne Bauten ersetzt oder farbig angestrichen. Nur in der Calle Real sind noch einige Bahareque-Häuser mit ihren weiß gekalkten Fassaden zu sehen. Der eingeschossige Baustil war typisch für die Guanacaste-Region. Die Wände wurden klassisch aus verdichtetem Kuhdung, Sand und Lehm errichtet. Von beidem gab und gibt es ja reichlich. Ein weiteres typisches Merkmal sind die Sonnentüren der Eckhäuser. Die durch eine, oftmals reich verzierte, Ecksäule getrennte Doppeltür konnte das Haus optimal be- und entlüften. Das Tageslicht erhellte die Innenräume. Und man konnte immer sehen, wer

Der Nordwesten → Karte S. 164

sich dem Haus bzw. dem Eingang näherte. Zum **Stadtfest** Ende Februar mit Musik, Folklore und Konzerten sind die Einwohner – auch die Frauen – ganz traditionell zu Pferd unterwegs. In Cowboytracht oder auch im schicken Kleid zeigen sie in Paraden, was ihre schick gestriegelten Pferde mit ihren kunstvoll geflochtenen Mähnen alles drauf haben. Ein Spektakel!

Sehenswertes

Museo del Sabanero: Das Museum zeigt die Kultur und Tradition der Guanacaste-Region, die stark von der Viehzucht geprägt ist. Anschaulich wird das harte, wildromantische Leben der Sabaneros (Cowboys der Savanne) in Bild und Objekt gezeigt. Ganz beachtlich ist auch die Architektur des Gebäudes im Bahareque-Stil mit seinen Sonnentüren.

▪ Mo–Sa 9–17, So 13–16 Uhr. 300 m südlich und 100 m östlich des alten Regierungssitzes, ✆ 26650135.

Beritten zum Stadtfest

Museo La Trifulca: Rafael Ángel Zúñiga, mit Spitznamen „El Pellejo de Lora" (Papageienhaut), hat in mehreren Jahrzehnten ein wahres Kuriositätenkabinett erschaffen. In den Räumlichkeiten wird die Vergangenheit konserviert. Es gibt allerlei zu entdecken und zu beschmunzeln. Rafael hat außerdem jede Menge Interessantes zu erzählen. Wie es zu seinem Spitznamen kam, wird er gern berichten.

▪ Öffnungszeiten nach Absprache. Eintritt auf Spendenbasis. Av. 7/C. 2, ✆ 26657226, rangelzuniga@gmail.com.

Ausflüge in die Umgebung

Café Tio Leo: 20 km von Liberia entfernt. Tio Leo nimmt Sie mit in die Kaffeeplantage und zeigt alle notwendigen Arbeitsschritte von der Ernte bis zum Rösten der Bohnen. Im hauseigenen Café kann der röstfrische Kaffee genossen und erworben werden.

▪ Tägl. 8–18 Uhr. La Gran Nicoya, Ruta 21, Km 19, Guardia de Liberia, ✆ 26670062, www.cafetioleo.com.

Catarata Llanos de Cortés: Folgt man der Panamericana in Richtung Süden, passiert man kurz vor Bagaces die unscheinbare Abzweigung zu den Wasserfällen. Am bewachten Parkplatz ist schon das Rauschen des imposanten Wasserfalls zu hören. Gut 20 m stürzen die Wassermassen in die Tiefe. In dem ausgewaschenen Naturbecken lässt es sich hervorragend abkühlen. Das Ausflugsziel ist bei den Ticos beliebt. Am besten besucht man es unter der Woche und am Vormittag.

▪ 4 km vor Bagaces rechts abbiegen. Der Eintritt ist frei, der Wachmann am Parkplatz freut sich über ein kleines Trinkgeld.

Praktische Infos

Busverbindungen Alle landesweiten Verbindungen unter www.thebusschedule.com.

Vom **Busterminal Liberia** (Av. 7 und C. 12–14) fahren die Busse alle gängigen Ziele der Halbinsel mehrmals täglich an:

Cañas: 7-mal tägl., Fahrzeit 1:15 Std.

Puntarenas: 8-mal tägl., Fahrzeit 3 Std.

Nicoya: halbstündlich, Fahrzeit 1:40 Std.

Tamarindo: stündlich, Fahrzeit 1:30 Std.

Peñas Blancas (via Santa Rosa Nationalpark): alle 45 Min., Fahrzeit 1:30 Std.

Am **Pulmitan-Busterminal** (Av. 5, C.10–12) fahren die Busse stündlich von 4–20 Uhr nach **San José,** Fahrzeit 4 Std. Es gibt auch Direktbusse mit einer Fahrzeit von 3 Std.

Flugverbindungen **Aeropuerto Internacional Daniel Odiber Quirós,** 13 km östlich von Liberia, ✆ 26681017, www.liberiacostarica airport.net.

Sansa fliegt 6-mal tägl. via Tamarindo nach San José. In der Hochsaison werden auch Tambor, Quepos und weitere Ziele angeflogen. ✆ 26681017, www.flysansa.com.

Copa Airlines fliegt via Panama City diverse internationale Destinationen an. www.copaair.com.

Taxi Am Parque Central gibt es eine Sammelstelle für Taxis. Der Fahrdienstleister **UBER** ist auch in Liberia unterwegs.

Autovermietung An der Verbindungsstraße zum nationalen Flughafen sind alle bekannten und unbekannten Verleiher angesiedelt.

Einkaufen Im Stadtzentrum von Liberia gibt es so ziemlich alles zu kaufen, was man braucht. Am **Mercado Municipal** gibt es regionale Produkte, vor allem Lebensmittel wie Obst, Gemüse, Fisch und Fleisch. Ein Bummel durch die prall gefüllten Stände macht Laune. Av. 7 zwischen C. 10 u. C. 12, Mo–Sa 6–16 Uhr.

Supermarkt Super Mega, C. Central zwischen Av. 3 und 5. Tägl. 8-21 Uhr.

Santa Rosa Plaza Mall, große Mall nach amerikanischem Vorbild mit Kettenläden, Supermarkt und Food-Court. An der Hauptkreuzung der Panamericana. Tägl. 8–22 Uhr.

Geld **Banco de Costa Rica,** C. Central zwischen Av. 1 und 3. Mo–Fr 8.30–16 Uhr, Geldautomat 24 Std.

Gesundheit **Hospital San Rafaél Arcángel,** Av. Central/C. 3, ✆ 26905500, www.hcsan rafael.com. Tägl. 24 Std. geöffnet.

Übernachten **Hospedaje Dodero** Die süße, kleine Bleibe in zentraler Lage mit einfachen Zimmern und Gemeinschaftsküche überzeugt. Av. 11 zwischen C. 12 und C. 14, ✆ 831 47862, www.hospedajedodero.yolasite.com. **€**

Skulptur El Boyero

Hotel Liberia Bei Brian und Anna ist man in besten Händen. Die sauberen Zimmer sind geräumig und haben ein großes Bad. Im Innenhof oder der gut ausgestatteten Gemeinschaftsküche kommt man schnell mit anderen Reisenden ins Gespräch. 150 m nördlich vom regionalen Busbahnhof, ✆ 88990148. **€€**

Hotel Villa Hermosa 10 Min. von der Innenstadt entfernt liegt dieses Hotel in einer ruhigen Wohngegend. Die Zimmer sind groß, hell und sauber. Besitzer Emanuel gibt tolle Tipps! Av. 25/C. 1 im Barrio Buenos Aires, ✆ 266516 02. **€€**

Essen & Trinken **Soda El Viajero** Üppige Portionen heimischer Küche zu moderaten Preisen. Der Fisch im Ganzen gebraten, mit Reis, Salat und Tostones, lecker! Tägl. 6–17 Uhr. Gegenüber vom Supermarkt Maxi Palí in der Nähe vom Busbahnhof, ✆ 26660073. **€**

Mein Tipp **Entre Nous** Im Patio sitzt es sich im Schatten der Bäume fantastisch. Dazu das stilvolle Ambiente und die köstlichen Speisen. Neben den hausgemachten Crepes und diversen Kuchen, wird auch Herzhaftes angeboten. Die Burger sind einfach nur lecker. Mo–Sa 12–21 Uhr. C. 3 zw. Av. 1 und Av. 3, ✆ 21028012, www.entrenouscreperie.com. **€€–€€€**

Parque Nacional Rincón de la Vieja

Nationalpark Rincón de la Vieja

„Und erneut ging die Angst um unter den Menschen. Die Alte, sie ist wieder unterwegs. Sie will uns alle verzaubern", so erzählten sich einst die Bewohner rund um den Vulkan die schaurige Legende von einer Hexe, die an den Abhängen des Feuerberges ihr Unwesen trieb und die Bewohner in Schrecken versetzte. Deshalb heißt Rincón de la Vieja übersetzt „Schlupfwinkel der Alten". Ein Schamane bereitete ihrem Treiben jedoch ein Ende, indem er sie verfluchte. Daraufhin stürzte sie sich in den Krater des Vulkans – was ihrem Dasein ein Ende bereitete, denn in dem Krater befindet sich noch heute ein Säuresee mit Temperaturen bis zu 90 °C.

Der 1806 m hohe Gipfelkrater des Rincón de la Vieja ist seit einigen Jahren gesperrt, denn zurzeit ist er einer der aktivsten Vulkane in ganz Costa Rica. Am Berg kann man aber wandern und die Vulkan-Erlebnisse sind durchaus beeindruckend. Es raucht und spuckt, es grollt und brodelt. Überall am Abhang dampfen Fumarolen – offene Stellen, aus denen der Dampf des Vulkans strömt –, Schlammlöcher blubbern und der strenge Geruch von Schwefel steigt immer wieder in die Nase. Da außerdem 32 Flüsse durch den Nationalpark fließen, stürzen hier und da schöne Wasserfälle von den Abhängen hinab. Der zweite Vulkan im Park heißt Santa María (1910 m) und ist weniger besucht.

Zum Park gibt es dementsprechend zwei Zugänge: Las Pailas (Haupteingang) und Santa María. Die Wanderungen in beiden Parkbereichen sind sehr unterschiedlich.

„Schlupfwinkel der Alten" – der Vulkan Rincón de la Vieja

Sector Las Pailas

Las Pailas bietet einen betonierten, 3 km langen Rundwanderweg, für den man maximal 2 Stunden braucht, weshalb sich die meisten Besucher hier tummeln. Man kommt an verschiedenen vulkanischen Wundern vorbei, wie Fumarolen, einem Mini-Vulkan und Schlammlagunen, wobei man immer mal wieder Hängebrücken überwinden muss. Ein tolles Erlebnis, schöne Fotomotive sind garantiert.

Sector Santa María

Santa María ist ein Track entlang der Abhänge des schlafenden Nachbarvulkans Santa María und etwas für echte Wanderfans. Der Pfad ist 8 km lang, dauert etwa 4 Stunden und führt durch urige Natur, vorbei an schönen Wasserfällen. Zur Belohnung kann man sich am Ende des Weges in den 35 °C heißen Quellen des Río Negro regenerieren – wem das bei den sonnigen Außentemperaturen nicht etwas zu viel der Wärme ist.

Zu den Wasserfällen

Neben diesen Wanderungen gibt es vom Eingang des Sektors Las Pailas aus zwei längere Routen zu verschiedenen Wasserfällen. Für die 5 km lange Tour zum **Catarata La Cangreja** sind 2 bis 3 Stunden einzuplanen. Der 40 m hohe Wasserfall und das glasklare Wasser in paradiesischer Umgebung entschädigen für die Strapazen. Der nicht weniger schöne **Catarata Escondida** liegt 4,2 km vom Eingang entfernt. Handtuch nicht vergessen. Es wird empfohlen, die Wanderung vor 12 Uhr zu beginnen.

Aufstieg zum Krater

Für den teils schwierigen Weg zum 8 km entfernten und 1897 m hohen Krater „Von Seebach" wird ein frühzeitiger Start empfohlen. Die Anstrengungen werden durch die landschaftlichen Reize wettgemacht. Durch verschiedene Vegetationszonen kämpft man sich zum Kraterrand. Die letzten 2 km haben es in sich. Der Panoramablick zur Halbinsel Nicoya und nach Nicaragua ist unvergesslich. Wetterschwankungen und teils steile Aufstiege sind nicht zu unterschätzen und machen eine Begleitperson unabdingbar. Auch sollte die Ausrüstung, wie reichlich Wasser, Sonnenschutz, festes Schuhwerk und eine Jacke, komplett sein.

Praktische Infos

Größe 14.120 ha.

Zugänge Den Eingang **Las Pailas** erreicht man von Liberia via Curubandé. Weitere 20 km unasphaltierte Piste führen zum Eingang. Für die Durchfahrt der Hacienda Guachipelin werden 2 $ kassiert. Die Anfahrt zum Sektor **Santa María** erfolgt aus östlicher Richtung via Upala und San Isidro über eine gut befahrbare Straße.

Anfahrt Die Anfahrt zum Nationalpark ist ausschließlich mit dem eigenen Auto möglich. Verschiedene Touranbieter auf Nicoya bieten einen Tagestrip zum Nationalpark an.

Öffnungszeiten Di–So 8–15 Uhr, letzter Einlass in Las Pailas und Santa María ist 12 Uhr.

Eintritt 17 $. Den Zutritt zum Sektor Pailas muss zuvor unter https://reservaciones.acguanacaste.ac.cr/en/pailas reserviert werden. Es ist eine Reisepass bzw. eine Kopie vorzulegen. Alle Besucherdaten werden in einer Liste geführt, damit niemand verloren geht. Beim Verlassen des Parks unbedingt ordnungsgemäß abmelden.

> **Extratipp:** Der frühe Vogel fängt den Wurm. Wer zeitig da ist, hat den Park und das landschaftliche Vergnügen für sich.

Touren Buchbar über die Rinconcito Lodge, www.rinconcitolodge.com.

Übernachten **Casona Hacienda Santa Maria** Wer sein eigenes Zelt dabei hat, findet hier die einmalige Möglichkeit, im Nationalpark zu übernachten. Das Gelände ist gut gepflegt und der Aufenthalt inmitten atemberaubender Natur unvergesslich. Vorherige Reservierung ist

Der Nordwesten → Karte S. 164

nicht notwendig. Die Station ist von 8–16 Uhr besetzt. Zugang über Santa María, 15 $ pro Person und Nacht. €

Rincón de la Vieja Lodge Die weitläufige Hotelanlage hat 19 rustikale Bungalows und 30 einfach gestaltete Zimmer. Die Lage zum Nationalpark ist perfekt. Verschiedene Aktivitäten wie Ausritte zu Pferd oder Ziplining werden angeboten. Frühstück ist inklusive. 1 km vom Zugang Las Pailas entfernt, ✆ 22000238. €€€

Hotel Hacienda Guachipelín Die recht große Hotelanlage mit ihren 79 sauberen und geräumigen Zimmern in verschiedenen Kategorien überzeugt durch die perfekte Ausgangslage zum Nationalpark. Der Eingang Las Pailas ist nur 2 km entfernt. Im Garten gibt es einen Pool. Die heißen Badebecken am Fluss gehören zur Hotelanlage. Das Frühstück ist inklusive. Curubandé, ✆ 26902900, www.guachipelin.com. €€€

Zona Protectora Volcán Miravalles

Naturschutzgebiet Vulkan Miravalles

Er beeindruckt, der Miravalles, und muss sich nicht hinter seinen imposanten Nachbarvulkanen Tenorio und Rincón de la Vieja verstecken – er präsentiert seine 2028 m Höhe in einer zerklüfteten Kegelform. Meist ist der kahle Gipfel von weißen Wattewolken umhüllt, das Dschungel-Grün an den Vulkanabhängen tritt dann besonders deutlich hervor.

Obwohl der Miravalles ein erloschener Vulkan ist, kann man vor allem im Las Hornillas Volcanic Activity Center noch vulkanische Aktivität erleben: Schwefeldämpfe treten nach wie vor aus dem Berg hervor, man kann sich mit mineralhaltigem Vulkanschlamm beschmieren, der in Schlammlöchern blubbert, und in den heißen Thermalquellen baden.

Die Gase des Vulkans werden sinnvoll genutzt: Das Elektrizitätswerk (ICE) der Regierung von Costa Rica verfügt über mehrere geothermische Kraftwerke, die die Erdwärme in Elektrizität umwandeln. Es gibt ringsum auch viele Windkraftanlagen, um die Nachhaltigkeitsziele des Landes zu verbessern.

Obwohl auch Affen, Pumas, Tapire, Ozelote und Jaguare zu den Bewohnern des Miravalles-Schutzgebietes zählen, sind die größte Attraktion die Thermalquellen. Abends, wenn es kühler wird, macht das Baden im warmen Wasser noch mehr Spaß als tagsüber. Einige Unterkünfte am Vulkan (→ Übernachten) haben ebenfalls Thermalpools.

Aktivitäten

Yoko Hot Springs: Beliebt bei Ticos, mit fünf einfachen Thermalbecken, die Temperaturen bis zu 38 °C erreichen. Es gibt schattige Sitzbereiche, Picknicktische und eine Wasserrutsche.

■ Eintritt 5000 CRC, Kinder bis 10 Jahre 3400 CRC.

Termales El Guayacán: Naturbelassen, mit freundlichem Personal, es gibt verschiedene warme Thermalbecken, auch mit Sprungmöglichkeiten und einer wunderbar langen Wasserrutsche. Am Wochenende wird es voll! Einfache Cabinas zum Übernachten stehen bereit.

■ Tägl. 8–20 Uhr. Eintritt 5400 CRC, Kinder bis 10 Jahre 3000 CRC. 54 km östlich von Libería, 27 km nördlich von Bagaces an der Ruta 165, CentroRecreativoyEcologicoElGuayacan (Facebook).

Thermomania: Spaß für die ganze Familie, denn die Thermalbecken liegen in einem bunten Wasserpark, überdimensionale Leguane schauen beim Planschen und Rutschen zu. Hurrikan Otto hatte den Ort 2016 komplett zerstört, alles musste neu aufgebaut werden. Es gibt ein Restaurant eine Bar und Spa-Bereich. Am Wochenende kommen viele einheimische Familien.

▪ Tägl. 8–22 Uhr. Eintritt 5000 CRC. 27 km nördlich von Bagaces an der Ruta 165.

Geführte Wanderung: Am **Las Hornillas Volcanic Activity Center** am Fuß des Vulkans startet tägl. um 9.30 Uhr eine Wanderung durch das Schutzgebiet. Zunächst geht es mit einem Traktor oder hoch zu Ross immer bergauf. Später überquert man zu Fuß ein paar rustikale Hängebrücken – endlich kommt Abenteuerfeeling auf! Schöne Wasserfälle liegen auf dem Weg, wer mutig ist, darf reinspringen. Hinterher kann man sich im natürlichen Schlammbad von oben bis unten einreiben und hoffen, dass die Mineralien der Haut einen Verjüngungs-Kick verleihen. In den Thermalquellen bekommen dann die müden Knochen ihre wohlverdiente Entspannung. Spinde für Wertsachen sind vorhanden!

▪ 65 $ inkl. Lunch. 400 m südlich und 2 km östlich des geothermischen Kraftwerks, Anfahrt via Bagaces und Fortuna, ✆ 88396769, www.hornillas.com.

Aufstieg zum Krater: Der Aufstieg zum 2208 m hohen Vulkan ist ohne Guide nicht zu empfehlen, da es keine Wanderwege gibt. Man läuft je nach Kondition 5 bis 8 Stunden querfeldein. Nachdem die Abhänge erst üppig grün sind, wird die Vegetation in Richtung Gipfel sehr karg, bis man schließlich den zerklüfteten und inaktiven Krater erreicht.

Praktische Infos

Anfahrt 27 km nördlich von Bagaces nahe dem kleinen Dorf Fortuna (nicht La Fortuna am Arenal) über die Route 164 und 165 in Richtung Norden (Upala). Von Bagaces zum Dorf Fortuna am Fuße des Volcán Miravalles fährt stündlich zwischen 6 und 17 Uhr ein **Bus**, Fahrzeit 45 Min.

Ausrüstung Handtuch, Bade- und Wechselsachen. Besser keinen Schmuck tragen, da das Wasser und der Schlamm schwefelhaltig sind, was zu Verfärbungen führen kann.

Touranbieter **Las Hornillas Tours** (www.miravallesvolcano.com), **Tico Tours** (www.ticotoursguanacaste.com), **Nexus Tours** (www.nexustours.com).

Übernachten Die meisten Unterkünfte sind in dieser ländlichen Gegend recht einfach. Das gehobene Río-Perdido-Resort sticht unter den Angeboten heraus.

Colinas del Miravalles Kleine, rustikale, familiengeführte Lodge mit 5 Hütten und einem Thermalbecken. Die Lage ist äußerst reizvoll inmitten der tropischen Landschaft mit grandiosem Blick auf den Gipfel. Das reichhaltige Frühstück ist im Übernachtungspreis enthalten. Im dazugehörigen Restaurant wird lokale Küche serviert. 1,5 km nordöstlich von Guayabo in Richtung Vulkan, ✆ 26730244, www.colinasdelmiravalles.com. **€€€**

Paraíso Volcan Lodge Die Anlage liegt in Guayabal am Fuße des Miravalle. Vom wunderschönen Garten hat man einen grandiosen Blick auf den Vulkan. Der Betreiber Jorge ist ein perfekter Gestgeber. Tolles Preis-Leistungs-Verhältnis. Guayabal an der Carretera 164, ✆ 89624721. **€€**

Río Perdido Lodge Mitten im Nichts, eingebettet in traumhaft schöne Landschaft, liegt diese Lodge. Die Bungalows sind komfortabel und sehr geschmackvoll eingerichtet. Die Anlage verfügt über ein eigenes Thermalbad und eine Zipline-Anlage. Anfahrt über Salitral und San Bernardo, 18 km südlich von Guayabo, ✆ 26733600, www.rioperdido.com. **€€€€**

Der Nordwesten → Karte S. 164

Parque Nacional Santa Rosa

Nationalpark Santa Rosa

Santa Rosa war der erste Nationalpark, der in Costa Rica eingerichtet wurde. Damit wollte man auch das Gelände um die Farm Casona schützen. 1856 hatte sich der amerikanische Filibuster William Walker (→ S. 429), der am liebsten ganz Mittelamerika erobert hätte, mit seinen Leuten hier verschanzt.

Das costa-ricanische Militär rückte an und schlug die Eindringlinge erfolgreich. Um diesen Erfolg um die Unabhängigkeit des Landes nicht zu vergessen, wurde der Nationalpark gegründet, der heute gemeinsam mit dem Nationalpark Rincón de la Vieja und dem Guanacaste-Nationalpark zum regionalen Schutzgebiet-Verbund „Área de Conservación Guanacaste" gehört, der aufgrund des bedrohten Trockenwaldes wiederum zum Welterbe der UNESCO zählt. Hundert Jahre später, im Jahr 1955, fielen Truppen des gestürzten costa-ricanischen Präsidenten Rafael Ángel Calderón in Santa Rosa ein. Calderón lebte nach dem Krieg von 1948 (→ S. 430) in Mexiko im Exil. Mit Hilfe des nicaraguanischen Diktators Somoza wollte er nun die Macht über Costa Rica zurückerlangen. Die Truppen des amtierenden Präsidenten Costa Ricas, José Figueres Ferrer, schlugen die Putschisten jedoch erfolgreich.

Das heutige Farmgebäude „La Casona" liegt 7 km vom Haupteingang entfernt im Sektor Santa Rosa. Es ist nicht das Original, da es bereits dreimal wieder aufgebaut werden musste. Immer wieder wurde das Gebäude durch Feuer zerstört, letztmalig im Jahr 2001 durch Brandstiftung. Doch die Restauratoren haben einen guten Job gemacht und das Gebäude fast originalgetreu wieder errichtet. Drinnen wartet ein kleines Museum, das an die geschichtsträchtigen Schlachten an diesem Ort erinnert (tägl. 8–15.30 Uhr). Auch die Bedeutung des Trockenwaldes kommt nicht zu kurz. Denn natürlich war nicht nur die schlachtenreiche Geschichte der Grund für die Ernennung zum Nationalpark.

Die Natur ist einzigartig, denn Santa Rosa bietet in dem 500 km² großen Gebiet, das auch die Halbinsel Santa Elena umfasst, verschiedenste natürliche Lebensräume, darunter Savanne, Sümpfe, Mangrovenwälder und tropischen Trockenwald. Hier tummeln sich Brüllaffen und Kapuzineraffen, Nasenbären und Tapire. Sogar Raubkatzen wie der Jaguar und Ozelot leben hier. Allerdings müsste man im Park schon für mehrere Wochen sein Zelt aufschlagen, um sie zu Gesicht zu bekommen. Die beste Zeit, um Tiere im Park zu beobachten, ist die Trockenzeit von April bis Dezember, denn durch das fehlende Laub ist die Sicht besser und die Tiere kommen regelmäßig an die Wasserstellen. Zwischen Juli und Dezember nisten zudem Schildkröten an der Playa Nancite.

Der Nationalpark ist in die Sektoren Marino, Santa Rosa und Murciélago unterteilt. Der Sektor Marino ist nur per Boot erreichbar und zum Tauchen und Schnorcheln interessant.

Strände im Sector Santa Rosa

Im Süden befindet sich der Sector Santa Rosa mit den beiden Stränden Playa Naranjo und Playa Nancite.

Playa Naranjo: Der ewig lange Sandstrand ist bei Surfern aus aller Welt beliebt. Der Peña Bruja, der Hexenfelsen im Meer, sorgt für spektakuläre Wellen, die nur Profis zu nehmen wissen. Hier wurden Szenen zum Kult-Surf-Film „Endless Summer II" gedreht. Camping ist am Strand nach Anmeldung möglich. Die Anfahrt über die 8 km lange und sandige Piste ist nur mit Allrad machbar (ca. 40 Min.).

Playa Nancite: Der einsame Sandstrand liegt nördlich der Playa Naranjo und ist berühmt für die Massenankünfte der Oliv-Bastard-Meeresschildkröte zur Eiablage. Das Hinterland des Strandes belebt eine vielfältige Tierwelt. Die Anwesenheit von Jaguaren wurde bereits vielfach dokumentiert. Die abgelegten Eier der Schildkröten sind für sie eine leichte Beute. Am Strand befindet sich auch eine kleine Forschungsstation, die Wissenschaftlern vorbehalten ist. Anmeldungen zur Beobachtung der Schildkröten sind bei der Parkverwal-

Strandvergnügen

tung am Haupteingang vorzunehmen. Dort erfährt man auch den aktuellen Zustand der 20 km langen Zufahrt via Hacienda La Casona. Regen macht die Zufahrt zeitweise unpassierbar. Allrad ist grundsätzlich notwendig.

Wanderwege im Sector Santa Rosa

Drei gut ausgebaute Wanderwege führen durch den wilden Park.

Indio Desnudo: Auf dem 1 km langen Rundweg mit dem lustigen Namen „Nackter Indianer“ können mit etwas Glück am frühen Morgen Ameisenbären und Tapire entdeckt werden. Der Name des Weges kommt vom gleichnamigen Baum, der ständig seine Rinde abwirft. Der Weg beginnt an der Hacienda La Casona.

Los Patos: Die 1 km lange Runde beginnt nach 1,5 km auf der Zufahrtsstraße zur Playa Naranjo. In anstrengenden 40 Minuten gelangt man zu einem Aussichtspunkt, dem **Mirador Cañon del Tigre.** Ein wunderbarer Blick über das Parkgelände bis hin zum Ozean offenbart sich.

Mirador Valle Naranjo: 600 m sind es zum Aussichtspunkt mit Blick auf das Tal und den Strand Naranjo. Der Einstieg erfolgt nach 4 km auf der Zufahrtsstraße.

Sector Murciélago

Er bildet den nördlichen Teil des Santa-Rosa-Nationalparks. Eine 17 km lange Piste führt zur **Playa Blanca** am äußersten Zipfel der Halbinsel Santa Elena (über Cuajiniquil). Der **Mirador Los Pargos,** 9,6 km vom Eingang entfernt, bietet einen Panorama-Blick über die Bahía Santa Elena. In diesem Parkabschnitt lebt die Vampirfledermaus. Tauchbegeisterte sollten im Vorfeld über eine Agentur einen Tauchausflug zur Fledermaus-Insel, der **Isla Murciélago,** buchen, die in der gleichnamigen Bucht liegt. Das Haus der **Rangerstation Hacienda Murciélago** gehörte einst dem nicaraguanischen Diktator Somoza.

Der Nordwesten → Karte S. 164

Praktische Infos

Größe 115.000 ha, davon ca. 2/3 zu Wasser.

Anfahrt Es gibt keinen direkten Bus zum Nationalpark. **Busse** von San José oder Liberia nach La Cruz und an die nicaraguanische Grenze halten am Abzweig von der Panamericana. Die restlichen 7 km des Weges zur Hacienda La Casona müssen zu Fuß oder per Anhalter zurückgelegt werden. Zu den Stränden geht es nur mit **Allrad.**

Zugänge Den **Sector Murciélago** erreicht man über die Halbinsel Santa Elena (über Cuajiniquil), den **Sector Santa Rosa** (Haupteingang) über den Abzweig an der Interamericana 12 km südlich von Guacalito bzw. 10 km nördlich von Potrerillos kommend.

Besucherzentren **Rangerstation Hacienda Murciélago** und **Hacienda la Casona,** ✆ 88869510 (WhatsApp). Eine Karte des Nationalparks gibt es unter www.acguanacaste.ac.cr als PDF-Download.

Öffnungszeiten Tägl. 8–15.30 Uhr, Playa Naranjo Mi–Mo 8–14 Uhr.

Eintritt 17 $ pro Sektor. Die Tickets für die einzelnen Sektoren sind unter https://reservaciones.acguanacaste.ac.cr/en zu reservieren (per Login). Gezahlt wird per Kreditkarte im Büro für Ökotourismus im Sektor Santa Rosa.

Parken/Infrastruktur Bei den Rangerstationen gibt es Parkmöglichkeiten, Picknicktische, Toiletten, Trinkwasser und ein Areal für Camping.

Wann besuchen? Zur Trockenzeit. Die Regenzeit, die von Mai bis November dauert, wird normalerweise durch eine zwei- oder dreiwöchige Trockenzeit im späten Juli oder August unterbrochen, die als „Verillo de San Juan" (kleiner Sommer) bezeichnet wird. Inzwischen verschiebt sich das Klima allerdings auch in Costa Rica.

Ausrüstung Wasser, Picknick, Fernglas und Mückenschutz.

Parque Nacional Guanacaste

Nationalpark Guanacaste

Der Guanacaste-Nationalpark ist in die drei Sektoren **Maritza, Cacao** und **Pitilla** aufgeteilt, die jeweils einen Zugang zum Park, eine Forschungsstation und Übernachtungsmöglichkeiten bieten. Zusammen mit dem Santa-Rosa-Nationalpark bildet der Nationalpark Guanacaste das größte Trockenwaldreservat Costa Ricas (→ Kasten, S. 174). 1989 wurde er eingerichtet, um einen zusammenhängenden Lebensraum zwischen Trocken- und Regenwald zu schaffen, denn viele Tiere wandern, je nach Jahreszeit, von einem in den anderen Bereich. Die Idee, solch einen „Wanderkorridor" einzurichten, hatte der US-amerikanische Biologe Professor Daniel Janzen. Er hat sich auf die Koexistenz zwischen Pflanzen und Tieren spezialisiert und den Park initiiert. Janzen war sich darüber im Klaren, dass dadurch Weideland wegfallen und einige „Rancheros" ihre Jobs verlieren würden. Deshalb stellte er sicher, dass Einheimische als Parkpersonal ausgebildet wurden und die lokale Bevölkerung an Umweltprogrammen beteiligt wird. Denn die Nationalparks sind zwar wichtig für Tiere und Umwelt, gehören aber auch zum Alltag der Bewohner.

Mitten im Park liegen zwei Vulkane, der **Orosí** und der **Cacao.** Beide sind mit ihren zerklüfteten Kratern kaum als Vulkane zu erkennen, nur ihre Höhe von knapp 1500 m und 1700 m lässt erahnen, dass „da mal was war".

Besonders in der Trockenzeit wirkt die blattlose Gegend kahl und nüchtern, aber Tiere lassen sich dann umso besser beobachten, wenn sie zum Trinken an die Wasserstellen kommen. Beim Wandern bekommt man mit ein bisschen Glück Kapuzineraffen, Faultiere und Coatis zu sehen, mit ganz viel Glück und Geduld sogar einen Puma oder Jaguar. Garantiert ist auf jeden

Fall ein Einblick in die bunte Vogelwelt. Interessant sind auch die archäologischen Funde im Sektor Maritza. Über 100 in Stein gemeißelte Bilder, Petroglyphen, sind hier entdeckt worden.

Wanderwege

Cerro Cacao: Im Sektor Cacao beginnt an der Forschungsstation der 2 km lange Aufstieg zum 1664 m hohen Gipfel des erloschenen Vulkans Cacao. Die Wanderung dauert 3 bis 4 Stunden und ist nur für trittsichere Wanderer mit Kondition geeignet.

Maritza-Cacao: Der 12 km lange Wanderweg verbindet die beiden Sektoren. Er führt durch dicht bewachsenes Gelände. Mehrere Flüsse und Anstiege müssen überwunden werden. 4 bis 5 Stunden sind einzuplanen.

Ohne Blätter: Warum ist der Trockenwald gefährdet?

Es regnet nicht, monatelang. Von Oktober bis April ist Trockenzeit in Costa Rica. In ganz Mittelamerika. Die Temperaturen steigen im Flachland locker auf über 30 °C. Wasser verdunstet, Flüsse und Seen schrumpfen, Wasserfälle sind weniger üppig. Doch das macht dem tropischen Trockenwald nichts aus. Seine Bäume werfen ihre Blätter in dieser Zeit einfach ab, um das kostbare Wasser in Stamm und Ästen vor der Verdunstung zu schützen. Im Boden ist genug Wasser gespeichert, um dem Wald das Überleben zu sichern. Zu den häufigsten Baumarten des tropischen Trockenwalds gehören der Guanacaste – Nationalbaum Costa Ricas –, der Cedro, der Wilde Cashew, die Amerikanische Feige und der Brasil.

Dennoch ist der Trockenwald fast verschwunden, vom Aussterben bedroht. Dabei waren früher beinahe die gesamten Küstengebiete Zentralamerikas mit tropischem Trockenwald bedeckt. Er ist ein wichtiger Lebensraum für viele Tiere wie Brüllaffen, Hirsche, Gürteltiere, Ameisenbären, Kojoten und verschiedene Vogel-, Reptilien- und Amphibienarten. Doch um Platz für neue Ortschaften und landwirtschaftliche Nutzflächen zu schaffen, wurde das trockene Unterholz planmäßig in Brand gesetzt und ruckzuck stand der Wald in Flammen. Die verbleibenden kahlen Baumstümpfe konnten dann problemlos gerodet werden. Guanacaste ist das Zentrum der costa-ricanischen Viehzucht. Über eine Million Rinder grasen, wiederkäuen und rülpsen auf den großflächigen Weiden, um als Burgerfleisch in US-amerikanischen Fast-Food-Restaurants zu landen. Kein Wunder also, dass der Trockenwald auch hier bedroht ist. Doch immerhin gibt es ihn noch und der verbliebene Rest ist heute Teil des Schutzgebietes Area de Conservación Guanacaste (ACG). Es ist 63.000 ha groß und umfasst neben Trockenwald auch Regen- und Nebelwald. 1999 wurde das Schutzgebiet von der UNESCO zum Weltnaturerbe erklärt. Nun wird in einigen Regionen wieder aufgeforstet und ganz langsam tragen die Bemühungen von Umweltaktivisten und Tierschützern Früchte: Sekundärer, also nicht mehr ursprünglicher, Trockenwald wächst heran und soll zukünftig den Lebensraum für viele Tierarten erweitern.

Der Nordwesten → Karte S. 164

Praktische Infos

Größe 38.000 ha.

Anfahrt/Zugänge Für die Anfahrt zu allen Nationalparkstationen benötigt man einen **Allrad-Geländewagen.** In der Regenzeit sind viele Wege teilweise unpassierbar.

Zur **Parkstation Cerro Cacao,** 25 km nördlich von Liberia, biegt man rechts ab auf die Straße 917 nach Quebrada Grande. Von dort sind es noch 18 km zur Station.

Die **Parkstation Pitilla** erreicht man über den nördlichen Zugang zum Park über die Straße 4 bei Santa Cecilia.

Zur **Parkstation Maritza** biegt man 44 km nördlich von Liberia bei Guajinicil rechts ab. Weitere 18 km sind es noch auf der Schotterpiste bis zur Station im Herzen des Parks.

Öffnungszeiten Tägl. 7–15 Uhr.

Eintritt 15 $.

Übernachten Jede der drei **Nationalparkstationen** bietet einfache Übernachtungsmöglichkeiten mit Gemeinschaftsschlafräumen, Duschen und Kochgelegenheiten. ✆ 26618150.

Cuajiniquil

Cuajiniquil ist ein kleines, entspanntes Fischerdorf an der Pazifikküste und optimaler Ausgangspunkt für den Besuch der Nationalparks in der Provinz Guanacaste. Außerdem kann man sich von dort per Boot auf die Inselgruppe **Islas Murciélago** übersetzen lassen. Die Überfahrt dauert je nach Seegang 2 bis 3 Stunden. Wer auf der Hauptinsel Isla San José übernachten will, muss sich zuvor bei den örtlichen Behörden anmelden (✆ 26665051). Wer nichts machen will, genießt die schönen Strände um Cuajiniquil. Einer der nahegelegenen Strände ist die **Playa Junquillal.** Sie liegt 3 km vom gleichnamigen Fischerdorf entfernt im **Refugio Nacional de Vida Silvestre Bahía Junquillal,** welches mit seinen knapp 5 km² Teil des Guanacaste-Schutzgebietes ist. Die halbmondförmige Bucht mit weißem Sandstrand und kristallklarem Wasser trägt den Blue-Flag-Status. Nur wenige Touristen verirren sich an den paradiesisch schönen Strand, um in Ruhe zu baden und zu schnorcheln.

Busverbindungen **Santa Cruz:** mehrmals tägl. ab 5.30 Uhr, letzter Bus 16 Uhr, Fahrzeit 1 Std.

Einkaufen **Super Deli Junquillal,** die Regale sind gut gefüllt und bieten ein reiches Angebot. An der Hauptstraße im Plaza Tierra Pacifica. Tägl. 8–20 Uhr.

Tour **Estero Tours** bietet verschiedene Touren hoch zu Ross, darunter auch die wildromantische Moonlight Tour. Die Dauer beträgt 1:30–3 Std. Preise ab 70 $. Playa Junquillal, ✆ 84968361, www.esterotours.com.

Übernachten **Cabina de María** María vermietet 2 einfache und zweckmäßig eingerichtete Zimmer mit eigenem Bad. Hauptstraße, ✆ 26791061. €

Santa Elena Lodge Familiengeführtes Haus mit herzlichen Gastgebern. Die Zimmer sind geräumig und schön eingerichtet. Hauptstraße, ✆ 83823020, www.santaelenalodge.com. €€€

Essen & Trinken **Restaurant Arrecife** Direkt neben der Santa Elena Lodge. Einfaches Ambiente und großzügige Portionen mit allerlei Meeresgetier erwarten die Besucher. Tägl. 11–20.30 Uhr. Hauptstraße, ✆ 267 91313. €

La Ventana del Surfisa Klassische Soda mit einfacher und rustikaler Kost. Gegrillter Fisch im Ganzen, Hühnchen und Hamburger. Die hausgemachten Saucen sind ein Muss. An der Hauptstraße zwischen C. Playa Blanca und C. Esperanza. Di–So 8–20.30 Uhr. €

Marisqueria Boulevard Auch hier werden schmackhafte Speisen aus dem Meer zubereitet und serviert. Tägl. 11–21 Uhr. Hauptstraße, ✆ 26791095. €

La Cruz

Die kleine Stadt La Cruz liegt 56 km nördlich von Liberia an der Panamericana und unweit des nördlichen Zugangs zum Nationalpark Santa Rosa. Für Reisende von und nach Nicaragua ist La Cruz die erste bzw. letzte größere Ortschaft mit Tankstelle und Bankfilialen. Außerdem führt von hier die Straße zur Bahía Salinas (s. u.). Leider sind nur die ersten Kilometer asphaltiert.

Busverbindungen Das **Bus-Terminal** liegt nördlich des Zentralplatzes in der Av. 5.

San José: stündlich ab 3 Uhr, Fahrzeit 6 Std.

Liberia: alle 45 Min. ab 5 Uhr, Fahrzeit 1:15 Std.

El Jobo: 5-mal tägl. ab 5 Uhr, Fahrzeit 1 Std.

Einkaufen **Super Compro La Cruz,** großer Supermarkt, C. Central am Parque Central. Tägl. 7–21 Uhr.

Geld **Banco de Costa Rica,** C. Central/Av. Central. Mo–Fr 9–16 Uhr.

Gesundheit **Clínica CCSS La Cruz,** Interamericana/Av. 4, ✆ 26799116. Tägl. 24 Std.

Übernachten **Hotel Amalias Inn** 8 schöne Zimmer stehen in dem Privathaus des Malers Lester Bounds zur Verfügung, ebenso Gemeinschaftsküche, Swimmingpool und eine Terrasse mit Blick über die Salinas-Bucht. 100 m südlich vom Parque Central, ✆ 88303139, www.hotelamalialacruz.weebly.com. **€€**

Essen & Trinken **Tuko's Pizza** Leckere, preiswerte Pizza in einfachem Ambiente. Tägl. 12–22 Uhr. C. Central/C. 1, ✆ 84419223. **€**

Bahía de Salinas

Salinas-Bucht

Die weite Bucht im Norden des Landes nahe der Grenze zu Nicaragua ist bisher touristisch unterbelichtet. Und dies, obwohl hier durch beständige Winde optimale Bedingungen für den Kitesurf-Sport bestehen. Über das verschlafene Fischerdorf **Puerto Soley** erreicht man die verschiedenen Strände an der Bucht.

Strände

Playa Puerto Soley: Schöner Strand zum Entschleunigen. Wenige Menschen kommen hierher. Das Wasser ist ruhig und somit für Kinder bestens geeignet.

Playa Pochotes: Nördlich der Playa Puerto Soley liegt die noch ruhigere Playa Pochotes. Wild, einsam und ohne Infrastruktur. Die Tagesverpflegung ist mitzubringen. Wer sehr früh wach ist, erlebt hier einen unvergesslichen Sonnenaufgang.

Playa Papaturro und **Playa Copal** sind aufgrund des beständigen Windes bei Kite-Surfern sehr beliebt

Isla Bolaños

Im Dorf kann man ein Boot zur Überfahrt auf die Isla Bolaños anmieten. Auf der Insel gibt es zahlreiche Vogelarten wie Fregattvögel, Pelikane und Austernfischer zu beobachten. Das Betreten der Insel ist allerdings nur Forschern und Wissenschaftlern erlaubt.

Auch Leguane lieben den Strand

Praktische Infos

Busverbindungen Vom nahegelegenen El Jobo fahren **Busse** mehrmals tägl. nach La Cruz.

Aktivitäten **Kite Boarding Costa Rica,** die äußerst gut gelaunten Instruktoren machen die Lernstunden zum Erfolgserlebnis. Die Ausrüstung ist neuwertig und die Stunden und Paketpreise sind günstig. Playa Copal, ✆83704894, www.kiteboardingcostarica.com.

Plaza Copal Tours, ob Mountainbiking, Rafting, Canopy, Reitausflüge oder kurze Rundreisen durch das nahe gelegene Nicaragua – Ulf organisiert alles und ergänzt die Touren durch sein exzellentes Wissen über Kultur, Politik und Zeitgeschehen. Playa Copal an der Hauptstraße 935, ✆89945292, www.facebook.com/plazacopal.

Übernachten **Blue Dream Hotel** Schlichte Unterkunft mit lockeren Gastgebern. Hier kommen die Wassersportler zusammen. Am Abend werden die Erlebnisse des Tages ausgetauscht. Von der Terrasse gibt es einen grandiosen Blick auf das Meer. 60 m vom Zugang zur Playa Papaturro, ✆88265221, www.bluedreamhotel.com. **€**

Cabinas KiteCostaRica Nur wenige Schritte von der Playa Copal entfernt. Wie der Name schon sagt, ist eine Kite-Board-Schule angeschlossen. Die Zimmer sind einfach und zweckmäßig mit Küchenzeile eingerichtet. Es gibt auch komfortable Bungalows zu mieten. Mit Restaurant. Playa Copal, ✆83704894, www.kiteboardingcostarica.com. **€€**

Essen & Trinken **El Fogon de Juana** Pizza, Pasta, Fisch und anderes Meeresgetier frisch und herzhaft zubereitet. Tägl. 11–20 Uhr. Playa Copal an der Hauptstraße 635, ✆84604543. **€€**

Abstecher nach Nicaragua II

Ein Abstecher nach Nicaragua lohnt sich auch hier. Nur 45 km hinter der Grenze Peñas Blancas liegt der beliebte Surferort **San Juan del Sur** in einer großen sichelförmigen Bucht. Es gibt zahlreiche Unterkünfte, Restaurants am Malecón, die Lobster anbieten, jede Menge Bars und einen kleinen Markt mit Kunsthandwerk und Lebensmitteln. Der Sonnenuntergang ist mit den in der Bucht schaukelnden Fischerbooten fantastisch. Der Ort ist umgeben von zahlreichen Stränden, jeder mit seinem eigenen Charme. In Richtung Süden ist die lange **Playa Hermosa** mit ihrem weißen Strand und der herrlich-chilligen Ecolodge mit Hängemattenplätzen und einer Beachbar am schönsten. Im Norden von San Juan del Sur liegt die **Playa Maderas,** die perfekt ist zum Surfen und Schwimmen. Im Hostal Tres Hermanos, wo sich die Surferszene trifft, gibt es leckeres Essen und köstliche Smoothies (geöffnet tägl. 9–23 Uhr).

30 km von San Juan del Sur liegt am Nicaragua-See das Örtchen **San Jorge.** Hier fahren die Fähren zur **Vulkaninsel Ometepe** ab. Schon von weitem sieht man den Kegel des Concepción auf dem Nordteil der Insel in die Höhe ragen. Auf dem Südteil kuschelt sich der Vulkan Maderas in die reiche Vegetation von Ometepe ein. Nach einer anstrengenden Wanderung kann man oben einen Sprung in die Lagune des Vulkans wagen. Ometepe lässt sich prima mit einem Motorroller oder Fahrrad erkunden – beides zu leihen z. B. an der **Playa Santo Domingo,** einem der schönsten Strände an der Schmalstelle zwischen dem Nord- und Südteil der Insel. Petroglyphen, der Wasserfall San Ramón, ein natürliches Schwimmbecken – Ojo de Agua –, gespeist von vulkanischem Quellwasser, und das **Naturschutz-**

Peñas Blancas

(Grenzübergang zu Nicaragua)

Der nordwestliche Grenzübergang von Costa Rica nach Nicaragua ist der größte und trubeligste des Landes. Lkw-Schlangen, Ticos, Nicas, Touris – überall ist was los. Am besten ist man früh da, dann haben die Beamten noch Muße zum Arbeiten und man kommt relativ schnell durch.

Aus- und Einreise

Auf costa-ricanischer Seite muss zunächst eine Ausreisgebühr (Impuestos de salida territorial) in Höhe von 5 $ gezahlt werden. Hinzu kommen 2 $ für die Gepäckrevision, die stichprobenartig durchgeführt wird. Die Gebühr kann man an einem Automaten per Kreditkarte oder am Schalter im Gebäude gegenüber zahlen. Wieder an der Passkontrolle, zeigt man die Quittung, den Reisepass, Ausreisestempel rein, fertig.

Der Weg zwischen beiden Grenzposten beträgt etwa 1 km. Wer nicht laufen möchte oder viel Gepäck hat, kann eine Fahrradrikscha mieten für 5 $.

In Nicaragua muss man 1 $ Gemeindesteuer zahlen und schließlich weitere 12 $ Einreisegebühr. Zahlungsbeleg aufbewahren, da dieser vor dem Verlassen des Grenzbereiches vorgezeigt werden

gebiet Charco Verde sind nur einige Stationen der Entdeckungstour. Im gemütlichen Ort **Moyogalpa** warten zur Stärkung ein paar gute Pizzerias.

Weitere 70 km nördlich von Ometepe liegen mit dem bunten Kolonialstädtchen **Granada**, der wunderschönen, von Wald umgebenen **Vulkan-Lagune Apoyo** und dem **Vulkan Masaya** weitere Highlights von Nicaragua. Im Krater des Masaya-Vulkans brodelt zurzeit ein rot glühender Lavasee. Besucher dürfen bis an den Kraterrand herantreten und direkt in die Lava hinabblicken, was vor allem in der Dämmerung und nachts spektakulär ist (Eintritt ab 17 Uhr 10 $, vor 17 Uhr 100 Córdoba).

Übernachten **Casa Romano** Das Haus mit dem lila-gelben Anstrich fällt sofort auf. Das hotelähnliche, familiengeführte Hostal hat schöne, saubere DZ mit Bad, Ventilator, AC, Gemeinschaftsküche, Wäscheservice, Motorradverleih, WiFi, Internetplatz, oben mit Terrasse und Hängematten. Es ist sehr sauber und es wird auf Zimmerlautstärke ab 22 Uhr geachtet, kein Party-Hostel! Bestes Preis-Leistungs-Verhältnis vor Ort. San Juan del Sur, Av. del Parque, von der Kirche 1,5 Blöcke nach Westen, ✆ +505/87885920. **€**

Hospedaje Buena Vista Urige und farbenfrohe Anlage mit mehreren um einen Garten angelegten Zimmerchen im Bungalow-Stil. Die Zimmer sind einfach, aber verfügen über ein Bad, Moskitonetz und WiFi. Überall baumeln Hängematten und kleine Hängestühlchen zum Schaukeln für Kleinkinder. Wunderbarer Ort zum Relaxen, günstig und freundlich. Der Besitzer bestellt auch gerne ein Taxi oder ruft den Taxifahrer des Vertrauens an. Ometepe, nahe dem Abzweig von der NIC-64 zur Playa Santo Domingo, direkt am Strand, ✆ +505/58276180. **€**

Nosotros Hostal Ein blitzsauberes, ruhiges und ideenreich gestaltetes Hostal, sogar das Frühstück ist mit dabei. Gleich zwei Patios, getrennt durch eine TV-Lounge mit gemütlichen Sofas, warten auf Gäste, die im Schatten der Pflanzen und des Innenhofes ein Buch in der Hängematte lesen wollen. Verrückt sind die bunten Petroglyphen, die überall im Hostal an die Wände gemalt wurden. Grandios! Granada, C. Real Xalteva 205, unweit der Kirche La Merced. **€**

muss! Bienvenidos en Nica! Die Währung heißt ab jetzt Córdoba: 1 € = 39,60 C$ (Stand November 2023).

Achtung: Nicaragua verlangt seit den Unruhen 2018 für die Einreise über den Landweg eine Online-Anmeldung, die mindestens sieben Tage vor Einreise getätigt werden muss. Wer die Anmeldung nicht gemacht hat, muss mit erheblichen Verzögerungen bei der Einreise rechnen. Auf der nicaraguanischen Seite gibt es mehrere Duty-free-Shops. Ein beliebtes Produkt ist der Rum aus Nicaragua, Flor de Caña.

Praktische Infos

Mietwagen Mietwagen dürfen nicht mit über die Grenze genommen werden. Man kann sie an der Grenze für kleines Geld bei Einheimischen parken, die darauf aufpassen.

Busverbindungen **Von und nach Liberia** (Grupo Transbasa): 5–18.30 Uhr alle 45 Min.

Von und nach San José (Caribeños): 3.20–19 Uhr stündlich.

Busse von Ticabus, Transnica, Central Line, King Quality und Nica Expresso verkehren zwischen San José und Managua mit Zwischenstopps.

San Juan del Sur, Nicaragua (mit Umstieg in La Virgen, Busfahrer Bescheid sagen): 7–18 Uhr alle 30 Min., Fahrzeit 1 Std.

San Jorge, Nicaragua (Fähre nach Ometepe, Umstieg in Rivas): 7–14 Uhr alle 45 Min., Fahrzeit 1 Std.

Granada, Nicaragua (Umstieg in Rivas): 6–14 Uhr stündlich, Fahrzeit 2 Std.

Taxi Es fahren auch Taxis zu Zielen in Nicaragua. Nach San Juan del Sur kostet es ca. 30 $, Fahrzeit ca. 30 Min.

Nicht selten kann man bis an die Strände heranfahren

Von Liberia nach Cañas

Die Ruta 1, besser bekannt als Carretera Interamericana Norte bzw. Panamericana, verbindet Liberia mit der Ortschaft Cañas. Auf dem Weg bieten sich Abstecher zum Naturreservat Lomas Barbudal und dem Nationalpark Palo Verde an.

Während in der Reserva Biológica Lomas Barbudal die ganze Artenvielfalt des Trockenwalds erkundet werden kann, ist der Parque Nacional Palo Verde perfekt zur Vogelbeobachtung. Cañas selbst ist ein unspektakuläres Provinznest, eignet sich aber als Übernachtungsstation oder für eine Pause auf dem Weg zum Parque Nacional Volcán Tenorio oder zum Lago Arenal samt Vulkan.

Reserva Biológica Lomas Barbudal

Naturschutzgebiet Lomas Barbudal

Wer Lust hat, ohne andere Touristen auf gut beschilderten Pfaden zu wandern, ist in diesem wenig besuchten Reservat genau richtig. Tropischer Trockenwald prägt wie so viele Schutzgebiete der Guanacaste-Region auch die Reserva Biológica Lomas Barbudal, benannt nach einem der Flüsse, die hier hindurchfließen. Dieser und all die anderen Gewässer des Parks sind überlebenswichtig für den Wald und seine Bewohner. Besonders zur Trockenzeit suchen die Tiere immer wieder die Flüsse und Seen auf, um zu trinken – daher kann man sie zu dieser „temporada" am besten beobachten.

Gleich mehrere gefährdete edle Harthölzer wachsen im Schutzgebiet wie der Ron-Ron, auch Sternenbaum genannt, der Mahagoni und das Rosenholz, das seit Januar 2017 durch das Washingtoner Artenschutzabkommen geschützt ist. Diese Arten sind in Costa Rica aufgrund ihrer Beliebtheit als Möbelholz nur noch selten zu finden. Andere interessante Bäume, die man sehen kann, sind der Pochote, besser bekannt als Kapokbaum (Ceiba pentandra), mit seinen riesigen Stacheln, der Nationalbaum Guanacaste und der immergrüne Erdbeerbaum, der gewitzelt auch „Nackter Indianer" oder von den Einheimischen „Touristen-Baum" genannt wird, da er seine rotbraune Rinde abwirft, wie ein zu lange in der Sonne gebräunter Touri – und darunter wieder rot ist. Eigentlich kommt der Name allerdings von den rot leuchtenden Beeren, die einer Litschi ähnlich sehen. Die Frucht ist jedoch nicht besonders geschmacksintensiv und wird meist zu Likör oder Marmelade verarbeitet. Vor allem Vögel wie Blauhäher, Bandtauben und Trogone verputzen sie gern.

Sollten Sie im März oder April im Lomas Barbudal sein, haben Sie das Glück, die Blütezeit des leuchtenden, bis zu 15 m hohen Corteza Amarilla, auf Deutsch Guajakbaum, zu erleben – ein gelbes Farbenfest, das jede Menge Bienen anlockt. Ein monotones Dauersummen liegt dann in der Luft.

Wanderwege

Gut ausgebaute Wanderwege führen durch das Lomas-Barbudal-Reservat. Sie beginnen an der Rangerstation am Parkeingang. Hier sind zudem ein paar

Der Nordwesten → Karte S. 164

Drei Gründe, warum man den Erdbeerbaum selten zu Gesicht bekommt

- Der Baum liebt bergige Gegenden – doch nicht jeder wandert gern.
- Rehe und Hirsche lieben die Früchte – nur wenige keimen zu neuen Bäumen heran.
- Er wächst extrem langsam – es kann über ein Jahrhundert dauern, bis ein Erdbeerbaum seine volle Größe von etwa 10 m Höhe erreicht.

Steigen die Temperaturen weiter bei gleichzeitig weniger Regen, wird der Bestand weiter abnehmen.

Ausstellungsstücke zu sehen wie präkolumbische Keramik und Pfotenabdrücke verschiedener Tiere. Am besten ist es, ein Foto von der Wanderkarte zu machen, die hier ebenfalls steht.

Sendero Gigantes del Bosque: Der „Weg der Riesen des Waldes" ist der kürzeste Weg. Er ist flach und gut gepflegt. Nach einem 15-minütigen Spaziergang erreicht man einen von grünen Wäldern umgebenen kleinen See. Hinsetzen, picknicken, Füße im Wasser baumeln lassen.

Sendero Catarata: Der „Wasserfallweg" ist mit 2,4 km etwas länger und verläuft in einer Schleife. Der überwiegend flache Weg folgt dem Río Cabuyo. Man sollte leise sein – oft wollen Tiere hier trinken oder baden. An manchen Stellen muss man über behelfsmäßige Bretter-Brücken wandern. Der Weg ist sehr sonnig, Trinkwasser und Sonnenschutz nicht vergessen.

Weitere kurze und gut begehbare Wanderwege wie der **Sendero Carablanca** zeigen die Schönheiten des Reservats.

Praktische Infos

Größe 2279 ha.

Anfahrt/Zugänge 14 km südlich von Liberia in Pijije rechts abbiegen. 7 weitere, steinige Kilometer führen zum Eingang. Der **Haupteingang** von Lomas Barbudal liegt zwischen Bagaces und Liberia, nicht weit entfernt von der Interamericana (A 1). Von Liberia aus sind es ungefähr 14 km auf der A 1 in Richtung Süden. Am Schluss wird der Weg steil und zur Regenzeit ist ein Allradfahrzeug erforderlich.

Besucherzentrum Am Eingang zum Reservat gibt es das **Casa Patrimonio.** Hier sitzt der Parkranger, gibt Informationen zum Park und kassiert den Eintritt. Es gibt auch die Option, hier im eigenen Zelt zu übernachten.

Öffnungszeiten Tägl. 7–16 Uhr.

Eintritt 10 $.

Zeitplanung Wer beide Wege gehen möchte, braucht mit Zeit zum Beobachten von Vögeln und anderen Tieren ca. 3 Std.

Ausrüstung Trinkwasser, Sonnen- und Mückenschutz, feste Schuhe.

Parque Nacional Palo Verde

Nationalpark Palo Verde

Palo Verde ist einer der besten Parks, um Vögel, insbesondere Wasservögel, zu beobachten, denn er ist das wichtigste Feuchtgebiet Costa Ricas. Er umfasst Lagunen, Mangrovensümpfe, Grasland, Savannen und Trockenwälder, Letztere sind heute stark gefährdet. Von September bis März überwintern hier Tausende Zugvögel aus Nordamerika.

Der **Río Tempisque** fließt mitten durch den Park. Da in der Trockenzeit das Wasser knapp ist, kommen viele Vögel an den Fluss, um zu trinken und ihr Gefieder zu baden. Die **Isla Pájaros** liegt mitten im Fluss und eignet sich bestens, um den schwarz-gekrönten Nachtreiher zu beobachten, der hier nistet. Außerdem werden fasanenartige Hokkohühner (hocofaisán), scharlachrote Aras, weiße Ibisse, Rosalöffler, amerikanische Schlangenhalsvögel (Anhingas), Jabirus und Störche, verschiedene Reiher und andere Stelzvögel regelmäßig im Park gesichtet.

Bootstrip

Ein Bootstrip auf dem Fluss ist ein spannendes und gleichzeitig entspanntes Erlebnis: Neben den vielen Wasservögeln können Krokodile und Affen ganz relaxt vom Wasser aus beobachtet werden, ohne eine anstrengende Wanderung in der Hitze.

Wanderwege

Vier schlecht beschilderte Wanderwege führen durch den Park, hinauf zu Aussichtspunkten mit einem weiten Blick über die Flusslandschaft. Am großen Eingangsgebäude mit Springbrunnen gibt es eine Wanderkarte auf Spanisch.

Sendero La Roca: Der 540 m kurze, teils steile Weg führt zum Mirador. Von dort hat man einen tollen Blick über die Ebene mit der Lagune und dem Río Tempisque bis hin zum Golf von Nicoya.

Sendero Mapache: Der Weg führt auf 700 m durch drei verschiedene natürliche Lebensräume, den Laubwald im Flachland, den Kalksteinwald und immergrüne Wälder.

Sendero El Pizote: Auf den 650 m bekommt man einen guten Eindruck von der üppigen Natur. Ein 80 m langes, höher gelegenes Teilstück an der **Lagune Palo Verde** wurde eigens für Vogelbeobachtungen angelegt.

Praktische Infos

Größe 18,332 km².

Anfahrt/Zugänge Von Bagaces führt die Carretera 922 über 32 km zum Eingang des NP. Beschilderung folgen.

Öffnungszeiten Tägl. 8–16 Uhr.

Eintritt 12 $.

Ausrüstung Trinkwasser, Mückenschutz!

Touren Die **OTS** (Organization for Tropical Studies) bietet vogelkundliche Touren durch den Park zu Fuß oder mit dem Boot über den Río Tempisque an. Abfahrt ist am Bootsanleger neben der Parkverwaltung.

Palo Verde Boat Tours im nahegelegenen Ortega startet jeden Morgen zu einer zweistündigen Bootstour. 55 $/Person, inkl. Parkeintritt. ✆ 88418943, www.paloverdeboattours.com.

Günstigere Angebote lassen sich in **Puerto Humo** finden. Die Tour kostet ca. 100 $ pro Boot. Puerto Humo liegt 28 km von Nicoya entfernt.

Übernachten Camping ist in der **Hacienda Catalina** möglich.

Weitere Übernachtungsmöglichkeiten gibt es an der **Estación Biológica** der OTS. Die Zimmer sind einfach eingerichtet. Der Preis beinhaltet Vollverpflegung. ✆ 25240628, info@tropicalstudies.org. **€€€**

Beerenfutter für den Tukan

Der Nordwesten → Karte S. 164

Cañas

Die kleine Ortschaft im heißen Klima bietet sich als guter Ausgangspunkt zu Ausflügen in den Nationalpark Palo Verde (s. o.) und zum Vulkan Tenorio (→ S. 139) an. Außerdem ist Cañas für Rafting-Touren auf dem nahegelegenen Río Corobici bekannt. Im Ort gibt es einige gute Restaurants und Unterkünfte. Erstaunlich ist, wie viele Religionsgemeinschaften sich in dem Provinznest angesiedelt haben, deren Versammlungshäuser allerdings oft so modern und schlicht sind, dass sie auf den ersten Blick meist nicht als Glaubensorte erkennbar sind. Sehenswert ist die **Kirche** im modernen Gewand am Hauptplatz. Mehr als eine Million Keramikfliesen schmücken die Fassade.

Busverbindungen Das **Busterminal** liegt 500 m nördlich vom Zentrum am Hauptmarkt.

San José: 4-mal tägl., Fahrzeit knapp 3 Std.

Puntarenas: 9-mal tägl. ab 6 Uhr, Fahrzeit 2:30 Std.

Liberia: 21-mal tägl., Fahrzeit 45 Min.

Tilarán: 8-mal tägl. ab 6 Uhr, Fahrzeit 40 Min.

Aktivitäten **Safaris Corobici,** die Agentur ist auf Rafting-Touren spezialisiert. Halbtagesausflüge kosten 60 $, 2 Std. 37 $, Kinder bis 14 Jahre zahlen die Hälfte. Km 193 Richtung Liberia, ✆ 26696191, www.nicoya.com.

Einkaufen **Super Palí,** klassische Supermarktkette, Av. 5 zwischen C. 2 und 4. Mo–Sa 8.30–19, So nur bis 16 Uhr.

Supermarkt Bolpa, Av. 2/C. 1. Mo–Fr 7–21, Sa/So 8–20 Uhr.

Geld **Banco Popular** mit Geldautomat, Av. 1 gegenüber dem Parque Central. 24 Std. geöffnet.

Gesundheit **CAIS de Cañas,** neues Krankenhaus am Rande der Stadt, im Stadtteil Albania an der 142. ✆ 26684300. 24 Std. geöffnet.

Übernachten **Hotel Cañas** Einfache Unterkunft in zentraler Lage. Im angeschlossenen Restaurant wird ein reichhaltiges Frühstück serviert. Av. 3/C. Central, ✆ 83342139. **€€**

mein Tipp **Hotel Hacienda La Pacifica** 5 km vor den Toren der Stadt liegt dieses kleine Hotel ruhig und friedlich. Die Unterkünfte sind groß, hell und sauber. Das Frühstück ist inklusive. Ein Swimmingpool und weitläufiger Garten laden zum Entspannen ein. Das dazugehörige Restaurant ist ausgezeichnet. 5 km nördlich von Cañas, ✆ 26699393, www.pacificacr.com. **€€**

Essen & Trinken **Restaurante Mimi** In authentischem Ambiente gibt es heimische Küche. Die Portionen sind großzügig bemessen und die Preise niedrig. Tägl. 6–21 Uhr. Av. 7/C. 1, ✆ 26692373. **€**

La Ventanita de Chilin Kleine Fast-Food-Oase mit einer Auswahl an Hamburgern, Hot Dogs und Tacos. Alles sehr lecker und preiswert. Tägl. 11–22 Uhr. C. 2 zwischen Av. 3 und 5, ✆ 86322575. **€**

Rincón Corobici Schön gelegenes Restaurant am Río Coribici. Es gibt costa-ricanische Klassiker. Tägl. 8–16 Uhr. 5 km nördlich von Cañas, ✆ 40010662, www.raftingguanacaste.com. **€€€**

Was haben Sie entdeckt?

Haben Sie ein besonderes Restaurant, ein neues Museum oder ein nettes Hotel entdeckt? Wenn Sie Ergänzungen, Verbesserungen oder Tipps zum Buch haben, lassen Sie es uns bitte wissen!

Schreiben Sie an: Juliane Israel, Stichwort „Costa Rica"

c/o Michael Müller Verlag GmbH | Gerberei 19, D - 91054 Erlangen

juliane.israel@michael-mueller-verlag.de

Im Stadtpark von Nicoya

Der Nordwesten → Karte S. 164

Das Zentrum der Halbinsel Nicoya

Im Zentrum der Halbinsel Nicoya liegen mit den Städten Nicoya und Santa Cruz die Geschäftszentren der Region. Hierher kommen die Einheimischen, um administrative Dinge zu regeln. Im Herzen der Halbinsel leben auch die indigenen Chorotega und verkaufen ihre kunstvollen Töpferwaren.

Die Halbinsel Nicoya hat durch die Nähe zu Nicaragua lange eine Sonderrolle innerhalb der historischen Entwicklung Costa Ricas gespielt, denn sie gehörte nicht immer schon zum Territorium der Ticos. Nach der Unabhängigkeit der lateinamerikanischen Länder von Spanien im Jahr 1821 war Nicoya zunächst ein Landesteil Nicaraguas. Natürlich stritten sich die beiden Länder heftig darum, genauso wie – teils heute noch – um den Grenzfluss San Juan. Während dieser in einem Grenzdokument von 1888 sowie durch ein erneutes Urteil des Internationalen Gerichtshofs in Den Haag zu Nicaragua gehört, entschieden sich zwei der drei großen Städte der Nicoya-Halbinsel, nämlich Santa Cruz und Nicoya, in einem offenen Referendum für eine Zugehörigkeit zu Costa Rica, während Liberia für Nicaragua stimmte. So gewann die Annexion und Costa Rica erhielt auf Beschluss der Central American

Orientierung auf der Nicoya-Halbinsel

Die Halbinsel Nicoya ist von Norden über Liberia erreichbar. Aus Richtung San José führen die Ruta 27, dann ein Stück Panamericana (Ruta 1) und schließlich die Ruta 18 zur Puente La Amistad, die den Tempisque-Fluss überspannt, in den Norden der Halbinsel. Der schnellste Weg, um die Strände im Süden zu erreichen, ist die Autofähre von Puntarenas nach Paquera. Eine gut ausgebaute, zweispurige Straße durchquert die Halbinsel von Nord nach Süd in hügeliger Landschaft, immer wieder gehen Stiche in Richtung Küste ab zu den jeweiligen Stränden, es gibt keine durchgehende Küstenstraße. Vor allem im Süden rund um Mal País und Santa Teresa werden die Wege zu echten Pisten, die nur mit einem Allradfahrzeug zu bewältigen sind. Nicoya besitzt mit Tamarindo im Norden und Tambor im Süden außerdem zwei kleine, strandnahe Flugplätze mit regelmäßigen Verbindungen nach San José. Der Flughafen Liberia wird ebenfalls aus San José angeflogen und mit einem Zwischenstopp in den USA sogar von mehreren europäischen Flughäfen.

Federal Republic am 25. Juli 1824 die Nicoya-Halbinsel als Landesterritorium zugesprochen. Ein Glück für Costa Rica – denn die Halbinsel mit ihren vielen Stränden gehört zu den beliebtesten Urlaubszielen des Landes.

In den Dörfern San Vicente, Guaitil und Santa Bárbara unweit von Santa Cruz bietet sich eine gute Gelegenheit, die Nachfahren eines der größten prähispanischen Stämme Costa Ricas kennenzulernen. Natur und Wandern ist dagegen im Parque Nacional Diría möglich, während der Parque Nacional Barra Honda für seine Höhlen bekannt ist (www.nicoyapeninsula.com).

Santa Cruz

Das kleine Städtchen Santa Cruz liegt im nördlichen Teil der Nicoya-Halbinsel und ist vor allem für ein traditionelles Volksfest bekannt: die **Fiesta Santa Cruz.** Jedes Jahr am 14. Januar um 12 Uhr beginnt das 10-tägige Fest mit der Parade der Clowns, die aus der Kapelle Santa Cecilia im Osten der Stadt herauszieht und Tausende von Touristen aus allen Teilen des Landes anzieht. In den ersten Tagen der Feier werden im Park Bernabela Ramos Sequeira Volkstänze, Theater und Kabarett sowie Marimba-Konzerte, ganz typisch für die Provinz Guanacaste, aufgeführt. In den letzten Tagen wird der Hauptplatz der Stadt, die **Plaza de los Mangos,** zu einer Stierkampfarena, in der Rodeos abgehalten werden. Hinzu kommen jede Menge Stände mit Essen und ab und an ein Feuerwerk. Weil Santa Cruz die Traditionen pflegt, trägt sie den Titel „Ciudad folclórica". Rund um Santa Cruz beherrschen die Viehzucht und der Anbau von Zuckerrohr die Landschaft. Santa Cruz ist zudem ein guter Ausgangspunkt für einen Besuch bei den **Chorotega** und ihren berühmten Töpferwerkstätten, denn nur wenige Kilometer östlich der Stadt liegen die Ortschaften San Vicente, Guaitil und Santa Bárbara (→ Kasten, S. 190).

Ansonsten ist der Ort unspektakulär und vor allem ein Umsteigepunkt für alle, die mit dem Bus durchs Land reisen und von Liberia aus an die zentralen Strände Nicoyas wollen, wie zur Playa Ostional und weiter nördlich an die Playas Avellana, Junquillal oder Tamarindo.

Busverbindungen Santa Cruz ist Verkehrsknotenpunkt auf Nicoya. Deshalb sind die Verbindungen schnell ausgebucht. Es ist ratsam, die Tickets vorab zu kaufen. Es gibt in Santa Cruz zwei zentrale Abfahrstellen, die von verschiedenen Busunternehmen bedient werden.

Abfahrt am **Mercado Central** in der Av. 1:

Playa Avellana: 11.30 und 18 Uhr, Fahrzeit 1:30 Std.

Playa Junquillal: 5-mal tägl. 5–17.30 Uhr, Fahrzeit 1:30 Std.

Playa Potrero via Playa Brasilito via Playa Flamingo: mehrmals tägl. ab 5.45 Uhr, Fahrzeit 2 Std.

Playa Tamarindo: 12-mal tägl. 5.30–17 Uhr, Fahrzeit 1:30 Std.

San José: mehrmals tägl. 3–17 Uhr, Fahrzeit 4:30 Std.

Abfahrt **Plaza de los Mangos** in der Av. 7:

Liberia: 4.15–20.30 Uhr alle 30 Min., Fahrzeit 1:15 Std.

Nicoya: 6–21.30 Uhr alle 30 Min., Fahrzeit 30 Min.

Tamarindo: 9-mal tägl. 5.30–20.30 Uhr, Fahrzeit 1 Std.

Einkaufen Mehrere kleine **Pulperias** findet man im Zentrum.

Maxi Palí und **MegaSuper,** C. Central/Straße nach Liberia.

Mercado Central, Av. 1. Mo–Sa 7–18 Uhr.

Geld **Banco Popular,** Av. 4 gegenüber der Kirche. Mo–Fr 8.45–16.30 Uhr.

Übernachten **Cabinas La Estancia del Esta** Die Unterkunft ist nichts Besonderes, aber für eine Nacht in Ordnung. Die Zimmer sind einfach und sauber. Kuigi spricht Englisch und bekocht gerne seine Gäste. Ecke C. 5/Av. 5, ✆ 26802115. **€**

Hotel La Calle de Alcala Zentral gelegenes Hotel mit schönem Außenbereich mit Swimmingpool. Für Durchreisende ist das Haus eine gute Option. Das Frühstück ist inklusive und reichhaltig. Av. 7 zwischen C. 1 u. 3, ✆ 268000 00, www.hotellacalledealcala.com. **€€**

Essen & Trinken **Wau!** Wenn es schnell gehen soll. Im Wau werden leckere Hamburger, Hot Dogs, Burritos und Sandwiches zubereitet. Die Portionen sind ordentlich. Tägl. 17.30–23.30 Uhr, Do–Sa zusätzlich 11–14 Uhr. C. 2 zwischen Av. 3 u. 5, ✆ 89175595. **€€**

El Milenio Hier wird chinesische Küche serviert. Die Portionen sind großzügig und die Preise mäßig. Der gebratene Gemüsereis mit Garnelen ist sehr zu empfehlen. Tägl. 10.30–23 Uhr. C. 2 zwischen Av. 3 u. 5, ✆ 26803237. **€€**

Parque Nacional Diriá

Nationalpark Diriá

Brüllaffen rufen, Vögel zwitschern, Wasser plätschert. Vier Flüsse durchziehen den Diriá-Park und haben Schneisen und Täler in das Gelände gewaschen. Viele Vogelarten wie Reiher, Papageien und Eisvögel, aber auch Hirsche, Brüllaffen und Ameisenbären verstecken sich in den Wäldern. Spannend sind jedoch vor allem die endemischen Pflanzen, die nur auf der Nicoya-Halbinsel vorkommen. Dazu gehören die leuchtend blühende Pitcairnia-Bromelie und der Stenocereus-Kaktus.

Wanderwege

Der Park hat zwei Wanderwege. Beide starten an der **Ranger-Station** am Parkeingang. Der Rundweg führt über einen Hügel und wenn es das Wetter zulässt, kann man im trockenen Flussbett des **Río En Medio** wandern. Der andere Weg führt zum **Quebrada-Basil-Wasserfall.**

Praktische Infos

Größe 5426 ha.

Anfahrt/Zugang Von Santa Cruz folgen Sie der Hauptstraße 13 km bis Arado. Von dort sind

Der Nordwesten → Karte S. 164

Älter als der Wald: die „Blaue Zone" von Costa Rica

Doña Trinidad Espinoza freut sich, wenn sie ihre Hühner füttert. Sie freut sich über jeden neuen Tag, an dem sie ihre Hühner füttern kann. Denn noch ist sie rüstig, zumindest rüstig genug für diese Arbeit. Denn das ist das Erstaunliche an ihr: Doña Trini ist 101 Jahre alt! Und sie ist hier nicht die einzige in solch einem stolzen Alter. Auf der Nicoya-Halbinsel leben mehr als 900 Menschen, die deutlich älter als 90 Jahre sind, darunter etwa 50, die sogar älter als 100 Jahre sind – und das bei meist bester Gesundheit. So wie Doña Trini. Wie kommt das? Und wieso hier?

Blaue Zonen: Getrieben von der Frage nach den Geheimnissen für ein langes und gesundes Leben widmete sich der US-amerikanische Journalist Dan Buettner gemeinsam mit verschiedenen internationalen Forschern der Suche nach Regionen der Welt, in denen die Bewohner besonders alt werden. Sie fanden fünf Gebiete: mehrere Bergdörfer in Ostsardinien, die Insel Ikaria in Griechenland, die Stadt Loma Linda in Kalifornien, die japanische Insel Okinawa und die Nicoya-Halbinsel in Costa Rica. Buettner veröffentlichte ein Buch: „The Blue Zones. Lessons for Living Longer from the People Who've Lived the Longest". Den Begriff hat Buettner sich übrigens schützen lassen. Die Ursachen für die Langlebigkeit der Bewohner der Blauen Zonen sind erstaunlich simpel.

Gesundheits-Formel: Doña Trini kann bestätigen, dass die Gründe, die Buettner als Ursache für die Langlebigkeit in diesen „Blue Zones" identifizierte, zumindest auf ihr Leben zutreffen. „Wir essen traditionell viel Mais, Bohnen und andere Hülsenfrüchte, Fleisch steht bei uns selten auf dem Speiseplan, lieber Fisch, schließlich gibt es genug Wasser ringsherum", erzählt die Alte mit den freundlichen Augen. Und: Schon immer war ihr die Familie sehr wichtig, ein Lebensinhalt, durch den sie jeden Tag mit Freude arbeitete. In Bewegung war die drahtige Frau daher schon immer: „Es gibt viel zu tun in einem großen Haushalt, auf dem Feld und im Garten. Draußen sein, das liebe ich. In einem engen Auto den ganzen Tag herumfahren oder im Büro sitzen? Ich würde sterben!", sagt sie verschmitzt und lächelt. Doña Trinis Lebensmotto umfasst genau die Eigenschaften, die Buettner und Kollegen als die Marker für ein langes Leben feststellen konnten: gesunde Ernährung und Mobilität. So sind z. B. die hundertjährigen Männer weltweit durchweg schlank und sportlich. Doch auch ein erfüllender Lebensinhalt ist bedeutsam, wobei für die meisten Alten eine Familie besonders wichtig ist, oder auch ein fester Glaube.

Treffen der „Hundertjährigen": Im November 2017 fand das erste Welttreffen der „Blauen Zonen" in Nicoya statt. Es wurde diskutiert, ausgewertet, präsentiert und über die Perspektiven gesprochen. Neben renommierten Forschern war Dan Buettner anwesend, der abschließend betonte, wer alt werden wolle, müsse den Lebensstil der Blauen Zonen nachahmen, wobei die zwischenmenschlichen Beziehungen besonders wichtig seien und alles Technologische am besten gemieden werden sollte – eine echte Herausforderung in digitalen Zeiten.

■ www.bluezones.com

es noch weitere 8 km über staubige Piste. Von Nicoya aus empfiehlt sich auch der Weg über Santa Cruz. Dieser ist zwar 10 km länger, aber durch die besseren Straßen zeitlich sogar etwas kürzer. Ein 4x4-Gefährt ist für den Parkbesuch unabdingbar. Für alle Sportlichen ist die Anfahrt über die letzten 8 km ab Arado mit dem Mountainbike möglich. Fahrräder können am Plaza de deportes geliehen werden, 5000 CRC/Tag, ✆ 84517864 (WhatsApp). Der Zugang erfolgt über den Haupteingang **Puesto La Casona,** die Rangerstation. Hier gibt es einen Parkplatz, das Kassenhaus und sanitäre Einrichtungen.

Öffnungszeiten Tägl. 8–15 Uhr.

Eintritt 6 $.

Übernachten An der Rangerstation gibt es einen einfachen Schlafsaal. Wer sein Zelt dabei hat, kann es kostengünstig aufschlagen. ✆ 268 64968.

Nicoya

Die Stadt Nicoya gilt als die älteste des Landes und wird aufgrund einiger alter, weiß getünchter Patio-Häuser und dem typisch schachbrettartig-spanischen Straßennetz als „Kolonialstadt" vermarktet. Der Name geht auf die Nahuatl-Sprache zurück, „Necocyauh", und bedeutet so viel wie „auf beiden Seiten von Wasser umgeben". Eingebettet zwischen den beiden Flüssen Río Chipanzo und Río Matambú liegt das beschauliche Städtchen im tropisch-heißen Savannen-Klima, wie auch die gesamte Halbinsel Nicoya vom Pazifik und vom Golf von Nicoya umspült wird.

Die Stadt hat für die heimische Bevölkerung überregionale Bedeutung, denn Nicoya ist administratives Zentrum. Reisende hingegen besuchen Nicoya lediglich auf dem Weg an den Strand.

Sehenswertes

Viel zu sehen gibt es auch nicht. Die kleine, im Franziskanerstil erbaute **Kirche San Blas** aus dem 16. Jh. am Parque ist im sanierten Zustand sehenswert. Das dazugehörige **Museo de San Blas** zeigt kostenfrei koloniale Möbel, religiöse Holzschnitzereien und Ikonen.

▪ Museum geöffnet Mo–Fr 8–16 und Sa 8–11 Uhr.

Iglesia de San Blas in Nicoya

Der Nordwesten → Karte S. 164

Die Chorotega – die letzten Indígenas von Guanacaste

Es ist heiß im **Matambú-Reservat** nahe der Provinzstadt Nicoya, einem von 22 Indígena-Reservaten Costa Ricas. Ezequiel Lopez hat einen Hut auf dem Kopf, denn die Sonne scheint in der Region unerbittlich. Schon immer. Ezequiel ist ein Nachfahre der Chorotega, ein indigenes Volk, das einst von den Nahua aus Mexiko vertrieben wurde und sich daraufhin von Honduras über Nicaragua bis nach Costa Rica verteilte. Von ihren Nahua-Feinden wurden sie „Chololtecah" genannt, denn sie siedelten einst im Cholula-Tal, unweit der heutigen mexikanischen Stadt Puebla. Mit der Zeit veränderte sich der Name und daraus wurde Chorotega. Als sie nach Costa Rica kamen, lief das keineswegs friedlich ab. Die Chorotega waren Krieger und genauso wie sie aus ihrer Heimat vertrieben worden waren, verhielten sie sich nun gegenüber der lokalen Bevölkerung: Sie vertrieben, töteten, verstümmelten. Als Waffen nutzten sie Pfeil und Bogen, doch auch Messer mit scharfen Klingen aus Obsidian und Feuerstein.

Ezequiel weiß nicht mehr viel über diese kriegerischen Zeiten seiner Vorfahren. Er inspiziert in Ruhe seine Felder: Mais, Bohnen und Kürbisse wachsen da. Das waren schon früher die wichtigsten Nahrungsmittel seines Volkes. Heute sind die Chorotega keine Krieger mehr, sondern Bauern. Sie pflanzen Getreide, Gemüse und Obst an. Manche züchten Bienen und vertreiben lecker-süßen Honig. Auch kunsthandwerklich sind sie begabt. Einige Familien töpfern Gefäße und Figuren, die sie dekorativ bemalen – ganz im Stil ihrer kreativen Vorfahren.

Wer Lust hat, die Chorotega zu besuchen, muss in die Ortschaften **San Vicente, Guaitil** und **Santa Bárbara** unweit von Santa Cruz fahren. Dort wohnen noch Chorotega und versuchen, so gut es in ihren angepassten Leben geht, die Traditionen und Bräuche ihres Stammes wie folkloristische Tänze und typische Gerichte zu bewahren.

Denn eines haben sie bereits lange verloren: Ihre Sprache, das Chorotega oder Mangue, das zu den noch heute im zentralen und südlichen Mexiko verbreiteten Otomangue-Sprachen zählte, ist ausgestorben. Über Generationen wurde zu wenig darauf geachtet, sie an die Jüngeren weiterzugeben, und heute spricht der Stamm auch untereinander nur Spanisch. Dennoch ist in den Ortsnamen von Guanacaste einiges von der Sprache übrig geblieben. So das Wort „Guanacaste" selbst. Es bedeutet „Ohrbaum", denn die Samen des Nationalbaumes ähneln einem menschlichen Ohr. Auch die Nicoya-Halbinsel hat ihren Namen von einem Chorotega-Häuptling, der die Gegend beherrschte, als die spanischen Eroberer 1523 in Costa Rica ankamen.

Zu jener Zeit waren die Chorotega der größte und fortschrittlichste Stamm in der Region. Sie siedelten in Städten mit bis zu 20.000 Einwohnern. Ihre Häuser waren aus Holz, rechteckig mit einem Strohdach, und sie errichteten sie rund um einen zentralen Platz, der für Versammlungen,

Feste und Rituale diente. Obwohl die Chorotega keine großartigen Pyramiden wie die Maya oder Azteken hinterließen, waren sie doch ein sehr religiöses Volk mit weisen Astronomen und Mathematikern, die den Sternenhimmel für den geeigneten Zeitpunkt für Rituale sowie Aussaat und Ernte regelmäßig observierten. Als tüchtige Kaufleute verkauften sie auf Märkten außerdem ihre landwirtschaftlichen Erzeugnisse, der Handel lief gut, Kakaobohnen dienten als Währung.

Die Ankunft der Spanier bereitete diesem Alltag ein jähes, unerwartetes Ende. Die Indígenas wurden getötet oder starben durch eingeschleppte Krankheiten. Der Sklavenhandel im 16. Jh. dezimierte die Volksgruppe der Chorotegas weiter. Die spanischen Kolonialherren schickten Tausende in die Goldminen nach Panama und Peru.

Heute leben in Costa Rica nur etwa 64.000 Nachfahren der indigenen Völker, darunter nur noch wenige Tausend Chorotega. Vieles ist bereits verloren gegangen und die Vermischung der Chorotega geht weiter, da sie so wenige sind und untereinander selten heiraten. Doch ein paar Traditionen sind erhalten geblieben, beispielsweise die Herstellung von Keramikgefäßen und -figuren. Chorotega-Töpferei ist in Costa Rica berühmt und wird in den Ortschaften Guaitil und San Vicente hergestellt. Wer sich noch etwas intensiver mit der Kultur und den Handfertigkeiten der Chorotega auseinandersetzen möchte, der besucht das **Ecomuseo de la Cerámica Chorotega** in San Vicente, 17 km südlich von Santa Cruz, 20 km nordöstlich von Nicoya, ✆ 26811563, www.ecomuseosanvicente.org.

Die Chorotega sind bekannt für ihre bunt bemalte Keramik

Interessant sind die zwei städtischen **Feiertage.** Wer mitfeiern will, sollte am 25. Juli nach Nicoya kommen. Denn dann wird die Annexion von Guanacaste eine ganze Woche lang mit Musik, Tänzen, Paraden, Konzerten, Stierreiten und Stierkämpfen gefeiert. Am 12. Dezember wird zu Ehren der Jungfrau Guadalupe gefeiert. Dabei gibt es viele kulinarische Köstlichkeiten aus Mais, wie Pozole, Rosquillas oder Chicha, zu probieren.

Ausflüge in die Umgebung

Nicoya ist außerdem ein guter Ausgangspunkt für einen Abstecher zu den Chorotega (→ Kasten, S. 190), die im Matambú-Reservat leben und in den Dörfern **San Vicente, Guaitil** und **Santa Bárbara** traditionelles Kunsthandwerk verkaufen. In San Vicente gibt es außerdem das **Ecomuseo de la Cerámica Chorotega.**

Praktische Infos

Busverbindungen Das zentrale **Busterminal** von Nicoya liegt an der C. 3/Av. 4. Wie so oft, kommt man jederzeit überall hin. Wer nicht am Terminal länger warten mag, kauft das Ticket besser im Voraus. Da sich die Abfahrtszeiten oftmals verändern, ist es ratsam, sich vorher vor Ort zu versichern.

San José: 5-mal tägl. ab 3 Uhr, Fahrzeit 5 Std.

Liberia via Santa Cruz: halbstündlich ab 4 Uhr, Fahrzeit 1:30 Std.

Nosara: mehrmals tägl. ab 5 Uhr, Fahrzeit 2 Std.

Sámara/Playa Carrillo: stündlich, Fahrzeit 1 Std.

Puntarenas via Nationalpark Barra Hondas: 2-mal tägl., Fahrzeit 3:30 Std.

Einkaufen **Maxi Palí Supermarkt,** C. 1 A zwischen Av. 1 und Av. 3. Tägl. 8–21 Uhr.

Super Plaza Ciudad Colonial, kleines Einkaufszentrum mit verschiedenen Läden und einem Supermarkt. C. República de México/Av. 4, ✆ 26858400. Mo–Sa 7–18.30 Uhr.

Geld **Banco Popular** mit Geldautomat, C. Central/Av. 4. 24 Std. geöffnet.

Gesundheit **Hospital La Anexión,** C. Central/Av. 13. 24 Std. geöffnet.

Übernachten **Hotel Nicoya** Familiär geführtes Haus in zentraler Lage mit geräumigen Zimmern. Leider ist alles etwas in die Jahre gekommen. Ein kleiner Pool steht im Garten bereit. Av. 3 zw. C. 11 und 13, ✆ 26866331. **€**

Hotel Marianela Kleines, ruhig gelegenes Hotel. Die Zimmer sind einfach und sauber. Der günstige Preis ist angemessen. Av. 13/C. 7, ✆ 26867272. **€€**

Essen & Trinken **Café Daniela** Ab 8 Uhr gibt es bei Daniela herzhafte Frühstücksgerichte, heimische Klassiker, Desserts und leckere

Büste des Journalisten und Lehrers Recaredo Briceño im Stadtpark

Kuchen. C. 3 zwischen Av. Central und Av. 2, ✆ 26866148. **€€**

Mein Tipp **Café CanelAzul** Frische, originelle Küche, auch für Vegetarier. Die Gemüsesuppen und Hamburger mit veganem Brätling sind sehr zu empfehlen. Außerdem wird ein guter Kaffee bereitet. Dazu eine Zimt-Schnecke, mmhh. Mo–Fr 8–18, Sa 9–16 Uhr. Av. Justo A. Flores zwischen C. Central und C. 1, ✆ 26854222. **€€**

Parque Nacional Barra Honda

Nationalpark Barra Honda

Der Barra-Honda-Park ist vor allem für eines berühmt: seine zugängliche Tropfsteinhöhle Terciopelo. Sie gehört zum größten Höhlensystem des Landes, 42 Karsthöhlen liegen im Gebiet des Parks. Lediglich 19 davon wurden bereits von Menschen erkundet. Schlappe 70 Millionen Jahre haben sie gebraucht, um durch Erosion zu entstehen und verändern sich mit jedem Tag aufs Neue. In den 1970er-Jahren wurden die Höhlen von Wissenschaftlern entdeckt, die Einheimischen wussten natürlich schon immer von deren Existenz. Und so zeugen Knochenreste und Steinartefakte davon, dass bereits vor über 2000 Jahren Indígenas in den Höhlen lebten. Fast die Hälfte der Höhlen ist bisher erschlossen und in einige kann man bei Wanderungen durch den Park von oben hineinschauen.

Höhlenbesichtigung/Wanderung

Die **Höhle Terciopelo,** benannt nach der Terciopelo-Lanzenotter, die auch Höhlen mag, sich jedoch selten blicken lässt, ist die einzige Höhle, die für Besucher zugänglich ist. Sie ist „nur“ 40 m tief. Über Strickleitern und mit einer professionellen Seilsicherung erfolgt der Abstieg, der nur mit einem Führer möglich ist. Die warten am Höhleneingang. Über eine wirklich lange, steile Leiter unten angekommen – das ist das eigentliche Abenteuer – ist die Höhle warm und matschig mit schönen Tropfstein-Formationen. Doch sie ist vielleicht nicht ganz so spektakulär für jemanden, der schon andere Höhlen besucht hat (z. B. die Venado-Höhle beim Vulkan Arenal). Durch den Besucherandrang ist der Aufenthalt auf etwa 30 Minuten limitiert, aber letztendlich reicht das.

Danach kann man über den **Sendero Mirador** ca. 3 km zum Aussichtspunkt Nacaome wandern, immer steil bergauf. Als Belohnung wartet ein toller Blick über die weite Landschaft um den Golf von Nicoya.

Praktische Infos

Größe 2295 ha.

Anfahrt Von Nicoya aus führt der Weg 6 km über die Hauptstraße 150 bis El Piava, dann rechts weg weitere 3,5 km nach Santa Ana. Bei der Anfahrt über die Tempisque-Brücke sind es von dieser noch 15 km bis zur ausgeschilderten Abzweigung nach Santa Ana. Von Santa Ana ist es dann nur noch 1 km bis zum Eingangsportal. Tägl. fährt ein **Bus** morgens von Nicoya nach Santa Ana, um 17 Uhr zurück. Der restliche Kilometer zum Eingang ist schnell gelaufen.

Zugang/Übernachten Der Zugang erfolgt über den Haupteingang mit Parkplatz, Kassenhaus und sanitären Einrichtungen. Hier ist auch Camping möglich.

Öffnungszeiten 8–16 Uhr. Um 13 Uhr startet die letzte Höhlentour, dafür sind mit Hin- und Rückweg 4 Std. einzuplanen.

Eintritt Park 12 $. Für eine geführte Höhlentour ab 10 Jahre inkl. Ausrüstung werden weitere 40 $ fällig.

Touren Die Führer warten am Höhleneingang. Reservierung empfohlen, ✆ 85391010. Das Parkpersonal und die Führer sprechen fast alle nur Spanisch.

Ausrüstung Wanderschuhe, zur Regenzeit lange Kleidung wegen der Mücken und Mückenspray.

Der Nordwesten → Karte S. 164

¡No plástico!

Die Pazifikküste der Nicoya-Halbinsel

Die Pazifikküste der Halbinsel Nicoya hat viele Gesichter. Ein Strand reiht sich an den nächsten, aber alle haben etwas Spezielles. Von dezentem Ökotourismus über lebendige Surfspots bis hin zur boomenden Partyorten mit unansehnlichen Bettenburgen ist alles geboten.

Der gesamte Küstenstreifen ist von tropischem Trocken- und Regenwald gesäumt. Der anliegende Nationalpark Marino Las Baulas de Guanacaste und das Refugio de Vida Silvester Ostional bieten hervorragende Bedingungen für Tierbeobachtungen. Also nichts wie hin.

Nördliche Strände

Die Region am Golfo de Papagayo wurde vom Ministerium für Tourismus zum „Entwicklungsgebiet des Fremdenverkehrs mit überragender Bedeutung" erkoren. Eine Art mexikanisches Cancún für Costa Rica. Nun entsteht eine Bettenburg nach der anderen für nordamerikanische Pauschaltouristen. Trotzdem gibt es hier jede Menge zu erkunden und so manches versteckte Juwel zu entdecken.

Playa Panamá

Der 2 km lange und gepflegte Sandstrand ist von Schatten spendenden Bäumen begrenzt und eignet sich hervorragend zum Baden, da die Strömungen nur gering sind und das Wasser hier etwas wärmer als anderswo ist.

Essen & Trinken **Hacienda Blue Beach** Hier gibt es die kulinarische Ganztagesversorgung der Extraklasse. Und das direkt in Strandnähe. Außergewöhnlicher Service und Haushund Kira machen den Besuch zum Erlebnis. Tägl. 8–22 Uhr, Sa bis 0 Uhr. ✆ 87835458. **€€€**

Playa Hermosa

Die Playa Hermosa ist ein guter Ausgangspunkt für Tauch- und Schnorchelgänge, da es keine gefährlichen Unterströmungen gibt. Zahlreiche Tauchshops verleihen neben Kajaks und Surfboards sämtliches Gerät, das für einen Tauchgang notwendig ist. Um den kulinarischen Teil kümmern sich zahlreiche Restaurants am Strand.

Übernachten/Essen **Hotel El Velero** Kleines Hotel direkt am Strand. Die Zimmer sind groß und hell. Pool, Bar und ein gutes Restaurant ergänzen die Anlage. Playa Hermosa, ✆ 26721017, www.costaricahotel.net. **€€€**

La Casita del Marisco Exzellente Fisch- und Seafood-Gerichte. Dazu ein Glas kühler Weißwein und ein romantischer Sonnenuntergang. Tägl. 11.30–21.30 Uhr. Am nördlichen Ende der Playa Hermosa, ✆ 26720226. **€€**

Playa del Coco

Vom kleinen Fischerort an der Playa del Coco ist nicht mehr viel zu sehen. Dafür umso mehr, was Fehlplanung, Korruption und Geldgier verursachen können. Der zubetonierte Ort ist mittlerweile zum Party-Spot für US-amerikanische Touristen verkommen. Die Preise für die heimische Bevölkerung stiegen in den letzten Jahren ins Unermessliche und führten zur Verdrängung dieser.

Übernachten **Coco Beach Hotel** Komfortables Haus in zentraler Lage. Die Zimmer sind geräumig und sauber, die Einrichtung eher schlicht. Av. Central, ✆ 26700494. **€€**

The Palms at Coco Beach Zentral gelegenes Hotel mit unspektakulären, sauberen Zimmern. Der Pool mit Bar ist einladend. Am Fußballfeld, nur 100 m zum Strand, ✆ 26700367, www.palmscoco.com. **€€€**

Hotel La Puerta del Sol Ruhiges, kleines Hotel mit nur 9 sauberen, schön eingerichteten Zimmern. Pool und Parkplätze sind vorhanden. Das Frühstück ist inklusive. La Chorrera/Av. Cangrejos, ✆ 26700195, www.lapuertadelsol.com. **€€€**

Essen & Trinken **Heladeria Italiana** Stets sind mehr als 20 Sorten italienisches Eis vorrätig. Besonders gut sind Mango, Papaya und Guave. Tägl. 10–21.30 Uhr. Av. Central neben dem Coco Beach Hotel.

Villa Italia Pizza und Pasta nach Art des Hauses. Das Ambiente elegant, die Preise moderat. Av. Central hinter dem Supermarkt Luperón, ✆ 83378105. **€€**

Café Corazon Niedliches Café am Boulevard. Es werden herrliche Kaffeekreationen serviert. Der Espresso ist kräftig und der Eiskaffee nicht zu süß. Dazu gibt es eine gute Kuchenauswahl und herzhafte Snacks. Tägl. 8–20 Uhr. Boulevard Playa de Coco, ✆ 26702037. **€€**

Playa Ocotal

3 km südlich der Playa del Coco liegt die Playa Ocotal. Die knapp 1 km lange Bucht ist eingerahmt von hohen Felsen, einigen luxuriösen Bettenburgen und Villen. Das ruhige Wasser eignet sich super zum Schwimmen und Schnorcheln. Am südlichen Ende des Strandes schnorchelt es sich am besten, hier ist das Wasser extrem klar und die Felsformationen unter Wasser locken die Fische. Preislich bewegt sich alles auf gehobenem Niveau.

Aktivitäten **Rich Coast Diving,** renommierter Anbieter für Tauch- und Schnorchelgänge. Außerdem wird alles verliehen, was auf dem Wasser Spaß bereitet. C. Principal Playa del Coco, ✆ 26700176, www.richcoastdiving.com.

Übernachten **Hotel Ocotal B & B** Ruhig, sauber und strandnah ist das kleine Haus. Die Zimmer sind dezent gestaltet und makellos. Frühstück ist inklusive. ✆ 40349315, www.hotelocotal.com. **€€€**

Hotel Beach Resort Luxuriöse Hotelanlage mit schmucken, sauberen Zimmern. Swimmingpool im Innenhof. Der Strand ist nahe und

Der Nordwesten → Karte S. 164

das Frühstück inklusive. Am südlichen Ende der Bucht, ✆ 26700321, www.ocotalresort.com. **€€€€**

Essen & Trinken **Father Rooster** Die Lokalität findet Platz in einem schick renovierten Holzhaus. Die Lage direkt am Strand garantiert einen schönen Sonnenuntergang. Die Speisen sind exzellent, gegrillter Hummer oder Fisch ein Genuss. Hier werden auch gute Cocktails bereitet. Tägl. 11–22 Uhr. The Ocotal Road, ✆ 26701246, www.fatherrooster.com. **€€€**

Playa Matapalo

Der breite natürliche Vulkansandstrand ist wenig besucht. Am südlichen Ende gibt es ein kleines Korallenriff – Taucherbrille und Schnorchel nicht vergessen. Wer den Blick über den südlich angrenzenden Fels wagt, landet an der **Playa Blanca de Matapalo.** Allerdings ist der Strand nur bei Ebbe über den Felsen zugänglich. Rechtzeitig an den Rückweg denken, sonst sitzt man unter Umständen fest.

Essen & Trinken **Monkey's Bar** Hier ist der Name Programm. Frühmorgens und allabendlich kommen die Brüllaffen vorbei. Ansonsten gibt es leckere Fischgerichte und kühle Getränke. Probieren sie mal eine Magarona, das ist eine Magarita mit Corona gemischt, tut erfrischend gut. Di–So. 10–18 Uhr. Playa Matapalo, ✆ 86507078. **€€**

Las Catalinas

Las Catalinas wurde im Jahr 2006 gegründet. Ja richtig, 2006. Diese Kleinstadt in mediterraner Aufmachung entstand auf dem Reißbrett nach dem Konzept des Neuen Urbanismus. Kennzeichen dieser Konzeption sind kurze Wege, intensive Nachbarschaft und Anreize zu gesundem Leben. Das Örtchen ist einen Besuch wert, zumal es mit tollen gastronomischen Einrichtungen und mehreren Stränden aufwartet.

Information www.lascatalinascr.com.

Essen & Trinken **Limonada** Kleines Restaurant direkt am Strand. Die Auswahl ist nicht riesig, aber dafür lecker. Das Kokos-Ceviche ist zu empfehlen. Probieren Sie auch die hausgemachte Ingwer-Limonade. Tägl. 7–21 Uhr. Playa Danta in Las Catalinas, ✆ 40201075, www.lascatalinascr.com. **€€**

Potrero

Potrero ist eine lose Ansiedlung touristischer Bedarfsbauten. Nichtsdestotrotz lohnt ein Abstecher nach Potrero mit seinen verschiedenen Sandstränden. Die **Playa Potrero** mit dunklem Vulkansand ist weit, breit und nicht überfüllt.

Busverbindungen Busse fahren mehrmals tägl. von der Plaza de Potrero nach **Santa Cruz.** Von dort geht es weiter nach **San José,** Fahrzeit 1:30 Std.

Übernachten/Essen **Cabinas Isolina** Ordentliches Mittelklassehotel in Strandnähe. Im schönen Garten befindet sich der Pool. Frühstück ist im Preis inbegriffen. Das dazugehörige Restaurant ist empfehlenswert. Calle Piña, ✆ 26544333, www.isolinabeach.com. **€€**

Pitaya Lodge Gepflegte Anlage mit komfortablen Zimmern und einem Pool. Direkt an der Ruta 911, ✆ 26544154, www.pitayalodge.com. **€€**

meinTipp **Surf Box** Zurücklehnen und genießen. Ob Bagels, Limonade, Bowls oder Kaffee. Frühstück wird hier ganztägig serviert. Das Ambiente zum Chillen. Tägl. 8–15 Uhr. Playa Potrero, ✆ 83499773. **€€**

Playa Flamingo

Für die Gegend wirkt dieser Strand noch recht jungfräulich, denn die Unterkünfte dürfen nicht direkt ans Meer gebaut werden. Allerdings gibt es im Hinterland zahlreiche große Hotels. Die Touristen sind eher wohlhabend und vorwiegend aus Nordamerika. Deshalb ist der Ort weniger etwas für den schmalen Geldbeutel. Der Sand ist wunderbar weiß, weshalb der Strand auch „Playa Blanca" genannt wird. Palmen und Mandelbäume wachsen nahe an das Ufer heran, sodass man für die Siesta immer ein Schattenplätzchen findet.

Übernachten/Essen **Dunama Beach Resort** Große Hotelanlage mit allen Annehmlichkeiten, die Pauschaltouristen bevorzugen. Die Zimmer sind modern und hell, das angeschlossene Restaurant überraschend gut. Flamingo Beach Road, ✆ 26544311, www.hoteldunama.com. **€€€**

Coco Loco Der Strand ist schon klasse, das Coco Loco macht es nur noch besser. Ob Hamburger, Hummer oder Rindersteaks. Man möchte die Karte rauf und runter essen. Dazu gibt es klasse Cocktails und einen freundlichen Service. Nicht zu vergessen: der Sonnenuntergang. Mo–Sa 11–21.30, So ab 9 Uhr Brunch. Flamingo Beach, ✆ 26546242, www.cocolocostarica.com. **€€**

Brasilito

Eingebettet in die All-inclusive-Touristenhochburgen Playa Flamingo und Playa Conchal liegt das bescheidene und charmante Fischerdorf Brasilito in der gleichnamigen Bucht. Hier ticken die Uhren noch langsam. Um das zentrale Fußballfeld sind einige Restaurants und Souvenirläden entstanden und es gibt eine Handvoll Mittelklassehotels. Der Ort mit seinen Fischerbooten in der weiten, geschwungenen Bucht mit dem weichen Sandstrand ist relaxt, hier kann man ein paar Tage gut entspannen. Das nördliche Ende des Strandes ist landschaftlich etwas schöner als der südliche Abschnitt. Vom **Mirador Brasilito,** ca. 1,4 km von den Cabinas Rosy immer den Berg hinauf, schweift der Blick weit über das Meer. Einfach genießen.

Strände um Brasilito

Fast eine Berühmtheit ist die **Playa Conchal.** Warum? Der ganze Strand ist übersät mit kleinteiligem Muschelsand – eine Augenweide! Schließt man die Augen, hört man das feine Knirschen des Muschelsandes, das jeder Wellenschlag an Land trägt. Man kann sich kaum satt sehen an dem Miniatur-Farbenspiel und jedes Mal, wenn die Hände in den Sand tauchen, sieht er wieder anders aus. Aufgrund der Sandart gibt es im Wasser keinerlei Verunreinigungen. Deshalb ist Playa Conchal bestens zum Schnorcheln geeignet. Der Strand ist öffentlich zugänglich und von Brasilito in ca. 10 Gehminuten erreichbar.

Hinter einem Felsvorsprung am südlichen Ende der Playa Conchal erstreckt sich die einsam gelegene **Playa Real** – ein Strand für Entdecker.

Praktische Infos

Busverbindungen **San José:** 3-mal tägl. mit Umstieg in Alajuela, Fahrzeit 7 Std.

Liberia: 9 und 14 Uhr mit Transportes La Pampa, Fahrzeit 1:30 Std.

Der Nordwesten → Karte S. 164

Tamarindo: mehrmals tägl. 5.05–18.40 Uhr mit Umstieg in Huacas, Fahrzeit 1:30 Std.

Einkaufen **Super Conchal,** gut sortiert. Am Fußballplatz. Mo–Sa 8–21, So bis 16 Uhr.

Geld **BCR**-Geldautomat am südlichen Ausgang Richtung Plaza Conchal, 24 Std. geöffnet.

Gesundheit **Hospital Metropolitana,** privates Krankenhaus 3 km südlich von Brasilito Richtung Huaca. 24 Std. geöffnet. ✆ 25219595.

Übernachten **Hotel Conchal** Familiäres, kleines Hotel mit komfortablen Zimmern und kleinem Pool. Im dazugehörigen Restaurant Papaya wird nicht nur ein reichhaltiges Frühstück serviert. Ruta 180 Brasilito, ✆ 26549125, www.conchalcr.com. **€€**

Hotel Brasilito Es liegt im Herzen des kleinen Ortes und überzeugt mit einem guten Preis-Leistungs-Verhältnis. Einfache und saubere Zimmer, Frühstück und das Rauschen der Wellen inklusive. Playa Brasilito, ✆ 26544237, www.brasilito.com. **€€**

Reserva Conchal Exklusive und einzige Hotelanlage an der Playa Conchal. Die Anlage lässt keine Wünsche offen. ✆ 26543600. **€€€€**

Essen & Trinken **Soda Brasilito** Einfaches Lokal mit heimischer Kost zu unschlagbaren Preisen. Der Fisch kommt ganz frisch auf den Tisch. Der Red Snapper – superlecker! Ab 6.30 Uhr gibt es Frühstück. Tägl. 6.30–20 Uhr. Playa Brasilito, ✆ 26545597. **€**

Patagonia del Mar Neben der spektakulären Lage mit Blick über die Bucht überzeugt die vielfältige Küche mit Fokus auf Fisch. Pool und leckere Cocktails ergänzen den Genuss. Tägl. 7–22 Uhr. Im Zentrum neben Las Olas Brewer Pub, ✆ 88000005. **€€**

Playa Grande und Parque Nacional Marino Las Baulas de Guanacaste

Meeresnationalpark Las Baulas

Bis zur Playa Grande vor den Toren der Stadt Tamarindo gibt es noch eine Vielzahl traumhafter Buchten mit feinsten Sandstränden. Besonders schön sind zum Beispiel **Playa Ventanas** und **Playa Carbón** am nördlichen Ende der Playa Grande. Beide Strände haben weißen Sand und markante Felsformationen.

Abendstimmung an der Playa Grande

Das schönste, es gibt keine Bebauung im Hinterland. Es gibt einen bewachten Parkplatz genau zwischen den Stränden.

Die **Playa Grande** ist ausnahmsweise weniger von touristischer Bedeutung. Neben einigen Surfern kommen vor allem die vom Aussterben bedrohten **Lederrückenschildkröten** zur Eiablage zwischen Oktober und Februar an diesen Strand. Deshalb wurde er im Jahr 1991 unter Schutz gestellt und ist nun Teil des Las-Baulas-Meeresnationalparks. Täglich ist der Strand von 18 bis 5 Uhr für die Öffentlichkeit gesperrt. Nur im Rahmen einer nächtlichen Tour (→ Übernachten) bekommt man vielleicht die Gelegenheit, eine Schildkröte bei der Eiablage zu beobachten. Die Gesamtzahl der Besucher ist auf 30 Personen pro Schildkröte beschränkt (in Gruppen von jeweils 1 bis zu 15 Personen) und nicht registrierte Besucher sind nicht erlaubt. Besucher können gebeten werden, im Hauptquartier des Parks zu warten, bis Wissenschaftler oder Parkwächter eine Schildkröte am Strand entdecken. Die Wartezeit kann mitunter bis zu 6 Stunden betragen. Bücher, Brettspiele und Snacks stehen bereit, um sich die Zeit zu vertreiben. Manchmal kommt tatsächlich keine Schildkröte an den Strand und man muss ohne Schildkröten-Erlebnis ins Hotel zurückkehren. Das Risiko bleibt. Natur eben. Alle wichtigen Informationen hierzu gibt es auch im **Informationsgebäude der Parkverwaltung** in Playa Grande.

■ Mo–Sa 8–12 und 13–16 Uhr. ✆ 26530470, www.sinac.go.cr.

Übernachten **BP Surf Hotel** Nicht nur bei Surfern ein beliebtes Hotel. Pete ist ein hervorragender Gastgeber. Die schönen Zimmer sind mit Klimaanlage und Küchenzeile ausgestattet. Das Bad im Pool beschließt den heißen Tag. **Touren für den Nachtspaziergang** in den Nationalpark sind hier buchbar. Playa Grande 933, ✆ 88795643, www.bpsurfhotel.com. **€€**

Der Nordwesten → Karte S. 164

Playa Tamarindo

Wer Lust auf eine Stadt am Strand, klotzige Betonbauten, nervige Souvenirhändler und jede Menge amerikanische Pauschaltouristen hat, der ist in Tamarindo richtig. Die lang gezogene, sichelförmige Bucht mit ihrem breiten Sandstrand ist über die Jahre bei den „Gringos" immer beliebter geworden, sodass heute kaum noch ein Tico hier lebt und alle Geschäfte in den Händen der Amerikaner sind. Der ganze Ort ist deshalb „very american". Natürlich ist in Tamarindo alles möglich, was Spaß macht: Bootstouren im Flussdelta, Segeltouren, Hochseefischen, Tauchausflüge, doch auch Reiten und Golfen sind angesagt. Es gibt einfach schönere Orte zum Bleiben.

Busverbindungen In Tamarindo gibt es mehrere kleine Busstationen, je nach Busunternehmen. **Empresas Alfaro** fahren im südlichen Zentrum von der Calle Cruz gegenüber dem Restaurant Wave ab. **Empresa Tralapa** hat ihre Station gegenüber vom Hotel Portofino mitten im Ort um die Ecke vom Supermarkt 2001. Außerdem gibt es mehrere **Shuttle-Anbieter.**

San José: 3.30, 5.30 und 8 Uhr (über Liberia oder Puente, Empresas Alfaro), Fahrzeit 5:30 Std.; 7.30 und 14 Uhr (über Liberia, Transportes Tralapa), Fahrzeit 6 Std.

Santa Cruz: 9-mal tägl. zwischen 6 und 22 Uhr, Fahrzeit 1 Std.

Autovermietung **Economy,** Av. Central/C. Rocas, ✆ 26530728. Tägl. 8–17 Uhr.

National Car Rental, C. Central/C. Sunrise Tamarindo, ✆ 26530727. Tägl. 7–17 Uhr.

Einkaufen **Tamarindo Moonlight Market,** jeden Donnerstag findet der Nachtmarkt statt. Originelles Kunsthandwerk, kreative Küche und peppige Livemusik schaffen ein einzigartiges Flair. Durchbummeln und genießen! Plaza Palmas 200 m östlich der Banco Nacional, ✆ 60516634. Do 17.30–21.30 Uhr.

Tamarindo Farmers Market, frisch gebackenes Brot, Obst und Gemüse aus biologischem Anbau und süßer Honig sind nur einige Produkte, die auf dem wöchentlichen Bauernmarkt zu bekommen sind. Hinter der Plaza Tamarindo, ✆ 83194015. Do 7–13 Uhr.

Super Compro, gut sortierter Supermarkt. C. del Parque/Av. Central. Tägl. 7–21 Uhr.

Plaza Tamarindo, große Shopping Mall. Av. Central gegenüber Ecke C. Cardinal. Tägl. 8–17 Uhr.

Geld **Banco Nacional,** Av. Central/C. Rocas. Mo–Fr 8.30–15.45 Uhr.

BAC Credomatic, Av. Central/C. del Parque. Mo–Fr 9–18, Sa 9–13 Uhr.

Gesundheit **Doctor's Office Tamarindo,** Allgemeinmediziner Dr. Diego kümmert sich um die Belange der Patienten. Mo–Sa 9–20 Uhr. Plaza Conchal im 1. OG der Apoteke, ✆ 26530121.

Sprachschule **Wayra Spanish Institute,** breit gefächertes Angebot. Ob Privat- oder Einzelunterricht, für Kinder oder Erwachsene, mit oder ohne Freizeitprogramm. C. Este/C. Cardinal, ✆ 26530359, www.wayra.cr.

Touren & Aktivitäten **Iguana Tours,** bietet ein umfangreiches Ausflugsprogramm an, Boots-, Kajak- und Schnorcheltouren. Surfbretter stehen zum Verleih und das Surfen wird gelehrt. Tägl. 8–18 Uhr. C. Central, nördlicher Ortseingang, ✆ 26530613, www.iguanasurf.net.

Timarouba Catamaran, Halbtages- oder Tagesausflüge auf der „Ti Marouba". Schnorchelausrüstung und Kajaks stehen zur Verfügung. Essen und Getränke sind inklusive. Die Nachmittagstour zum Sonnenuntergang ist besonders schön. Preise ab 75 $/Pers. ✆ 84341601, www.timarouba.com.

Kelly's Surf Shop, Sebastian und sein Team geben Surf-Kurse für verschieden Levels und Boards, SUPs und Fahrräder stehen zur Miete bereit. Tägl. 9–18 Uhr. Av. Central gegenüber Ecke C. Bellmoral, ✆ 26531355, www.kellysurfshop.com.

Übernachten In Tamarindo haben sich vor allem höherpreisige Unterkünfte angesiedelt, die dann aber auch einen entsprechend schicken Standard haben. Wer Abstriche machen kann, findet aber auch günstig Unterschlupf.

Tamarindo Hostel Resort Günstig geht auch in Tamarindo, allerdings selten. Dieses Hostel ist eine gute Wahl, wenn man nicht Unsummen für ein Zimmer ausgeben möchte. Klar, die Unterkünfte sind einfach, Fliesenboden, Bett und Tisch, und das Personal wirkt nicht ganz so motiviert. Aber es gibt im Areal viele Tische mit Stühlen, um draußen zu sitzen, die Lage ist zentral und es sind nur wenige Schritte bis zum Meer. Av. Central, ✆ 26532519. **€–€€**

La Botella de Leche Hostel Das Hostel mit dem hippsten Namen des Strandes („Milchflasche") liegt perfekt zwischen Stadtmitte und Strand (15 Min. zu Fuß). Die Zweibett- und Mehrbettzimmer sind sauber und kuschelig, der Küchenbereich ist top ausgestattet. Es gibt überall Sitzmöglichkeiten, Hängematten, einen kleinen Pool und sogar ein hauseigenes Yogastudio – für Entspannungsorte ist gesorgt. Av. Central 500, ✆ 26530189, www.labotelladeleche.com. **€€**

Hotel La Laguna del Cocodrilo Direkt am Strand und nah am Zentrum. Die Zimmer sind in die Jahre gekommen. Neben dem Hotel ist ein etwas teurer französischer Bäcker (Bistrot Nicolas), wo man sich mit Teilchen fürs Frühstück eindecken kann. C. Central 275, ✆ 26530255. **€€€**

Ocho Artisan Bungalow Wer sich so richtig was gönnen möchte und First Class übernachten will, geht in diese prächtige Anlage gleich am Meer. Dem Preis entsprechend ist hier alles individuell im feinsten Öko-Stil eingerichtet: die Zimmer sind riesig mit Holzfußboden und privatem Außenbereich, der Pool ist ebenfalls groß, umgeben von tropischen Pflanzen. Vom offenen Restaurant, gestaltet mit viel Holz, blickt man aufs Meer. Schon alles ein Traum, aber eben teuer. Südliches Zentrum am Strand, 200 m vom Supermarkt 2001, ✆ 72599023, www.ochoartisansbungalows.com. **€€€€**

Essen & Trinken **Waffle Monkey** Hier gibt es was auf die Hüften. Frische Waffeln mit diversen Toppings, süß und herzhaft. Dazu eine kräftige Kaffeekreation. Es wird hier auch ein gutes Frühstück serviert. Ein Besuch ist nicht ganz günstig, aber lohnt. Tägl. 7–15 Uhr. Am Strand Ecke Av. Central, ✆ 85153960, www.wafflemonkey.net. **€€€**

Surf Shack Burgers & Wings Im coolen Ambiente einer großen Leichtbauhalle werden leckere Burger mit Pommes und Zwiebelringen, Chicken Wings, Hot Dogs und Sandwiches serviert. Service und Preise sind klasse. Fr–Mi 11–21 Uhr. Callejon Oeste zum Strand, ✆ 26532346. **€€**

Tamarindo Kebabs Im einfachen Ambiente werden leckere Fleischspieße, Pinchos, gegrillt und mit köstlichen, hausgemachten Saucen serviert. Tägl. 10–20 Uhr. C. Central, neben den Rettungsschwimmern, ✆ 72677119. €

Pico Bistro Tamarindo Im hippen Lokal wird kreative Küche serviert. Und das direkt am Strand und ganztägig. Die Qualität der Speisen ist genauso wie der Service hervorragend. Mein Tipp: der gegrillte Red Snapper. Tägl. 7–21 Uhr. C. Central gegenüber dem Parkplatz, ✆ 89268452. €€

Playa Avellana

Obwohl die Playa Avellana zwischen den beliebten und touristischen Orten Nosara und Tamarindo liegt, ist sie noch immer ein Geheimtipp – vor allem für **Surfer,** denn die Brandung ist hier so stark, dass man schon ein guter Schwimmer sein muss, um sich weiter hinaus zu trauen. Surfer mögen es dafür umso mehr, sich mit ihrem Board in die Wellen zu stürzen. Hinterher ein Getränk am feinsandigen hellen Strand – how great life can be!

Busverbindungen **Santa Cruz:** 5.30 und 13.30 Uhr mit Transportes Folklórica, Fahrzeit 1:30 Std.

Einkaufen **Mini Market Avellanas,** am Ortseingang von Pinilla kommend. Tägl. 7–20 Uhr.

Surfen **Snapper Surf School,** die Bretter, die die Welt bedeuten. Für manche zumindest. Wer sich probieren will, findet hier einen verlässlichen Partner. Gut ausgestattet und mit entsprechendem Know-how geht es auf die Wellen. Playa Avellana, ✆ 84269332, www.snappersurfschool.com.

Übernachten/Essen **Vida Verde Eco-Guesthouse** Supersaubere und detailreich ausgestattete Zimmer mit Küchenzeile. Der Strand ist nur 10 Min. zu Fuß entfernt. Sie können sich auch von den französischen Gastgebern bekochen lassen. Playa Avellana, ✆ 830 56721, www.vidaverdeguesthouse.com. €€

Lola's Restaurant Schicke Freifläche unter Schatten spendenden Palmen und Mandelbäumen, die Füße im Sand und den Blick auf die Surfer in der Brandung gerichtet. So schmeckt ein kühles Bier besonders gut. Die Speisekarte ist gut und überraschungsfrei. Hoffentlich landet Lola, das Hausschwein, nicht darauf. Tägl. 9–18 Uhr. Playa Avellana, ✆ 26529097, www.lolascostarica.com. €€

Viele Strände eignen sich zum Surfen

Der Nordwesten → Karte S. 164

Playa Junquillal

Auch dieser Strand ist wegen der Wellen bei den **Surfern** beliebt. Alle anderen genießen die Sonne, Ruhe und lange Spaziergänge im Sand. Der Strand wurde kürzlich mit der „Blauen Flagge" ausgezeichnet. Dieses Gütesiegel steht für hervorragende Wasserqualität, Sauberkeit des Strandes sowie Sicherheit. Junquillal ist nicht nur für einen Tagesausflug gut, denn hier gibt es jede Menge zu erleben. Gehen sie mit heimischen Fischern in aller Frühe auf das Meer, lassen sie sich in die Kochkultur der costa-ricanischen Küche einweihen oder unternehmen Sie eine **Kajaktour** in die Mangrovenwälder des Río Mandajojo. Langeweile kommt ganz sicher nicht auf.

Aktivitäten Im **Casas Pelicano,** einer feinen Hotelanlage mit Pool, gibt es die Möglichkeit, sich von der deutschen Köchin Sibyl, ehemalige Eignerin des Restaurants NIL in Hamburg, in die Feinheiten der Kochkunst einweihen zu lassen. Hierbei wird viel Wert auf lokale und gesunde Zutaten gelegt. Nach dem gemeinsamen Kochen wird gemeinsam gespeist. 1–4 Pers., 100–175 $. ✆ 26588228. www.casaspelicano.com.

Übernachten/Essen **Mundo Milo Eco Lodge** Liebevoll geführte Lodge mit 5 ordentlichen Bungalows. Die Pool-Landschaft ist großzügig, das Frühstück inklusive und lecker. Entspannung garantiert. Wem dies zu langweilig ist, bucht eine der umfangreichen Aktivitäten. Mit dem Kajak durch die Mangroven, dem Pferd über den Strand oder dem Brett über die Wellen. C. Mundo Milo, ✆ 45004520, www.mundomilo.com. **€€**

Hotel Tatanka Saubere Zimmer, netter italienischer Besitzer (Giovanni), erfrischender Pool und angeschlossene Pizzeria. Was will man mehr? Playa Junquillal 928, ✆ 26588426. **€€€**

Playa Ostional/Refugio de Vida Silvestre Ostional

In Ostional, einem kleinen Dorf an der Pazifikküste, ticken die Uhren noch wesentlich langsamer. Und wenn die Meeresschildkröten mit den zahlreichen Touristen im Schlepp nicht ab und an vorbeischauen würden, dann würden die Uhren vielleicht ganz stehen bleiben. Doch die Playa Ostional gehört neben der Playa Nancite zu den wichtigsten Eiablageplätzen in Costa Rica und ist einer der wichtigsten weltweit.

Eiablage der Meeresschildkröten

Das ganze Jahr über, immer ungefähr zehn Tage nach Vollmond, finden die Schildkröten den Weg zur Playa Ostional. Von Juli bis Dezember kommt es dann zu regelrechten Massenankünften, den sogenannten „Arribadas". Im Jahr 1995 erreichten sie einen Höhepunkt: geschätzte 500.000 Schildkröten kamen an den Strand getrottet. Drei verschiedene Arten kommen zur Eiablage an die Playa Ostional: die Lederrückenschildkröte, die grüne Meeresschildkröte und die Oliv-Bastardschildkröte. Eine weitere Besonderheit von Ostional ist das legale Entnehmen von Eiern aus den Nestern. An den ersten beiden Tagen einer Arribada dürfen die Einheimischen die Eier aus den Nestern nehmen, da bei den Massenankünften viele frische Nester von den nachfolgenden Schildkröten unabsichtlich zerstört werden. So haben die Einheimischen durch den Verkauf der Schildkröteneier noch eine weitere Einnahmequelle und der illegalen Entnahme wird vorgebeugt. Oftmals aber werden die Gelege auch von natürlichen Fressfeinden wie den Waschbären und den Kapuzineraffen geplündert.

In den Tagen der Arribadas werden Busladungen von Touristen aus den größeren Touristenzentren herangekarrt. Schildkröten-Ranger patrouillieren am Strand und geben per Funk durch, wo die Tiere gesichtet wurden. Eingeteilt in kleinere Gruppen verteilen sich die Besucher an verschiedenen Strandabschnitten, um das Naturschauspiel zu beobachten. Bei den Menschenmengen ist es wesentlich schwieriger, Verstöße gegen Verhaltensregeln anzumahnen. Eine Regulierung der Besuchermenge wird seit Jahren von Naturschützern gefordert. Doch steht hier die wirtschaftliche Bedeutung für die Region vor den ökologischen Interessen.

Bevorstehende Massenankünfte werden von der Vereinigung der örtlichen Führer auf Facebook (Asociación de Guías Locales de Ostional) angekündigt und sprechen sich schnell herum. Wer die Möglichkeit hat, sollte den Besuch des Strandes zu den Massenankünften meiden und eine ruhigere Zeit wählen, denn das Beobachten einer einzelnen Schildkröte zur Eiablage ist wesentlich reizvoller, als Hunderte Schildkröten umringt von mindestens ebenso vielen Touristen zu sehen.

> Der Besuch des Strandes ist nur mit Guide gestattet. Eine nächtliche Tour kostet 20 $ pro Person.

Praktische Infos

Übernachten **Cabinas Ostional** Einfache Budget-Unterkunft mit wenigen Zimmern. Playa Ostional, ✆ 84470703. **€**

Ostional Turtle Lodge Saubere und komfortable Zimmer mit Klimaanlage und eigenem Bad. Luis und sein Team sind sehr hilfsbereit. Playa Ostional, ✆ 88881865, www.ostionalturtlelodge.com. **€€**

Essen & Trinken **Isla Tortuga** Pizza, Burger und Fischgerichte. Gute Küche ohne Schnickschnack zu vernünftigen Preisen. Tägl. 11–20 Uhr. Playa Ostional, ✆ 83440743. **€€**

Mythos Schildkrötenei: gesund und aphrodisierend?

Er hält sich hartnäckig, der Mythos vom Schildkrötenei als *das* Aphrodisiakum. Zumindest in den Köpfen der Touristen: „Einheimische rauben und essen die Schildkröteneier, weil sie sexuell potent machen". Doch ganz so absolut ist das nicht, wenn man die Bewohner fragt. Sicher, Schildkröteneier als Aphrodisiaka, diesen Umstand kennen sie und er ist für einige auch der Grund, die Eier zu essen. Aber nicht für alle. Fragt man die Menschen, warum sie die Eier essen, hört man verschiedene Antworten. Viele sagen, sie schmecken ihnen einfach gut. Andere beschwören den hohen Nährwert und außerdem sei ihr Verzehr Teil der kulturellen Identität, ein traditionelles Gericht, das schon die Vorfahren regelmäßig gegessen haben. Die von der Regierung per Gesetz zugelassene und nach wie vor umstrittene Möglichkeit, 36 Stunden nach einer Arribada die Eier legal zu entnehmen, nutzen viele. Das Dutzend Eier der Bastardschildkröte kostet 6 €. Ein gutes Geschäft. Ob es den Käufern tatsächlich nur um ein gesundes Nahrungsmittel geht oder es ihnen peinlich ist zuzugeben, dass sie die aphrodisierende Wirkung schätzen – beliebt ist das Schildkrötenei als Delikatesse, am besten roh verrührt in einem Glas, nach wie vor.

Der Nordwesten → Karte S. 164

Nosara

In Nosara hat man die Qual der Wahl. Drei verschiedene Strände laden zum Verweilen und Sonnenbaden ein, Playa Pelada und die großen Schwestern Nosara und Guiones. Das offizielle Stadtzentrum von Nosara liegt 6 km vom Strand entfernt. Im Ort befindet sich alles, was man so braucht: ein Supermarkt, ein Bankautomat, eine Apotheke, die Post und auch eine Polizeistation. Außerdem ist Nosara ein Yoga-Mekka, denn an der Playa Guiones befinden sich eine angesehene Yogaschule und zahlreiche weitere Yoga-Studios.

Strände

Sollte man sich darüber freuen – oder besser nicht? Im Jahr 2017 wurde Nosara von Ökonomen der australischen University of Sydney zur am schnellsten wachsenden Surfstadt der Welt gekürt. Und das hat seinen Grund: Die nahe **Playa Guiones** hat mit über 330 Tagen pro Jahr eine der beständigsten Wellen der Welt. Und Nosara hat noch mehr Glück: Ein Großteil der **Playa Nosara** gehört zum Refugio Nacional de Vida Silvestre Ostional, an dem die Bastard- und Lederrückenschildkröten jedes Jahr ihre Eier ablegen. Deshalb darf hier nicht bis an die Küste gebaut werden. Und deshalb ist der Strand wild und wunderbar naturbelassen. So auch die **Playa Pelada.** Die halbmondförmige Sichel mit weißem Sand ist bei den Ticos sehr beliebt. Am nördlichen Ende finden erfahrene Surfer die perfekte Welle. Am südlichen Ende gibt es eine schöne Felsformation. Wasser wird durch ein Loch im Felsen gedrückt – Outdoor-Dusche garantiert. Im Olga's gibt es kühles, preiswertes Bier und einen Schwatz mit den Locals.

Wilder Zugang zur Playa Guiones

Aktivitäten

Die gemeinnützige Organisation zum Schutz der heimischen Tierwelt **SIBU Wildlife Sanctury** pflegt verletzte Wildtiere wie Brüllaffen wieder gesund und wildert sie nach Genesung aus. Auf einem zweistündigen Rundgang wird tiefgründig über Flora und Fauna des Geländes sowie die Arbeit dieses ambitionierten Projektes informiert.

▪ 70 $ auf Spendenbasis werden pro Person für die Führung fällig. Eine Voranmeldung ist unter www.sibusanctury.com vorzunehmen. Die Führungen finden jeweils Di, Do und So nur mit vorheriger Anmeldung statt. Das SIBU liegt 800 m östlich vom Sportplatz, ☎ 84138889 oder sibuvisit@gmail.com, www.sibusanctuary.org.

Praktische Infos

Information www.nosara.com.

Busverbindungen Mehrere Anbieter bedienen die Strecke nach **San José via Nicoya** mehrmals täglich. In der Hochsaison und an den Sonntagen sind die Busse gut gefüllt. Besser sichert man sich sein Ticket zuvor.

Nicoya: 5-mal tägl. 5–15.30 Uhr, Fahrzeit 1:30 Std.

San José: 14.45 Uhr, Fahrzeit 5:30 Std.

Transportes Alfaro, gegenüber der Soda Mapi's am Hauptplatz, ✆ 22222666, www.empresaalfaro.com.

Private Busunternehmen fahren Reisende im klimatisierten Kleinbus von Tür zu Tür. Etwas kostspieliger, aber unkompliziert und schnell. Nosara Taxi Cab, ✆ 89737065, www.nosarataxicab.com.

Flugverbindungen Sansa bietet fast täglich Flüge vom Flughafen **Liberia nach Nosara** an, www.flysansa.com. Auch **Flughafentaxi-Service** von den großen internationalen Flughäfen in San José und Liberia, NosaraTaxiCab.com und NosaraTransport.com.

Aktivitäten **Nosara Yoga Institute,** namhafte Institution mit einem breiten Angebot. Teilweise gehen die Kurse über mehrere Wochen. Bodhi Street Nosara Playa Guiones, ✆ 26820071.

Nosara Spanish Institute, renommierte Einrichtung mit verschiedenen Lehrmethoden. Vermittelt auch Übernachtungen bei Einheimischen und bietet vielfältige Aktivitäten über die Lernzeit hinaus an. An der C. Downtown Guiones hinter der Banco Popular, ✆ 26821460, www.nosaraspanishinstitute.com.

Agua Tibia Surf School, die Schule wird von einigen surfbegeisterten Locals geführt. Mehrere 100 Schüler wurden bereits zum Stehen auf die Bretter gebracht. Playa Guiones, ✆ 268255 08, www.aguatibia.com.

Einkaufen Die Preise sind wie an allen Strandorten der Halbinsel ziemlich hoch. Besser deckt man sich in Nicoya ein. Ein gutes Sortiment hat **Super Nosara** an der Straße vom Zentrum zum Strand, tägl. 8–19 Uhr.

Geld **Banco de Costa Rica** mit Geldautomat, 200 m vor der 5 Corners Junction, der bekannten Kreuzung mit 5 Abgängen. Mo–Fr 9–16 Uhr.

Gesundheit **Paradis Medical Service,** private Klinik mit Zahnambulanz und Chirurgie. Hauptstraße Richtung Guiones, ✆ 26821212. Tägl. 8-20 Uhr.

Übernachten **Driftwood Glamping Hotel** Im Einklang mit der Natur geschaffene Zeltanlage im Dschungel. Der Strand ist um die Ecke. Die Zelte sind geräumig, mit einem Hotelzimmer vergleichbar, und haben ein eigenes Bad. Die Anlage vermietet auch einige Zimmer. Südliches Ende der Playa Nosara, ✆ 22016886. **€€**

Green Sanctuary Hotel Schlafen in einem Schiffscontainer? Das geht. Saubere Container-Zimmer mit Klimaanlage mitten im Dschungel, dazu ein erfrischender Pool. Bodhi Street Nosara Playa Guiones, ✆ 83209822, www.hotelgreensanctuary.com. **€€€**

Bodhi Tree Yoga Resort Traumhafte Anlage mit allen Annehmlichkeiten. Die Zimmer, Lofts und Bungalows sind hell und äußerst stillvoll eingerichtet. Das Frühstück ist inklusive. Bodhi Street Nosara Playa Guiones, ✆ 26820256, www.bodhitreeyogaresort.com. **€€€€**

Essen & Trinken **Rosi's Soda Tica** Unspektakuläre, einfache, aber leckere costa-ricanische Küche. Mo–Sa 8–21 Uhr. Playa Guiones, ✆ 88750552. **€**

La Luna Schönes Ambiente mit tollem Ausblick auf Strand und Meer. Die Speisekarte reicht von Pizza bis hin zu Frischem aus dem Meer. Tisch zum Sonnenuntergang reservieren. Tägl. 7.30–22 Uhr. ✆ 26820122. **€€**

Seekret Spot Gelateria Köstliche Eiscreme und Sorbets aus heimischen Früchten und Zutaten. Man kann hier durchaus mehrmals am Tag vorbeischauen. Tägl. 11.30–18.30 Uhr. An der Hauptstraße zur Playa Pelada, ✆ 26821325.

Sámara

Hier kann man es aushalten. Das kleine Städtchen mit knapp 1500 Einwohnern, nur 35 km von Nicoya entfernt, liegt an einer weiten Bucht. Die Mischung aus Einheimischen, Expats und Touristen gibt dem Ort ein besonderes Flair. Im Dorf wird es nicht langweilig. Es gibt nette Cafés und Restaurants. Der kulinarischen Vielfalt sind keine Grenzen gesetzt. Wer des allseits präsenten Gallo Pinto überdrüssig ist, kann in Sámara zwischen italienischer,

Traumstrand Playa Barrigona

mexikanischer, japanischer und arabischer Küche wählen. Wer entspannen will, macht Yoga, Meditation oder lässt sich massieren. Perfekt für Familien. Pura Vida eben.

Playa Sámara

Das Setting in Sámara vervollständigt die langgestreckte Bucht mit dem feinen Sandstrand und dem klaren Wasser. Das Meer ist relativ ruhig, der Strand angenehm breit. Kokospalmen wiegen sich im warmen Wind und bieten Schutz vor der Sonne. In der Nachmittagsstimmung ist ein ausgedehnter Spaziergang am weiten Strand Entspannung pur! Auch auf dem Wasser ist einiges los, ob mit dem Surfbrett, dem Stand Up Paddle (SUP) oder Kajak. Schnorchelfreunde können tropische Fische an den felsigen Enden des Strandes beobachten. Wem der Strand nicht ausreicht, kann à la Robinson Crusoe einsame Strände in der Umgebung erkunden.

Playa Buena Vista

4 km nördlich von Sámara liegt dieser 2 km lange, schattenlose, graue Sandstrand. Am nördlichen Ende des Strandes mündet der Río Taranta ins Meer. Herrlich zum Planschen! Das nahe blaue Gebäude war einst das Hotel El Castillo. Hier hatte der deutsche Auswanderer Klaus in den 80er-Jahren „sein" Reich geschaffen. Bekannt wurde das Haus als Schloss ohne Fenster, da es keine Glasfenster hatte. Klaus und seine Partys waren legendär. Heute wird das Gebäude wieder genutzt. Ansonsten hat die Playa keine weitere Infrastruktur. Es gibt einige Hotels im Hinterland.

Playa Barrigona

Der Strand schließt nördlich an die Playa Buena Vista an und wird auch als Mel-Gibson-Strand bezeichnet, denn der Schauspieler versuchte, zum Glück erfolglos, den Strand zu kaufen. Nun besitzt er „lediglich“ 500 ha Gelände mit luxuriösem Anwesen über der Playa. Der Traumstrand mit weißem Sand und klarem Wasser ist für die Öffentlichkeit zugänglich. Die Anfahrt ist nur mit einem 4x4 zu empfehlen. Verpflegung, Trinkwasser und Sonnenschutz nicht vergessen.

Playa Carrillo

Südlich von Sámara liegt dieser endlose, fast menschenleere, von Palmen gesäumte Strand. Einige fliegende Händler verkaufen frische Kokosnüsse. Ansonsten ist die Tagesverpflegung mitzubringen. Sonnenuntergang und Parkplätze sind vorhanden.

Die **Strandabschnitte weiter südlich** ab der Playa Camaronal über Playa Coyote bis hinab nach Santa Teresa sind schwer zugänglich. Selbst mit Allrad muss man sich in dieser Südregion über Pisten und Hügel kämpfen.

Ausflüge in die Umgebung

Ein Ausflug zur **Catarata de Belén** lohnt sich. In mehreren natürlichen Becken unterhalb des Wasserfalls kann man hervorragend baden. Der Ort ist bei den Einheimischen sehr beliebt und kostet keinen Eintritt. In der Regenzeit ist Vorsicht geboten, da es bereits zu tödlichen Unfällen durch starke Unterströmung kam. Die Anfahrt dauert von Sámara ca. 30 Minuten. Fahren Sie 18 km in Richtung Nicoya. Vor dem Restaurant La Cascada (Wasserfall) biegen Sie links ab. Es geht weitere 2 km bergab bis zum Parkplatz und von dort noch 5 Minuten zu Fuß abwärts.

Unweit der Playa Sámara befindet sich im hügeligen Hinterland das **Reserva Biológica Werner Sauter.** Auf gut 140 ha breitet sich das Bioreservat aus. Der Großteil besteht aus tropischem Trockenwald (→ Trockenwald, S. 385). Auf einer knapp dreistündigen, nicht zu anstrengenden Wanderung werden Flora und Fauna dieser besonderen Vegetationszone näher erklärt.

▪ Es gibt täglich zwei Touren, um 6.30 und 14.30 Uhr. 40 $/Pers. ✆ 26560920, www.samaratrails.com.

Praktische Infos → Karte S. 208

Busverbindungen Die Busse von Sámara starten in der Calle 160 an der Ortsausfahrt Richtung Nicoya.

Nicoya: fast stündlich 4–17.15 Uhr, Fahrzeit 1 Std.

Nosara: 5-mal tägl. 4–17.15 Uhr mit Umstieg in Pleyades, Fahrzeit 2 Std.

San José: 2-mal tägl. 4 und 8 Uhr, Fahrzeit 4:45 Std.

Nach Montezuma, Mal Páis und Santa Teresa gibt es kleinere Anbieter mit Tür-zu-Tür-Service. Sámara Shuttle Service, C. Principal/Via Sámara Vet, ✆ 63130404

Von San José ist Sámara in gut 5 Std. zu erreichen. Die Busse der Alfaro Bus Company starten am eigenen Terminal in der Nähe des Coca-Cola-Terminals in San José.

Flugverbindungen Die Anreise mit dem Flugzeug ist nur **via Nosara** möglich. Sansa bedient die Strecke San José–Nosara. Ab Nosara geht es dann mit dem Taxi oder Mietwagen weiter nach Sámara.

Aktivitäten **The Relaxation Spot,** starte in den Tag mit Yoga unter Palmen und dem Blick aufs Meer. Cheryl und ihr Team bieten auch hervorragende Massagen. Über Condos Veneto

Achtung, Strömungen!

Der Nordwesten → Karte S. 164

Playa Sámara, ✆ 88100508, www.relaxationspot.com.

Chillasana Yoga Surf, zertifizierte Lehrer unterrichten verschiedene Levels. Es gibt Gruppen- und Einzelunterricht. Surfboard, Kajak und Stand up Paddle können hier geliehen werden. Playa Carrillo 16, ✆ 84408595, www.chillasanayogasurf.com.

Horse Jungle, zu Pferd am Strand in den Sonnenuntergang reiten ... Horse Jungle hat verschiedene Touren von 35–65 $ im Angebot. 4 km nördlich von Sámara, der Küstenstraße 160 bis zur Sägemühle folgen, ✆ 86501606, www.horsejungle.com.

Octopus Tour, hat ein breites Angebot. Delfin-Watching, Angeltour oder Kajakausflug. Via Arriba 200 m nördlich der Polizeistation, ✆ 85745757.

Einkaufen Supermarkt und **Farmers Market (Fería Samara) 4,** zweimal wöchentlich werden regionale Produkte auf dem Farmers Market angeboten. Es gibt Obst und Gemüse, Marmeladen, Honig, Käse und Joghurt. Alles frisch und hausgemacht. Fr 14–17 Uhr. Beim Stadtpark, C. Parque.

Geld Geldautomaten der BCR und BNC sind in der Nähe der Kirche und an der Hauptstraße von Sámara zu finden.

Gesundheit Das nächste Hospital befindet sich im 36 km entfernten Nicoya. Das **Hospital La Anexión** ist rund um die Uhr geöffnet und steht für Notfälle bereit. ✆ 26855066. Bei schwersten Erkrankungen ist das CIMA Hospital in San José zu empfehlen.

Um alle weiteren, weniger gravierenden Erkrankungen kümmert sich in Sámara **Dr. Freddy Soto** mit seiner Ehefrau und Krankenschwester Karla. Mo–Fr 9–18 Uhr. ✆ 265 60992.

Übernachten **Las Perlitas 9** Charmantes B & B etwas außerhalb des Zentrums. Ein perfekter Ort, um die Seele baumeln zu lassen. El Canto de los Gavilanes Playa Sámara, ✆ 647111 11. **€€**

Oasis 2 Geräumige, saubere Bungalows mit kleiner Küchenzeile. Der Strand ist nur zwei Minuten entfernt. Gutes Preis-Leistungs-Verhältnis. Av. 1 Playa Sámara, ✆ 83890944, oasissamara (Facebook). **€€**

Montelaguna Boutique Hotel 11 Kleines, abgelegenes Hotel mit voller Aufmerksamkeit auf den Gast. Die Playa Carrillo und Sámara sind fußläufig erreichbar, der Pool ist direkt vor dem Zimmer. An der Hauptstraße zur Playa Carrillo, ✆ 26561150, www.montelagunaboutiquehotel.com. **€€€**

Essen & Trinken Im **Food Market 3** neben der Katholischen Kirche sind für alle Geschmäcker die verschiedensten Restaurants unter einem Dach versammelt.

Soda La Perla **10** Authentische Küche mit großen Portionen zu günstigen Preisen. Di–So 7-19 Uhr. Etwas versteckt am nördlichen Ende der Playa Sámara in zweiter Reihe, Cangrejal Playa Sámara, ✆ 65602410. **€**

Bocados Snack Bar **5** Frühstück, Waffeln, Smoothies, Tacos, Burger, Fleisch oder Veggie. Hier kann man essen! Tägl. 7.30–17 Uhr. C. Principal. **€€**

Bohemia Café **6** Frühstück, Brunch oder leichter Lunch. Köstlich gesunde, leichte Küche. Angeschlossenes Yoga-Studio. Mo–Sa 8–14 Uhr. Via Sámara Vet gegenüber dem Einkaufscenter Natural Centre, ✆ 63463590. **€€**

Falafel Café **1** Ob zu frisch gebackenem Pita-Brot, im Hamburger oder Salat – die hausgemachten Falafel schmecken klasse! Preislich auch in Ordnung. Do–Mo 11–17 Uhr. Hauptstraße Playa Sámara, ✆ 84151148. **€€**

Sámara Sushi **7** Klassische Sushi-Karte und verschiedene Tempura. Das Tico Especial ist eine Sushi-Kreation mit Banane. Interessant! Tägl. 11–22 Uhr. Strandstraße Playa Sámara über dem Super Sámara, ✆ 26561214. **€€**

Microbar **8** Ein toller Ort, um Craft-Biere an der Bar zu genießen. Auch die Cocktails sind handwerklich gut gemacht. Tägl. 11–23 Uhr. Oberer Fußweg Playa Sámara, ✆ 87847467.

Cóbano

Alle Wege führen nicht nach Rom, sondern zum Strand. Welche Stadt kann dies von sich behaupten? Cóbano kann es. Santa Teresa, Mal País, Montezuma und Tambor, ein Strand schöner als der andere. Cóbano bildet das wirtschaftliche Zentrum der südlichen Halbinsel und ist Knotenpunkt für Reisende. Einst ein kleines Dorf im Nirgendwo, wuchs Cóbanos Bedeutung mit der Entwicklung des internationalen Tourismus. Hier gibt es alle nötigen Einrichtungen.

Busverbindungen Die Busse fahren an der Hauptkreuzung vor der Banco Nacional ab.

Paquera: 7–17 Uhr alle 2 Std., Fahrzeit 1:30 Std. Hier gibt es an Anschluss mit der Fähre nach Puntarenas.

Montezuma: 7.30–20.30 Uhr alle 2 Std., Fahrzeit 30 Min.

Santa Teresa und Mal País: 10.30, 14.30 und 18.30 Uhr, Fahrzeit 45 Min.

San José: Direktbus um 7 und 15 Uhr, Fahrzeit 6 Std. inkl. Fähre.

Einkaufen **Supermarkt Palí,** hier kann man sich kostengünstig mit Lebensmitteln eindecken. An der Hauptkreuzung gegenüber der Banco Nacional. Tägl. 9–19 Uhr.

Geld Filiale der **Banco Nacional** mit Geldautomat. An der Hauptkreuzung Cóbano.

Gesundheit **Cóbano Medical Centre,** 100 m östlich der Banco Nacional. 24 Std. geöffnet. ✆ 89400087.

Farmacia Montecristo, Mo–Sa 7–19 Uhr. C. 624, ✆ 26421119.

Polizei Die einzige Polizeidienststelle der Region befindet sich am Ortsausgang Richtung Tambor. 24 Std. Bereitschaft. ✆ 26420770.

Übernachten Wer doch mal in Cóbano hängen bleibt, findet im **Hotel Villa Grace** eine ansprechende Bleibe. Große und saubere Zimmer. Gegenüber Supermarkt Palí, ✆ 26420225. **€€**

Der Nordwesten → Karte S. 164

Santa Teresa

„Auf den richtigen Moment kommt es an, wo du aufspringst und Tempo bekommst. Es gibt kein größeres Gefühl der Freiheit." Josues Augen leuchten, wenn er von seinem Lieblingssport spricht: dem **Surfen.** Er macht mit der Faust mit abgespreiztem Daumen und erhobenem kleinen Finger den typischen Surfergruß: „hang loose".

Strände

Die ca. 5 km lange **Playa Santa Teresa** mit ihren beständigen Breaks und hohen Wellen sowie die sich südlich anschließenden **Playa Carmen** und **Playa Mal País** sind beliebt bei Surfern aus aller Welt. Nördlich folgen die kleine, felsige **Playa Cocal** und die weitläufige **Playa Hermosa.** Doch auch Menschen aus aller Welt, die nicht auf Wellen reiten, kommen vermehrt hierher und genießen das entspannte Flair, die große Auswahl an Restaurants, Shops und vielfältigen Ausflugsmöglichkeiten. Auch wer nicht surft, kann in Santa Teresa viel erleben. Es gibt einige Yoga-Schulen und mit der Matte am Strand ist Yoga eben doch noch einmal etwas ganz anderes. Reiten, Schnorcheln, endlose Strandspaziergänge – es wird bestimmt nicht langweilig. Über das Wasser kann man übrigens nicht nur mit dem Surfboard rauschen, sondern auch mit dem SUP gleiten. Wer noch mehr benötigt, nimmt eine Yoga-Stunde auf dem SUP. Der neue Trend!

Praktische Infos

Busverbindungen/Fähre Busse fahren von der Hauptstraße ab.

Cóbano: 5-mal tägl. 5.15, 7.40, 11.40, 14 und 15.40 Uhr, Fahrzeit 45 Min.

Dort Anschluss nach:

San José (ab Cóbano direkt via Paquera und Puntarenas): Fahrzeit 5:30 Std. Fährticket inkl.

Wer von Santa Teresa aus nach San José an einem Tag möchte, sollte spätestens den 14-Uhr-Bus nehmen, doch das ist bei den Straßenverhältnissen schon riskant. Lieber den früheren wählen.

Shuttles von Interbus fahren in Santa Teresa von der Hauptstraße C. Cóbano ab (www.transportation-costarica.com).

Aktivitäten **Denga Surf Shop,** Sonnencreme, Bikinis oder Surfbretter zum Kaufen oder Leihen. Im Denga gibt es alles, was auf, im und am Wasser gebraucht wird. Hier kann man auch Surfstunden buchen. Playa Santa Teresa, ✆ 26400076, www.dengasurf.com.

Blue Surf Sanctuary, sehr engagierte und geduldige Lehrer für die Kurse, egal ob Surfbrett oder Stand Up Paddleboard. Playa Santa Teresa im gleichnamigen Hotel, ✆ 26401001, www.bluesurfsanctuary.com.

Für spektakuläre Tauchgänge in kleinen Gruppen stehen die Experten von **Iguana Divers** bereit. Verschiedene PADI-Kurse von Scuba-

Die Playa Santa Teresa ist bei Surfern aus aller Welt beliebt

tauchen bis Divemaster werden angeboten. Tägl. 9–17 Uhr. Playa Santa Teresa, ✆ 843858 87, www.iguanadivers.com.

Ollies Adventures, die klassische Reittour dauert ca. 2 Std. und führt durch Berge, Dschungel und an den Strand Playa Carmen. Längere Touren für Fortgeschrittene buchbar. Es gibt jeweils früh morgens und am späten Nachmittag einen Ausritt. Die Kosten beginnen bei 45 $. Ollie verleiht auch Fahrräder, Surfboards und Quads. Sa/So 7.30–18 Uhr. Playa Santa Teresa, gleich hinter der Soda La Amistad, ✆ 88163310, www.olliesadventures.net.

Ein **Schnorchel-Erlebnis** der besonderen Art gibt es am südlichen Ende der Playa Hermosa. Bei Ebbe zeichnet sich ein riesiges in Vulkanfels gefasstes Schwimmbecken ab. In diesem lässt es sich ohne Wellen fantastisch schnorcheln. Empfehlenswert sind neben der obligatorischen Schnorchel-Ausrüstung und dem Sonnenschutz ein Paar Wasserschuhe oder Sandalen, denn das Vulkangestein ist teils sehr scharfkantig. 5 Min. vom Pranamar-Oceanfront-Hotel Richtung Playa Santa Teresa.

Einkaufen **Super La Hacienda,** hier gibt es alles für den täglichen Bedarf. C. Cóbano. Tägl. 7–21 Uhr.

Geld An der Hauptkreuzung (Junction) in Santa Teresa/Playa Carmen befinden sich mittlerweile zwei Geldautomaten neben der Budget-Autovermietung.

Gesundheit Die nächste Klinik ist in Cóbano. Bei schweren Erkrankungen ist es ratsam, das CIMA Hospital in San José aufzusuchen.

Übernachten **Lost Boyz Hideout** Ruhig gelegene Anlage mit kleinen, aber sauberen und durchdacht eingerichteten Zimmern. In der Gemeinschaftsküche trifft man sich abends auf ein Bier. Dennis und sein Team sind sehr freundlich und hilfsbereit. Playa Santa Teresa, ✆ 26400805, www.lostboyzsantateresa.com. **€**

Griss Lodge & Villas Mit Liebe zum Detail eingerichtete Zimmer mit Bad und Klimaanlage, manche sogar mit Küchenzeile. Pool und Strand sind um die Ecke. Playa Santa Teresa, ✆ 26400804. **€€**

Funky Monkey Lodge Bungalows im Grünen mit Meerblick oder geräumige Zimmer. Die Anlage lässt keine Wünsche offen. Im angeschlossenen Restaurant kann man zwischen den Yoga- und Surf-Stunden gut essen. Playa Santa Teresa, ✆ 26400272, www.funkymonkeylodge.com. **€€€**

Essen & Trinken **Soda Tiquicia** Traditionelle Gerichte mit frischen und würzigen Zutaten. Die Portionen sind riesig, die Limonaden hausgemacht und lecker. Tägl. 8–22 Uhr. Playa Santa Teresa, ✆ 26400167. **€**

KIKA Familiengeführtes Restaurant mit ausgezeichneten Fischgerichten, der Thunfisch im Sesammantel ist einfach köstlich. Tägl. 18–22 Uhr. Playa Santa Teresa, ✆ 26400408. **€€**

Restaurante Katana Asiatische Küche von ihrer besten Seite. Pad Thai, Green Curry und tolle Sushi-Kreationen werden in stilvollem Ambiente serviert. Mi–Mo 18–22 Uhr. 600 m nördlich der Hauptkreuzung, ✆ 86400107. **€€**

Mal País

Wenige Kilometer südlich von Santa Teresa schließt sich mit Mal País ein weiterer Surfspot an. Der kleine Ort verteilt sich über 5 km den weiten weißen Strand entlang und grenzt im Norden an die **Playa Carmen,** im Süden an die **Reserva Natural Absoluta Cabo Blanco** (→ S. 213) auf der Südspitze der Halbinsel Nicoya. Das Reservat wurde von einem schwedischen Ehepaar im Jahre 1963 gegründet und hat mehrere Vegetationszonen wie tropischen Trockenwald und immergrünen Regenwald. Es bietet Schutz für viele Pflanzen und Tiere.

Während Santa Teresa in den letzten Jahren boomt und immer mehr Touristen, vor allem Surfer, anlockt, hat sich Mal País die entspannte Atmosphäre eines kleinen Dorfes bewahrt. Der weite Strand hat noch lange Abschnitte unberührter Natur. Die Küste von Mal País ist felsig, so manche vulkanische Felsformation ragt aus dem Sand – eine bizarre Landschaft spult sich vor den Augen ab. Alte Bäume wachsen bis an den Strand heran und zwischen Felsformationen verstecken sich immer wieder kleine Strände, manche überspült

Der Nordwesten → Karte S. 164

mit winzigen Muscheln. Für Naturliebhaber und Ruhesuchende ist Mal País ein guter Standort. Viele Vögel leben hier, die örtlichen Hotels organisieren gerne einen Ausflug mit heimischen Fischern oder man fragt sie einfach selbst. Red Snapper und Thunfisch gehen häufig an den Haken, ab und an auch ein Mahi Mahi, die Goldmakrele. Am südlichen Ende in Mal País liegt der **Fischmarkt.** Hier kann man täglich ab 6 Uhr fangfrischen Fisch kaufen und selber zubereiten. Aber auch nur das Markttreiben zu beobachten ist interessant.

Busverbindungen/Fähre Busse fahren ab der Dorfstraße Calle Carmen am Abzweig nach Cabuya los (Servicio de Taxi y Microbus).

Treibholz

Cóbano: 5-mal tägl. 5.30–15.30 Uhr, Fahrzeit 30 Min. Von Cóbano dann Anschluss nach Montezuma, San José, Nicoya etc.

Aktivitäten **Kitesurfen,** Franz von der Pachamama Lodge vermittelt gern Equipment und stellt zertifizierte Lehrer zur Seite. 1 km südlich der Hauptkreuzung in Playa Carmen, ☏ 26400195, www.pacha-malpais.com.

Sportfischen organisiert das Team von **Costa Rican Tropical Tours.** Auf Halb- oder Ganztagestouren kann man den ganz großen Fang machen: Thunfisch, Makrele, Dorade oder Segelfisch, selten geht man leer aus. Playa Mal País, ☏ 88993309, www.costaricantropicaltours.com.

Einkaufen **Minisuper Chico,** C. Nicoya Villas. Tägl. 8–20, So ab 10 Uhr.

Geld Den nächsten Geldautomat der Banco Nacional gibt es im 6 km entfernten Playa Carmen kurz vor Santa Teresa, an der Hauptkreuzung bei der Budget-Autovermietung. Las Piedras Road/Playa Carmen. Mo–Fr 13–19 Uhr.

Gesundheit Nächste medizinische Versorgungsmöglichkeit besteht in Cóbano → S. 209.

Übernachten **Indigo Yoga Resort** Ruhig gelegene Anlage mit schickem Garten und Pool. Die Zimmer sind geschmackvoll eingerichtet. Frühstück und morgendliche Yoga-Stunde inklusive. 2 km südlich von der Hauptkreuzung in Playa Carmen, ☏ 26401007, www.indigoyogaresort.com. **€€**

Pachamama Tropical Garden Lodge Voll ausgestattete Bungalows in direkter Strandlage. Toller Rückzugsort mit reichlich Flora und Fauna. 1 km südlich der Hauptkreuzung in Playa Carmen, ☏ 26400195, www.pacha-malpais.com. **€€**

Vista de Olas Die exklusive Anlage mit einigen Bungalows thront über der Bucht von Mal País. Die deutschen Besitzer sind sehr freundlich und hilfsbereit, die Zimmer sauber und geräumig, der Blick vom Pool ist spektakulär. C. Vista de Olas, Mal País, ☏ 26400183, www.vistadeolas.com. **€€€€**

Essen & Trinken **Las Caracolas** Chillige Location am nördlichen Ende von Mal País. Ob frisches Ceviche, Shrimps im Kokosmantel oder der Fischburger – einfach nur lecker. Es gibt auch vegane Gerichte. Danach gibt es Entspannung in der Hängematte mit Blick auf das Meer. Tägl. 11.30–21 Uhr. C. Vista de Ollas, ☏ 26400189. **€€**

Cabo Blanco – das weiße Kap

Am Golf von Nicoya

Zwischen der Nicoya-Halbinsel und dem Festland erstreckt sich der Golf von Nicoya mit seinen kleinen Inseln. Die größte ist die Isla de Chira, nahe der Mündung des Río Tempisque im Norden der Bucht, die touristischste die Isla Tortuga und die legendärste die Isla San Lucas.

Der Golf und seine Küste sind vom Tourismus noch relativ unentdeckt und authentisch. Fischer fahren mit ihren Booten hinaus, Krabbenzüchter kontrollieren ihre Zuchtbecken, Bauern bringen das Vieh auf die Weide. Die Strände sind einsam und naturbelassen, Mangrovenwälder ziehen sich am Ufer entlang. Kajaktouren gehören zu den Abenteuern im Golf und wer sich im Dunkeln hinaus traut, kann das magische Licht der Biolumineszenz bestaunen, das die Algen erzeugen, die in der Meeresbucht wachsen. Auch an der Golfseite gibt es nette Strandorte, der schönste ist der Hippieort Montezuma mit seinen vielen Ausflugsmöglichkeiten. Vom Ort Paquera setzt die Fähre nach Puntarenas über.

Reserva Natural Absoluta Cabo Blanco

Naturreservat Cabo Blanco

Auf dem südlichsten Zipfel der Halbinsel erstreckt sich das 1963 gegründete Reservat. Der Schwede Nicolas Wessberg und seine dänische Ehefrau Karen Mogensen trieben dieses Projekt über drei Jahre voran. Mit diesem Reservat

Der Nordwesten → Karte S. 164

Interview mit Volontär Janis

Freiwilligenarbeit in Costa Rica, dafür interessieren und begeistern sich immer mehr junge Menschen. Janis Brylak ist einer von ihnen. Ich habe ihn am Wasserfall in Montezuma auf Nicoya getroffen. Er war mehrere Monate an verschiedenen Orten und in unterschiedlichen Projekten eingesetzt und erzählt im Interview über seine Erfahrungen, den Spaß dabei und wie ihn der Aufenthalt verändert hat.

Kannst du Costa Rica Freiwilligen als Volontärziel empfehlen? Pro und contra?

Ja, ich kann Costa Rica definitiv als Volontärziel empfehlen! Das Land ist wunderschön, die Menschen sind super freundlich und es gibt viele verschiedene Möglichkeiten für Freiwilligenarbeit. Ein leichter Nachteil ist vielleicht, dass durch die entspannte „Pura Vida"-Einstellung der Menschen die organisatorische Planung etwas zu kurz kommt.

Wo warst du überall eingesetzt?

Insgesamt war ich 7 ½ Monate, in Costa Rica. Meine ersten 4 ½ Monate habe ich in Playa Garza auf der Halbinsel Nicoya in einer Gastfamilie gelebt und hätte theoretisch in der öffentlichen Schule von Esperanza gearbeitet. Dies ging allerdings nicht, da während meiner Zeit dort ein Schulstreik stattfand, weswegen die Schule die ganze Zeit geschlossen war. Bis auf einen Schnuppertag in meiner ersten Woche war ich also kein einziges Mal mehr in der Schule. Stattdessen habe ich im September mit einer anderen Freiwilligen ein Nachmittagsprogramm für die Kinder des Ortes gestartet, welches zweimal die Woche im Restaurant meiner Gastfamilie stattfand. Um dieses Programm ins Leben zu rufen, gingen wir von Haus zu Haus im Ort und sprachen mit den Eltern und luden die Kinder ein. Obwohl wir Versuche starteten, den Kinder Lesen und Schreiben bzw. Englisch beizubringen, funktionierte dies wegen der Motivation der Kinder, in ihren „Ferien" freiwillig zu lernen, eher weniger. Deswegen bastelten und spielten wir überwiegend mit den Kindern. Einmal die Woche habe ich außerdem in einer Tierauffangstation in Guiones ausgeholfen.

Also ist dein Programm etwas anders gestartet, als geplant. Wie ging es danach weiter?

Ab Mitte Dezember war ich in einem Schildkrötenprojekt an der Pazifikküste bei Playa Matapalo nähe Quepos. Dort war ich für insgesamt drei Wochen und es waren wahrscheinlich meine besten drei Wochen in Costa Rica. Ich war dort mit vielen anderen Freiwilligen aus der ganzen Welt und wir hatten eine super Zeit zusammen, mittags am Strand in der Hängematte mit frischen Kokosnüssen und abends mit Lagerfeuern am Strand. Unsere Arbeit bestand hauptsächlich aus dem Bewachen der Schildkröteneier in der Hatchery am Strand, was sich natürlich auch aus der Hängematte heraus bewerkstelligen lässt. Es war immer 24/7 jemand bei den Eiern. Tagsüber war eine Person eingeteilt (entweder von 6 bis 12 oder von 12 bis 18 Uhr) und nachts war man zu zweit (entweder von 18 bis 24 oder von 24 bis 6 Uhr). Da sich die meisten Freiwilligen aber sowieso am Strand aufhielten, war man auch tagsüber so gut wie nie alleine an der Hatchery. Neben dem Bewachen der Eier mussten immer zwei bis drei Freiwillige nachts am Strand patrouillieren und eine Strecke von etwa 12 km ablaufen, um neue Nester zu suchen. Aufgrund der vielen Freiwilligen musste ich dies allerdings nur zweimal während meines Aufenthaltes dort tun. Weihnachten feierten wir mit einem großen BBQ im Haus des Projektes und für Silvester fuhren wir alle zusammen nach Jacó, um zu feiern.

Das klingt nach jeder Menge Spaß. Und zum Schluss?

Mein letztes Projekt war das Regenwaldprojekt, bei dem ich auf der Selva Bananito Lodge nahe dem Dorf Bananito in der Provinz Limón arbeitete. Dort war ich ab Mitte Februar für drei Wochen. Das Regenwaldprojekt war das komplette Gegenteil zu meinem Schildkrötenprojekt. Ich war dort anfangs nur mit zwei weiteren Freiwilligen, Luisa und Jana, und nach ca. 1 ½ Wochen war ich der einzige Freiwillige dort. Am Anfang fühlte ich mich nicht wirklich wohl, aber nachdem ich mich an die neue Umgebung gewöhnt hatte, gefiel es mir auch dort gut. Gearbeitet wurde immer von 6 Uhr morgens bis 13 mittags, wobei von 8 bis 9 Uhr Frühstückspause war. Am Anfang bestand meine Hauptaufgabe darin, die neu angepflanzten Bäume zu gießen, da es seit Wochen nicht mehr geregnet hatte und alles zu vertrocknen drohte. Das war eine schweißtreibende Arbeit, da man das Wasser in einem Kanister zu den Bäumen schleppen musste, was bei costaricanischen 30 °C echt anstrengend ist. Aber ca. eine Woche, nachdem ich dort war, fing es an, regelmäßig zu regnen, wodurch meine Aufgaben abwechslungsreicher wurden. So säuberte ich zusammen mit Guardebosques (Waldarbeitern) Waldwege, begleitete als Helfer der Führer Touren mit Touristen, sammelte verschiedene Früchte fürs Essen auf der Lodge ein, säuberte einen Teich von Algen, kümmerte mich um Pferde und noch vieles mehr. Das absolute Highlight meines Aufenthaltes dort war die Übernachtung auf einer Plattform mitten im Dschungel. Eine unfassbare Erfahrung.

Janis

Nach dem Regenwaldprojekt fuhr ich für eine letzte Woche wieder an die Pazifikküste Costa Ricas zu meiner Gastfamilie und die Woche darauf ging es zurück nach Deutschland.

Hat dich die Zeit in Costa Rica verändert, hast du für dich eine neue Erkenntnis mitgenommen?

Durch meine Zeit in Costa Rica bin ich deutlich entspannter geworden und habe besser gelernt, mit Stress umzugehen. Ich habe realisiert, dass man sich nicht Sorgen über Sachen machen muss, an denen nichts mehr geändert werden kann. Zudem war meine Zeit dort eine Selbstfindungszeit und ich habe gelernt, glücklicher mit mir selbst zu sein.

Welche Region des Landes hat dir am besten gefallen?

Am besten hat mir die Nicoya-Halbinsel im Norden gefallen.

Gibt es etwas, das du im Nachhinein anders machen würdest?

Rückblickend hätte ich mir gerne, um mobiler und nicht immer auf die Busse angewiesen zu sein, ein Motorrad oder Quad am Anfang gekauft und es am Ende wieder verkauft.

Gab es irgendeine gefährliche Situation (bis auf deinen Sprung vom Wasserfall …)?

Einmal gab es im Schildkrötenprojekt einen gefährlichen Moment, wo aber nichts passiert ist. Wir saßen abends am Lagerfeuer und dann kamen ein paar Locals vorbei, von denen einer sehr betrunken war. Da er sich ziemlich aggressiv verhalten hat und sich vor allem die Mädchen aus unserer Gruppe unwohl gefühlt haben, schickten wir ihn und die anderen weg. Nachdem er dann auch erst gegangen war, kam er ca. 30 Minuten später mit weiteren Locals wieder und war auf Stress aus. Dann sind wir alle zurück ins Haus gegangen und dachten, dass sich damit die Sache erledigt hätte. Am Tag darauf kam er allerdings wieder zu uns zum Strand und sagte zu einem Freund aus dem Projekt: „Leave or I will fucking kill you!" und richtete ein Messer auf ihn. Danach gingen wir natürlich direkt zum Haus zurück und gingen zur Polizei, die konnte allerdings auch nicht mehr tun, als etwas „Patrouille" zu fahren. Das reichte aber, sodass wir danach keine Probleme mehr mit ihm hatten. Das hört sich jetzt vielleicht etwas schlimm an, aber im Endeffekt ist alles gut gegangen und es war ein Einzelfall, die Menschen sind sonst alle extrem nett und zuvorkommend. Es sollte auf keinen Fall jemanden davon abhalten, Costa Rica zu besuchen und das Land und die Menschen kennenzulernen.

Was machst du jetzt?

Momentan arbeite ich in einer Fertigung am Fließband, um etwas Geld zu verdienen, bevor ich zum Wintersemester mit meinem Studium anfange.

wurde der Grundstein für das Nationalparksystem und den darauf basierenden Öko-Tourismus in Costa Rica gelegt. Weiße Sandstrände, mit bunten Muschelteilen bedeckt, glasklares Meerwasser, Flüsse und Wasserfälle, riesige Bäume und eine reiche Tier- und Pflanzenwelt machen einen Spaziergang zum Erlebnis. Neben den über 150 Baumarten bietet das Reservat Schutz für zahlreiche Seevögel, Gürteltiere, Stachelschweine, Wildkatzen, Ameisenbären und verschiedene Affenarten.

Wanderwege

Zwei Wanderwege führen hindurch. Der Kürzere, **Sendero Danes** (Dänischer Weg) mit 1,6 km, ist reizvoll und anspruchslos. Für den längeren Wanderweg, den **Sendero Sueco** (Schwedischer Weg), ist mehr Zeit mitzubringen. Die 4 km führen zu den weißen Stränden – Badesachen und Verpflegung nicht vergessen und Zeit mitbringen. Im marinen Teil, der beträchtliche 4400 ha beträgt, liegt die **Isla Cabo Blanco.** Sie wird auch weißes Kap genannt, weil der Guano, die Exkremente der Seevögel, die Insel bedecken. Für Besucher ist die vorgelagerte Insel nicht zugänglich.

Praktische Infos

Größe 3140 ha zu Land und 4400 ha zu See.

Anfahrt/Zugang 4-mal tägl. fahren **Busse** von Montezuma nach Cabuya und halten am Eingang zum Reservat. Der Eingang befindet sich in Cabuya.

Information ✆ 26420093, www.costarica-nationalparks.com.

Öffnungszeiten Mi–So 8–14 Uhr.

Eintritt 12 $.

Cabuya und Isla Cabuya

Cabuya fühlt sich ein wenig wie das Ende der Welt an und ist demzufolge touristisch wenig erschlossen. Die kleine, lose Ansiedlung besteht aus wenigen Hotels, noch weniger Restaurants, einer Bäckerei, einem Supermarkt an der Hauptstraße nach Montezuma und einigen Privathäusern. Auf dem Weg von Montezuma passiert man zunächst den wohl größten Baum Costa Ricas, einen **Banyanbaum** (Higueron auf Spanisch). Verlässliche Quellen über sein Alter sind nicht zu finden. Doch mehrere Jahrhunderte hat er sicherlich schon durchlebt.

Wer noch nicht genug schöne Strände auf Nicoya und auf dem Weg von Montezuma gesehen hat, dem sei der Besuch der **Playa Cabuya** zu empfehlen. Der Strand von Cabuya ist der südlichste der Halbinsel Nicoya und durch die vorgelagerten Felsen gut zum Baden geeignet. Es gibt sogar weißen Sand.

Die meisten Touristen kommen jedoch nach Cabuya, um das **Cabo-Blanco-Naturreservat** (s. o.) zu besuchen oder die magische **Insel Cabuya** zu erkunden. Auf der Calle al Cementerio geht es bei Ebbe ca. 10 Minuten über einen felsigen Dammweg auf die Insel. Festeres Schuhwerk ist zu empfehlen, genug Trinkwasser und Verpflegung sollte man mitnehmen und vor allem die Gezeiten im Blick behalten, denn vor der nächsten Flut sollte das Festland wieder erreicht sein. Oder man chartert in Montezuma oder Cabuya einen privaten Transport zur Insel. Auf der Insel ist nicht viel los. Oft ist man alleine, was den Ort noch spannender macht. Es gilt den Friedhof zu erkunden und die Insel zu umrunden. Außerdem sind die Gewässer um die Insel hervorragend zum Schnorcheln geeignet, da das geschützte Cabo-Blanco-Reservat angrenzt.

Busverbindungen **Montezuma:** 4-mal tägl. 7.35–18.55 Uhr, Fahrzeit 20 Min.

Der Nordwesten → Karte S. 164

Übernachten/Essen The Howler Monkey Hotel Ein spezieller Ort, zwischen Dschungel und Strand. Die 4 Bungalows sind rustikal eingerichtet. Ein Pool hilft beim Erfrischen. Ob eine kräftige Tasse Kaffee zum Sonnenaufgang oder ein Lagerfeuer oder Barbecue am Strand, Jim macht alles möglich. Ausrüstung zum Surfen und Schnorcheln steht zum Verleih. Cabuya Hauptstraße, ✆ 26420303, www.howlermonkeyhotel.com. **€€**

Café Coyote Knusprige Pizza und gute Cocktails im frischen Ambiente. Cabuya Ortsausfahrt nach Mal País, ✆ 26420354. **€€**

Brauerei La Selva Jacob führt gern durch seine kleine Brauerei und gibt so manchen Einblick. In der Microbar kann man die Bierwelt näher erkunden. Echt lecker! Perfekter Stopp zum Tagesausklang. Tägl. 11–19 Uhr. Unweit der Kirche, ✆ 26421559, www.laselva.cr.

Montezuma

Schlechte Straßen führen zu besonderen Orten – die Bucht von Montezuma mit ihrer weitläufigen, teils felsigen **Playa Montezuma** ist eine der schönsten von Nicoya. Der Sand ist hell, das Meer ruhig und zwischen den vielen Korallenfelsen am Strand haben sich natürliche Gezeiten-Pools gebildet, in denen man wunderbar planschen oder ein Buch lesen kann.

Die Anfahrt auf einer Schotterpiste hat zwar noch etwas Abenteuerliches und das ein oder andere Schlagloch muss verdaut werden, doch dafür sind das Dorf und der Strand noch nicht zu überlaufen. Es gibt ein Schildkrötenschutzprojekt, in welchem freiwillige Helfer mitarbeiten können, der nördliche Strandabschnitt ist lang und weit und mit Palmen gesäumt. Montezuma, gerne auch Montefuma genannt (fumar = rauchen), ist ein bunter, liebenswerter Ort und bei Jung und Älter, Singles, Pärchen und Familien gleichermaßen beliebt. Hippies schlurfen durch die Straßen, verkaufen hier und da ihren

An der Bucht von Montezuma

selbstgefertigten Schmuck, während Marihuana-Wolken durch die Luft schweben. Tour-Anbieter präsentieren sich rund um eine von zwei Kreuzungen des Ortes und freuen sich darüber, wie gut der Quad-Verleih funktioniert oder Reitausflüge am Strand gebucht werden. Neben kleineren Shops mit aktueller Beachware, dem am besten sortierten Supermarkt der Halbinsel, einem guten Angebot an Restaurants und Unterkünften hat Montezuma aber vor allem etwas, das andere Orte nicht haben: den nahen Montezuma-Wasserfall (s. u.). Hier kann man wunderbar im kühlen und glasklaren Flusswasser baden, von bis zu 15 m hohen Felsen springen und – ganz überraschend – der ganze Spaß ist auch noch kostenlos. Ein kräftiges Pro-Argument bei der großen Auswahl schöner Strände auf der Nicoya-Halbinsel.

Ausflüge in die Umgebung

Cataratas de Montezuma: Der Ausflug zu den Montezuma-Wasserfällen ist ein Muss. Das Ensemble besteht aus drei aufeinanderfolgenden Kaskaden. Der untere Wasserfall misst 30 m in der Höhe. In den Becken lässt es sich hervorragend planschen. Ab und an springen Einheimische oder Touristen aus luftiger Höhe. Der Aufstieg zu den beiden oberen Fällen über einen Privatweg (1 $) lohnt sich, denn hierher kommen die wenigsten Touristen und man hat einen atemberaubenden Blick in die Landschaft. Von Montezuma aus erreicht man die Fälle in ca. 45 Min. leichter Wanderung. Der Eintritt ist frei.

Playa Las Manchas: 3 km südlich von Montezuma beginnen wunderbare Strandabschnitte. Las Manchas ist klein und einsam, denn es gibt zwar feinen weißen Sand, aber es ist auch felsig. Diese Felsen, die ein Stück ins Meer ragen, nutzen die Einheimischen und werfen hier ihre Angeln aus.

Playa Cedros: Der nächste Strand ist langgezogen, das Wasser meist ruhig und Bäume spenden wohltuenden Schatten. Auch hier gibt es einige felsige Stellen, die bei Ebbe Wasserbecken bilden. Krabben fühlen sich dort wohl und durch den Sand trollen sich Einsiedlerkrebse.

Río Lajas und Cataratas: Ein Badevergnügen der besonderen Art gibt es 5 km südlich von Montezuma. Zwischen Playa Cedros und Cabuya bzw. kurz vor dem riesigen Higueron-Baum führt die Straße über eine Brücke. Hier trifft der Río Lajas auf das Meer. In der Trockenzeit trennt die beiden ein sandiger Damm. Das Baden im herrlich frischen und glasklaren Süßwasser ist eine Freude. Einheimische picknicken hier gerne, die Kinder schwingen sich mit einer Liane vom Baum ins Wasser. Badevergnügen pur. Ungefähr 2 Stunden Fußweg flussaufwärts erreicht man die Lajas-Wasserfälle. Nach der ersten Stunde gabelt sich der Flusslauf, hier rechts ab. Die Tour ist als Ganztagestrip zu empfehlen. Ausreichend Trinkwasser und Verpflegung nicht vergessen.

▪ **The Sanctuary at 2 Rivers** Tief im Wald, abgelegen und an Exklusivität nicht zu überbieten, Yoga-Kurse werden angeboten. Alles ist perfekt abgestimmt. Die Zimmer schlicht, die kulinarische Versorgung hervorragend. ☎ 854 43427, www.thesanctuarycostarica.com. **€€€**

Isla Tortuga: Wer schon immer auf einer einsamen Insel stranden und sich wie Robinson Crusoe fühlen wollte, sollte besser nicht den Schnorchel-Trip mit Zuma-Tours zur Isla Tortuga im Golf von Nicoya unternehmen. Viele Menschen tummeln sich auf Sonnenliegen, im großen Restaurant oder am Souvenirstand. Dafür kann man im klaren Wasser um einen Felsen der Insel ganz gut schnorcheln und an den wirklich schönen weißen Sandstränden relaxen. Eigentlich sind es sogar zwei Inseln, Isla Tolinga und Isla Alcatraz, die unter dem Namen Islas Tortugas zusammengefasst sind. Da Touristen aber nur an den schönen Strand der Isla Tolinga wollen, ist der Name Isla Tortuga

Der Nordwesten → Karte S. 164

Einfach und gesund – mein Traumleben am Traumstrand

Dagmar Spremberg kommt ursprünglich aus Hamburg. Seit 2001 lebt sie in Montezuma, hat hier ihr eigenes Yoga-Zentrum aufgebaut und arbeitet weltweit als Yogalehrerin.

Wie war deine erste Berührung mit Costa Rica?

1991 bin ich das erste Mal für einen Urlaub nach Costa Rica gereist und war auch gleich in Montezuma. Ich habe den Ort sofort gemocht: Natur, Affen und Papageien, der Dschungel, die Palmen und das Meer. Ich weiß noch, wie ich unsere deutsche Hotelbesitzerin für ihr Leben im Paradies bewunderte. Und ich hatte schon damals das Gefühl, dass ich eines Tages nach Montezuma zurückkehren werde.

Wie kamst du zum Yoga?

Ich habe Yoga zum ersten Mal für mich entdeckt, als ich 1996 von Deutschland nach Los Angeles gezogen bin. Ich habe mein altes Leben verlassen, um in eine neues einzutauchen, um das Leben wieder zu spüren. Da ich in der neuen Stadt noch niemanden kannte, ging ich zum Yoga. Das machten alle in LA. Ich hatte das große Glück, bald eine großartige, inspirierende Lehrerin zu finden, die mir eine ganz neue Welt öffnete, die ich von Mal zu Mal mehr liebte. Es war, als wäre ich nach Hause gekommen. Ich bin dann nach New York gezogen und habe bald fünf Mal pro Woche Yoga gemacht. Dort habe ich bei Elena Brower gelernt, die heute eine der einflussreichsten Yogalehrerinnen in den USA ist.

Was hat dich dann endgültig nach Costa Rica verschlagen?

Es hat ganze neun Jahre gedauert, bis ich nach meinem ersten Besuch in Costa Rica wieder hinfuhr. Als ich dann für einen Urlaub Ende 2000 nach Montezuma zurückkehrte, habe ich mich gleich wieder wohl gefühlt, bin eine Weile geblieben und habe mich dann verliebt – in einen griechischen Hotelbesitzer. Damit begann die Pendelei zwischen New York und Costa Rica. Bis der 11. September kam und ich alles in New York verlor. Das war der Moment, wo ich beschloss, komplett nach Montezuma zu gehen.

Wie ging es weiter?

Mein Wunsch war immer, mein eigener Chef zu sein, ein unabhängiges, authentisches Leben zu führen und die Welt zu bereisen, denn andere Kulturen faszinieren mich, ich möchte mehr über sie erfahren. Daher bin ich glücklich, dass ich jetzt nicht nur in Costa Rica Kurse gebe, sondern in vielen anderen Ländern ebenfalls.

Welcher Typ Mensch kommt zu dir und welche Yoga-Kurse sind am beliebtesten?

Unsere Kurse sind sehr bunt gemischt besucht. Wir haben viele local Expats, aber auch internationale Touristen aus der ganzen Welt. Der größte Teil sind sicher Frauen, die alleine reisen, und sich freuen, bei Montezuma Yoga eine Community und Anschluss zu finden, der inspirierend und wohltuend ist. Wir haben eine gute Mischung aus dynamischem Vinyasa, gentle Vinyasa, Flow und Yin Yoga. Ein Highlight sind unsere Candlelight Yoga & Live Musik-Klassen am Sonntagabend.

Was liebst du am meisten an Costa Rica und deinem Leben hier?

Ich liebe den gesunden, einfachen Lebensstil hier. Es geht nicht ständig ums Geld oder um die neueste Mode. Man braucht nicht viel mehr als ein paar Kleidchen und Flipflops! Wir haben hier samstags einen Bio-Bauernmarkt, was super ist. Außerdem liebe ich es, im Einklang mit der Natur und der Tierwelt zu leben, es ist völlig „normal", Affen, Leguane und wunderschöne Vögel zu beobachten, wenn man zu Hause sitzt oder unterwegs ist, man muss nicht nach ihnen suchen. Ich lebe hier meinen Traum.

Hast du einen Geheimtipp rund um Montezuma, was man sich unbedingt ansehen sollte?

Las Manchas Beach ist mein Lieblingsbeach, er ist etwa 10 Minuten zu Fuß in Richtung Cabuya und besteht aus reinem Muschelsand, daher kann man dort oft wirklich ruhiges türkises Meer antreffen und auch schnorcheln gehen. Mein anderer Traumplatz ist der Río Lajas in Cabuya, eine Lagune, die vom Fluss ins Meer läuft, und ein wunderbarer Ort, um die schönsten Vögel anzutreffen. Natur pur.

Gibt es Dinge, die du an einem Traumstrand wie Montezuma vermisst?

Ja, die gibt es sicher überall ... wenn mir mal etwas fehlt, dann ist es die Kultur, die man als Europäer einfach aus unseren schönen Städten kennt. Ich würde mir wünschen, dass San José eine coole Hauptstadt wie New York oder Berlin wäre, in die man ab und zu mal fahren könnte, um sich ein cooles Konzert oder Events anzuschauen. Aber da es das nur selten gibt, komme ich jedes Jahr für drei Monate nach Europa, wo ich die Städte dann genießen kann!

Hast du manchmal Heimweh nach Hamburg?

Natürlich! Dort leben viele meiner Freunde und auch sonst ist es meine Lieblingsstadt in Deutschland. Sollte ich Costa Rica jemals wieder verlassen, würde ich wohl nach Hamburg ziehen. Außerdem gibt es dort eine tolle Yoga-Szene.

Costa Rica in drei Worten ...?

Natur Pur – Simplicity – Pura Vida!

Playa Las Manchas

für sie geläufig geworden. Die Fahrzeit von Montezuma beträgt 45 Minuten. Mit etwas Glück können von November bis April Wale im Golf von Nicoya gesichtet werden.

▪ Der Ausflug mit Zuma-Tours kostet 77 $, Abfahrt ist tägl. um 9 Uhr. ☎ 88734692, www.zumatours.net.

Praktische Infos

→ Karte S. 223

Busverbindungen Die **Busstation** liegt am südlichen Dorfrand, um die Ecke vom Downtown Montezuma Hostel. Abfahrtszeiten können sich ändern, also lieber im Hotel nochmal nachfragen, ob alles beim Alten ist.

San José: um 6, 12 und 14.30 Uhr fahren Busse nach Paquera (Transportes Cóbano), wo Anschluss an die Fähre nach Puntarenas besteht (9, 14 und 17 Uhr, Naviera Tambor). Von dort geht es weiter nach San José (11, 16 und 19 Uhr mit Transportes Unidos). Die Fahrt dauert insgesamt ca. 6 Std.

Von San José fahren Busse tägl. um 6 und 14 Uhr vom Terminal 7–10, Av. 7/C. 10, ☎ 26421112.

Cóbano: 5-mal tägl. 6–16 Uhr, Fahrzeit 30 Min.

Paquera: 5-mal tägl. 6–16 Uhr, Fahrzeit 2 Std.

Cabuya (weiter nach Cabo Blanco): 10, 14, 16 und 18 Uhr, Fahrzeit 25 Min.

Santa Teresa/Mal País (über Cóbano): 10, 12 und 16 Uhr, Fahrzeit 1 Std.

Taxiboot Zuma Tours fährt mit Taxibooten **zwischen Jáco und Montezuma** und benötigt für die Strecke ca. 1 Std. Tägl. 10 Uhr, 45 $. Vom Manuel-Antonio-Nationalpark dauert die Fahrt 3 Std. und kostet 69 $. Abfahrt tägl. um 7.45 Uhr. ☎ 88734692, www.zumatours.net.

Etwas günstiger sind die Touren von **Cabo Blanco Travelers,** gegenüber vom Eiscafé, ☎ 26421125.

Einkaufen Jeden Samstag findet neben der Kirche ein **Bauernmarkt** **5** statt. Öko und regional ist hier angesagt!

Supermarkt Mama Tea **9**, hat auf engem Raum einfach alles, von der Sonnencreme bis zur Fliegenklatsche und zum Werkzeugkoffer. Tägl. 7–23 Uhr. Direkt neben Cabo Blanco Travelers.

Geld Direkt gegenüber vom Supermarkt Mama Tea gibt es einen Geldautomaten der BCR.

Gesundheit In **Cóbano** gibt es eine **Ambulanz,** welche auch Montezuma bedient. 24 Std. Rufbereitschaft. ☎ 23804125.

Radfahren Montezuma und Umgebung eignen sich ganz gut zum Radeln, vor allem die Küstenlinie entlang. Wie wäre es mit einer Tagestour zum 12 km entfernten Cabo-Blanco-

Bunt und lebendig: Montezuma

Naturreservat? Mehrere Anbieter verleihen in Montezuma die drahtigen Esel.

Gut ausgestattete Fahrräder gibt es bei **Cabo Blanco Travelers** für 15 $ pro Tag. 250 $ Pfand sind zu hinterlegen bzw. werden auf der Kreditkarte geblockt. Hauptstraße Montezuma, gleich neben Chico's Bar, ✆ 26421125, www.caboblancotraveler.com.

Touren Die beiden Konkurrenzunternehmen **Zumatours** und **Eco-Tours** haben sich an der Dorfstraße direkt einander gegenüber postiert. Quadtouren, Shuttles zu sämtlichen Touristenzielen in Costa Rica und Nicaragua, Schnorchel-, Kajak- und Reitausflüge sind im Angebot.

Yoga Im **Montezuma Yoga** bieten Dagmar und ihr Team verschiedene Kurse für unterschiedliche Niveaus an. Es gibt auch Pakete in Verbindung mit Surf- oder Spanischunterricht. Die Hamburgerin hat hier in Montezuma ihren Traum verwirklicht (→ Interview, S. 220). Im Hotel Los Mangos, ✆ 87041632, www.montezumayoga.com.

Übernachten **Downtown Montezuma Hostel** **11** Ein interessanter Treffpunkt für Hippies, Backpacker und Traveller. Das Haus im typischen Hostelstil, einfach, aber sauber, mit Gemeinschaftsküche. Frühstück inklusive. Wäscheservice 1000 CRC/kg. Montezuma 624, ✆ 86593923. **€**

Mein Tipp **Proyecto Montezuma Hostel** **3** Gepflegte Anlage mit einem schönen Garten und jeder Menge Chillmöglichkeiten. Der Blick auf das Meer ist fantastisch, morgens geht hier die Sonne auf. Die Zimmer haben bequeme Betten, Ventilatoren und genügend Ablagemöglichkeiten. Links an der Straße nach Cabuya am Felsen mit Blick auf das Meer, 10 Min. Fußweg in den Ort, ✆ 26420271, www.luminosamontezumahostel.com. **€**

Moctezuma Hotel **12** Einfach und sauber, die vorderen Zimmer Nummer 12 und 10 haben direkten Meerblick und eine kleine Terrasse. Die ungenutzte Dachterrasse des benachbarten Restaurants ist direkt vom Hotel aus zugänglich und bietet einen tollen Blick auf Strand und Bucht. Abends, meist an den Wochenenden, dringt Musik von der Chico-Bar herüber. Erträglich. Gemeinschaftsküche vorhanden. Playa Montezuma, ✆ 26420058, www.hotelmoctezuma.com. **€€**

In Montezuma gibt es eine große Auswahl an Unterkünften

Hotel Cabinas Mar Y Cielo **10** Mehrere Cabinas stehen direkt am Strand, haben Balkon/Terrasse und Hängematten. Links vom Hotel Moctezuma, die Musik der Chico-Bar hört man auch hier. ✆ 88360442. **€€**

MeinTipp **Amor de Mar** **2** Etwas abseits vom quirligen Zentrum liegt diese Oase direkt am Meer. Der weitläufige Garten mit Sonnenliegen und Hängematten lädt ein, die Seele baumeln zu lassen. Einfache, rustikale Zimmer mit Klimaanlage und Balkon zum Meer. An der Brücke des Río Montezuma, ✆ 26420262, www.amordemar.com. **€€**

Ylang Ylang Beach Resort **1** Nobel, sauber und direkt am Strand begrüßt das 3-Sterne-Resort seine Gäste. Im Pool plätschern Wasserfälle, tropische Pflanzen wachsen im Garten, um die Blüten schwirren Kolibris. Der Wellness-Faktor kommt nicht zu kurz: die Yogaplattformen haben Meeresblick und bei der Massage rauschen die Wellen in den Ohren. Die Zimmer sind geräumig, einige haben Meerblick. Etwa 750 m nördlich des Zentrums, 10 Min. Fußmarsch, www.ylangylangbeachresort.com. **€€€€**

Essen & Trinken **The Bakery Café** **4** Schattiges Plätzchen auf dem Weg zur Playa Montezuma. Ab 6 Uhr wird Frühstück angeboten, kräftige Kaffee-Kreationen erweitert um die süße Kuchentheke. Mo–Sa 6–21 Uhr. Playa Montezuma, ✆ 84782211.

Ice Dream Gelato **7** Hier kann man der sengenden Hitze entfliehen und aus dem klimatisierten Gastraum das Treiben beobachten. Dazu ein kühlen Eisbecher oder Latte. Tägl. 8–21 Uhr. Hauptstraße Montezuma, ✆ 26420160.

Sano Banano Restaurant **8** Vegetarier und Veganer kommen hier voll auf ihre Kosten. Sie werben damit, „The Best Place to Chill" in Montezuma zu sein, und der Garten und das Ambiente sind auch wirklich schön. Vom Frühstück bis Abendessen – das Restaurant bietet das Komplettpaket. Die Karte ist sehr umfangreich: Wraps, Salate, Suppen, Typisches, Fleisch und Fisch – am besten schon einmal online inspirieren lassen. Tägl. 7–21 Uhr. ✆ 26420944, restaurant.elsanobanano.com. **€€**

Restobar Cocolores **6** Liegt direkt am Strand. Tolle Ceviche-Kreationen, Fischfilet im Kokosmantel oder Camarones mit gelbem Curry. Alles lecker! Reservierung empfehlenswert. Di–So 17.30–22.30 Uhr. Hinter dem Hotel Pargo Feliz, ✆ 26420348. **€€€**

Tambor

Die riesige, hufeisenförmige Bucht namens **Bahía Ballena** (Wal-Bucht) macht ihrem Namen alle Ehre, denn in der Trockenzeit sind ab und an die gigantischen Meeressäuger in der Bucht zu erspähen. Umfasst wird die Bucht von der **Playa Tambor.** Der dunkelgraue Sandstrand fällt sanft in das Meer und bietet somit beste Badebedingungen für Kinder. Schatten spenden zahlreiche Kokospalmen und tropische Mandelbäume.

Das Tal von Tambor ist umgeben von bewaldeten Bergen. Das Dörfchen mit seinen entspannten Einwohnern und meist US-amerikanischen Expats hat es nie zu einem touristischen Highlight gebracht. Am südlichen Ende der Bucht haben die Fischer ihre Anlegestelle. Frischer Fisch kann hier wochentags von 6 bis 18 Uhr erstanden werden. Das nördliche Ende wird vom ersten All-inclusive-Resort Costa Ricas begrenzt. Besucher der 400 Zimmer zählenden Anlage reisen meist via Flugzeug an. Der kleine Flugplatz ist gleich um die Ecke.

Ausflüge in die Umgebung

Schnorchel-Trip zur Isla Tortuga (→ S. 219)

Reserva de Vida Silvestre Curú (Curú Wildlife Refuge): Das private Reservat liegt 15 km von Tambor entfernt in Richtung Paquera. In dem großen Gelände finden viele Wildtiere einen geschützten Lebensraum. Es umfasst Strände, wie die schöne **Playa Curú,** Mangrovenwald und Trockenwald und bildet einen wichtigen biologischen Korridor zwischen Meer und Bergwelt. Auf verschiedenen Wanderwegen kann die Schönheit der Natur betrachtet und so mancher Affe oder Ara entdeckt werden. Es gibt Übernachtungen in einfachen Bungalows und es werden Reitausflüge angeboten. Busse nach Montezuma halten am Reservat, dann sind es noch 2 km zu Fuß.

▪ Tägl. 7–16 Uhr. Eintritt 12 $. ✆ 62093846, www.curuwildliferefuge.com.

Pozas La Florida: In mehreren natürlichen Becken kann man sich hier im klaren Wasser erfrischen. Die Pozas La Florida sind ein wahrer Geheimtipp und deshalb etwas schwieriger zu finden. Unweit der Siedlung Florida, etwa 5 km von Tambor in Richtung Cóbano, weist ein unauffälliges Schild auf die Wasserfälle hin. Am Wohnhaus an der Einfahrt sind 400 CRC pro Person zu bezahlen, da die Becken auf privatem Gelände liegen. Ein Allradfahrzeug ist für die kurze Strecke zu den Fällen empfehlenswert. Der Weg kann aber auch leicht zu Fuß bewältigt werden.

Praktische Infos

Busverbindungen Busse passieren Tambor Richtung Paquera und Cóbano und halten an der Iglesia de Tambor.

Paquera: 15-mal tägl., Fahrzeit ca. 45 Min.

Montezuma: alle 2 Std., Fahrzeit 1:10 Std.

Flugverbindungen 6-mal tägl. bietet Sansa eine Flugverbindung von **Tambor nach San José** an, 7–17 Uhr, Flugzeit 30 Min.

Autoverleih **Budget Autovermietung,** tägl. 8–17 Uhr. An der Hauptstraße Tambor, ✆ 24362007, www.budget.co.cr.

Einkaufen Einige kleine Tante-Emma-Läden gibt es auf der Zufahrt zum Strand. Super Lapa ist am besten sortiert. Tägl. 8–20 Uhr.

Touren **Seascape Kayak Tour,** bietet seit 1994 Kajaktouren in die Bucht und das Curu Wildlife Refuge an. Preise ab 65 $, Büro im Hotel Tambor Tropical am südlichen Ende der Playa Tambor, ✆ 85761262, www.seascapekayaktours.com.

Übernachten **Hotel Costa Coral** Kleines Hotel mit Restaurant in Strandnähe. Die Zimmer sind sauber und komfortabel eingerichtet. Pool vorhanden. Das Restaurant ist empfehlenswert. Südliches Ende der Playa Tambor, ☏ 26830105, www.hotelcostacoral.com. €€

Barceló Tambor Etwas überteuert für die in die Jahre gekommene Anlage mit tollem Garten, großem Pool-Bereich, 9-Loch-Golfanlage und eigenem Strandzugang. Playa Tambor, ☏ 26830303, www.barcelo.com. €€€€

Tambor Tropical Beach Resort Luxuriös und geschmackvoll eingerichtete Bungalows warten auf Gäste. Der Garten mit Pool ist wunderschön. Wünsche werden hier von den Lippen abgelesen. Südliches Ende der Playa Tambor, ☏ 26830011, www.tambortropical.com. €€€€

Essen & Trinken **Mar y Sol** Das familiengeführte Restaurant ist für knusprige Pizzen aus dem Holzofen bekannt. Tägl. 10–22 Uhr. Südliches Ende der Playa Tambor, ☏ 89800040. €€

Restaurant Cristina Familiäres Ambiente. Es gibt regionale Küche. Der gegrillte Red Snapper ist einfach lecker. Tägl. 8–22 Uhr. Gegenüber der Kirche in Tambor, ☏ 26830028. €€

Paquera

Paquera ist vielen Touristen lediglich durch die Ankunft und Abreise über den Fährhafen bekannt (ein zweiter befindet sich in Naranjo) und wird weniger als touristische Destination wahrgenommen. Doch gerade dieser Umstand macht Paquera zum authentischen Spot. Hier tickt das normale Leben abseits der hoch frequentierten Orte wie Montezuma oder Mal País. Es gibt Supermärkte, Bankautomaten und eine Tankstelle. Vom Fährhafen legt mehrmals täglich die Fähre nach Puntarenas ab. Die umgebenden Strände sind noch unentdeckt und meist menschenleer. Von Paquera kann man zu den Islas Tortugas, Islas Negritos und zur ehemaligen Gefängnisinsel San Lucas mit dem Kajak schippern.

Ausflüge in die Umgebung

Playa Órganos: Unweit von Paquera liegt dieser bildschöne Sandstrand, umgeben von dichtem Dschungel, die Isla Tortuga im Blick. Die Wellen sind sanft, das Wasser klar und der Strand ist fast menschenleer. Ein perfektes Tagesziel. Picknick und Getränke mitnehmen!

Walbeobachtung: Von August bis November sind die Chancen erstklassig, Buckelwale im Golf von Nicoya zu beobachten. Auf dem Weg zum Überwintern in wärmeren, tropischen Gewässern passieren die Wale die Küstenlinie Costa Ricas. Es ist ein atemberaubendes Erlebnis, diese riesigen Meeressäuger zu sehen. Nebenbei begleiten zahlreiche Delfine spielerisch das Boot.

▪ **Bahia Rica Adventures,** Abfahrt ist 9 Uhr neben dem Fährhafen, 65 $/Pers. ☏ 26410811, www.bahiarica.com.

Kajaktour: Wer Lust hat, die Inseln im Golf von Nicoya zu erkunden, kann sich den mehrtägigen Touren der Bahia Rica Fishing and Kayak Lodge anschließen. Mit guter Ausrüstung und ortskundigem Guide geht es für mindestens zwei Tage mit dem Kajak auf Tour. Für Verpflegung und Schlafplätze wird gesorgt. Die Insel San Lucas ist derzeit nicht im Programm. Es können aber auch Kajaks geliehen werden, um auf eigene Faust zur Insel zu fahren (→ folgendes Kapitel).

▪ **Bahia Rica Adventures,** ab 140 $/Pers., Büro neben dem Fährhafen, ☏ 26410811, www.bahiarica.com.

Praktische Infos

> Bis Montezuma ist die Anfahrt mit einem normalen Auto problemlos möglich, bis Mal País ist Allrad empfehlenswert.

Infos zur Fähre www.navieratambor.com.

Fährverbindungen Der **Fähranleger** ist 4 km vom Zentrum Paqueras entfernt. Tickets am besten vorher online kaufen www.quickpaycr.com. 810 CRC/Pers., 485 CRC/Kind, Mehrwertsteuer kommt noch dazu. Am Anleger

Fähre von Paquera nach Puntarenas

weiß man dann schon Bescheid und man muss maximal den Screenshot vorzeigen. Autos (ca. 20 $), Motorräder (6 $) und Fahrräder (4 $) können ebenfalls auf der Fähre mitfahren.

Paquera–Puntarenas: 5.30, 9, 11, 14, 17, 20 Uhr, Fahrzeit 70 Min.

Puntarenas–Paquera: 5, 9, 11, 14, 17, 20.30 Uhr, Fahrzeit 70 Min.

> **Achtung:** Die 17-Uhr-Fähre von Puntarenas ist die letzte, mit der der öffentliche Bus nach Montezuma, Mal País und Santa Teresa noch erreicht wird.

Busverbindungen **San José** (Umstieg in Puntarenas): 5.30–17 Uhr 5-mal tägl., Fahrzeit 3:30 Std.

Montezuma (über Tambor und Cóbano): 6–19 Uhr 7-mal tägl., Fahrzeit 2 Std.

Santa Teresa/Mal País: Busse nach Montezuma, in Cóbano umsteigen.

Taxis Vom Fährterminal nach Tambor 40 $, Montezuma 50 $, Santa Teresa 70 $.

Einkaufen **Palí,** Supermarkt mit breitem Sortiment, Ortsdurchfahrt zum Fähranleger. Tägl. 9–19 Uhr.

Geld Automaten gibt es von der BCR und der Banco Popular jeweils an der Hauptstraße. Es kommt allerdings vor, dass sie nicht funktionieren.

Übernachten **Hotel Vista Las Islas** Etwas abgelegen, dafür mit traumhaftem Blick über die Bucht und die Inseln. Garten mit Pool. Die Zi mmer und das Essen im Restaurant erstklassig. Paquera Richtung Fährhafen, ✆ 89675757, www.vistalasislas.com. **€€€**

Isla Chiquita Glamping Ein Stück vom Paradies. Die Insel und 15 luxuriös ausgestattete Wohnzelte mit eigenem Bad warten auf die Gäste. Isla Jesusita, ✆ 87758600, www.islachiquitacostarica.com. **€€€€**

Essen & Trinken **Mariscos Grey's** Vom Meer direkt auf den Tisch: frischer Fisch, Muscheln, Krustentiere. Die Meeresfrüchte-Suppe ist grandios, Preis-Leistung klasse. Tägl. 11–22 Uhr. 600 m vom Supermarkt Palí entfernt, ✆ 85825192, www.mariscosgreys.negocio.site. **€€**

Lizz Seafood Macho Vorrangig wird Meeresgetier serviert. Ab 11 Uhr gibt es Hummer, Ceviche, Gambas und vieles mehr zu genießen. Tägl. 11–21 Uhr. Hauptstraße Paquera neben der Schule, ✆ 26410262. **€€**

Der Nordwesten → Karte S. 164

Die Inseln im Golf von Nicoya

Ein Dutzend Inseln liegen im Golf von Nicoya, die meisten touristisch unerschlossen, bedeckt mit Wäldern, umgeben von Mangroven, bewohnt von Affen und tropischen Vögeln. Bei einer Kajaktour kommen deshalb echte Robinson-Crusoe-Gefühle auf. Dazu ist das Golfwasser ruhig und damit ideal zum Kajakfahren, auch für Paddler mit weniger Erfahrung.

Mit dem Kajak zu den Inseln

Ein guter Ausgangsort ist **Paquera,** da der Wasserweg zu den südlichen Inseln nicht so weit ist. Die Inselgruppe **Islas Tortugas,** bestehend aus der Isla Tolinga und der Isla Alcatraz, ist ein beliebtes Ziel zum Schnorcheln. Vor allem die Isla Tolinga hat schöne weiße Sandstrände, weshalb auch die Schnellboote von Zuma-Tours hierher fahren (→ S. 223) und die Insel gerade zur Hochsaison übervoll ist, sodass sie dann getrost links liegen gelassen werden kann und das Kajak besser die benachbarten **Islas Negritos** in der Reserva Isla Los Negritos ansteuert – ein Ziel für Entdecker, denn hier ist nichts los außer einer reichen Vogelwelt, die in den Pochote- und Frangipani-Bäumen fliegen, darunter die schöne Gelbnackenamazone. Gegenüber dem Fähranleger in Paquera dümpelt die kleine **Isla Jesusita,** auf der exklusives 3-Sterne-Glamping möglich ist.

- **Isla Chiquita** Die einzige Anlage auf der Isla Jesuita, schicke Zimmer in Zelten mit viel Holz, Hängematten zwischen hohen Palmen, Kajak- und SUP-Verleih, www.islachiquitacostarica.com. **€€€€**

Der Playa Naranjo vorgelagert liegt die ehemalige Gefängnisinsel **Isla San Lucas,** berühmt geworden durch den Roman eines zu Unrecht verurteilten Insassen und späteren Universitätsprofessors. Es ist aufregend, sich den alten Gefängnismauern mit dem Kajak langsam aus der Ferne zu nähern und schließlich durch die verlassenen Zellen zu stromern. Tropischer Dschungel, weiße Sandbuchten, grüne Hügel und plätschernde Wasserfälle – San Lucas hat den Charme einer echten Pirateninsel und ist heute ein Refugio Nacional de Vida Silvestre. Und doch hat „Devil Island" (Teufelsinsel), wie sie ebenfalls genannt wird, eine dunkle Vergangenheit. Sie diente von 1873 bis 1991 als Gefängnisinsel, zuerst für politische Gefangene und später auch für Schwerverbrecher. Noch heute rotten die alten Gefängnisgebäude vor sich hin und

Die Inselwelt bei der Überfahrt mit der Fähre

Pelikan im Flug

sind Zeugnis der schaurigen Dinge, die sich einst dort abspielten. Einer der berühmtesten Insassen, der preisgekrönte Autor José León Sánchez, hat das Leben der Gefangenen und die Zustände im „Teufelsknast" in seinem Buch „La isla de los hombres solos" festgehalten (→ Kasten, S. 230). Heute gibt es ein paar archäologische Reste wie Hausfundamente der indigenen Stämme zu entdecken, die zwischen 1000 und 1500 n. Chr. hier lebten. Ihre Steinwerkzeuge und Metallgegenstände sind im Nationalmuseum in San José ausgestellt. Die staatlichen Stellen erarbeiten zurzeit ein Konzept, um die Insel mit ihrer leidvollen Geschichte und deren stummen Zeitzeugen einem breiten Publikum zugänglich zu machen. Offizielle Touren wurden zur Zeit der Recherche nicht angeboten. Das **Gefängnismuseum (Antigua Cárcel)** gibt authentische Einblicke in die Unterbringung der Insassen, man sieht das Bootsdock, die kleinen Zellen, Gebäude zur medizinischen Versorgung, Wandbilder und Graffitis der Gefangenen, alte Gegenstände liegen herum. In jedem der sieben Sektoren wurden bis zu 70 Männer gefangen gehalten, die am Boden schliefen und nur eine Stunde Sonnenlicht pro Tag tanken durften. Der Zustand gleicht heute dem einer unaufgeräumten Ruine. Ein Feuer hat Teile des alten Gebäudes zerstört. Ein Friedhof wird derzeit noch ausgegraben.

- Tägl. 8–16 Uhr.

Ein Stück weiter erheben sich drei Inselchen aus dem Meer. Auf der **Isla Caballo** leben mehrere Fischerfamilien, während die Nachbarinsel, **Isla Bejuca,** unbewohnt ist. Auf der nächsten Insel, der **Isla Venado,** gibt es einen Campingplatz und an die 1000 Fischer wohnen hier. Ein Rundwanderweg führt um die Insel mit Abstechern zu schönen Aussichtspunkten. Boote setzen vom Dorf La Penca, nahe Jicaral, zur Insel über.

- **Coquitos Camping,** Playa Alvina, ✆ 899 53789.

Noch einmal 12 km Paddelstrecke weiter nördlich ist die **Isla de Chira** erreicht, Costa Ricas zweitgrößte Insel. Hier leben viele Menschen in verschiedenen Dörfern, vor allem Fischer und Viehbauern, es gibt eine Schule, ein paar Kirchen, erstaunlich viele Unterkünfte – alle sehr einfach –, Strände und Wanderwege. Vom höchsten Berg ist die gesamte Insel zu sehen. Die Asociación Eco Turística La Amistad, die

Der Nordwesten → Karte S. 164

auch die Cabinas vermietet, führt Touren über die Insel durch und bietet Kunsthandwerk-Workshops an. Ein Boot fährt täglich vom Fischmarkt in Puntarenas zur Insel, außerdem fahren Colectivo-Boote von Costa de Pájaros bei Punta Morales ab. Kajaks verleiht die Bahía Rica Fishing and Kayak Lodge bei Paquera.

Posada Rural La Amistad Einfach, freundlich und sauber. ✆ 26613261, Reservierungen unter www.islachira.com. €

Playa Naranjo

Dieser kleine Ort ist der zweite Anlaufhafen für die Fähren aus Puntarenas und relevant für Reisende, die von Puntarenas zu den nördlichen Stränden der Nicoya-Halbinsel möchten, wie Sámara oder Nosara. Doch Playa Naranjo ist auch interessant als Basis für **Ausflüge zu den Inseln** im Golf von Nicoya.

Die Insel der einsamen Männer

Als José León Sánchez noch im Hörsaal der Universität San Juan de la Cruz in Heredia stand und Präkolumbische Kultur und Recht lehrte, wussten seine Studenten, wer da vor ihnen steht: ein ehemaliger Gefängnisinsasse, einer von der „isla de los hombres solos" – der Insel der einsamen Männer und ein brillanter Autor, der sich von seinem schweren Schicksal nicht hat unterkriegen lassen. Einer, der sich das Schreiben im Gefängnis selbst beigebracht hat und zu den bekanntesten Schriftstellern Costa Ricas zählt.

Sánchez stammt aus einem indigenen Huetares-Dorf, Cucaracho de Río Cuarto bei Puntarenas, hier wird er im April 1930 geboren. Seine Mutter, eine Prostituierte, verkauft ihre Kinder, deren Väter sie nie zuordnen kann. Ihren einzigen Sohn wird sie allerdings nicht einmal im Tausch gegen einen Sack Salz los, denn er ist kränklich und „gelb wie Eidotter", sodass sie ihn schließlich verschenkt. Der Junge hat Glück, denn sein Vormund steckt ihn ins San-Rafael-Krankenhaus in Alajuela, das es noch heute gibt. Später kommt er in ein Hospiz, das sich um Minderjährige kümmert.

Sanchez heiratet jung und sein Leben läuft in geregelten Bahnen. Doch dann kommt der 13. Mai 1950. Ein Tag, der im Leben von Sánchez alles verändert. An diesem Tag werden in Costa Rica zwei Verbrechen begangen. In der Basílica de Nuestra Señora de los Ángeles in Cartago, nicht weit entfernt von der Hauptstadt, werden an diesem Tag das Gottesbild der Heiligen Jungfrau und ihre Juwelen im Wert von mehreren Millionen US-Dollar gestohlen. Außerdem wird der Aufseher der Kirche, Manuel Solano Torres, ermordet. Die Zeitungen rufen zur Suche nach dem „Monstruo de la Basílica" auf, „muerto o vivo", tot oder lebendig. Nach kurzer Suche meldet sich der Schwiegervater von Sánchez bei den Behörden: Sánchez habe ihm Juwelen gezeigt. Das zweite Verbrechen passiert: Mit 20 Jahren wird Sánchez verhaftet und so lange gefoltert, bis er eine Aussage unterschreibt – sein Urteil: 30 grausame Jahre Haft auf der berüchtigten Gefängnisinsel San Lucas.

Expats aus Europa, den USA und Kanada leben hier und bieten Reit- und Mountainbiketouren an. Der Strand ist einsam und naturbelassen. Gute Unterkünfte mit Pools und sauberen Zimmern sind das Hotel Playa Naranjo und das Hotel Casa Amarilla.

Fährverbindungen **Fähre nach Puntarenas:** 8, 12.30, 16.30, 20.30 Uhr. Tickets online unter www.coonatramar.com oder ✆ 26611069.

Busverbindungen **Nicoya:** mehmals tägl. 5.15–15.30 Uhr, Fahrzeit 3 Std.

Einkaufen Wenige kleine Pulperías finden sich an der Küstenstraße.

Übernachten/Essen **Hotel Naranjo Beach** Kleine, freundliche Hotelanlage mit Pool und Hängematten im Garten und einem angeschlossenem Restaurant. Für eine Nacht in Ordnung. An der Hauptstraße zum Fähranleger, ✆ 26418133. **€€**

O'Pacifico Hotel Modern, hell und freundlich präsentiert sich die Hotelanlage. Der parkähnliche Garten zieht sich bis zum Strand und hat 2 schöne Pools. Im hauseigenen Restaurant wird anspruchsvolle Küche serviert. An der Zufahrtsstraße zum Fähranleger, ✆ 84033333, www.opacificohotel.com. **€€€€**

Im Knast vegetiert er die ersten Jahre unter schlimmsten Bedingungen vor sich hin. In einer mickrigen, dunklen, feuchten Zelle schläft, isst und uriniert er, alles ohne Mobiliar, Teller oder Klo. Maximal 15 Minuten Tageslicht gewährt man ihm pro Tag, dafür dürfen Sensationslüstlinge zur Insel kommen und das „Monster der Basilika" gegen ein Entgelt mit eigenen Augen sehen. Mehrere Fluchtversuche misslingen. Er betet zu Gott, er möge ihn hier in seinem Schicksal nicht vergessen. Im Gefängnis lernt Sánchez mit Hilfe einer alten Bibel lesen und schreiben. Er beginnt zu dichten und gewinnt ab 1963 aus dem Gefängnis heraus mehrere Literaturpreise. Der costa-ricanische Schriftsteller des 20. Jh. ist geboren, sein Spitzname ist nun nicht länger das „Monster der Basilika", jetzt nennen ihn die Zeitungen „Den Buchverrückten". Und schließlich schreibt er sich all die Pein, Gräuel und Folter von der Seele und verfasst ein Buch, das zu einem Klassiker der lateinamerikanischen Literatur geworden ist: „La isla de los hombres solos" wird weltweit millionenfach verkauft und in fünf Sprachen übersetzt. Es ist das bekannteste Werk von José León Sánchez und wird in Mexiko und Mittelamerika schnell zu einem Bestseller. In Costa Rica verhilft es nach anfänglicher Empörung zur Verbesserung der Haftbedingungen auf der Isla San Lucas.

Am 8. Juni 1980 erreicht ein Schreiben die Insel – Sánchez wird aus der Haft entlassen. Er ist nun 50 Jahre alt. 11 Jahre später wird das Gefängnis auf San Luca geschlossen, 1998 erklärt der Oberste Gerichtshof von Costa Rica José León Sánchez für unschuldig des Verbrechens in der Basilika von Cartago. Die katholische Kirche entschuldigt sich zum ersten Mal in der Geschichte des Landes. In Mexiko, seiner neuen Wahlheimat, lebt Sánchez die ersten Jahre nach seiner Entlassung und schreibt hier seinen zweiten Bestseller „Tenochtitlán" über den Fall des Aztekenreiches. Er wird zu einer Person des kulturellen Lebens, hält weltweit Vorträge an Universitäten, gibt Interviews. Noch heute engagiert er sich gegen Unrecht, Justizirrtümer und die Todesstrafe.

Die Pazifikküste

Party am Strand, surfen, tauchen und schnorcheln an der Costa Ballena, unberührte Nationalparks durchstreifen und Indígenas kennenlernen – die geballte Schönheit Costa Ricas.

- **Bundesstaat:** Puntarenas
- **Küstenlänge:** ca. 350 km (Puntarenas bis Pavones)
- **Indigene Stämme:** die Ngäbe ganz im Süden
- **Wale an der Costa Ballena:** Dezember bis April

Grüne Palmenhaine, weite Blicke über das Meer – die Küstenstraße Ruta Nacional 34 entlangzufahren, besser bekannt als Carretera Costanera Sur, ist ein Erlebnis. Sie beginnt südlich von Puntarenas bei Pozón und verbindet die Orte der zentralen und südlichen Pazifikküste bis hinunter nach Palmar Norte an der Carretera Interamericana Sur (Ruta Nacional 2). Hier treffen die beiden Verkehrsachsen aufeinander. Nach Süden wird die Gegend immer einsamer, bis man auf der Halbinsel Osa fast allein unterwegs ist und mehr Ochsenkarren als Autos begegnet.

Die Strände an der Pazifikküste sind ein Traum: weißsandig mit türkisfarbenem Wasser, das Meer bisweilen rau und wellig für die Surfer. Die Abwechslung setzt sich in den Küstenorten fort. Nördlich herrscht in Jacó und Quepós trubeliges Urlaubsfeeling mit jeder Menge Fiesta, Touranbietern und Wassersportspaß. Weiter südlich zieht die Küste vor allem Backpacker mit Hippietouch, Familien und Surfer an. Dominical und Uvita sind wunderbare Stranddörfer zum Entspannen. In den Nationalparks Manuel Antonio und Marino Ballena warten spektakuläre Ausblicke, mit Glück ziehen Wale im Meer vorbei. Im Süden ist die einsame Osa-Halbinsel mit dem wilden Corcovado-Nationalpark das Highlight, doch hier warten noch viele weitere Abenteuer in der Natur. Die Region um Golfito ist eine Welt für sich und zieht vor allem Surfer an – Pura Vida am Pazifik!

Was anschauen?

Parque Nacional Marino Ballena: Der langgezogene Nationalpark beim Küstendorf Uvita mit seiner walflossenförmigen Landzunge ist eine gute Alternative zum überlaufenen Manuel-Antonio-Nationalpark. Papageien flattern hier kreischend durch die Palmen, der Strand ist weitläufig und einsam, und fast ganzjährig ziehen Wale vorbei. → **S. 265**

Parque Nacional Corcovado: Einer der schönsten Nationalparks von Costa Rica – wer genug Zeit im Gepäck hat, sollte ihn besuchen. Bei den mehrtägigen Exkursionen in den Park, heute nur noch mit einem offiziellen Führer gestattet, übernachtet man auf Holzplattformen mitten im Dschungel und hat die Chance, viele Wildtiere zu sehen, darunter den beeindruckenden Tapir. → **S. 281**

Puerto Jiménez: Radeln, Kanufahren, Sportfischen – in dem chilligen Küstenort läuft das Leben ganz entspannt ab. Während auf dem Teller ein köstlicher Fisch liegt, kreischen am Himmel die Roten Aras. → **S. 284**

Territorio Indígena de Ngäbe-Buglé Conte Burica: Der Abstecher zu den indigenen Ngäbe an der Grenze zu Panama ist etwas für echte Abenteurer und Entdecker, die das authentische Leben suchen. → **S. 292**

Wo surfen?

Dominical: Hier ist einiges los, dennoch ist der Strandort chillig und entspannt. Hippies und Surfer schlendern unter Palmen, vorbei an bunten Souvenirständen und Restaurants mit Holztischen und -stühlen, zum Strand. Der eignet sich nicht nur zum Baden, sondern auch zum Surfen – auch für Anfänger. → **S. 255**

Pavones: Hier läuft die zweitlängste linksbrechende Welle der Welt und lockt vor allem Profi-Surfer an, die dem Ruf von Pavones als lässigem Surfer-Ort folgen. → **S. 299**

Wo entspannen?

Matapalo: Sehnsucht nach Einsamkeit, endlosen Strandspaziergängen und einem fantastischen Sonnenuntergang? Dann ist Matapalo das Paradies auf Erden. Hier gibt es mehr Faultiere auf den Bäumen als Menschen auf der einzigen Dorfstraße. Der perfekte Ort also, um Seele und Beine baumeln zu lassen. → **S. 252**

Bahía Drake: Am Tor zum Corcovado-Nationalpark duftet es schon nach Abenteuer inmitten der Natur. Man übernachtet in tollen Eco-Lodges im Dorf Agujitas und kann vor der großen Tour in der Bucht von Drake baden und am Strand spazieren → **S. 275**

Wo essen und ausgehen?

Ojochal: Der kleine Ort, der sich gegenüber der Küste in die Berge hinauf zieht, ist bekannt für seine gute Küche. Hier kommen auch Meeresfrüchte und Fisch nicht zu kurz und landen fangfrisch auf dem Teller. → **S. 267**

Playa Ballena: Nur 10 km südlich von Uvita ist die Dichte der Meeresfrüchte-Restaurants erstaunlich hoch. → **S. 266**

Catarata el Pavón: In den Flüssen rund um den schönen Wasserfall El Pavón wimmelt es von Tilapia-Barschen, die man gleich hier im Restaurant isst. → **S. 267**

Von Puntarenas nach Manuel Antonio

Auf der Strecke zwischen Puntarenas und dem beliebten Manuel-Antonio-Nationalpark ist allerhand los, denn es ist die touristischste Region an der zentralen Pazifikküste. Urlaubshochburgen wie Jacó und Quepos liegen an diesem Küstenabschnitt.

Wunderbare Aussichten auf den Pazifik begleiten die Costanera Sur und schon wenige Kilometer hinter Puntarenas wartet ein echtes Highlight direkt an der Straße: Kurz vor Tárcoles chillen an die 40 Krokodile im flachen Wasser des Río Tárcoles (→ S. 237). Mit Krokodilen hat auch der Nationalpark Carara zu tun, der als nächstes auf der Strecke liegt. Eine Wanderung auf den angelegten Wegen ist ganz nett, um erste Nationalparkluft zu schnuppern. Auch der Cangreja-Nationalpark zwischen Jacó und Quepos ist ein guter Einstiegspark, bevor ganz im Süden die richtigen Wildparks erobert werden. Der dritte Park an diesem Küstenabschnitt ist der gut besuchte Manuel-Antonio-Nationalpark südlich von Quepos. Der Küstenblick ist fantastisch, die Strände des Parks auch, doch für ursprüngliche Natur fährt man besser noch weiter in den Süden.

Puntarenas

(Fährhafen)

Yachten und Fähren, Segelschiffe und Fischerboote – Puntarenas, zu Kolonialzeiten gegründet als Bruselas, war neben Puertó Limón an der Karibikküste einst die bedeutendste Hafenstadt des Landes, umgeben von Wasser, denn sie liegt auf einer schmalen Landzunge, die in den Golf von Nicoya ragt. Doch ganz so idyllisch, wie das klingt, ist Puntarenas, Hauptstadt der gleichnamigen Provinz, nicht und die Zeiten als bedeutender Exporthafen während des Kaffeebooms sind lange vorbei. Der **Containerhafen Caldera,** 18 km weiter südlich, hat Puntarenas als Hafenstadt abgelöst und übernimmt inzwischen den Export. Zucker, Alkohol, Holz, Ananas, Melone, Maniok und Fisch werden vor allem in die USA exportiert, aber auch nach China, Singapur, Argentinien, Chile und Peru. Sogar internationale Kreuzfahrtschiffe legen hier an. Als Fischereistandort ist Puntarenas aber nach wie vor wichtig und versorgt das ganze Inland mit Thunfisch und Garnelen. Ansonsten ist die Stadt vor allem ein geschäftiger Ort der Locals und beliebter Badeort der Hauptstädter, mit schachbrettartigen Straßen, gesäumt von Flachbauten aus Beton, vielen Läden, Speditionen, Unternehmen, ein paar Hotels und vielen Restaurants entlang des Paseo León Cortés Castro, besser bekannt als **Paseo de los Turistas.** An dieser Promenade steht an der Spitze der Landzunge ein **Leuchtturm** und zum Sonnenuntergang ist es dort mit dem Blick auf den Golf ganz romantisch. Ticos entspannen hier übers Wochenende und hoffen, dass die frühere Zugstrecke von San José nach Puntarenas eines Tages wieder eröffnet wird. Ganze Familienclans kommen am Samstag aus der Hauptstadt, per Auto oder Bus, und fahren am Sonntag wieder zurück. Doch ausländische Reisende hält es hier nicht lange, denn für die meisten ist Puntarenas nur der Ablege- bzw. Ankunftshafen der Fähren zur und von der Halbinsel Nicoya mit ihren wunderschönen Stränden. Einmal im Jahr wird das Hafengelände zum Schauplatz eines besonderen Großereignisses. Am Samstag, der am nächsten zum 16. Juli liegt, findet die **Fiesta de la Virgen del Mar** statt. Festlich geschmückte Fischerboote und Yachten kreuzen durch die Hafengewässer mit der Bitte um Schutz für das kommende Jahr auf See. Begleitet wird das Spektakel von Bootsrennen, einem Karnevalsumzug und Livemusik.

Hafenmole von Puntarenas

Stadtgeschichte

Puntarenas ist eine verhältnismäßig alte Stadt, baufällige Villen erinnern an ihre Blütezeit als bedeutende Hafenstadt. Als die Spanier kamen, gründeten sie im Laufe des 16. Jh. mehrere Siedlungen entlang der Pazifikküste und erkundeten das Inland über den Río Tárcoles. Der ist heute für seine vielen Krokodile bekannt, die sicher schon damals die Boote der Spanier beäugten. Die Spanier hatten schnell die Kontrolle über das nord- und zentralpazifische Territorium übernommen, während sich ihr Einfluss in der Quepós-Region und weiter südlich in Grenzen hielt, da hier die indigenen Stämme ihr Land aufs Härteste verteidigten. In einem Dokument aus dem Jahr 1720 erscheint schließlich das erste Mal der Name Puntarenas, „Sand-Punkt" bzw. „Sand-Stelle", für die Landzunge, auf der die Stadt Puntarenas liegt und heute der Name der gesamten Provinz ist. Schnell entwickelte sich diese Landzunge zu einem wichtigen Pazifikhafen und mit ihm die dazugehörige Stadt.

Sehenswertes

In der **Casa de la Cultura** finden regelmäßig Ausstellungen und kulturelle Veranstaltungen statt.

▪ Av. Centenario. Mo–Fr 8–19, Sa/So 9–18 Uhr.

In unmittelbarer Nähe befindet sich das **Museo Histórico Marino.** Neben einem Aquarium mit Meeresfischen zeigt es anhand von Fotos und Installationen die Geschichte von Puntarenas.

▪ Av. Central, zw. C. 3 und 5. Di–So 10–17 Uhr.

Im **Parque Marino del Pacífico** können Meerestiere aus dem Pazifik beobachtet werden. Die Hauptattraktion ist ein Aquarium mit Mantarochen. Leider könnte das Aquarium viel besser gepflegt und geführt werden.

▪ Paseo de los Turistas, Bar Río Las Playitas. Eintritt 3 $. Di–So 9–16.30 Uhr. www.parquemarino.org.

Praktische Infos

Einwohner Ca. 40.400.

Information www.puntarenas.com.

Busverbindungen Der **Busbahnhof** mit den Bussen nach San José befindet sich nahe

Mmh, lecker, Eisbecher Churchill

dem Anleger für Kreuzfahrtschiffe, Av. 4/C. 2. Gegenüber Ecke Av. 2/C. Central starten die Busse in Richtung südlicher Pazifikküste.

San José: 4–21 Uhr stündlich, Fahrzeit 2:30 Std.

Liberia: 10-mal tägl., Fahrzeit 3 Std.

Miramar: 7–13 Uhr stündlich, Fahrzeit 2 Std.

Monteverde (Santa Elena): 4-mal tägl., Fahrzeit 3 Std.

Jáco/Quepós: 9-mal tägl., Fahrzeit 3:30 Std.

Taxis Am Busbahnhof. Eine Fahrt zur Fähre kostet ca. 2000 CRC.

Fährverbindungen Zur Nicoya-Halbinsel fahren zwei Fähren von Puntarenas, eine nach Paquera für die südlichen Ziele wie Montezuma und Santa Teresa, die andere zur Playa Naranjo für die nördlichen und westlichen Ziele, wie Sámara und Nosara. Die Überfahrt dauert ca. 70 Min. Der Anleger befindet sich an der Spitze der Landzunge, Av. 3/C. 31 und 33. Man kann vor Ort Tickets kaufen oder ganz einfach online buchen.

Paquera: Tägl. 5, 9, 11, 14, 17, 20.30 Uhr, Tickets online reservieren unter www.quickpaycr.com.

Playa Naranjo: Tägl. 6.30, 10, 14.30, 19 Uhr, Tickets online unter www.coonatramar.com.

Isla Chira: Am Mercado Central fahren 3-mal tägl. Colectivo-Lanchas zur Insel.

Autovermietung **Adobe Car,** Hotel Fiesta Resort an der Ruta 23 Richtung Caldera. Tägl. 8–17 Uhr. www.adobecar.com.

Einkaufen **Palí,** an der großen Hauptstraße (Ruta 17), die von der Landzunge herunter führt. Tägl. ab 7 Uhr.

Geld Automat der BCR, Av. 3 unweit vom Leuchtturm, Automat der BN Av. 3, C. 1.

Gesundheit **Hospital Monseñor Sanabria,** 10 m von der Playa Robles, Barrio Monseñor Sanabria, ✆ 26308000. 24 Std. geöffnet.

Farmacia Carrizal, ebenfalls an der Hauptstraße. Tägl. 8–20, So bis 17 Uhr.

Übernachten **Hotel La Punta** Das Haus liegt nahe am Fähranleger mit Blick auf den Golf. Die Zimmer sind sauber und einfach eingerichtet. Der Pool ist erfrischend. Der Fährhafen, die Promenade und ein Strand sind gleich um die Ecke. Av. 1/C. 35, ✆ 26610696, www.hotellapunta.net. **€€**

Hotel Tioga Familiäres Haus direkt am Strand. Die Zimmer sind schön eingerichtet und sauber. Ein Pool steht im Garten zur Verfügung. Das angeschlossene Restaurant serviert gute Küche aus der Region. Av. 4 zwischen C. 17 und C. 19, ✆ 26610271. **€€**

Las Brisas Geräumige, geflieste Zimmer, vom Design her etwas in die Jahre gekommen. Einige haben einen Balkon mit Blick auf den Golf. Im Pool ist immer was los. Am Paseo de los Turistas, wenige Meter südlich vom Leuchtturm, www.lasbrisashotelcr.com. **€€€**

Hotel Don Robert Schöne Lage mit kurzen Wegen zum Strand und zum Hafen. Die Zimmer sind geräumig und sauber. Frühstück inklusive. Av. 1 zwischen C. 5 und C. 7, ✆ 266 14610. **€€€**

Essen & Trinken **Soda La Esquina 2** Gallo Pinto, Reis mit Garnelen und andere einfache Gerichte gibt es in der C. 1 zwischen Av. 2 und 4. Tägl. 7–17 Uhr. **€**

La Esquina de los Mariscos Der frische Fisch und die Meeresfrüchte schmecken mit dem Golf von Nicoya vor der Nase gleich nochmal so gut. Tägl. 10–22 Uhr. ✆ 26615372. **€€**

La Perla de Pacifico Heimische Kost im einfachen Ambiente. Die Getränke sind gut gekühlt und die Atmosphäre ist entspannt. Dazu der Blick auf das Meer. Tägl. 8–24 Uhr. Av. 4/C. 7, am Strand, ✆ 26611140. **€€**

Die Pazifikküste → Karte S. 234

Parque Nacional Carara

Nationalpark Carara

Willkommen im Krokodil-Park – Carara bedeutet in der Sprache der Huetar-Indígenas „Krokodil". Sie lebten früher in dieser Gegend und haben ein paar Zeugnisse, wie Keramik und Gräber, im Park hinterlassen. Und auch die **Krokodile** lebten hier und tun es noch immer, denn der Park liegt am Südufer des Río Tárcoles. Ganz in der Nähe tummeln sich mehr als 40 riesige Spitzkrokodile unter der Autobrücke über den Tárcoles-Fluss. Von der Brücke kann man hinunterschauen und die Tiere in Ruhe und mit Sicherheitsabstand beobachten.

Aber Achtung: Der Bordstein ist recht schmal, und viele Busse und Lkws donnern leider ziemlich rücksichtslos vorbei. An beiden Enden der Brücke bieten Führer Bootstouren zu den Krokodilen an (um 10, 14, und 16 Uhr, 35 $, Dauer 2 Std.).

Der Carara-Nationalpark ist eine Übergangszone zwischen zwei besonderen Lebensräumen: Er besteht aus Regenwald und Trockenwald, weshalb hier viele verschiedene Tiere zu Hause sind. Mehrere Wasserläufe bieten genügend Trinkwasser und die dichte Vegetation reichlich Verstecke. Zum Beispiel nistet der Rote Ara hier. Er zählt zu den größten Papageien der Erde. Kreischend fliegt er durch die Luft und sein rot-blau-gelbes Gefieder blitzt durch das Dschungelgrün. Während der Brutzeit von Februar bis Mai lassen sich die Aras gut mit ihren kleinen Papageienküken beobachten. Durchs Unterholz huschen aber auch scheue Agutis, hüpfen grün-schwarze Giftfröschlein und auf Felsen sonnen sich Schwarzleguane. Auch in der Luft ist jede Menge los: Faultiere hängen in den Ästen, Tukane fliegen majestätisch von Baum zu Baum, um mit ihrem großen Schnabel kleine Früchte zu naschen.

Wanderwege

Es gibt mehrere Wanderwege durch den Park, zwischen 1 und 4 km lang. Sie sind zum Teil gut begehbar, teils etwas wild belassen, aber immer gut beschildert und mit Informationstafeln zu Flora und Fauna bestückt. Besonders morgens sind viele Vögel unterwegs und schwirren von Baum zu Baum, um zu fressen. Mit einem Führer ist es meist leichter, Tiere zu sehen, denn sie wissen, wo man suchen muss. Doch auch alleine ist eine Wanderung durch den Park ein Naturerlebnis, das Straßengeräusch der Costanera Sur muss man auszublenden versuchen. Die beiden Rundwanderwege **Sendero Quebrada Bonita** mit 1,3 km und **Sendero Las Aráceas** mit 1,2 km Länge sind entspannt zu begehen. Mit etwas Glück entdeckt man im Dickicht des Waldes Rote Aras. Der 2 km lange **Sendero Laguna Meándrica** verläuft entlang des Río Grande de Tárcoles und führt zur Lagune Meándrica. Hier liegen die Krokodile am Ufer in der Sonne.

Blick von der Brücke auf die Krokodile im Río Tarcoles

Hellroter Ara

Die Pazifikküste → Karte S. 234

Sehenswertes am Rande des Parks

Auf dem Weg zum Nationalpark bietet sich entlang der Ruta 320 ein Stopp bei dem 200 m hohen **Catarata Manantial de Agua Viva** an. Auf einer 45-minütigen Wanderung geht es steil bergab zu dem rauschenden Wasserfall und nach einem Sprung ins kühle Nass ebenso lang und steil wieder zurück.

▪ 7–16 Uhr. Eintritt 20 $.

Nur 2 km weiter liegen die **Pura Vida Gardens,** ein gepflegter botanischer Garten mit Wasserfall und tollen Ausblicken über hügelige Landschaft bis hin zum Meer.

▪ Tägl. 8–17 Uhr. Eintritt 20 $.

Praktische Infos

Größe 5242 ha.

Zugänge/Anfahrt Über die Parkstation an der Costanera Sur, 2 km südlich von der Brücke über den Río Tárcoles. Von Jacó aus fahren **Busse** in Richtung Oritina/Puntarenas. Dem Fahrer sagt man einfach, dass man am Nationalpark raus möchte, dann hält er am Eingang.

Besucherzentrum/Info Am Haupteingang gibt es neben Informationen und Kartenmaterial auch die Eintrittstickets, Parkplätze und sanitäre Anlagen. Infotafel mit Wanderwegen ist ebenfalls vorhanden.

Öffnungszeiten Tägl. 8–16 Uhr, Dez. bis April 7–16 Uhr.

Eintritt 10 $.

Zeitplanung 2–3 Std. für ausgiebige Wanderungen auf allen Wegen von gesamt ca. 4,5 km.

Ausrüstung Sonnen- und Insektenschutz, bequeme Kleidung und Schuhe.

Führer Am Eingang warten Guides. Mauricio Varquez spricht Deutsch, denn er hat in Deutschland Biologie studiert. Deshalb kennt er sich in der Tierwelt bestens aus. ✆ 88896061 (WhatsApp).

Übernachten/Essen **Villa Lapas** Schöne Hotelanlage im Grünen und am Fluss Tarcolitos, die Zimmer sind schlicht und sauber. Vom Pool im Garten erspäht man so manches Wildtier. Im angeschlossenen Restaurant gibt es heimische Küche. Birdwatching-Touren werden angeboten. An der Costanera, 3 km südlich vom Parkeingang, ✆ 84827474 (WhatsApp), www.villalapas.com. **€€€**

Kulinarische Pause

In der **Taquería Chanchitos** in Garabitos lohnt sich ein Stopp, vor allem für Liebhaber mexikanischer Küche – das Angebot an Tacos und hausgemachten Salsas ist groß. Auch Quesadillas und Ceviche kommen auf den Tisch. Die Cocktails sind ebenfalls klasse. Tägl. 9–21 Uhr. In Garabito an der Costanera Sur, 16 km nördlich von Jacó, www.restaurante-loschanchitos.negocio.site. **€€**

Jacó

Wer große Hotels direkt am Strand mag, viele Menschen im Meer und auf den Straßen, Entertainment und Party, aber auch Angebote an Wassersport, Shopping und Verleih von motorisierten Untersätzen, ist in Jacó, gesprochen Chakó, genau richtig. Jacó und die Playa Jacó liegen südwestlich von San José an der Pazifikküste, direkt an der Costanera Sur. Jacó ist die Hauptstadt des Kantons Garabito (15.400 Einwohner) und aufgrund der Nähe zur Hauptstadt der Hausstrand der Josefinos. Dazu kommen Sportfischer und Bachelor-Absolventen aus den USA, die nur Fiesta wollen, und so hat sich über die Jahre aus dem kleinen Fischerdorf ein protziger Urlaubsort entwickelt – mit allen Nebenwirkungen. Neben dem turbulenten Nachtleben, wo Casinos Geldregen verheißen, die vielen Bars und Clubs mit exotischen Cocktails und heißen Latino-Rhythmen einheizen und knapp bekleidete Damen ihre amourösen Dienste offerieren, ist Jacó bekannt für gute Wellen an der Playa Hermosa und der **Surfzone „La Roca Loca“** (verrückter Fels). Surfer aus aller Welt tummeln sich hier und nehmen nach einem sportlichen Tag auf dem Brett ein Entspannungsbier in der Vista-Hermosa-Bar.

Langweilig wird es in dem Städtchen nicht, denn jede Menge Unternehmen belustigen die vielen Touristen mit Action, Spaß und Kuriosem. Und so warten nicht nur Canopy auf Adrenalin-Hungrige, sondern auch Quads, Dirt Bikes und Tomcars.

Das Leben spielt sich entlang der Hauptstraße Avenida Pastor Díaz ab, hier befinden sich Hotels und Hostels Tür an Tür, Restaurants und Bars, Geschäfte aller Art, Apotheken, Banken und Mietwagen-Stationen. Wer Spanisch lernen will, findet in Jacó mehrere gute Sprachschulen. Auch dem Wassersport-Vergnügen sind an der Pazifikküste und speziell in Jacó keine Grenzen gesetzt. Surfen, SUP, Kajakfahren und Wildwasser-Rafting – Wasser spielt die erste Rolle!

Strände

An der weiten **Playa Jacó** mit grauem Sand ist vor allem der Sonnenuntergang fantastisch. Jogger nutzen die Stimmung für einen Lauf, einheimische Jugendliche kicken und Kinder planschen noch lange im flachen Wasser, bis die Mamas sie herausrufen. Viele weitere Strände zum Baden und für Wassersport liegen um die Stadt.

16 km nördlich liegt die dunkelsandige, einsame **Playa Agujas,** die mit der Blauen Flagge ausgezeichnet ist. Hier können Kajaks und SUPs geliehen werden, das Meer ist wunderbar und der Strand sauber.

Etwas weiter in Richtung Jacó liegen die **Playa Mantas** und die **Playa Blanca** mit wunderbar hellem Sand und Schatten spendenden Mandelbäumen, in denen manchmal Äffchen herumturnen – ein schöner Ort zum Relaxen. Es gibt auch Restaurants.

Nun verstecken sich viele kleine Buchten die Küste entlang bis zur **Playa Herradura,** die sich 9 km nördlich von Jacó in einer langgezogenen Bucht erstreckt. Große Hotelresorts und Golfanlagen haben sich um den Strand angesiedelt, der aufgrund seiner Weitläufigkeit dennoch einsam ist. Fischerboote und kleine Yachten dümpeln draußen im Meer und Schilder warnen Schwimmer vor gefährlichen Strömungen. Am Wochenende kommen viele Tico-Familien hierher, packen den Grill aus, leihen sich Stand Up Boards und amüsieren sich köstlich über ihre unbalancierten Künste.

Bucht von Jacó

Die lange, wilde **Playa Hermosa** gleich im Süden von Jacó eignet sich weniger zum Baden, dafür aber umso mehr zum Surfen. Wer dann eine Pause braucht, sollte sie auf der Dachterrasse des Restaurants Vista Hermosa (s. u.) einlegen.

Auch die ein Stück weiter südlich gelegene **Playa Esterillos** ist ein Surferrevier. Daran schließen sich die lange, einsame **Playa Bejuco** und **Playa Palma** an. An beiden Stränden gibt es Campingmöglichkeiten, man kann Lagerfeuer am Strand machen und findet auch Schattenplätze unter den hohen Palmen. Bei Ebbe geht es weit und flach ins Meer hinein, bei Flut muss man auf Strömungen achten. Der Río Pirris fließt am südlichen Ende der Playa Palma ins Meer und trennt sie vom nächsten Strand, der **Playa Palo Seco.** Die ist wieder ewig lang, es gibt ein paar Unterkünfte und Restaurants.

Praktische Infos

Information www.visitjacocostarica.com.

Bootsverbindungen Zuma-Tours bietet einen Boot-Shuttle nach **Montezuma** auf der Nicoya-Halbinsel an, Fahrzeit ca. 60 Min., 45 $.

Busverbindungen Nach San José fahren Busse im Norden von Jacó Ecke Av. Pastor Díaz/Boulevard Jacó Princess. Nach Puntarenas und Quepos geht es am Supermarkt Más x Menos in der Av. Pastor Díaz los.

San José: 5–17 Uhr alle 1–2 Std., Fahrzeit 2:30 Std.

Puntarenas: 6–19 Uhr 6-mal tägl., Fahrzeit 1:30 Std.

Quepos: 6.30–18 Uhr 9-mal tägl., Fahrzeit 1:30 Std.

Playa Hermosa: einfach einen Bus Richtung Süden nehmen, nach Quepos oder Manuel Antonio.

Taxi Nur 10 Min. Taxifahrt sind es von Jacó zum Surferstrand Playa Hermosa. ✆ 26432020, ca. 15 $.

Shuttles Mehrere Shuttles fahren von Jacó zu sämtlichen wichtigen Zielen in Costa Rica und nach Nicaragua. **Supershuttle** z. B. zum Flughafen in San José, südliche Pazifikküste, Arenal, Monteverde, Halbinsel Nicoya und nach Nicaragua, www.supershuttlecr.com.

Interbus, selbe Ziele, www.interbusonline.com.

Mietwagen **Alamo,** Av. Pastor Díaz zw. C. El Invu und Crotos, ✆ 26431752. Tägl. 8–17 Uhr.

Budget, Av. Pastor Díaz, 100 m südlich vom Supermarkt Más x Menos, ✆ 26431719. Tägl. 8–17 Uhr.

Die Pazifikküste → Karte S. 234

Einkaufen **Más x Menos,** alles Wichtige vorhanden, gute Auswahl an Weinen und Bier. Zahlung per Kreditkarte und bar möglich. Av. Pastor Díaz. Tägl. 8–22 Uhr.

Exelente, Telefonkarten von Kölbi und Claro, kühle Getränke, Obst und Backwaren. An der Costanera. Tägl. 6–21.30 Uhr.

Geld **BCR,** Av. Pastor Díaz, Centro Comercial. Mo–Fr 9–16 Uhr.

Banco Nacional, Av. Pastor Díaz, nördlich vom Supermarkt Más x Menos.

Gesundheit Rettungsdienst **Cruz Roja,** südliche Av. Pastor Díaz, ✆ 26433090.

Sprachschule **Academia Tica Spanish School,** Lernen mit dem Meer und einem Pool vor der Nase – das ist Spaß pur! Die Lehrer, alles Muttersprachler, sind engagiert und locken aus jedem Schüler, und sei er noch so schüchtern, spanische Vokabeln heraus. Die Kurse beginnen jeweils montags, das Sprachniveau wird am ersten Tag eingeschätzt und dann geht es los, von der privaten Einzelstunde (25 $) bis hin zum Super-Intensiv-Kurs (30 Std./470 $). Nach dem Unterricht wird oft ein gemeinsames Freizeitprogramm gestaltet. C. Naciones Unidas 15, www.academiatica.com. Mo–Fr 7.30–16 Uhr.

IPAI Language School, in kleinen Gruppen mit 3 bis 4 Schülern wird fleißig gelernt. Eine Unterbringung bei einheimischen Familien wird gerne organisiert. Es ist auch möglich, nur den Sprachurs ohne Unterbringung zu buchen (ab 100 $/Woche) oder Einzelstunden zu nehmen (20 $/ Std.). Beim KFC an der Av. Pastor Díaz noch 75 m die Gasse hinunter, www.costaricalanguageschools.com. Mo–Fr 8–20 Uhr.

Wäscherei **Aqua Matic,** waschen lassen und selber waschen mit Münzeinwurf in die Waschmaschine. Av. Pastor Díaz gegenüber vom Roten Kreuz. Mo–Sa 8–17 Uhr.

Fahrrad **Biciclo,** alles rund ums Fahrrad, auch Verleih. C. Lapa Verde, Abzweig von der Costanera beim Supermarkt Exelente, ✆ 264 34124. Mo–Sa 8–18 Uhr.

Quads und Mopeds **AXR,** der Tourveranstalter verleiht Quads/ATVs (ab 90 $), Buggys, Dirt Bikes, Motorräder (ab 55 $) und Scooter sowie Fahrräder (ab 11 $). Per Kreditkarte muss eine Kaution hinterlegt werden. Av. Pastor Díaz, www.axrJaco.com. Tägl. 8–17.30 Uhr.

Surfen Nur 8 km südlich von Playa Jacó liegt die **Playa Hermosa,** ein Surfer-Strand mit langen, anspruchsvollen Wellen. Genügend Surfshops und Surfschulen gibt es in Jacó und an der Playa Hermosa.

Izu's Place Surfschool, „Von 5 bis 65 – jeder kann surfen lernen" ist das Motto von Izu und seinem Team. Im zugehörigen Hostel kann man gut schlafen, kosher essen und Surf-and-Sleep-Pakete buchen (ab 300 $/Woche). www.izusplace.com. Tägl. 8–18 Uhr.

Hermosa Riders Surf School, Surfstunden für alle! Neben Anfängern und Fortgeschrittenen wird hier auch Kindern und sogar ganzen Familien das Surfen beigebracht. Bordverleih ab 20 $. ✆ 87085683. Do–Di 9–18 Uhr.

Kajak und SUP **Kayak Jacó,** Leo und sein Team sind der Kajak- und Kanutourenveranstalter von Jacó, auch wenn ihr Standort gar nicht direkt an der Playa Jacó liegt, sondern weiter nördlich an der Playa Agujas. An der Küste geht es mit dem Kajak entlang, wer mag, kann schnorcheln oder vom Kanu aus fischen. Die Tour zum Sonnenuntergang ist etwas für Romantiker, Abenteurer machen dagegen besser eine Trimaran-Tour, die an der Playa Herradura nördlich von Jacó startet. Stand Up Boards können ebenfalls geliehen werden. Playa Agujas aus dem Norden kommend 13 km vor Jacó rechts rein, www.kayakjaco.com.

Supherr, Yoga auf dem SUP, Touren auf dem SUP oder einfach nur ein bisschen paddeln? Das ist mit dem SUP-Center an der Playa Herradura, spezialisiert auf den trendigen Paddelsport, möglich. Wer es noch nie versucht hat, kann vorab ein Stündchen Unterricht nehmen (1:30 Std. ab 35 $). Playa Herradura, Bar Pelicano, www.supherr.com. Tägl. 6–18 Uhr.

Touren **Howling Monkey Adventures,** Offroad-Spaß im Tomcar ist das Aushängeschild von Howling Monkeys. In dem umgebauten israelischen Militärvehikel geht es über Schotterpisten und Feldwege, durch Wasserläufe und Schlaglöcher zu einem Wasserfall. Herunterspringen ins kühle Nass ist erfrischend nach der schweißtreibenden rasanten Fahrt. Unbedingt bequeme Sachen anziehen, die nass und staubig werden dürfen. Badesachen nicht vergessen. Ein Führer ist bei der Tour dabei. 125 $, Kinder bis 16 Jahre 80 $. An der Costanera unweit vom Friedhof, ✆ 84991745.

Übernachten **Buddha House Boutique Hostel** Der überall präsente Buddha strahlt Ruhe aus und auch das Orange in den Räumen schafft eine angenehme Atmosphäre. Die Zimmer sind einfach ausgestattet, haben Ventilator und AC. Bunte Lichter blinkern im Garten rund um den kleinen Pool, die Hängematten sind ein perfekter Chill-Ort. Av. Pastor Díaz/C. Bohío, www.hostelbuddhahouse.com. €

Casajungla Hostel Bunte Farben sind das Motto des urigen Hostels mit einfachen, aber sauberen Zimmern mit knalligen Vorhängen. Überall im Garten schaukeln Hängematten. Gekocht wird in einer gut ausgestatteten Gemeinschaftsküche und hinterher kann man in der TV-Lounge entspannen. Der Strand ist um die Ecke und mit den kostenlosen Fahrrädern sind die vielen Bars schnell erreicht. Av. Pastor Díaz, 600 m südlich vom Edificio Municipal, ✆ 264 31232. €

Riva-Hostel Das ist mal etwas anderes: Im Riva schläft der Gast in Zelten, in denen bequeme Betten stehen. Belüftet wird mit einem Ventilator. Backpacker kochen in der Gemeinschaftsküche und es gibt einen kleinen, aber gemütlichen Sitzbereich. An der Hauptstraße 100 m östlich der Plaza Coral, ✆ 26434332. €

Hotel Ibiza Liebevoll gestaltete Zimmer, in denen die bequemen Betten auch Nachttischlampen haben. Im Garten stehen Sonnenliegen und auch der Pool fehlt nicht. C. Bohío, www.jacohotelibiza.com. €€

Hotel Los Ranchos Gepflegte kleine Anlage mit urigen, sauberen Bungalow-Apartments mit Küchenzeile und Balkon bzw. Terrasse. Der Garten ist voller Pflanzen und hat einen netten Pool. Av. Pastor Díaz, www.losranchosjaco.com. €€

Hotel Mar de Luz Freundliche, familiäre Hotelanlage und gemütliche, geflieste Zimmer mit Holzmöbeln, AC, Kühlschrank und TV. Zwei Pools und Sonnenliegen im Garten erhöhen den Entspannungsfaktor, ein gutes Frühstück ist inklusive. Av. Pastor Díaz/C. Mar de Luz, www.mardeluz.com. €€€

MeinTipp **Hotel Pumilio** Wunderschön! Moderner Stil mit großen Zimmern und viel Holz trifft auf grün-romantisches Ambiente im blühenden Garten. Um den geschwungenen Pool grüne Wiesenflächen, umgeben von tropischen Pflanzen. Von der Kreuzung nach Playa Herradura 2 km südlich links rein, www.hotelpumilio.com. €€€

Essen & Trinken **Soda Jacó Rustico** Reis mit Fisch, Reis mit Fleisch, dazu Bohnen und Salat – fertig ist ein traditionelles Tico-Essen. Hier wird alles an einem Buffet ausgesucht, weshalb es mittags auch sehr voll wird. Tägl. 7–19.30 Uhr. C. Hicaco (Stichstraße zum Strand). €

Tacobar Killerfish Große und reichlich belegte Tacos in allen Varianten – auch vegetarisch. Das Ambiente ist mit den vielen Lichtern und Holz sehr gemütlich. Ab und an kann man sich richtig satt essen am „all you can eat-Buffet" – am besten nachfragen, wann es wieder soweit ist. Auch auf der Website werden regelmäßig besondere Angebote bekannt gegeben. Tägl. 7–22 Uhr. C. Lapa Verde, https://tacobar-jaco.business.site. €–€€

Mono Verde Salate, Nudeln, Steaks, Carpaccios, Vegetarisches und Glutenfreies – im „Grünen Affen" werden Sie von der netten Bedienung auch ganz individuell beraten und finden garantiert ein köstliches Essen. Sehr lecker sind die Fettuccini mit Hühnchen. Tägl. 8–22 Uhr. Av. Pastor Díaz neben der Banco Nacional, ✆ 26436000. €–€€

Vista Hermosa Toller Blick, schöne Atmosphäre mit viel Holz und einer großen Terrasse, gutes Essen von Burger und Tacos über Currys und Reisgerichte bis hin zu Pasta und Meeresfrüchten. Smoothies können Sie auch. Zum Nachtisch das Bananen-Ananas-Flambee probieren! Tägl. 8–22 Uhr. Im Hotel Vista Hermosa an der Playa Hermosa. €–€€

Caliche's Wishbone Pizza, Tacos, Asiatisch – in bunt-rustikalem Ambiente isst man gut und zu annehmbaren Preisen. Der Salat mit Thunfisch und Avocado ist so köstlich wie er aussieht. Tägl. außer Mi 12–22 Uhr. Av. Pastor Díaz gegenüber dem Centro Comercial Il Galeone, ✆ 26433406. €€

Green Room In einem netten Garten werden internationale Gerichte aufgetischt, auch vegetarische. Zur Livemusik, die jeden Abend spielt, schmecken die guten Cocktails, am besten zur Happy Hour kommen. Tägl. 8–23 Uhr, Fr/Sa bis 0 Uhr. C. Cocal Casino, ✆ 26434425, www.greenroomjaco.com. €€

Lemon Zest Restaurant Knusprige Dorade in Limettenbutter und Kapernsauce oder gegrilltes Steak mit karamellisierten Zwiebeln und Weichkäse in Rotweinsauce – in diesem gehobenen Restaurant kommen besondere Kreationen auf den Tisch. Zu beinahe jedem Gericht gibt es den passenden Wein. Mo–Sa 17–22 Uhr. 50 m südlich vom Supermarkt Más x Menos, El Jardin Plaza, www.lemonzestjaco.com. €€€

Nachtleben Entlang der Hauptstraße durch den Ort, an der Avenida Pastor Díaz, liegen neben Banken und Casinos viele Bars und Restaurants. Was tagsüber wenig spürbar ist, wird

Die Pazifikküste → Karte S. 234

nachts umso offensichtlicher. Partyvolk streift durch die Gassen, dazwischen warten Prostituierte und Gestalten mit zweifelhaften Konsumgütern treiben sich herum. Gefährlich ist es aber nicht, vielmehr auch mal ganz interessant.

Gallina e Palo Wenn man sich das benachbarte Hotel wegdenkt und nur Richtung Meer schaut, ist diese Strandbar ein sehr entspannter Ort und perfekt zum Frühstücken oder für einen abendlichen Drink. Auf der großen, hochgebauten Holzterrasse gehen Bier, Cocktails und Smoothies über den langen Tresen, der Sonnenuntergang tut das Übrige. Tägl. 11.15–23.45, Fr/Sa bis 2 Uhr. C. Cocal, Gallina e Palo (Facebook).

The Beer House Bierhäuser sind immer gut und das hier ist richtig kultig und schenkt hausgebraute Biere vom Fass aus. Vom Hibiskus-Bier bis hin zu einheizendem 6%igem Hopfensaft ist die Bierpalette sehr vielseitig. Von 17–19 Uhr ist jeden Tag Happy Hour – Bier vom Fass kostet dann 1 $ weniger. Besitzer Daniel aus Kanada weiß alles über Bier – ausfragen erlaubt! Mi–So 17–2.30 Uhr. Im Zentrum an der Av. Pastor Díaz/C. El Invu bei Budget-Autovermietung um die Ecke.

Parque Nacional La Cangreja

Nationalpark La Cangreja

Gute 1,5 Stunden benötigt man mit dem Auto für die 70 km von Jacó bis zum Nationalpark, der sich in die Berge und Wälder der Region Puriscal und rund um den Gipfel Cerro La Cangreja einbettet. Über die Costanera und später über die Schotterpiste Ruta 239 führt die schöne, kurvige Strecke immer bergauf. Der abgelegene Park gehört zu den jüngsten und am wenigsten besuchten des Landes und schützt über 40 endemische Pflanzenarten. Tieren wie dem Nasenbär, Ozelot, über 300 Vögeln, darunter dem seltenen Entenvogel Großtinamu, und verschiedenen Affenarten bietet das Gelände einen geschützten Lebensraum. Río Negro und Río Quebrada bilden mehrere Wasserfälle und Wasserläufe – die perfekte Erfrischung in dem tropischen Feuchtwald. Auf dem Gebiet des Parks siedelten einst die Huetares, die älteste und größte indigene Volksgruppe Costa Ricas. 18 km westlich des Nationalpark-Eingangs gibt es noch ein Reservat der Huetares. Das **Territorio Indígena de Zapatón** wurde 1982 gegründet. Hier, zwischen Bauten aus Zement und im Schatten der Kirche von Zapatón, verblassen Sprache, Traditionen und Riten der Huetares immer mehr. Ausflüge organisiert die Barking Horse Farm (→ Übernachten).

Wanderwege

Gute Wege führen durch den Nationalpark, das Wanderniveau ist anspruchsvoll, da es oft steil bergauf geht. Auf dem **Sendero Río Negro** lässt sich die pflanzliche Vielfalt des Parks und das kristallklare Wasser des Río Negro bestaunen. Mit etwas Glück gibt es Einblicke in die Fauna des Parks. Der Weg ist einfach 6 km lang und beginnt am Haupteingang. Es sind 4 Stunden einzuplanen. Unterwegs wird der Weg vom **Sendero Plinia** gekreuzt. Dieser Weg in Form einer 8 führt über die großen Seitenarme des Río Negro durch wichtige Teile des Primärwaldes. Übrigens stammt der Name Plinia von einer hier geschützten, endemischen Pflanzenart. Das ungewöhnliche an der Plinia puriscalensis sind die aus dem Stamm wachsenden Früchte.

Der Aufstieg zum 1305 m hohen **Cerro La Cangreja** ist bei der Parkverwaltung anzumelden. Es ist ratsam, die Tour nur mit einem erfahrenen Führer zu unternehmen. Die Parkverwaltung ist bei der Vermittlung behilflich. Im und um das Dorf **Mastatal,** wo es einen zweiten Parkeingang gibt und Führer vermittelt werden (z. B. von der Villas

Mastatal Ecolodge), liegen ein paar Farmen mit einfachen Übernachtungsmöglichkeiten.

Praktische Infos

Größe 2570 ha.

Zugänge Der Hauptzugang befindet sich 35 km südöstlich von Santiago de Puriscal. Einen zweiten Eingang gibt es 4 km entfernt im Dorf Mastatal.

Anfahrt 36 km von Jacó in Richtung Quepos im Ort Los Sueños links rein auf die Ruta 239 und der Schotterpiste weitere 35 km in Richtung Santiago de Puriscal folgen. Die kurvige Strecke macht nur mit Allrad Spaß.

Die Anfahrt ist auch mit dem **Bus** von San José nach Santa Rosa de Puriscal möglich. Abfahrt 5.30 und 12 Uhr mit TRACOPA ab C. 5/Av. 20, Fahrzeit 3 Std. Den Fahrer über den Parkbesuch informieren. Ab Ausstieg ist es dann noch 1 km zu Fuß bis zum Parkeingang.

Besucherzentrum Am Haupteingang gibt es Parkplätze, sanitäre Einrichtungen und die Tickets.

Öffnungszeiten Tägl. 8–16 Uhr, letzter Einlass 14 Uhr.

Eintritt 11 $, Kinder 6 $.

Übernachten **Barking Horse Farm** Ein Holzhaus und ein einfacher Bungalow werden vermietet, auf Wunsch mit Vollpension, verschiedenen Reitausflügen von Einzelstunden bis Mehrtagesausflügen, auch Mitarbeit auf Freiwilligenbasis ist möglich. San Rafael Abajo, 10 km von Santiago de Puriscal, www.barkinghorsefarm.com. **€€**

Villas Mastatal Ecolodge Javier und Raquel betreiben die Permakultur-Farm im Regenwald beim Dorf Mastatal und freuen sich über freiwillige Mitarbeiter. Die rustikalen, sauberen Zimmer mit Kühlschrank, Dusche und Ventilatoren sind aus Holz gebaut, mit großen, offenen Panoramafenstern, über den Betten hängen Moskitonetze. Der Blick in die Landschaft ist fantastisch, nicht selten treiben weiße Wolkenfetzen wie Zuckerwatte zwischen den Bergen. Es gibt eine Gemeinschaftsküche, eine Bibliothek, Yoga-Plattform, Tischtennis und WiFi. Die Familienzimmer haben eine eigene Kochnische. Hier zu sein, ist eine ganz besondere Erfahrung und die freundlichen Gastgeber vermitteln ein angenehmes Zuhause-Gefühl. Wanderungen in den Nationalpark, Ausflüge per Pferd in das Huetar-Indianer-Reservat Zapatón oder Höhlenexkursionen – langweilig wird es nicht. Am Weg zum Dorf Mastatal, ✆ 88901462, www.villasmastatalcr.com. **€**

Die Pazifikküste → Karte S. 234

Quepos

Am südlichen Ende der zentralen Pazifikküste schließen das pulsierende Hafenstädtchen Quepos und der nahe gelegene Manuel-Antonio-Nationalpark diesen touristischen Küstenabschnitt Costa Ricas ab. Von nun an wird es ruhiger – sowohl auf den Straßen, als auch an den Stränden, wie der langen **Playa Cocal** im Norden von Quepos und der schönen **Playa Espadilla,** die in einer Bucht beim Ort und Nationalpark Manuel Antonio liegt. Doch in Quepos ist erst noch einmal jede Menge los.

„Was für ein Biss. 20 Minuten Drill. Adrenalin pur!", Juan freut sich. Heute war ein guter Tag zum Fischen. Ein kapitaler Schwertfisch und eine dicke Bernsteinmakrele haben angebissen. Jeweils über 1,20 m lang und 20 kg schwer. Ein voller Erfolg. Seine Klienten sind zufrieden und Juan auch. Dazu die Sonne, das glitzernde Meer, die Palmen am Ufer – Quepos hat sich von seiner besten Seite gezeigt. Denn dafür ist die Küstenstadt bekannt: Beim **Hochseefischen** gehen hier ordentliche Exemplare an den Haken. Besonders US-Amerikaner kommen deshalb gerne, um ihr Petri Heil zu versuchen. Doch auch die anderen Annehmlichkeiten von Quepos machen den Ort vor allem bei Touristen beliebt, die nicht auf Komfort und jegliche Art von Zerstreuung verzichten wollen. Davon hat Quepos reichlich. Nach dem Fall der Bananenplantagenindustrie, die lange den Grunderwerb für die Einwohner der übersichtlichen Hafenstadt sicherte, ersetzte die Stadt ihre frühere Industrie durch Ölpalmen-Plantagen und einen boomenden Tourismus. Mitten im Zentrum liegen sechs Blocks voll mit Restaurants, Bars, Galerien und Souvenirläden nebeneinander. Es gibt jede Menge guter Unterkünfte, von einfachen, gemütlichen Pensionen bis hin zu luxuriösen Lodges mit Meerblick. Durch dieses breite Angebot ist Quepos ein beliebter Ausgangsort für einen Besuch im Manuel-Antonio-Nationalpark.

Aktivitäten

Neben Hochseefischen kann man in der Bucht von Quepos Kajak fahren und Gleitschirm fliegen, auch das knatternde Geräusch der Jetski ist in der Touristenhochburg allgegenwärtig. Wer dem Wassersport nicht so viel abgewinnt, kann am Strand reiten, beim Canopy Adrenalin tanken und auch in der Umgebung gibt es viel zu erleben. Bootstouren führen zu den Inseln Olocuita, Isla Verde und Mogote, wo alte Begräbnisstätten der Quepos-Indianer besucht werden können. Wildwasser-Rafting gehört zu den beliebtesten Sportarten in der Nähe, denn auf dem Río Naranjo geht ordentlich die Post ab.

Hochseefischen ist ein beliebter Sport bei Einheimischen und Touristen

Sehenswertes

Yachthafen Marina Pez Vela: Ein Spaziergang zum schick und extravagant angelegten, erst 2014 eröffneten Yachthafen führt immer am Meer entlang und über die mit Palmen hübsch gestaltete Promenade **Paseo del Mar.** Luxusyachten und Sportfischerboote schaukeln auf dem Wasser und wer aufs Meer hinaus fahren möchte, findet hier die richtigen Ansprechpartner. Zum Sonnenuntergang ist ein Cocktail in einem der vielen Hafen-Restaurants genau das Richtige, zudem gibt es jede Menge Geschäfte. Regelmäßig finden am Hafen Wettbewerbe à la „Wer fängt den größten Fisch" statt und Kreuzfahrtschiffe legen an.

Festival del Mar: Jedes Jahr im Februar wird in Quepos beim „Meeresfestival" einen Monat lang Party gefeiert. Paraden, Konzerte, Sportveranstaltungen und ein Straßenkarneval sind die Höhepunkte in dieser ausgelassenen Zeit. Gute Stimmung ist garantiert, volle Unterkünfte auch! Lieber rechtzeitig ein Zimmer reservieren.

Bauernmarkt (Feria de la Agricultura): Eine große Auswahl an Obst und Gemüse, Gebäck, Fleischwaren, aber auch Souvenirs werden verkauft. Wer mit Einheimischen ins Gespräch kommen will, hat es hier leicht. Die Händler erklären gern die Herkunft der Waren und wie man Kräuter und Obstsäfte am besten nutzt und zubereitet.

▪ Fr ab 15 Uhr, Sa 6–12 Uhr. Am Ende der Hafenstraße.

Halbinsel Damas/Siedlung El Cocal: Gegenüber von Quepos liegt die etwa 6 km lange Halbinsel Damas, die durch den

Río Cotos vom Festland getrennt wird. Hier geht es ruhiger zu als in der Hafenstadt. Am Anfang gleich hinter dem Bootsanleger gibt es in der illegalen Gemeinde El Cocal noch viele Häuser, Supermärkte und Unterkünfte und dann wird es immer einsamer – bald hat man den langen Strand zum Spazieren ganz für sich. Man sollte dabei trotzdem wachsam sein, denn El Cocal hat ein Armutsproblem, hier leben viele mittellose Ticos und auch Flüchtlinge aus Nicaragua – zwischen diesen beiden Gruppen kommt es immer wieder zu Streitigkeiten, wovon man als Tourist in der Regel jedoch nichts mitbekommt. Vom Fischerdorf **Boca Viejo** nördlich von Quepos am Fluss setzen regelmäßig Boote über.

Ausflüge in die Umgebung

Nur 7 km entfernt liegt der beliebte **Manuel-Antonio-Nationalpark**, der in der Hochsaison allerdings sehr überlaufen ist (→ S. 250).

Rancho Las Tilapias: Die Ranch mit Unterkünften befindet sich im Regenwald ca. 30 Minuten von Quepos entfernt, mit farbenfrohen Pflanzen- und Tierarten. Die Familie, die die Ranch unterhält, ist sehr gastfreundlich! Quadtouren und Reitausflüge werden angeboten. Es gibt einen Pool, ein Restaurant und saubere, komfortable Bungalows.

■ 13 km nördlich von Quepos in San Antonio de Damas, www.rancholastilapias.com.

Wasserfälle in Los Campesinos: Als Tourpaket mit einem Tico-Hausfrauenkost-Mittagessen empfehlenswert mit Tony Corona Tours. Inhaber Tony Ramírez ist leidenschaftlicher Wanderer und Tierkenner. Er führt seine Gäste gerne über nicht ausgetretene Pfade zum Ziel. An den Wasserfällen darf man baden.

■ ✆ 84679174, www.tonycoronatours.com.

Rainmaker Reserve: 22 km nordöstlich von Quepos schmiegt sich ein privates Naturreservat in die grünen Ausläufer

Feuerschnabelarassari

des Fila-Chonta-Gebirges. Sechs Hängebrücken und schmale Pfade machen Wanderungen spannend und abwechslungsreich – vor allem für Kinder. Ein weiterer Pluspunkt: Der Park ist nicht überlaufen und es gibt noch Primärwald. Viele Tiere können mit etwas Geduld beobachtet werden, darunter Vögel wie Tukane und Baumsteiger, Frösche, Schmetterlinge, Leguane und Schlangen. Nicht nur ihretwegen sind feste Schuhe empfehlenswert. Der längste Wanderweg beträgt 3 km und ist locker ohne einen Führer zu bewältigen. In den Wasserfällen des Parks tut die Erfrischung gut, baden ist erlaubt. Geführte Touren werden auch angeboten, darunter eine Nachttour zum Beobachten von Reptilien und Amphibien sowie eine morgendliche Vogeltour. Canopy gibt es ebenfalls. Erreichbar ist der Park mit einem Mietwagen/Motorrad oder im Rahmen einer geführten Tour.

■ Tägl. 7.30–18 Uhr. Eintritt 23 $. 15 km nördlich von Quepos im Ort Pocares von der Costanera rechts ab und über die Red Vial Cantonal 100 7 km weiter zum Dorf San Rafael de Norte fahren. Der Park ist ausgeschildert. ✆ 27773565, www.rainmakercostarica.com.

Praktische Infos

Einwohner Ca. 22.000

Information **Quepos Information Center,** Infomaterial und Touren zu den vielfältigen Zielen der Umgebung und weiter weg. Mo–Sa 9–18 Uhr. An der Hauptzufahrt nach

Quepos 200 m vor der Brücke Boca Vieja, Quepos Info Center (Facebook).

Busverbindungen Der **Busbahnhof** von Quepos liegt im Zentrum in der Av. Central.

San José: 4–17 Uhr fast stündlich, Fahrzeit 3:30 Std.

Jacó (weiter nach Puntarenas): 4.30–17.30 8-mal tägl., Fahrzeit 1 Std., Puntarenas 3 Std.

Nationalpark Manuel Antonio: 6–22 Uhr alle 30 Min., Fahrzeit 30 Min.

Flugverbindungen **Sansa** fliegt in der Hauptsaison 5-mal tägl. von San José nach Manuel Antonio bzw. Quepos und zurück. www.flysansa.com.

Mietwagen **Budget,** C. 1 zw. Av. 5 und 7, ✆ 24362083. Tägl. 8–17 Uhr.

Hertz, Ortsausgang Richtung Nationalpark Manuel Antonio, ✆ 27773365. Tägl. 7.30–18 Uhr.

Einkaufen **Super Jordix,** frisches Obst und Gemüse, auch Fleisch. Av. 5/C. 1. Tägl. 5–22 Uhr.

SUPER 2000, alles vorhanden. Av. 7. Mo–Sa 8–20 Uhr.

Bauernmarkt, Obst und Gemüse aus der Region zu guten Preisen, entspannte Atmosphäre. Av. 2/C. 4, im Süden beim Parque Central. Fr 15–23, Sa 6–12 Uhr.

Geld **BCR,** C. Central an der Ostseite des Mercado Municipal. Mo–Fr 9–16 Uhr.

BAC, ein Geldautomat befindet sich in der Av. Central gegenüber vom Busbahnhof.

Gesundheit **Krankenhaus Max Terán Valls,** an der Costanera Sur 4 km vom Ortszentrum, ✆ 27749500.

Wäscherei **Lavandería Sánchez,** wäscht sauber und günstig. Av. Central. Tägl. 7–22 Uhr.

Sportfischen Manch einer sagt, wer in Quepos nicht angeln geht, war nicht in Quepos. Tatsächlich schwimmen in den Küstengewässern viele große Brocken wie Schwertfische, Snapper, Bernsteinfische, der makrelenähnliche Wahoo, Doraden, Thunfische und der barschähnliche Roosterfish. Kein Wunder also, dass Sportfischen zur Lieblingsbeschäftigung vieler ausländischer Touristen gehört, aber auch die Einheimischen lieben es. Es gibt mehrere Anbieter von Angeltouren, sowohl für das offene Meer als auch entlang der Küste. Anfänger können sich von zweisprachigen Führern in die Kunst des Fischens einweisen lassen. Sogar Fliegenfischen wird angeboten. Hauptfischereisaison ist von Dezember bis August. Anbieter befinden sich am Dock Mar I, z. B. **Big Eye Charters,** ebenfalls beliebt ist **Central American Fishing Company** und **Los Monos Sportfishing** (www.losmonossportfishing.com).

Bootstouren Am Hafen Marina Pez Vela starten Ausflüge mit Katamaranen, Segelbooten und Motoryachten. Daneben bieten **Sunset Sails Tours** eine Morgen- und eine Nachmittagstour im sportlichen Katamaran oder mit einer großzügigen Segelyacht an. Sie führen vorbei an den wichtigsten Inseln der Region, wie Olocuita und Isla Verde, die einst von den Quepo-Indianern als Begräbnisstätte genutzt wurden, und Mogote, der Heimat des Quepos-Schamanen. Schnorcheln, Delfine beobachten, Essen und Getränke gehören zum Tourpaket. www.sunsetsailstours.com.

Surfen **Blue Horizon Surf & Trips,** Surfschule für Anfänger und Fortgeschrittene, Verleih von Surfbrettern. Tägl. 8–17 Uhr. Playa Espadilla zwischen Quepos und Manuel Antonio, www.bluehorizoncostarica.com.

Dante's Water Sports, geduldige und engagierte Surflehrer bringen Klein und Groß das Surfen bei. Dante und sein Team sind superfreundlich, die Surfstunden mit ihnen sind kurzweilig, lustig und am Ende steht ein Erfolg. Es werden auch Kajak- und Stand-Up-Paddleboarding-Touren angeboten. Tägl. 7–19 Uhr. Nur 3,5 km südlich von Quepos nahe der katholischen Kirche in Manuel Antonio, www.danteswatersports.net.

Tauchen **Oceans Unlimited,** Tauchen und Schnorcheln in den Gewässern des Manuel-Antonio-Nationalparks und bei der Isla del Caño sind im Angebot. Schnupperkurse und Tauchschule für Anfänger und Open Water PADI finden im hauseigenen Pool statt. Tägl. 7–18 Uhr. Am Hafen, www.scubadivingcostarica.com.

Rafting **Pro Rafting Costa Rica,** über Stromschnellen am Río Naranjo und Río Savegre sausen die Schlauchboote hinweg, man wird gut nass, es macht Spaß, Adrenalin pur! Es gibt verschiedene Schwierigkeitsstufen, auch Familien können mitmachen. Für erfahrene Rafter sind die Kaskaden des Río Chorro eine aufregende Tour. Der Chorro stürzt von den Berghängen von Esquipulas einen schmalen Canyon hinunter. Skurrile Felsformationen, tiefe Schluchten und primärer Regenwald machen dieses Flusserlebnis einzigartig. Tägl. 7.30–18 Uhr. Im Zentrum C. 34 zwischen Av. 5 und 7, ✆ 27777238, www.proraftingcostarica.com.

Quadtouren Einen 4-stündigen Trip über Feldwege, Berge und durch Bäche bis hin zu einem Wasserfall bietet die **Rancho Las Tilapias** an. 3-mal täglich startet die Tour, Kinder ab 5 Jahren dürfen mitfahren, ab 10 Jahren sogar schon selbst fahren. www.rancholastilapias.com.

Reiten Die **Rancho Las Tilapias** bietet auch Reitausflüge zu Wasserfällen an.

Gleitschirmfliegen Für alle, die nicht schwerer als 95 kg sind, ist Tandem-Fallschirmfliegen über den Manuel-Antonio-Nationalpark und die Bucht von Quepos ein traumhaftes Erlebnis. Schon der Flug bietet wunderbare Ausblicke und der Sprung aus knapp 2500 m Höhe sorgt für zwei Wochen gute Laune im Blut. Ein professionelles Unternehmen ist **Sky Dive Costa Rica.** Das Team, besonders Kiki und Philip, geben klare Instruktionen und nehmen Erstspringern die Nervosität. Achtung: 24–48 Std. vorher darf man keinen Tauchgang gemacht haben. Tägl. 8–11.30 Uhr, Sa/So bis 13.30 Uhr. 3 km südlich vom Flughafen Quepos an der Costanera Sur, ✆ 83502746, www.skydivecostarica.com.

Touren **Iguana Tours,** Mangroventouren, Kajak- und Schnorchelausflüge, Katamaran- und Angeltouren, Whitewater-Rafting auf dem Río Savegre oder Río Naranjo, Ausritte mit Pferden – die Angebotspalette ist allumfassend. Alles auch online buchbar. Tägl. 6.30–21 Uhr. Beim Fußballplatz im Zentrum von Quepos gegenüber der katholischen Kirche, www.iguanatours.com.

Tucanes Tours, Rafting, Kajak, Schnorcheln, Wanderungen durch den Manuel-Antonio-Nationalpark – Eric und sein Team sind kompetent und freundlich. Tägl. 6.30–21.30 Uhr. Außerhalb vom Zentrum an der Straße in den Ortsteil La Inmaculada, www.tucanestours.com.

Übernachten **Hostel Plinio** Klassisches Hostel unweit des Nationalparks Manuel Antonio. Die Zimmer sind einfach gehalten, teils mit Bad, teils in einem anderen Gebäude. Gemeinschaftsküche, Pool und Parkplätze stehen bereit. Das Frühstück ist inklusive. Preis-Leistung 1 A! Hauptstraße, kurz vor dem Restaurant Bamboo Jam, ✆ 27776123. **€**

Passifloras Hostel Zentral, aber in einer kleinen Seitenstraße liegt diese einfache Unterkunft. Die Zimmer sind geräumig und zweckmäßig eingerichtet. Gemeinschaftsküche und Parkplätze sind vorhanden. Busbahnhof, Restaurants und Supermarkt um die Ecke. Av. 7/C. 0A, ✆ 89872226. **€**

Cabinas Alicia Sehr beliebtes Hotel im Zentrum von Quepos. Die hellen und sauberen Zimmer bieten AC, Kühlschrank und gute Betten. Das gesamte Personal ist äußerst nett und hilfsbereit. Parkplätze vorhanden. C. 3 zwischen Av. Central und Av. 5, unweit vom Fußballplatz, ✆ 27773279. **€€**

Hotel Vista del Pacifico Liegt etwas außerhalb Richtung Manuel Antonio. Dafür bietet die Anlage einen spektakulären Blick über Quepos und den Pazifik. Die Zimmer sind dekorativ gestaltet, eine Gemeinschaftsküche ist vorhanden. Am östlichen Ortsende, ✆ 831 49587. **€€**

Santa Juana Lodge Wow! Die Lage, die Bungalows, das Essen, die Ruhe und der Erholungsfaktor sind wunderbar. Mitten in den bewaldeten Hügeln 25 km von Quepos entfernt im Landesinneren stehen geräumige Holzcabañas mit großen umlaufenden Holzterrassen mit bunten Hängematten. Alles ist luftig, hell und modern mit großen Panoramafenstern gestaltet, aber dennoch gemütlich. Alle Mahlzeiten sind im Preis inbegriffen, das Essen ist großartig – es wird in einem Open-Air-Restaurant an bequemen Picknicktischen mit herrlichem Panoramablick serviert. In der Nähe ist ein Wasserfall, zu dem man wandern kann (ca. 30 Min. bis zum Wasserfall und 35–40 Min. zurück). Manchmal gibt es Last-Minute-Angebote auf der Website. Camino Quepos–Tarrazú, Santa Juana, www.santajuanalodge.com. **€€€€**

Essen & Trinken **La Panera** Kleine Frühstücksgerichte und guter Kaffee für den Start in den Tag, eine überschaubare Mittagskarte und Torte und Gebäck für den Nachmittag. Hier kann man Zeit verbringen. Das hausgebackene Brot nicht zu vergessen. Mo–Sa 6–17 Uhr. Ecke Av. 5/C.1, ✆ 27771355. **€€**

Mein Tipp **Emilio's Café** Was für ein toller Blick auf den Pazifik! Verschiedene Kuchen und Kaffeekreationen werden angeboten, es gibt bei Emilio aber auch handfestes Essen wie Meeresfrüchte und leckere Currys. Wer mal wieder Lust auf Kartoffelbrei hat – auch den tischt er auf mit Gemüse und Fleisch. 7–21 Uhr, Di geschl. An der Costanera, ✆ 86555965. **€€**

Soda Sánchez Täglich ab 6.30 Uhr wird landestypische Kost in Top-Qualität zu einem guten Preis serviert. Ob Frühstück, Mittag- oder Abendessen, die Soda ist einen Besuch wert und auch bei den Einheimischen sehr beliebt. Av. Central zwischen C. 2 und C. 3, ✆ 27777273. **€**

Die Pazifikküste → Karte S. 234

Restorante L'Angolo Ob Sandwiches, Salate, Pasta, Gigi kocht und serviert. Die Sandwiches sind megalecker. Gnocchi mit Gorgonzola oder Pasta mit hausgemachtem Pesto, Gigi hat es drauf. Vegetarier und Veganer willkommen! Das L'Angelo macht Freude. Mo–Sa 11–22 Uhr. Av. Central/C. 2, ✆ 27774129. **€€**

Shana Restaurant Schöne Location mit Pool und Bar und italienischem bis vegetarischem Essen. Eine Wucht ist die Meeresfrüchteplatte mit Lobster, Garnelen, Muscheln und Tintenfisch! 9–22 Uhr. Punta Quepos, www.shanabythebeach.com. **€€–€€€**

Mein Tipp **Shibuya Sushi Bar** Hier werden leckere Sushikreationen serviert, dazu hausgemachte Limonaden und ein Sonnenuntergang über dem Hafen. Tägl. 12.30–22 Uhr. Am südlichen Ende der Playa Espadilla, ✆ 85236794. **€€€**

MoGamBo BarCafé und Rafaeles Las Terrazas Gemütliches Ambiente mit einem fantastischen Ausblick aufs Meer ... vor allem am Abend mit einem der herrlichen Sundowner-Cocktails in der Hand. Gerichte gibt es auch, wie köstliche Paella und andere Meeresfrüchte-Speisen und Fisch, garniert mit süßen Backbananen. Die Bedienung ist engagiert, die Musik chillig, ein guter Platz, um den Tag entspannt ausklingen zu lassen. Mi–Mo 16–24 Uhr, am Wochenende bis 1 Uhr. An der Straße nach Manuel Antonio am Abschnitt der Playa Espadilla. **€–€€**

El Avion Das ist doch mal etwas anderes – ein fröhlicher Abend in einem Flugzeug mit Aussicht auf den Pazifik. Man darf sich sogar ins Cockpit setzen. Die Speisekarte ist allumfassend, von italienischen Gerichten bis Tipico. Der Avion Burger mit gegrillter Ananas und Pulled Pork ist lecker. Anschließend ein Cocktail zum Sonnenuntergang und die Welt ist in Ordnung. Tägl. 6.30–22 Uhr. An der Straße zum Nationalpark Manuel Antonio, www.elavion.net. **€€–€€€**

Parque Nacional Manuel Antonio

Nationalpark Manuel Antonio

Obwohl er der kleinste Costa Ricas ist, lockt der Manuel-Antonio-Nationalpark die meisten Besucher an. Er ist nur knapp 7 km² groß, doch sein sehr schöner Strand mit weißem Sand, türkisblauem Meer und vorgelagerten Inselchen ist eine Traumkulisse – und eines der beliebtesten Ausflugsziele für Ticos und Urlauber aus aller Welt.

Als im nahen Quepos die Baumaschinen zu rattern anfingen, taten sich die Bewohner der Region zusammen und erkämpften 1972 den Schutz des Gebietes, das heute der Manuel-Antonio-Nationalpark ist, benannt nach einem spanischen Eroberer. Früher wohnte hier der indigene Stamm der Quepoa, die vom Fischfang lebten und schließlich von den Spaniern unter dem Kommando von Hernán Ponce de León vertrieben wurden, denen die Region ebenfalls gefiel. Auch britische Piraten schipperten ab den 1750er-Jahren in den Gewässern herum und nochmals später, ab den 1920er-Jahren, siedelten auf dem Gebiet Bananen-Farmer und setzten der Natur mit ihren Pestiziden und der Monokultur zu. Heute ist der Park ein Touristenmagnet. Faultiere, Nasenbären, Agutis und Affen werden hier regelmäßig gesichtet, denn sie sind nicht mehr scheu. Woran das wohl liegt? In der Hochsaison ist Manuel Antonio hoffnungslos überlaufen und man schaut zwar in putzige Tieraugen, aber noch öfter in enttäuschte Menschengesichter. Aufgrund des Andrangs wurde die Besucherzahl inzwischen auf 600 pro Tag begrenzt.

Wanderwege

Die Wanderpfade, wie z. B. der **Sendero Perezoso,** bieten traumhaft schöne Ausblicke auf das wunderbar blaue Meer und die Küste, sind aber künstlich angelegt. Beton- statt Dschungelfeeling. Dafür lassen sie sich auch in Flipflops bewältigen. Wer von dem Hauptweg zum Strand abbiegt und sich ein bisschen bergauf bewegt, entgeht den Besuchermassen ein wenig. Ein weiterer Wanderweg umrundet die **Isla Punta Catedral,** welche durch Verlandung trockenen Fußes vom Festland erreicht werden kann. Auch auf dieser Runde passiert man mehrere Miradores mit herrlichen Blicken über die Bucht und die Strände. Auf dem **Sendero Puerto Escondido** gelangt man bergab über steile Treppen zu einer versteckten Bucht.

Strände

Die vier Strände **Espadilla Sur, Manuel Antonio, Escondido** und **Playita** sind zweifellos toll, der schönste – wenn auch alles andere als einsam – ist die Playa Manuel Antonio. Das Grün der Palmen und der Meermandelbäume mit dem Türkisblau der sichelförmigen Bucht und dem hellen Sand sorgen für eine Traumkulisse. Das kristallklare Wasser mit den vorgelagerten Felsformationen macht Schnorcheln zu einem besonderen Erlebnis. Sollten die Tiere fehlen, kann man die Touristen beobachten, wie sie für Instagram die optimale Pose suchen. Doch meist lassen sich Kapuzineräffchen und Waschbären blicken, denn die Besucher hinterlassen jede Menge Essensreste – Affe und Co. holen sich die natürlich, da nützen auch die „Do not feed the animals"-Schilder nichts. Logisch also, dass die Tiere nichts gegen Menschen haben. Ab und zu stibitzen sie auch Mützen, Sonnenbrillen und Fotoapparate. Ein wenig Vorsicht ist daher ratsam.

Praktische Infos

Größe 683 ha.

Zugang 7 km von Quepos und 4 km von der Ortschaft Manuel Antonio entfernt. Es gibt Parkplätze und sanitäre Einrichtungen.

Anfahrt Es gibt mehrere **Parkplätze,** doch es wird meist versucht, die Besucher schon am unteren Parkplatz abzufangen – dann sind es noch 10 Min. zu Fuß bis zum Park. Ruhig den oberen Parkplatz ansteuern, vor allem wenn man früh kommt. Parkgebühr.

Vom Busbahnhof in der Av. Central. in Quepos-Zentrum fährt zwischen 6 und 22 Uhr alle 30 Min. ein **Bus** zum Nationalpark, Fahrzeit 30 Min.

Öffnungszeiten 7–17 Uhr, Nebensaison 8–16 Uhr, Mo geschlossen.

Eintritt Die Eintrittstickets sind zwingend vorab online unter https://serviciosenlinea.sinac.gocr/ zu erwerben. 16 $. Es gibt zwei Reihen am Einlass: eine für Tickets und eine für den Zutritt samt Taschenkontrolle – nur Obst und Wasser dürfen mitgenommen werden.

Zeitplanung Gegen 9 Uhr kommt man nicht mehr in den Park, da die maximale Besucherkapazität erreicht ist.

Ausrüstung Badesachen, Sonnenschutz, Fernglas.

Die Pazifikküste → Karte S. 234

Perfekt für lange Strandspaziergänge: Playa Matapalo

Costa Ballena

Hier beginnt der schönste Abschnitt der zentralen und südlichen Pazifikküste. Die chilligen Stranddörfer Matapalo, Dominical und Uvita liegen eingebettet zwischen saftig-grünen Bergen und dem weiten, rauschenden Pazifik. Wer die Einsamkeit liebt, findet hier genügend Strände, um mit sich und der Natur allein zu sein.

In den Hügeln liegen schicke Öko-Lodges und Ferienapartments, die meisten mit Sicht auf einen fantastischen Sonnenuntergang. Der 35 km lange Küstenabschnitt von Dominical über Uvita bis nach Ojochal heißt Costa Ballena, denn hier ziehen sie vorbei: Die majestätischen Buckelwale prusten von Juli bis November und von Januar bis April ihre Wasserfontänen in die Luft. Zu dieser Zeit stehen die Chancen gut, sie sogar vom Strand des Marino-Ballena-Meeresnationalparks aus zu beobachten. Jede der Ortschaften hat ihren eigenen Charme und es macht viel Spaß, die Gegend mit einem Mietwagen zu erkunden.

Matapalo

Faultiere hängen in den Bäumen, Affen hüpfen über die dunkelgraue Asphaltstraße, die sich einsam zwischen Kokospalmen, Mango- und Mandelbäumen windet, ab und zu lässt sich der ein oder andere Tukan blicken. Das Pazifikörtchen Matapalo ist ein Geheimtipp. An der langen und breiten, oft von

Gischt gepeitschten **Playa Matapalo** mit ihrem feinen, dunklen Sand kann man endlos spazieren, Sanddollar sammeln, in den flach auslaufenden Wellen toben und einen fantastischen Sonnenuntergang beobachten. Es ist der perfekte Ort zum Runterkommen und um die Seele baumeln zu lassen – einfach die Hängematte zwischen zwei Palmen spannen, dem Meer zuhören, ab und zu in den seichten Wellen baden und abends frischen Fisch essen. Es gibt nur wenige gute Unterkünfte und eine Handvoll Restaurants. Besonders in der Hochsaison sollte man rechtzeitig ein Zimmer buchen. Matapalo eignet sich auch bestens als Ausgangspunkt für Ziele in der Umgebung. Der Nationalpark Manuel Antonio liegt nur 38 km entfernt, Uvita und der Nationalpark Marino Ballena 35 km.

Busverbindungen Busse fahren vom Dorfzentrum an der Costanera ab, das etwa 1,5 km vom Strand entfernt ist.

San José (Umstieg in San Isidro): 7, 13 und 15 Uhr, Fahrzeit 5:30 Std.

Dominical und Uvita (fährt weiter nach Palmar, dort Umstieg nach Sierpe, Drake Bay und Ciudad Neilly): 12 und 21 Uhr, Fahrzeit 1 Std.

Übernachten **Casa Aba Matapalo** Kleine, feine Anlage mit Außenpool. Die Zimmer und Bungalows sind individuell gestaltet und mit

Drei Fragen an Anja

Sie stammt ursprünglich aus Leipzig, lebt nun aber schon mehrere Jahre in Matapalo ihren Tropentraum.

Warum Matapalo – und nicht Leipzig?

Leipzig ist meine Geburtsstadt, mit 18 Jahren bin ich dort weg und habe nach einer Ausbildung als Krankenschwester später fast 20 Jahre in Mainz gelebt. Costa Rica hat sich aufgrund einer Urlaubsreise entwickelt. In die Art, wie die Leute hier leben und mit wenigen Dingen glücklich sind, habe ich mich verliebt. Der Konsumzwang spielt hier noch keine so große Rolle ... wer bin ich ... was kann ich ... großes Auto, kleines Auto – Hauptsache es fährt, und wenn nicht, dann ab aufs Fahrrad. Das beeindruckt mich.

Auch das warme Klima und keine Zeitumstellung – herrlich. Es ist immer ab 18 Uhr dunkel, dafür morgens sehr früh hell. Das alles hat mir gefallen und danach stand die Entscheidung schnell fest. Matapalo mag ich, weil es noch nicht touristisch ist, eine schöne Natur und Tierwelt hat – eben ein ruhiger kleiner Ort mit einem naturbelassenen Strand.

Heimweh? Schattenseiten?

Heimweh ... ja, ab und an. Familie wird im Alter immer mehr ein Thema und da ich im November Oma geworden bin ... mehr.

Natürlich vermisse ich auch Freunde. Das ist hier leider nicht so leicht, vor allem mit der Ehrlichkeit ... das zu den Schattenseiten. Als Geschäftsinhaberin geht nun manchmal nicht immer das Pura Vida Feeling, oder man ist immer noch zu Deutsch.

Kannst du dir vorstellen, irgendwann noch einmal woanders zu leben?

Ja, das könnte ich mir gut vorstellen, mal sehen was die Zukunft bringt.

Die Pazifikküste → Karte S. 234

kleiner Küche ausgestattet. Allabendlich gibt es leckere Cocktails an der Poolbar. Das DJ-Pult steht bereit. C. Jardín de los Monos, ✆ 86228543, www.casa-aba.com. **€€**

Jardin de los Monos Nur für Erwachsene! 5 luxuriös eingerichtete Zimmer warten auf Erholungssüchtige. Gäste müssen mindestens 15 Jahre alt sein. Der Pool im grünen Garten lädt zum Erfrischen ein. Parkplätze sind vorhanden. Das üppige Frühstück ist inklusive. C. Jardín de los Monos, ✆ 88261794, www.bnbbythebeach.com. **€€**

Zwei oder drei Finger: Steckbrief eines Faultiers

Faul sein? Meine Spezialität! Ich schaffe es, an einem Tag weniger als 40 m zurückzulegen. Ich mache alles oben auf den Bäumen: essen, schlafen, mich paaren und Junge gebären. Nur eines nicht: aufs Klo gehen. Dafür steige ich extra vom Baum herab und erledige das „Geschäft" am Boden. Und dann, ganz schnell – für meine Verhältnisse – klettere ich wieder hinauf.

Es gibt auf der Welt sechs verschiedene Arten von mir. In Costa Rica leben zwei davon.

Wenn ich drei Finger habe, bin ich ein Braunkehl-Faultier, wenn ich nur zwei Finger habe, gehöre ich zu den Hoffmann-Zweifingerfaultieren. Ich kann übrigens 30 Jahre alt werden! Was ich gern esse? Knospen und Blätter sind mein Leibgericht!

Eigentlich sind wir Einzelgänger. Nach einem Jahr bei Mama gehen wir unseren eigenen Weg. Die ersten sechs Monate aber faulen wir, sozusagen, am Bauch unserer Mutter herum. Um einen Partner im Wald zu finden, kreischen und schreien die Mädchen! Meine Feinde? Das sind Schlangen, Jaguare und Adler.

Und hättest du gedacht, dass ich schwimmen kann? Nein? Da hast du dich geirrt! Ich bin sogar super darin!

- Gewicht: bis 6 kg
- Größe: bis zu 80 cm
- Täglicher Schlaf: 15 bis 18 Std.

Mein Tipp **Rafiki Beachcamp** Kein einfaches Zelt mit Sand auf der Luftmatratze: Das Rafiki Beach Camp ist eine stylishe Unterkunft mit Survival-Charme. Unmittelbar am breiten, palmengesäumten Sandstrand von Matapalo stehen 4 geräumige und gut ausgestattete Großraumzelte mit je einem breitem Doppelbett, 2 Einzelbetten und einem Bad, wie in einem Boutique-Hotel. Auch ein Kühlschrank und ein Safe sind vorhanden. Die Zelte sind um einen schattigen Pool gruppiert, ringsherum stehen Mandelbäume und Palmen, in denen Faultiere baumeln. Der Blick von der Terrasse und dem Bett auf die pazifische Brandung ist garantiert. Frühstück ist inklusive. Hier lässt es sich aushalten! Main Road Matapalo, www.rafikibeach.com. **€€€**

Mein Tipp **Essen & Trinken Restaurante y Bar A Kachete** Die Pizzeria in Matapalo ist der angesagte gastronomische HotSpot. Tolles Ambiente, leckeres Essen, kühle Drinks. Mi–Mo 11–21 Uhr. Neben dem Supermarkt gegenüber vom Sportplatz, ✆ 63602328. **€€**

Mein Tipp **La Langosta Feliz** Sehr gut geführtes Restaurant mit freundlichen Inhabern. Wie der Name schon andeutet, kommt vorwiegend Meeresgetier auf den Tisch, und dies frisch und sehr schmackhaft. Die Spaghetti mit Garnelen oder der gebratene Reis mit Meeresfrüchten – fantastisch. Tägl. 11–21 Uhr. Direkt an der Costanera Sur an der Einfahrt nach Matapalo, ✆ 27875214. **€€**

„Sand-Dollar"

Die Pazifikküste → Karte S. 234

Dominical

Alltag aus, Urlaubsfeeling an. Dominical ist ein Travellerort, so vielfältig, so lebendig und trotzdem herrlich chillig, wie man ihn sich erträumt. Ein Ort zum Bleiben. Ein Ort zum Runterkommen, Entschleunigen. Und dennoch nicht langweilig.

Surfboys und Surfgirls schlendern mit dem Brett unterm Arm zum palmengesäumten Strand. Er ist weit und wild mit ganzjährig guten Wellen. Gleich mehrere Surfschulen freuen sich über wellenhungrige Schüler. Wer nicht surft, geht spazieren, sammelt Steine und Treibgut oder lässt sich mit einem Buch unterm Kopf von der Sonne verwöhnen. Abends dann durch die vielen Restaurants und Bars bummeln – oder Souvenirs einkaufen. Denn direkt hinter dem Strand verläuft eine lange Palmenallee, wo ein bunter Händler-Mix Klamotten, Schmuck, selbstgemalte Bilder und Kunsthandwerk verkauft. Die Umgebung von Dominical ist wunderschön grün und hügelig, Dschungel pur mit Wasserfällen, Wildtieren und Wanderwegen – eine perfekte Kombination aus Meer und Bergen.

Strände

Playa Dominical: Kein Surfer? Der „Hausstrand" von Dominical ist auch für Nicht-Surfer schön zum Entspannen, wenn er auch zum Schwimmen aufgrund der lang auslaufenden Wellen nicht besonders gut geeignet ist. Sonnenbaden ist am besten an der Südseite des Strands möglich, da die Nordseite zum Fluss hin sehr felsig ist. Fürs leibliche Wohl ist auch gesorgt, nah am

Chillig: an der Costa Ballena

Strand gibt es mehrere Minimärkte und Bar-Restaurants. Entlang der Strandstraße stehen viele Souvenirstände mit einem bunten Kunsthandwerk-Sortiment. Und wer genug vom Strandbummeln hat, setzt sich unter eine Palme und schaut den Surfern zu.

Playa Dominicalito: Der kleine Bruder der Playa Dominical liegt 3,5 km südlich vom Dorf Dominical. Es ist ein kleiner Strand, der schön in einer Bucht liegt und sich deshalb hervorragend zum Schwimmen eignet. Es ist auch ein guter Strand für die ersten Surfstunden. Frischer Fisch zum Abendessen? Mit etwas Glück kommen gerade die Fischer mit ihrem Fang zurück und verkaufen Dorade oder Red Snapper direkt von ihren kleinen Booten aus, die an der Südseite von Playa Dominicalito liegen. Für den Tag am Strand am besten Picknick und Getränke mitbringen, da es hier keine Geschäfte oder Restaurants gibt.

Ausflüge in die Umgebung

Hacienda Barú **4** (→ Karte S. 258): Die Hacienda Barú in der Nähe von Dominical ist ein großartiger Ort zum Spazierengehen und Wandern. In diesem Naturschutzgebiet gibt es 7 km gut gepflegte Lehrpfade mit einigen Wildtieren und Vögeln wie Pacas, Kapuzineraffen und Königsgeiern. Am Mirador (Aussichtspunkt) fällt der Blick weit ins Tal bis zur Playa Dominical. Die zugehörige Hacienda Barú Ecolodge bietet Übernachtungen und Nachttouren, auf denen Frösche, Schlangen und anderes Getier nach Einbruch der Dunkelheit erkundet werden können. Adrenalinhungrige schwingen sich auf die Zipline.

- 3,5 km von Dominical an der Costanera in Richtung Quepos. www.haciendabaru.com.

Berge von Escalera: Der Name ist Programm, denn Escalera heißt übersetzt „Treppe". Genauso steil windet sich die unbefestigte Piste hinter Dominicalito die Berge hinauf. Die immergrün bewaldeten Berge laden zum Wandern ein. Auch Ausritte zu Ross sind machbar.

Escalera Escape **16** (→ Karte S. 258) Barbara und Blake kümmern sich bestens um ihre Gäste. Die Bungalows mit dem Rundblick in die Berge, den Dschungel und auf das Meer sind grandios. Sie sind hell, freundlich und sauber und mit einer Küche ausgestattet. Eine Vielzahl von Touren in die nähere Umgebung wird angeboten. Caminó a Escaleras, am Fußballfeld rechts weg, ✆ 85344508, www.escalerasescape.com. **€€€**

Cataratas Nauyaca: Der Besuch der Nauyaca-Wasserfälle ist ein beeindruckendes Erlebnis. Sie liegen 10 km von Dominical landeinwärts (→ S. 255).

Alturas Wildlife Sanctuary: Hier nimmt man sich verletzter und aus Gefangenschaft befreiter Wildtiere an. Ziel ist es, die Tiere gesundzupflegen und auf das Leben in freier Natur vorzubereiten. Auf einer 1,5-stündigen Führung erfährt man viel Interessantes über die Tiere und die Geschichten dahinter. Auf der Webseite stehen Infos und ein Anmeldformular für ihr Freiwilligenprogramm.

■ Führungen Di–So 9, 11, 13 und 15 Uhr. Eintritt 33 $. 7 km südlich von Dominical der Ausschilderung an der Costanera folgen, ✆ 860 95363, www.alturaswildlifsanctuary.org.

Praktische Infos

→ Karte S. 258

Information/Mietwagen Das **Info-Häuschen** am Ortseingang hat Busfahrpläne, Prospekte für Ausflugsziele und einen Postkasten. Außerdem werden Touren angeboten sowie Quads und Autos vermietet von **Monkey Ride,** die hier mit sitzen. Tägl. 8–17 Uhr. Ortseingang, www.dominicalinformation.com.

Busverbindungen Alle Busse fahren oben an der **Costanera** los und kommen auch dort an. Für die Fahrt zur Unterkunft stehen Taxis bereit.

San José: 6 und 14 Uhr, Fahrzeit 5 Std.

Quepos (weiter nach Jacó): ab 5.20 Uhr 5-mal tägl., Fahrzeit 2 Std.

Jacó: 5.20 und 13.20 Uhr, Fahrzeit 4 Std.

Uvita: ab 5 Uhr ca. alle 2 Std., Fahrzeit 20 Min.

San Isidro: 7.20, 13.20, 14.20 und 16.50 Uhr, Fahrzeit 1:30 Std.

Einkaufen **Super Dominical 6**, im Centro Comercial Plaza Pacífico gibt es einen Supermarkt. Mo–Sa 8–20, So bis 18 Uhr.

Mama Toucans 2, herrlicher kleiner Bioladen, vegan und regional ist angesagt, von Erdnusscreme über Käse bis hin zu selbst gemachtem Eis, nicht ganz günstig. Tägl. 7–20 Uhr. Am Ortseingang an der Hauptstraße, www.mamatoucans.com.

Geld **BCR,** mit Geldautomat, an der Costanera im Centro Comercial Plaza Pacifico. Mo–Fr 8–16 Uhr.

Sprachschulen **Adventure Education Centre,** Spanisch für Kinder, für Teenies, für Studenten, die ganze Familie. Selbst verschiedene Fachrichtungen, wie z. B. eine medizinische Ausrichtung, werden angeboten. Es gibt zugehörige Sprachcenter in Turrialba und am Arenal. Der Unterricht kann bei Bedarf an diesen Orten fortgeführt werden. Mo–Fr 9–16 Uhr. Im Zentrum, www.adventurespanishschool.com.

Waschsalon Neben dem Cool Vibes Beach Hostel.

Surfen **Costa Rica Surf Camp,** wunderschönes, luftig und offen gestaltetes Surfcamp, nette und freundliche Trainer, verschiedenste Surf-Pakete im Angebot. Auch Yoga und Ausflüge können gebucht werden. Zugehörig ist das bei Backpackern beliebte Mavi Surf Hotel (→ Übernachten). Tägl. 9–17 Uhr. Am Strand beim Restaurant Coco, www.crsurfschool.com.

Dominical Waverider Surf School, gegründet von einem Rettungsschwimmer aus Kalifornien, ist dieses Surfcamp eine professionelle Adresse für alle Level. Einzel- und Gruppenunterricht von Anfängern bis Fortgeschrittene, diverse Paketangebote mit Surfstunden, Ausflügen und Unterbringung über mehrere Tage, für jeden Typ und jeden Geschmack gibt es hier das passende Angebot. Tägl. 8–17 Uhr. Am Strand beim Restaurant Tortilla Flats, www.dominicalwaverider.com.

Dominical Surf School, ebenfalls eine Top-Adresse. Das Team ist freundlich, kompetent und kommunikativ. Surflehrerin Debbie kümmert sich aufrichtig um ihre Kunden, geht mit ihren Schülern aus, macht Vorschläge für Aktivitäten in und um Dominical und empfiehlt die sichersten Strände, an denen man auch an Tagen surfen kann, an denen kein Unterricht stattfindet. Speziell für Frauen werden hier Surfcamps organisiert. Perfekt für einen mehrtägigen Surfaufenthalt oder auch nur für ein paar Einzelstunden. Tägl. 8–16 Uhr. C. Sesame, www.dominicalsurfschool.com.

Tauchen & Schnorcheln **Costa Rica Dive and Surf,** Tauch- und Schnorchelausflüge zur Isla del Caño und in den Nationalpark Marino Ballena. Auch Surfstunden, SUP und Waltouren. Tägl. 8.30–17 Uhr. An der Hauptstraße wenig südlich vom Kunsthandwerksmarkt, www.costaricadiveandsurf.com.

Yoga **Danyasa Yoga Retreat,** das entspannte Ambiente bringt schon einmal gute Voraussetzungen für einen angenehmen Yoga-Kurs mit. Die Lehrer sind kompetent und freundlich, auch nach dem Unterricht kann man sich

in den Chill Out Areas noch mit anderen Reisenden austauschen. Eine Stunde kostet mit Matte 15 $. Es gibt auch helle Zimmer mit guten Betten, AC und eigenem Bad, und einen Pool. Tägl. 9.30–19 Uhr. An der Hauptstraße nahe dem Ortseingang, www.danyasa.com.

Touren Neben den obigen Touranbietern (→ Surfen und Tauchen) gibt es weitere in Dominical.

Pineapple Tours, Kajak, Surfen und SUP stehen bei dem lokalen Familienunternehmen auf dem Programm. Highlights sind die Kajaktouren durch die Mangroven und auf dem Río Baru. Tägl. 9–17.30 Uhr. An der Hauptstraße nahe am Strand, www.pineapplekayaktours.com.

Übernachten **Cool Vibes Beach Hostel 15** Gefließte Zimmer mit Ventilator und Dusche, große Gemeinschaftsküche und ein bequemer Aufenthaltsbereich mit Infomaterial und Spielen. Surfbretter können gemietet werden und es gibt einen kleinen Pool und Hängematten zum Abhängen. Am Strand, 100 m südlich des Restaurants El Coco, www.hosteldominical.com. €

Tropical Sands Dominical Eco Inn 13 Tropische Gartenanlage mit sauberen, nicht allzu großen, aber hellen Zimmern mit Klimaanlage und Ventilator. Überall gibt es Sitzmöglichkeiten und Hängematten. Köstliches Frühstück mit Gratis-Kaffee. Fahrradverleih. Etwas außerhalb von Dominical und nur 2 Min zum Strand, www.tropicalsandsdominical.com. €€

Hotel Villas Río Mar 7 Schöne Anlage mit einem tropischen Garten mit Pool, gelegen am Fluss Baru. Die modernen und dennoch warm gestalteten Zimmer haben eine Klimaanlage, TV und Kühlschrank. Am schönsten ist es jedoch, auf der Terrasse oder der Veranda zu sitzen, dabei ein Buch zu lesen oder einfach in die Natur zu schauen. Frühstück ist inklusive. 900 m vom Ortseingang, www.villasriomar.com. **€€€**

Tree of Life Cabinas **17** Hoch in den Escalares-Bergen stehen 3 moderne Cabinas mitten im Dschungel, der Blick bis zum Meer ist gigantisch. Die Hüttchen sind liebevoll eingerichtet, sauber und mit großen Betten ausgestattet. Es gibt einen kleinen Pool, von dem aus man in die Landschaft schauen kann. Vögel und Schmetterlinge fliegen umher, Brüllaffen rufen im Gebüsch. Frühstück und Abendessen bereiten auf Wunsch die freundlichen Gastgeber Ben und Nate. Die Mahlzeiten werden zusammen auf einer Terrasse eingenommen. Aufgrund der Lage ist eine Anreise nur mit Allrad möglich. 10 km außerhalb von Dominical in Richtung Playa Dominicalito und dann hoch in die Berge, San Martin Sur Road, www.treeoflifecabinas.com. **€€€**

Mavi Surf Hotel **11** Das Drei-Sterne-Hotel von Barbara und Max ist nicht ganz günstig, aber dafür stylish und modern, gemütlich und kultig zugleich, mit einem Pool mit Sonnenliegen, sauberen Zimmern mit guten Betten und Matratzen, Kühlschrank, vielen Hängematten und tropischen Pflanzen. Im offenen Aufenthaltsbereich kommt man schnell mit Surfern und Reisenden aus aller Welt ins Gespräch. Frühstück ist inklusive. Südliche Ortseinfahrt 100 m weiter, www.mavi-surf.com. **€€€**

Essen & Trinken **Café Ensueño** **14** Besitzer Sergio serviert die besten und größten Smoothies an der Küste, köstlich ist der Schoko-Bananen-Smoothie. Ein guter Ort zum Frühstücken, doch auch Casados, Meeresfrüchte und Fisch gibt es. 7–20 Uhr. An der Hauptstraße am südlichen Ortsende gegenüber vom Hotel Tropical Sand, ✆ 21029883. **€**

MeinTipp **Café Mono Kongo** **1** Einer der beliebtesten Orte in Dominical, rustikal und kultig. An dem Holztresen sitzt man auf Schaukeln, auf der großen Holzterrasse auf verschiedenen Hockern, Schemeln und Stühlen. Die umfangreiche Auswahl an Gerichten ist verführerisch: Es gibt Frühstück mit Omelette, Bananen-Pancakes oder Obstsalat mit Müsli und Joghurt, mittags schaut man auf einen frischen Salat, gut gefüllten Wrap oder typisches Gallo Pinto vorbei, während nachmittags ein Stück Karotten-Kokos-Kuchen mit einem top Milchkaffee gut tut. Tägl. 7.30–17 Uhr. Gleich am Ortseingang, ✆ 27870090, www.monocongo.com. **€**

Del Mar Taco Shop **12** Hausgemachte Tacos, leckere Guacamole und gut gefüllte Burritos machen einen Stopp beinahe obligatorisch. Dazu gibt es dunkke Bohnenpaste und feurige mexikanische Soßen. Mit bunter Kreide sind alle Varianten an eine Tafel am Taco-Häuschen geschrieben. Di–Sa 11–21, So nur bis 16 Uhr. Südlich der Polizeistation, ✆ 84289050, Del Mar Taco Shop (Facebook). **€**

MeinTipp **Phat Noodle** **5** Einfach lecker und gesund. Chicken Pad Thai, Ananas-Reis, Currys, Tofu-Gerichte, Reisnudeln, ein Kindergericht – im gemütlichen Ambiente gibt es abwechslungsreiches Thai-Essen, auch glutenfrei und vegan. Lieblingsessen-Kandidat sind zweifellos die Kokos-Zitronengras-Shrimps. Jeden Tag sind zudem verschiedene Cocktails im Angebot. Online-Reservierungen und Bestellungen sind möglich. Tägl. 15.30–21.30, Fr–So ab 12.30 Uhr. Am Ortseingang, www.phatnoodlecostarica.com. **€**

El Pescado Loco **3** Fischtacos mit leckeren Dips und Guacamole, Ceviche, Sandwiches und Salate werden an der Imbissbude ausgegeben, dazu gibt es frische Säfte oder Bier. Im netten Sitzbereich unter einem großen offenen Dach mit Holztischen und Hockern aus alten Obstkisten lässt es sich auch bei einem tropischen Regen-

Pura Vida

guss gut aushalten. Mo–Sa 11–18 Uhr. Gleich am Ortseingang kurz vor dem Info-Center. €

La Casita Pizza **9** Verschiedene Pizzen, auch mit frischen Zutaten belegt. Speziell ist die Chicken-Barbecue-Pizza. Nur Barzahlung. Auch „take away". Tägl. 10–22 Uhr. C. Sesame, ✆ 278 70347, Facebook. €€

La Parcela **18** Meeresfrüchte genießen mit einem atemberaubenden Blick auf das Meer, aus dem sie kommen. Dazu der Sonnenuntergang und ein Glas Wein auf einer großen Terrasse im blau-weiß maritimen Look – einem gelungenen Essen steht nichts im Wege. Es gibt hier auch Zimmer. Tägl. 11–21 Uhr. Playa Dominicalito südlich von Dominical, www.laparcelacr.com. €€

Nachtleben **Fuego Brewing Company** **8** Der Abend beginnt mit einer Verkostung leckerer Craft-Biere. Aus den bis zu 20 verschiedenen Bieren wie Pilsener, Amber, Pale Ale und Guanabana-Hefeweizen können 6 Sorten bei der Bierverkostung probiert werden. Die Bar im Bali-Stil befindet sich oberhalb der Brauerei und blickt auf den Fluss Baru, der in den Pazifischen Ozean mündet. Toll sind auch die Sonnenuntergänge von hier aus! Neben Bier machen sie auch köstliche Cocktails und servieren den besten Hauswein in Dominical – so rühmt man sich. Fuego Brew Co ist nicht die billigste Option, um etwas zu trinken, dafür ist von 16.30 bis 18 Uhr Happy Hour! Dazu spielt häufig Livemusik. Tägl. 7.30–22 Uhr. Hauptstraße, Zugang über Danyasa Yoga, www.fuegobrew.com.

Tortilla Flats **10** Reggae tönt aus der Strandbar, Surfer gehen ein und aus, beim Drink sitzt man auf einer schönen Holzterrasse mit einem weiten Blick über den Strand und auf das Meer. Beliebt ist die Bar gleichermaßen bei Einheimischen und Besuchern aus aller Welt. Bei einigen hat sich der Special-Cocktail der Bar schon herumgesprochen: Maracuja-Margarita mit Basilikum. Es gibt auch Essen, vom Frühstück bis zum Abendessen. Dazu spielt häufig Livemusik. Mi–Mo 12–20, Fr/Sa bis 21 Uhr. An der Strandpromenade, Facebook. €

Feiern an der Costa Ballena

Feiern macht immer Spaß – erst recht in einer so wunderbaren Landschaft wie an der Costa Ballena! Natürlich gibt es Surfwettbewerbe und auch die Wale haben ihr eigenes Fest.

Wal- und Delfin-Festival: Im September ist der Höhepunkt der Buckelwal-Saison und das wird gefeiert – mit vergünstigten Walbeobachtungstouren, gemeinsamen Unternehmungen wie Radtouren und Wanderungen, Ständen mit Streetfood, Kunsthandwerk, Klamotten und was sonst so zu einem Festival gehört.

- Auf Facebook.

Envision Festival: Es ist bunt, es ist laut, es ist spirituell. Vier Tage lang sind Uvita und Umgebung im Ausnahmezustand, wenn es Ende Februar/Anfang März wieder heißt „Join us in Paradise". Künstler, Visionäre, Aussteiger, Hippies, Paare, Singles und Familien kommen in einer großen Community zusammen, um für diese Zeit den Rest der Welt zu vergessen. Auf mehreren Bühnen spielen Bands und legen DJs auf, es gibt Workshops für Yoga, Klangheilung, Kräuterkunde, Besser-Leben- und Nutze-deine-Chance-Lesungen, schamanische Sitzungen und vieles mehr. Garantiert ist etwas dabei, das man noch nicht ausprobiert hat. Eine bunte Welt für Kinder ist aufgebaut, wo selbst manch Erwachsener wieder anfängt zu spielen.

- www.EnvisionFestival.com.

Im kleinen Uvita gibt es alles, was man als Urlauber braucht

Uvita

Zum jährlichen Envision Festival (→ Kasten, S. 260) ist das üppig grüne Stranddorf beim Nationalpark Marino Ballena voll. Sonst? Herrscht Ruhe. Hier macht man vor allem vier Dinge: Baden, Schnorcheln, Waltouren und Spaziergänge am Walflossen-Strand **Playa Uvita** und zum wunderschönen Nachbarstrand Playa Arco. Obwohl in Uvita alles grün und palmengesäumt ist, haben an der Hauptstraße noch ein paar Restaurants, Banken, Geschäfte und Touranbieter Platz gefunden. Backpacker, Surfer, Hippies und Yogis verbringen hier Tage und Wochen, bei manch einem werden auch Monate daraus. Vor allem Auswanderer aus den USA und Europa haben hier ihre Wa(h)lheimat gefunden und bieten Unterkünfte an. Das Hinterland ist weitläufig und die Straßen sandig, was dem Öko-Flair des Ortes gut tut. Die Hostels liegen weit verteilt. Wenn man ein Stück in die Berge hinauffährt, hat man einen weiten Blick auf das Meer und die „Walflosse" des Marino-Ballena-Nationalparks. Relax!

Strände

Playa Arco: Im Nationalpark Marino Ballena und südlich davon liegen wunderschöne Strände, zum Baden eignet sich hier besonders die Playa Arco. Noch ein Stück weiter südlich schließen sich zwei weitere Badestrände an.

Playa Piñuelas: 10 km südlich von Uvita erstreckt sich in einer Bucht der schöne Strand mit einer Kieszone aus großen runden Steinen. Bei Ebbe zeigt sich auch eine breite, feine Sandzone, die ins Wasser ausläuft. Gut zum Baden geeignet, da es keine Strömungen gibt. Schönes Treibholz wird hier angeschwemmt und der Sonnenuntergang ist fantastisch. Er ist sehr ruhig mit genügend

Schattenplätzen und sogar Duschen. Vom Restaurante Piñuela an der Hauptstraße führt ein kurzer Weg zum Strand.

Playa Ventanas: Der kleine Strand ist ein magischer Ort. Er liegt in einer kleinen malerischen Bucht, umgeben von tropischem Dschungel, in dem einige Wildtiere wie Affen und Aras leben. Es ist ein ausgezeichneter Ort zum Schwimmen. Der Strand erhielt seinen Namen – Ventanas bedeutet Fenster – von den Felshöhlen und -durchgängen am Strand. Bei Ebbe kann man sie erreichen, bei Flut schauen sie spektakulär aus dem Wasser. Picknick und Getränke mitbringen, denn es gibt am Strand keine Geschäfte oder Restaurants. Der Zugang zum Strand liegt 1 km von der Tankstelle an der Costanera entfernt (beschildert). Fürs Parken wird eine geringe Gebühr fällig.

Playa Hermosa: Mit dunklem Sand, blaugrauem Wasser und einer üppigen Dschungelkulisse ist er einer der schönsten Strände an der Küste und trägt den dazu passenden Namen (hermosa heißt wunderschön). Er beginnt an der Punta Uvita im Marino-Ballena-Nationalpark und erstreckt sich über 6 km in nördliche Richtung. Surfer lieben ihn (→ Surfen).

Playa Colonia/Playa Chaman: Der Strand ist das geografische Gegenstück zur Playa Hermosa und beginnt ebenfalls an der Punta Uvita, erstreckt sich aber in südliche Richtung. Er hat eine breite Sandzone, die flach ins Wasser führt. Zwischen den Palmen am Ufer lassen sich ab und zu Papageien beobachten.

Walbeobachtung

Zu verschiedenen Jahreszeiten können mehrere Arten von Walen vor der Küste von Uvita beobachtet werden, darunter der falsche Killer, Bryde's, Pilot- und Buckelwale. Die Buckligen sind beinahe das ganze Jahr über hier, da es zwei Wanderphasen gibt: von Juli bis November und von Januar bis April. Sie nutzen die gemäßigten Gewässer der Region als Brutplatz und zur Aufzucht ihrer Walbabys.

Ausflüge in die Umgebung

Parque Nacional Marino Ballena (→ S. 265).

Reserva Biológica Oro Verde: Vogelexperte Ronnie Duarte führt Besucher hingebungsvoll durch das Gelände und den Wald der Oro-Verde-Finca, der Ort, an dem er aufwuchs. Mit allem ausgestattet, was man für eine erfolgreiche Vogelbeobachtung braucht, schafft er es, bis zu 30 Vogelarten zu entdecken und sogar anzulocken.

▪ Ein paar Kilometer vor Uvita ist links eine ausgeschilderte Abzweigung zu einer unbefestigten Straße (nur mit Allradantrieb), die 3,5 km bergauf zum Reservat führt. Wanderungen 40 $/Pers., Vogeltouren starten morgens um 6 Uhr. Reservierung im Voraus über das Informationszentrum von Uvita, www.uvita.info.

Was haben Sie entdeckt?

Haben Sie ein besonderes Restaurant, ein neues Museum oder ein nettes Hotel entdeckt? Wenn Sie Ergänzungen, Verbesserungen oder Tipps zum Buch haben, lassen Sie es uns bitte wissen!

Schreiben Sie an: Juliane Israel, Stichwort „Costa Rica"
c/o Michael Müller Verlag GmbH | Gerberei 19, D – 91054 Erlangen
juliane.israel@michael-mueller-verlag.de.

Praktische Infos

Information Uvita Information Centre, informiert umfangreich über Anreise, Touren, Autovermietung und was sonst noch wichtig sein kann. Mo–Sa 9–13 und 14–18 Uhr. Gleich am Ortseingang an der Costanera gegenüber der BCR, ✆ 88437143, www.uvita.info.

Busverbindungen Die öffentlichen Busse stoppen an der **Costanera.** Für die Fahrt zur Unterkunft stehen Taxis bereit.

Quepos: 4-mal tägl., Fahrzeit 3 Std.

Dominical: 9-mal tägl. zwischen 4.45 und 17.30 Uhr.

Ojochal: 7-mal tägl. zwischen 5 und 17.45 Uhr.

Palmar Norte: 4-mal tägl., Fahrzeit 1 Std.

San José: 8-mal tägl., Fahrzeit 3:30 Std. Direktbus ab dem Restaurant La Flor de Sabana, 200 m südlich vom Uvita Info Centre.

Mietwagen Genügend Anbieter reihen sich entlang der Costanera, darunter **National Car Rental,** tägl. 8–17 Uhr, ✆ 22427878, und **Adobe Rent a Car,** tägl. 8–17 Uhr, ✆ 27438102.

Fahrradverleih Bei Surfing Uvita (s. u.)

Einkaufen Supermarkt an der Costanera.

Geld ATM der BCR und Banco Nacional an der Costanera.

Gesundheit Servicios Medicos Bahía Ballena, Dr. Mauricio Esquivel und sein Team stehen für Notfälle 24 Std. zur Verfügung. Mo–Fr 8–17 Uhr. An der Costanera, Dome Plata Office Nr. 8, ✆ 27438595.

Farmacia Costa Ballena, Costanera Sur an der Hauptkreuzung. Mo–Sa 9–18.30 Uhr.

Sprachschule Costatika Language School, ob für Beginner, Fortgeschrittene oder Kinder, Kattia und ihr professionelles Team werden den persönlichen Anforderungen gerecht. Costanera Sur, ✆ 83223126, www.costatikaspanish.com.

Waschsalon Laundry Britany Uvita, schneller und guter Service. Zwischen Hauptkreuzung und Friedhof.

Surfen Playa Hermosa, nördlich von Uvita und Teil des Nationalparks Marino Ballena, bietet beständige Wellen für Anfänger bis Fortgeschrittene, vor allem für diejenigen, die die hohen Wellen bei Dominical etwas einschüchtern. Für Anfänger ist auch die **Playa Colonia** im Süden des Nationalparks ein perfekter Beginn. Die Wellen sind kleiner, da sie von vorgelagerten Felsen abgebremst werden. Zahlreiche Surfshops und Surfschulen befinden sich vorn im Ort.

Surfing Uvita, Besitzer und Surflehrer Julian ist ein cooler Typ, der geduldig alle Schritte des Surfens in gutem Englisch erklärt. Boardverleih zu guten Preisen. Tägl. 6–18 Uhr. Camino a Playa Chamán neben dem Restaurant El Hornito, ✆ 83254690, www.surfinguvita.com.

Tauchen Costa Rica Dive and Surf, bietet Tauchausflüge zur Isla del Caño mit sämtlichem Equipment und Verpflegung. Das Team achtet sehr auf Sicherheit und ist gut geschult. Man kann auch Tauchzertifikate ablegen. Schnorcheln, Whalewatching, SUP- und Surfboardverleih werden ebenfalls angeboten. Tägl. 6.30–17 Uhr. Am Haupteingang zum Nationalpark, ✆ 84784848, www.costaricadiveandsurf.com.

Quad Jungle ATV-Tour, mit dem Quad durch Flüsse, über Schotterpisten, vorbei an Wasserfällen und Kaffeefarmen – ein Tag, der Spaß macht. Das laute Geknatter ist der unangenehme Nebeneffekt – zumindest für die Natur. Zwischendurch sorgt der Anbieter immer wieder für Snacks und Getränke. Für Kids eine echte Abenteuer-Tour. Tägl. 8–17 Uhr. 150 $ für 5 Std.-Tour, Mindestalter zum Selbstfahren 16 Jahre. Von der BCR-Bank an der Costanera 70 m Richtung Ortsmitte, www.jungleatv.com.

Yoga Bodhi Surf and Yoga, kombiniert das Wasser mit der Entspannung. Mehrtägige Aufenthalte werden für Erwachsene und Familien angeboten. Das Team ist superfreundlich und nimmt Surfanfängern die Bedenken vor dem „Ersten Mal". Die zugehörige Lodge bietet Platz für 10 Erwachsene. Der Aufenthalt ist nicht ganz günstig, doch dafür wird viel geboten. 750 m südwestlich des Restaurants La Fogata, www.bodhisurfyoga.com.

InnerSea Yoga Academy, vom Mantra chanting über Power Vinyasa bis hin zur Yogalehrer-Ausbildung wird alles angeboten. Die Lehrerinnen sind gut ausgebildet, die Bezahlung basiert auf Spendenbasis. Mo–Fr 9–17 Uhr. Bei der BCR-Bank an der Costanera 600 m gen Norden, www.innerseayogaacademy.com.

Wandern Da die Berge so nahe an der Küste liegen, ist es leicht, am frühen Morgen eine Wanderung zu machen und zum Mittagessen zu schwimmen. Orte zum Wandern, an denen auch Wildtiere herumspazieren, sind allerdings oft privat, wie die **Rancho La Merced** nahe der Playa Hermosa nördlich von Uvita. Hier

Die Pazifikküste → Karte S. 234

kann man reiten, Vögel beobachten oder einfach auf den angelegten Wanderwegen herumspazieren. Geführte Touren werden Tag und Nacht angeboten für 40 $/Pers. Alleine wandern geht zwischen 7 und 16 Uhr. Abzweig an der Costanera Sur ca. 3 km vor dem Abzweig ins Zentrum von Uvita, www.rancholamerced.com.

Ein weiterer Ort zum Wandern ist die **Hacienda Barú** bei Dominical (→ S. 255).

Touren **Dolphin Tours,** seit gut 20 Jahren bietet das Unternehmen vor allem Touren zu Walbeobachtungen und Sportfischen an. Die qualifizierten Mitarbeiter und modernes Equipment bilden dafür eine gute Basis. Das Büro befindet sich direkt vor dem Eingang zum Nationalpark. ✆ 27438013, www.dolphintourcostarica.com.

Übernachten **U Kinca Hostel** Sauberes, günstiges Hostel mit einfachen, aber top gepflegten und gefliesten Zimmern, alle mit TV, Klimaanlage und heißem Wasser. Sehr nett ist der kleine Garten mit Hängemattenplatz. Es ist nicht weit zum Strand und zu den Restaurants. An der Costanera, ca. 1,5 km nördlich der Brücke über den Río Uvita, www.ukinca.com. **€**

Eco Cabinas Arboura Öko-Hostel wenige Meter vom Strand entfernt. In einem großen Garten gibt es mehrere einfache, aber saubere Zimmer in kleinen Hüttchen. Alles ist selbst gestaltet und gezimmert. Es gibt einen Pool und die Gemeinschaftsküche ist gut ausgestattet. Beim Abwaschen schweift der Blick direkt in den Dschungel. Möglichkeit zum Wäsche waschen ist ebenfalls vorhanden. Konzept gleicht dem Leben in einer Kommune. Camino a la playa Chamán, www.arboura.com. **€**

Cabañas Castro Drei schicke, mit Kühlschrank, Herd und Spüle voll ausgestattete Holzbungalows postieren sich um einen kleinen rechteckigen Pool, der mit einem Sonnensegel ausgestattet und mit Palmen umpflanzt ist. Ein guter Ort für Familien. Cabañas Castro (Facebook), ✆ 83202218 (Lizzy), cabacastrocr@gmail.com. **€€**

meinTipp **Manoas** Eine traumhafte Oase im Grünen! In der weiten Anlage mit spektakulärer Aussicht in die Natur stehen mehrere geräumige, helle Luxus-Safarizelte mit grünen Baldachin-Dächern, modern eingerichtet und mit allem Komfort: von der Nachttischlampe mit warmem Schummerlicht über Shampoos bis hin zu dicken, guten Matratzen. Alles ist ökologisch mit Holz gestaltet, der Boden ist terrakottafarben gefliest. Einfach mal anders und genial. Unschlagbar sind die umlaufenden Holzterrassen mit großem Sitzbereich. Im Garten stehen Palmen und tropische Gewächse, Affen und Nasenbären turnen durch die Bäume, auch Tukane lassen sich gerne blicken. Es gibt auch ein Ferienhaus für 10 Pers. Egal was –

Weiter Strand im Parque Nacional Marino Ballena

rechtzeitig reservieren! Richtung Landesinneres am Río Uvita gelegen, Zufahrt über die C. La Colonia, www.manoas.com. **€€€**

Bungalows Ballena 4 geräumige Bungalows mit kompletter Küche liegen ganz in der Nähe von Strand und Nationalpark. Super Relax-Pool, freundliches Personal, alles sauber und familiär. Unmittelbar rechts vor dem Haupteingang zum Nationalpark Marino Ballena, www.bungalowsballena.com. **€€€**

Essen & Trinken **Soda Ranchito Doña Maria** Traditionelles Tico-Essen wie Casados, gemixt mit mexikanischen Gerichten wie Fajitas. Die Portionen sind groß, sehr gutes Preis-Leistungs-Verhältnis! Alkohol gibt es nicht, man kann aber fragen und das eigene Bier trinken. Mo–Fr 7–16 Uhr. Etwas versteckt in einer Seitengasse der C. Uvita 100 m östlich der BCR-Bank. **€**

Al Chile que si Mexikanisch geht es in diesem Bistro zu, frische Zutaten halten her für Tacos und Fajitas, es gibt auch vegetarische Optionen, darüber die hausgemachte scharfe Sauce – authentisch, wie in Mexiko! Di–So 12–21 Uhr. An der Costanera. **€**

Ballena Bistrot Im urig-holzig-charmanten Ambiente schmecken saftige Burger, knusprige Pommes, Currys mit Kokosnuss oder eine aromatische Fischsuppe. Liz kümmert sich zudem sehr freundlich um die Wünsche der Gäste. Di–So 11–16, Fr /Sa bis 20 Uhr. Playa Ballena an der Costanera südlich von Uvita. **€**

MeinTipp **The Flutterby House** Manch einer liebt das Frühstück, andere schwören auf das Abendessen, wieder andere schauen vor allem wegen der lässigen Atmosphäre vorbei, denn das Flutterby ist der Hotspot für junge Backpacker und Surfer. Salate, Spiegelei, French Toast, Nachos, Quesadillas kommen gut an, dazu viele köstliche Getränke wie grüne gesunde Smoothies oder auch Frozen Margarita, wer es etwas deftiger mag. Das Bio-Bananenbrot ist einfach lecker. Es gibt hier auch Übernachtungsmöglichkeiten. Tägl. 7–20 Uhr. Nebenstraße zur C. La Curinga nahe der Playa Uvita, www.flutterbyhouse.com. **€**

Sabor Español Gute Cocktails und mediterrane Küche bei Schummerlicht genießen auf einer großen Terrasse – das Sabor Español ist der perfekte Ort für einen entspannten Abend am Pazifik. Probieren Sie die Hühnchen-Bananen-Brochetas – ein Genuss. Di–So 18–21 Uhr. Camino a la Playa Chamán neben Cabinas Esmo. **€€**

Mosaic Winebar & Café Mit über 40 Weinen aus aller Welt kann ein Abend im Mosaic durchaus lustig werden. Für die Basis im Bauch sorgen kreatives Sushi mit frischen Zutaten, Paninis mit hausgemachtem Dressing und Yucca-Chips oder einfach eine leckere Käseauswahl. Wer Wein nicht so mag, kann stattdessen die Cocktailkarte durchprobieren. Online-Reservieren ist möglich. Mo–Sa 12–21 Uhr. Ein bisschen im Hinterland gelegen in Richtung Uvita-Wasserfall 600 m nach der BCR, www.mosaiccr.com. **€**

Die Pazifikküste → Karte S. 234

Parque Nacional Marino Ballena

Nationalpark Marino Ballena

Lust auf einen wunderschönen Strand, klares Wasser, Palmen im Sand und Dschungelfeeling? Dann ist der Nationalpark Marino Ballena der richtige Ort für einen unvergesslichen Tag. Die Landzunge, die zu dem Schutzgebiet gehört, hat die Form einer Walschwanzflosse und das Beste ist, hier sieht man sie zwischen Dezember und März auch – die majestätischen Wale.

Eduardo ist zufrieden. „Heute haben wir wieder zwei Prachtkerle gesehen. Majestätisch. Die Leute waren begeistert.“ Eduardo fährt regelmäßig auf Touren, wenn von Juli bis November und von Dezember bis April die grauen Riesen, die Buckelwale, am Marino-Ballena-Park vorbeiziehen. Ab 9 Uhr kommen die ersten Touristen zur Tour, bei der man außer den majestätischen Walen auch Delfine und Schildkröten beobachten kann. Im September und Oktober sind die Chancen am besten, die beeindruckenden Tiere zu Gesicht zu bekommen. Garantiert ist die Sichtung von zahlreichen Fischen an den vorgelagerten Korallenriffen. Bei Ebbe kommt man diesen am nächsten. Achtung! Das Schnorcheln ist ausschließlich ohne Taucherflossen gestattet, um Schäden am Riff zu unterbinden. Der Nationalpark besteht nicht nur aus Meer und Strand. Zu ihm gehören auch Regenwald und ausgedehnte Mangrovengebiete. Eine Bootstour durch die Mangroven ist interessant. Neben Einblicken in die reiche Tierwelt bekommt man alle fünf in Costa Rica wachsenden Mangrovenarten zu Gesicht.

Strände

Doch auch zu Fuß ist ein Besuch im Nationalpark ein eindrucksvolles Erlebnis. Bei Ebbe kann man den „Walschwanz" bis zur Punta Uvita wunderbar entlangwandern und hat den Eindruck, als würde man auf einer vom Meer umspülten Insel sein. Die Weite des Strandes schafft eine ganz eigene Atmosphäre und man teilt sie mit nur wenigen Menschen. Der Nationalpark zieht sich über 15 km die Küste nach Süden entlang. Zu ihm gehören die allesamt schönen Strände **Playa Uvita, Playa Colonia, Playa Arco, Playa Ballena** und die **Playa Piñuela.** An allen Stränden ist das wilde Campen gestattet. Allerdings gibt es keine sanitären Einrichtungen vor Ort. Das Hinterland ist mit Schatten spendenden Kokospalmen gesäumt. Im Wald dahinter fliegen Tukane und Aras zwischen den Bäumen umher, Brüllaffen geben durch ihre röhrenden Rufe jedem Eindringling Bescheid, dass der Baum schon von ihnen besetzt ist. Das Meer glitzert in der Sonne. An den Felsen im Wasser tummeln sich viele bunte Fische, weshalb hier ein Schnorchelgang eingeplant werden sollte. Wenn schließlich die Zeit für den Sonnenuntergang gekommen ist, taucht die Sonne den Park und das Meer in ein mystisches Licht.

Hellrote Aras lieben die Früchte des Meermandelbaums

Walbeobachtung

Der Küstenstreifen zwischen Dominical über Uvita mit dem Nationalpark Marino Ballena bis hin nach Ojochal wird als Costa Ballena bezeichnet, die Küste der Wale. Es gibt zwei Buckelwalwanderungen über jeweils mehrere Monate, wodurch fast das ganze Jahr über Walsaison ist. Bootstouren bringen Sie mit diesen sanften Riesen hautnah in Kontakt. Sie fahren normalerweise von den Stränden von Uvita ab (→ S. 261).

Praktische Infos

Größe 171 ha zu Land und 5331 ha zu See.

Zugänge Haupteingang an der Strandpromenade hinter der Playa Uvita. Die anderen Strände haben separate, ausgeschilderte Ein- bzw. Zugänge, zu erreichen von der Costanera.

Öffnungszeiten Tägl. 7–16 Uhr.

Eintritt 7 $. Der Parkzutritt ist nach 16 Uhr kostenlos. Über die Playa Arco gelangt man auch kostenfrei in den Park.

Zeitplanung Walsaison ist Mitte Dezember bis Ende Februar und Mitte Juli bis Ende Oktober, Delfine sind das ganze Jahr über hier.

Ausrüstung Taucherbrille und Schnorchel, Wasser.

Touren In Uvita bieten mehrere Anbieter Touren zum Whalewatching an, z. B. **Bahia**

Aventuras, tägl. 6.30–17.30 Uhr, www.bahia aventuras.com oder **Dolphin Tours,** 200 m vom Parkeingang, tägl. 6.30–22 Uhr, www. dolphintourcostarica.com.

William Mangrove Tour: William und seine Tochter Laura entführen die Besucher in die verborgene Welt der Mangroven. Die Tour dauert 3 Std. und endet mit einem köstlichen Abendessen. ✆ 50195889, www.williammangrove tours.com.

Übernachten → Uvita/Bungalows Ballena.

Ojochal

Das verwinkelte und weitläufige Dorf Ojochal liegt abseits vom Meer und zieht sich in die Berge hinauf – ein beliebter Landeplatz für Expats aus den USA, Kanada und natürlich Europa. Es muss wohl an dieser Mischung liegen, gepaart mit den tropischen Früchten, Gemüse und Gewürzen des Landes, dass sich Ojochal zu einem der kulinarischen Reiseziele in Costa Rica entwickelt hat. Selten findet man so viele Gourmet-Restaurants so dicht beieinander. Und während des ersten, zweiten und dritten Ganges oder spätestens danach kann man beim Schlendern durch die schmalen Dorfstraßen den wunderbaren Meerblick genießen.

Strände

Reizvoll an Ojochal sind auch die nahen Strände. Die **Playa Tortuga** liegt direkt vor Ojochal im Mündungsgebiet des Río Térraba. Strandvergnügen hat man hier aber nur bei Ebbe. Etwas weiter nördlich liegt die **Playa Ventanas.** Diese palmengesäumte Felsenbucht gibt bei Ebbe den Zugang in die Felsenhöhlen frei. Ein echtes Abenteuer. Wer den Parkeintritt zum Marino Ballena nicht scheut, kann auch von Ojochal der **Playa Piñuela** einen Badebesuch abstatten. Von hier hat man einen tollen Blick auf die im Meer liegende Felsformation Las Tres Hermanas und die Isla Ballena. Gekrönt wird der Badetag mit einem romantischen Sonnenuntergang.

Ausflug in die Umgebung

Cascada el Pavón: Knapp 9 km von Ojochal plätschert dieser Wasserfall sehr ansehnlich aus dem Berg heraus. Schmetterlinge fliegen umher, die Sonne zwinkert durch die Baumwipfel, es ist ein ruhiger und schöner Ort für ein Picknick. In dem kleinen Becken vor dem Wasserfall kann man baden, das Wasser ist allerdings sehr frisch.

▪ Kein Eintritt, ganztägig zugänglich. Im nahen **Restaurante Tilapias El Pavón** gibt es frische Forellen, man sitzt wunderbar unter einem großen Dach mit Blick in den Wald. Tägl. 9–18 Uhr. **€€**

Praktische Infos

Busverbindungen Die Busse von Transportes Térraba passieren Ojochal. Zustieg an der Costanera.

Dominical: 8.20, 13,20 und 16.50 Uhr, Fahrzeit 45 Min.

Ciudad Neily: 5.25, 11.10 und 15.40 Uhr, Fahrzeit 2:30 Std.

Übernachten **Hotel El Mono Feliz** Ein super Preis-Leistungs-Verhältnis bieten diese schönen Bungalows in einem Garten mit vielen exotischen Pflanzen. Alles ist aus Holz mit Liebe zum Detail gestaltet, die Zimmer recht geräumig, mit Klimaanlage und Ventilator. Im Garten wartet ein sauberer Pool mit bequemen Sonnenliegen und Palmendächern für Schattenplätze. Gastgeber Mike ist sehr freundlich und das i-Tüpfelchen ist das leckere Frühstück mit Avocado und French Toast, Gallo Pinto, Pancakes, Saft und Früchten. C. del Jardín, www. elmonofeliz.com. **€€**

Las Brisas del Sur 4 Holzbungalows stehen in einem blühenden Garten. Die Lage ist ruhig und die Gastgeber sind sehr freundlich. Ein Auto ist jedoch von Vorteil, da Ojochal weitläufig ist und das „Brisas" nur über eine längere Schotterpiste erreicht werden kann. C. del Bosque, 600 m hinter der Brücke an der Escuela Tortuga links rein. ✆ 85103502. **€€**

Alma de Ojochal Ein traumhafter Ort in den Hügeln hoch über dem Pazifik. Um den gepflegten Pool sind die geräumigen Zimmer mit großen, überdachten Balkonen angeordnet. In der Ferne schimmert das Meer. Alle Zimmer verfügen über eine Kaffeemaschine und einen Kühlschrank. Der Garten, der Fernblick und das gute Frühstück (inklusive) sorgen zudem für das richtige Urlaubsgefühl. C. Perezoso 800 m von der Costanera, www.almacr.com. **€€€**

Arbol Verde Ecolodge Dschungelblick von der Terrasse eines geschmackvoll eingerichteten Apartments mit einem bequemen Bett, Holzmöbeln und Nachttischlampen – in der Ecolodge lässt es sich aushalten. Es gibt einen Küchenbereich mit Kühlschrank, Kaffeemaschine und einem Esstisch sowie ein kleines Bad mit Dusche. Alle Apartments besitzen eine Klimaanlage. Die Yogaplattform und Grillecke können Gäste gerne nutzen. C. Túcan, www.arbolverdelodge.com. **€€€€**

Essen & Trinken

Restaurante Fusión Meeresfrüchte und Fisch werden geschickt kombiniert, garniert und freundlich in einem großen offenen Raum serviert. Muscheln mit Fisch in Maracuja-Soße an Brokkoli, Garnelen mit grünen Bandnudeln, Ceviche, Sushi und sogar Steaks Surf and Turf vom Feinsten. Mi–Di 12–21 Uhr. An der Hauptstraße, ✆ 27865152. **€€€**

Restaurant Exotica Willkommen an einem magischen Ort voller hausgemachter Aromen. Das Exotica ist einfach wunderbar und allseits beliebt. Das liegt nicht nur an der perfekten Präsentation des Essens, wo jeder Teller ein Kunstwerk ist, sondern vor allem am Geschmack. Neue exotische Kombinationen vor allem asiatischer Mundart kommen auf den Tisch. Während der Hauptsaison ist eine Reservierung notwendig. Di–So 17–22.30 Uhr. Av. Principal, ✆ 27865050. **€€€**

Azul Die umfangreich-leckere Dessertkarte ist nur das i-Tüpfelchen in dem mediterranen Boutique-Restaurant mit super Ausblick auf das Meer. Salate, Suppen, Shrimps-Cocktails gehören zur leichten Kost, zum Hauptgang gibt es Pasta, Hühnchen, Fisch und Steaks. Danach ein Mousse au Chocolat oder ein Flan und ein Sprung in den wunderbaren Pool. Di–So 11–22 Uhr. C. Perezoso, www.elcastillocr.com. **€€€**

Restaurante Citrus Schickes Ambiente, leckere Speisen und sensationell angerichtete Teller! Fisch, Steak, Salate und Kleinigkeiten werden freundlich serviert, auch Mediterranes und Asiatisches stehen auf der Speisekarte. Das Citrus ist zudem ein großartiger Ort zum Frühstücken. Die Portionen sind reichlich, der Fisch ist frisch, die Gewürze exotisch und erfrischend neu kombiniert. Mo–Sa 12–21 Uhr. Plaza Tangara/C. Principal. **€€–€€€**

Península de Osa

Abgesehen von ein paar wenigen kleinen Ortschaften ist die weit im Süden Costa Ricas gelegene Osa-Halbinsel fast vollständig mit Regenwald bedeckt – eine abgelegene Dschungellandschaft, umspült vom Pazifik und dem Golfo Dulce, durchzogen von wilden Wasserarmen, Lagunen und Flüssen, die das Feuchtschutzgebiet Térraba-Sierpe bilden und für ausgedehnte Bootstouren ideal sind.

Abgelegen, heiß und regenreich präsentiert sich die riesige Halbinsel im Süden Costa Ricas. Bis in die 1980er-Jahre lebte die Region von dem Ertrag und Export der Bananen der riesigen Plantagen rund um Palmar und Golfito, die Blütezeit war in den 1950er-Jahren. Nachdem jedoch die United Fruit Company (heute Chiquita Brands International) aufgrund von Arbeiteraufständen, hohen

Steuern und schlechten Ernten aus der Region verschwand, wurden die Bananenpflanzen durch afrikanische Palmen ersetzt. Sie nehmen etwa 14.000 ha Anbaufläche ein und sind auf der Fahrt entlang der Küstenstraße nicht zu übersehen.

Der Zugang zur Halbinsel bzw. zum Nationalpark Corcovado ist nicht mehr so anstrengend wie einst, da mittlerweile gut ausgebaute Straßen von Palmar nach Sierpe und Puerto Jiménez führen. Ein Abenteuer bleibt die Anreise allemal. Im Dorf Sierpe starten die Boote über den Río Sierpe durch dessen ausgedehnte Mangrovenwälder, später über das offene Meer, zur beliebten Drake Bay. In Agujitas landen die Boote an und löschen ihre touristische Fracht. Hier tummeln sich dann doch einige Touristen. Der größte Teil der Halbinsel steht unter Schutz und bildet den berühmten Corcovado-Nationalpark, den grünen Schatz Costa Ricas. Eintages- oder Mehrtagestouren führen tief in den Regenwald, dessen Tier- und Pflanzenwelt durch die Abgeschiedenheit so vielfältig sind wie in kaum einer anderen Region des Landes. Lange, schöne Strände verstecken sich natürlich auch hier, ebenso kommen Surfer im Stranddorf Carate auf ihre Kosten. Das Fischerstädtchen Puerto Jiménez im Westen der Halbinsel ist neben Agujitas an der Bahía Drake ein weiterer Ausgangspunkt für Ausflüge in den Corcovado-Nationalpark. Neben den weiten Mangrovenwäldern, den größten Mittelamerikas, wartet die Halbinsel mit der artenreichsten Pflanzen- und Tierwelt Mittelamerikas auf. Hier fliegt der seltene Hellrote Ara, Jaguare und Pumas streunen durchs Dickicht und Totenkopfäffchen, Klammeraffen und Kapuziner-Affen hangeln durch die Baumkronen. Das Abenteuer kann beginnen.

Palmar

Das Städtchen Palmar, geteilt in zwei Teile, Palmar Sur und Palmar Norte, verbunden durch eine Stahlbrücke, ist nur ein Umsteigeort, um weiter nach Sierpe, zur Bahía Drake oder nach Puerto Jiménez bzw. dem Corcovado-Nationalpark zu kommen. Von hier aus geht es auch weiter in Richtung panamaische Grenze. Wer von Süden kommt, kann die Küstenstraße gen Norden erkunden. In Palmar Sur an der Straße nach Sierpe kommt man an einer alten deutschen Dampflok vorbei, die erklettert werden darf. Ja, sie kam einst aus

Ölpalmenplantagen bestimmen das Bild weiter gen Süden

Kugelrund und tonnenschwer: Wer schuf die mysteriösen Steinkugeln?

Seit 2014 sind sie UNESCO-Weltkulturerbe: die Steinkugeln (span. petroesferas) Costa Ricas. Vor der Ankunft der Europäer gab es sie bereits, die tonnenschweren, perfekt rund geformten Kolosse, von denen heute mehr als 350 bekannt sind. Sie wurden an verschiedenen Orten im Land gefunden, die meisten im südlichen Teil der Provinz Puntarenas, nämlich im Diquis-Delta bei Sierpe und auf der Isla del Caño, weitere am Río Térraba und bei Golfito. Doch auch 300 km weiter nördlich in Papagayo auf der Halbinsel Nicoya in der Provinz Guanacaste gab es einzelne Funde. Die meisten Kugeln bestehen aus Gabbro, einem granitähnlichen Gestein, nur wenige sind aus anderen Materialien wie Muschelkalk oder Sandstein gearbeitet. Bearbeitungsspuren beweisen, dass sie mit Hilfe von anderen Steinen in ihre runde Form geschlagen wurden. Möglicherweise waren Vorfahren der Boruca-Indianer ihre Erzeuger. Eine zeitliche Einordnung der Kugeln in die Zeit zwischen 400 und 1500 n. Chr. gilt heute als wahrscheinlich, doch ist ihre genaue Funktion weiterhin ein Geheimnis. Dass sie eine kultisch-mythologische Funktion hatten, verbunden mit astronomischen Aspekten, wäre durchaus denkbar. Die schwerste bislang bekannte Kugel wiegt 15 t und besitzt einen Durchmesser von 2,5 m. Damit rangiert sie – nach Kugelkonkurrenten in Südengland, Italien und der Ukraine – heute auf Platz 7 der weltgrößten Steinkugeln. Zu sehen sind die Kugeln außer in Palmar Sur noch an weiteren Orten der Provinz Puntarenas, wurden aber auch in den Provinzen Cartago und Guanacaste gefunden. Einige zieren Vorgärten und sogar Villen. Im Museo Nacional de Costa Rica sind ebenfalls ein paar der tonnenschweren Exemplare ausgestellt. Hier werden außerdem weitere Informationen zur Geschichte und Herstellungsweise sowie Theorien zu möglichen Bedeutungen der Steinkugeln vermittelt.

Deutschland nach Costa Rica, um die Bananenernte zum Schiff im Hafen von Golfito zu bringen. Sie war allerdings nur 20 Jahre in Betrieb, denn zu Beginn der 1980er-Jahre tauschte man sie gegen eine Diesellok aus. Gegenüber der Lok liegt der **Parque De Las Esferas,** auch bekannt unter dem indigenen Namen „Can Basat Roje", in dem einige der rätselhaften Steinkugeln aus prähispanischer Zeit verteilt liegen (→ Kasten oben). Wer in Palmar hängen bleiben sollte, findet also genug Beschäftigung und auch eine Unterkunft.

Busverbindungen Busse von San José halten in Palmar Norte und fahren weiter nach Ciudad Neily, Golfito oder Paso Canoas.

Sierpe: von Palmar Norte (an der Auto Lasa Station gegenüber Gollo Appliance Store) fährt ein lokaler Bus ab 5 Uhr 7-mal tägl., Fahrzeit ca. 45 Min.

Puerto Jiménez: 7-mal tägl. zwischen 6.15 und 17.20 Uhr, Fahrzeit ca. 3 Std.

Golfito: Direktbus (mit Tracopa) um 12.20 Uhr und 20.50 Uhr, Fahrzeit 1:40 Std. Sonst noch mehrmals tägl. mit Umstieg in Río Claro.

San José: 8-mal tägl. zwischen 6.40 und 18.30 Uhr, Fahrzeit 5:30 Std.

Die Pazifikküste → Karte S. 234

Schwere Arbeit: die Ernte der Früchte der Ölpalme

Sierpe

Eigentlich ist in dem kleinen Dorf nicht viel los. Männer hängen in der Mittagssonne in der Hängematte ab, Kinder schlurfen in ihren Uniformen von der Schule nach Hause, die Frauen kümmern sich ganz traditionell ums Essen und den Haushalt. Legen aber die Boote aus Drake Bay an oder fahren ab, kommt Leben in den Ort. Gäste aller Hautfarben nehmen dann Platz in der Handvoll Restaurants, während sie auf das Boot warten. Besonders viel los ist im Restaurant Donde Jorge an der Mole, wo die Boote abfahren. Hier gibt es auch einfach die leckersten Batidos des Landes in ganz verschiedenen Sorten. Unbedingt Cas probieren, eine Guavenart, die vor allem in Costa Rica vorkommt – schmeckt säuerlich erfrischend und muy rico!

Sierpe ist umgeben von Ölpalmenplantagen, Kanälen und einem weitläufigen Feuchtgebiet, das im Jahr 1977 unter Schutz gestellt wurde. Und so starten von Sierpe aus nicht nur die Boote zur Drake Bay, sondern es werden auch Bootstouren in das 30.000 ha große **Mangrovenschutzgebiet Térraba-Sierpe** organisiert, eine stille und naturbelassene Welt mit vielen Wasservögeln und anderen Tieren. Boote zur **Isla Violín, Isla del Caño** (→ S. 273) und zum **Corcovado-Nationalpark** (→ S. 273) fahren ebenfalls ab Sierpe.

Ausflüge in die Umgebung

Humedal Nacional Térraba-Sierpe: Das Feuchtschutzgebiet Térraba-Sierpe ist das größte geschützte Mangroven-Reservat in Mittelamerika. Einige der größten und seltensten Mangrovenarten wachsen hier, wie die schwarze Mangrove mit ihren aufrecht stehenden Atemwurzeln, die bis zu 30 cm aus dem Boden ragen. Das Boot steuert auf dem Weg zu der Mangrovenlandschaft zunächst durch den schmalen Kanal Estero Azul. Ursprünglich diente er den Fabrikarbeitern der United Fruit Company zum Transport von Bananen. Heute leben hier Kaimane und Krokodile, Wasservögel wie Silberreiher und Eisvögel, Brüllaffen und Kapuziner lugen durch die Blätter der Baumwipfel. Das Waldökosystem umfasst das Mündungsgebiet der beiden Flüsse Térraba und Sierpe mit überfluteten Sümpfen, Mangrovenwäldern und Palmsumpfwäldern, Sandbänken und Felsvorsprüngen. Eine friedliche Tour.

Isla Violín: Die kleine Insel wird nur von einer Familie bewohnt, vier Generationen der Familie Quesada, und bietet dem Besucher ein einzigartiges Naturerlebnis fernab vom Massentourismus. Die Bewohner haben begonnen, „ihre" Insel als Öko-Reiseziel zu vermarkten und zeigen Gästen gerne die Schätze der Insel. Aras, Faultiere, Affen, Frösche und Krokodile leben in unmittelbarer Umgebung der Farm. Man wird gleich als Teil der Familie behandelt und darf sogar übernachten: die Isla Violín Eco-Lodge ist zwar sehr einfach, aber dennoch ist es ein uriges und authentisches Erlebnis, hier ein bis zwei Tage zu verbringen. Die Geschwister Elisabeth, Giovanni und Alberto, aber

Warnschild am Bootsableger in Sierpe

Drei Fragen an Jeffry

26 Jahre, verheiratet, hat eine kleine Tochter, wohnt in Sierpe

Ist es anstrengend, in den Palmölplantagen zu arbeiten?

Oh ja, sehr. Es ist Knochenarbeit. Pro Tag bearbeite ich mit meinem Team 200 bis 300 Palmen, um etwa 250 bis 300 Früchte zu ernten und abzugeben. Die Fabrik ist in Sierpe, da bringen wir die Palmherzen hin.

Ist die Bezahlung gut?

Bezahlt wird pro Frucht, für 300 Früchte gibt es 600 $ – das schaffe ich an guten Tagen, muss aber mein Team von vier bis fünf Arbeitern selbst bezahlen, auch das Pferd, den Karren und die Arbeitsgeräte. Da kommt einiges zusammen. Im Schnitt verdiene ich 3000 $ im Monat, doch hier in Costa Rica haben wir auch hohe Steuern und hohe Lebenshaltungskosten. Das Geld geht schnell weg.

Was wird aus den Palmherzen hergestellt?

Das ist ganz verschieden, vor allem Kosmetik, Parfum, aber auch Öl zum Kochen.

auch Carlos und Andy sind erfahrene Guides und helfen bei allen Fragen weiter. Am schönsten ist es, auf eigene Faust mit einem Kajak durch die Mangroven zu fahren.

Isla Violín Eco-Lodge Absolutes Robinson-Feeling: Moskitonetze als Wände, privates Bad mit Gartendusche und WC, heißes Wasser gibt es nicht, aber Strom aus der Solaranlage. Elisabeth zaubert hausgemachte Mahlzeiten (VP im Preis inkl.) mit Zutaten aus dem eigenen Garten, die am großen Esstisch gemeinsam gegessen werden. Die Familie holt Gäste mit dem eigenen Boot in Sierpe ab. Die Quesadas bieten Pferdeausritte, Birdwatching, Rundgänge über ihre Farm, Nachtkajaktouren in den Mangrovenkanälen und einiges mehr an. Es gibt auch Tourpakete für einen mehrtägigen Aufenthalt. www.islaviolinecolodge.com. **€€**

Praktische Infos

Busverbindungen Busse fahren in Sierpe am **Parque Central** vor der Apotheke ab.

Palmar Norte (Tracopa Station, Transportes Costarricenses Panameños): 6-mal tägl. zwischen 5.30 und 18 Uhr, Fahrzeit 45 Min. Hier fährt im Anschluss jeweils gleich ein Bus nach San José (zur Tracopa Station an der Plaza Viquez) weiter. Es gibt zwei Strecken von Palmar nach San José: die Küstenstraße („Costanera", 5 Std.) oder die Bergstrecke („Cerro", 6 Std.).

San José direkt: tägl. 7.30 Uhr, Fahrzeit 7–8 Std.

Bootsverbindungen Gleich beim Restaurant Donde Jorge am Río Sierpe fahren 2-mal tägl. die Boote zur Bahía Drake ab. Die Fahrt macht Spaß, denn neben der tollen Flusslandschaft geben die Fahrer gut Gas und fahren gern mal rasant um die Kurven. Auch das ein oder andere Krokodil kann sich blicken lassen. Reservierungen sind in der Hauptsaison möglich unter ✆ 88927702. Rund um die kleine Mole, wo die Boote ablegen, gibt es einige sichere Parkplätze für 6 $/Nacht, wo man den Mietwagen problemlos abstellen kann.

Sierpe–Drake Bay: 11.30 und 15.30 Uhr, Fahrzeit ca. 1 Std.

Drake Bay–Sierpe: 7.30 und 14.30 Uhr, Fahrzeit ca. 1 Std.

Flugverbindungen **Sansa** fliegt 1-mal tägl. von San José nach Palmar Sur. Von dort geht es dann mit dem Bus oder Taxi nach Sierpe.

Auto Wer die Pazifikküste im eigenen Auto bzw. Mietwagen abfährt, kann es in Sierpe sicher und günstig parken, während es weiter per Boot zur Drake Bay geht.

Der Weg zur Bahía Drake kann mit einem Allradfahrzeug bewältigt werden, man ist allerdings nicht schneller als mit dem öffentlichen Transport.

Taxi Von Sierpe nach Palmar kostet ein Taxi ca. 16–20 $. Am besten Mitfahrer suchen.

Einkaufen An der Zufahrtsstraße nach Sierpe verkauft Rentner Efrain in einem kleinen Holzhaus Kokosnüsse und Papayas, um seine Pension aufzubessern. Seine Frau schneidet Haare.

Gesundheit **Apotheke Ibarra,** am Parque Central.

Sport Sierpe dient als Startpunkt für Sportausflüge auf dem Meer. Die Gewässer der Gegend haben mehr als 40 Weltrekorde für den Fischfang gebracht und bieten eine Vielzahl von Fischen, darunter Mahi Mahi, Thunfisch, Segelfisch, Marlin und mehr.

Touren **Kokopelli,** Anbieter von Mangroventouren ins Térraba-Sierpe-Feuchtreservat. Die Mitarbeiter lassen sich Zeit und entdecken viele Tiere, darunter Kaimane, Tukane und verschiedene Affenarten. Eine Tour dauert ca. 4 Std. ✆ 88971678 (WhatsApp), www.wildlife-tour-costa-rica.business.site.

Übernachten **Hotel Margarita** Sauberes Hostel mit Gemeinschaftsküche und kleinen Zimmern mit AC, die Betten dicht nebeneinander. Die Besitzerin ist sehr freundlich und hilft bei der Organisation von Ausflügen. C. Rojas (der Weg zum Bootsanleger ist zu Fuß machbar), ✆ 27881474, Facebook. **€**

Hotel Las Gaviotas de Osa Mit seinen kleinen Zimmern direkt am Fluss ist das Hotel eines der charmantesten in Sierpe. Ramón und seine Frau sind sehr herzlich. Es gibt einen großen offenen Aufenthaltsbereich mit Blick auf den Fluss. Das Frühstück ist im Preis inbegriffen. Zentral im Ort an der Dorfstraße und am Flussarm gelegen, www.cabinaslasgaviotas.weebly.com. **€€**

Hotel Cocodrilo Rustikal und freundlich, mit kleinem Pool, eigener Bar und Restaurant. C. Acuña, Cocodrilo Hotel, Bar y Restaurante (Facebook). **€€**

Essen & Trinken **Restaurant Las Vegas** Direkt am Fluss gelegen und mit schönem Blick auf das Wasser genießt man hier Meeresfrüchte, Fisch, aber auch vegetarisches Essen. Das Omelette mit Gemüse ist lecker. Tägl. 7–23 Uhr. Am Fluss beim Parque Central (Facebook). **€**

Donde Jorge Große Portionen typischer Gerichte und die besten Batidos des Landes in zig Varianten werden auf einer großen überdachten Terrasse am Fluss eingenommen, während die Gäste auf das Boot zur Drake Bay warten! Tägl. 6.30–21 Uhr. Direkt am Bootsanleger. **€**

Die Pazifikküste → Karte S. 234

Bahía Drake

Drake Bay

Orte, die am besten mit dem Boot und nur beschwerlich per Auto erreichbar sind, haben immer eine besondere Atmosphäre. Ein Gefühl von „ganz weit weg" stellt sich ein. So ist das auch, wenn man in der Bahía Drake bzw. der Drake Bay ankommt.

Gefühlt am Ende der Welt: Bahía Drake

In der Bucht liegen der Ort **Drake** und weiter südlich das Backpackerdorf **Agujitas.** Obwohl es hier besonders zur Hauptsaison ganz und gar nicht einsam ist, herrscht trotzdem diese besondere „am Ende der Welt"-Stimmung. Eine weite Strandsichel breitet sich vor den Bootsankömmlingen aus, dahinter erhebt sich steil bergauf das Dörfchen. Kein geringerer als der Freibeuter und erste englische Weltumsegler Francis Drake trieb sich vor 500 Jahren in der Bucht herum, nachdem sie schließlich benannt wurde. Heute haben hier vor allem Expats ihre neue Heimat gefunden und Hotels, Lodges und Restaurants eröffnet. Doch es gibt auch jede Menge günstige Cabinas und Hostels in Agujitas. Denn Drake Bay ist einer der Hauptausgangspunkte für Touren zum Tauchspot **Isla del Caño** und in den **Corcovado-Nationalpark.** Doch auch ohne Insel oder Park ist die Bucht ein schönes Ziel, denn schon die Anfahrt mit dem Boot ist ein kleines Abenteuer.

Drake Bay Trail

Der Drake Bay Trail ist ein wunderschöner Wanderweg, bei dem man der Natur ganz nahe kommt. Papageien kreischen über den Köpfen und Affenbanden turnen durchs Dickicht. Viele Unterkünfte und Agenturen bieten zudem Nachttouren an, um Pfeilgiftfröschlein und anderes Nachtgetier zu entdecken, außerdem Vogel- und Walbeobachtungen, Kanufahrten und vieles mehr. Der Strand von Drake Bay ist zudem sehr schön und herrlich einsam.

Von Agujitas verläuft der 18 km lange Wanderweg immer parallel zur Küste in Richtung Corcovado-Nationalpark und zum Parkeingang San Pedrillo. Auf dem Weg liegen verschiedene Strände und Buchten, wie Cocalito (40 Min.), Caletas (50 Min.) und Marenco (1:35 Std.), samt feinster Lodges. Die meisten Wanderer wollen zur idyllischen Playa San Josécito, die nach ca. 8 km bzw. zwei Wanderstunden erreicht ist: Picknicktische stehen unter Meermandel-

Wandern auf dem Drake Bay Trail

bäumen, Palmen sorgen für Schattenplätze, der Strand erstreckt sich in einer schönen Bucht, ist zum Baden geeignet und mit seinen vorgelagerten Felseninselchen auch gut zum Schnorcheln. Allerdings machen hier die Touren mit Tagesausflüglern zum Corcovado-Park und zur Isla de Caño ihr Mittagspicknick – es kann um diese Zeit voll werden. Dafür erwischt man ca. um 12 oder 13 Uhr auf jeden Fall ein Ausflugsboot, um für 10 $ pro Person wieder mit nach Agujitas zu fahren. Feste Schuhe sind vorteilhaft, denn der Weg ist meist schlammig.

Strände

Playa Colorada: Der Hausstrand von Agujitas zieht sich über 1,5 km und vor allem an den Enden ist der Strand besonders einsam, wobei sich der westliche Abschnitt besonders gut zum Baden eignet, da hier kaum Wellen sind.

Playa Las Caletas: Der schmale Sandstrand auf Höhe der Las Caletas Lodge ist herrlich einsam. In der Mittagssonne findet man Schutz unter den Schatten spendenden Bäumen am Strand. Die Playa liegt 3 km von Agujitas entfernt auf dem Drake Bay Trail.

Playa San Josecito: Ein schöner Strand zum Relaxen und Schnorcheln. Mittags kommen allerdings die Ausflügler zum Picknick hierher, dann wird es voll. Von Agujitas aus sind es 7 km auf dem Drake Bay Trail bis zum Strand. Mittags kann man mit einem der Ausflugsboote wieder nach Agujitas zurückfahren (→ Drake Bay Trail).

Isla del Caño

Gut 16 km nordwestlich der Península de Osa liegt die Isla del Caño im offenen Meer des Pazifik. Die Insel wurde bis 1500 v. Chr. vom Volk der Chiriquis als Friedhof genutzt. Danach besiedelten die Quepoas die Insel. Das biologische Reservat ist nicht mehr zugänglich. Die Insel bzw. ihre umliegenden Gewässer sind Ziel von Schnorchel- und Tauchtouristen. Der Spot gilt als einer der besten Tauchplätze Costa Ricas. Deshalb wird die Insel oft auch als die kleine Isla del Coco bezeichnet. Die Anfahrt von Drake Bay dauert je nach Seegang 1 bis 1:30 Std. Die Buchung ist in Agujitas möglich.

Drake Divers, Schnorcheltour zur Isla del Caño tägl. um 7.30 Uhr. Die Dauer beträgt ca. 6 Std., 85 $, Ausrüstung und Picknick an der Playa Josecito inklusive. C. hacia los Planes in Agujitas, ✆ 27751818, www.drakedivers.com.

Praktische Infos → Karte S. 279

Bootsverbindungen Täglich fahren Boote nach Sierpe, Reservierungen unter ✆ 88927702.

Drake Bay–Sierpe: 7.30 (15 $) und 14.30 Uhr (20 $), Fahrzeit ca. 1 Std.

Auto Wer unbedingt mit dem Auto zur Drake Bay fahren möchte, folgt zuerst der Interamericana Sur über Palmar Sur bis nach **Chacarita** und biegt dort bei der Tankstelle rechts ab Richtung Rincón/Puerto Jiménez. Bei **Rincón** vor der ersten Brücke rechts abbiegen und der Schotterstraße Richtung Bahía Drake/Agujitas folgen. Dieser Weg ist jedoch nur in der Trockenzeit von Dezember bis April befahrbar! Mehrere Flussläufe müssen dabei durchfahren werden und man sollte planen, vor Sonnenuntergang (ca. 18 Uhr) in Drake Bay anzukommen, damit der letzte Fluss nicht im Dunkeln überquert werden muss. Allrad ist ein Muss! Fahrzeit: Palmar–Chacarita 1 Std., Chacarita–Rincón 45 Min., Rincon–Drake 1:30 Std.

Flugverbindungen **Sansa** fliegt in der Hauptsaison 2-mal tägl. von San José zur Drake Bay. Die Landepiste liegt 2 km nördlich von Agujitas, viele Unterkünfte bieten einen Abholservice an.

Geld Es gibt keine Banken oder Geldautomaten in Agujitas. Genügend Bargeld mitbringen.

Gesundheit Am westlichen Ende am Strand gibt es ein Medical Center und ein Centro de Salud, die bei kleineren Notfällen helfen.

Macrobiótica Hidalgo, hier gibt es Medizin gegen allerlei Problemchen, Allergien, Insektenstiche bis hin zu Sonnenstichen. Außerdem werden Kondome verkauft.

Wandern **Drake Bay Trail** (s. o.).

Kajak Ein echtes Abenteuer mit Entdecker-Feeling ist es, den Río Claro hinaufzupaddeln,

Die Pazifikküste → Karte S. 234

der nahe der kleinen Playa San Josecito ins Meer mündet. Direkt an der Mündung verleiht **Rio Claro Aventuras Tours** Kajaks (www.puntarioclaro.com) und es geht den klaren Fluss entlang bis zu einem Wasserfall – reinspringen und erfrischen!

Tauchen Sichere und professionell angeleitete und geführte Tauchtouren bietet **Costa Rica Adventure Divers** an. Tauchkurse, Nachttauchen und Ausflüge zur Isla de Caño werden zu fairen Preisen (2 Tauchgänge/135 $), mit guten Booten und allem Equipment angeboten. Tägl. 6–17 Uhr. Am westlichen Strandende, www.costaricaadventuredivers.com.

Touren Fast jede Unterkunft bietet Touren an, z. B. **Martina's Place** (→ Übernachten). Bei der Deutschen sind im Programm: Nachtwanderung mit der Suche nach Amphibien und Reptilien, Vogeltour, Froschtour, Pferdeausritt, Schnorcheln und Tauchen bei der Isla de Caño, Ein- und Mehrtagestouren in den Corcovado-Park und noch einiges mehr.

La Picolina Tours, Transfer nach Sierpe, Schnorcheln bei der Isla del Caño, Corcovado-Touren, Mangroven-Bootstour, Wal- und Delfintouren und Vogeltouren sind bei Picolina im Angebot. Die Mitarbeiter sind freundlich und sprechen auch Englisch (z. B. Führer Abraham). Tägl. 8–19 Uhr. An der Hauptstraße unweit der evangelischen Kirche, www.picolinatours.com.

Jacamar Drake Tours, ähnliches Angebot wie Picolina. Mitten im Ort Agujitas, www.toursdrakebay.com.

Übernachten Im Dorf Agujitas finden sich günstige Hostels sowie teurere Hotelanlagen, meist mit schicken Holz-Cabinas mit Terrassen oder Balkonen für einen tollen Blick auf das Meer und die Bucht. Entlang des Drake Bay Trail in Richtung Corcovado-Nationalpark liegen weitere, durchweg kostenintensivere Lodges, die meist nur als Komplettpaket mit HP oder VP buchbar sind. Um nach Agujitas zu kommen, bieten die Lodges einen Bootstransfer an, außerdem die meisten teureren Unterkünfte einen eigenen Bootstransfer ab Sierpe, die Uhrzeit muss vorab vereinbart werden.

In Agujitas Cabinas Jade Mar 7 Die günstige Option im Hinterland, aber dennoch mit sauberen Zimmern und Blick auf die Drake-Bucht. Die Lage ist super, nah zu Restaurants und zum Strand. Die Zimmer haben AC, Kühlschrank und Ablagemöglichkeiten, wenn sie auch etwas eng sind. Vor den Cabinas sitzt man nett auf einer Holzveranda. Von der Strandmitte den Weg hinauf kurz hinter der evangelischen Kirche, www.drake-cabinas-jade-mar.negocio.site. €

meinTipp **Martina's Place Hostel 5** Nette Anlage mit schönen großen und sauberen Zimmern zu vernünftigen Preisen. Im weitläufigen Grundstück sind Sitzareale eingerichtet und Hängematten angebracht. Hier kann man in Ruhe essen, was man sich in der Gemeinschaftsküche zubereitet hat, anschließend abhängen und entspannen. Martina ist Deutsche und hilft bei der Organisation von Ausflügen.

In Agujitas gibt es Unterkünfte von günstig bis exklusiv

Vom Strand 300 m den Weg hoch, www.martinasplace.com. €

Mohagine Hotel 9 Cabinas, ein Zimmer und mehrere Zelte stehen in der schönen Backpacker-Anlage des deutsch-costa-ricanischen Ehepaars Anja und Aurelio nur 5 Gehminuten von der Playa Colorada. Jede Cabina verfügt über einen privaten Außenbereich mit Sitzmöbeln und/oder Hängematten. Die Zelte sind auf einer hölzernen Plattform mit Dach montiert und zusätzlich zur Matratze mit Bettwäsche auch mit Strom, Licht und Hängematten ausgestattet. Es gibt ein Gemeinschaftsbad und eine Gemeinschaftküche, alles ist sehr sauber. 2da Esquina/C. Principal, ✆ 61095655. €

Sunset Lodge 3 Von den Holzterrassen vor den rustikalen Bungalows ist der Panoramablick über das Meer fantastisch. Die Zimmer sind individuell mit schönen Holzmöbeln eingerichtet und haben ein eigenes Bad. Es geht ein Stück den Hügeln hinauf, dafür ist oben reinste Natur. Camino Aerodromo, Drake Bay Sunset Lodge (Facebook), ✆ 61315738. €

Cabinas El Mirador Lodge 1 Auf einem steilen Hügel mit wunderbarer Aussicht über die Bucht stehen ein paar einfache, saubere Holzbungalows mit Bad, Doppelbett und Doppelstockbetten für bis zu 6 Personen. AC, WiFi und ein Restaurant sind vorhanden. Optional kann man VP oder Frühstück dazu buchen. Kurz vor Agujitas links den Berg hinauf, ✆ 27752727, www.miradordrakebay.com. €€

Villa Manolo Corcovado 10 Abgelegen und mit Weitblick über die Bucht und den Dschungel bietet die Villa mehrere neu renovierte Zimmer in einem modernen Stil, ausgestattet mit AC, Nachttischlampen, kleiner Terrasse bzw. Balkon. Das Frühstück ist im Preis inbegriffen. Für die Anfahrt ist ein Allradwagen nötig. Oberhalb der Bucht am Camino Aerodromo, www.cabinasmanolo.com. €€

Bajo Bosque Drake Cabinas 14 Komfortable Unterkunft mit studio-ähnlichen Zimmern, ausgestattet mit viel Holz und spektakulären Terrassen an den Zimmern. Am südlichen Ende der Bucht oberhalb gelegen, ✆ 27751467, www.bajobosquedrake.com. €€€

Mein Tipp **La Terraza Verde Drake** 4 In Jennys Unterkunft ist alles wie in einer Wohnung eingerichtet, gemütlich, mit Bildern an den Wänden und einem guten Bett. Das große Plus ist allerdings die Relax-Terrasse mit Open-Air-Küche, Hängematten und Liegestühlen. Von dort hat man beim Kochen einen wunderschönen Blick auf die Drake-Bucht. An der Ortsstraße 200 m östlich der Schule, La Terraza verde (Facebook). **€€€**

Am Drake Bay Trail **Las Caletas Lodge** **12** Schlafen im Zelt mit Gemeinschaftsbad oder in einer Cabina mit eigenem Bad – Sie haben die Wahl. Beides ist gemütlich und liebevoll eingerichtet, die Betten haben dicke Matratzen, davor stehen auf kleinen Terrassen gemütliche Gartenstühle, von denen man einen weiten Blick in den Garten und über die Bucht genießen kann. Frühstück und ein 3-Gänge-Abendessen sind im Preis enthalten. Playa las Caletas, 3,5 km von Agujitas, www.caletaslodge drake.com. **€€€€**

La Paloma Lodge **11** Toll! Der Blick über die Bucht, die Holzterrasse mit Hängeschaukel, die gemütlichen Zimmer mit großen Betten, Panoramafenstern und modernem Bad komfortabel ausgestattet. Die Sonnenuntergänge können kaum schöner sein. Es gibt auch ein zugehöriges Restaurant mit offen gestaltetem Speisesaal, wo gemeinsam mit anderen Gästen in familiärer Atmosphäre gegessen wird und interessante Reiseerfahrungen ausgetauscht werden. Achtung: Es werden nur Pakete mit allen Mahlzeiten, zwei Touren und einem Mindestaufenthalt von drei Nächten angeboten. Außerhalb von Drake Bay am Drake Bay Trail gelegen, www.lapalomalodge.com. **€€€€**

Essen & Trinken **Mar y Bosque** **6** Das Restaurant überzeugt mit preiswerten landestypischen Gerichten und atemberaubenden Sonnenuntergängen von der Dachterrasse. Lecker ist die Pasta mit Garnelen. Tägl. 7–21 Uhr. Hinter der evangelischen Kirche am Hauptweg bergauf, ✆ 27751639. **€**

El Tipico Kitchen **8** Wie es der Name schon sagt: Es gibt klassische Tico-Gerichte wie Casados, Fisch und Hühnchen mit leckeren Saucen wie Kokos oder Mango. Reis und Bananen-Chips gehören dazu. Vom Anleger hoch an der zweiten Kreuzung, Treff von Einheimischen. **€**

MeinTipp **Casa El Tortugo** **2** Großartig und so beliebt, dass durchaus Wartezeit entstehen kann, um einen der individuellen Tische bzw. Sitzecken zu ergattern. Das Menü wechselt und ist auf eine Wandtafel geschrieben. So lecker und abwechslungsreich, kreativ und besonders, dass man mehrmals hier essen kann. Es gibt verschiedene Casados, Nachos, Nudelgerichte, Meeresfrüchte und Fisch und das zu einem stimmigen Preis-Leistungs-Verhältnis. Mo–Sa 13–21, So ab 17 Uhr. Im östlichen Teil des Strandes am Hauptweg Camino Aerodromo, ✆ 61613193. **€–€€**

Claudio's Grill **13** Rippchen, Burger, Steaks und Fisch werden direkt vor dem Restaurant gegrillt und dann hübsch auf den Tellern angerichtet. Das Karibische Hühnchen mit Kokosreis und gegrillter Ananas ist ein Genuss! Auch die hausgemachten Saucen machen was her, ebenso die schaumig-kühlen Licuados. Tägl. 12.30–21 Uhr. Im Ort am Camino Aerodromo, ✆ 61557991. **€€–€€€**

Wohnen unter Palmen

Parque Nacional Corcovado

Nationalpark Corcovado

Mit seinen gut 424 km² ist er der zweitgrößte Nationalpark des Landes. Der beständige Regenreichtum und die Abgeschiedenheit machen ihn zum spektakulärsten Park Costa Ricas. Flora und Fauna strotzen vor Vielfalt und Fülle. Ein Paradies für Naturliebhaber und Abenteurer.

Wer sich entschließt, den Corcovado-Nationalpark zu erkunden, bekommt eine Ahnung davon, was Alexander von Humboldt auf seinen abenteuerlichen Expeditionen erfahren und durchlebt haben muss. Ob Pazifikstrand, Mangrovensumpf, Flach- und Hochlandregenwälder oder Nebelwald, mehr als 160 Arten von Säugetieren, mehr als 6000 Insektenarten und weit über 300 Vogelarten finden beste Lebensbedingungen in dem weitläufigen Gebiet des Corcovado-Nationalparks. Etwa 500 Baumarten, darunter der bis zu 70 m hohe Kapokbaum, Mahagonibäume, verschieden Palmen wie die Bast- und Pfirsichpalme sowie diverse Farne wachsen im Park. Einige der Pflanzen sind endemisch.

Wandertouren

Vor allem die mehrtägigen Touren durch den Park sind kein Kinderspiel, aber atemberaubend in jeder Hinsicht. Wer wachsam und ruhig unterwegs ist, bekommt Tapire, Ameisenbären, Jaguare, Gürteltiere und Totenkopfäffchen zu Gesicht. Gefahr lauert durch die zahlreich vorhandenen Reptilienarten, denn die höchstgiftige Palmviper und die Lanzenotter sind hier ebenfalls unterwegs. Geeignetes Schuhwerk und Achtsamkeit sind höchstes Gebot. In der Regel flüchten die Schlangen allerdings, sobald sie die Vibrationen von Schritten auf der Erde wahrnehmen. Im dichten Busch kann man also durchaus einmal fester aufstampfen. Krokodile, Frösche, Leguane und Schildkröten machen es sich ebenfalls im Corcovado-Dschungel bequem. Vier verschiedene Schildkrötenarten kommen zur Eiablage an die weiten Strände des Parks, darunter die Suppenschildkröte.

Seit 2014 ist es obligatorisch für Wandertouren, einen professionellen und zertifizierten Führer zu buchen. Das stößt bei Besuchern nicht immer auf Verständnis, ist aber durch die Weite des Parks, die Wildnis und unsichtbaren Schönheiten durchaus vernünftig. Aufgrund der extremen Hitze und hohen Luftfeuchtigkeit, den recht großen Entfernungen zwischen den Stationen und den teils verschlammten und mit Wurzeln übersäten Wegen sind die Wanderungen kein Zuckerschlecken. Auch die Routen über den Strand sind beschwerlich. Die Brandung und Gezeitenfolge des Pazifiks und die Durchquerung von Flüssen kommen erschwerend hinzu.

Ob Tagestour oder mehrtägige Wanderung mit eigenem Zelt, Hängematte oder Übernachtung im simplen Schlafsaal (Station Sirena) an einer der Ranger-Stationen – viele Wege führen durch den Park. Am einfachsten ist es, den Guide bzw. die Tour über eine Reiseagentur oder Unterkunft vor Ort zu buchen (→ Bahía Drake und Puerto Jiménez). Ansonsten vermittelt auch das Parkbüro der Área de Conservación Osa in Puerto Jiménez lizensierte Führer. Da die tägliche Besucherzahl limitiert ist, sollte man in der Hauptsaison besser ein paar Wochen im Voraus buchen, in der Nebensaison mindestens bis zum Vortag.

Tagestouren lassen sich ohne größere Vorbereitungen und Voranmeldung

 → Karte S. 234

realisieren. Agenturen in Agujitas und Puerto Jiménez kümmern sich um die Anmeldung bei der Parkverwaltung, Transport und Verpflegung.

Mehrtägige Aufenthalte im Park und Wanderungen sind von allen Eingängen aus möglich. Das Eintrittsticket muss vorher im Nationalparkbüro in Puerto Jiménez (✆ 27355036) bzw. bei einer Agentur oder Unterkunft gekauft werden.

Von Carate nach La Palma

Eine beliebte Route ist die 3- bis 4-tägige Tour von Carate/La Leona über Sirena nach Los Patos/La Palma:

Carate/La Leona–Sirena (9 Std.): Für die Strecke (19 km) sind ca. 9 Stunden einzuplanen. Der Weg zur Sirena Ranger Station ist gut beschildert. Zwei Flüsse, der Río Madrigal und Río Claro, müssen durchquert werden. Die Gezeiten sind zu beachten, da ein enger Strandabschnitt überwunden werden muss. In Sirena gibt es im Besucherzentrum eine feste Unterkunft mit zwei Schlafsälen mit 70 Matratzen unter Moskitonetzen, Zeltstellplätze, kostenfreies Trinkwasser und Verpflegung für 20–25 $ pro Mahlzeit. Die Mahlzeiten sind nicht gerade günstig, aber sehr schmackhaft zubereitet. Wer sich selbst versorgt, kann die Gemeinschaftsküche nutzen. Die meisten Besucher bleiben hier für eine bis drei Nächte, erkunden auf den acht lokalen Wanderwegen die nähere Umgebung und entspannen ihre geschundenen Füße in den Badebecken des Río Claro. An der Flussmündung des Río Sirena lassen sich bei Flut manchmal Bullenhaie und Krokodile beobachten. Wer ein richtiges Bett will, sollte frühzeitig reservieren.

■ Sirena Ranger Station, ✆ 27708222.

Sirena–Los Patos (8 Std.)–La Palma (5 Std.): Die 20 km nach Los Patos führen durch den zwar beschatteten, aber heißen und stickigen Regenwald mit teils steilen Anstiegen. Für die Strecke sind 8 Stunden einzuplanen. In Los Patos gibt es Trinkwasser und Zeltstellplätze, allerdings keine weitere Verpflegung. Wer weiter nach La Palma will, sollte ein Taxi vorbestellt haben, auf eine Mitfahrgelegenheit hoffen oder im Zelt übernachten, um am nächsten Tag die 13 km in gut 5 Stunden Gehzeit nach La Palma zu bewältigen. Auf dem letzten Abschnitt sind oftmals noch die Verwüstungen und landschaftlichen Einschnitte der Goldgräber sichtbar, die in den 1960er- und 70er-Jahren hier ihr Glück versuchten.

Praktische Infos

Größe 42.560 ha zu Land, 3354 ha im Meer.

Informationen Der Besuch ist zwingend vorab via Mail unter reservaciones.pnc@sinac.go.cr zu reservieren. www.sinac.go.cr, Kontakt unter pncorcovado@gmail.com.

Zugänge/Anfahrt Grundsätzlich gibt es **3 Ausgangsorte,** um den Park zu besuchen, und **6 verschiedene Sektoren/Parkeingänge** (San Pedrillo, La Sirena und La Leona liegen am Pazifik, Los Patos, Los Planes und Río Tigre im Landesinneren) samt ihren Ranger-Stationen.

Ausgangsort Drake Bay/Agujitas Eignet sich für den Zugang über die Parkeingänge San Pedrillo und La Sirena an der Pazifikküste sowie Los Planes im Landesinneren.

San Pedrillo ist in 18 km Wanderung von Agujitas aus über den Drake Bay Trail erreichbar oder via Wassertaxi (Fahrzeit 20 Min.).

La Sirena ist das Herzstück des Nationalparks und die einzige Station mit festen Übernachtungsmöglichkeiten und Verpflegungsangebot (20–25 $ pro Mahlzeit). La Sirena kann auch von Puerto Jiménez aus mit Charterflugzeugen oder per Boot erreicht werden.

Der Eingang **Los Planes** ist 5 km von Agujitas entfernt und gut zu Fuß oder mit dem Allrad-Jeep zu erreichen.

Ausgangsort Carate Vom Stranddorf Carate südlich des Corcovado-Nationalparks ist der Parkeingang **La Leona** nur 3 km entfernt und in 1 Std. Fußmarsch erreicht. Der Weg führt durch den Dschungel oder über den Strand – beides ist recht anstrengend. Man sollte zuvor in Carate übernachten, kann aber auch direkt vom 45 km entfernten Puerto Jiménez anreisen (Fahrzeit 2 Std.).

Ausgangsort Puerto Jiménez Der Parkeingang **Los Patos** ist über La Palma erreichbar, das 25 km nordwestlich von Puerto Jiménez liegt. Von La Palma sind es 13 km Fußmarsch oder man lässt sich per Allrad-Taxi bis zum Parkeingang fahren.

Im Jahre 2015 öffnete mit **El Tigre** ein weiterer Eingang zum Park samt Ranger-Station. Der Eingang liegt in der Gemeinde Dos Brazos am Rand des Nationalparks, ist in 25 Min. mit dem Auto von Puerto Jiménez aus erreichbar und für eintägige Unternehmungen im Park optimal. Das gemeinschaftliche Projekt der Community Dos Brazos de Río Tigre bietet vielfältige Unternehmungen wie Vogelbeobachtungen, Nachtwanderungen oder Goldwaschen an (www.corcovadoeltigre.com).

Öffnungszeiten Tägl. 7–16 Uhr. Die Sirena-Station ist im Oktober geschlossen. Diese regenreiche Zeit wird von der Nationalparkverwaltung genutzt, um Wege und Einrichtungen instand zu setzen.

Eintritt 15 $/Pers., 5 $ für Kinder von 2–12 Jahren. Bei gebuchten Touren organisieren die Reiseagenturen in Puerto Jiménez oder Agujitas/Drake Bay das Eintrittsticket. Tickets auf eigene Faust sind ab 3 Monate vorab zu reservieren und in der Nationalparkverwaltung in Puerto Jiménez an der Landebahn abzuholen. Die Nationalparkverwaltung schickt auf Wunsch eine Liste mit lizensierten Führern und deren E-Mailadressen per Mail. ☏ 27355036, Reservierungen unter pncorcovado@gmail.com.

Für den Zugang über El Tigre vorab die Vereinigung Dos Brazos de Río Tigre kontaktieren, ☏ 83238695, info@dosbrazosderíotigre.com.

Preise für geführte Tagestouren: 70–100 $/Pers. je nach Station und Anbieter.

Preise für Mehrtagestouren: ab 350 $/Pers. für 2 Tage und 1 Übernachtung, ca. 600 $/Pers. für 3 Tage und 2 Übernachtungen.

Beste Reisezeit Der Corcovado-Nationalpark liegt in der regenreichsten Gegend des Landes, Regenfälle kommen plötzlich und heftig. Die Trockenzeit von Dezember bis April ist deshalb perfekt für einen Besuch, doch auch dann kann es regnen. Vor allem im Oktober und November sind Wege und Straßen durch übertretende Flüsse und Bäche überflutet. Den Rest der Regenzeit von Mai bis September ist ein Besuch im Nationalpark ideal, vor allem aufgrund der Ankunft der Buckelwale (Juli bis Sept.).

Übernachten/Essen Grundsätzlich ist das Campen an allen Stationen möglich. An der Forschungsstation in Sirena gibt es außerdem zwei Schlafsäle und Mahlzeiten. Eine Reservierung für Kost und Logis ist immer notwendig, ☏ 27708222. Gute Unterkünfte am Rand des Parks gibt es auch in den jeweiligen Ausgangsorten, wie z. B. die La Leona Eco Lodge in Carate oder Hostels und Lodges in Agujitas.

Ausrüstung Kopfbedeckung, Sonnen- und Insektenschutz, Regenponcho, Wechselsachen, kleines Handtuch, Trinkwasser, Verpflegung, Taschenlampe, Kompass, festes Schuhwerk, Zelt, Bettbezug oder leichter Schlafsack.

Die Pazifikküste → Karte S. 234

Carate

Abgelegen ist wohl das richtige Wort für diese kleine Ortschaft ganz im Südosten von Costa Rica. Sie liegt etwa eine Stunde Autofahrt über Schotterpiste entfernt von der nächsten Kleinstadt, Puerto Jiménez. In Carate gibt es nicht mehr als Natur, Sand und das Meer, dazwischen ein paar Ecolodges, eine Pulpería und parallel zum Strand eine kleine Landebahn.

Carate ist so abgelegen, dass Strom durch Wasserkraft und Sonnenenergie gewonnen wird und Generatoren die Lodges und Privathäuser versorgen. Beim Herumschlendern am langen dunkelsandigen Strand und durch die dschungelige Natur wird kaum offensichtlich, dass hier einst eifrig Gold geschürft wurde. Durch die Einrichtung des Corcovado-Nationalparks wurde allerdings die industrielle Gewinnung verboten und das Gold musste wieder per Hand geschürft werden. Am Fluss Carate gibt es noch eine Goldwaschstätte.

Carate ist Ausgangsort für den südlichen Eingang zum 42.000 ha großen **Corcovado-Nationalpark,** der Ranger-Station **La Leona,** die 45 Gehminuten entfernt liegt (→ Parque Nacional Corcovado, S. 281).

Busverbindungen **Colectivo:** fährt an der Pulpería ab.

Puerto Jiménez: 2-mal tägl. um 10.50 und 18.20 Uhr, Fahrzeit 1:40 Std., 9 $.

Auto Von Puerto Jiménez ist Carate etwa 1:30 Std. Autofahrt entfernt. Ein Allradantrieb ist auf jeden Fall zu empfehlen, da es auf einer staubigen Schotterpiste durch einen Wald geht und vier Flüsse überquert werden müssen. Das macht nur mit dem richtigen Fahrzeug Spaß, im Okt./Nov. können die Flüsse hoch und unpassierbar werden. Den Rest des Jahres ist es in Ordnung.

Taxi Es gibt auch einen privaten Taxiservice von und nach Puerto Jiménez für ca. 80 $.

Übernachten **Finca Exotica Eco Lodge** Unterwegs im Nirgendwo. Hier schläft man in Freiluftzimmern im Baumhausstil, versteckt in einem üppigen Regenwald mit Blick auf den Pazifik und den einsamen schwarzen Sandstrand, der nur wenige Meter entfernt liegt. Die Bungalows sind aus Holz gebaut, offen gehalten für freie Sicht auf die umliegende Natur, locker im Dschungel verteilt und durch einen Holzweg durch den Wald mit dem Hauptgebäude verbunden. Jeder bietet seine Privatsphäre. Über jedem Bett befindet sich ein Moskitonetz. Obwohl die Zimmer geöffnet sind und Sie buchstäblich die Natur berühren können, sind sie komfortabel und absolut sicher – die Tierwelt in der Umgebung stört die Ruhe nicht. Energie wird durch Solarplatten gewonnen, weshalb es keine Klimaanlage, Kühlschränke oder Ähnliches gibt. Abends gibt es nur eine kleine Lampe im Zimmer. Die Dusche ist kalt, das macht aber nichts, denn es ist sehr warm in Carate. Am Strand von Carate, www.fincaexotica.com. **€€**

La Leona Eco Lodge Glamping in absoluter Ruhe, nur das Rauschen des Meeres, die Rufe der Vögel und Rascheln der Bäume umgeben die kleinen Wohnzelte, ausgestattet mit guten Betten, schweren hölzernen Terrassenstühlen, Moskitonetzfenstern und Freiluftdusche. Manche Zelte haben Meerblick, andere Garten- oder Bergblick. Es gibt keinen Strom und kein warmes Wasser in den Zelten, Internet nur eine Stunde am Tag an der Bar! Im Haupthaus wird nach 20 Uhr auch das Licht abgestellt, Stirnlampe mitbringen. Der Strand ist wunderschön, Essen und Getränke sind allerdings teurer, da alles von Carate hierher transportiert werden muss und es keine Alternative gibt. Ein bisschen Verpflegung sollte man also in Puerto Jiménez besorgen und mitnehmen, sonst wird es schnell sehr teuer. Den Mietwagen kann man an der Pulpería in Carate stehen lassen und dann den ganzen Weg über 3,5 km am Strand entlang zur Lodge gehen. Das Gepäck wird auf Wunsch transportiert. Die Lodge liegt 100 m vom Parkeingang zum Corcovado entfernt direkt am Meer, www.laleonaecolodge.com. **€€€€**

Puerto Jiménez

Die kleine, geschäftige Hafenstadt mit ihrer Mole, dem Fußballplatz und den rasterartig angelegten Straßen ist das wirtschaftliche Zentrum der Osa-Halbinsel. Neben Drake Bay ist sie ein weiterer, von ausländischen Touristen deutlich weniger frequentierter Ausgangsort, um den dschungeligen **Corcovado-Nationalpark** zu besuchen, der den Großteil der Halbinsel bedeckt.

Puerto Jiménez liegt an der breiten Bucht des Golfo Dulce. Hier bietet es sich an, mit einem Kajak eine Tour entlang des Ufers zu unternehmen, das Wasser ist tagsüber recht ruhig (Achtung: über Mittag herrscht mehrere Stunden Ebbe, am besten morgens fahren). Bei einer Bootsfahrt zum Corcovado-Regenwald ist es nicht selten, dass Delfine vorbeischwimmen oder Rote Aras in kleinen Grüppchen am Ufer entlangfliegen. Das Städtchen bietet alles, was man braucht: bezahlbare Unterkünfte, Restaurants und Supermärkte für die Selbstversorgung.

Wer noch näher am Corcovado-Nationalpark sein möchte, fährt 25 km weiter bis nach **Dos Brazos,** wo es ein paar Unterkünfte und ein Restaurant gibt (→ S. 283).

Bucht von Puerto Jiménez im Golfo Dulce

Die Pazifikküste → Karte S. 234

Strände

Mit der **Playa Plantanares** und der **Playa Preciosa** liegen Badestrände quasi vor der Haustür. Mit dem Fahrrad (Verleih im Corcovado Wild Hostel und bei Cabinas Jimenez, → Übernachten) sind es 8 km über den Flughafen bzw. die Calle Aeropuerto Este und anschließend über die Calle Platanares zur langgezogenen Playa Preciosa und Playa Platanares. Unter der Brücke auf dem Weg können Krokodile in der Sonne dümpeln. An den Stränden gibt es nur wenig Schatten.

Ein Stück weiter südlich von Puerto Jiménez kuscheln sich ein paar noch recht jungfräuliche Strände an die Küstenlinie, wie die schöne, langgezogene **Playa Colorada, Playa Tamales** mit einem langen, wild belassenen Sandstrand und **Playa Sombrero** mit ihren ins Meer hinein verlaufenden Felsen.

Praktische Infos

Verbindungen Puerto Jiménez ist abgelegen und obwohl die Straßen asphaltiert sind, ist es mit dem Auto oder Bus nicht ganz so schnell zu erreichen. Es gibt auch eine kurze Landepiste für Inlandsflüge, die von San José in etwa einer Stunde da sind.

Bus/Colectivo Busse fahren einen Block westlich vom Fußballplatz südlich des Palí-Supermarktes ab.

San José: Direktbus mit Transportes Blanco um 5 und 9 Uhr, Fahrzeit 8 Std.

Ciudad Neily: 5.30 und 14 Uhr, Fahrzeit 3 Std.

Drake Bay: Der Bus von Puerto Jiménez nach La Palma (nicht Palmar Norte!) fährt um 11 Uhr und um 15 Uhr. In La Palma haben Sie Anschluss nach Drake 2-mal tägl. um 11.30 und 16.30 Uhr. Plätze für den Bus von La Palma nach Drake können Sie bei dem Fahrer Diego ✆ 83305548 reservieren.

Carate/Corcovado-Nationalpark: Um 6 und 13.30 Uhr fährt ein Colectivo, südlich der Bushaltestelle, Fahrzeit 1:40 Std.

Fähre Es gibt regelmäßige Verbindungen zwischen **Golfito** und **Puerto Jiménez.** Die Überfahrt beträgt 24 km und dauert etwa 40 Min. Mehrmals täglich. Am besten am nahen Fährterminal erkundigen.

Flugverbindungen **Sansa** fliegt in der Hauptsaison 10-mal tägl. nach San José.

Mietwagen **Alamo Car Rental,** an der C. Aeropuerto Oeste, westlich vom Flughafen, ✆ 27355175. Tägl. 7–17.30 Uhr.

Fahrradverleih Im **Corcovado Wild Hostel** und in **Cabinas Jimenez** (→ Übernachten).

Einkaufen **Corcovado BM Supermarket,** an der Hauptstraße gegenüber der Tankstelle Bomba Osa. Mo–Sa 7–21, So 8–20 Uhr.

Panadería Monar, hier kann man sich für den Tag mit Brot und Backwaren versorgen. Gleich gegenüber von der Cafetería Monka. Tägl. 4.30–16 Uhr.

Geld **Banco Nacional,** gegenüber der Kirche. Mo–Fr 8.30–15.30 Uhr.

BCR, gleich gegenüber. Mo–Fr 9–16 Uhr.

Gesundheit An der Hauptstraße zwischen BCR und Banco Nacional.

Waschsalon **Washery,** C. Aeropuerto Oeste unweit vom Friedhof. Mo–Sa 8–18 Uhr.

Kajak und SUP Spezialist für geführte Kajaktouren durch die Mangroven oder in Kombination mit einer Angeltour ist **Aventuras Tropicales Golfo Dulce,** C. a Pueblo Viejo, www.aventurastropicales.com. Tägl. 7–19 Uhr.

Wild Trails Adventures, ein weiterer Kanu- und Kajakverleih für individuelle und geführte Touren nahe der Mole. Sie vermieten auch Stand Up Paddles und bieten verschiedene Touren an, z. B. eine Bioluminescence-Nachttour. Außerdem sind sie die Erfinder bzw. Wiederentdecker einer alten Kajakroute durch den Corcovado-Nationalpark, den sogenannten „Corcovado Ring Adventure Kayak Trek“. Die dreitägige Tour ist ein echtes Abenteuer, übernachtet wird im Zelt mitten in der Wildnis. Tägl. 7–22 Uhr. Oceandrive Boulevard, nahe der Mole, www.corcovadoringadventurekayaktrek.com.

Yoga Wird in der **Iguana Lodge Beach Resort & Spa** (→ Übernachten) und im **Blue Osa Yoga Retreat and Spa** an der Playa Tamales 12 km südlich von Puerto Jiménez angeboten.

Touren **Surcos Tours,** Ein- bis Mehrtagestouren in den Corcovado-Nationalpark mit Chef Nito, der versucht, alle Tiere im Park anzutreffen. Bei den Vogelbeobachtungs-Touren kann man nur über sein Wissen staunen. 200 m westlich des Flughafens, www.surcostours.com.

MeinTipp **Rancho Raices,** German Quiros lebt und arbeitet mit seiner Familie auf seiner Kakaofarm „Rancho Raices“. Er hat sie vor 45 Jahren erworben und seitdem stetig aufgebaut. Ein Besuch bei ihm ist wie ein Grundkurs in ökologischer Lebensweise: Hier wachsen Kakaofrüchte, Orangenbäume und Ananas, Süßkartoffeln und Kokospalmen, dazwischen picken Hühner auf dem lehmigen Boden. Wie die meisten Bewohner von Osa ist auch German Selbstversorger, er isst, was in seinem Garten wächst und herumläuft. Gedüngt wird mit Kompost. Was auffällt: Seine Bäume tragen ungewöhnlich viele Früchte, und zwar in XXL-Größe. „Weil sie merken, dass sie geliebt werden“, glaubt German. Seine Familie nennt ihn den Baumflüsterer, weil er mit den Pflanzen spricht. Die Natur zu achten bedeutet für ihn auch, einen alten Kapokbaum um Erlaubnis zu bitten, ehe er ihm in die Rinde sägt, um seine Gäste vom Saft probieren zu lassen. 15 km von Puerto Jiménez entfernt in Richtung Barrigones, Eintritt 40 $/Pers. für eine 2,5-stündige Führung über die Farm mit Kakaoverkostung. ✆ 86030464, Facebook.

Osa Wild, das Tourenprogramm ist vielfältig. Vom Corcovado-Park über Vogelbeobachtung, Nachtspaziergänge, Ausflug nach Matapalo, Goldwaschen, Kajaktouren, Delfinbeobachtung – es ist für jeden Abenteuer-Typ etwas dabei. Die Guides sind sehr motiviert und freundlich! An der Hauptstraße zwischen Lakos Surf Shop und La Finca Bar & Restaurant. Die Jaguar-Flecken an der Hauswand sind nicht zu übersehen, www.osawildtravel.com. Tägl. 8–12 und 14–18 Uhr.

Corcovado Ring Adventure Kayak Trek, drei Tage unterwegs auf der alten Wasserroute durch die Osa-Halbinsel, die früher die indigenen Bewohner nutzten, vorbei an versteckten Lagunen und Wasserfällen, mit Blick auf die Tierwelt vom Wasser aus. Wiederentdeckt und als Tour aufbereitet von der Reiseagentur Wild Trails Adventures (s. o. Kajak). www.corcovadoringadventurekayaktrek.com.

Übernachten **Corcovado Wild Hostel** Zwei- bis Mehrbettzimmer mit Doppelstockbetten, alles sehr sauber. Für Privatsphäre sorgen Retro-Oma-Vorhänge vor den Betten zum Zuziehen, Gemeinschaftsküche, Terrassen, Sitzareale und ein Indoorspielbereich für Geselligkeit. WiFi, Parkplätze, Shuttleservice, Tourangebote – Hostel-Betreiber Christian kümmert sich umfassend um die Gäste. ✆ 89776128, Facebook. **€–€€**

Corcovado Beach Lodge Schöne, gepflegte Anlage mit mehreren Cabinas, vom Schlafsaal über Bungalows mit Doppelbett bis hin zu Familien-Chalets, alles rustikal mit Holz gestaltet und nah am Strand mit Blick auf das Meer. 600 m östlich der Mole, bei Camping Adonis links abbiegen, ✆ 27356000. **€–€€**

MeinTipp **Cabinas Jimenez** Nette Anlage mit 22 verschiedenen Zimmern und Bungalows mit

AC, Ventilator und Kühlschrank, vielen Pflanzen, einem Pool und Aras, die sich ab und zu in den Mandelbäumen vor dem Hotel satt futtern. Einige Zimmer haben eine große Terrasse, z. B. Bungalow 1. Die teureren Zimmer haben Meerblick, schöne Nachttischlampen mit warmem Licht und große Betten. Ein tolles Familienzimmer ist das Rancho Upstairs mit Meerblick. Von der Terrasse mit Tisch und Stühlen sieht man Reiher und andere Wasservögel bei Ebbe durch den Sand staken. Das freundliche Personal hält Tipps für Ausflüge bereit, Fahrräder gibt es kostenfrei zum Ausleihen. An der Hauptstraße, 50 m vom Soccerplatz, ✆ 273 55090, www.cabinasjimenez.com. **€€**

Inn Jimenez Bed & Breakfast Gemütlich gestaltete Zimmer in einer sauberen Anlage mit engagierten Besitzern, die ihren Gästen hilfsbereit mit Tipps zur Seite stehen. Die Zimmer haben AC und WiFi. Es gibt auch einen kleinen Pool umgeben von einer Terrasse und tropischen Pflanzen und mehrere Sitzbereiche im Areal. Gutes Preis-Leistungs-Verhältnis. Im nördlichen Ortsteil gegenüber der Haltestelle für die Colectivos nach Carate und zum Corcovado-Nationalpark, ✆ 27355431, www.hoteljimenez.com. **€€**

Punta Preciosa Die Lage am einsamen Strand, wo morgens die Sonne aufgeht und im Hinterland der Río Platanares fließt, macht das auffällig gelbe Gästehaus zu einem ganz besonderen Ort. Es ist abgelegen von anderen Spots, weshalb Aras und andere Tiere hier zu Hause sind. Ruhe pur. Die Zimmer sind mit Holz verkleidet, die Fenster bestehen aus Moskitonetzen, vor den Zimmern verläuft eine Terrasse, es gibt nur Ventilatoren, keine AC. Das im Preis inbegriffene Frühstück ist reichhaltig und frisch. Am Strand baumeln Hängematten zwischen den Palmen und warten nur darauf, die Hausgäste mit einer leichten Meeresbrise sanft in den Schlaf zu wiegen. 7 km von Puerto Jiménez direkt an der Playa Platanares, ✆ 89829513, www.puntapreciosa.net. **€€€**

Iguana Lodge Beach Resort & Spa Einfache, aber hübsch gemachte Ecolodge mit verschiedenen Häuschen direkt am Strand oder man übernachtet in einem Club-Room. Gute Betten, reichhaltiges Frühstück, Pool, Yoga-Terrasse, Tennisanlage, viele Tiere und Vögel im Garten. Allerdings keine Klimaanlage, sondern nur Deckenventilatoren im Zimmer. Abends ist eine Taschenlampe aufgrund der spärlichen Beleuchtung der Anlage empfehlenswert. Playa Platanares, 6 km südlich von Puerto Jiménez, www.iguanalodge.com. **€€€€**

Köstlich schmeckt es in der Marisquería Corcovado

Essen & Trinken **Cafetería Monka** Ein toller Ort zum Frühstücken. Vom Müsli über Gallo Pinto bis hin zu Omelette und Sandwich ist alles dabei, verschiedene Frühstückspakete stehen zur Auswahl. Es gibt auch Fleisch und Hamburger. Dazu eine große Auswahl an Smoothies und Eis zum Nachtisch. Das Ambiente ist individuell, man hat die Wahl zwischen kleinen Tischen oder einem Tresen. 6–20, So ab 7 Uhr. An der Hauptstraße wenig südlich vom Fußballplatz. **€**

Soda Valeria Costa-ricanische Hausmannskost, vom Frühstück bis zum Abendessen, gut, frisch und günstig. Zu den Casados und Salaten werden Tortillas gereicht, auch mexikanische Quesadillas und Empanadas stehen auf der Speisekarte. 6–20, So bis 12 Uhr. An der Hauptstraße. **€**

Los Delfines Angesagter Touri-Treff direkt am Strand. Man sitzt unter Palmen und genießt den Blick auf den Golf. Hier gibt es gute Küche und kühle Drinks. Tägl. 9–22 Uhr. Östlich der Mole, ✆ 27355083, Facebook. **€€**

Pizza Mail.it Große, reich belegte Pizzen zu guten Preisen, auch die Pasta trifft einen authentisch-italienischen Geschmack. Schneller Service. Tägl. 16–24 Uhr. An der Hauptstraße am südlichen Ende vom Fußballplatz. **€€**

MeinTipp **Marisquería Corcovado** Fisch, Shrimps, Muscheln, Langusten mit gebratenem Reis und vieles mehr gibt es im rustikalen Ambiente und mit dem Meer vor der Nase – lecker und üppig. Tägl. 8–22 Uhr. Östlich der Mole. Amüsant ist die benachbarte Kneipe mit lauter Musik und Karaoke. Tico-Leben eben. **€€**

Die Pazifikküste → Karte S. 234

Dos Brazos

Dos Brazos ist eine kleine Siedlung 25 km von Puerto Jiménez entfernt am Ostrand des **Corcovado-Nationalparks.** Damit ist sie eine weitere Alternative als Ausgangspunkt für Touren in den Park. Es gibt allerdings keine großen Supermärkte oder andere städtische Infrastuktur wie in Puerto Jiménez, aber eine Pulpería mit Getränken und Grundnahrungsmitteln sowie ein paar hübsche Unterkünfte und ein Restaurant.

Übernachten/Essen **Los Mineros Guesthouse** Kleine Hüttchen stehen lose verteilt, innen ist es recht kuschelig, der Platz reicht gerade für ein Bett. Das Bad ist draußen. Es gibt einen offenen Gemeinschaftsbereich zum Sitzen, überall baumeln Hängematten. Südlich der Kirche, www.losminerosguesthouse.com. **€**

Utopia Tica Organic Farm & Hostel Am Rand des Corcovado-Dschungels und an einem kühlenden Flüsschen gelegen, fühlt man sich in der urigen Unterkunft von Francois ein bisschen wie Jane und Tarzan. Die Zimmer sind offen gehalten, man schläft mit den nächtlichen Tiergeräuschen im Ohr unter Moskitonetzen. Die Gemeinschaftsküche ist gut ausgestattet, man lässt beim Kochen den Blick in den Wald abschweifen. Den guten Kaffee gibt es sogar kostenlos. Die Unterkunft bittet, nur organische Produkte vor Ort zu verwenden, da alles Wasser in einen Kreislauf bzw. direkt in den Boden geht. Wer nichts dabei hat, kann die Produkte auch in der Lodge erwerben. Die Bio-Toilette gehört zum Flair. 300 m westlich der Dorfschule, ✆ 86749000 (WhatsApp), www.utopiatica.com. **€**

Pizzeria Ester und Welmar backen Pizza im Holzofen zum günstigen Preis. 14–20 Uhr, Mo geschlossen. Neben der Schule im Ort. **€**

Cabo Matapalo

Knapp 20 km südlich von Puerto Jiménez macht die Küste eine Biegung, und zwischen Dschungel, Meer, Flüssen und Strand versteckt sich das Fleckchen Cabo Matapalo, von den Einheimischen nur Matapalo genannt. Ab der Abzweigung von der Ruta 245 heißt die Straße Matapalo Beach Road und die parallel liegenden Strände **Playa Sombrero, Playa Pan Dulce** und **Playa Carbonera** zählen auch zum Cabo Matapalo. Neben ein paar wenigen Restaurants, teuren Hotels und ebenso kostspieligen Öko-Lodges ist das Highlight der Gegend seine Abgeschiedenheit und die Nähe zum Corcovado-Nationalpark. Auch ein Ausflug zum nahen 20 m hohen **King Louis Wasserfall,** in dessen Becken man baden kann, macht Spaß. Aras, Kapuziner- und Brüllaffen schwirren und hüpfen durch die Lüfte. Außerdem eignet sich das Meer hier zum Surfen, mit Wellen unterschiedlicher Schwierigkeitsgrade. Einige der stärkeren und größeren Wellen rollen in Peakbreaks über einen felsigen Grund und sollten nur von erfahrenen Surfern ausprobiert

Wild und schwer zugänglich, die Playa Cabo Matapalo

Cabo Matapalo, Südspitze der Península de Osa

Schön zum Baden: Playa Carbonera

werden. Weiter nördlich, an der Playa Pan Dulce, brechen viel kleinere und sanftere Wellen auf den Strand, sodass Anfänger hier besser aufgehoben sind. An der Playa Carbonera kann man gut baden. In Puerto Jiménez sollten die Einkaufstaschen nochmal gefüllt werden, da es in Cabo Matapalo kaum Möglichkeiten dafür gibt, die Unterkünfte aber meist Kühlschränke haben, wo Vorräte aufbewahrt werden können.

Busverbindungen Busse halten an der Ortsstraße.

Puerto Jiménez: Fahrzeit 50 Min., kommt von Carate.

Carate: Fahrzeit 50 Min., kommt von Puerto Jiménez.

Übernachten **Surfsidebungalows** 3 Bungalows mit voll ausgestatteter Küche, Bad, WiFi, TV, Safe und eigener Terrasse mitten im Regenwald, nur wenige Schritte vom Hauptstrand von Matapalo entfernt. Auch ein Grill und ein Pool sind vorhanden. An der Matapalo Beach Road, ✆ 88275008. **€€€€**

Bosque del Cabo Rain Forest Lodge Sehr teuer, dafür natürlich schicke Cabinas, Pool, Ausblick, aber das muss man sich wirklich gönnen wollen. Selbst in der Nebensaison sind die Preise gepfeffert. Cabo Matapalo auf einem Hügel, www.bosquedelcabo.com. **€€€€**

mein Tipp **Tucan Terra** Ein zweistöckiges Maisonette-Haus, jede Casita im Ober- und Erdgeschoss verfügt über 2 Schlafzimmer mit Ventilatoren, eine Kochnische, eine Warmwasserdusche, einen Wohnbereich im Freien mit Hängematten, einen Schlüssel-/Kombinationssafe für Wertsachen und kostenfreies WiFi. Es gibt einen großen Grill und Kühlschrank und einen Wäscheservice. Jede Casita wird mit Sonnenenergie betrieben. Das offene Haus, der große, idyllische Garten mit kleinem Pool, die herrliche Aussicht, der Privatstrand mit kleinen Felsenpools und die Ruhe sorgen für Relax-Atmosphäre pur! Jede Menge Vögel und Affen sind unterwegs. Bei den oberen Zimmern ist die Aussicht schöner! Gastgeber Van kümmert sich gern um Sonderwünsche und gibt Tipps für die Umgebung. Matapalo Beach Road, direkt am Meer, www.tucanterra.com. **€€€€**

Casa Arenosa Ein ganzes Haus für Freunde oder Familie. Die offenen Räume, das viele Holz, die Bar mit Palmendach, der große Garten mit Mini-Pool und die vielen Sitzgelegenheiten sorgen für viel Platz und Wohlfühl-Atmosphäre. Es gibt 3 Schlafzimmer, 2 Bäder, eine offene Küche und einen Essbereich unter einem Palapa-Dach. Die Playa Carbonera ist nur ein paar Schritte entfernt und man hat sie meist ganz für sich allein. Das Haus ist für 6 Personen ausgelegt. Mindestaufenthalt 3 Nächte. Playa Carbonera, ✆ 14152054895. **€€€€**

Essen & Trinken **Buena Esperanza** Es ist eines der wenigen Restaurants in der Region mit Fischplatten, Kotelettes, Salaten und guten Sandwiches, schön chillig. Tägl. 11–23.30 Uhr. Playa Sombrero. **€€**

La Palma

Das kleine Städtchen an der Playa Blanca liegt 25 km nördlich von Puerto Jiménez an der Ruta 245. Es ist ein guter Ausgangspunkt für einen Abstecher ins 12 km entfernte **Territorio Indígena Ngäbe Alto Laguna de Osa** (→ Kasten, S. 292). Die **Playa Blanca** ist ganz nett zum Kajakfahren, denn das Meer ist durch die Lage in der geschützten Bucht Bahía Pavón wunderbar ruhig. Ansonsten ist der Ort chillig und unspektakulär, es gibt mehrere Campingplätze, einfache Hotels und einfache Sodas zum Essen. Nah am Indígena-Reservat liegt die Danta Corcovado Lodge, die zudem jede Art von Ausflügen zu den Indígenas organisert. Etwas Action bringt die nahe Canopy-Anlage des Veranstalters Osa Palma (Mo-Fr 7-16 Uhr, ausgeschildert).

Übernachten **Lapamar Lodge Playa Blanca** Ein schöner Ort zu erschwinglichen Preisen. Die Cabañas verfügen über ein Doppelbett, einen Ventilator und ein Badezimmer mit Dusche. Am Morgen kann man Seevögel sehr nah hören und am Strand beobachten. Die Lodge bietet auch Touren zu den wichtigen Orten der Umgebung an. Sie liegt direkt am Strand, ✆ 27351347. **€€**

Danta Corcovado Lodge Die Lodge ist ein Erlebnis. Alles ist sehr sauber und großzügig. In den offen gestalteten Holzbungalows hört man nachts die Tiere des Dschungels rufen. Das Badezimmer ist sogar völlig unter freiem Himmel. Die Verpflegung im Haupthaus der Lodge ist gut und an der Bar werden auch Cocktails serviert. Diverse Touren und Ausflüge werden angeboten. Außerdem gibt es auf dem großen Privatgelände rund um die Lodge viele Wandertrails durch den Dschungel und eine Bambus- und Kakaoplantage. 4,5 km von La Palma, ✆ 27351111, www.dantalodge.com. **€€€€**

Die Pazifikküste → Karte S. 234

Der ruhige Golf eignet sich zum Kajakfahren

Abstecher zu den indigenen Ngäbe/Ngobe

In prähispanischen Zeiten lebten entlang der Pazifikküste verschiedene indigene Stämme, darunter die Quepoa rund um das heutige Quepos, und die Ngäbe auf der Halbinsel Osa und in der Umgebung südlich von Golfito. Die Ngäbe siedelten ursprünglich in der Region des heutigen West-Panama und sprechen das „ngäbere", eine indigene Sprache, die zur Chibcha-Sprachfamilie zählt. Nach der Ankunft der Spanier in Mittelamerika kämpften sie jahrelang erfolgreich gegen die Eroberer und zogen sich schließlich in die rauen panamaischen Berge an der Grenze zu Costa Rica zurück, wo sie lange Zeit isoliert weiterleben konnten, mit all ihren Traditionen und ihrer Sprache. Als ab den 1940er-Jahren Arbeiter für die Kaffee- und Bananenplantagen in Costa Rica gesucht wurden, emigrierten viele der Ngäbe in das Nachbarland und blieben. Die Spanier gaben ihnen einst den Namen Guaymí („diese Leute"), weshalb sie ihn heute ablehnen und sich selbst Ngobe bzw. Ngäbe nennen, auch wenn der Name Guaymí nach wie vor gebräuchlich ist, unter anderem bei Reiseveranstaltern. Die Ngäbe empfinden ihn allerdings als abwertend, vergleichbar mit dem allgegenwärtigen „Gringo", wie US-Amerikaner in Mittelamerika bezeichnet werden.

Die Ngäbe sind kein sonderlich religiöses Volk, für sie ist die Natur ihr Gott, denn sie brauchen die Natur zum Überleben. Früher wie heute. „Wir haben keine religiösen Zeremonien, aber wir beten. Wir beten einfach für die Gesundheit der Natur und unserer Familien", erklärt Marcos Jimenez, ein Ngäbe mit einem Abschluss an der Universidad Nacional de Costa Rica. Sie leben von dem, was um sie herum wächst: Yucca, Bohnen, Reis, Mais, Bananen und Orangen. Sie passen auf die Natur auf, Verschmutzung ist tabu! Die Frauen und Mädchen tragen noch immer ihre bunt bestickten Kleider und sind stolz darauf.

Fünf Ngäbe-Reservate gibt es heute in Costa Rica, zwei davon an der Südpazifik-Küste, das **Territorio Indígena Ngäbe Alto Laguna de Osa** und das **Territorio Indígena de Ngäbe-Buglé Conte Burica** bei Golfito.

Touren zum Territorio Ngäbe Alto Laguna de Osa (Facebook)

Das Alto-Laguna-Reservat liegt unweit der Gemeinde **La Palma** und grenzt an den Corcovado-Nationalpark. Auf 2710 ha Waldfläche leben neben vielen Nutzpflanzen jede Menge Säugtiere, darunter bedrohte Arten wie Jaguar und Ozelot. 1998 haben sich die Ngobe von Alto Laguna dazu entschieden, ihr Reservat für Besucher zu öffnen, um andere Menschen an ihrer Kultur, Bräuchen, dem indigenen Lebensstil und der Bedeutung der Natur teilhaben zu lassen. Natürlich spielte dabei auch die finanzielle Seite eine Rolle, denn der Tourismus macht etwa 20 % des Einkommens der Ngäbe aus. Den Rest erwirtschaften sie durch Viehzucht (Schweine und Hühner) und den Anbau von Kaffee.

Geführte Touren ins Reservat bieten viele Hotels und Reiseveranstalter in Puerto Jiménez an, sowie die nahe am Reservat gelegene **Danta Corcovado Lodge** (www.dantalodge.com/indigenous). Man lernt die Heilpflanzen der Ngäbe kennen, ihr Handwerk und vor allem ihre große Liebe zur Natur. Wer gern hoch zu Ross unterwegs ist, kann die Tour mit einem Pferd machen.

Ökotourismus bei den Ngäbe de Conte Burica

Ein besonderes Erlebnis ist der Besuch bei den Ngäbe in der abgelegenen Gegend von Conte Burica im Dorf Las Vegas Nibiribotda. Die Region liegt ganz im Südwesten des Landes, begrenzt vom Pazifik, der panamischen Grenze und dem Tal Coto Brus, und verfügt über unberührte Natur, Primärregenwald und eine unbewohnte Pazifikküste. Mit dem **Projekt Cultura Kare** möchte Marcos Jiménez Monzezuma, Vater von sieben Kindern, einen sanften Ökotourismus aufbauen. Es gibt inzwischen vier ganz einfache Holzcabinas mit Matratzen, jedoch ohne Moskitonetz oder ähnlichen Komfort. Man isst, wohnt und wäscht sich quasi mit und bei der indigenen Familie, die alle sehr herzlich und zuvorkommend sind. Ein echtes Abenteuer und eine authentische Erfahrung. Es gibt kaum Strom, abends muss für das Beisammensein ein Lagerfeuer entfacht werden. Dann zeigen die Kinder im Feuerschein ihre indigenen Tänze und Handspiele. Im nahen Fluss kann man baden, die Roten Aras schweben durch die Lüfte und Totenkopfäffchen klettern in den riesigen Bäumen. Traumhaft naturnah. Als studierter Agrikologe zeigt Marcos Gästen auch gern seine Bio-Permakultur-Finca. Dort wächst einfach alles: von Kurkuma, Muskat und anderen Gewürzen und Heilkräutern über 15 köstliche Bananensorten bis hin zu Mango, Ananas, Papaya und vielem mehr.

Regelmäßig werden junge deutsche Freiwillige über die Organisation ProREGENWALD e. V. in das Gebiet entsendet und unterstützen das Projekt.

Unterkunft für 8000 CRC/Nacht, Verpflegung für 2000 CRC/Tag, Tel. und WhatsApp 71215351 (Marcos, spanischsprachig), cultura.kare@gmail.com. Die Anfahrt erfolgt von Pavones oder Laurel über die 611 über den Ort Bella Luz. Hier biegt man am Krankenhaus ab auf eine unasphaltierte, teils sehr steile Straße – fantastische Ausblicke warten, aber unbedingt mit 4x4 anreisen.

An der Mole von Golfito

Golfito und Umgebung

Östlich der Osa-Halbinsel und des Golfo Dulce liegt eine der regenreichsten Regionen der Welt. Im Städtchen Golfito an der namengebenden Bucht fallen im Jahr über 4000 mm Regen, die Luftfeuchtigkeit liegt oft bei 90 %, nasse Kleidung trocknet kaum.

Beliebt ist die Gegend vor allem bei Surfern, denn vor Pavones nicht weit von Golfito läuft die zweitlängste linksbrechende Welle der Welt. Doch auch Zancudo ist ein beliebter Strandort zum Abhängen und schließlich ist im abgelegenen Punta Banco auch Panama nicht mehr weit. Die Stadt Golfito ist vor allem für ihre Geschichte als Arbeiterstandort des Bananen-Moguls United Fruit Company bekannt, die nach ihrem Abzug eine desillusionierte Bevölkerung zurückließ. Und so ziehen die meisten Reisenden auch schnell an die Surferstrände weiter oder besuchen den Nationalpark Piedras Blancas.

Golfito

Das kleine, verschlafene Hafenstädtchen Golfito zieht sich über mehrere Kilometer an der gleichnamigen Bucht entlang und war einst einer der wichtigsten Standorte des Bananenexporteurs United Fruit Company (heute Chiquita Brands International). Es ist umgeben von dichtem Regenwald und liegt in einer der regenreichsten Regionen der Welt. Am warmen Wasser des Golfo Dulce erbaut, ist es ein guter Ausgangspunkt zur Beobachtung von Delfinen. Manchmal ziehen auch Buckelwale vorbei.

Kein Wunder, dass Sportfischer gern hierher kommen, um vor allem den pazifischen Segelfisch zu angeln. Golfito ist zudem das Sprungbrett zum Surferörtchen Pavones und selbst nicht unbedingt einen längeren Aufenthalt wert. Die langgezogene Stadt besteht heute aus zwei Teilen, dem Pueblo Civil in Hafennähe, sozusagen die „Innenstadt" mit Restaurants, Apotheken und Banken. Nördlich davon liegen die Wohngebiete mit Schulen und Supermärkten und noch weiter im Norden befinden sich die Duty-free-Zone und ein Flugplatz. Per Boot kann man sich zu den Playas Cacao und Puntarenitas gegenüber von Golfito übersetzen lassen.

Die Arbeiterstadt der UFC

Um ehemals die Tausende von Arbeitern der United Fruit Company unterzubringen, die nach Golfito strömten, errichtete die UFC eine klassische Arbeiterstadt, die denjenigen in den USA dieser Zeit ähnelte.

Die drei verschiedenen Zonen waren an der Farbe der Häuser und ihrer Architektur zu erkennen. Die amerikanische Zone wurde als „Weiße Zone" bezeichnet. Hier lebten die Fach- und Führungskräfte in gut ausgestatteten, weiß gestrichenen Häusern im britischen Kolonialstil. Die besten Annehmlichkeiten der Stadt gab es natürlich hier. In der Zona Amarilla, der „Gelben Zone", wohnte das mittlere Management, Vorarbeiter und Vorgesetzte. Die gelb gestrichenen Häuser waren zwar nicht so luxuriös wie die in der „Weißen Zone", aber dennoch komfortabel und gut gemacht. Der Zugang zur Weißen und Gelben Zone wurde strengstens von Wachhäuschen und Sicherheitskräften kontrolliert. Die Zona Gris, die „Graue Zone", war die Heimat der Plantagen- und Hafenarbeiter. Mit kleinen, beengten Strukturen befriedigte das Viertel lediglich die zum Leben notwendigen Grundbedürfnisse. Die Überfüllung und deutlich schlechteren Bedingungen dieser Zone führten häufig zu Unruhen zwischen den Arbeitern und der Geschäftsleitung, was zum Niedergang des Unternehmens in der Region beitrug.

Mit Aufgabe des Bananenanbaus stand die Region vor dem wirtschaftlichen Zusammenbruch. Einige rostige und verfallene Zeitzeugen der Epoche sind noch zu finden. Das große Pier, die alten Gleisanlagen, Kräne und die schmucken Villen in der „Zona Americana" berichten von besseren Zeiten. Schließlich eröffnete die costa-ricanische Regierung im Jahr 1986 ein **Freihandelscenter** auf dem Gelände der UFC. Arbeitsplätze entstanden und vor allem kaufwütige Tico-Touristen finden den Weg nach Golfito, um zollfreie Waren, meist technische Geräte, zu erstehen. Leider reicht das nicht, um der Stadt eine rosige Zukunft zu bescheren – so manch einer trauert heute der Zeit als Bananenexporthafen hinterher. Drogenhandel und Prostitution sind an der Tagesordnung, man wollte einen großen Hafen bauen, doch das Projekt scheiterte, nachdem viele Hände in die Kassen gegriffen haben. Golfitos Zukunft ist ungewiss.

Ausflug in die Umgebung

Refugio Nacional de Fauna Silvestre Golfito: Gleich am nördlichen Ende von Golfito, hinter der Landebahn, liegt der Eingang zu diesem mit 2800 ha relativ kleinen Refugio. Es wurde im Jahre 1988 eingerichtet, um die Wasserversorgung für Golfito sicherzustellen. Fast 70 % der Fläche sind mit Primärwald bedeckt, die Artenvielfalt ist erstaunlich hoch. Nur wenige Touristen finden hierher. Auch die biologische sowie geologische Erforschung des Geländes steckt noch in den Kinderschuhen. In gut einer Stunde hat man das Gelände erkundet. Es gibt einen kleinen Wasserfall zum Baden.

▪ Tägl. 8–16 Uhr. Eintritt 10 $. ✆ 27752110.

Die Pazifikküste → Karte S. 234

Praktische Infos

Einwohner Ca. 11.000.

Information **Oficina Información Turistica Catagulfo,** am Hauptpier im Pueblo Civil unweit des Stadtparks.

Busverbindungen **San José** (Tracopa): 2-mal tägl. um 5 und 13.30 Uhr, Fahrzeit 8 Std., Abfahrt in der Nähe des Bananen-Piers.

Alle anderen Busse fahren am kleinen Pier ab.

Ciudad Neily: stündlich 4.45 bis 19 Uhr, Fahrzeit 1 Std.

Paso Canoas: mehrmals tägl. zwischen 5.30 und 17.30 Uhr, Fahrzeit 1:30 Std.

Punta Banco via Pavones: tägl. 10 und 15 Uhr, Fahrzeit 2:30 Std.

Bootsverbindungen **Puerto Jiménez:** Die Fähre fährt mehrmals tägl. von 6 bis 17 Uhr, Fahrzeit 1:30 Std.; Schnellboote um 10, 13.30 und 16 Uhr, Fahrzeit 30 Min.

Playa Zancudo: 13 Uhr am Hotel Samoa del Sur, Fahrzeit 30 Min.

Playa Cacao: mehrmals tägl., Fahrzeit 20 Min.

Flugverbindungen **Sansa** fliegt 3-mal tägl. von und nach San José, ✆ 27750303, www.flysansa.com.

5.35, 10.30 und 15.30 Uhr von San José

6.45, 11.40 und 16.40 Uhr nach San José

Einkaufen **Megasuper,** alles für die Selbstverpflegung. Im Norden der Stadt beim Stadion an der Hauptstraße, Mo–Sa 7.30–22, So bis 21 Uhr.

Commercial Deposit Free Golfito, alles steuerfrei, vor allem Elektronik und Haushaltsgeräte sind beliebt. Nordteil der Stadt, Di–Do 8–16.30, Fr/Sa bis 18, So nur bis 15.30 Uhr.

Geld Wer weiter südlich nach Zancudo oder Pavones möchte, sollte hier Geld abheben, denn es ist vorerst die letzte Gelegenheit.

BCR, Pueblo Civil, an der Hauptstraße bei der Tankstelle La Palma ist ein Geldautomat.

BN, auf dem Gelände des Handelszentrums nahe der Landepiste gibt es noch einen Geldautomaten.

Gesundheit **Hospital Golfito Manuel Mora Valverde,** zwischen Alamedas und Buenavista, ✆ 27757800.

Farmacia Golfito, Mo–Sa 8–19 Uhr. ✆ 277 52442.

Touren **Tropical Escapade,** Canyoning, Wasserfalltouren, Angeln und Fischen, Besuch des Piedras-Blancas-Nationalparks – der Veranstalter ist der Experte in der Golfito-Region. Tägl. 7–21 Uhr. Pueblo Civil, Av. 4, www.tropicalescapade.com.

Übernachten **Las Gaviotas Hotel** Einfache und saubere Anlage nahe beim Flugfeld. Es liegt schön mit Blick auf den Golf. Km 4, ✆ 277 50062. **€€**

In Golfito geht es ruhig zu

Zamia Wildlife Refuge Verrückte Hobbithüttchen stehen auf einem Berg oberhalb der Playa Cacao gegenüber von Golfito. Es ist wunderschön ruhig, mitten in der Natur und mit einem weiten Blick über den Golf. Playa Cacao, 15 Min. Boots- oder Taxifahrt von Golfito, der Weg zur Unterkunft beginnt am Strand und führt in den Wald hinauf, ✆ 84095875, www.zamia-wildlife-refuge.negocio.site. **€€**

Ka'Kau Jungle Cabinas Einfache Holzhütten mit Blick auf den üppigen Wald und die Bucht Golfito. Jede Hütte hat eine eigene Terrasse mit Hängematten, über den Betten hängen Moskitonetze. Es gibt eine Gemeinschaftsküche, einen Grillplatz und eine Gemeinschaftsterrasse. Playa Cacao, 15 Min. Boots- oder Taxifahrt von Golfito, ein Abholservice wird angeboten, ✆ 892 83690. **€€**

Samoa del Sur Günstiges Hotel am Golf, einfach, aber sauber. Es gibt auch einen Pool und ein Restaurant. Frühstück ist im Zimmerpreis inbegriffen. Km 1, ✆ 27750233, www.samoadelsur.com. **€€€**

Casa Roland Marina Resort Hotel Das Hotel beeindruckt bereits mit seiner stattlichen Empfangshalle, hat große und hübsch dekorierte Zimmer mit breiten Betten und AC, Nachttischlampen, Holzmöbeln und Bildern mit Tropenszenen an den Wänden. Am großen Pool stehen Sonnenschirme und bequeme Liegen. Im Restaurant isst man gut. Im Norden der Stadt, C. 4 zw. Universität und Flughafen, ✆ 277 50180, www.casarolandgolfito.com. **€€€**

Essen & Trinken **Eisdiele La Deliciosa** Hmmm, im Becher oder einer Waffel? Ananas-Orange, Vanille-Karamell oder Schoko-Mandel? Die Eis-Auswahl ist groß. Dazu noch die vielen Smoothie-Varianten, z. B. ganz gesund mit Fenchel, Möhre und Maracuja. Oder einfach selbst etwas zusammenstellen. Lecker! Tägl. 14–21 Uhr. C. 0A.

La Playa Beachfront Restaurant Bar & Grill Pizza aus dem Holzofen, Meeresfrüchte, Salate, Mexikanisches, Burger, Kindermenüs, leckere Desserts und Cocktails – die Speise- und Getränkekarte ist sehr umfangreich. Jeden Tag ist von 16–20 Uhr Happy Hour, wo es Cocktails schon für 7 $ gibt, auch Wein und Bier sind günstiger. Tägl. 7.30–22 Uhr. Vom Schiffsanleger 150 m nördlich, ✆ 86806090. **€€€**

Banana Bay Marina Restaurant Burger, Steaks, Fisch, Nudeln und Desserts wie Eis stehen auf der umfangreichen Speisekarte. Da wird jeder fündig. Direkt am Hafen mit Blick auf das Meer. Tägl. 6–22 Uhr. Casa Amarilla Golfito, Pueblo Civil, www.bananabaymarinagolfito.com. **€€€**

Die Pazifikküste → Karte S. 234

Parque Nacional Piedras Blancas

Nationalpark Piedras Blancas

Unweit von Golfito liegt der bedeutsame Piedras-Blancas-Nationalpark. Das Gebiet wird im Norden und im Westen durch den Río Esquinas begrenzt. Die weißen Steine im Flussbett gaben dem Park seinen Namen. Er wurde eingerichtet, um die biologische Vielfalt der Region zu erhalten und vor Abholzung und Wilderei zu schützen. Ein mittelfristiges Ziel ist es, den Park durch Landkauf an den Corcovado-Nationalpark anzubinden.

Wanderungen

Auf geführten Wanderungen durch den tropischen Primär- und Sekundärwald gibt es viel zu entdecken. Wer Glück hat, kann Nasenbären erspähen. Selbst Jaguare sollen hier leben, doch sieht man die gefleckten Gesellen leider selten. Für Touren in den Park ist die von Österreichern geführte **Tropenstation bei La Gamba** ein guter Ausgangspunkt. Seit 1992 existiert der Verein „Der Regenwald der Österreicher". Bisher konnten durch Spenden mehr als 70 % der Parkfläche freigekauft und der costa-ricanischen Regierung übergeben werden. Außerdem werden fast 20 Wildhüter finanziert.

Praktische Infos

Größe 14.019 ha.

Anfahrt/Zugang Die Anreise erfolgt über das Dörfchen La Gamba, das 3 km von der Panamericana in Richtung Nationalpark liegt.

Im Nationalpark Piedras Blancas

Von Golfito ist es ca. 30 Min. entfernt. Der **Parkeingang** liegt nochmals 5 km weiter in El Bonito. Allradantrieb ist für den Parkbesuch erforderlich. **Busse** halten am Abzweig nach La Gamba an der Panamericana. Nun ist ein langer Fußmarsch angesagt oder man organisiert eine Abholung über die Unterkünfte in La Gamba.

Besucherzentrum/Information In der **Estación Biológica** gibt es Infos zum Park und eine Bibliothek, da sie als Forschungsstation dient.

Öffnungszeiten Tägl. 8–16 Uhr.

Eintritt 12 $.

Übernachten **Tropenstation Estación Biológica La Gamba** Einfach eingerichtete Doppel- oder Mehrbettzimmer inkl. Vollpension. In La Gamba an der Ostseite vom Park, 3 km von der Panamericana entfernt, ✆ 27418034, www.lagamba.at. **€€€**

Dolphin Quest Lodge Die Brüder Jahza und Reymar führen das Erbe des Vaters fort. Die Lodge liegt im Dschungel und direkt am Meer. Die verschiedenen Bungalows sind sauber und geräumig sowie kreativ gestaltet. Auch die kulinarische Verköstigung der Gäste mit frischen Zutaten, teils aus eigenem Anbau, ist exzellent und inklusive. Ein breites Tourenangebot lässt keine Langeweile aufkommen. Dazu eine Prise Ruhe und Harmonie. www.dolphinquestcr.com. **€€€€**

Zancudo

Die kleine Ortschaft am weitläufigen, wilden Strand **Playa Zancudo** zieht sich knapp 7 km an der Landzunge zwischen Pazifik und dem Delta des Río Coto entlang. Das Zentrum liegt auf der Landzunge – ein verstecktes Paradies im südlichsten Eckchen Costa Ricas. Das haben auch viele Ausländer bemerkt und sich hier niedergelassen. Ansonsten geht es hier sehr beschaulich zu. Lediglich an den Wochenenden und Feiertagen wird es etwas voller in Zancudo. Langweilig wird es trotz der Ruhe nicht, denn diverse Aktivitäten stehen zur Wahl. Ob Surfen am südlichen Ende des Strandes, eine Kajaktour auf dem verzweigten Río Coto, Fischen im Golfo Dulce oder einfach die Zeit mit Buch und Hängematte vertreiben.

Die Anreise von 50 km ist mit einem Allrad-Pkw von Golfito aus in 1:30 Stunden zu bewältigen. Komfortabler und schneller geht es mit dem Boot ab Golfito (tägl. 13 Uhr, 3000 CRC).

Verbindungen **Busse** fahren um 5 und 12.30 Uhr nach Golfito, Fahrzeit 1:45 Std.

Ein **Boot** fährt von der Nordspitze der Landzunge um 7 Uhr, Fahrzeit 30 Min.

Übernachten **Coloso del Mar** Rustikale Bungalows in gepflegter Anlage mit Garten- oder Meerblick. Surfbretter stehen zum Verleih. Zancudo nördlich der Soda Tranquilo, ✆ 27760050, www.colosodelmar.com. **€€**

Hotel Macondo Kleines Hotel mit 6 freundlichen Zimmern, hübschem Garten und Swimmingpool. Daniele serviert auf Wunsch italienische Kost im angeschlossenen Ristorante. Fahrräder und Kajaks stehen zum Verleih. Playa Zancudo, ✆ 27760157. **€€**

Cabinas Los Cocos 4 kleine, rustikale Bungalows mit Küchenzeile und eigenem Bad in Strandlage. Die Veranda lädt zum Verweilen ein. Susan vermittelt auch den Bootstransfer von und nach Golfito und Puerto Jiménez und organisiert Bootstouren. Am Strand, ✆ 88295007, www.loscocos.com. **€€€**

Essen & Trinken **Sol y Mar** Beliebtes Restaurant mit riesigen Burgern, leckerem Fischfilet in Kokossoße oder Fisch-Tacos. Tägl. 8–20.30 Uhr. Es gibt auch einige Zimmer zur Vermietung. Playa Zancudo, ✆ 84646221, www.solymarcostarica.com. **€€**

Restaurante Jafeth Don Rafa serviert täglich frischen Fisch, im Ganzen gebraten. Tägl. 7–19 Uhr. Unweit der Schule, ✆ 27760078. **€€**

Die Pazifikküste → Karte S. 234

Pavones und Punta Banco

Als **„Surfers Heaven"** hat sich das Strandörtchen Pavones mit der **Playa Pavones** einen Namen gemacht. Abgelegen, umgeben von ursprünglicher Natur und mit einer der besten Wellen der Welt. Wer surft und durch Costa Rica reist, kommt hierher. Die Surfer-Atmosphäre ist allgegenwärtig, Longboards ragen von der Ladefläche der Pickups, braungebrannte Surfboys und -girls knattern auf ihren Zweirädern durchs Dorf, das Brett immer dabei. Der Surfshop ist der bestbesuchte Laden im Ort und Dutzende Surfer warten im Wasser auf die nächste Welle, im Bestfall die „zweitlängste linksbrechende der Welt" mit einem zweiminütigen Ride, für die Pavones in der Surferszene bekannt ist. Allerdings: Die Wellen sind kräftig und eher für erfahrene Surfer geeignet als für Anfänger. Ist der Swell mal mau oder man surft nicht, findet man trotzdem Beschäftigung, sei es beim Kajakfahren, Yoga oder Sportfischen oder bei Tierbeobachtungen. Das Zentrum von Pavones bildet der Bolzplatz, umgeben von Polizeistation, einer Pulpería, einigen Lokalen und einer Handvoll Cabinas.

Wer es noch etwas ruhiger und abgelegener mag, macht einen Ausflug in das 6 km entfernte **Punta Banco.** Im südlichsten Eckchen Costa Ricas endet die Straße. Touristen verirren sich eher selten hierher. Der lange Sandstrand liegt einsam und wild. Es gibt wenige, aber gute Unterkünfte und Essgelegenheiten. Im Osten der beiden Dörfer erstreckt sich das **Territorio Indígena de Ngäbe-Buglé Conte Burica,** das allerdings schwer zugänglich ist (→ Kasten, S. 292).

Panama ist von Punta Banco aus nun zum Greifen nah, der offizielle Grenzübergang befindet sich jedoch in Paso Canoas.

Busverbindungen **Golfito:** 2-mal tägl. um 5.15 und 12.45 Uhr vor dem Supermarkt Río Claro, Fahrzeit 2 Std.

Punta Banco: 2-mal tägl. um 11.45 und 16.45 Uhr, Fahrzeit 15 Min.

> **Achtung!** Südlich von Golfito gibt es keine Geldautomaten. Kartenzahlungen sind selten möglich.

Aktivitäten **Sea Kings Surf Shop,** professioneller Shop mit netten Leuten. Boards werden verliehen und auch repariert. Wer den Ritt auf den Wellen erlernen will, wird hier an Lehrer vermittelt. Am Sportplatz, ✆ 27762015.

Yoga Pavones, bietet verschiedene Kurse und Level auf dem Yoga-Deck mit Meeresblick an. Am Strand, ✆ 88292409, www.yogapavones.com.

Einkaufen **Supermarkt Río Claro,** bei der Schule bzw. Tankstelle im Ort.

Übernachten in Pavones **Cabinas de la Suerte** Einfache, hübsch eingerichtete Zimmer über dem angeschlossenen Café im Zentrum von Pavones. Im Café gibt es tolle vegetarische Gerichte und leckeres Frühstück. Mo–Mi 7–17, Do–Sa bis 20 Uhr. ✆ 27762388. **€€€**

La Ponderosa Resort Liegt etwas südlich des Zentrums am Strand. Die Zimmer und Ferienhäuser sind sehr kommod eingerichtet. Der weitläufige Garten mit Wanderwegen und Swimmingpool ist in Strandnähe. 2,5 km nach Pavones Richtung Punta Banco, ✆ 88411197, www.laponderosapavones.com. **€€€**

Casa Siempre Domingo Exklusives Ferienhaus mit allem erdenklichen Komfort. Vom Swimmingpool und der Terrasse hat man einen grandiosen Blick über den Golfo Dulce. 4 Schlafzimmer bieten bis zu 8 Personen Platz. Pavones Zentrum, ✆ 83471020, www.casasiempredomingo.com. **€€€€**

Essen & Trinken in Pavones **Nick's Place** Gutes Lokal. Das Ceviche mit knusprigen Patacones ist die Spezialität. Es gibt auch leckere Burger. Di–So 10–20 Uhr. Gegenüber vom Supermarkt Río Claro, ✆ 87773508. **€€**

Tico Mex Wirklich leckere Fisch-Tacos und Burritos. Die Portionen sind üppig, die Inhaber sehr freundlich. Tägl. 10–20 Uhr. An der Dorfstraße, ✆ 27762174. **€€**

La Bruschetta Rosella serviert italienische Kost, Pizza, Pasta und Gnocchi in bester Qualität. Das Ambiente ist einladend. Tägl. 11–22 Uhr. An der Dorfstraße, ✆ 89573739. **€€**

Übernachten/Essen in Punta Banco

Rancho Burica Hier kommt die Surfer-Gemeinde zusammen. Gemütliche Gartenbungalows und Schlafsäle warten auf Gäste. Sie sind einfach eingerichtet. Kräftiges Frühstück, Mittag- und Abendessen gibt es im angeschlossenen Restaurant. ✆ 89108999, www.ranchoburica.com. **€€**

MeinTipp **Casa Marea Alta** Tolle Anlage zwischen Dschungel und Strand, die Zimmer praktisch und sauber. Es werden viele Aktivitäten wie Koch-, Yoga und Surfkurse angeboten. Das Essen ist gesund und frisch zubereitet. An der Dorfstraße, ✆ 27762047. **€€**

The Yoga Farm Ein Ort inmitten der Natur, umgeben von einem schönen Garten und unweit von einem einsamen Strand. Pat und Christie leiten die Farm, auf der alles auf Nachhaltigkeit und Einfachheit abzielt. Man läuft barfuß, genießt die Gemeinschaft und entspannt jeden Tag beim Yoga. www.yogafarmcostarica.org. **€€**

Tiskita Jungle Lodge Exklusive Hotelanlage mit weitläufigem Garten. Die Zimmer sind sehr gepflegt und schön eingerichtet. Vollpension und geführte Touren sind im Zimmerpreis enthalten. Im angeschlossenen privaten Naturreservat können Führungen unternommen und Auswilderungen von Aras begleitet werden. 5 km südlich von Pavones, ✆ 89352834, www.tiskita.com. **€€€€**

Brisas del Mar Frischer Fisch, Meeresfrüchte und typische Tico-Küche werden serviert. Das Brisas ist bei Einheimischen sehr beliebt. Di–So 12–21 Uhr. An der Dorfstraße, ✆ 88759907. **€€**

Der Strand von Pavones ist abschnittsweise felsig

Der Süden entlang der Panamericana

Einsam und ruhig, bergig und grün erstreckt sich die Inlandsroute südlich von San José bis an die Grenze zu Panama – authentisches Tico-Landleben fern von jeglichem Touristenrummel.

- **Km auf der Panamericana:** 239
- **Höchster Berg:** Chirripó (3820 m) im Talamanca-Gebirge
- **Indigenes Leben:** Boruca-Reservat
- **Einsame Natur:** Parque Internacional La Amistad (PILA)

Gerade einmal 70 km südlich der Hauptstadt San José wird es sehr waldig und bergig: Hier beginnt die Cordillera de Talamanca, der größte und höchste Gebirgszug Costa Ricas. Er erstreckt sich von der Provinz Cartago über den Parque Internacional La Amistad bis zum Volcán Barú in Panama. Die Tour durch den Inneren Süden Costa Ricas führt über die Panamericana (Ruta 2), die südlich und parallel zur Cordillera de Talamanca verläuft. Tolle Ausblicke sind also Dauerbegleiter.

Nicht viele Reisende nehmen diese Route durch das Landesinnere, die durch bewaldete Nationalparks führt, im abgelegenen Bergdorf San Gerardo de Dota dem Quetzal auf der Spur ist, tolle Ausblicke auf die Berggipfel bietet, die authentischen Landstädtchen San Isidro und San Vito streift und im Ort Paso Canoas an der Grenze zu Panama endet. Der größte Teil der Strecke verläuft auf der Panamericana: zunächst über 222 km von San José bis zum Ort Paso Real am Río Térraba, wo sie gen Küste abbiegt und man nun über 111 km der Ruta 237 folgt, bis diese Straße bei Ciudad Neily wieder auf die Panamericana stößt. Nun sind es noch 17 km bis nach Panama.

Was anschauen?

Botanischer Garten Wilson: Hier wird man klüger, denn in dem prächtig angelegten Areal lernt man entlang thematischer Wanderpfade jede Menge über Pflanzen. → S. 320

Käserei in Canaán: Es riecht vielleicht intensiv, schmeckt aber. Käsechefin Katja erläutert gern die Herstellung des „Schweizers". → **S. 310**

Was unternehmen?

Wasserfall Nauyaca: Per Pferd zum Wasserfall und ein Sprung ins kühle Nass – wer kann da schon nein sagen? → **S. 317**

San Gerardo de Dota: Fernab vom Massentourismus erstreckt sich der Ort über ein langes Tal, in dem ein seltener Vogel lebt: der majestätische Quetzal. Bei einer Birdwatching-Tour früh am Morgen stehen die Chancen gut, ihn zu entdecken. → **S. 304**

Auf den Chirripó: Der höchste Berg des Landes ist ein beliebtes Bergsteiger-Ziel. Ausgangspunkt der zweitägigen Kraxeltour ist San Gerardo de Rivas. Die Silhouette des Berges begleitet einen großen Teil der südlichen Inlandsroute. Am Gipfel angekommen, nicht den spektakulären Sonnenaufgang verpassen! → **S. 313**

Parque Internacional La Amistad: Abseits der üblichen Pfade wandern Sie in diesem schönen und abwechslungsreichen Park an der Grenze zu Panama, in dem zwei Drittel aller Tierarten Costa Ricas anzutreffen sind. → **S. 321**

Wo übernachten?

Trogón Lodge: Übernachten im Garten Eden. Kuschelige Bungalows mit Holzveranda, eingebettet in einen tropischen Garten voller bunter Pflanzen und Vögel. → **S. 307**

Coffea Diversa: Wie ein Hobbit schläft man in kleinen Hütten auf einer Kaffeefinca im Parque Internacional La Amistad. → **S. 323**

Wo shoppen?

San Isidro: Rund um San Isidro wird Kunsthandwerk aus Holz verkauft; Schüsseln, Teller, Salatbesteck, schön rustikal. Auf dem Bauernmarkt in San Isidro gibt es frisches Obst und Gemüse, regional und saisonal. → **S. 315**

Paso Canoas: Wer günstige Elektro-Artikel shoppen möchte, kann sich in den großen Malls der quirligen Grenzstadt umsehen. → **S. 324**

Wo essen?

Alma de Árbol: Appetit auf Forelle? Dieses schicke Restaurant bringt sie fangfrisch auf den Teller samt einem leckeren Salat. → **S. 307**

Wo die Seele baumeln lassen?

Felsen mit Aussicht: Am rauschenden Bach, der bei der Trogón-Lodge in San Gerardo de Dota fließt, liegt ein riesiger Fels – ein schöner Ort fürs Picknick und ein guter Beobachtungsposten für Quetzal-Spotting. → **S. 304**

Urban Farm Café: Wer an San Isidro vorbeikommt, muss diesem lässigen Chill-Ort auf dem Lande einen Besuch abstatten. Wunderbare Landschaft, dazu Selbstversorgung bio, regional und einfach lecker. → **S. 318**

Von San Gerardo de Dota zum Parque Nacional Chirripó

Nachdem man San José und Cartago hinter sich gelassen und kleine Panamericana-Straßendörfer wie Casamata, Cerro Alto und Tres de Junio durchquert hat, ist man mitten im Talamanca-Gebirge und schnell ist das erste Highlight der Südroute erreicht.

Der Parque Nacional los Quetzales ist eines der Schutzgebiete im Land, wo die Chancen gut stehen, den majestätischen Quetzal tatsächlich in der Wildnis zu beobachten. Ausgangsort für einen Besuch des Parks ist San Gerardo de Dota, eine Ortschaft, die sich wenige Kilometer nach dem Abzweig zum Park von der Panamericana über ein langes Tal erstreckt. Auch hier lebt der Quetzal.

Der Cerro de la Muerte ist mit 3491 m der höchste Punkt an der Panamericana in Costa Rica und ist durch ein Schild markiert. Man fährt quasi direkt daran vorbei, kann aber auch parken und einen Abstecher zu Fuß über den Cerro machen; einfach dem Weg zu den Telekommunikationsmasten folgen und dann: den Ausblick genießen. Der drastische Name „Todesberg" stammt aus Zeiten, als der Pass vom Valle Central aus in einer drei- bis viertägigen Reise zu Fuß oder per Pferd überquert werden musste, um in den Süden zu gelangen, und viele Reisende die Kälte, den Regen und schwierigen Pfade im Talamanca-Gebirge unterschätzten und starben.

Kurz vor diesem Stopp überquert die Panamericana den Cerro de la Asunción, der immerhin auch schon 3396 m hoch ist. Er liegt im Parque Nacional Tapantí/Sector Macizo de la Muerte, ein Wandergebiet, das vor allem bei den Hauptstädtern beliebt ist.

Schließlich ist San Gerardo de Rivas erreicht, der Ausgangsort für den König im Talamanca-Gebirge: den Cerro Chirripó.

San Gerardo de Dota

Bei Kilometer 85 weist die Soda San Gerardo, die in rustikalem Ambiente leckere Tico-Hausmannskost serviert (tägl. 6.30–21.30 Uhr), schon auf das nächste Ziel hin. Hier verlässt man die Panamericana und schlängelt sich spektakulär nach San Gerardo de Dota hinunter. Die Straße zum langgezogenen Dorf ist teils schlecht, unbefestigt, kurvig und oft einspurig. Dabei gibt es grandiose Ausblicke in das Tal. Die Ortschaft ist weniger klassisch angelegt, sondern erstreckt sich über knapp 10 km, gespickt mit diversen Unterkünften, einigen Restaurants und Einkaufsmöglichkeiten. Wer hierher kommt, sucht die Ruhe fernab vom Massentourismus. Unten im Tal fließt der **Río Savegre**, der ganz in der Nähe entspringt. Er gehört zu den saubersten Flüssen Zentralamerikas. Kein Wunder, dass sich in der üppigen, sauberen Na-

tur der Quetzal noch wohlfühlt und man diesen majestätischen Vogel dort auch zu Gesicht bekommt. Der Moment, in dem auf einmal die langen grünen Schwanzfedern zwischen den Bäumen auftauchen und der Quetzal wippend durch die Luft fliegt, ist etwas ganz Besonderes. Oft tauchen sie paarweise auf, denn wenn sich ein Quetzal einmal „verliebt" hat, bleibt er sein Leben lang mit dem Partner zusammen.

Ausflüge in die Umgebung

Parque Nacional Los Quetzales (Nationalpark Los Quetzales): Am Kilometer 76,5 der Interamericana liegt der Eingang zum Nationalpark Los Quetzales. Der Park schützt ein 4850 ha großes Gelände mit Bergnebelwald. Ornithologen aus aller Welt pilgern hierher, um dem Quetzal aufzulauern. Von Januar bis Juni, in der Brutzeit des prächtigen

Vogels, ist dafür der beste Moment. Der Park hat keinerlei touristische Infrastruktur wie ein Besucherzentrum oder Unterkünfte.

▪ 8–16 Uhr. Der Eingang liegt direkt an der Panamericana und ist nicht zu übersehen. Eintritt 12 $, Kinder 6 $. ✆ 25140403.

Catarata Río Savegre: Für die 1,5-stündige Wanderung zum Savegre-Wasserfall ist etwas Kondition von Nöten. Die Wanderwege sind von Wurzeln übersät und aufgrund des Klimas schlammig und rutschig. Die Brücken sind teilweise beschädigt. Kurz vor dem Ziel muss man sich noch an einem befestigten Seil hinunterlassen. Alles in allem ein kleines Abenteuer, aber ein lohnenswertes. Fernglas und Kamera nicht vergessen, denn etliche Vögel hüpfen durchs Dickicht. Ein kleines Schild am Straßenrand weist auf den Weg zu den Cataratas hin. Der Eintritt ist frei.

Parque Nacional Tapantí (Nationalpark Tapantí): Direkt an der Panamericana, nur 9 km nach dem Abzweig nach San Gerardo und 1 km vor dem Cerro de la Muerte, liegt der Zugang zum Macizo de la Muerte, einem Teilgebiet des Tapantí-Nationalparks, der insgesamt mehr als 58.000 ha groß ist. Der Hauptzugang zum Tapantí liegt bei Orosí (→ S. 306). In diesem Teil hat man die Möglichkeit, über ca. 2 km auf den Gipfel des Cerro de la Asunción (3396 m) zu wandern. Die Vegetation erinnert an die der Alpen und die Ausblicke sind bei klarer Sicht grandios! Der Eintritt ist frei.

Praktische Infos

Busverbindungen Die An- und Abreise mit öffentlichen Verkehrsmitteln ist kompliziert. Mehrmals täglich wird die Strecke **San José–San Isidro** (Fahrzeit 3 Std.) von verschiedenen Busunternehmen befahren. An der Abzweigung am Km 80 der Interamericana nach San Gerardo de Dota kann man aus- oder zusteigen.

Einkaufen Mehrere kleine **Pulperías** finden sich entlang der 7 km langen Hauptstraße durch das Dorf. Die Öffnungszeiten sind unregelmäßig und das Angebot ist spärlich.

Touren Alle Unterkünfte bieten verschiedene Touren in die Umgebung an. Im Mittelpunkt steht meist die Sichtung eines oder mehrerer Quetzale. Die heimischen Guides wissen genau, wo sich die Nester befinden und sich der Erfolg einstellt. Zeitig, um 5.30 Uhr in der morgendlichen Kälte, starten die Touren. Warme Kleidung anziehen und Regenponcho mitnehmen. Tour von der Trogón Lodge, 5.30 Uhr, Dauer 2 Std., 35 $. ✆ 22938181.

Paradiesisch: Trogón Lodge beim Parque Nacional Los Quetzales

Angeltour mit Cloud Forest Trout, Fliegenfischen mit Tom und Kevin. Die US-amerikanischen Guides kennen die besten Spots am Río Savegre. ✆ 83049703, www.flyfishingcostarica.com.

Übernachten Sueños del Bosque Lodge Saubere, schön eingerichtete Bungalows, teils mit Kamin und Küchenzeile. Einige Rundwanderwege führen über das weitläufige Gelände. Angeschlossenes Restaurant. An der Hauptstraße, 9,2 km nach der Abzweigung von der Interamericana, ✆ 27401023, www.bosquesangerardo.com. **€€**

Quetzal Valley Cabins Rustikale Ferienhäuser mit Küche, sauber und geräumig. Der Blick in das Tal ist atemberaubend. Peter, der Inhaber, weiß wo Fliegenfischen am Río Savegre gut möglich ist oder Quetzales nisten. Frühstück 6 $. Gegenüber der Dantica Cloud Forest Lodge, ✆ 83444577, www.quetzalvalleycabins.com. **€€**

Dantica Cloud Forest Lodge Geschmackvoll eingerichtete Zimmer. Riesige Glasfenster geben den Weitblick über das Tal frei. Das angeschlossene Restaurant ist auch empfehlenswert. Frühstück ist im Zimmerpreis enthalten. Am Hauptweg C. San Gerardi nach 3,7 km, ✆ 27401067, www.dantica.com. **€€€**

Savegre Hotel Exklusive Hotelanlage mit allen Annehmlichkeiten, u. a. Whirlpool und Sauna. Die Zimmer sind elegant und komfortabel eingerichtet und besitzen eine Heizung. Im angeschlossenen Savegre Reserve kann man sich auf 30 km Wanderwegen durch den primären Nebelwald bewegen. Vom Hauptweg C. San Gerardo nach 9 km links ab und noch ein paar Meter weiter, ✆ 83444577, www.quetzalvalleycabins.com. **€€€**

MeinTipp **Trogón Lodge** Man möchte nicht mehr weg, so schön ist es hier. Die Hütten der Lodge stehen in einem paradiesischen Garten mit einem See, einem Bach, einem Wasserlauf und überall wachsen exotische Pflanzen. Deshalb schwirren viele Kolibris herum und trinken den Nektar aus den vielen wunderschönen Blüten. Selbst der Quetzal lässt sich hier blicken. Jede Cabaña hat eine Holzterrasse und auch innen ist alles aus Holz. Die Betten sind groß und bequem. Abends gibt es die Option, am Buffet teilzunehmen – das sollte man unbedingt, die Lachsforelle ist ein Genuss und die Atmosphäre mit all den schönen Glaslampen ebenfalls. Frühstück inkl. Am Hauptweg C. San Gerardo, ✆ 22938181, www.trogonlodge.com. **€€€€**

Bach beim Parque Los Quetzales

Übernachten am Nationalpark Tami Lodge Supertolle, jedoch stromlose Lodge am Nationalpark. Übernachtet wird in Zelten, die jeglichen Komfort, wie eigenes Bad mit Dschungelblick, bieten. Die Kaffee- oder Quetzal-Touren mit Alonso sind sehr informativ. In der Dunkelheit ist der Blick in den Sternenhimmel atemberaubend. Die Anfahrt zur Lodge ist nur mit Allrad zu empfehlen. Halbpension inkl. ✆ 25412020, www.santostour.net/tami-lodge. **€€€**

Essen & Trinken Alma de Árbol Originelle Küche in modernem Ambiente. Ob knusprige Pizza, gebratene Forelle an Brombeer-Soße, Hühnchen mit einer originellen Salatkomposition oder ein süßer Abschluss – das Essen ist grandios. Mi–So 11.30–20, So nur bis 19 Uhr. Am Hauptweg C. San Gerardo, ✆ 21001743, www.almadearbol.com. **€€**

MeinTipp **Café Kahawa** Klein, aber fein. Der perfekte Ort, um nach einer Wanderung zu entspannen. Suppen, Sandwiches und Kuchen stehen zum Verzehr bereit. Der Apfelkuchen ist ein Gedicht, dazu ein kräftiger Kaffee. Kinder können sich auf dem Spielplatz tummeln. 7.30–16, Sa 12–17 Uhr. Am Hauptweg C. San Gerardo, ✆ 27401081, www.kahawa.co. **€€**

Pizzeria Los Colibríes Pizza mit Ausblick. Übersichtliche Karte, frische Zutaten. Geschmacklich gelungen. Die Wartezeit vertreibt man sich mit Kolibri-Watching. Tägl. 12–21 Uhr. 3 km von der Abzweigung von der Interamericana entfernt. ✆ 84745878. **€€**

Der Süden entlang der Panamericana → Karte S. 305

Der Göttervogel Quetzal

Selten schwebt er noch durch die freie Wildbahn, der wunderschöne Quetzal, beliebt und begehrt aufgrund seiner langen, schillernd grünen Schwanzfedern. Nicht nur heute stellt man ihm nach – mit riesigen Fotokameras und Fernglas. Zur Zeit der indigenen Stadtstaaten war der Umgang etwas rabiater, denn die bis zu einem Meter langen Schwanzfedern waren ein teures Handelsgut und bildeten den Kopfschmuck der Herrscher und Priester. Regelmäßig musste der Quetzal daher Federn lassen. Der Name Quetzal wird von der indigenen Sprache Nahuatl „quetzalli" abgeleitet und bedeutet leuchtende Schwanzfeder. Diese Federn galten bei den präkolumbischen Völkern Mittel- und Südamerikas als wichtiges Macht- und Statussymbol. So besteht der berühmte „Penacho ", die legendäre Federkrone, die mit dem vorletzten Aztekenherrscher Moctezuma in Verbindung gebracht wird und sich heute im Kunsthistorischen Museum in Wien befindet, aus nicht weniger als 450 Quetzalfedern. Von den Azteken wurde der Vogel als Gottheit verehrt und das Töten der Quetzale mit dem Tode bestraft.

Der Quetzal gehört zur Familie der farbenprächtigen Trogone und ist durch die Zerstörung seines Lebensraums stark gefährdet. Vor allem während der Brutsaison von Januar bis Juni lassen sich die scheuen Vögel – zumindest in Begleitung eines ortskundigen Führers – leicht ausmachen. Wenn Quetzale ihre Brutterritorien etablieren, vollführen die Männchen Schauflüge hoch über der Kronenschicht des Waldes und Gruppen von bis zu zehn Tieren bewegen sich lautstark durch den Nebelwald. Quetzale nisten in halbverrotteten, aufrecht stehenden Baumstümpfen, wo sie ihre Nisthöhlen anlegen. Nach der Brutzeit unternehmen Quetzale nur kurze Wanderungen in nahrungsreiche Waldgebiete. Die Gegend um San Gerardo de Dota ist perfekt für sie. Die avocadoähnlichen Früchte wildwachsender Lorbeergewächse (Lauraceae) sind ein Hauptbestandteil ihrer Nahrung, weshalb der Quetzal eine Schlüsselfunktion in der Verbreitung dieser Baumart übernimmt. Im Nationalpark Los Quetzales sind neben dem Quetzal noch zahlreiche weitere Vogelarten, darunter weitere Trogone, Tangaren und andere Hochlandarten sowie einige endemische Kolibriarten heimisch.

San Gerardo de Rivas

Die kleine, langgestreckte Ortschaft San Gerardo de Rivas auf 1350 m ist der Ausgangspunkt für den Besuch des **Parque Nacional Chirripó** (→ S. 312) und die Besteigung des gleichnamigen Berges. Sie erstreckt sich entlang des Río Chirripó Pacífico und ist durch traditionelle Landwirtschaft geprägt. Öko-Tourismus ist in der Region im Kommen. Immerhin wollen mehrere Tausend Besucher im Jahr den Nationalpark bewandern oder gar den **Cerro Chirripó** besteigen. Die Nationalparkverwaltung befindet sich direkt im Ort, während der Eingang zum Nationalpark (ausgeschildert) westlich des Ortszentrums hinter der Casa Mariposa Nature Lodge liegt. In der näheren Umgebung gibt es zudem noch weitere interessante Ausflugsziele. Deshalb lohnt sich ein Aufenthalt in diesem beschaulichen Örtchen mit seinen knapp 700 Bewohnern auch für mehrere Tage. Ein chilliges Plätzchen am rauschenden Fluss ist zum Beispiel das Poza Verde im nahen Dorf Canaán.

Ausflüge in die Umgebung

Cloudbridge Reserve: Auf 174 ha verteilt gibt es in dem privaten Naturreservat noch fast 60 % primären Bergnebelwald zu bewandern und zu bewundern. Das Reservat wurde zum Schutz und zur Aufforstung des Gebietes begründet. Ein weites Netz von Wanderwegen ermöglicht schöne Touren durch die tolle Berglandschaft. Unter den ca. 130 bisher gesichteten Vogelarten tummelt sich ab und zu sogar der Quetzal. Auch die Flora kann sich sehen lassen. Verschiedene Farne, Palmen, Bromelien und Orchideen sind ganzjährig zu sehen. Der 1 km lange **Waterfall-Trail** führt als Rundweg zu den Julia Falls. Badesachen nicht vergessen. Das Reservat ist beständig auf der Suche nach freiwilligen Helfern. Kost und Logis wird gestellt. Wer nur die Vielfalt des Reservats bestaunen will, kann hier auch übernachten. Schöne Bungalows gibt es ab 100 $ pro Nacht.

■ Eintritt auf Spendenbasis, www.cloudbridge.org. Die Anfahrt erfolgt in Richtung des Eingangs zum Chirripó-Nationalpark. Den lässt man rechts liegen und folgt der Schotterpiste bis zur Casa Amanzimtoti, 500 m Fußmarsch folgen. Tägl. 7–17 Uhr, ✆ 88565519.

Aguas Termales Gevi: Nach einem anstrengenden Tag lassen sich die müden Glieder in dem 37° C warmen Wasser vortrefflich entspannen. Gleich mehrere

Río Chirripó Pacífico

Käse aus Canaán

Nach dem gelobten Land der Bibel ist der kleine Ort benannt, aus dem der Käse der Familie Mata Hernández stammt. Katja Hernández Navarro ist die Chefin des kleinen Familienunternehmens. Sie und ihr Mann Wilberth Mata Zuñiga sind Ticos und stammen aus der Gegend. Wie sie vor über 20 Jahren zum Käse kamen, ist eine besondere Geschichte. Da Milch nicht viel einbringt, überlegte das Ehepaar lange, wie es die Kühe der Finca noch nutzen könnte. Eines Tages erzählte ein Freund von einem Kumpel in der Schweiz, der weiß, wie man Käse macht. Dieser Freund könne nach Costa Rica kommen und zeigen, wie es geht. Tatsächlich erklärte sich Martin aus der Schweiz dazu bereit. Kurzerhand organisierte Katja einen Workshop mit 17 Teilnehmern aus der Region. Und dann kam Martin, stattliche 70 Jahre alt, mit Käse im Gepäck und gab einen Workshop.

Leider war Martin zuvor mit seinem Käse drei Monate in Nicaragua unterwegs gewesen und in der Hitze war der Käse ranzig geworden, sodass er beim Workshop niemandem schmeckte. Auch Katja nicht. Am zweiten Workshoptag kam niemand mehr zu Martin – nur Katja und ihr Mann blieben und fühlten sich zu besonderem Interesse verpflichtet. Beim Abschied sagte Martin zu ihnen: „In einem Jahr komme ich wieder und schaue, wie es mit dem Käse so läuft." Und nun standen sie da: Käse ja oder nein – das war hier die Frage. Schließlich wagten sie es. Martin hatte ihnen ein paar „moldes", Käseformen, dagelassen und noch weitere Zutaten fürs Käsemachen. Dann starteten sie. Martin kam sieben Jahre in Folge zurück und half immer wieder beim Herstellungsprozess. Eines Tages war es so weit. Im Wohnzimmer lag ein großes Stück Käse bereit, alles roch danach. Zu einer Gemeindeversammlung nahmen sie ein paar Probierstückchen mit und verkauften schließlich die ersten Stücke ihres eigenen Käses. Die Ticos waren extrem skeptisch, anfangs kauften den Käse nur Ausländer, die in der Region lebten. Erst nach etwa zehn Jahren fanden auch die Einheimischen Gefallen am Käse. Heute verkauft die Familie den Käse in ihrem Shop in Canaán sowie auf kleinen Ferias in der Region; ein Sohn vertreibt ihn sogar bis San José: Ziegenkäse, Chili-Käse, Basilikum-Käse und andere Sorten.

Becken verhindern Platzmangel. Das Bad liegt 1 km nordöstlich der Ranger-Station in San Gerardo.

▪ Tägl. 7–17 Uhr. Eintritt 7 $. ✆ 27425210.

Dörfchen Canaán: Knapp 3 km vor San Gerardo liegt das Dörfchen Canaán. Hier empfiehlt sich ein Besuch der **Käserei** **9** (→ Karte oben) der Familie Mata Hernández, die leckeren „Schweizer Käse" in Handarbeit herstellt und vor Ort verkauft (→ Kasten).

▪ Die Käserei liegt 50 m nördlich der Kirche, ✆ 27425125.

Chocolaterie Samaritan Xocolata **10** (→ Karte oben): Unweit der Käserei kann man handgefertigte Schokoladenkreationen aus heimischen Kakaobohnen verkosten und natürlich auch kaufen. Workshops werden angeboten.

▪ ✆ 88207095.

Praktische Infos

→ Karte S. 311

Information Nützliche Informationen gibt es unter www.sangerardocostarica.com.

Nationalparkverwaltung: Hier checkt man in den Park ein. Zuvor ist das Eintrittsticket zwingend unter https://serviciosenlinea.sinac.go.cr zu reservieren und kaufen. Tägl. 8–12 und 13–16 Uhr. An der Ruta 242 kurz vor der Abzweigung zum Talamanca Reservat, ✆ 2447747, +50627425348 von außerhalb Costa Ricas.

Busverbindungen **San Isidro:** mehrmals tägl. 5.15, 7.30, 10, 13, 16, 18.45 Uhr; So nur 7.30, 11.30, 16 Uhr, Fahrzeit 1 Std. Busse nach **San José** fahren immer über San Isidro. Abfahrt am Fußballplatz.

Übernachten **Hotel El Descanso** **5** Die Zimmer von Hazels Pension sind einfach, hell und geräumig und haben nur teilweise ein eigenes Bad. Das angeschlossene Restaurant ist bekannt für seine sehr gute Küche. Der Transfer zum Parkeingang wird angeboten. Hilfreiche Tipps zur Besteigung des Chirripó gibt das Betreiberpaar. An der Ortsstraße, ✆ 27425061. **€€**

Casa Mariposa Nature Lodge **2** Liebevoll und fantasievoll sind die Zimmer der Lodge eingerichtet. Eine ordentliche Gemeinschaftsküche ist vorhanden, sodass Selbstversorgung kein Problem ist. Die Inhaber Jill und John sind äußerst hilfsbereit und helfen bei der Planung von Ausflügen. Die Lodge liegt außerhalb und westlich vom Zentrum, dafür direkt am Eingang zum Nationalpark. ✆ 72723377, www.casamariposachirripo.net. **€€**

Hotel de Montaña El Pelicano 7 Geräumige Bungalows reihen sich um einen schönen Pool in einem tollen Garten, Vögel flattern umher. Im rustikalen Restaurant gibt es Frühstück und abends am Kamin auch ein Abendessen auf Vorbestellung. 700 m nördl. von Canaán, www.hotelpelicano.com. **€€**

Bienvenidos – willkommen!

Talamanca Nature Reserve 3 Komfortabel eingerichtete Gartenbungalows schmiegen sich in ein traumhaft schönes, weitläufiges Areal. Im angeschlossenen Restaurant mit Kaminecke kann man gut, aber nicht günstig essen. Frühstück ist im Zimmerpreis inklusive. Das Nature Reserve liegt ca. 1 km vor dem Eingang zum Nationalpark, ✆ 27425080, www.talamancanaturereserve.com. **€€€€**

Hotel Río Chirripó Lodge & Retreat 8 Sehr gepflegte Hotelanlage am Fluss mit Swimmingpool und beheiztem Whirlpool. Die wenigen Zimmer sind im modernen Stil gehalten, sauber und geräumig. Breites Spa-, Massage- und Yoga-Angebot. Der Oberknaller: Es gibt eine Badestelle im Fluss – erfrischend! Frühstück inklusive. 50 m nordöstlich vom Friedhof, ✆ 27425109, www.riochirripo.com. **€€€€**

Essen & Trinken **Restaurant Urán 1** Ab 4.30 Uhr bekommt der Gast und geneigte Bergsteiger im Urán schon ein leichtes Frühstück oder heißen Kaffee, bevor er sich an den Aufstieg zum Chirripó macht. Darüber hinaus gibt es schmackhafte, heimische Küche, die nach „getaner Arbeit" auf den Wanderer wartet. Vor dem Nationalparkeingang, ✆ 27425003, www.hoteluran.com. **€€**

meinTipp **Kapi Kapi 6** Mehr als ein Café. Der Ort ist auch Markt, Treff und Workspace, nicht nur für die vielen hier lebenden Expats. Im schicken Ambiente gibt es sehr gut Kaffeekreationen und leckeren Kuchen. Die Regale sind mit regionalen Produkten gefüllt. Toller Ort zum relaxen. Im Zentrum, gegenüber der Parkverwaltung, neben dem Servicebüro. Tägl. 10-20 Uhr, www.kapikapichirripo.com. **€€**

Robino's Foodies Restaurant 4 Auf einer schönen Außenterrasse werden köstliche Pizzen und frische Salate serviert – alles mit Liebe hausgemacht. Beim Schmausen kann man die bunten Vögel beobachten, die sich am Obst-Futterplatz tummeln. Geöffnet ist nur in der Hochsaison von Dez. bis April. Gegenüber dem Fußballplatz. www.robinosfoodies.com. **€€€**

Parque Nacional Chirripó Nationalpark Chirripó

Der Cerro Chirripó mit seinen 3820 m ist der höchste Berg in Costa Rica. Er liegt im Talamanca-Gebirge und bildet das Highlight des Nationalparks Chirripó. Im Park gibt es verschiedene Ökosysteme wie Nebelwald, tropischen Feuchtregenwald und Páramo, die baumlose Hochlandsteppe mit verkrüppelten Bäumen, Gräsern und Moosen. Gletscherterrassen, Seen und Gletscher-Bergkessel zeugen von der eiszeitlichen Entstehung des Gebirges. Die unterschiedlichen Ökosysteme bringen eine ebenso reiche und vielfältige Flora und Fauna hervor. In den unteren Regionen bis 3400 m finden sich vermehrt Eichen, Farne und Bromelien. Über 3400 m beginnt der Páramo mit stark verkümmerter Flora. Hier sind vor allem Gräser, Moose und Flechten zu finden. Zu den hier heimischen Tieren gehören Puma, Otzelot, Jaguar, Wildschwein, Tapir, Affe und Schlange. Doch wie so oft sind diese Vetreter eher selten anzutreffen. Im Nationalpark entspringen viele für das Land wichtige

Die Wanderung im Überblick

Tiefster Punkt: Eingang zum Nationalpark Chirripó (1520 m ü. M.)

Höchster Punkt: Cerro Chirripó (3820 m ü. M.)

Höhenunterschied: rund 2300 m

Distanz: ca. 14,5 km bis zur Basisstation und nochmals 5 km bis auf den Gipfel

Marschzeit: je nach Kondition ca. 7–10 Std.

Kosten: 18 $/Tag, macht bei 2 Tagen 36 $; Übernachtung 35 $; Verpflegung auf der Hütte 35 $; gesamt gut 100 $/Pers.

Mitnehmen:

- ausreichend Trinkwasser (4–6 l pro Tag einplanen)
- Verpflegung
- Regenjacke und Wetterschutz
- Sonnenschutz, Creme und Kopfbedeckung
- Wechselsachen
- warmer Schlafsack
- Wanderstöcke
- Taschenlampe

Flüsse. Der Río Chirripó Pacífico ist der Quellfluss des Río Térraba. Der Río Chirripó Atlántico mündet später in den Río Matina.

Besteigung des Cerro Chirripó

Für passionierte Wanderer ist der Aufstieg zum Cerro Chirripó ein Muss. Beste Kondition ist dafür Grundvoraussetzung. Mindestens zwei Tage mit einer Übernachtung sind für die Besteigung von San Gerardo de Rivas (Sector San Gerardo) aus einzuplanen. Die Vorbereitungen für den Aufstieg sind etwas umständlich. Wer ohne Guide und auf eigene Faust auf den Berg will, muss sich frühzeitig (für die Hauptsaison ca. 6 Monate im Voraus) bei der Nationalparkverwaltung anmelden und bezahlen, was online möglich ist. Auch die Übernachtung in einer Berghütte und passende Verpflegung sollten gleich mitgebucht werden. Mit dem Registrierungscode von der Online-Anmeldung erhält man an der Rangerstation am Ortseingang von San Gerardo de Rivas die Eintrittskarte für den Park. Die gebuchten Übernachtungsplätze und Verpflegung für die Berghütte lässt man sich in einem Büro am Fußballfeld in San Gerardo bestätigen. Nun kann es endlich losgehen. Wer gern vor 8 Uhr den Aufstieg beginnen will, erledigt besser das Eintrittskarten-Prozedere bis 16 Uhr am Vortag.

Der Eingang zum Nationalpark liegt hinter der Casa Mariposa Nature Lodge. Das Abenteuer beginnt. Der Weg zum Gipfel ist gut gekennzeichnet und die zurückgelegten Kilometer, insgesamt 14, werden ausgewiesen. 2300 m Höhenunterschied sind zu bewältigen. Auf etwa der Hälfte der Strecke gibt es eine kleine Pulpería, wo man sich noch einmal mit Essen und vor allem mit Wasser eindecken kann. Ein WC ist auch vorhanden. Nach ca. 7 bis 8 Stunden steiler, steiniger, teils schlammiger,

Der Süden entlang der Panamericana → Karte S. 305

landschaftlich reizvoller Wanderung erreicht man das **Refugio Base Crestones** auf 3400 m. Damit sind 1900 m Aufstieg geschafft! Die Hütte bietet Doppelstockbetten, Schlafsäcke und kalte Duschen. Frühstück, Mittag- und Abendessen sowie eine Lunchbox sind auf Vorbestellung für 35 $ erhältlich. Eine Gastküche steht nicht zur Verfügung. Wer länger bleiben kann, findet hier einen optimalen Ausgangspunkt zur Besteigung des **Cerro Crestones,** des **Cerro Terbi** oder des **Cerro Ventisqueros.** Nach kurzer Nacht geht es, wer einen Führer hat, um 2.30 Uhr bei eisiger Kälte noch knapp 5 km in 2:30 Stunden bis zum **Gipfel** hinauf. Der Weg dahin ist etwas anspruchsvoller und der Wind weht meist kräftig. An einigen Abschnitten muss über Felsen geklettert werden. Doch der spektakuläre Sonnenaufgang und der Weitblick über die Cordillera de Talamanca machen alle Mühen vergessen. Bei guter Sicht sind sogar der Pazifik und der Atlantik zu sehen. Nach einem kräftigen Frühstück in der Berghütte erfolgt der Abstieg in 4 bis 5 Stunden nach San Gerardo de Rivas.

Praktische Infos

Größe 50.150 ha.

Anfahrt Via San Isidro de El General. San Gerardo de Rivas und der Parkeingang liegen 20 km nordwestlich von San Isidro.

Zugang Nach erfolgter Anmeldung am Vortag in der Parkverwaltung in San Gerardo de Rivas erfolgt der ausgeschilderte Zugang zum Park hinter der **Casa Mariposa Nature Lodge.**

Nationalparkverwaltung Nach obligatorischer Online-Buchung der Eintrittstickets erfolgt hier die Registrierung am Vortag des Besuchs und Abholung der Tickets. Tägl. 8–12 und 13–16 Uhr. An der Ruta 242 kurz vor der Abzweigung zum Talamanca Reserve, ✆ 2447 747, +50627425348 von außerhalb Costa Ricas.

Touristenbüro Buchung und Bezahlung der Übernachtung auf der Berghütte und der Verpflegung werden hier erledigt. Tägl. 9–16 Uhr. Direkt gegenüber der Parkverwaltung (Consorcio Rural Comunitario Chirripó).

Reservierung der Hütten/Übernachtung und Verpflegung unter ✆ 27425200, www.chirripo.org.

Öffnungszeiten Tägl. 8–17 Uhr.

Eintritt 18 $ pro Tag. Onlinebuchung unter www.serviciosenlinea.sinac.go.cr (Sector San Gerardo).

Übernachtung Hütte 35 $, Vollverpflegung 35 $.

Blick in die Bergwelt um San Gerardo de Rivas

Von San Isidro de El General nach Panama

Es ist ein Streifzug durch das Tico-Landleben, die Reise von San Isidro nach Panama. Schmale Täler und grüne Felder wechseln sich ab, oft schlängeln sich imposante Flüsse durch die abwechslungsreiche Landschaft.

In San Isidro de El General schlägt das Herz der südlichen Region. Die gute Infrastruktur und Versorgung sowie das milde Klima und die landschaftlichen Reize sind schlagende Argumente, um sich hier als Ausländer niederzulassen. Das grüne Herz der Region ist der wenig besuchte Parque Internacional La Amistad, der sich bis nach Panama hinein erstreckt und verschiedene Vegetationszonen beherbergt – eine Region für echte Entdecker. Die Boruca-Indianer und ihre verblassenden Traditionen und Bräuche erlebt man noch im Reserva Indígena Boruca. In San Vito fühlen sich dagegen die Italiener wohl, was vor allem an der lieblich hügeligen Bergwelt liegt. Nur 17 km vor dem Grenzort Paso Canoas durchfährt man schließlich das unscheinbare Städtchen Ciudad Neily, umgeben von Palmölplantagen. Man mag es glauben oder nicht: Hier befindet sich einer der letzten Zufluchtsorte für die putzigen Totenkopfäffchen. In Paso Canoas ist das Idyll vorbei – oh wie schön ist Panama.

 → Karte S. 305

San Isidro de El General

In der mittelgroßen Provinzstadt San Isidro de El General findet das normale costa-ricanische Leben statt. Kein Touristenrummel, keine Fremdenführer, keine Souvenirstände mit Händlern, die darauf warten, dass eine Busladung Amerikaner vorbeischlendert und alles „so cute" findet. San Isidro de el General liegt in einem weiten Tal in den ruhigen Bergen südlich von San José, nur eine Stunde vom Strand und nicht weit vom höchsten Berg Costa Ricas, dem Cerro Chirripó, entfernt.

Sie ist die Hauptstadt des Kantons Perez Zeledon und wird von den Einheimischen auch „Perez" genannt. Die grüne Umgebung und das milde Klima sind Grund genug, warum sich in dieser recht unspektakulären Stadt viele Auswanderer niedergelassen haben. Außerdem ist es hier geschäftig, Ärzte, Banken, Apotheken und jede Menge Geschäfte wie Schuhläden und Schuhmacher, Bekleidungsgeschäfte und Schneider, Friseure, Supermärkte und Restaurants haben sich um den recht großen Hauptplatz, den **Parque Central Perez Zeledón**, angesiedelt. Die sehenswerte moderne, weiß getünchte **Catedral San Isidro Labrador** ragt mit ihren zwei spitzen Türmen über dem Platz empor und ist aus der Ferne von den umliegenden Bergen aus zu sehen.

Aus den Dörfern der Umgebung kommen die Ticos nach Perez, um Geschäfte zu erledigen, die Familie zu besuchen, mit Freunden zu essen oder einfach mal wieder ins Kino zu gehen. Für die Bauern der Umgebung ist San Isidro ein wichtiges Zentrum, um ihr Obst und Gemüse auf dem Bauernmarkt zu verkaufen. Auf der sog. **Feria**

Catedral San Isidro Labrador

del Agricultor jeden Donnerstag und Freitag kann man in San Isidro bio und fair einkaufen, denn dann bringen die Bauern der Gegend alles in die Stadt, was auf ihren Feldern und in ihren Gärten wächst: Tomaten, Salat, Kohl, Gurken, Bohnen, Kürbisse, Zwiebeln und Kartoffeln, außerdem Obst wie Ananas, Weintrauben, Papaya und vieles mehr. Auch Fleisch und Fisch werden angeboten, außerdem verkaufen clevere Geschäftsfrauen selbstgemachte Marmeladen, Honig und Käse.

▪ Av. 6/Calle 5, hinter dem MegaSuper, Parkplätze sind vorhanden.

Ausflüge in die Umgebung

Parque Nacional Chirripó: Touristen passieren die Stadt meistens auf dem Weg zum 17 km entfernt gelegenen Nationalpark Chirripó. Für den Aufstieg zum Cerro Chirripó ist eine Übernachtung in San Gerardo de Rivas dringend zu empfehlen, um gleich früh morgens vor Ort zu sein (→ S. 312).

Cloudbridge Reserve: → San Gerardo de Rivas, S. 304

Cataratas Nauyaca: Sie gehören zu den spektakulärsten Wasserfällen in Costa Rica. Mehr als 60 m tief fällt der Wasserstrom über zwei Stufen in ein 6 m tiefes Naturbecken. Der Sprung in das kühle Nass ist nach dem 4 km langen Fußmarsch willkommen. Wer nicht laufen mag, lässt sich hoch zu Ross chauffieren (Tour ab 9 Uhr, 70 $ inkl. Verpflegung). In der Regenzeit ist das Bad nicht zu empfehlen, da die Strömung recht stark ist und das Wasser nicht so schön klar aussieht. Kurz nach dem Ort Platanillo führt nach links eine Straße nach Libano. Von dort startet der Weg.

▪ Eintritt 10 $. Touren buchbar unter www.nauyacawaterfallscostarica.com. Die Wasserfälle sind auch als Ausflug von Dominical und Uvita machbar. Tägl. 7–15 Uhr, So ab 8 Uhr.

Refugio de Aves Dr Alexander Skutch „Los Cusingos“ (Vogelschutzgebiet): Nur 30 Autominuten von San Isidro entfernt liegt das 78 ha große Vogelschutzgebiet, das von Dr. Alexander Skutch ins Leben gerufen wurde. Der US-amerikanische Naturforscher und Ornithologe kaufte 1941 die Farm „Los Cusingos“, wo er den Rest seines Lebens zubrachte. Er wohnte und forschte hier unermüdlich, schrieb 20 Bücher über Vögel, jede Menge wissenschaftlicher Artikel und starb acht Tage vor seinem 100. Geburtstag in San Isidro de El General. Auf leichten Wanderwegen kann man den Park von Dr. Skutch erkunden und „seine“ Vögel beobachten. Wer aufmerksam ist, entdeckt außerdem zahlreiche Petroglyphen, in Felsen gemeißelte Zeichen.

▪ Tägl. 7–16 Uhr. Eintritt 17 $. Quizarrá de Pérez Zeledón, ✆ 27382070, www.alexanderskutch.com.

Praktische Infos

Busverbindungen Obwohl San Isidro der Knotenpunkt in der Region ist, gibt es kein zentrales Busterminal. Jedes Busunternehmen unterhält ein eigenes Terminal. Tickets sollten rechtzeitig gekauft werden.

MUSOC Terminal, in der Av. 3/C. 2–4. MUSOC bedient ausschließlich die Strecke San José–San Isidro. Ticketkauf auch online möglich. www.musoccr.com, ✆ 27710468.

San José: stündlich 5.30–17.30 Uhr, Fahrzeit 3 Std.

TRACOPA Terminal, an der Interamericana, hinter der Kathedrale, ✆ 22214214.

Ciudad Neily: fast stündlich ab 4.45 Uhr, Fahrzeit 4 Std.; um 8, 16.30, 19.30 und 21.30 bis nach **Paso Canoas,** Fahrzeit 4:30 Std.

San José: mehrmals tägl. zwischen 7.30 und 21 Uhr, Fahrzeit 3 Std.

Transportes BLANCO, am Ende der Av. 4 hinter dem Palacio Municipal, ✆ 22574121.

Dominical: 7, 11.30 und 13.30 Uhr bis **Quepos,** Fahrzeit 3:30 Std.; 7, 11.30 und 15.30 Uhr bis **Uvita,** Fahrzeit 2 Std.

San José: 10 und 14 Uhr, Fahrzeit 3 Std.

Der kleine **Busbahnhof am Zentralmarkt** bedient regionale Ziele, Av. 6/C. 0–2.

San Gerardo de Rivas bzw. Nationalpark Chirripó: Mo–Sa 5.45, 8.30, 11.30, 14.30, 17.30 und 20 Uhr; So 9.30, 14 und 18 Uhr; Fahrzeit 1 Std.

Einkaufen In den Straßenzügen um den Parque Central gibt es alles, was man braucht und nicht braucht. Hier bestätigt sich die Bedeutung als wirtschaftlicher Knotenpunkt.

Mercado Municipal, Av.4 zwischen C. 2 und C. Central. Mo–Sa 5–18, So 5–12 Uhr.

Supermarkt Coopeagri, Av. 6 zwischen C. 2 und C. Central. Mo–Sa 7–21, So 8–16 Uhr.

Monte General Mall, große Shopping-Mall mit allem, was dazugehört, An der Interamericana 4 km vom Zentrum. Tägl. 11–21 Uhr.

Geld **Banco Nacional,** Av. Central gegenüber dem Parque Central. Mo–Fr 8.30–15.45 Uhr.

Banco de Costa Rica, Av. 4 zwischen C. Central und C. 2. Mo–Sa 9–16 Uhr.

Gesundheit **Hospital Las Américas,** modernes und gut ausgestattetes Klinikum. C. 1/Av. 10, ☏ 27717115. 24 Std. geöffnet.

Übernachten **Mirador Valle del General** Neben der tollen Lage mit einem unschlagbaren Blick in das Tal um San Isidro bietet die Lodge gute Betten, schöne Zimmer mit Bad, kleinen Terrassen und Sitzmöglichkeiten, freundliches Personal und ein leckeres Tico-Frühstück. Abends noch ein Bierchen an der Bar, in der Ferne glitzern die Lichter der Stadt. La Ese, La Hortensia de Páramo, 17 km von San Isidro entfernt, www.valledelgeneral.com. €€

Viel Verkehr in San Isidro ...

La Princesa Hotel Das kinderfreundliche Hotel liegt in einem blühenden Garten und gehört einer Tico-Familie. Die Zimmer im mehrstöckigen Gästebereich sind geräumig und sauber, davor verläuft eine große Terrasse, es gibt einen kleinen Pool und leckeres Frühstück. Den weiten Blick ins Tal hat man immer vor Augen. Verschiedene Restaurants sind um die Ecke. San Rafael Norte, ☏ 27720324. €€

Essen & Trinken **La Reina del Valle** Die „Königin des Tals" bringt traditionelles Tico-Essen auf den Tisch: Beim Blick von einer der Terrassen auf den Hauptplatz schmeckt ein Casado oder ein typisches Gallo Pinto besonders gut. Tägl. 10–0 Uhr. Av. Central/C. Central an der Westseite des Parque Central. ☏ 27714860. €

Urban Farm Café Frisch, regional, bio: Das kleine, hippe Café mit einem gemütlichen Garten setzt auf gesunde Kost von einheimischen Bauern. Neben dem leckeren Salat mit Avocado, Brokkoli und Hühnchen kann man zwischen vielen rein vegetarischen und sogar veganen Gerichten wählen. Nach einem Wrap mit Tomate und Karotte, dazu einem grünen Batido (Smoothie) mit Spinat, Fenchel und Orangen oder auch in der Variante Sellerie, Petersilie, Ananas und Maracuja fühlt man sich voll neuer Energie. Frühstück und kleine Sünden wie köstlich-gehaltvoller Schokoladenkuchen, stehen ebenfalls an der bunten Tafel. Mo–Sa 8–17 Uhr. C. Central, beim Stadion. €€

Cafetería Delicias Dieser Chill-Coffee-Shop ist ein großartiger Ort zum Frühstücken. Vielleicht sind es aber auch die köstlichen Snacks und Törtchen, die Ticos wie Auswanderer hier zusammenkommen lassen. Mo–Sa 8–18 Uhr. Av. 2 am Parque Municipal. €

La Corronga Mehr ein Kramladen mit Haushaltsgeräten und einer umfassenden Sammlung von Alltagsgegenständen, der aber auch eine gute Option ist, einheimisch zu essen. Casados, Suppen und Reisgerichte kommen auf den Tisch, dazu gibt es gratis einen fantastischen Blick ins Tal. Tägl. 7–17 Uhr. Das Restaurant liegt am Weg nach Dominical. €

Pizzeria Estella de Italia Marco ist waschechter Italiener und so schmecken auch seine Pizzen und Pasta, Mamma Mia, buonissimo! Die beliebte Pizzeria schiebt ganz traditionell belegte Teigfladen in den Ofen, hat aber auch besondere Kombinationen im Programm, das Ganze zu guten Preisen. Mo–Sa 16–21 Uhr. C. 4, nahe der Av. 1. €€

Reserva Indígena Boruca

Die kleine Ortschaft hoch oben in den Hügeln des Küstengebirges hat nichts mit einer klassischen Ansiedlung zu tun. Häuser aus Zement ziehen sich die Straßen entlang, Frauen in gewöhnlicher Alltagskleidung gehen ihren Geschäften nach. Die alte Tradition der knapp 2600 Boruca-Indianer blüht nur noch selten auf. An wenigen Feiertagen wie dem 8. Dezember (Día de los Negritos) und dem Neujahrsfest am 30. Dezember werden die alten Trachten übergezogen, Männer schmücken ihr Haupt mit beeindruckenden Teufelsmasken aus Holz und der Tanz der Teufelchen, „Danza de los Diablitos", wird aufgeführt, um an den Widerstand gegen die spanischen Kolonialisten zu erinnern. Die prächtigen Masken sind von Hand gearbeitet und aus dem sehr leichten Balsaholz geschnitzt. Zahlreiche Läden bieten die Masken zum Kauf an. Um die Kultur und Traditionen der Boruca-Indianer zu bewahren, eröffnete der Verein „La Flor de Boruca" ein kleines kommunales **Museum** (tägl. 8.30–19 Uhr). Hier wird mit alten Fotos, Ausstellungsstücken und Schautafeln ein Einblick in diese besondere Kultur gegeben. Auch indigenes Kunsthandwerk, insbesondere Masken, werden hier verkauft. Vor dem Museum steht eine der mysteriösen **Steinkugeln** (→ S. 271). Wie wichtig das Ganze ist, zeigt der Erhalt der Boruca-Sprache. Im Jahre 1986 konnten nur noch fünf Frauen die Sprache fließend sprechen. Heute wird die Sprache an der Schule in Boruca obligatorisch gelehrt.

Die Anfahrt nach Boruca ist mit dem eigenen Pkw unkompliziert. 11 km hinter Paso Real zweigt eine staubige Schotterpiste nach rechts ab. Nach weiteren 8 km erreicht man Boruca.

Unterkünfte gibt es in Boruca nicht. Einige Familien bieten einfache Übernachtungen an. Einige **Sodas** bemühen sich um Gäste mit klassischer Tico-Hausmannskost.

 → Karte S. 305

San Vito

Weite Sicht, gesunde Luft, kühleres Klima! In San Vito kann man mal wieder richtig durchatmen. Die kleine Stadt mit italienischem Charme liegt auf fast 1000 m Höhe auf einem Hochplateau am Rande des Talamanca-Gebirges. Wie Wattebausche hängen weiße Wolken zwischen den Bergtälern. Plätschernd und schnell fließt der Río Java durch die Vororte von San Vito. Ringsum ist es grün und hügelig, so weit das Auge reicht. An klaren Tagen sind der Pazifik in der Ferne und das nahegelegene Panama zu sehen. Ein Grenzübergang nach Panama zur Stadt Sereno liegt nur 14 km entfernt.

Italienisch? Genau. Es waren die Italiener, die San Vito seit 1952 geprägt haben. Seither hat sich der kleine Ort zu einem wichtigen Wirtschaftszentrum in der Brunca-Region entwickelt. San Vito war das Ergebnis einer von Costa Rica organisierten landwirtschaftlichen Kolonisation. Man wollte ausländische Siedler ins Land holen – so wie auch andere lateinamerikanische Länder die wirtschaftliche Krise der Nachkriegszeit in Europa genutzt haben, um Know-how, Investitionen und damit wirtschaftliche Entwicklung ins eigene Land zu locken, z. B. mit den deutschen Kaffeefarmern in Mexiko und Nicaragua.

Im Zentrum von San Vito

San Vito de Coto liegt malerisch im fruchtbaren Coto-Brus-Tal umgeben von endlosen Kaffeeanpflanzungen. Bevor die Italiener kamen, hieß der Ort noch San Vito de Java, wie der reißende Fluss, der die Stadt durchquert. Die beiden Brüder Vito und Ugo Sansonetti, der eine Seemann, der andere Rechtsanwalt, trommelten eine Gruppe italienischer Abenteurer zusammen, um im fernen Costa Rica Fuß zu fassen und Landwirtschaft zu betreiben. Dies alles war teil einer großangelegten Aktion der costa-ricanischen Regierung mit dem Zweck der Entwicklung von Wirtschaft und Wohlstand im eigenen Land.

Jardín Botánico Wilson

1960 machte das US-amerikanische Ehepaar Wilson ihren gut 10 ha großen botanischen Garten der Öffentlichkeit zugänglich. Durch regen Austausch mit Gärten in aller Welt wachsen hier viele Pflanzen, die sonst in Mittelamerika nicht vorkommen, darunter seltene Exemplare aus den Familien der Aronstabgewächse, Bromelien, Palmfarne und Pfeilwurze. 1000 Pflanzenarten aus mehr als 200 Familien wachsen hier. Die Anlage ist in thematische Bereiche unterteilt und jedes Exemplar ist klar gekennzeichnet – faszinierend und lehrreich. Mittlerweile ist der Garten auch Teil der 365 ha großen Estación Biológica Las Cruces. In den Gärten gibt es ausgedehnte Pfade und Wege mit Blick auf die atemberaubende Landschaft des Nationalparks La Amistad. Die Wege sind gut ausgeschildert und führen durch den weitläufigen Park vorbei an der Helekonien-Schleife, zum Baumfarn-Hügel-Weg und durch den Bambuswald. Da hier viele Vögel leben, zieht der Garten jedes Jahr Tausende von Amateur-Ornithologen an. Seit 1973 wird das 145 ha große Waldreservat von der „Organisation for Tropical Studies (OTS)", ein Konsortium von 50 Universitäten, verwaltet. Der Besuch ist in den frühen Morgenstunden zu empfehlen, da gegen Nachmittag oft Nebel in das Gelände zieht.

▪ Der Garten liegt 6 km von San Vito in Richtung Ciudad Neily. Tägl. 7–17 Uhr. Anmeldung zuvor unter ✆ 25114900 notwendig. Eintritt 8 $.

Von Mo–Sa finden regelmäßig geführte Touren um 7.30 und 13.30 Uhr statt, Dauer 2 Std., 34 $. Die 2-stündige Early-Bird-Tour startet um 5.30 Uhr und kostet 34 $. Die Nacht-Tour startet um 19 Uhr, Dauer 2 Std., 54 $. Wer über Nacht bleiben will, der mietet sich in einen der schönen, sauberen und modernen Bungalows ein, DZ/ÜF ab 80 $, Eintritt in den Park inklusive. www.tropicalstudies.org.

Praktische Infos

Busverbindungen Das **TRACOPA-Terminal** befindet sich an der nördlichen Ausfallstraße 613.

San Isidro: 6, 8.30, 12.15 und 15 Uhr, Fahrzeit 3 Std.

San José: 6, 8.30 und 15 Uhr, Fahrzeit 6 Std.

CEPUL-Busse fahren gegenüber der Polizei-Station ab. Nordwestliche Ausfallstraße 612.

Ciudad Neily: fast stündlich ab 6 Uhr, letzter Bus 17.30 Uhr, Fahrzeit 1:45 Std.

Einkaufen **BM Hogar Centro,** bietet ein breites Sortiment. An der 612 gegenüber des Parque Central. Mo–Sa 7–20, So 8–19 Uhr.

Geld **Banco Nacional,** an der 237 gegenüber dem Parque Central. Mo–Fr 8.30–15.45 Uhr.

Gesundheit **Hospital San Vito,** am Ortsausgang Richtung Ciudad Neily. 24 Std. geöffnet.

Übernachten **Cabañas Green House** Die Anlage mit ihren schicken Cabañas und dem fantastischen Restaurant liegt etwas außerhalb auf dem Gelände einer alten Kaffeefarm. Das Frühstück ist inklusive. Aguas Claras 250 m nördlich der Escuela Santa Constanza. ✆ 27733 228, www.greenhousecabanas.com. **€€**

Hotel El Ceibo Kleine, aber saubere Zimmer mit eigenem Bad, teils mit Balkon. Gutes Restaurant und Parkplätze vorhanden. Zentrale Lage. 100 m östlich des Parque Central, ✆ 27733025. **€€**

Essen & Trinken **Pizzeria Lilliana** Pizza und Pasta zu vernünftigen Preise. Die Portionen sind großzügig bemessen. Tägl. 11.30–21.30 Uhr. Westliche Seite des Parque Central, ✆ 27733080. **€€**

Pollos Ely Gebratene Hühnchen mit Pommes, einfach und lecker. Tägl. 11–22 Uhr. Gegenüber dem Busterminal Tracopa, ✆ 27733717. **€€**

Parque Internacional La Amistad (PILA)

Nationalpark La Amistad

Das riesige Gebiet des Amistad-National-Parks, immerhin 406.000 ha Fläche, teilen sich Costa Rica und Panama. Mit seinem dichten Nebel- und Regenwald und der überdurchschnittlichen Artenvielfalt wurde der Teil Costa Ricas bereits 1983 von der UNESCO in den Welterbe-Status erhoben, 1990 folgte der Teil in Panama. An klaren Tagen können Besucher auf costa-ricanischer Seite weit über die Grenze bis in das südliche Nachbarland blicken.

Der Freundschaftspark, Amistad ist das spanische Wort dafür, ist Ausdruck der guten Beziehungen zwischen den beiden Ländern. Das Projekt, in der Grenzregion eine Schutzzone einzurichten, wurde gemeinsam umgesetzt. Er ist der größte Naturpark in Costa Rica, aber auch am schwierigsten zu erkunden. Die biologische Vielfalt wird sonst nur noch vom Reservat Indio Maiz in Nicaragua und dem Darien-Reservat in Panama erreicht.

Der höchste Gipfel des Parks ist der 3549 m hohe **Cerro Kamuk,** der allerdings in Panama liegt, doch aufgrund seiner Höhe weithin sichtbar ist. Auf costa-ricanischer Seite grenzt der Park an die Cordillera de Talamanca mit Bergen von über 3800 m Höhe. Aufgrund dieser Höhenunterschiede gibt es in dem etwa 1990 km² großen Gelände auf costa-ricanischem Gebiet verschiedene Klimazonen, vom Regenwald im Flachland über tundraartige Zonen bis hin zum Nebelwald in den Hochlagen. Wasser ist in dem Gebiet reichlich vorhanden – sechs Flüsse entspringen hier: der Teribe-Changuinola, Telire-

 → Karte S. 305

Sixaola, Estrella-Tayní, Banano-Bananito, Chirripó und General-Térraba. Alles ist üppig grün. Auch die Böden sind ganz unterschiedlich, was das Vorkommen so vieler verschiedener Tier- und Pflanzenarten erklärt. Der Park ist ein biologischer Korridor zwischen Nord- und Südamerika. Zwei Drittel aller Tierarten Costa Ricas sind hier anzutreffen – es ist der artenreichste Park des Landes. Pekaris, Brüllaffen, Kapuzineraffen, Faultiere und Agutis bekommt man bei einer Wanderung fast garantiert zu sehen. Um einen Tapir, Ameisenbär oder ein Gürteltier zu beobachten, braucht man schon mehr Geduld und wer den nachtaktiven Jaguar entdeckt, ist ein echtes Glückskind. Dafür schwirren und zwitschern 400 Vogelarten in den Baumwipfeln, darunter der seltene Quetzal, der besonders am Morgen kurz nach Sonnenaufgang aktiv ist. Adler, Spechte und sogar die schwarz-weißen Harpyien, die größten Greifvögel der Welt, leben im Park. Sie erreichen eine Flügelspannweite von bis zu zwei Metern und jagen besonders gern Faultiere und Affen. Doch nicht nur in der Luft ist einiges los. Am Boden und unter den Blättern dunkelgrüner Sträucher verstecken sich die grün-schwarzen Pfeilgiftfrösche und auch der rot-blaue Blue-Jeans-Frosch klettert gern die glatten Pflanzenstängel entlang. Deshalb heißen die Winzlinge auch Baumsteiger.

Tapir voraus!

Wanderwege

Der Park ist in verschiedene Bereiche unterteilt, durch die Wanderwege führen. Leider sind sie schlecht ausgeschildert; am besten ist eine Wanderung mit einem Führer, den man am Parkeingang buchen kann.

Wanderweg Valle de Silencio (Sector Biolley): Der Trail durch das „Tal der Stille" ist 15 km lang und schweißtreibend, er dauert mindestens zwei Tage. Die Tour ist nur mit Guide gestattet. Diesen bekommt man bei der Voranmeldung in der Parkverwaltung vermittelt (20 $).

Altamira–Sabanas Esperanzas (Sector Biolley): Spannende Route mit einem historischen Höhepunkt – ein Indianerfriedhof liegt an der Strecke. Für die 3,5 km benötigt man ca. 2-3 Stunden.

Gigantes del Bosque (Sector Biolley): Der Weg beginnt auf 1300 m Höhe und steigt auf 1500 m an und führt an 50 m hohen Baumriesen vorbei. Die Wanderung ist als einzige ohne Führer machbar. Dauer ca. 3 Stunden.

Cerro Kamuk (Sector Tres Colinas): Fünf Tage dauert der anstrengende Aufstieg auf den 3549 m hohen Cerro

Kamuk, den zweithöchsten Berg Costa Ricas. Auch diese Tour ist nur mit Voranmeldung und in Begleitung eines Führers möglich.

Cerro Fábrega (Sector Pittier): Die zweitägige Wanderung führt über die Landesgrenze nach Panama zum Cerro Fábrega.

Praktische Infos

Größe 406.000 ha, davon 199.000 ha in Costa Rica.

Zugänge Der Hauptzugang zum Park erfolgt über die **Estación Biológica Altamira,** eine Forschungsstation mit Sanitäranlagen, Elektrizität und Campingmöglichkeiten (6 $). An den Zugängen der Sektoren **Pittier** und **Tres Colinas** gibt es auch einfache Rangerstationen mit einfacher Infrastruktur und Informationen über den Park.

Anfahrt Der Park ist in mehrere Bereiche gegliedert, von denen die Sektoren Biolley (Buenos Aires de Biolley) und Pittier (Santa María Pittier) am meisten besucht werden.

Bus: Der Sektor Biolley ist mit dem Bus erreichbar, wenn auch kompliziert. Vier Busse fahren täglich von San Vito nach Las Tablas, wo man um 13.30 oder 17 Uhr in einen Bus nach Buenos Aires bzw. Altamira umsteigen kann.

Auto: Der Tank sollte voll sein und ohne Allrad macht es keinen Spaß.

Sector Biolley: Von San Vito ist dieser Parkeingang 50 km entfernt. Bei Guácimo (auch Las Tablas de Potrero Grande genannt) an der Soda El Rancho abbiegen. Von dort sind es auf einem Schotterweg nochmals 20 km bis zu den Dörfchen Buenos Aires und Altamira sowie zum Parkeingang, der Estación Biológica Altamira.

Sector Pittier: Von San Vito sind es anstrengende, kurvige 40 km bis zur Station über Schotterpiste und Feldwege. Zunächst sind es 17 km auf der Ruta 612. Kurz vor der Soda Fressia (Mo–Sa 6–18 Uhr), wo es leckere regionale Küche gibt, rechts abbiegen und den Rest der Strecke auf einer noch kleineren, noch kurvigeren Piste bewältigen. Am Weg kommen kurz hinter dem Ort Fila Tigre allerdings heiße Thermalquellen, wo man sich eine Pause gönnen kann (Agua Caliente de Pittier, tägl. 7–19 Uhr). Auch ein Restaurant (Barito's Bar y Restaurante) liegt am Weg. Schließlich ist der Cerro Pittier und die Station Santa María Pittier erreicht. Mit der Hospedaje Cerro Pittier gibt es hier eine einfache Unterkunft.

Sector Tres Colinas: Von Buenos Aires de Puntarenas verläuft die Route in Richtung San Vito, in Paso Real zweigt sie ab und führt 6 km weiter, dann nochmals abbiegen, bis die Gemeinde Potrero Grande erreicht ist, von wo die Straße nochmals 23 km weiter bis nach Tres Colinas führt.

Öffnungszeiten Tägl. 8–16 Uhr.

Eintritt 12 $.

Ausrüstung Leichte und wärmere Kleidung, denn weiter oben wird es durchaus frisch.

Übernachten In den Dörfern nahe der Parkeingänge gibt es gleich mehrere Übernachtungsoptionen:

Albergue María Isabel Mit Holz verkleidete Zimmer mit sauberen Doppelstockbetten inmitten der Natur. Vor den Zimmern gibt es kleine Terrassen mit Schaukelstühlen und Blick in die Landschaft. Schön. Buenos Aires, ✆ 85117796, www.albergue-maria-isabel.negocio.site. **€**

Posada Cerro Biolley Einfache Zimmer mit Doppelbett und Doppelstockbetten inkl. Frühstück, betrieben von der Frauen-Kooperative des Dorfes, der Asociación de Mujeres Organizadas de Biolley (ASOMOBI). Sie bieten auch Touren und Freiwilligenprogramme an. Buenos Aires, 1,6 km nordöstlich der Schule, ✆ 84924020 (WhatsApp), www.asomobi-costarica.com. **€€€**

Hotel Finca Palo Alto Rustikale Anlage mit mehreren Cabinas, die sogar heißes Wasser, WiFi und teilweise TV haben. Vor den meisten Cabinas gibt es Sitzmöglichkeiten. Auch ein Pool ist vorhanden, leider umzäunt mit einem unschönen Gitter. Buenos Aires, unweit der katholischen Kirche, ✆ 27431063. **€€–€€€**

Coffea Diversa Das ist mal etwas anderes und so unerwartet kreativ inmitten der ländlichen Gegend. Die Kaffeefinca bietet nicht nur ausgefallene Unterkünfte in hobbithaus-ähnlichen Hüttchen an, die verteilt in der hügeligen Landschaft stehen, sondern führt auch ein Café (geöffnet 14–18 Uhr), verkauft guten Kaffee und bietet Touren in den PILA an. Platzangst sollte man aber lieber nicht haben, denn die Hüttchen sind eng und die Fenster sehr klein. Direkt am Parkeingang in Altamira, ✆ 84576814, Infos zum Kaffee gibt es unter www.coffeadiversa.com. **€€**

Der Süden entlang der Panamericana → Karte S. 305

Ciudad Neily

Von den Einheimischen Villa Neily genannt, ist es als Städtchen recht unspektakulär – authentisches Tico-Leben auf dem Land ohne großen Touristen-Schnick-Schnack. Ein paar Wälder umgeben den Ort und der Río Caño Seco und der Río Corredor fließen hindurch.

Im nahen Río Claro mit seinen kristallklaren Wasserfällen kann man baden: Die **Cascadas las Cavernitas** liegen 3 km von der Panamericana entfernt hinter dem Dorf San Ramon (tägl. 7–17 Uhr). Das ist eine willkommene Abkühlung in dem sonst klimatisch feucht-heißen Städtchen.

Eine Besonderheit ist der Wald am Restaurant und **Mirador La Torre** (tägl. 11–21 Uhr). Hier finden selten gewordene Totenkopfäffchen einen letzten Rückzugsort. Denn durch die ausufernde Anpflanzung der Ölpalmen verlor die Spezies ihren angestammten Lebensraum. Der Blick in die weite Ebene ist grandios, dazu einen kalten Licuado bestellen und einfach genießen.

Busverbindungen Ciudad Neily ist gut erreichbar. Das **Terminal** liegt im Nordosten der Stadt.

Dominical: 6, 11 und 14.30 Uhr, Fahrzeit 3 Std.

Golfito: fast stündlich ab 5.30 Uhr, letzter Bus 19.30 Uhr, Fahrzeit 1 Std.

Palmar: fast stündlich ab 4.50 Uhr, letzter Bus 17.45 Uhr, Fahrzeit 1:30 Std.

Paso Canoas: fast halbstündlich ab 6 Uhr bis nach Mitternacht, Fahrzeit 30 Min.

Puerto Jiménez: 7 und 14 Uhr, Fahrzeit 3 Std.

San Isidro: mehrmals tägl. zwischen 4 und 17 Uhr, Fahrzeit 4 Std.

San Vito: 9 Busse fahren zwischen 6 und 17.30 Uhr, Fahrzeit 1:45 Std.

San José: 4, 4.30, 4.50, 8, 8.30, 11.30, 17 Uhr, Fahrzeit 7 Std.

Einkaufen **Loaiza Brothers Supermarket,** an der 237 zwischen Av. 3 und Av. 5. Tägl. 6–20.45 Uhr.

Geld **Banco Nacional,** an der 237 zwischen Av. 1 und Av. 3. Mo–Fr 8.30–15.45 Uhr.

Gesundheit **Hospital Ciudad Neily,** am Ortsausgang an der Interamericana Richtung Süden. 24 Std. geöffnet.

Übernachten **Hospedaje Lorito Verde** Einfache und saubere Zimmer mit eigenem Bad und Klimaanlage, ruhig gelegen. Gemeinschaftsküche und Parkplätze vorhanden. In der C. 5 zwischen Av. 15 und 19, ✆ 27831392. €

Essen & Trinken **Taqueria D'mi Tata** Tacos, Burger und vieles mehr. Gut und günstig. Tägl. 16–23 Uhr. ✆ 27832103. €

Paso Canoas

(Grenzübergang nach Panama)

Dieses südliche Grenzstädtchen zwischen Costa Rica und Panama ist chaotisch und gleichzeitig beeindruckend. Lange Lkw-Schlangen künden schon aus der Ferne davon, dass der Grenzübergang nicht mehr weit sein kann. Überall parken Autos, Menschen strömen von der einen Seite zur anderen, Händler versuchen Zigaretten, Süßkram, Gürtel und andere Waren zu verticken, es hupt, brummt, ruft und schrillt, dazwischen irren Backpacker herum auf der Suche nach dem richtigen Häuschen für ihren Stempel im Pass – denn eine ordentliche Beschilderung ist hier Fehlanzeige. Viele Menschen, vor allem Ticos, kommen zum zollfreien Shoppen nach Paso Canoas, von den Einheimischen auch „La Raya", der Streifen, genannt, denn die zentrale Einkaufsstraße mit den dazugehörigen Malls bzw. Duty-Free-Shops verläuft wie ein Strich zwischen beiden Ländern. Geht man in Costa Rica in ein

Die Wolken schmiegen sich oft an die Hügel um Ciudad Neily

Geschäft hinein, kommt man auf der anderen Seite in Panama wieder heraus. Vieles ist wesentlich günstiger als in Costa Rica und es gibt einfach alles: gut sortierte Supermärkte mit günstigem Alkohol, Apotheken mit erschwinglichen Preisen für Medikamente, Technik und Kameras, Autoersatzteile, Baustoffe und Haushaltsgeräte, Markenschuhe und -kleidung bis hin zu Geschäften mit Schokolade und Süßigkeiten sowie Drogerien, wo es günstiges Parfüm zu kaufen gibt.

Aus- und Einreise

Doch der Reihe nach: drei Gebäude sind relevant für den Grenzübertritt. In Paso Canoas angekommen, befindet sich die Migration von Costa Rica ein Stück zurück von der Bushaltestelle auf der linken Seite im großen weiß-grauen Betongebäude mit dem vorragenden Stahlstrebendach. Man füllt ein Formular aus (Stift am besten parat haben), Pass zeigen, 7 $ Ausreisegebühr zahlen und dann bekommt man den Ausreisestempel, allerdings im Gebäude auf der gegenüberliegenden Straßenseite. Danach muss man die Migration von Panama suchen und folgt dazu ein Stück der Hauptstraße. Unter einer großen Überdachung befindet sich der Schalter. Nun folgt dasselbe Spiel: Pass zeigen, Einreisegebühr zahlen, Einreisestempel Panama erhalten, fertig. Achtung: Die Uhr wird nun eine Stunde vorgestellt! Natürlich gibt es auch hier selbsternannte Grenzhelfer und wenn es ganz und gar überfüllt ist, macht es durchaus Sinn, sich diesen Service für ein paar Colones zu gönnen. Nötig ist es aber eigentlich nicht.

Praktische Infos

Öffnungszeiten der Grenze Mo–Fr 6–22 Uhr, Sa/So nur bis 20 Uhr, die Mittagspause von 11.30–12.30 Uhr wird regelmäßig eingehalten.

Busverbindungen Die Busse der verschiedenen Transportunternehmen halten direkt vor der Grenze am Fußballplatz.

Ciudad Neily: 5–18.30 Uhr halbstündlich, Fahrzeit 30 Min.

Golfito: 11-mal tägl. 5–18 Uhr, Fahrzeit 1:30 Std.

San José: 8, 11, 16.30 Uhr, Fahrzeit 7:30 Std.

David (Panama): Kombis fahren ständig ab 7 Uhr, Fahrzeit 1:30 Std. Von David aus gibt es dann Busse zu weiteren Zielen in Panama.

Übernachten/Essen **Hotel Los Higuerones** Großer Hotelkomplex mit schlichten, sauberen Zimmern. Kostenfreie Parkplätze und Swimmingpool stehen im gepflegten Außengelände zur Verfügung. 300 m südlich des Grenzübergangs, ✆ 27322157, www.hotelloshiguerones.com. **€€**

Im Grenzgebiet gibt es keine empfehlenswerten Restaurants, dafür viele kleine Sodas.

Die Karibikküste

Widerstand zwecklos! Niemand kann der Karibikküste Costa Ricas widerstehen: den weißen Stränden, dem warmen Wind, in dem Kokospalmen schaukeln, dem klaren Wasser. Sonnenanbeter und Badesüchtige sind hier richtig, doch auch Surfer, Party-People und Schildkrötenfans kommen auf ihre Kosten.

- **Küstenlänge:** ca. 250 km
- **Temperatur:** durchschnittlich 25 °C
- **Letzter Hurrikan:** „Otto" im November 2016

„I don't like Reggae, oh no, I love it", schallt es aus der Salsa Brava Bar in Puerto Viejo. Alesandro mixt den ersten „Sex on the beach" des Tages. „Später wird es voll", freut er sich. Puerto Viejo hat nicht nur schöne Strände, sondern ist an der südlichen Karibik der angesagte Party-Ort. Hier kann man bis in den Morgen feiern, trinken, tanzen und Leute kennenlernen. Beschaulicher geht es an den Stränden rund um Puerto Viejo und im Dörfchen Manzanillo zu. Hier ist abends Ruhe, nur das Meer rauscht und die Sterne funkeln. Cahuita ist ein guter Mix aus beidem: Wer Lust hat, sich unter Menschen zu mischen, geht zur Restaurantmeile in Strandnähe, wer Ruhe sucht, bleibt in der Hängematte in einer der schönen Unterkünfte. Auf dem Weg von der Hauptstadt in den karibischen Süden passiert man Puerto Limón. Ein Bummel am Hafen genügt, denn ein Ort zum Bleiben ist es nicht. Von dort fährt das Boot weiter nach Tortuguero im Norden, umgeben vom gleichnamigen Nationalpark und ein Must-Do an der Karibik, vor allem während der Eiablage der Schildkröten. Ein Stück weiter südlich wartet das Fischerdorf Parismina auf Gäste – ein Geheimtipp für alle, die gerne große Fische aus dem Wasser holen.

Die Hafenstadt Puerto Limón ist das Wirtschaftszentrum der Region. Hier unterteilt sich die Küste in die nördliche Karibik mit Tortuguero als Hauptspot und die südliche Karibik mit den Strandorten von Cahuita bis Manzanillo. Während die Orte im Norden nur per Flugzeug oder per Boot von Moín oder La Pavona aus erreichbar sind, verkehren im Süden regelmäßig Busse.

Die Karibik war lange Zeit ein isolierter Teil Costa Ricas. Dafür sorgt schon die Geografie, da die Talamanca-Berge die Karibik vom Rest des Landes abgrenzen. Mit dem Bau der Eisenbahnstrecke zwischen Puerto Limón und San José 1870 änderte sich das. Tausende Arbeiter aus Nicaragua und Jamaika kamen und blieben. Sie brachten die kreolische Sprache **Patois,** das leckere kreolische Essen mit der so beliebten Kokos-Note und den feurigen Calypso mit – all das, was man auch heute noch an der Karibischen Küste Costa Ricas findet. Als der Tourismus im späten 20. Jh. das Land erreichte, öffneten auch die Menschen an der Karibikküste ihre Pforten, Studenten und Hippies verliebten sich ins Strandparadies und blieben. Viele Restaurants und Hotels werden deshalb von Ausländern geführt.

Was unternehmen?

Selva Bananito Ecolodge: Aufregende Dschungeltouren gepaart mit Abendessen im Kerzenschein, in der Ferne die Rufe der Brüllaffen. → S. 352

Parque Nacional Cahuita: Den Wanderweg durch den Nationalpark im Süden kreuzen Waschbären, Affen schwingen sich durch die Bäume und ab und zu huscht eine Schlange durchs Gebüsch. Am Ende wartet ein toller Strand mit hellem Sand. → S. 357

Wo baden?

Playa Punta Uva: Der idyllische Strand liegt südlich von Puerto Viejo. Die überschaubaren Besucher relaxen im weichen Sand, das Meer ist relativ ruhig und daher auch für Kinder gut geeignet. → S. 366

Parque Nacional Cahuita: Die Strände und kleinen Badebuchten im Nationalpark sind die schönsten der gesamten Karibikküste: heller Sand, klares Wasser mit leichten bis kräftigeren Wellen, Kokospalmen – perfekt, um die eigene Hängematte anzubringen und stundenlang in der leichten Meeresbrise zu schaukeln. → S. 357

Wo surfen?

Playa Cocles: Auf die Bretter, fertig, surf – die Karibik hat durchaus Buchten, die für Surfanfänger und Fortgeschrittene geeignet sind. Die Playa Cocles südlich von Puerto Viejo ist bei Surfern aus aller Welt besonders beliebt. Hier ist immer was los, die gesamte lokale Surferszene trifft sich hier. Aber don't panic – der Strand ist so weitläufig, dass selbst in der Hochsaison zwischen Dezember und März genug Platz für alle ist. → S. 364

Wo entspannen?

Manzanillo: Wer die Karibik für sich haben will, keine Bars und Action braucht, sucht sich eine schnuckelige Bleibe in diesem südlichen Küstendorf und streckt die Beine in den Sand. → S. 368

Wo ausgehen?

Puerto Viejo: Der Ort für alle, die es abends richtig krachen lassen wollen: Clubs mit Reggae, Salsa und angesagten Hits, lässige Bars und Strandcafés zum Relaxen, Quatschen und „Leute kucken". → S. 359

In Puerto Limón geht es trubelig zu

Gen Norden: Von Puerto Limón nach Tortuguero

Die Hafenstadt Puerto Limón ist das wirtschaftliche Zentrum der Karibikküste: geschäftiges Flair, schnurgerade Straßen mit bunt bepinselten, meist einstöckigen Betonhäusern, nicht unbedingt sauber. Containerschiffe mit Bananen und Ananas legen am Hafen Moín ab und nehmen ihre Route in die USA und nach Europa.

Puerto Limón ist der zentrale Umsteigepunkt zwischen San José, den Städten im Valle Central und den südlichen Karibikstränden. In den Norden nach Tortuguero gelangt man allerdings nur per Boot. In Moín, einem Hafenvorort von Puerto Limón, beginnt der Tortuguero-Kanal. Er zieht sich parallel zur Küste bis hinauf nach Nicaragua, das sind etwa 200 km. Auch wenn es ein paar nette Gebäude in viktorianischer Bauweise gibt, wie z. B. das Rathaus, ist Puerto Limón für Touristen vor allem der Ort, von dem aus die Boote über diesen Kanal in vier Stunden das abgelegene Karibikdörfchen Tortuguero erreichen. Eine alternative Route führt über Cariari und La Pavona (→ S. 339).

Puerto Limón

Bei der Anfahrt nach Puerto Limón fallen sie rechts und links auf: Bananenplantagen erstrecken sich großflächig entlang der schmalen Straße, die von den Bananen-Lkws mit dem Schriftzug DOLE oder CHIQUITA regelmäßig ver-

stopft wird. Es ist noch gar nicht so lange her, da fuhr die Eisenbahn von San José nach Puerto Limón und brachte Güter und Menschen in die Karibik und in den Rest der Welt – das Verkehrsproblem hatte Costa Rica damals besser im Griff als heute.

Wenn die Kreuzfahrtriesen im Hafen ankern, ist das heruntergekommene Städtchen für kurze Zeit voller „Gringos“. Die Touristenpolizei steht Spalier, denn wo unbedarfte Kreuzfahrer bummeln, sind Kleinkriminelle nicht weit. Länger als nötig muss man sich hier nicht aufhalten.

Indígenas mit Mut

In den Bergen und im hellen Sand der langen Strände um Puerto Limón standen einst die Hütten indigener Stämme, die gewiefte Krieger waren und lange ihre Heimat gegen die europäischen Eindringlinge verteidigten. Seit Kolumbus im Jahr 1502 bei Puerto Limón ankerte und damit das erste Mal den Boden von Costa Rica betrat, wollten die Spanier, bald darauf aber auch Engländer und Piraten, die Gegend erobern. Das Vorkommen von Gold machte die Runde und klang zu verlockend.

Doch daraus wurde nichts – die Indigenen kämpften erbittert. Schließlich kannten sie sich in ihren Wäldern mit all den tierischen Gefahren besser aus als jeder Spanier oder Engländer. Einige Stämme leben noch immer in der Talamanca-Region, wie die Cabecare und die Bribri, die sich heute über den Besuch von Fremden freuen und sie gern an ihrer Lebensweise teilhaben lassen, bessern sie damit doch ihre bescheidenen Einkünfte aus der Landwirtschaft auf (→ S. 366).

Die Ananas: verführerisch süß – teuflisch ungesund

Immer wieder versammeln sich Menschen vor dem Regierungssitz in San José. Sie demonstrieren gegen den Großkonzern Pindeco, gegen die Piña, die Ananas. Der Konzern plant, die Anbauflächen im Land zu erweitern. Schon wieder. Dabei werden in Costa Rica die süßen Früchte bereits auf 450 km² angebaut – eine Fläche halb so groß wie Berlin und Umland. Und das keineswegs so ökologisch, wie Costa Rica sein Image als Tourismusdestination Nummer 1 in Mittelamerika darzustellen pflegt.

Costa Rica ist der Weltmarktführer beim Anbau von Ananas. Immer wieder fährt man an weiten Feldern vorbei, die grau-grünen Kronen der gelb-fleischigen Frucht ragen fein säuberlich in Reihen gepflanzt aus der braunen Erde heraus. Besonders häufig sieht man sie in der Karibikregion, an der südlichen Pazifikküste und inzwischen auch im Norden. Der Boden und das Grundwasser rund um diese Anbaugebiete sind verseucht. Verseucht von Pestiziden, die in der EU schon lange nicht mehr zulässig sind. Die Familien, die hier leben, besonders aber die Arbeiter auf den Plantagen sind direkt von den Auswirkungen betroffen: Krebs, Allergien, Missbildungen bei Babys oder Fehlgeburten kommen deutlich häufiger vor als in Nicht-Anbau-Regionen. Die Arbeiter, darunter viele Gastarbeiter aus Nicaragua, hausen in simpelsten Baracken. Die Bezahlung ist miserabel, der Arbeitsschutz dürftig. Die Regierung kümmert das kaum. Im Gegenteil: Die Anbauflächen werden ausgebaut und dringen bereits in geschützte Feuchtgebiete vor wie das Refugio de Vida Silvestre de Caño Negro oder das Térraba-Sierpe-Schutzgebiet. Die Folgen – ein Desaster. Das Wasser wird verseucht, Tiere sterben oder wandern ab.

Unter den EU-Ländern ist Deutschland der größte Ananas-Abnehmer. Supermarktketten wie Aldi, Rewe und Lidl lassen in Costa Rica produzieren und bestimmen durch ihre Marktmacht alles: Preise, Lieferzeiten, sogar das Aussehen der Früchte. Was nicht gefällt, wird abgelehnt. 2016 hat Oxfam Deutschland eine Studie mit dem Titel „Süße Früchte, bittere Wahrheit" veröffentlicht. Darin wurde vor allem die Mitschuld der deutschen Supermärkte an dem Ananas-Dumping verdeutlicht. Doch der Konsument, der die goldene Frucht nach Hause trägt und sich nicht wundert, wie ein Billig-Preis von 1,50 € pro Stück möglich ist, macht sich mitschuldig.

Kakao-Bauern

Über 100 Jahre nach Kolumbus schafften es ein paar Weiße schließlich doch, sich in der Nähe von Puerto Limón anzusiedeln. Eine gelb-grüne Frucht half ihnen über die Runden und machte sie bald zu wohlhabenden Männern: der Kakao. Große Plantagen wurden angelegt, und da es keine Indios gab, die man zur Zwangsarbeit verpflichten konnte, wurden Sklaven aus Westafrika importiert. Als 1823 der Sklavenhandel verboten wurde, lebten schon viele Schwarze in Costa Rica und vermischten sich mit Indigenen, Spaniern und Mestizen – die ethnische Verschmelzung brachte eine kulturelle Vielfalt hervor und prägt noch heute das Leben an der Karibikküste.

Schiff ahoi

Puerto Limón ist mit seinem **Hafen-Vorort Moín** noch immer der wichtigste Hafen des Landes. Aufgetürmte Container voll mit Kaffee, Ananas und Bananen warten darauf, verschifft zu werden. Wer durch die Stadt bummelt, sieht überall Einheimische mit afroamerikanischen Wurzeln: Zum Bau der Eisenbahnlinie wurden einst Arbeiter aus Jamaika angeheuert. Ihre Nachfahren leben noch heute hier. Sie haben das „Pan Bon" mitgebracht, ein aromatisches Früchtebrot, unbedingt probieren!

Sehenswertes

Bis zur Abfahrt des Busses ist ein Spaziergang entlang der Hafenmole über den **Paseo Juan Santamaría** oder ein Päuschen im **Parque Vargas** ein netter Zeitvertreib. Gegenüber dem Park schaut ein Christoph Kolumbus aus Bronze aufs Meer – er landete im Jahr 1502 vor Puerto Limón bei seiner vierten und letzten Seereise nach Amerika. An dieses Ereignis wird jedes Jahr am Kolumbustag erinnert. Abends muss man in Puerto Limón nicht länger als nötig draußen herumlaufen. Die Kriminalitätsrate ist recht hoch und ahnungslose Touristen sind gerne das Ziel von kleinen Ganoven.

Praktische Infos

Flugverbindungen 2 km südlich des Zentrums liegt die Landebahn. **Sansa** fliegt von San José direkt nach Puerto Limón.

Busverbindungen Es gibt zwei große Busbahnhöfe. Vom **Terminal Caribeño,** Av. 2/C. 7–8, fahren Busse nach San José und Guápiles (von dort geht es weiter nach Tortuguero). Außerdem fahren hier die Busse (Unternehmen Tracasa) nach Moín ab.

San José: 4.30–19 Uhr alle 30 Min., Fahrzeit 4 Std.

Karneval auf Karibisch

Am 12. Oktober ist **Kolumbustag.** Eine Woche lang ist Puerto Limón im Ausnahmezustand und feiert Karneval. Erinnert wird damit an die Ankunft von Kolumbus nahe der Stadt auf der Insel Uvita im Jahr 1502. Es wird getrunken, getanzt und gelacht – Reggae, Salsa und afro-karibische Calypso-Rhythmen dröhnen aus riesigen Boxen, bei Umzügen wetteifern die Tänzer um die buntesten Kostüme, den schrillsten Kopfschmuck, die ausgefallenste Choreografie und natürlich wird auch eine Schönheitskönigin gekürt. An kleinen Ständen verkaufen die Einheimischen traditionelles Essen, das mit Kokos aromatisiert wird und das passende Karibik-Feeling aufkommen lässt. Lust beim Karneval dabei zu sein? Dann lieber rechtzeitig ein Hotelzimmer reservieren.

Die Karibikküste → Karte S. 329

Cariari (mit Umstieg in Guápiles): 5–18 Uhr stündlich, Fahrzeit ca. 2:30 Std.

Moín: alle 30 Min., Fahrzeit 15 Min.

Vom **Terminal MEPE,** Av. 1–2/C. 6, geht es zu den südlichen Strandorten und nach Sixaola (Grenze zu Panama). Aktuelle Busfahrzeiten unter (www.mepecr.com).

Bananito: 9-mal tägl. zwischen 5 und 18 Uhr, So nur 6-mal, Fahrzeit1:30 Std.

Cahuita, Puerto Viejo und Manzanillo: 6–19.30 Uhr alle 30 Min. Der letzte Bus fährt um 20.45 Uhr. An Sonn- und Feiertagen erst ab 7 Uhr und nur alle 1–2 Std., Fahrzeit 1:30, 2 und 2:30 Std.

Sixaloa (über Cahuita, Puerto Viejo, Hone Creek, Bribri): 5–20 Uhr stündlich, Fahrzeit 3 Std.

Taxi Am Mercado Municipal und an den Busbahnhöfen gibt es Taxistände.

Einkaufen **Mercado Municipal,** alter, überdachter Markt, den es bereits seit 1941 gibt und der ein paar schöne Fotomotive costaricanischen Händlerlebens bietet. Neben Lebensmitteln gibt es vor allem alles für den täglichen Bedarf. Die Leute sind nett, man fühlt sich sicher, dennoch sollte man ein Auge auf die Wertsachen haben. Av. 2/C.3. Mo–Fr 6–17.30, So 7–12 Uhr, Sa geschlossen.

Bauernmarkt, jeden Fr von 6–12 Uhr strömen die Bauern der Umgebung nach Puerto Limón, um ihr Gemüse und Obst zu verkaufen. Bunte, volle Stände sind aufgebaut, die Einheimischen decken sich hier fürs Wochenende ein. An kleinen Sodas kann man auch etwas essen. Av. Ismael Pantoja y Ricardo Alvarado, gegenüber dem Friedhof.

Geld Im Stadtzentrum von Puerto Limón befinden sich zahlreiche Geldautomaten. In der Av. Angel Miguel Velázquez gibt es Automaten der **BCR** und der **Banco Nacional.**

Gesundheit **Clínica Bella Vista,** Av. 6/C. 9, ✆ 2758562.

Hospital Dr. Tony Facio Castro, im Norden der Stadt, eine Querstraße vom Paseo Dr. Rubén Umaña Chavarría, ✆ 27582222.

Lic. Adrian Cordero Iannarella, Hals-Nasen-Ohren-Arzt, deutschsprachig. C. 2 gegenüber dem Justizpalast, ✆ 62970307.

Farmacia Británica, Mo–Sa 8–19 Uhr. Entrada de Urbanización Coopeutba, ✆ 27981671.

Touren **Your Lucky Tour,** große Bandbreite an Tagesausflügen. Erleben Sie professionell geführte Touren in den Cahuita-Nationalpark oder per Boot auf dem Tortuguero-Kanal. Barrio Santa Eduvige, ✆ 85658754, www.yourluckytour.com.

Übernachten **Hotel La Uvita** Standardhotel mit gutem Preis-Leistungs-Verhältnis. Große, einfach eingerichtete Zimmer, teils mit Meerblick. Ein Parkplatz ist vorhanden. An der Carretera nach Portete, ✆ 27952583. **€€**

Park Hotel Geräumige, saubere und nett eingerichtete Zimmer mit Klimaanlage. Die beste Option in Puerto Limón. Es gibt sogar Nachttischlampen, was bei Hotels dieser Preisklasse selten ist. Das Frühstück ist inklusive. Unbedingt ein Zimmer mit Meerblick buchen, denn das ist ruhiger als die Straßenseite. Bewachte

Parkplätze sind vorhanden. Nahe des Hafens, Av.3 zwischen C. 1 und 3, ✆ 27980555. €€

Hotel Costa del Sol Nichts Besonderes, jedoch in zentraler Lage. Ziemlich kleine, dafür saubere Zimmer mit Ventilator oder Klimaanlage. Die Straßenseite kann lauter werden, wer nicht schlafen kann, spielt die ganze Nacht Billard im Aufenthaltsraum. Ein bewachter Parkplatz ist vorhanden. Av. 5/C. 4 und 5, ✆ 27987272. €€

Essen & Trinken **Soda El Patty** Hier wird preiswerte karibische Küche in einfachem Ambiente serviert, im großen Fernseher läuft stets eine herzergreifende Telenovela. Die afro-karibischen Casados mit Reis, Bohnen und Tostones sind der Hit. Unbedingt probieren. Mo–Sa 7–18 Uhr. Av. 5/C.7, 4 Blöcke nördlich, 1 westlich vom MEPE-Busterminal, ✆ 27983407. €

Restaurante Kalisi Hier gibt es großzügige Portionen zu etwas gehobeneren Preisen. Auf den Tisch kommen als Hauptgerichte Zunge, Rind, Ochsenschwanz oder Fisch, danach gibt's leckeren Milchreis zum Dessert. Achtung, die Eingangstür wird stets verriegelt. Mo–Sa 10–19 Uhr. Av. 3 und 4/C. 6, ✆ 27583249. €€–€€€

Restaurant Cocori Das Restaurant gehört zum Hotel Playa Bonita am gleichnamigen Strand. Man sitzt auf einer offenen Terrasse mit herrlichem Ausblick auf das karibische Meer. Es gibt eine kleine Frühstückskarte. Ab mittags werden Fisch und Meeresfrüchte serviert, es gibt aber auch Nudeln, Salate und Wokgerichte. Tägl. 6.30–21 Uhr. 500 m südlich der Playa Bonita, ✆ 27951010. €€–€€€

Entlang der Avenidas 2 und 3 reihen sich weitere Bars und Restaurants, Geschäfte und Unterkünfte.

Parismina

Zwischen Puerto Limón und Tortuguero liegt an der Mündung des Parismina-Flusses das kleine Fischerdorf. Es ist nur per Boot oder Flugzeug erreichbar, weshalb es von größeren Touristenschwemmen bisher verschont blieb und noch ein halbwegs unverfälschtes Bild eines ursprünglichen Fischerdorfes bietet. Meist verschlägt es US-amerikanische Sportfischer in eine der Lodges, um Tarpune (span. sabalós) zu fischen. Ansonsten gibt es ein paar Restaurants und günstige Unterkünfte im Ort, aber keinen Geldautomaten.

Verbindungen Parismina ist per Bus und Boot bzw. nur per Boot zu erreichen.

Boot: Von Moín bei Puerto Limón fahren Lanchas nach Parismina ab und weiter nach Tortuguero, Fahrzeit 3 Std. Anbieter Viajes Bananero, ✆ 27098005.

Bus und Boot: 3-mal am Tag fahren Busse auf einer unbefestigten Straße von Siquirres (Terminal Antigua de los Hermanos Calvo Aguilar, 200 m vom Haupt-Busterminal) nach Caño Blanco, Fahrzeit ca. 2 Std. In Caño Blanco legen Taxiboote nach Parismina ab, das nur etwa 4 km entfernt ist. Die Bootsfahrt dauert 10 Min.

Touren Die **Río Parismina Lodge** organisiert Bootstouren durch die beeindruckende Flusslandschaft, nächtliche Krokodiltouren und Ausflüge zum Tortuguero-Nationalpark, Sektor Jalova. Unweit der Parkstation beginnt auch ein etwa 30 km langer Urwaldpfad nach Tortuguero. Wer solch ein Abenteuer wagen will, sollte sich gut bei den Hotels vor Ort erkundigen. Wenn zwischen Juli und Oktober Schildkrötensaison ist, kann man sie mit einem Führer bei der Eiablage beobachten.

Übernachten **Amayas Hostel** Preiswerte Unterkunft mit zweckmäßigen und sauberen Zimmern. Gegenüber der Soda Olga im Ort ✆ 86939251. €

Parismina Verde Einfach eingerichtete Zimmer mit Terrasse, teils mit Küchenzeile. Parismina Zentrum, ✆ 87111927. €€

MeinTipp **Río Parismina Lodge** Hängematten, ein Pool und das Meer, dazu die Rufe der Brüllaffen, umherschwirrende Vögel und Schmetterlinge – die Natur rund um die Lodge ist wunderbar. Die Zimmer sind zweckmäßig und sauber. Der Betreiber Fernando versteht sich bestens aufs Tarpun-Fischen. Parismina Zentrum, ✆ 27580724, www.riop.com. €€

Essen & Trinken **Restaurante Iguana Verde** Ricky serviert ausgezeichnete Kost zu vernünftigem Preis und vermietet auch Zimmer. Parismina Zentrum, ✆ 27580224. €–€€

Soda Olga Einfache und günstige Tico-Gerichte mit Reis und Bohnen in großen Mengen. Tägl. 7–22 Uhr. Parismina Zentrum. €

Die Karibikküste → Karte S. 329

Pacuare – Einsatz für die Schildkröten

Es gibt viele Tierschutzprojekte in Costa Rica, darunter einige für Schildkröten. Im Naturreservat Pacuare zwischen Puerto Limón und Parismina, gelegen auf einer Landzunge zwischen dem Fluss Pacuare und dem Atlantik, liegt eines davon. Ein abgelegenes Naturparadies, erreichbar nur per Boot, umgeben von Wasser, Palmen, Wald und Sand. Wer in das Projekt „LAST" (Latin American Sea Turtles) kommt, unterstützt den Schutz der Meeresschildkröten. Die gefährdete Lederschildkröte nistet von März bis Juli an dem 6 km langen Strand. Von Juni bis September schlüpfen schließlich Tausende Babyschildkröten und bahnen sich ihren Weg ins Meer. Freiwillige sind im Schutzprojekt immer willkommen. Doch über die einsame Lage und den spärlichen Standard muss man sich im Klaren sein. Nächtliche Strandpatrouillen gehören ebenso zu den Aufgaben wie Plastik am Strand einzusammeln und zu sortieren. Obwohl Pacuare so abgelegen ist, es keine Einkaufsmöglichkeiten oder andere Arten von Entertainment gibt, wird es eigentlich nicht langweilig, da man mit vielen jungen Leuten aus aller Welt zusammen ist und Ausflüge in die Natur unternehmen kann. Die eigenen Ansprüche muss man dabei aber kräftig herunterschrauben, denn es gibt nur einfachste Unterkünfte, kaltes Wasser und auch der Strom ist nicht immer da. Doch das Gefühl, mit dem Einsatz etwas bewirkt zu haben, ist für viele Freiwillige Grund genug, mitzumachen und dankbar für eine neue Erfahrung zu sein. Weitere Infos unter www.pacuarereserve.org oder www.latinamericanseaturtles.com.

Tortuguero

Sie kommen zu Tausenden und haben Tortuguero bekannt gemacht: Langsam und bedächtig, ohne Hast, als gäbe es keinen Fortschritt und keine moderne Zeit, krabbeln riesige **Meeresschildkröten** an den breiten, von Gischt gepeitschten Strand des abgelegenen Dorfes und vergraben ihre Eier im warmen Sand. Es ist früh am Morgen. Barbara Hartung bricht zu ihrer ersten Tour des Tages auf, im Kanu geht es durch die Kanäle des **Tortuguero-Nationalparks** (→ S. 346). Die deutsche Biologin lebt schon seit über 20 Jahren in Tortuguero, dem „Ort der Schildkrötenjäger". Denn wie in so vielen Küstenorten Lateinamerikas war es auch hier bis in die 1990er-Jahre völlig normal, Schildkröten zu töten, ihr Fleisch in die Suppe zu geben und ihre Eier zu essen, ein Aphrodisiakum, wie viele glaubten. Barbara genießt es, Besuchern die Natur ihrer Wahlheimat zu zeigen. Sie weiß alles über die Ur-Kreaturen. „Hier am langen wilden Strand von Tortuguero landen vor allem grüne Meeresschildkröten an. Besonders von Juli bis Oktober können die Tiere bei der Eiablage beobachtet werden. Das passiert vor allem nachts", erklärt sie (→ Interview S. 344).

Anfahrt auf Tortuguero

Neben den Schildkröten kann man in dem kleinen Ort, der nur per Boot erreichbar ist, auch andere Tiere erleben. Bei morgendlichen Ausflügen in das Naturschutzgebiet flattern Tukane in den Bäumen, Kaimane relaxen am Ufer und die Affen schwingen sich klettersicher von Ast zu Ast und beobachten jede Bewegung auf dem Wasser von oben. Zwei verschiedene Arten von Aras leben außerdem hier: der Grüne und der Hellrote Ara. Sie sind sogar regelmäßig im Dorf und am Strand zu sehen.

Der Ort Tortuguero ist gemütlich, vor allem in der Nebensaison. Bunt angemalte Holzhäuser reihen sich entlang schmaler Betonpfade, die sich verschlungen durch das Dorf ziehen. Eine Promenade verläuft parallel zum Hauptkanal. Hier befinden sich die meisten Restaurants und Bars. Es ist interessant und entspannend, sich einfach durch die Gassen treiben zu lassen und in den einen oder anderen Hinterhof zu lugen. Zur Hauptreisezeit kann der Ort allerdings auch recht überlaufen sein. Tortuguero wurde erst 1930 von Einwanderern aus Kolumbien gegründet. Sie begannen, Bäume zu roden und das Holz nach Übersee abzutransportieren – weshalb die vielen kleinen Flussarme zu breiteren Kanälen ausgehoben wurden und sich heute rings um das Dorf ein weit verzweigtes Wasserstraßennetz erstreckt. Wer noch mehr über den Ort wissen möchte, kann sich Barbara bei einer Dorftour anschließen: „Die Lebensweise der Einwohner Tortugueros ist natürlich eng mit dem Tourismus verbunden, gleichzeitig ist der Naturschutz sehr wichtig", erklärt die Biologin. „Dieses Zusammenspiel, das durchaus nicht immer einfach zu händeln ist, thematisiere ich bei dem Spaziergang. Außerdem stelle ich ein paar medizinische Pflanzen vor, die schon seit Jahrhunderten für die Heilung verschiedener Krankheiten genutzt werden. Denn Tortuguero liegt ab vom Schuss – das nächste Krankenhaus ist weit weg. Die Menschen mussten sich hier schon immer selbst helfen, nur wenn es nicht anders geht, wird ein Krankenhaus aufgesucht." Dieses Risiko hält die Kinder des Dorfes nicht vom Toben und Tollen ab. Überall sind sie in

Die Karibikküste → Karte S. 329

Abenteuer Schildkröte: das Wunder hautnah miterleben

Im Juli beginnt die Zeit der Eiablage der Grünen Meeresschildkröten am langen, gischtgepeitschten Strand von Tortuguero. Behäbig kommen sie aus dem Meer gekrochen und ziehen mit ihrem spitz zulaufenden Schwanz eine charakteristische Schildkröten-Spur in den grauen Sand. Meist kommen sie abends oder nachts. Es gibt Tage, da erreichen nur vereinzelte Tiere den Strand, graben mit den hinteren Flossen ein 30-50 cm tiefes Loch in den weichen Sand und lassen bis zu 100 tischtennisballgroße, weiße Eier hineinplumpsen. Da die Schale weich ist, gehen sie dabei nicht kaputt. Das Ganze geht recht schnell – nur etwa 30 Minuten braucht die Schildkrötenmama zum Legen. Nachdem das Nest wieder zugeschaufelt ist, kriecht sie zurück ins Meer und die Wärme der Sonne tut das Übrige. Die Temperatur des Sandes bestimmt während der Brutzeit das Geschlecht der kleinen Panzertiere: unter 29,9 C werden es Männchen, darüber Weibchen. Aufgrund der Klimaerwärmung werden inzwischen immer mehr Weibchen geboren – ein Ungleichgewicht, das droht, die Kolonien zu verweiblichen.

Es gibt aber auch Nächte, da kommen die Meeresschildkröten zu Hunderten an den Strand. Das fühlt sich schon fast ein bisschen komisch an. Solch einen Massenandrang nennt man auf Spanisch „arribada" – Ankunft.

Doch auch nur eine Schildkröte bei ihrer Eiablage zu beobachten, ist ein erhabenes Gefühl, man ist dabei bei einem Naturschauspiel, das einen besonderen Kreislauf in Gang setzt. Denn die kleinen Schildkröten, die an diesem Strand nach etwa 45 Tagen schlüpfen, kehren später, wenn sie ausgewachsen sind, hierher zurück, um selbst Eier zu legen – was bei ihnen gut funktioniert hat, wird auch bei ihrem Nachwuchs klappen. Bean, eine Grüne Meeresschildkröte, die einst in Tortuguero geschlüpft ist und hier nun ihre Eier ablegt, kann jeder per „Turtle-Tracker" über das Internet bei ihrer Reise durch die Weltmeere begleiten:

▪ www.conserveturtles.org/trackingmap/?id=210.

Ab Ende Oktober ist das Spektakel vorbei. Viele kleine Schildkröten sind in Tortuguero geschlüpft, die wenigsten von ihnen werden es allerdings schaffen, erwachsen zu werden.

Zwischen März und Juni kommen auch die seltenen Lederschildkröten an den Tortuguero-Strand. Diese gigantischen Kreaturen sind sehr gefährdet. Umso spannender ist es, wenn man das seltene Glück hat, ein solches Tier zu beobachten.

▪ Schildkrötentouren finden in der Nacht am Strand entlang statt. Die Tour von Barbara dauert von 20–22 oder 22–24 Uhr (die Uhrzeit wird von Seiten des Nationalparks festgelegt) und kostet 35 $ inkl. Schildkröten-Permit, Anmeldung → Touren. Die örtliche Vereinigung der Touristenführer bietet ebenfalls Touren für etwa 25 $/Pers. an.

▪ Tipp: möglichst dunkle Kleidung bei der Tour tragen, um die Tiere durch helle Shirts etc. nicht zu verwirren. Fotos zu machen, ist verboten!

kleinen Banden unterwegs, mit dem Fahrrad, auf Rollschuhen oder auch mal mit selbstgebastelten Karren – ein ganz normales Leben zwischen Kanälen und dem Meer. Wer allerdings in der Karibik baden möchte, wird enttäuscht – das Meer hier ist dafür nicht geeignet, sondern es schäumt rau und tückische Strömungen lauern im Wasser. Dafür kommen die Schildkröten zur Eiablage an den meist recht einsamen Strand.

Sehenswertes

Sea Turtle Conservancy (STC): Im kleinen Informationszentrum mit biologischer Forschungsstation engagieren sich vor allem US-amerikanische Forscher für den Schutz der Meeresschildkröten und sind maßgeblich für die Entstehung des Tortuguero-Nationalparks mitverantwortlich. Das Zentrum klärt über die Schildkröten von Tortuguero auf und zeigt einen kurzen Film über die Bedrohung der Tiere. Zur Unterstützung des Projektes werden Schildkröten-Adoptionen angeboten. STC liegt ca. 10 Minuten Fußmarsch nördlich vom Dorf immer den Fußweg parallel zum Strand entlang.

▪ Tägl. 10–12 und 14–17 Uhr. Besuchsdauer etwa 30 Min. www.conserveturtles.org.

Casa Cecropia: Ein komplett verregneter Tag? Kein Problem! Schokoenthusiast Rafael Robles bietet für kleine Gruppen eine Reise durch die Geschichte der Schokolade, erklärt den Herstellungsprozess von der Bohne zum fertigen Barren oder Pulver und lässt seine Gäste selbst Hand anlegen. Bohnen werden gemahlen und gemeinsam der Urkakao, gewürzt mit Chili und Vanille, hergestellt. Man darf mit Gewürzen und Geschmacksnoten experimentieren und natürlich wird auch genascht!

▪ Tägl. 10–18 Uhr. Dauer 2 Std., 25 $, Beim Bootsanleger, ✆ 88298523 (WhatsApp), www.casacecropia.com.

Schaukeln in Tortuguero ▲
Wandgemälde an der Mole ▼

Ausflüge in die Umgebung

San Francisco de Tortuguero: Die kleine Gemeinde, ca. 4 km nördlich von Tortuguero, besteht aus einer Ansammlung von wenigen Häusern und einem Supermarkt, ringsherum gibt es ein paar Lodges. Das chillige Dörfchen ist der Ausgangspunkt für eine Wanderung auf den Cerro Tortuguero und nur per Boot erreichbar. Öffentliche Lanchas ab der Muelle in Tortuguero kosten 2 $ bzw. 1000 CRC.

Wanderung zum Cerro Tortuguero: Der 119 m hohe, erloschene Vulkan Tortuguero (Cerro Tortuguero) ist die höchste

Erhebung der Karibikküste Costa Ricas und liegt etwa 5 km nördlich vom Dorf Tortuguero. Er gehört zum Nationalpark, Sektor Cerro Tortuguero. Sein Krater entstand vor rund 1,8 Milliarden Jahren. Der Ausgangspunkt der Wanderung ist mit dem Boot erreichbar. Der Weg ist ganz neu mit Planken und Stufen angelegt, sodass man beim Aufstieg nicht mehr mit dem Matsch zu kämpfen hat, wie es zuvor jahrelang der Fall war. Die Wanderung beginnt beim Ort San Francisco und dauert bis zum Gipfel etwa 30 Minuten, es geht über eine gut ausgebaute Treppe. Von oben hat man einen romantischen Blick auf das Dorf Tortuguero, auf die Kanäle und die Karibikküste.

Die Anfahrt ist von der Tortuguero-Mole aus auf eigene Faust mit einem Boot problemlos möglich, dauert etwa 15 Min. und kostet um die 1000 CRC. Der Wanderweg ist zugänglich tägl. 8–15.30 Uhr. Eintritt 2 $ (online) + 5 $ Gebühr vor Ort für nachhaltiges Management durch die San Francisco Integral Development Association. Reservierung und Zahlung des 2 $-Eintritts vorab online unter www.serviciosenlinea.sinac.go.cr.

Forschungsstation Caño Palma: 2 km nördlich von San Francisco liegt die Forschungsstation Caño Palma am gleichnamigen Kanal. Der etwa 5 km lange Caño Palma ist einer der schmalen Kanäle, die man ebenfalls mit einem privaten Boot ab Tortuguero erkunden kann. Die Zweige der Bäume berühren fast die Wasseroberfläche und so gleitet das Boot nicht selten durch einen Blättertunnel. Die kanadische Forschungsstation Caño Palma widmet sich der Erforschung ganz verschiedener Aspekte der Naturräume rund um Tortuguero: dem Monitoring und Markieren von Schlangen, Schildkröten und großen Säugern, Surveys zur Erkundung der Lebensräume von Flussottern und dem grün gefiederten Großen Soldatenara und Kontrollen der Wasserqualität sowie der Verschmutzung durch Plastikmüll. Es gibt auch Freiwilligen-Programme (www.coterc.org).

Praktische Infos

→ Karte S. 342

Information www.tortuguerovillage.com.

Verbindungen Tortuguero, umgeben von Wasserwelten, ist kein gewöhnliches Reiseziel und auf drei verschiedenen Wegen erreichbar: per Flugzeug von San José, mit dem Bus oder Auto und Boot von La Pavona bzw. per Boot von Moín bei Puerto Limón. In die Boote passen bis zu 25 Passagiere und es gibt private und öffentliche Anbieter. Die Variante von Moín aus ist wesentlich teurer als das Boot von La Pavona. Das liegt unter anderem daran, dass die Bootsfahrt von Moín mit ca. 4 Std. deutlich länger ist als die Bootsfahrt von La Pavona, die nur max. 1:30 Std. dauert. Wer wenig Zeit hat, bereit ist, den höheren Preis zu zahlen und sowieso gerade aus Richtung Südkaribik, also von Cahuita oder Puerto Viejo kommt, ist mit der Moín-Tour besser beraten. Ohne Mietwagen, den man an einem bewachten Parkplatz am Pier zurücklassen kann, besteht auch die Möglichkeit, den Rückweg von Tortuguero über La Pavona anzutreten. Klarer Vorteil: Man fährt nicht zweimal dieselbe Route.

Wenn man aus dem Inland kommt, z. B. vom Vulkan Arenal, und direkt nach Tortuguero will, ist man näher an La Pavona. Auch hier gilt: Wer danach weiter in die Karibik will und nicht zum Mietwagen zurück muss, kann von Tortuguero nach Moín und von dort mit dem Bus weiter in den Süden fahren. Hinweis: Durch das Fahrwasser, aber auch durch die häufigen Regenfälle in der Region, wird man hin und wieder nass auf der Bootsfahrt. Wichtige Sachen besser wasserdicht verstauen.

Flugverbindungen Die Fluggesellschaft **Sansa** (flysansa.com) fliegt von San José, Juan Santamaria International Airport (SJO), 3-mal tägl. nach Tortuguero (TTQ), frühmorgens, mittags und am Nachmittag. In der Nebensaison können es auch weniger Flüge pro Tag sein. Der Flug dauert ca. 25–35 Min. und kostet Oneway ca. 90 $. Der Flughafen von Tortugero liegt 10 Min. mit dem Boot vom Zentrum entfernt, ein Taxiboot dorthin kostet 10 $/Pers.

Bus und Boot (Lancha) von La Pavona Die Route nach La Pavona, wo die Lanchas nach Tortuguero ablegen, führt über das kleine Städtchen **Cariari.** Hier muss man in den Bus nach La Pavona umsteigen. Kosten: ca. 1500 CRC, Gesamtfahrzeit 2 bis 2:30 Std.

Busverbindungen **San José** (Terminal Caribe)**–Cariari:** Direktbus 9-mal tägl. zwischen 6.30 und 21.30 Uhr, Fahrzeit 1:30 Std.

Lancha auf dem Tortuguero-Kanal

Wer den direkten Bus verpasst, kann bis nach **Guápiles** fahren (ab 7 Uhr ca. alle 30 Min., Fahrzeit 1:30 Std.) und dort am selben Terminal (Terminal de Buses Guapileños) gleich im Anschluss in einen Coopetraca-Bus nach Cariari umsteigen (Fahrzeit ca. 30 Min).

Puerto Limón–Guápiles (mit Tracasa): 6–17 Uhr etwa stündlich, Fahrzeit 1:30 Std.

Guápiles–Cariari (mit Coopetraca): Fahrzeit ca. 30 Min., direkter Anschluss, Umsteigezeit 10 Min., Gesamtfahrzeit ca. 2 Std.

Cariari (Terminal de Buses Coopetraca)**–La Pavona:** 5, 9, 11.30 und 15 Uhr, Fahrzeit ca. 1 Std.

> Achtung: Man muss vor 15 Uhr in Cariari sein, da sonst kein Bus mehr weiter nach La Pavona fährt und man in Cariari „hängenbleibt". Am Terminal auf das Gepäck aufpassen, da gerne Langfinger unterwegs sind. Außerdem möchten hier selbsternannte Führer bereits Touren oder Unterkünfte für Tortuguero verkaufen und behaupten, in Tortuguero wäre sonst alles „ocupado", besetzt. Doch selbst in der Hauptsaison findet man auch spontan eine Bleibe vor Ort, so groß ist das Angebot.

Bootsverbindungen Die Bootsfahrt von La Pavona über den Río La Suerte ist die beliebteste, da günstigste Route nach Tortuguero. Es gibt von La Pavona aus private und öffentliche Boote. Die öffentlichen warten mit der Abfahrt, bis der Bus aus Cariari eintrifft. In der Hochsaison ist es hier abschreckend überlaufen. Auf der Bootsfahrt sieht man mit etwas Glück Krokodile.

Öffentliche Boote (Coopetraca) **La Pavona–Tortuguero:** 7.30, 11, 13, 16.30 Uhr; **Tortuguero–La Pavona:** 5, 9, 11 und 15 Uhr. Kosten: 1700–2000 CRC/Pers. + 1000 CRC/Gepäckstück, die Tickets gibt es in dem großen Restaurant bzw. bei umherlaufenden Ticketverkäufern.

Privater Transport: hin 15 Uhr, zurück 8.30 und 10.30 Uhr. Kosten: 3000 CRC/Pers. – man kann auch handeln.

Der Pier in Tortuguero befindet sich nahe dem Hauptplatz Almendro. Tickets für die Rückfahrt kauft man direkt hier.

Mietwagen und Boot von La Pavona Von **San José oder Puerto Limón** fährt man mit dem eigenen Auto auf einer guten Straße über Guápiles nach Cariari. Kurz nach Cariari wird die Straße zur Schotterpiste – es lässt sich trotzdem einigermaßen gut fahren, Allrad ist nicht notwendig. Was folgt, ist eine idyllische Fahrt durch grüne Weidelandschaft und vorbei an Bananenplantagen **bis La Pavona.** Achtung: Hier gibt es direkt am Bootsanleger einen großen bewachten Parkplatz (10 $/Nacht), bis zu diesem fahren und nicht am ersten Parkplatz halten, der genauso viel kostet, aber weiter weg vom Boot ist. Zur Bootsfahrt siehe oben.

Die Karibikküste → Karte S. 329

Auf die Ohren – groovie Songs für unterwegs

Bob Dylan – Cup of Coffee: melancholischer Sound mit Knödelstimme – zum Träumen schön.

The Dead South – In hell I'll be in good company: Wer hier nicht mitpfeift, ist selber schuld.

Rodriguez – I Wonder: beinahe vergessener Hippie-Song.

Shivaree – Goodnight moon: glockenklare Frauenstimme mit Fernweh-Potential.

Ween – Buenas tardes Amigos: unwiderstehliches E-Gitarren Solo.

The Waterboys – Fisherman's Blues: Violine, Bass, Gitarre – schottisch-irischer Folk zum Niederknien.

Shuttle Von San José aus werden auch Shuttles bis Tortuguero angeboten, z. B. von **Jungle Tom Safaris,** 55 $/Pers. ab mind. 2 Pers. ✆22217878, www.jungletomsafaris.com.

Boot (Lancha) von Moín Moín liegt etwa 7 km nordwestlich von Limóns Zentrum. Die Lanchas fahren früh um 10 Uhr ab – rechtzeitig da sein. Die Fahrt dauert ca. 3:30–4 Std., Kosten 40–50 $ oneway. Man kann verhandeln. Je größer die Gruppe ist, desto günstiger wird der Preis pro Person. Die meisten Karibik-Hotels können die Bootsfahrt vorbuchen.

Busse nach Moín fahren halbstündlich von Manzanillo, Puerto Viejo und Cahuita nach Limón (→Verbindungen beim Ort). Hier fährt alle 30 Min. ein Bus nach Moín.

Funktioniert nicht immer: Cajero in Tortuguero

Taxis: kosten von Limón-Zentrum zum Moín-Pier ca. 10 $.

Selbstfahrer: können den Mietwagen an einem bewachten Parkplatz gleich neben dem Pier abstellen, Kosten 5 $/Nacht.

Shuttle: Viele Hotels bieten einen Shuttleservice zum Pier von Moín und weiter nach Tortuguero an. Kosten: ca. 80 $ oneway.

Einkaufen Entlang der Hauptmeile gibt es einige **Einkaufsläden** und **Souvenirshops.** Die Preise sind allgemein auf Grund der Lage etwas höher als gewohnt.

Feiern Jedes Jahr im Oktober findet das **Festival Tortuga Marina** in Tortuguero statt. Das stille Dorf wird zur Bühne, die Gassen zur Showmeile: Konzerte, Theaterstücke, Feuershows und Zirkuskünste werden aufgeführt, Percussion ertönt den ganzen Tag. Künstler präsentieren Malerei, Musik, Poetik und Akrobatik – ein echtes Spektakel. Die Hauptattraktion ist die afro karibische Parade, die in bunten Kostümen durch den Ort schaukelt.

Letzte Bank vor Tortuguero! Es gibt dort zwar einen Geldautomaten, doch wenn er leer ist, bleibt er erst einmal leer. In Cariari ist die Auswahl an Banken und ATMs dagegen noch einmal groß. Auch Apotheken gibt es in Tortuguero nicht, also lieber noch einmal in Cariari Medikamente kaufen, wenn nötig.

Geld Der einzige Geldautomat der **BCR** befindet sich am betonierten Hauptpfad am nördlichen Ende von Tortuguero beim Parque Los Pajaros. Es ist ratsam, ein bisschen Bargeld in der Tasche zu haben, denn nicht alle Restaurants und Hotels akzeptieren Kreditkarten. Und es kommt doch manchmal vor, dass der Automat nicht funktioniert.

Gesundheit Für Notfälle gibt es ein kleines **medizinisches Zentrum** des Roten Kreuz am zentral gelegenen Fußballplatz in Tortuguero. 7.30–22 Uhr. In dringenden Notfällen 911 anrufen.

Kommunikation Die meisten Hotels und gastronomischen Einrichtungen bieten kostenfreies WiFi an. Die nationale Telekommunikationsgesellschaft Kölbi hat auch Netzabdeckung in Tortuguero, während Claro und Movistar hier nicht funktionieren.

Touren Ein **Hinweis** vorweg: aufpassen, wo man Führungen bucht. Am besten nicht direkt bei der Ankunft im Hotel die Touren buchen, sondern gesondert z. B. bei Barbara Hartung oder bei der im Ort ansässigen Tourguide-Organisation. Hoteltouren sind oft Massenabfertigung, man fährt mit Motorbooten durch die Kanäle, was die Ruhe stört und dem Öko-Anspruch des Nationalparks widerspricht.

Barbara Hartung, die studierte Biologin, hat 4 verschiedene Touren in ihrem Programm, eine dreistündige Kanutour, eine Wanderung durch den Nationalpark, einen Spaziergang durch das Dorf Tortuguero und zur Schildkrötensaison führt sie Besucher nachts an den Strand. Sie erklärt ausführlich Tiere und Pflanzen, mit Ruhe und viel Know-how und geht auch gerne auf Fragen ein. Kosten: Kanutour und Waldwanderung zusammen 60 $/Pers., plus Schildkrötenbeobachtung 80 $/Pers. (plus Nationalpark-Eintritt). Barbara bietet auch ein Paket mit Unterkunft und Frühstück, Kanutour und Nationalparkwanderung für 95 $/Pers. an. www.tinamontours.de.

Asociacion de Mujeres Guias Tortuguero, ASOPROTUR, ein paar Einheimische haben sich zu einer Vereinigung zusammengeschlossen mit der Idee, den vielen Besuchern, die in ihr Heimatdörfchen kommen, die Natur auf authentische Weise zu zeigen. Während ihre Väter und Großväter noch Schildkröteneier verkauften und die Tiere jagten, um das Fleisch in die Suppe zu tun, mussten sie sich – schon durch die erlassenen Gesetze zum Schutz der Schildkröten – etwas Neues einfallen lassen. So bieten sie verschiedene Öko-Touren an. Neben dem Tourprogramm, ähnlich dem von Barbara, kann man hier Angeltouren, Vogelbeobachtungstouren und Canopy buchen. Wer Glück hat, erwischt einen guten Führer, der weiß, wo Tiere sind und sich die Zeit nimmt, alles gut zu erklären, vielleicht sogar in passablem Englisch. Es gibt aber auch Führer, die nur Spanisch sprechen, obwohl Englischkenntnisse mit „claro que sí" bestätigt wurden. Am besten bei der Buchung genau betonen, was man will. Infos und Buchungen im Vereinshäuschen am Bootsanleger, ✆ 84218535 (WhatsApp).

Tortuguero Tours, Jessica und Francisco leben in und lieben Tortuguero und geben alles, um Besuchern hautnahe Erlebnisse im Nationalpark zu bescheren. Sie organisieren auch alles um die An- und Weiterreise nach und von Tortuguero. ✆ 89243995 (WhatsApp), tortutours.com.

Tortuguero Native Tour Guide, der engagierte Jonathan führt Besucher mit viel Wissen und Spaß durch die Natur von Tortuguero. ✆ 84615233 (WhatsApp), tortugueronativeguide.com.

Wäscheservice Viele Hotels bieten einen Wäscheservice an.

Übernachten Die Auswahl ist groß. Wer abends noch etwas im Ort trinken oder essen will, sollte eine Unterkunft im Ort wählen. Die Lodges liegen meist außerhalb und sind nur mit einem Boot erreichbar. Das Shuttle muss man meist extra bezahlen oder man ist auf die Verpflegung der Lodge angewiesen. Deckenventilatoren oder Standventilatoren gehören in allen Zimmern zur Standardausstattung.

... im Dorf **Aracari Garden Hostel** **9** Kleine Zimmer mit Ventilator und Nachttischlampen, gute Betten, es gibt auch Dorms mit Gemeinschaftsbad. Das fette Plus ist der nette Innenhof mit schönen Sitzgelegenheiten, Hängematten und einer gut ausgestatteten Gemeinschaftsküche. Kaffee steht kostenlos bereit. Auch Tukane schauen ab und zu hier vorbei, Leguane chillen in der Sonne. Zum Frühstück gibt es frisches Baguette. An der Südwestecke am Fußballplatz, ✆ 27672246, www.aracari garden.com. **€**

Mein Tipp **Hotel Tortuguero Natural** **11** Gute und günstige Unterkunft mit Hostel-Atmosphäre zwischen Promenade und Strand. Die Zimmer sind bunt gestrichen, sauber und gemütlich. In der oberen Etage kann man auf der umlaufenden Terrasse herrlich entspannen. Auch im Garten warten Hängematten auf den relaxten Teil des Tages. Wasser und Kaffee stehen kostenlos bereit. Unweit des Bootsanlegers an der großen Wiesenfläche neben der Adventistenkirche, ✆ 85089524 (WhatsApp), www.hotel-tortuguero-natural.business.site. **€**

La Casona de Tortuguero **6** Kleine Öko-Pension mit 6 freundlichen, hellen Zimmern mit eigenem Bad und heißem Wasser. Die rustikale Unterkunft mit Hängematten und jeder Menge Sitzmöglichkeiten im Freien liegt gut zwischen Meer und Zentrum an der Südseite des Fußballplatzes, ✆ 84492548 (WhatsApp), www.lacasonatortuguero.com. **€**

Cabinas Meryscar **12** Sehr einfache Pension mit kleinen, sauberen Zimmern mit Gemeinschaftsbad. Bunte Hängematten baumeln im Garten. In der Gemeinschaftsküche kann man sich gut und günstig selbst versorgen. An

Die Karibikküste → Karte S. 329

der Westseite der grünen Freifläche unweit des Bootsanlegers, ✆ 27098202. €

Sunset Rooms Tortuguero 2 Zentral gelegene Unterkunft an der Flaniermeile von Tortuguero. Die recht engen Zimmer sind sauber und schlicht eingerichtet mit Ventilator, manche haben einen Kühlschrank. Von der Terrasse mit Sonnenliegen hat man einen fantastischen Blick auf den Kanal und den Sonnenuntergang. ✆ 83487956. €€

Casa Marbella Bed and Breakfast 3 Das knallgelb getünchte Hotel am Kanal hat einfache DZ. Die Fenster machen die meisten Zimmer schön hell, ein Ventilator sorgt für frische Luft. Die Zimmer sind allerdings etwas hellhörig, da das Hotel ein Holzhaus ist. Casa Marbella bietet seinen Gästen einen kostenlosen Kanu- und Gummistiefelverleih für den Parkbesuch. Ein gutes Frühstück ist inklusive. 150 m nördlich vom Bootsanleger am Kanal, ✆ 27098 011, www.casamarbellatortuguero.com. €€

Miss Junie's Lodge 1 Weitläufige, ruhig gelegene Hotelanlage zwischen Meer und Kanal mit einem großen Garten. Die holzverkleideten Zimmer in dem familiengeführten Hotel sind schlicht, aber sehr sauber. Alle Zimmer haben eine Terrasse oder Balkon, unten teilweise mit Hängematte. Im schönen Pool hört man das nahe Meer rauschen. Das Frühstück ist im Preis inbegriffen. Am nördlichen Ende von Tortuguero gelegen, ✆ 27098029. €€

Lodges außerhalb Wer dem Touristentrubel, vor allem zur Hauptsaison, in Tortuguero entgehen will, sollte eine Unterkunft außerhalb des Dorfes wählen. Die gehören meist zu den besseren Anlagen mit gehobenen Preisen, manche sind daher auch nur als Komplettpaket buchbar. Doch es gibt auch einige für das Backbacker-Budget.

Chinitas Eco Lodge 7 Herzlich und familiär ist die Atmosphäre in der einfachen, aber gemütlichen und sauberen Lodge. Einfach die Beine hochlegen auf der Terrasse direkt am Kanal und den Ausblick genießen – Entspannung pur! Besitzer Geraldo bietet auch Touren durch die Kanäle an, während seine Frau Annarika eine Meisterin in der Küche ist. Am südlichen Ende in San Francisco de Tortuguero direkt am Tortuguero-Kanal gelegen, ✆ 27098138. €–€€

Aninga Lodge 16 Die Bungalows und die 4-Sterne-All-Inclusive-Anlage lassen keine Wünsche offen. Die Zimmer liegen im Regenwald und haben keine Glasfenster, sondern sind durch Moskitogazé geschützt. Man schläft mitten in der Natur und wird vom Singen und Rufen der Vögel geweckt. Auch Affen und andere Tiere sind hier unterwegs. An der Bar, im Spa und im herzförmigen Pool kann man nach einem Tag voller Abenteuer wunderbar entspannen. Zur Lodge gehört ein Wandertrail, der über die Nachbaranlage erreichbar ist. Viele Tiere, die im Nationalpark leben, kann man hier beobachten. An der großen Lagune 1 km nördlich vom Dorf neben der La Baula Lodge, ✆ 22568080, www.aningalodgetortuguero.com. **€€€€**

Alles easy – einmal Komplettpaket, bitte! Die **Mawamba-Lodge 15** zwischen dem Tortuguero-Kanal und dem Meer bietet alles zu einem Preis und ist deshalb eine Option für Reisende mit wenig Zeit: Neben der Übernachtung im netten, mit Holz verkleideten Standardzimmer sind der Transfer von und nach San José, Vollpension mit drei Mahlzeiten und drei Touren inklusive. In der grünen Anlage gibt es zudem einen Schmetterlings- und einen Froschgarten und ein paar Naturpfade zum Spazierengehen. Dabei lassen sich viele Tiere wie große Leguane, Tukane und ab und zu Affen beobachten. Annehmlichkeiten wie ein Restaurant, eine Bar und ein großer Pool sind natürlich auch vorhanden. Durch die Lage zwischen Lagune und Karibik hat man das Meeresrauschen immer im Ohr. ✆ 22938181, www.mawamba.com. **€€€€**

MeinTipp **Tortuga Lodge & Gardens 10** „Man gönnt sich ja sonst nichts“: Die exklusive 3-Sterne-Anlage am Kanal bietet alles, was einen Aufenthalt unvergesslich macht: Mitten in der Natur fühlt man sich in den schicken und sauberen Zimmern rundum wohl. Von der Nachttischlampe bis hin zu Sitzecken und Vorhängen ist an alles gedacht. Die meisten Zimmer haben einen traumhaften Blick auf den Fluss und im Pool oder der Hängematte kann man wunderbar entspannen. Das Frühstück kostet extra, ist aber reichhaltig mit einem aromatischen Kaffee. Im Garten der Lodge tummeln sich ab und zu Brüllaffen, Tukane und andere Wildtiere, sodass man gleich mit der Natur vor der Nase erwacht. Achtung: Mindestaufenthalt zwei Nächte! Die Lodge liegt etwas südlich vom Dorf San Francisco direkt am Tortuguero-Kanal und gegenüber (aber weit genug entfernt) der kleinen Flugzeug-Landebahn, die Bootsfahrt nach Tortuguero dauert 10 Min. ✆ 40700420, www.tortugalodge.com. **€€€€**

Essen & Trinken **Soda Heliconia 8** Die für Costa Rica typische Soda serviert ein kräftiges Frühstück nach der morgendlichen Tour. Die Casados mit paniertem Fisch sind reichlich und empfehlenswert. Günstig und sauber. Tägl. 5.30–20.30 Uhr. Es liegt ein bisschen versteckt mitten im Gassengewirr hinter dem Supermarkt Nicarao, ✆ 84416555. **€**

Tutti's 14 Ob frisches Ceviche, saftige Steaks, Hühnchen in Orangen-Curry oder Pizza – im Tutti's gibt es leckere Speisen zu angemessenen Preisen. Berühmt ist der Laden vor allem für seine Burger. Außerdem gibt es hier Cerveza Artesanal, das man sich gönnen sollte. Serviert wird auf einer überdachten Terrasse und im Garten mit rustikalem Ambiente. Tägl. 12–24 Uhr. Im Nordteil des Dorfes nahe beim Supermarkt Las Tortugas, ✆ 21013316. **€€**

Budda Café 4 Direkt am Kanal gelegen, isst man hervorragend Pizza und Pasta oder kann in der Abendstimmung einen Cocktail genießen. Die Preise sind zwar etwas gehoben, aber das Ambiente verdient einen Besuch. Der Maracuja-Käsekuchen ist mein Tipp! Wer mal wieder einen Gruß nach Hause schicken möchte, kann das restauranteigene WiFi nutzen. Tägl. 12.30–21 Uhr. Das Café liegt wenige Meter nördlich vom Bootsanleger an der Hauptpromenade, www.buddacafe.com. **€€**

Miss Miriam's 5 Das Hühnchen in Kokos-Soße ist ein karibischer Traum, der zart vom Knochen fällt. Dazu die knusprigen Patacones, Reibekuchen aus Kochbananen. Herzhaft, gut und relativ günstig. An der Nordseite des Fußballplatzes, ✆ 27098002. **€€**

Taylor's place 13 Steak und Fisch kommen in übersichtlichen, aber köstlichen Portionen auf den Tisch. Etwas Besonderes ist die Tamarindensoße, die man unbedingt probieren sollte. Bei Taylor sitzt man gemütlich im Garten mit Schummerlicht und wer sich nach einem Cocktail in die Hängematte legen will – kein Problem, es gibt genügend. Mo–Sa 18–21 Uhr. Im Zentrum des Dorfes, ✆ 87319789. **€€**

Am frühen Abend postieren sich mehrere **mobile Garküchen** am nördlichen Ende der Flaniermeile. Hier gibt es Hamburger, Hot Dogs oder scharf gebratene Hühnchenspieße. Schmackhaft und günstig.

Die Karibikküste → Karte S. 329

Deutschland ade – ein Interview mit der Auswanderin, Biologin und Touristenführerin Barbara Hartung

Barbara studierte Biologie in Tübingen, verliebte sich vor über 20 Jahren in das abgelegene Dorf Tortuguero und blieb.

Wie kam es, dass du nach Tortuguero gekommen bist – und bliebst?

Ich war Anfang 30 und bin eigentlich erst nach Panama gegangen, um eine Freundin zu besuchen. Ich wollte weiter nach Costa Rica, denn ich bin ein großer Regenwaldfan. Doch ich wollte nicht nur reisen, sondern arbeiten und habe in verschiedenen Nationalparks angefangen. Tortuguero hat mich magisch angezogen, der Tieflandregenwald in Kombination mit Wasser. Als ich dann hierher kam, lernte ich bei einem Vogelberingungsprojekt einen Biologen kennen und der hat mir seine Stelle angeboten. Das musste ich ausprobieren – gehen kann man immer. Und das sage ich mir bis heute. Doch nun sind 25 Jahre daraus geworden.

War es schwierig für dich, dir hier dein neues Leben aufzubauen?

Leicht war es nicht. Der Job des Biologen umfasste Vorträge, den Aufbau eines kleinen Museums, aber auch in einem Hotel mitzuarbeiten. Als ich immer mehr in Manageraufgaben gedrängt wurde, entschloss ich mich, als Freelancer zu arbeiten. Und da es damals nur wenige Touristen gab, musste ich schon zusehen, ob das Geld für die nächsten 14 Tage reicht. Es war trotzdem schön. Die Ruhe, die Natur – mir hat das alles gegeben, ich habe nichts vermisst – außer vielleicht Bücher.

Wo hast du damals gewohnt?

In einer ganz einfachen Hütte. Ich hab mit einem Eimer Wasser über dem Kopf geduscht, es gab damals noch kein Fließendwasser – es kam aus einem Brunnen. Es gab nur einen einzigen Supermarkt, für jede Schraube musste man nach Limón fahren. Es gab kaum Obst, denn hier wächst nicht so viel, da wir einen sehr salzigen Boden haben.

Gab es noch andere Dinge, die du vermisst hast?

Zeitung lesen! Bis heute! Denn es gibt hier keine Tageszeitung. Man kann zwar inzwischen Online lesen, aber so ein schönes Frühstück mit Zeitung ist immer noch etwas, das ich vermisse.

Heute ist der Tourismus in Tortuguero sehr aktiv. Wie hat sich das über die Jahre entwickelt?

Das ging Stück für Stück und ist natürlich extrem mit dem Internet gekommen. Früher hatten wir nur Pagers und ein einziges öffentliches Telefon, wo jeder zehn Minuten Redezeit hatte. Da hat sich zum Beispiel ein Hotel aus San José gemeldet, biepbiep, ruf mich bitte an, und ich bin zum Telefon gerannt, habe mich angestellt, halbe Stunde Wartezeit, besetzt. Wieder hinten anstellen. Man hat viel Zeit mit Warten verbracht und wir haben dann darum gekämpft, ein Telefonnetz zu bekommen. Damit kam auch das Internet und der Tourismus ging los.

Stimmt es, dass Fußball ein Grund für die rasante Entwicklung war!?

Tatsächlich! Als sich Costa Rica 2006 für die WM in Deutschland qualifizierte und ausgerechnet das Eröffnungsspiel gegen Deutschland hatte, ist es als tropisches Reiseland bekannt geworden. Und als die Ticos bei der WM 2014 überraschend bis ins Viertelfinale gekommen sind, hat man es noch deutlicher gespürt, denn es wurde viel Werbung geschaltet.

Gab es Momente, wo du gesagt hast, jetzt gehe ich wieder?

Es gibt immer Aufs und Abs. Es ist als Frau in einer Männergesellschaft, die es doch ist, nicht einfach. Viele sagen zu mir „Ach, Sonne, Strand und Meer – da kann man ja nur glücklich sein" – doch ganz so easy ist es nicht. Es gibt verschiedene Phasen, man muss sich an die Kultur anpassen und so habe ich schon ab und zu überlegt, etwas anderes zu machen. Nicht unbedingt nach Deutschland zurückgehen – die Welt ist ja groß. Doch je länger man irgendwo ist, desto mehr Wurzeln schlägt man.

Seit über 20 Jahren arbeitest du im Tourismus. Was liebst du am meisten an deinem Job?

Ich wollte immer hinaus in den Wald und zu den Schildkröten. Ich habe früh mit Kanutouren angefangen, denn es gibt nichts Schöneres, als leise in die Natur zu gehen und mit ihr ganz still zu verschmelzen. Ich war die erste, die regelmäßig zu Fuß mit Touren in den Wald gegangen ist. Ich liebe das. Immer wieder sieht man andere Tiere. Doch der Gipfel der Schönheit sind die Schildkröten. Selbst wenn man die Eiablage schon hundertmal gesehen hat, ist sie doch jedes Mal anders. Wie ist der Mond in den Schildkröten-Nächten, sind sie heute früh dran oder spät … Am nächsten Tag schaue ich mir gern ihre Spuren im Sand an: Waren es letzte Nacht viele Tiere oder kamen sie nur vereinzelt … und so weiter. Die Natur ist einfach spannend.

Was wünschst du dir für eine Zukunft in Tortuguero?

Es wird immer voller und lauter, deshalb würde ich mir wünschen, dass keine Motorboote mehr durch den Nationalpark fahren dürfen. Es wäre toll, wenn die Touren tierfreundlicher werden, den Menschen bewusst gemacht wird, welchen Abstand sie einhalten sollten, um dem Tier die Möglichkeit zur Flucht zu lassen. Ich bitte meine Gäste immer, sich mit Moskitospray bereits im Hotel einzusprühen, denn das ist wie ein Insektizid, das sonst im Wald landet und bei so vielen Besuchern richtet das Schaden an. Frösche haben zum Beispiel eine ganz empfindliche Haut. Aufklärung ist einfach wichtig. Bei Nachttouren wird den Tieren oft mit Taschenlampen in die Augen geleuchtet, viele Gruppen hintereinander. Das ist purer Stress für sie. Das Tier muss an erster Stelle kommen, dann der Kommerz. Leider ist es häufig anders herum.

Zu guter Letzt: Was war bisher dein außergewöhnlichstes Tiererlebnis?

Oh, da gibt es so viele Momente. Doch einmal ist bei einer Kanutour ein Jaguar an mir vorbeigeschwommen. Das war der Wahnsinn, ging aber auch so schnell, dass man denkt „bitte noch mal".

Parque Nacional Tortuguero

Der Tortuguero-Nationalpark ist ein weites Naturschutzgebiet mit einem 24 km langen Strand, Wäldern, Wasser, Sümpfen und Mangroven rund um den Ort Tortuguero. Durch die Vielfalt der Natur bzw. Ökosysteme leben hier besonders viele Wildtiere, die allerdings auch jede Menge menschliche Besucher anlocken. Im Tortuguero-Nationalpark ist man nicht allein, vor allem nicht zur Hauptsaison und zur Eiablagezeit der **Schildkröten.** Doch es lohnt sich trotzdem, hierher zu kommen, vor allem in Kombination mit einem Besuch des Orts Tortuguero, der nur per Boot erreichbar ist und wo deshalb eine freundliche „am Ende der Welt-Stimmung" herrscht.

In und an den Kanälen des Nationalparks leben Kaimane, Wasserschildkröten, Pfeilgiftfrösche und Wasservögel. An Land schwirren Tukane und Papageien durch die Luft, Affen lümmeln auf den Bäumen und Agutis huschen durchs Unterholz. Wer früh morgens zu einer Entdeckungstour aufbricht, sieht besonders viele Tiere. Es gibt verschiedene Möglichkeiten, den Park zu erkunden: mit einem Kanu oder Boot, zu Fuß auf den Wanderwegen und bei einer Nachttour am Strand oder im Park.

Auf Beobachtungsposten: ein Reiher

Mit Kanu oder Boot

Wer nach Tortuguero kommt, erkundet natürlich die „senderos acuáticos", die vielen Wasserwege. Nicht umsonst ist das Schutzgebiet auch als „Kleiner Amazonas Costa Ricas" bekannt. Neben der Laguna Tortuguero, an der das Dörfchen liegt, gibt es den Río Tortuguero (4,5 km) und verschiedene Caños, kleine Kanäle, wie den Caño Chiquero (2,5 km), den Caño Mora (800 m) und den Caño Harold (3,5 km). Am besten bucht man die Tour bei der deutschen Biologin Barbara oder über die Asociacion de Guias de Tortuguero, die Vereinigung der Nationalparkführer (→ Tortuguero/Touren S. 347). Vorteil: Man paddelt im Kanu, was privater ist als mit einem großen Motorboot. Kanus dürfen auch in die kleinen Kanäle fahren, sodass die Chance besteht, dass bei der Sichtung eines Tieres nicht gleich fünf andere Boote hinzukommen. Außerdem werden die lokalen Führer unterstützt. Kosten ca. 20 $.

Auf eigene Faust kann man ebenfalls ein Kanu oder Kajak mieten und durch die Kanäle fahren. Vorteil: eigene Zeiteinteilung, nicht mit dem (Besucher-)Strom paddeln, nur „ich und die Natur". Risiko: Man kann sich leicht verirren, das Gebiet ist groß! Wer kein so geschultes Wildtierauge hat, ist mit einem Führer zudem besser beraten, denn sie wissen, wo sie suchen müssen. Einlass in die Kanäle des Nationalparks ist ab 6 Uhr morgens. Das Büro der Nationalparkverwaltung ist Kassenhaus, Parkeingang und Bootsableger zugleich und befindet sich am südlichen Ende von Tortuguero.

Wanderwege

Neben den Wasserwegen hat der Tortuguero-Nationalpark auch ein paar nette Wanderwege zu bieten.

Wanderung zum Cerro Tortuguero (→ Tortuguero, S. 337).

Sendero Jaguar: Bei der Rangerstation Cuatro Esquinas südlich vom Dorf beginnt dieser 2 km lange Wanderweg, der seinen Namen den Jaguaren verdankt, die nachts gerne über den Strand streifen, um Schildkröten zu jagen. Am nächsten Morgen findet man ab und zu ihre Tatzenspuren im Sand und manchmal auch tote und angefressene Schildkröten. Der Weg ist besonders am Beginn des Waldstücks extrem matschig, da es in der Region häufig regnet. Gummistiefel können im Ort geliehen werden (4 $, Socken einpacken!). Man kann aber auch vom Strand aus auf diesen Weg stoßen, der größtenteils parallel dazu verläuft, und erspart sich das Matschgelatsche. Der Weg ist mit weiß unterlegten Stationsnummern versehen und alles in allem nicht wahnsinnig spektakulär. Die Stationsnummern dienen neben ihrer eigentlichen Funktion, nämlich zur Zeit der Eiablage der Schildkröten den Führern einen Strandabschnitt zuzuteilen, u. a. dazu, anderen Wanderern Tipps zu geben, dass bei Nummer soundso zwei Faultiere im Baum hängen oder eine Bande Spinnenaffen gerade unterwegs ist. Am Ende geht es denselben Pfad zurück. Mit einem guten Auge entdeckt man Faultiere und Brüllaffen in den Bäumen. Auch Aras sind öfter unterwegs.

Tierwelt im Tortuguero-Nationalpark

Rangerstation Jalova: Diese Station liegt am südlichen Ende des Nationalparks, man passiert sie bei einer Anfahrt mit dem Boot von Moín aus. Hier gibt es zwei kurze Wanderwege. Camping ist möglich. Trinkwasser ist vorrätig. Zugang 6–18 Uhr.

Strandspaziergang: Am wilden Strand von Tortuguero zu spazieren, ist faszinierend, vielleicht gerade, weil man hier wegen der Wellen nicht baden kann. Und vielleicht auch, weil man weiß, dass in bestimmten Monaten des Jahres Tausende von Schildkröten hier anlanden, um ihre Eier abzulegen. Während dieser Zeit ist der Strand nachts allerdings tabu – es sei denn, man unternimmt eine Tour mit einem offiziellen Führer. 24 km kann man bei einem Strandmarsch erkunden.

Nachttour: Sobald es dunkel geworden ist, wird die Taschenlampe gezückt und es geht mit einem Führer durch den düsteren Wald. Nicht immer muss die Tour in den Nationalpark gehen. Denn die Tiere, die man beobachten kann, hocken überall. Auf Bäumen, unter Blättern, auf dem Boden – nachts ist jede Menge los. Winzige Giftfrösche aufzuspüren gehört quasi zum Standardprogramm der Tour. Etwas mehr Glück braucht man, um eine Schlange zu entdecken und ein richtiger Glückspilz ist, wer ein Mausopossum oder andere nachtaktive Felltiere beobachten kann.

Praktische Infos

Größe: 26.653 ha (Land), 50.284 ha (Meer).

Zugänge: Am südlichen Ende in Tortuguero. Kasse, Sanitäreinrichtungen, Bootsanleger und Parkinformation sind hier vereint.

Information www.acto.go.cr (Spanisch und Englisch).

Öffnungszeiten 6–16 Uhr. Den Wanderweg kann man aber auch danach gehen, da der Park vom Strand aus zugänglich ist.

Eintritt 15 $.

Ausrüstung Fernglas, Mückenschutz, Taschenlampe, Kopfbedeckung, Socken für die Gummistiefel, Regenponcho – in Tortuguero regnet es das ganze Jahr über plötzlich und heftig, in der Schildkrötensaison dunkle Kleidung, Bargeld – in Tortuguero gibt es keine Bank und auch der Geldautomat ist immer wieder kaputt.

Touren Diverse Anbieter ab Tortuguero (→ Tortuguero/Touren, S. 341).

Gefährliche Brandung: Der Strand in Tortuguero ist nichts zum Baden

Refugio Nacional de Vida Silvestre Barra del Colorado

NSG Barra del Colorado

Behäbig fließt der mächtige Río Colorado durch das nationale Wildreservat Barra del Colorado, das größte Tierschutzgebiet Costa Ricas, und mündet schließlich in den Atlantik. „Barra", wie es von den Einheimischen genannt wird, liegt an seiner Mündung und erstreckt sich bis ganz in den Norden des Landes zum Grenzfluss Río San Juan. Ab dem Fluss beginnt Nicaragua. Costa Rica hat nur das Nutzungsrecht für sein Gewässer. Zum Schutzgebiet wurde das abgelegene „Barra" im Jahr 1985 ernannt. Es umfasst 50 km Küste und fast 79.000 ha Wald, Kanäle, Lagunen, Sümpfe, Flüsse und Flussinseln – und ähnelt damit durchaus dem bekannteren Tortuguero-Nationalpark. Wie dieser ist Barra nur per Boot oder mit einem Charterflugzeug erreichbar. Wasser bildet die Grundlage fast allen Lebens hier. Kein Wunder also, dass bei so viel Wasserreichtum und dem üppigen Pflanzenwachstum viele Tiere in Barra del Colorado leben. Neben Tukanen, Faultieren und verschiedenen Affenarten trollt sich der Tapir durch den Busch und Kaimane lassen ihre Augen aus dem Wasser lugen. Auch das rote Erdbeerfröschlein versteckt sich gern unter Blättern. Das Besondere sind allerdings die seltenen Manatis, die Seekühe, die man mit ganz viel Glück hier beobachten kann. In diesen Wasserwelten würde man nicht unbedingt ein Dorf mit Supermarkt, einer Kirche und mehreren Sodas erwarten, doch so ist es, unterteilt in **Barra del Norte** und **Barra del Sur,** denn der Ort hat sich auf beiden Seiten des Río Colorado angesiedelt, der sich an dieser Stelle weit verzweigt. Vor allem US-amerikanische Sportfischer verschlägt es hierher, um Großfische wie Tarpune oder Segelfisch zu angeln. Manche Lodges, die alle in Barra del Sur liegen, sind deshalb recht teuer und bieten die Unterkunft oft nur als Paket mit Vollpension an.

Verbindungen Barra del Colorado ist nur per Flugzeug oder Boot erreichbar.

Flug: Die Landebahn liegt in Barra del Sur. Flüge können über die Lodges gebucht werden oder man fliegt mit **Sansa** nach Tortuguero und chartert dort eine Lancha bis nach Barra.

Bus und Boot von Puerto Lindo: Von Cariari fahren täglich Busse nach Puerto Lindo. Von dort starten Lanchas nach Barra, Fahrzeit 45 Min., ca. 7 $.

Boot von Tortuguero: Ein privater Transport per Boot dauert etwa 90 Min. und kostet um die 140 $.

Von Puerto Viejo de Sarapiquí: In einer 3- bis 4-stündigen Bootsfahrt auf dem Río Sarapiquí, dem Grenzfluss San Juan und dem Río Colorado erreicht man auch auf diesem Wasser Barra del Colorado. Den Transport organisieren die Lodges der Sarapiquí-Region oder auch in Barra.

Einkaufen **Pulpería La Esquina,** tägl. 6–12.30 und 14–20 Uhr.

Übernachten **Tarponland Lodge** Der Name ist etwas hoch gegriffen, denn es handelt sich um einfache Zimmer mit Klimaanlage, warmer Dusche und TV, sauber und zweckmäßig. Das Essen ist sehr gut. Man kann Kajaks leihen und es werden Ausflüge in die Lagunen angeboten. Westlich vom Flugplatz, zu Fuß erreichbar, ✆ 88189921, Tarpon Land Lodge (Facebook). **€**

Río Colorado Lodge Sie ist schon ein bisschen in die Jahre gekommen, aber dennoch eine gute Adresse, um mit Besitzer Dan auf Großfischjagd zu gehen. Die Zimmer sind geräumig und sauber mit einer Terrasse, um nach dem Fischabenteuer ein kühles Bier zu genießen. Abends kann man sich die Zeit beim Billard vertreiben und Dan gibt bei der Happy Hour gern ein paar Angler-Tipps preis. Buchbar mit Vollpension. Westlich der Landepiste in Barra del Sur, www.riocoloradolodge.com. **€€€**

Essen & Trinken Mehrere Sodas im Dorf.

Die Karibikküste → Karte S. 329

Gen Süden: Von Puerto Limón nach Manzanillo

Zwischen der nicht sonderlich attraktiven Hafenstadt Puerto Limón und dem kleinen Küstendorf Manzanillo ganz im Süden des Landes schlummern traumhafte Strände und gemütliche Orte.

Die Straße verläuft von Puerto Limón (→ S. 328) immer geradeaus, das Meer meist in Sichtweite, vorbei an etlichen Bananenplantagen und Lkws von Dole und Chiquita. Schnell sind Cahuita und der Cahuita-Nationalpark mit seinem wunderbar weißen Sandstand erreicht. Trubeliger wird es um den Surferort Puerto Viejo wenige Kilometer weiter südlich. Hier sind jede Menge Radfahrer auf der kleinen Küstenstraße unterwegs, um einen der vielen umliegenden Strände zu besuchen. Puerto Viejo ist auch bekannt für seine Reggae-Partys bis tief in die Nacht hinein. Tagsüber bietet sich von hier oder Cahuita aus ein Abstecher zu den indigenen Bribri an. Ruhig und beschaulich läuft das Leben in Manzanillo ab. Das Manzanillo-Gandoca-Reservat ist weitläufig und einsam – ein Ort für Wanderer, die gern mit sich und der Natur alleine sind. Von hier aus sind der Grenzort Sixaola und Panama nicht mehr weit.

Cahuita

„Es gibt für mich keinen schöneren Ort in Costa Rica als Cahuita". Leandro schaut schwärmerisch in den blühenden Garten seiner Lodge Bungalows Aché. Das Meer ist nur wenige Meter entfernt. In Cahuita wurde er geboren, hier ging er in den Kindergarten und zur Schule, hier lebt er mit seiner Frau und den Kindern, hier blieben seine Eltern 1982 hängen, nachdem sie als Studenten während einer Reise in den Schweizer Semesterferien nach Cahuita kamen und sich in den Ort verliebten. Und so ist der gebürtige Costa Ricaner nicht dunkelhäutig, sondern gleicht optisch vielmehr einem Schweizer „Bueb". Doch er denkt und fühlt wie ein Tico. „Wenn ich aufgrund meines Aussehens auf Englisch angesprochen werde, erkläre ich den Leuten schnell, dass ich ein Tico bin und mich lieber auf Spanisch unterhalte". Und er ist froh darüber: „Ich brauche nicht viel mehr. Ich habe mein Haus und meine Familie um mich, ich lebe umgeben von der traumhaften Natur dieses schönen Landes. Ich bin glücklich." Es gab auch Momente, als Leandro darüber nachdachte, mit seiner Frau und den zwei Töchtern in die Schweiz zurückzugehen. „Wir waren gerade zwei Monate drüben. Meine Frau (sie ist eine Tica) und ich haben schon darüber geredet, wie es wäre, dort zu leben. Vor allem wegen der Schulbildung und dem Studium für die Kinder. Dort gibt es viele Möglichkeiten, eine große Auswahl. Hier ist es schwieriger, man muss weit fort gehen, um an einer guten Universität zu studieren, am besten nach San José. Wir bleiben hier. Mit zwei Kindern in der Schweiz neu anzufangen wäre so schwierig. Und außerdem haben wir es hier schön."

Playa Negra bei Cahuita

Leandro hat Recht. Cahuita ist ein Dorf, das alles bietet, was man für ein erfülltes Leben braucht. Es ist ruhig und wunderschön am Meer gelegen, umgeben von kleinen Buchten.

Schildkrötenjäger

Die Afrokariben, die heute noch hier leben, sind nicht nur die Nachfahren jener Eisenbahnarbeiter, die einst die Karibik mit San José verbanden, sondern stammen auch von Einwanderern aus den nördlichen und südlichen Nachbarländern ab. Schildkrötenjäger aus Panama und Nicaragua kamen während der Schildkröten-Brutzeit und verdienten mit den Tieren und ihren Eiern gutes Geld. Darunter war die Familie von William Smith, die ab 1828 dauerhaft bei Cahuita siedelte. Sie sei die erste englischsprachige afrokaribische Familie in Costa Rica gewesen.

Parallel zum Ufer im Ortszentrum verläuft die Hauptstraße von Cahuita – nicht viel mehr als ein schmaler geteerter Weg. Hier haben sich viele Restaurants für jeden Geschmack angesiedelt.

Strände um Cahuita

Obwohl Cahuita am Meer liegt, hat der Ort keinen eigenen „Dorfstrand" (mehr). Er wurde über die Jahre weggeschwemmt, schuld ist der Klimawandel (eine interessante Reportage dazu unter: www.reisedepeschen.de/nationalpark-cahuita-costa-rica-anpassung-an-den-klimawandel). Allerdings liegen genügend Möglichkeiten gleich um die Ecke und sind zu Fuß erreichbar.

Playa Blanca: Dieser Strand liegt parallel zum Pfad durch den Cahuita-Nationalpark. Am Ende des Pfades öffnet er sich sichelförmig. Mit herrlich weichem und hellem Sand gleicht er einem Cover in einem Urlaubskatalog. Handtuch ausbreiten und es sich gemütlich machen. Aber Achtung: Neugierige Waschbären schauen regelmäßig vorbei und stöbern nach Essbarem. Auch Affen hüpfen gerne umher. Wertsachen also besser verstecken. Vom Dorf sind es etwa 25 Minuten Fußmarsch durch den Cahuita-Nationalpark.

Die Karibikküste → Karte S. 329

Hier geht's lang

Zu Besuch im Paradies – Selva Bananito Ecolodge

Ein besonderes Fleckchen Erde ist die Selva Bananito Ecolodge, eingebettet in die Talamanca-Berge, unweit der Küstenstadt Limón. Schon die Anfahrt ist Teil des Abenteuers. Von der Küstenstraße geht es ab auf eine schmale Straße zum Dorf Bananito Sur (6 km). Bald darauf wird der Weg zur Piste, ein Schild „Selva Bananito" weist auf das Ziel hin. Man erreicht ein hohes Tor, den Eingang zu einer anderen Welt. Das eigene Auto bleibt nun stehen, denn bis zur Lodge geht es mehrfach durch das Flussbett des Río Bananito. Wir werden von Guide Alan mit einem Pickup abgeholt.

Nach 20 Minuten Fahrt zwischen sanften Hügeln und tropischen Pflanzen wird die Lodge erreicht, umgeben von 850 ha Primärwald der Selva Bananito. Mehrere rustikale und dennoch komfortable Cabinas mit Terrasse und Hängematten verteilen sich im weitläufigen Gelände. Pferde grasen auf saftigen Wiesen. Tukane fliegen in den Bäumen, blaue Morphofalter tanzen vorbei, ein Kolibri nascht vom Nektar einer Helikonia-Blüte.

Jürgen Stein und seine Schwestern Karin und Sofia sind die Besitzer der Lodge und der dazugehörigen Stiftung und Ländereien. Ihre Eltern waren deutsche Auswanderer. Die Geschwister sind in Kolumbien geboren und in Costa Rica aufgewachsen. Ihr Ziel ist es, die Selva Bananito durch sanften Ökotourismus zu schützen. Der Wald ist nicht nur Rückzugsort für bedrohte Tierarten wie Jaguar, Ozelot und Tapir, sondern bildet einen Wildkorridor zwischen dem Naturschutzgebiet Parque Nacional de la Amistad, das sich Costa Rica und Panama teilen, und Schutzgebieten der Küstenregion. Außerdem versorgt die Selva Bananito die nahe Küstenstadt Limón mit Trinkwasser. Damit der Wald bestehen bleibt und geschützt wird, bieten Jürgen und sein Team verschiedene Touren in die Selva Bananito an: Wanderungen in den Primärwald, auch mit Übernachtung, Ausritte über die Finca und als Highlight einen Flug im offenen Tragschrauber – die Sicht von oben auf den Dschungel und bis zur Karibik ist spektakulär.

1995 hat Jürgen mit dem Aufbau der Öko-Lodge begonnen, heute gibt es 16 Cabinas. Es gibt kein Internet und nur die Grundversorgung mit Strom in den Holzhäusern, das Abendessen wird bei Kerzenschein auf der großen Holzterrasse im „Rancho" eingenommen. Ein Ort zum Abschalten, für interessante Gespräche und unvergessliche Erlebnisse.

Selva Bananito Ecolodge Die Holzcabinas stehen auf Stelzen und lassen sich ringsum über große Fensterläden öffnen. Auf der Terrasse warten Hängematten, der Blick ins Grüne, auf die umliegenden Berge und tropischen Pflanzen ist Entspannung pur. Die Betten sind sehr bequem und haben gepflegte Moskitonetze. Im Bad gibt es warmes Wasser über einen Heißlauferhitzer, der über Solarstrom gespeist wird. Das Frühstück ist im Preis inbegriffen, das köstliche Abendessen (auch vegetarisch) kann optional dazugebucht werden. Das ist empfehlenswert, denn es gibt keine alternativen Restaurants in der Nähe. Über alle Touren informiert der Gastgeber gern persönlich, ebenso wie seine kompetenten Guides Alan und Andrés. www.selvabananito.com. **€€€€**

Übernachten inmitten der Natur

Playa Negra: Gleich im Anschluss an das Ortszentrum erstreckt sich in nördliche Richtung die 15 km lange Playa Negra, die ihren Namen von der Farbe des vulkanischen Sandes erhalten hat. Beinahe legendär ist hier die Reggae-Bar, die etwa in der Mitte des Strandes liegt. Cocktails, Sonnenuntergang, Reggae-Music, Schaukeln am Strand – eine super Urlaubs-Kombination. Entlang des Strandes liegen noch etwa zwei Handvoll Unterkünfte. Trotzdem ist man hier fast allein. Die rechts- und linksläufigen Beach Breaks eignen sich gut für Surf-Anfänger. Vom Ort sind es ca. 15 Minuten Spaziergang bis zur Playa Negra.

Playa Grande: Ein breiter, langer Strand mit dunklem Sand und sanften regelmäßigen Wellen erstreckt sich im Norden von Cahuita, ca. 3 km vom Zentrum. Es geht flach ins Wasser, sodass auch Kinder hier schön baden können. Ein guter Zugang zum Strand liegt gegenüber dem Hotel Carribean Coconut. Hier gibt es auch Picknicktische.

Ausflüge in die Umgebung

Von Cahuita aus kann man ganz unkompliziert die Orte Puerto Viejo und die daran angrenzenden Strände bis hin zum kleinen Dorf Manzanillo besuchen. Mit dem Fahrrad ist die gesamte Strecke vielleicht etwas weit, doch es fahren regelmäßig Busse.

Veragua Rainforest Park: Das private Dschungelreservat rühmt sich, von der National Geographic als „The Cream of the Cream of the Rainforest" betitelt worden zu sein. Genügend Action bietet der Park allemal: Canopy, eine 15-minütige Fahrt mit der Seilgondel durch die oberen Etagen des Regenwaldes, einen 350-Stufen-Wanderweg zu einem Wasserfall, ein Schmetterlingshaus und ein Froschhaus. Dreifinger-Faultiere hängen in den Bäumen und Führer suchen im Dickicht nach Reptilien oder den gefürchteten 24-Stunden-Ameisen, eine Riesenameisenart, deren Stich ordentlich schmerzt. Auch eine Forschungsstation kann besichtigt werden.

▪ 65 km von Cahuita bei Puerto Limón. Di–So 8–15 Uhr. Eintritt 99 $ inkl. Canopy-Tour und Gondel, Kinder und Studenten 75 $, Besuchsdauer ca. 3 Std. www.veraguarainforest.com.

Praktische Infos

Information www.cahuitainfo.com.

Busverbindungen **Terminal Cahuita,** an der Hauptzufahrtsstraße neben dem Hakuna Matata Hostel.

San José (Direktbus mit Transportes MEPE, ✆ 27551011): 5.10, 7, 8, 9.30, 11.30, 13.30 und 16.30 Uhr, Fahrzeit 4 Std.

Puerto Limón: 6–19.30 Uhr alle 30 Min. Der letzte Bus fährt um 20.45 Uhr, an Sonn- und Feiertagen erst ab 7 Uhr, Fahrzeit 45 Min.

Puerto Viejo: 6.15–20 Uhr ca. alle 45 Min., Fahrzeit 30 Min.

Manzanillo: 7.15, 9. 15, 11.15, 13.15, 16.15, 19.15 Uhr, Fahrzeit 1 Std.

Sixaloa: 6–20 Uhr stündlich.

Taxi Hector, ✆ 85077383; Alejandro ✆ 88 753209.

Einkaufen Im Ortskern gibt es mehrere Supermärkte, z. B. den Super El Parquecito in der Hauptstraße parallel zum Ufer (tägl. 7–23 Uhr), und kleine Obst- und Souvenirläden. Weitere Einkaufsmöglichkeiten befinden sich im Centro Comercial am Ortsausgang.

Geld Der einzige Geldautomat befindet sich im Centro Commercial Cahuita vor der Filiale der **BCR.**

Gesundheit **Clínica de Especialidades Médicas San Gabriel,** gegenüber der Katholischen Kirche. Mo–Sa 9–18 Uhr. ✆ 27550117.

Eine gut sortierte Apotheke befindet sich im Centro Comercial. Mo–Sa 9–17.30 Uhr.

Post **Oficina De Correos,** gegenüber der Bank. Mo–Fr 8–12 und 13–17 Uhr.

Waschsalon **Big J,** täglich 8–20 Uhr geöffnet. Für ca. 1,20 $/kg erhält man die Wäsche getrocknet nach einigen Stunden zurück. Gleich bei der Katholischen Kirche, ✆ 27550060.

Massage Das schicke, familiäre **Hotel El Encanto,** gehalten im Hacienda-Stil, bietet Massagen auch für „Nicht-Gäste" an. An der Straße zwischen der Playa Negra und dem Ortszentrum, www.elencantocahuita.com.

Fahrradverleih Gleich neben dem Safari-Supermarkt kann man in der **InfoBoutique** Fahrräder für 10 $/Tag mieten. Auch Brigitte (s. u.) vermietet Fahrräder.

Pferdeausritt **Brigitte** lebt auf einer Ranch und liebt es, mit ihren Pferden durch die Umgebung zu streifen. Mehrstündige Ausritte am Strand und durch den Dschungel stehen auf dem Programm. Es gibt auch Extra-Kurse für Kinder. Neben den Pferdetouren bietet Brigitte Kajakfahrten auf dem Río Estrella an, eine Schokoladentour und vieles mehr. Sie hat Cabinas, eine Waschmaschine, vermietet Fahrräder und organisiert Surfkurse. Tägl. 7–19 Uhr. An der Playa Negra gegenüber der Reggae-Bar, ✆ 27550053, www.brigittecahuita.com.

Schnorcheln Da man im Cahuita-Nationalpark nur mit Führer im Korallenriff schnorcheln darf, bietet sich eine Tour mit **Fernando** an. Er ist ausgebildeter Lebensretter und Taucher und stellt alles Equipment für den Schnorcheltrip bereit. Beim Restaurant Edith im Dorfzentrum, ✆ 83611924 (WhatsApp), www.snorkelinghouse.com.

Surfen An der Playa Negra bietet **Cahuita Experience** Unterricht für Anfänger und Fortgeschrittene an. Auch Surfbretter werden verliehen. Billie und Karine sind die Lehrer. 40 $/2 Std. Um die Ecke vom Busterminal, ✆ 83784764, www.cahuitaexperience.com.

Touren **Cahuita Tours,** hoch zu Ross geht es mit Mr. Joe, einem waschechten Vaquero (Cowboy), durch die Straßen von Cahuita. Dabei gibt es so manch interessante Episode zu hören. Außerdem werden geführte Erkundungen durch den Nationalpark Cahuita, sowie Schnorchel- und Raftingtouren auf dem Río Pacuare angeboten. ✆ 27550000, www.cahuitatours.com.

Bananito Tours, der Biologe David aus den Niederlanden führt auf Deutsch, Englisch oder Französisch seine wissbegierigen Kunden in die Wälder seines Privatreservats bei Cahuita, gerne auch nachts. Sein fundiertes Wissen über Flora und Fauna macht die Touren einzigartig. Finca Bananito, ✆ 89974714, www.bananito-tours.jimdofree.com.

Übernachten im Dorfzentrum **Hakuna Matata Hostel** Die nicht weit vom Busbahnhof entfernte Anlage verfügt über einen großen Garten mit Pool. Die Zimmer sind eher klein und einfach eingerichtet. Das Preis-Leistungs-Verhältnis passt. ✆ 27551225, www.cahuitahostel.com. €

Leandro liebt sein Tico-Leben

Riverside Cabins & Houses Gute Lage in der Nähe des Eingangs zum Nationalpark. Im Garten lassen sich verschiedene Tiere wie Kapuzineraffen und Agutis beobachten. Die recht simplen Zimmer sind mit Moskitonetzen und einem einfachen Bad mit Warmwasser ausgestattet. In der Gemeinschaftsküche kann man prima kochen. Auch ein Wäscheservice wird angeboten. Um die Ecke der Bungalows Aché, ✆ 88932252, www.riverside-cabins-amp-houses-cr.book.direct. €€

Mein Tipp **Bungalows Aché** Leandro führt die an den Nationalpark angrenzende Anlage mit 6 geräumigen Cabañas mit Terrasse und Hängematte in der zweiten Generation. Fast ganztägig turnen Affen auf dem Gelände herum, manchmal hängen Faultiere in den Bäumen und viele Vögel schwirren umher. Kleine Seitengasse im östlichen Teil von Cahuita, nahe dem Eingang zum Nationalpark, ✆ 27550119, www.bungalowsache.com. €€

Cabinas Arrecife Perfekte Lage direkt am Meer. Die kleinen, aber freundlichen Zimmer bieten allen Komfort. Im kleinen Pool kann man herrlich relaxen. Der Nationalpark, Strände, Restaurants sind schnell erreicht. Im Ortszentrum um die Ecke der Polizeistation, ✆ 83750837, www.cabinasarrecife.com. €€€

La Shamana Ecolodge Liegt knapp 5 km außerhalb von Cahuita versteckt im Dickicht des Primärwaldes. Das Gebäude wurde ökologisch erbaut und ist mit viel Liebe zum Detail eingerichtet. Die geräumigen Zimmer lassen es an nichts fehlen. Ein Aufenthalt für alle Sinne. Carretera Carbon 2, ✆ +33/633372574, La Shamana ecolodge (Facebook). €€€

Die Karibikküste → Karte S. 329

Übernachten an der Playa Negra **Camping Rooms Shalton** In gemütlichen, geräumigen Zelten stehen Betten, innen gibt es einen Ventilator und eine Extra-Steckdose, außen hängt eine Wäscheleine. In der Gemeinschaftsküche kann man sich gut selbst versorgen und morgens gibt es gratis Kaffee. An der Straße zwischen Ortszentrum und Playa Negra schräg gegenüber vom Restaurant Sobre las Olas, ☎ 71110142. **€**

Playa Negra Guesthouse Die Gastgeber Marie und Pierre haben ihr Gästehaus sehr liebevoll gestaltet und kümmern sich rührselig um die Gäste. Im blühenden Garten, wo öfter Faultiere eine Kletterpause einlegen, gibt es einen Pool. Alles ist sehr sauber und gepflegt, der Strand fast vor der Haustür. Am Anfang der Playa Negra, ☎ 85562870, www.playanegra.cr. **€€**

Übernachten an der Playa Grande **Kenaki Lodge** Sie liegt vor den Toren Cahuitas an der Playa Grande. Die schönen Holzbungalows inmitten eines blühenden Gartens sind schick eingerichtet und gut belüftet. Die lange Playa Grande ist einen Katzensprung entfernt und lädt zu ausgedehnten Spaziergängen ein. Auf Grund der Lage ist ein Mietauto ratsam. Playa Grande, 600 m nördlich vom Tree of Life, ☎ 27550485, www.kenakilodge.com. **€€**

Viel Auswahl in Cahuita

Suizo Loco Lodge Große, helle Zimmer, Betten mit Moskitonetzen, ein Pool mit Poolbar, leckeres Essen, die Playa Grande vor der Nase – definitiv ein „place to stay". Gegenüber der Playa Grande an einem Abzweig der Straße Plaza Viquez, ☎ 27550349, www.sll-hotel.com. **€€€**

Essen & Trinken **Soda KAWE** Öffnet als eines der ersten Frühstücksrestaurants schon um 5.30 Uhr. Hier gibt es den morgendlichen Kaffee, bevor der Nationalpark besucht wird oder die Einheimischen ihren Arbeitstag beginnen. Die Portionen sind reichlich. Bis in den frühen Abend wird herzhafte Hausfrauenkost zu günstigen Preisen serviert. Mein Tipp: unbedingt das Casado mit Fisch und Kokosreis probieren. Tägl. 5.30–19 Uhr. Hauptstraße (Cahuita Main Road) am südlichen Ende, ☎ 27550233. **€**

Mein Tipp **Las Olas** Das hübsch bepflanzte Eck-Restaurant in einem traditionellen Karibik-Holzhaus zählt zu den besten Adressen in Cahuita. Der höhere Preis ist durch die wunderbar zubereiteten und mit Liebe dekorierten Gerichte gerechtfertigt. Tolle Frühstücksmenüs stehen zur Auswahl, zum typischen Gallo Pinto mit Rühr- oder Spiegelei kann man drei Beilagen frei wählen. Dazu ein guter Kaffee und ein fruchtiger Batido. So kann der Tag starten! Auch abends bleibt es köstlich und auch die Cocktails sind gut gemacht. Tägl. 7–22 Uhr, Küchenschluss ist 21 Uhr. An der Hauptstraße Richtung Playa Negra. **€€**

Sobre las Olas Frischer Fisch und anderes Meeresgetier kommen direkt vom Grill auf den Teller. Die Karte reicht von Thunfisch über Shrimps und Muscheln bis hin zu Ceviche. Die Speisen sind sehr schmackhaft zubereitet. Dazu der fantastische Ausblick auf die karibische See. Mi–Mo 12–22 Uhr. Zwischen Cahuita-Zentrum und Playa Negra, ☎ 27550109. **€€€**

Pizzeria Cahuita Lust auf Pizza? Der Boden superdünn, knusprig und reichlich belegt, dazu das hausgemachte Chiliöl. Guiseppe, waschechter Italiener, versteht sein Handwerk. Fr–Di 12–21.30 Uhr. Neben der Polizeistation, ☎ 27550179. **€€–€€€**

Aroma Coffee Bar Hier kommen Veganer und Vegetarier auf ihre Kosten. Ob Red Passion Burger, Mango Spring Rolls oder Pfannkuchen mit Chia-Samen – jedes Gericht ein Traum. Dazu ausgezeichnete Kaffeespezialitäten, freundlicher Service und modernes Ambiente. Mo–Sa 7–18 Uhr. Gegenüber dem Busterminal, ✆ 84867371. **€€–€€€**

Nachtleben **Coco's Bar** Viel los ist abends nicht in Cahuita. Wer Nightlife sucht, fährt besser nach Puerto Viejo. Wer jedoch noch einen Schlummerdrink mag, ist im Coco's genau richtig. Reggaebeats und kühle Getränke halten die internationalen Besucher in Schwung. Mo–So 10–2.30 Uhr. Direkt an der Hauptstraße gegenüber Ricky's, ✆ 27550437.

Reggea Bar Die bei Einheimischen beliebte Bar an der Playa Negra bringt einen gut durch den Abend. Häufig kann hier zu Livemusik getanzt werden. Die Cocktails wie Tequila Sunrise oder der extra-starke Tica-Libre sind lecker. Was will man mehr? Tägl. 12–23 Uhr. Direkt an der Playa Negra.

Parque Nacional Cahuita Nationalpark Cahuita

Am östlichen Ende von Cahuita beginnt der gleichnamige Nationalpark. Man muss nicht einmal auf leisen Sohlen schleichen und sieht sie trotzdem alle: Kapuzineraffen hangeln sich von Palme zu Palme, während ihre Verwandten, die Brüllaffen, ihre röhrenden Rufe durch das Dickicht schicken. Waschbären schnüffeln nach Essbarem, mit etwas Glück und einem guten Auge entdeckt man Faultiere in den Ästen der üppig-grünen Meermandelbäume und auch die gelbe Oropel-Baumviper lässt sich durchaus bei einem Nickerchen auf einem Monstera-Blatt blicken. Im recht kleinen Cahuita-Nationalpark wimmelt es von Tieren.

Wandern und Baden

Der Park liegt direkt am Meer und vom **Haupteingang Kelly Creek** am östlichen Ortsende von Cahuita verläuft ein ebener, 4 km langer Wanderweg immer parallel zum Meer bis zur **Puerto Vargas Ranger Station,** dem zweiten Eingang, und ist auch in Flipflops zu bewältigen. Wie lange es diesen Weg so noch geben wird, ist die Frage. Der Meeresspiegel steigt und das Wasser hat in den letzten Jahren schon über 50 m Strand „gefressen". Es wird der Tag kommen, an dem ein neuer Pfad durch den Nationalpark gebaut werden muss. Noch wechseln sich auf dem Weg Wald- und Strandabschnitte ab, viele kleine Sandbuchten reihen sich am Ufer aneinander, bis schließlich als große Sichelbucht der schöne helle Sandstrand, die **Playa Blanca,** des Nationalparks erreicht ist. Hier kann man baden oder weiter wandern bis zu einer Landspitze, der **Punta Cahuita.** Dafür muss man den Río Perezoso überqueren, den „Faultierfluss", was nur nach starkem Regen schwierig werden kann. Zum Nationalpark gehören auch etwa 23.000 ha Meeresfläche, darunter das 600 ha große und eines der letzten

Dem Kapuzineraffen schmeckt's

lebenden Korallenriffe des Landes, für das der Nationalpark einst gegründet wurde. Das Korallensterben ist ein großes Thema, auch in Cahuita. Das Riff ist der Punta Cahuita vorgelagert. Beim Tauchen und Schnorcheln, nur erlaubt mit einem Führer, tut sich unter Wasser eine bunte Welt aus tropischen Fischen, Seeigeln, Krustentieren, Schwämmen und Korallen auf. Schwimmt eine Grüne Meeresschildkröte vorbei, ist das ein unvergesslicher Moment.

Praktische Infos

Größe 1068 ha (Land) und 22.400 ha (Meer).

Zugänge Es gibt zwei Eingänge, einen an der Rangerstation **Kelly Creek** (Cahuita-Dorf) und einen, **Puerto Vargas**, an der Straße nach Manzanillo. Der Wanderweg zwischen den Stationen führt ca. 4 km durch den Park. Den Rest muss man an der Küstenstraße zurücklegen.

Information www.sinac.go.cr (Spanisch und Englisch), www.cahuita.cr/parque-nacional.

Öffnungszeiten 6–17 Uhr, Eingang Puerto Vargas 6–16 Uhr.

Eintritt Spendenbasis am Eingang an der Playa Blanca, am Punto Vargas werden dagegen 10 $ verlangt.

Ausrüstung Handtuch, Badesachen, Fernglas, Mückenspray, Wasser – es gibt keine „Verkaufsbuden" im Park.

Schnorcheln Schnorcheln am Riff (ca. 25 $) ist nur mit lizensiertem Führer erlaubt (z. B. über www.snorkelinghouse.com).

Umstrittenes Projekt: ein Besuch in der Faultier-Auffangstation

Nur 12 km nördlich von Cahuita baumeln im **Sloth Sanctuary** weit über 150 Faultiere. Das Rettungszentrum, das sich nach eigenen Angaben dem Schutz und der Rettung verlassener und verletzter Tiere widmet, bekam 2013 eine eigene Serie „Meet the Sloths" auf dem TV-Sender Animal Planet. Allerdings sind die Meinungen über das Projekt der US-Amerikanerin Judy Avey-Arroyo sehr geteilt. Die Reihen von kleinen Käfigen im Nicht-Besucher-Bereich und andere schlimme Zustände waren seit März 2016 stark in der Kritik, nachdem zwei ehemalige Mitarbeiter, Camila Dunner und Gabriel Pastor, beide Tierärzte, Missstände in einem 54 Seiten langen Statement angeprangert und an das Umweltministerium Costa Ricas (MINAE) geschickt hatten. Über die Tier-Website www.thedodo.com wurde diese Anklage öffentlich: Eine nicht-artgerechte Haltung, die Gabe falscher, gekochter Gemüse-Ernährung bis hin zu Hundefutter für die Blattfresser, Krankheiten und Missbildungen durch das Fehlen regelmäßiger Kontrollen durch Tierärzte, das Festhalten gesunder Tiere bis hin zu Tötungen durch grobe Fahrlässigkeit, alles sei allein ein lukratives Geschäft (der Eintritt für die zweistündige Buttercup-Tour kostet 30 $), die Rehabilitierung der süßen Tiere spiele keine echte Rolle – die Liste der Anklagepunkte war lang. Hassmails an das Faultier-Sanctuary folgten. Es gab eine nicht-erfolgreiche Petition mit 3815 Unterschriften für die Schließung der Einrichtung. Eine erschütterte Judy Avey-Arroyo erklärte oder dementierte drei Monate später Punkt für Punkt der Liste.

Angefangen hat alles 1992, als Einheimische ein verwaistes Baby-Faultier zu Judy Avey-Arroyo brachten – die Faultier-Mutter war wohl von einem Auto überfahren worden. Buttercup wurde stattliche 27 Jahre alt und

Puerto Viejo de Talamanca

Tanzen, flirten, shoppen – feiern, surfen, joggen: In Puerto Viejo ist immer was los. Das kleine Städtchen ist eine Mischung aus Hippieort und Urlaubsdomizil. Die Straßen sind voller Menschen. Hier versammeln sich vor allem junge Leute, Backpacker, Einheimische, Partyvolk. Neben vielen Autos und Tucktucks drängen sich jede Menge Hotels und Hostels, Restaurants und Bars, Shops mit Beachwear, Souvenirs und Kunsthandwerk dicht an dicht an der bunten Hauptstraße und in den Seitengassen. Bekannt ist der Ort auch für Schokolade. Gleich drei Geschäfte machen sich hier Konkurrenz – probieren ist erwünscht! Langweilig wird es in Puerto Viejo, dem alten Hafen, garantiert nicht – drum herum liegen schöne Strände zum Baden oder Surfen.

Strände

Die **Playa Negra** nördlich vor Puerto Viejo an der Straße ist ideal für Surfanfänger. Der schwarze Sand ist vulkanischen Ursprungs. Sobald er mit etwas

starb 2019. Einen Versuch, sie wieder auszuwildern, hatte es nicht gegeben. Stattdessen wurde ihr Gesicht auf T-Shirts gedruckt und eine Touristen-Tour nach ihr benannt. Es passiert häufiger, dass Bewohner verletzte oder verlassene Faultiere in die Auffangstation bringen. Die zugehörige Webseite fordert auch ausdrücklich dazu auf und es gibt eine Telefonnummer für dringende Notfälle. Die Frage ist, ob der Zustand der Tiere Hilfe unbedingt immer nötig macht und man dem Regenwald damit nicht auch einen Teil seines natürlichen Kreislaufs beraubt.

In einem Online-Artikel in der Tico-Times (www.ticotimes.net/2016/08/01/sloth-sanctuary-costa-rica) widmet sich der Journalist Michael Krumholtz einer Relativierung der Zustände im Faultier-Sanctuary, nachdem er eine private Tour mitgemacht und mit der Betreiberin gesprochen hat. Sie erklärt, dass über das Leben der langsamen Fellbündel noch sehr wenig bekannt ist, die Jungtiere alles von ihrer Mutter lernen und solche, die ohne Mutter aufwachsen, deshalb in der Natur nicht überlebensfähig wären. Sie rechtfertigt sich, dass Käfighaltung der einzige Weg sei, die Dutzende von Tieren, die regelmäßig bei ihr abgegeben würden, unterzubringen. Die Geister scheiden sich an dieser Form der Hilfsbereitschaft. Eine Biologin aus Costa Rica formulierte es so: „Ich kann schon verstehen, dass man einem verletzten Tier hilft. Nach der Genesung sollte es aber freigesetzt werden, egal ob es überlebt oder nicht. Das ist der Lauf der Natur. Was human ist, ist nicht immer tierfreundlich."

In Cahuita hat man auch in freier Wildbahn gute Chancen, die putzigen Faultiere zu sehen. Oft hängen sie sogar direkt in den Bäumen der Unterkünfte, man muss nur genau hinschauen.

■ Di–So 8–15 Uhr. Das Sloth Sanctuary liegt an der Carretera 36, www.slothsanctuary.com.

Magnetischem in Berührung kommt, stehen die Sandkörner wie spitze Kristalle in alle Richtungen ab – ausprobieren!

An der **Playa Cocles** (→ S. 364) weiter südlich, tummeln sich die Surf-Profis. Abends treffen sich alle, ob Anfänger oder Profi, in den zahlreichen Bars und tanzen und feiern, bis der Morgen graut und es nach ein paar Stunden Schlaf wieder aufs Brett geht. Wer Ruhe sucht, sollte besser ins Dörfchen Manzanillo ausweichen.

Praktische Info → Karte S. 362

Information Das **ATEC-Büro** (Asociación Talamanqueña de Ecoturismo y Conservación) liegt an der Hauptstraße, Ecke C. 213. Mo–Fr 8–13 und 14–19, Sa 10–19 Uhr. ✆ 27500398, www.ateccr.org.

Touristen-Polizei, Ole Caribe Road in Playa Cocles, ✆ 27500452.

Busverbindungen Südlich der Playa Negra an der Avenida 73/C. 213 liegt die **Busstation** des Transportunternehmens MEPE. Im gegenüberliegenden Café La Parada sitzt man nett im Freien und kann sich vor der Busfahrt noch einmal stärken.

San José: 4.50, 7.30, 9, 11, 13 und 16 Uhr, Fahrzeit 4:30 Std.

Puerto Limón: 5.30–18.30 Uhr stündlich, So/Feiertage alle 2 Std., Fahrzeit 1 Std.

Cahuita: 6–20 Uhr ca. stündlich, Fahrzeit 30 Min.

Manzanillo: zwischen 6.45 und 19.45 Uhr 8-mal tägl., Fahrzeit 1 Std.

Sixaola (über Hone Creek und Bribri): Mo–Sa 6.30–19.30 Uhr stündlich, So/Feiertage 6.30–18.30 Uhr alle 2 Std., Fahrzeit 45 Min.

Taxi Die offiziellen Taxis in Puerto Viejo sind rot. Jedes Restaurant oder Hotel kennt die Hotlines, um eines zu rufen. Eine Fahrt zu den südlichen Stränden kostet je nach Entfernung zwischen 6 und 15 $.

Tuk Tuk Die motorisierten Dreiräder mit Passagierkabine fahren im Stadtgebiet und an die umliegenden Strände. Die Kosten z. B. an die Playa Negra liegen bei etwa 5 $ – verhandeln ist gefragt.

Mietwagen Autofahren ist einfach und ohne ein Allradfahrzeug möglich, denn die Straße bis nach Manzanillo ist bereits asphaltiert. Allerdings sind viele Fußgänger und Radfahrer auf der Strecke südlich von Puerto Viejo unterwegs – auch im Dunkeln und oft ohne Licht. Vorsichtig fahren ist daher wichtig.

ADOBE, Av. 71, 100 m östlich der BCR-Bank, ✆ 27500715. Tägl. 8–17 Uhr.

ALAMO, C. 215, gegenüber von Interbus, ✆ 27500579. Tägl. 8-17 Uhr.

Fahrrad Das Fahrrad ist entlang der Küstenstraße nach Manzanillo das Transportmittel Nummer Eins. Zahlreiche Anbieter verleihen die coolen Beachcruiser, die „Bananos", wie die Ticos sagen, für 6–10 $/Tag. Gemütlich, ohne Gangschaltung, mit einem Körbchen vorne dran fürs Badehandtuch, geht es durch die dschungelige Küstenlandschaft auf einer schmalen, asphaltierten Straße. Steigungen und Schlaglöcher halten sich in Grenzen. Unterwegs laden kleine Strände (→ S. 365) zum Sonnenbad und Abkühlen ein. Achtung: Am Fahrrad sollte ein Sicherheitsschloss vorhanden sein, denn leider wird an den Stränden auch geklaut!

EazyBikes, neben dem klassischen Banano werden hier auch moderne E-Bikes vermietet. Die Tagespreise liegen bei 8–20 $. Tägl. 7–20 Uhr. Av.71 C. 213, ✆ 60679668.

Gallo Bicycles, einer der größeren Verleiher. Die Bikes kosten 8 $ pro Tag. Es werden auch Fahrräder verkauft und Reparaturen vorgenommen. Mo–Sa 6–20 Uhr. Av. 71/C. 211, ✆ 86414314.

Geld Bankautomaten der **BCR** sowie der **BN** befinden sich an der Ecke Av. 71 und C. 211.

Gesundheit **Clínica de Especialidades Medicas San Gabriel,** bietet einen 24-Stunden-Service für allgemeine Erkrankungen. Zusätzlich gibt es Spezialisten für Kindererkrankungen. C. 213 gegenüber vom Supermarkt MegaSuper, ✆ 27500848.

Clínica CCSS Hone Creek, öffentliches Krankenhaus mit allgemeinmedizinischer Versorgung, 6 km entfernt von Puerto Viejo Richtung Cahuita, ✆ 27568003. Mo–Fr 7–15 Uhr.

Farmacia Zeledón #4, C. 215, ✆ 27500220.

Puerto Viejo Drug Store, Av. 71 zwischen C. 215 und 217, ✆ 27502109.

Sprachschulen **Spanish School PURA VIDA,** Luis und sein Team vermitteln die fremde Sprache in kleinen Gruppen. Dabei wird häufig das Klassenzimmer auf die Straße verlegt und das Spanisch im Alltag vermittelt, sodass der Spaß am Lernen nicht zu kurz kommt. Av. 67, ✆ 85709768.

Spätnachmittags an der Playa Cocles bei Puerto Viejo

Spanish by the Sea, kleine Sprachschule mit angebundenem Hostel. Der grüne Innenhof macht den Kopf frei für jede Menge Vokabeln. C. 217, ✆ 27502082.

Einkaufen **Tienda del Mar** **7** kleiner Laden mit guter Auswahl an Souvenirs und Geschenken. Tägl. 9.30–21.30 Uhr. Av. 71 neben dem Restaurant Tamara, ✆ 86741732.

Namú **15** der kleine, bunte Ökoladen bietet Lebensmittel und kosmetische Produkte. Mo–Sa 9–15 Uhr. C. 213, ✆ 88862133.

Bauernmarkt **10** jeden Samstag von 6–12 Uhr findet im Zentrum der Markt statt. Hier gibt es alles, was die Region zu bieten hat. Vom Obst, Gemüse über Käse bis hin zu Joghurt und Schokolade. Vormittags hingehen, denn schon mittags ist der Markt vorbei.

Supermärkte, im Zentrum von Puerto Viejo gibt es jede Menge gut sortierte Supermärkte. Mehrere Märkte befinden sich entlang der Av. 71. Diese sind teils bis nach Mitternacht geöffnet.

Surfshop, die meisten Surfschulen betreiben auch Surfshops. Hier gibt es alles, was man im, am und auf dem Wasser braucht.

Surfschulen **Surf the Jungle,** direkt im Zentrum von Puerto Viejo am Strand findet man die Surf-Profis. Einzelkurs ab 65 $/Std. Tägl. 10–20 Uhr. Av. 71, ✆ 87104148, www.surfthejunglecostarica.com.

Caribbean Surf School, Hershel und sein motiviertes Team bringen jeden auf die wackeligen Bretter. Tägl. 9–18 Uhr. C. 217 zwischen Hot Rocks und Las Brisas Shop, ✆ 83577703, www.crcaribbeansurf.com.

Massage **Pure Jungle Spa,** das Wellness-Center ist der beste Ort für professionelle Massagen! Im Freiluftstudio ist alles mit Holz gestaltet und von der Gesichtsmassage bis hin zur Kakao-Behandlung wird alles angeboten, was gut tut. Tägl. 10–18 Uhr. An der Hauptstraße gegenüber vom Rocking J's Hotel, www.purejunglespa.com.

Yoga Das **Yoga Retreat Center & Spa „OM Cashew Hill"** mit Pool, riesiger überdachter Yogaterrasse mit Blick über den Wald und bis auf das Meer ist ein echter Ort der Entspannung und Ruhe. Jeden Tag werden verschiedene Kurse angeboten, man kann auf jedem Level einsteigen, einzelne Stunden nehmen oder Pakete buchen. Tägl. 8–19.30 Uhr. C. 213, ein Block weiter von der Av. 67 den Hügel rauf in einem Wald, omatcashewhill.com.

Hidden Garden, Rachel aus New York widmet sich in ihrem Wellness-Center den lateinamerikanischen Wellness-Traditionen, bietet Möglichkeiten zur Forschung und Heilung an und bewahrt das Wissen der Vorfahren über Natur, Pflanzen und gesundes Leben. Es gibt spezielle Wellness-Kurse nur für Frauen, traditionelle Kräuterkunde zu den lokalen Pflanzen,

 → Karte S. 329

Touren durch ihren Medizinpflanzengarten und einiges mehr. Mo–Fr 9–17.30 Uhr. Am Caribbean Fitnesscenter an der Hauptstraße in die Seitenstraße biegen und bis zum Ende fahren, www.hiddengarden.co.

Touren Caribbean Fun Tours, renommierter Anbieter für Touren zu den Highlights der karibischen Küste. Von Rafting, Canopy und Schnorcheln über Wanderungen, Angeltouren bis zu Ausflügen zu Nationalparks und Tierschutzzentren ist alles dabei. Tägl. 6–21.30 Uhr. Im Hotel Banana Azul direkt an der Playa Negra, ✆ 27568118, www.caribefuntours.com.

Gandoca Tours, neben Schildkrötenbeobachtungen und Trips nach Bocas del Toro/Panama werden auch kulinarische Touren angeboten. Tägl. 8–21 Uhr. Av. 71/C. 217, ✆ 87628848, www.gandocatours.blogspot.com.

Übernachten Kalunai Hostel **16** Kleines Hostel in zentraler Lage. Die Zimmer sind sauber und gepflegt. Im Garten gibt es Hängematten und eine Gemeinschaftsküche. Kaffee und Trinkwasser stehen zur freien Verfügung. Av. 67/C. 219 A, ✆ 84237418, Kalunai Hostel (Facebook). €

Pagalú Hostel **17** Chillige Unterkunft mit einigen Privatzimmern und Dorms. Die Gemeinschaftsbäder und die -küche sind gut ausgestattet und sauber. Strand und Supermarkt um die Ecke. Was braucht man mehr. Av. 69, ✆ 27501930, www.pagalu.com. €

Roots Family Hostel **11** Bei Backpackern beliebte Herberge mit kleinen Privatzimmern, dafür sind die Dorms recht komfortabel. Trinkwasser und Kaffee sind frei verfügbar. Tolles Preis-Leistungs-Verhältnis. Av. 69/C. 217, Roots Family (Facebook). €

Karibisch lecker

In der Karibik ist die Küche anders als im Rest des Landes. Das liegt an den afrokaribischen Einflüssen – eine süßliche Gewürznote schwebt über den Kochtöpfen. Kokos gibt den Casados und Suppen das köstliche Aroma. Besonders typisch sind folgende Gerichte:

- **Caribbean Chicken Casado:** Eintopf vom Huhn in Kokos-Soße mit Reis, Bohnen, Patacones (frittierten Bananenscheiben) und Salat
- **Rondón:** köstlicher karibischer Fischeintopf mit Kokosmilch-Sud, Maniok, Chili, grünen Bananen, Fisch und Garnelen
- **Patí:** warme Teigtaschen gefüllt mit scharfem Fleisch, Gemüse oder Früchten – günstig und lecker
- **Pan Bon:** traditionell-karibisches Ingwer-Brot, typisch für Puerto Limón

Hotel Boutique Indalo **12** Zentrumsnah und ruhig gelegenes Hotel. Die modernen Zimmer haben eine Terrasse, Klimaanlage und Kühlschrank. Ein Privatparkplatz ist vorhanden. C. 219 A, ✆ 85887880, www.hotelboutiqueindalo.com. **€€€**

Hotel Blue Conga **20** Kleine und zweckmäßige Zimmer mit eigener Terrasse mit Hängematte. Der tropische Garten samt Pool lädt zum Entspannen ein. Fahrräder stehen zur Verfügung. C. Lunatica Richtung Playa Cocles, ✆ 27500681, www.hotelblueconga.com. **€€**

Mein Tipp **Casa Jessica** **18** Ein schönes Holzhaus, abgelegen vom Trubel, ein schöner Garten ringsum, das Meer vor der Nase. Wunderbar! An der Playa Negra, www.casajessica.net. **€€**

Hotel Banana Azul **19** Clubartige Anlage direkt an der Playa Negra mit Restaurant, Liegen am Strand, Bar und Pools. Viele Zimmer haben einen Balkon mit Aussicht, manche eine Küchenzeile. Playa Negra, www.bananaazul.com. **€€€**

Essen & Trinken Die Auswahl ist riesig, vom niedlichen Kunst-Café bis hin zum schicken Meeresfrüchterestaurant kann man sich in Puerto Viejo rund um die Uhr durchschlemmen.

Bread & Chocolate **9** Wer nach 9 Uhr kommt, hat es schwer, einen Platz zu bekommen. Diverse Frühstücksgerichte werden ganztägig serviert. Die Kuchenauswahl ist ein Traum. Alles hausgemacht. Di–Sa 6.30–18.30, So 6.30–14 Uhr. Av. 71/C. 215, ✆ 27500723, www.breadandchocolatecr.com. **€€**

Mein Tipp **Como en mi Casa – Art Cafe** **6** Quasi als Kontrastprogramm zur Fleischerei in der unteren Etage setzen die italienischen Besitzer des Cafés auf vegetarische, vegane und glutenfreie Gerichte. Sie haben ihr Café kunstvoll-bunt eingerichtet und während Sie auf frisch zubereitete Salate, Baguettes, Kuchenkreationen oder Smoothies warten, können Sie sich die Zeit vertreiben und die Bilder an der Wand anschauen. Traditionelles Gallo Pinto und Kaffee gibt es hier auch, dabei sitzt man nett an einer Holzbrüstung auf einem Balkon und schaut auf die Straße hinunter. Mi–Mo 8–16 Uhr. Av. 73/C. 215, ✆ 86742853. **€€**

Café Rico **8** Ab 7 Uhr werden im Café Rico fantastische Frühstücksgerichte und Kaffeekreationen serviert. Mein Tipp: French Toast. Eine kleine Pension ist angeschlossen. Sa–Mi 7–13 Uhr. Av. 69/C. 217, ✆ 27500510.

Soda Lidia's Place **14** Liegt etwas versteckt in einer Nebenstraße. Lidia steht selber am Herd und serviert karibische Kost zu fairen Preisen. Die hausgemachten Saucen sind grandios. Di–So 13–21 Uhr. Av. 67/C. 217, ✆ 27500598. **€€**

KOKI Beach Restaurant **5** In dem gemütlichen Ambiente mit viel Holz, bunten Stühlen und atmosphärischen Lichterketten kann man es aushalten! Die Bedienung ist freundlich und die Speisekarte mehr als abwechslungsreich: Salate, Steaks und Meeresfrüchte werden kreativ

Die Karibikküste → Karte S. 329

angerichtet, die Auswahl an Getränken ist groß. Dazu der Blick auf das Meer. Sehr empfehlenswert, wenn auch nicht gerade günstig. Di–So 17–23 Uhr. Av. 71/C. 219, ☏27500902, www.kokibeach.blogspot.com. €€€

Amimodo **1** Knusprige, dünne Pizzen aus dem Holzofen, frische Pasta und leckere Fischgerichte werden auf den Tisch gebracht. Ausgezeichnetes Ambiente und freundlicher Service. Tägl. 12–22 Uhr, Happy Hour 17–19 Uhr. Hauptstraße 265 neben der Salsa Brava Bar, ☏27500257. €€

Gelateria Deelite Italian **13** Zahlreiche Eissorten stehen zur Auswahl. Zur Herstellung werden ausschließlich heimische Produkte verwendet. Das Erdnuss-Eis ist überragend. Mi–Mo 8–22 Uhr. Av. 73/C. 213, ☏27503226.

Nachtleben **Salsa Brava Bar** **2** Mit den Füßen im Sand die Sonnenuntergangsstimmung und einen Cocktail genießen. Am späteren Abend gibt es Tanzmusik, an den Wochenenden „musica en vivo". Di–So 10–0 Uhr. Av. 67/Av. 69 am Strand, ☏27503196, SalsaBrava BeachBar (Facebook).

The Jonny's Place **4** Hier kann nicht nur gut gespeist werden. Die Stimmung zum Sonnenuntergang mit einem Drink in der Hand ist pures Karibik-Gefühl. Zu späterer Stunde gibt es karibische Klänge auf die Ohren. Von Salsa, Cumbia bis Reggea ist alles dabei. Mi–Mo 9–2.30 Uhr. Av. 73, ☏27502000, JohnnysPlace PuertoViejo (Facebook). €€

meinTipp **The Lazy Loft Beach Bar** **3** Die Speisekarte ist hier nebensächlich, es wird gefeiert und getanzt. Täglich DJs, an den Wochenenden Livemusik. Tägl. 10–0 Uhr, an den Wochenenden rockt die Party bis 2.30 Uhr. Am Strand. €€

Strände südlich von Puerto Viejo de Talamanca

Ein Fahrrad mieten und rauf in den Sattel. Die schmale Straße südlich von Puerto Viejo und die vielen schönen Strände sind ideal für eine Radtour. Der warme Wind zerzaust die Haare – ein herrliches Gefühl von Freiheit.

Playa Cocles

Feiner, heller Sand, beständige Wellen, Gischt liegt über dem Meer – ein Paradies für Surfer! An der Playa Cocles tummeln sich alle, die das Wellenreiten lieben! Manch einer leiht sich ein Fahrrad in Puerto Viejo und kommt an den Strand geradelt, wo man Surfbretter ausleihen und Surfkurse buchen kann. Die Einheimischen kommen gleich mit dem Brett unterm Arm angefahren. Der Strand ist aber auch für Nicht-Surfer traumhaft. Ein Palmenhain zieht sich entlang und sorgt für schattige Plätze, es geht flach ins Wasser und an der vorgelagerten Insel kann man tauchen bzw. schnorcheln. Die Playa Cocles ist der einzige Strand, wo Salvavidas, Rettungsschwimmer, aufpassen, dass niemand in eine Strömung gerät. Es ist ratsam, auf die Flaggen zu achten, die anhand ihrer roten, gelben oder grünen Farbe das Baderisiko anzeigen. Östlich am Strand liegen natürliche Felsenpools, die perfekt zum Dösen und Planschen mit Kindern sind.

Jaguar Rescue Centre: Seit dem Jahr 2008 kümmert sich das Tierrettungszentrum um verwaiste, verletzte und misshandelte Wildtiere wie Wildkatzen, Faultiere, Affen und Tukane. Täglich außer sonntags werden zwei Führungen angeboten. Dabei erfährt man Wissenswertes über die verschiedenen Tierarten und die Arbeit der Einrichtung.

▪ Die Führung dauert ca. 1:30 Std. und wird in verschiedenen Sprachen angeboten. Reservierung nicht erforderlich. Mo–Sa 9.30–11 und 11.30–13 Uhr. Eintritt 20 $. Stich von der Hauptstraße 256 am westlichen Ende der Playa Cocles, ☏27500710, www.jaguarrescue.foundation.

Finca Tierra Permaculture: Gesund essen, nachhaltig leben, ökologischer Lifestyle – das ist die Vision und das Lebensmodell von Ian und Ana, die

Um Puerto Viejo ist man mit dem Bici unterwegs

sich im Jahr 2008 eine Viehweide bei der Playa Cocles kauften, den Stacheldraht abrissen und Wald und Nahrungsmittel anpflanzten. Über die Jahre haben sie herausgefunden, welches Gemüse auf dem Boden gut wächst und wie sie sich mit allem Notwendigen völlig unabhängig von Supermärkten versorgen können. Dieses Wissen geben sie nun in Kursen weiter. Vom Avocadoöl über Kakao, Kaffee, Zucker und sogar Salz – alles wird selbst hergestellt. Wer wissen will wie, kann an 15-tägigen Erlebnis-Kursen teilnehmen, wo alles gelehrt wird, was ein Leben mit Permakultur ausmacht (1650 $). Man kann aber auch nur eine zweistündige Tour über das beeindruckende Öko-Gelände machen (20 $) – ein absoluter Tipp.

■ ✆ 83908348, www.fincatierra.com.

Übernachten **Playa 506** Liebevoll gestaltetes Hostel direkt am Strand. Die Zimmer sind einfach und zweckmäßig eingerichtet, Kaffee und Trinkwasser stehen in der Gemeinschaftsküche ganztägig zur freien Verfügung bereit. Fahrräder können geliehen werden. Av. 67 Playa Cocles, ✆ 27503158, www.playa506.com. **€€**

Caribe Town Hotel Geräumige Bungalows im Grünen mit eigener Terrasse und Hängematte. Der Strand ist nur 5 Gehminuten entfernt. Ein kleiner Pool lädt zum Abkühlen ein, Fahrräder stehen zum Verleih bereit. Av. 67 Playa Cocles, ✆ 27502034, www.caribetown.com. **€€€**

Essen & Trinken **La Nena Restaurant** Einfaches Lokal an der Hauptstraße an der Playa Cocles. Traditionelle costa-ricanische Küche mit karibischem Anstrich. Die Atmosphäre ist gemütlich und ungezwungen, die Preise sind fair. Do–Mo 12–20.30 Uhr. Playa Cocles gegenüber dem Fußballplatz, ✆ 24688686, www.lanenacocles.com. **€**

Tasty Waves Cantina Frische Burger, Burritos und Tacos, dazu ein kühles Bier. Einfache Surfer-Bar mit vielen netten Leuten. Tägl. 10–0 Uhr. An der Hauptstraße 256, Playa Cocles, ✆ 27500507, TastyWavesCantina (Facebook). **€–€€**

Playa Chiquita

Der kleine Strand, nur 6 km von Puerto Viejo entfernt, ist in 20 Minuten mit dem Fahrrad erreicht. Die Kokospalmen und Mandelbäume wachsen ganz nah am Wasser – das sieht idyllisch aus und sorgt für ausreichend Schatten. Zwischen den Bäumen hängen Schaukeln und um die Werbekatalog-Atmosphäre perfekt zu machen, ist der Sand dazu passend fein und hell. Vor allem

Die Karibikküste → Karte S. 329

unter der Woche herrscht hier absolute Ruhe – erst am Nachmittag kommen ein paar Einheimische zum Baden oder Angeln hierher.

Doch auch im Idyll lauern Gefahren: Im Wasser liegen Felsen, die scharf sein können, dafür aber auch Verstecke für Fische sind – Schnorchelausrüstung mitbringen! Durch die Brandungs-Strömungen und Wellen sollten Kinder besser nicht alleine baden.

Übernachten **La Kukula Lodge** Ruhig gelegene Lodge mit Pool und reichlich Dschungelidylle, die Zimmer einfach und sauber. Es gibt viel Wildlife zu sehen und zu hören. Stich von der Hauptstraße 256, Calle Shawandha, Playa Chiquita, ✆ 27500653, www.lakukulalodge.com. **€€€**

Shawandha Lodge Gleich daneben, ebenfalls empfehlenswert. Schöne Bungalows liegen im weitläufigen Gelände verteilt. Der mächtige Ceiba-Baum ist beeindruckend. Das Frühstück wird in einem offenen Restaurant in Buffetform serviert. Schöner Pool mit Liegewiese. Shawandha, Playa Chiquita, www.shawandha.com. **€€€**

Essen & Trinken **Pura Gula Restaurante** Alles andere als gewöhnlich. Die kreative Küche reicht vom gegrillten Schwertfisch an Mango-Chutney bis zur Schokoladen-Chili-Torte, darunter viele vegetarische Gerichte. Mi–Mo 17–22 Uhr. An der Hauptstraße 256, Playa Chiquita, ✆ 86419499, www.pura-gula-restaurante.business.site. **€€–€€€**

Playa Punta Uva

Die kleine Bucht mit ihrem feinen Sand gehört zweifelsfrei zu den schönsten Stränden rund um Puerto Viejo. Umso mehr noch, da der Strand weniger besucht ist als andere. Hohe Palmen sorgen für Schattenplätze und in den sanften Wellen haben auch Kinder ihren Spaß – doch Vorsicht, auch hier gibt es Strömungen, also nicht zu weit raus schwimmen. An der Strandbar Eden ist meist ein kühles Getränk greifbar und so steht einem entspannten Strandtag mit Karibik-Flair nichts im Weg.

Nach dem Salzwasserbad im Meer kann man gleich in den kleinen Flussarm Quebrada Ernesto hüpfen, der hier ins Meer mündet, und sich vom Salz befreien und abkühlen, denn der Fluss ist deutlich kühler als das Meer. Wer Lust hat, leiht sich ein Kajak und paddelt den Río landeinwärts. Mit Glück und Geduld sieht man dabei Tukane und Affen.

Am Wochenende kommen auch die Locals an die Playa Punta Uva und veranstalten mit der ganzen Familie ein Picknick oder Barbecue.

Wassersport **Green Water Sup Tours,** verleiht Kajaks und Stand Up Paddle für das Abenteuer zu See. Außerdem werden Tauchgänge angeboten. Tägl. 8.30–18 Uhr. Am südlichen Ende der Playa Punta Uva, ✆ 88444432.

Übernachten **Casa Viva Lodge** Tolle Gartenanlage mit geräumigen Holzhäusern in Strandnähe. Av. 256 an der Playa Punta Uva, ✆ 40005766, www.casavivalodge.com. **€€€**

Essen & Trinken **Eden Beach** Ob Frühstück, Mittagstisch oder Abendessen, Bruno und sein Team bieten gute Kost ohne Schnickschnack. Tägl. 9–16 Uhr. Am Hauptzugang zur Punta Uva, ✆ 61813706, edenbeachpuntauva (Facebook). **€€**

Bamboocha In ungezwungenem Ambiente werden große und schmackhafte Gerichte serviert, unter anderem auch leckere Pizzen. Fr–Mi 13–21 Uhr. Av. 256 nähe Busstopp Playa Punta Uva, ✆ 61525346, bamboochapuntauva (Facebook). **€€**

Reserva Indígena de Talamanca

Nur 20 km von Cahuita und keine 14 km von Puerto Viejo entfernt beginnt die Reserva Indígena de Talamanca, ein hügeliges Gebiet, in dem noch heute eines der selten gewordenen indigenen Völker Costa Ricas lebt: die **Bribri.** Sie sind neben den Cabécar-Indios die größte indigene Gemeinschaft, die noch in Costa Rica existiert – von der Gesamtbevölkerung sind gerade

Abstecher zu den indigenen Bribri auf eigene Faust

Ringsherum ist alles grün. Bergig. Wasserreich. Die Bribri leben in, mit und von der Natur, bauen Mais, Bohnen und Bananen an, gehen jagen und fischen, um sich zu ernähren. Die zahlreichen Flüsse, die ihre Region durchströmen, nutzen sie als Transportwege. Vor allem aber der Anbau von Kakao ist die Wirtschaftsgrundlage des isolierten Volkes, das sowohl die einheimische Bribri-Sprache spricht als auch Spanisch. Bei einem Besuch wird gezeigt, wie der Kakao geerntet und von der bitteren Bohne zu süßer Schokolade verarbeitet wird. Inzwischen gibt es mehrere Bribri-Frauenkooperativen, die Bio-Schokolade herstellen, um ihren Lebensunterhalt zu verdienen.

Überhaupt spielt die Frau bei den Bribri die zentrale Rolle in der Familie, dem Clan und in der Gesellschaft. Nur Frauen dürfen Land erben und das heilige Getränk des Volkes zubereiten – den Kakao. Er wird zu besonderen Anlässen, Zeremonien und bestimmten Ritualen verwendet, z. B. wenn aus einem Mädchen eine junge Frau wird und sie ihre erste Menstruation hat.

Heilkräuter und Heilkräfte sind in der Kultur und dem Glauben der Bribri tief verwurzelt. Noch heute werden Kranke meist zum Schamanen des Dorfes, dem Awa, gebracht. Nur in ganz schwerwiegenden Fällen fährt man ins Krankenhaus. Die Bribri glauben, dass Krankheiten von bösen Geistern ausgehen, jemand verhext wurde oder der Kranke sich schlecht bzw. unmoralisch verhalten hat, weshalb der böse Geist von ihm Besitz ergreifen konnte. Es gilt also, diesen Geist wieder los zu werden. Dafür chantet der Schamane und verbindet sich dabei mit den Geistern der Heilpflanzen, des Besessenen und der Krankheit. Der Awa redet mit den Geistern und versucht die bösen zu vertreiben. Wer fest daran glaubt, hat auch Erfolg. Bei einer geführten Tour (→ Touren, S. 362) werden Heilkräuter gezeigt und Rituale erklärt.

Auf eigene Faust kann man von Bambu (s. o.) auch weiter bis nach Suretka und Shiroles fahren. Wer ein Bribri-Casado essen möchte, macht Halt an der **Soda Abuela Pita** in **Suretka.** Hier gibt es nicht nur gute Hausmannskost zu vernünftigen Preisen und leckere Arepa, gebackene Weizentaschen, herzhaft oder süß gefüllt. Abuela Pita und ihre Familie erzählen auch gern von den Traditionen der Bribri. Wer mag, kann sich von Don Christian über den Río Telire schippern lassen und im Fluss baden, einfach in der Soda nach ihm fragen.

einmal 1,7 % indigener Abstammung. 1977 wurden mit der Alta Talamanca-Bribri, Alta Talamanca-Cabécar und dem Territorio Indígena de Kéköldi drei indigene Schutzgebiete geschaffen, nachdem die Regierung ein Gesetz verabschiedet hatte, das den indigenen Völkern Costa Ricas das Recht einräumt, in selbstverwalteten Gemeinschaften zu leben.

Etwa 6000 Bribri wohnen in verschiedenen Dörfern wie dem gleichnamigen Bribri oder in Bratsi-Bambu. Kurz vor Bribri liegt ein schöner **Wasserfall,** der Zugang befindet sich hinter einer Brücke. Am Wochenende tummeln sich viele Einheimische im kühlen Wasser. Das Dorf **Bambu,** 20 Autominuten weiter, ist ein guter Ausgangspunkt für eine Tour in das weiter entfernt gelegene **Bribri**-Reservat (→ Kasten, S. 367), das über verschiedene Flüsse erreichbar ist. Manche Touren führen in 1,5 Stunden Fahrt im traditionellen Holzkanu über den Río Yorkín zur Siedlung **Yorkín.** Andere nehmen den Río Telire und kommen per Boot in **Alto Katsi** an. Wer einen Tag in einem der Dörfer verbringt, erhält spannende Einblicke in das Leben der Indígenas. Ein Highlight ist das Ák Kuè Fest im September (→ S. 409).

Anreise Von Puerto Viejo nach Bribri fahren regelmäßig Busse, 7–21 Uhr stündlich. Die Anfahrt im eigenen Pkw über unasphaltierte Strecke ist ebenfalls recht problemlos möglich, auch ohne Allrad.

Übernachten In Bratsi-Bambú bietet das von Danilo Layan initiierte indigene Projekt **Ditsöwö Ú** einfache Unterkünfte mit Matratze und Moskitonetz in traditionellen Holzhütten an, 250 m westlich der Bushaltestelle, www.ditsowou.com. Das Projekt bietet außerdem verschiedene Touren ins Bribri-Gebiet an, von der Kakao-Tour über eine Tour an die Grenze zu Panama bis hin zur Wasserfall-Tour.

Touren Es gibt verschiedene Anbieter, vor allem in Puerto Viejo. Man sollte sich erkundigen, ob die Kosten der Tour an die Bribri weitergegeben werden.

Die **Asociación Talamanqueña de Ecoturismo y Conservación (ATEC)** ist ein gemeinnütziger Verein mit Sitz in Puerto Viejo, der Touren mit über 80 lokalen Guides anbietet und sich für nachhaltige Entwicklung einsetzt. Wanderungen durch die Talamanca-Berge und Besuche verschiedener Bribri-Dörfer können organisiert werden, Kontakt über Alaine Berg, atecmail@gmail.com, www.ateccr.org.

Die **Asociación Stibrawpa – personas artesanas** mit Sitz in Yorkín organisiert 1- bis mehrtägige Ausflüge in ihr Dorf. Angereist wird im traditionellen Holzkanu über den Río Yorkín. Man isst und übernachtet bei den Indigenen, lernt ihre Kultur und die Tradition der Kakaoherstellung kennen. Eine besondere Erfahrung. www.stibrawpayorkin.wordpress.com.

Von Cahuita aus organisiert **Willies Tours** Besuche bei den Bribri (www.williestourscostarica.com).

Manzanillo

Wer Ruhe sucht und möglichst wenige Touristen sehen will, ist in Manzanillo richtig. Ein Dörfchen für Romantiker.

Manzanillo liegt direkt am Meer und besteht nur aus ein paar Straßenzügen rund um eine Plaza, die umgeben ist von gemütlichen Restaurants und einigen Supermärkten. Es ist weniger ein Touristenort, sondern eine verschlafene Siedlung mit bunten Häusern mit Gärtchen, in denen Palmen wachsen. Der Strand **Playa Manzanillo** eignet sich perfekt für lange Spaziergänge, der Sand ist hell und feinsandig, die Wellen sanfter als in den anderen Küstenorten. Fischerboote dümpeln tagsüber vor sich hin, doch morgens und abends fahren die Fischer hinaus, um einen frischen Fang zu machen. Zwischen den vielen Palmen kann man nach Strandgut wie Muscheln und rund gewaschenen Holzstücken suchen – eine schöne Reiseerinnerung. Duschen und Toiletten am Strand dürfen für 600 CRC ge-

An der Playa Manzanillo

nutzt werden. Am Südende des Ortes liegt das **Refugio Nacional de Vida Silvestre Gandoca-Manzanillo** – ein Schutzgebiet und Paradies für alle, die einsame Spaziergänge in üppiger Natur lieben (→ S. 369).

Busverbindungen Busse halten mitten im Ort nahe am Strand.

Puerto Limón (über Puerto Viejo und Strände sowie Cahuita): 5–18 Uhr 8-mal tägl., Fahrzeit 2 Std.

San José (über Puerto Viejo, Cahuita, Puerto Limón): 7 Uhr, Fahrzeit 5 Std.

Übernachten **Caricako Hostel** Typische Backpacker-Atmosphäre, einfache, aber einfallsreiche Zimmer mit Gemeinschaftsbad, sauber. Es gibt eine Gemeinschaftsküche, Sitzsäcke, Hängematten, alles da. Am Strand unweit der Bushaltestelle, ✆ 27599051. **€**

Cabinas Yamann Die schöne Gartenanlage mit einigen Bungalows liegt gleich in Strandnähe. Eine Gemeinschaftsküche und ein Pool im Garten stehen zur Verfügung. Kurz vor dem Eingang zum Naturschutzgebiet, www.cabinasyamann.com. **€€**

The Amazing Treehouse and Nature Observatorio 25 m über der Erde, in den Wipfeln des Regenwaldes, hat Peter sein Baumhaus-Projekt verwirklicht. Ausgestattet mit 3 großen Doppelbetten, Dusche und einer Terrasse mit Hängematte fühlen sich Gäste hier wie Tarzan und Jane. Doch das Besondere hat seinen Preis. Dafür kann man von oben rund um die Uhr Tiere beobachten, ein leckeres Frühstück ist inbegriffen und Peter sorgt rührend für seine Gäste. Touren durch den Wald im angrenzenden Naturschutzgebiet Gandoca-Manzanillo sind mit ihm sehr lehrreich. C. El Arbol 2, www.natureobservatorio.com. **€€€€**

Essen & Trinken **Soda Casita Rosada** Heimische Kost zu vernünftigen Preisen. Auch vegetarische Gerichte sind im Angebot. Tägl. 10–20 Uhr. An der Hauptstraße 256 gegenüber der Kirche, ✆ 85754062. **€€**

Die Karibikküste → Karte S. 329

Refugio Nacional de Vida Silvestre Gandoca-Manzanillo

NSG Gandoca-Manzanillo

Südlich am Ortsrand von Manzanillo, sozusagen am südlichen Ende von Costa Rica an der Grenze zu Panama, beginnt das Gandoca-Manzanillo-Schutzgebiet. Ein Wanderpfad windet sich ab dem Eingang im Sektor Manzanillo beim Dorf durch das knapp 10.000 ha große Refugio bis zum südlichen Sektor Gandoca.

Wanderweg

Das Schutzgebiet ist deutlich hügeliger als der Cahuita-Nationalpark. Man betritt den Park über eine Brücke an der **Punta Manzanillo** beim Dorf und folgt dem Weg etwa 4 km bis zur **Punta Mona.** Augen auf! In den Bäumen hängen Faultiere, klettern Affen und picken Vögel nach Beeren und anderen Früchten. Unter den Blättern verstecken sich giftige Frösche, Vipern huschen durchs Unterholz, Spinnen, Leguane, Kaimane und andere Tiere leben hier. Von Punta Mona kann man noch weiter zur **Playa Gandoca** und **Laguna Gandoca** wandern, die wiederum zum Parkabschnitt Gandoca gehören. Am langen Strand, der auch Nistplatz für Schildkröten ist, gibt es einfache Unterkünfte. An seinem südlichen Ende mündet der Río Gandoca über die gleichnamige Lagune ins Meer. Durch die Vermischung von Süß- und Salzwasser ist die Mündung ein besonderer Ort, denn hier leben Delfine und sogar wenige Exemplare der vom Aussterben bedrohten Seekuh (Manati). Größere Chancen, eine Seekuh tatsächlich zu erleben, hat man allerdings im nahen San-San-Pond-Sak-Feuchtgebiet, nur 10 km hinter der Grenze in Panama (nähere Infos über die Asociación de Amigos y Vecinos de la Costa y la Naturaleza, also die Vereinigung der Freunde und Nachbarn der Küste und Natur AAMVECONA, www.aamvecona.com).

Wandern mit Führer

Wer mit einem kundigen Führer und Naturkenner durch das Gandoca-Manzanillo-Naturschutzgebiet streifen möchte, sollte den ehemaligen Parkranger Florentino Grenald, alias Tino, anrufen und einfach eine Tour mit ihm vereinbaren (✆ 88412732, 40 $/Pers. für 3 Std.). Tino ist eine Berühmtheit der Region, entdeckt jedes Tier und weiß alles über sie. Außerdem kam es im Park in der Vergangenheit zu Überfällen durch Einheimische, die mit einer Machete bewaffnet versuchen, Bargeld zu erhalten, sodass es mit einem Führer sicherer ist. Da die Wege matschig und zugewuchert sein können, sind feste Wanderschuhe und eine lange Hose wichtig.

Das Ara-Projekt Manzanillo

Das Ara-Projekt ist wird von einer gemeinnützigen Organisation getragen, welche sich um den Erhalt der vom Aussterben bedrohten Großen Soldatenaras kümmert. Auf einem 1,5 ha großen Gelände kommt man den faszinierenden Tieren nahe und erfährt viel Interessantes über sie.

▪ Der Eintrittspreis in Höhe von 20 $ kommt dem Projekt zu Gute. Kinder unter 12 Jahren haben freien Zutritt. Reservierung erforderlich, ✆ 89711436, visit@aramanzanillo.org.

Praktische Infos

Zugänge Der **Sektor Manzanillo** beginnt gleich am Ende des Dorfes. Der **Sektor Gandoca** liegt weiter südlich nahe der Grenze zu Panama und ist per Wanderung vom Sektor Manzanillo aus erreichbar oder über eine Piste, die in der Ansiedlung Noventa y Seis kurz vor Sixaola links von der Ruta 36 abzweigt. Allrad ist hier von Vorteil.

Öffnungszeiten Tägl. 8–16 Uhr.

Eintritt Eintritt frei. Nur der Parkplatzwächter hätte gerne ein Trinkgeld für seine Dienste.

Ausrüstung Handtuch, Badesachen, Fernglas, Mückenspray, feste Schuhe, Wasser.

Übernachten **Cabinas Kániki** Alles sehr einfach. Die Hüttchen stehen auf dem Grundstück der Tico-Familie von Roberto und Rita. Moskitonetze über den Betten und ein eigenes Bad sind aber da. Auf Wunsch wird auch Frühstück gemacht. An der Zufahrtsstraße von Gandoca rechts, ✆ 27541071. **€**

Punta Mona Centre Exklusiv und abgelegen ist die grandiose Lodge im Gandoca-Manzanillo-Nationalpark. Sie ist nur mit einem einstündigen Fußmarsch von Manzanillo oder per Boot von der Playa Gandoca zu erreichen. In gemütlichen Sitzecken, in Hängematten, auf der hölzernen Terrasse oder in der offenen Bibliothek kann man das Ambiente in vollen Zügen genießen. Auch die Zimmer sind nett, wenn auch einfach, mit viel Holz gebaut. Zum Schutz vor Mücken gibt es ein Moskitonetz über den Betten. Es werden zahlreiche Workshops zu den Themen Yoga, Permakulturen, Atmungstechniken und Tanz angeboten. Finde zu dir selber am Rande der Welt. Eine Buchung ist nur wochenweise möglich. www.puntamona.org. **€€€€**

Sixaloa

(Grenzübergang nach Panama)

Willkommen an der Grenze! Panama ist nur noch wenige Meter entfernt und Sixaloa ein typischer Grenzort nach dem Motto „schnell weg". Bankautomaten, kleine Supermärkte, ein Café und eine Soda machen sich bescheidene Konkurrenz. Wer hier hängenbleibt, findet eine Unterkunft.

Es herrscht geschäftiges Treiben, Ticos gehen hinüber nach **Guabito** in Panama, um im günstigeren Nachbarland Benzin oder Nahrungsmittel zu kaufen, während Panameños nach Costa Rica einreisen. Dazwischen tummeln sich ein paar Touristen, von denen die meisten ins panamaische **Bocas del Toro** gehen oder von dort kommen.

Der Río Sixaloa bildet die natürliche Grenze zwischen den beiden Ländern und die Grenze zwischen der zentralen und östlichen Zeitzone: In Panama geht die Sonne eine Stunde früher auf, als in Costa Rica.

Aus- und Einreise

Der Grenzübertritt ist recht eindrucksvoll: Man geht von einem Land ins andere neben einer alten Eisenbahnbrücke aus Stahl, die früher auch betreten werden durfte. Vielleicht wird das eines Tages wieder der Fall sein. Bevor der Reisepass in Costa Rica abgestempelt werden kann, muss eine Ausreisegebühr in Höhe von 7 $ bezahlt werden, zuzüglich 1 $ Bearbeitungsgebühr. Das passiert in einem kleinen Gebäude, vor dem auf einem Schild „Exit Fee" steht. Man kann diese Gebühr an einem Automaten mit Kreditkarte bezahlen oder auch in einem kleinen Büro. Mit der Quittung geht es dann zur Migration von Costa Rica vor der Brücke auf der rechten Seite, um den Ausreisestempel zu bekommen. Stift parat haben, es muss ein Formular mit persönlichen Daten ausgefüllt werden. Danach geht es über die Brücke und am östlichen Ende ist die Migration von Panama – willkommen in Guabito, pasaportes, por favor! Nachdem eine Steuer in Höhe von 4 $ bezahlt ist, werden elektronische Fingerabdrücke genommen und ein Foto gemacht. Ist der Stempel drin, kann es weiter gehen. Auf beiden Seiten warten Busse für die Weiterfahrt.

Praktische Infos

Busverbindungen San José: tägl. 6, 8, 10 und 15 Uhr, Fahrzeit 6 Std.

Limón (über Bribri, Puerto Viejo und Cahuita): 5–19 Uhr stündlich, Fahrzeit 3 Std.

Puerto Viejo (über Bribri und Hone Creek): Mo–Sa 5.30–17.30 Uhr stündlich, So/feiertags 6.30–17.30 Uhr alle 2 Std., Fahrzeit ca. 1:15 Std.

Changuinola (Panama): alle 30 Min., Fahrzeit ca. 45 Min, 1 $.

Öffnungszeiten der Grenze: 8–18 Uhr (Panama-Zeit). Achtung: Über Mittag kommt es zu ausgedehnten Pausen der Beamten, die Büros sind von ca. 12–13 Uhr geschlossen. Lieber morgens kommen, da ist man noch motiviert. Wer weiter bis Bocas del Toro möchte, sollte sowieso frühzeitig aufbrechen.

Wichtig: In Panama wird ein Ausreise-/Weiterreiseticket verlangt. Also am besten das Rückflugticket nach Deutschland parat haben, z. B. als Foto auf dem Handy. Zur Not kann man vor Ort ein Busticket nach San José oder einem anderen Ort in Costa Rica kaufen.

Die Karibikküste → Karte S. 329

Abstecher nach Bocas del Toro in Panama

Man sollte meinen, dass die schönen Strände der Südkaribik Costa Ricas genügend Palmen, Beachvergnügen und klares Meerwasser bieten, doch viele reizt ein Abstecher zu der Inselgruppe von Bocas del Toro, eine Provinz in Panama, nicht weit entfernt von der Grenze. Weißer Sand, türkisblaues Wasser, Delfine, die neben den Booten schwimmen – all diese Paradies-Momente findet man hier. Neben vielen kleinen Inseln locken sechs größere Inseln jedes Jahr Tausende Besucher an: die Hauptinsel Colón, Isla Bastimentos, Isla de Solarte, Cayos Zapatilla, Cristobal und Popa. Kaum angekommen, erfasst alle Besucher der Inselblues: entspanntes Rumschlappen in Badelatschen oder gleich barfuß ist angesagt, ab in die Hängematte oder Cocktail schlürfen in einer der Strandbars – das Meer immer vor Augen. Reggae-Feeling hängt in der Salzluft, Wassertaxis tuckern von einer Insel zur anderen, Surfbretter warten auf Wellenreiter und im Meeres-Nationalpark der Insel Bastimento (Parque Nacional Marino Isla Bastimento) kann man beim Schnorcheln oder Tauchen die Welt unter Wasser erkunden. Tropische Fische, Seesterne und bunte Schwämme tummeln sich vor der Taucherbrille. Während auf der größten Insel Colón jede Menge Unterkünfte, Geschäfte und Restaurants liegen, kommen kleinere wie die Isla Bastimento dem Hippietraum unter Palmen noch näher. Die Unterkünfte sind etwas rustikaler und viele befinden sich direkt am Strand, z. B. am beliebten, vor 15 Jahren noch völlig unbebauten und einsamen Red Frog Beach.

Verbindungen Günstig und auf eigene Faust (Zeitbedarf für die gesamte Strecke ca. 4 Std., Kosten knapp 24 $):

1. Bus von Puerto Viejo nach Sixaola: Fahrzeit 1:30 Std., 3 $

2. Grenzübergang mit Ausreisegebühr (8 $) und Steuer (4 $)

3. Bus von Guabito nach Changuinola: Fahrzeit 30 Min., 1 $

4. Bus von Changuinola nach Almirante: Fahrzeit 45 Min., 1,45 $

5. Taxi-Boot von Almirante nach Bocas del Toro: Fahrzeit 45 Min., 6 $

Direkttransport bis zum Boot: Von Guabito nach Almirante: im Sammeltaxi für ca. 10 $ oder mit dem privaten Taxi (Mitfahrer suchen) für 25 $.

Shuttle: Der einfachste Weg von Costa Rica nach Panama und Bocas del Toro ist die Shuttle-Option mit einem Touranbieter. Sie kümmern sich um den Transfer per Van und Boot und um alle Grenzformalitäten. Beim Anbieter **Caribe Shuttle** kostet das Paket 33 $/einfache Strecke, für Kinder bis 10 Jahre ist es etwas günstiger. In den Vans gibt es sogar WiFi. ✆ 21010 062 (WhatsApp), www.caribeshuttle.com.

Geldwechsel Die Währung in Panama ist der Panamaische Balboa, benannt nach dem spanischen Konquistador Vasco Núñez de Balboa. Daneben sind US-Dollar üblich. Hat man die in der Tasche, kommt man also klar. An der Grenze kann man aber auch problemlos Colones oder Euros in Balboa wechseln. 1 € = 1,11 PAB (= Panamaischer Balboa), 1000 CRC = 1,6 PAB.

Übernachten **Selina Bocas del Toro** Rustikal ist hier das Flair, die Zimmer groß im Shabby-Look. Neben verschiedenen Dorms gibt es auch unterschiedliche Angebote an Doppelzimmern – eben für jeden Geldbeutel etwas. Es herrscht eine relaxte Stimmung, dafür sorgt vielleicht auch das gute Frühstücksbuffet mit dem

Kein Stress. Keine Termine. Kein Internet. Nur das Meer ...

leckeren Bananenbrot. Surfboards können geliehen werden, auf der Terrasse am Meer ist Abhängen das Motto. C. 1 B, Isla Colón, www.selina.com. **€–€€**

Palmar Beach Lodge Wunderschöne Lage direkt am Strand des schönen Redfrog Beach. Alles ist sehr sauber und einfach gehalten. Übernachtung im Dorm, Zelt à la Glamping oder in einem Bungalow. In der voll ausgestatteten Gemeinschaftsküche entstehen schnell neue Reisebekanntschaften. Das Restaurant fährt leckeres Essen auf. Hinterher ein Lagerfeuer am Strand, bevor man aus der Hängematte die Sterne ansieht. Insel Bastimentos, www.palmarbocas.com. **€€–€€€€**

Carmen's Place Die netten kleinen holzverkleideten Zimmer mit toller Aussicht sind unwiderstehlich. Die beliebte Unterkunft direkt am Wasser ist immer schnell ausgebucht, also rechtzeitig reservieren. Mindestaufenthalt zwei Nächte! Dock 3, Insel Bastimento, ✆ +50768081858. **€€€**

Traditioneller Wagen in Sarchi

Nachlesen

& Nachschlagen

Reiseland Costa Rica ■ 376
Landschaft und Geografie ■ 379
Klima und Reisezeit ■ 380
Pflanzenwelt ■ 382
Tierwelt ■ 387
Nationalparks, Naturschutzgebiete und Reservate ■ 400
Gesellschaftliches Zusammenleben ■ 401
Traditionen und Bräuche ■ 406
Staat, Politik und Verwaltung ■ 410
Wirtschaft ■ 414
Verkehr und Umwelt ■ 416
Bildung und Soziales ■ 417
Kunst und Kultur ■ 418
Geschichte ■ 423
Anreise ■ 432
Verkehrsmittel vor Ort ■ 438
Übernachten ■ 443
Essen & Trinken ■ 445
Sport & Aktivitäten ■ 448
Reisepraktisches von A bis Z ■ 451

Reiseland Costa Rica

Das kleine Land in Zentralamerika wird als Urlaubsziel immer beliebter. Das hat verschiedene Gründe: Es gilt als recht sicher, der Lebensstandard ist vielerorts beinahe europäisch mit guten bis sehr schicken Unterkünften und netten Restaurants, die Straßen sind für Selbstfahrer verhältnismäßig gut und die Landschaft und Natur versprechen Abwechslung und Erholung. Besonders die Tierwelt ist in Costa Rica noch sehr vielfältig: Von bunten Tropenvögeln über putzige Faultiere und Affen bis hin zum beeindruckenden Tapir ist alles dabei. Viele Vor-Ort-Agenturen bieten private Touren an, sodass sich der Reisende, der nicht alles individuell organisieren will, stets in professionellen Händen weiß und vor Ort auch spontan Erlebnisse dazubuchen kann. Eine „Schattenseite" hat das schöne Land allerdings: die teils sehr hohen Preise, vor allem im Vergleich zum restlichen Mittelamerika. Man kann sagen, sie liegen auf westeuropäischem Niveau. Darauf sollte man sich einstellen. Selbst wer sparsam unterwegs ist, braucht ein Tagesbudget von mindestens 30–50 €, ohne dass große Busreisen oder Aktionen schon dabei wären. Ein mittleres Budget mit Eintritt, Benzin, Mittag- und Abendessen liegt bei etwa 50 € ohne Übernachtung. Exklusiv-Reisende mit Luxusunterkünften, Shuttleservice und Essen in gehobenen Restaurants dürfen ab 150 € pro Tag kalkulieren.

Das kostet Costa Rica

Übernachtung: ab 15 € im Dorm, ab 40 € in einfachem DZ, ab 100 €/DZ in komfortabler Lodge

Essen: 5 € für ein Casado in einer Soda, ab 10 € Essen im Restaurant

Bier: 3,50–4,50 € (Restaurant), 1,50 € (Dose im Supermarkt)

Softdrinks: ca. 3 € (Restaurant)

Wasser: 3 € für 1,5 l (Supermarkt), Glas 3 € (Restaurant)

Busfahrt: ca. 2 €/1 Std. Fahrzeit (Richtwert)

Benzin: 1,20 €/l

Eintritt Nationalpark: 10–20 €

Canopy-Tour: 60–100 €

Tourvorschläge

Es gibt in Costa Rica so viel zu entdecken, dass man getrost mehrere Wochen hier verbringen kann, ohne dass es langweilig wird. Um bei weniger Zeit möglichst viel zu sehen, bietet sich eine Rundreise mit dem Mietwagen an.

14-Tage-Rundreise

Tag 1: Landung San José. Ankommen und nichts überstürzen.

Tag 2: Fahrt nach Cahuita. 200 km/4–5 Std. Auf dem Weg liegt der Vulkan Irazú. Abends warten Strand, Palmen und Lobster vom Grill.

Tag 3: Cahuita genießen. Karibisches Flair atmen, im Cahuita-Nationalpark am Strand spazieren und zum Sundowner nach Puerto Viejo.

Tag 4: Nach Tortugero über La Pavona. 160 km/4 Std. Abends ein Dorfbummel und ein Essen mit Blick auf die Kanäle.

Tag 5: La Fortuna. 120 km/3 Std. Nach einer morgendlichen Kanutour in Tortugero geht es zum Vulkan Arenal. Ein

Pura Vida!

Pura Vida zur Begrüßung, Pura Vida zum Abschied, Pura Vida auf Schildern, Pura Vida überall: das „einfache, reine Leben" im Sinne von „einfach leben" ist nicht nur eine Begrüßungsformel der Ticos. Es ist das Lebensgefühl des Landes, so zumindest wünscht man es sich. „Einfach leben", in Frieden, mit Gelassenheit und Respekt gegenüber der Natur, den Tieren, den Menschen, einfach glücklich sein. Dieses Lebensmotto wird Besuchern mit auf den Weg gegeben und auch nach der Reise wirkt diese Philosophie noch eine Weile nach. Pura Vida – am Strand, in den Bergen, im Dschungel, im oder auf dem Meer: Costa Rica hat einfach alles, um das Leben zu genießen. Doch man trifft Pura Vida längst nicht an jeder Ecke. Wie überall gibt es auch Konflikte und Schattenseiten. Davon soll der Tourist jedoch möglichst wenig mitbekommen.

Abend im Thermalbad lässt die Anstrengungen des Tages vergessen.

Tag 6: Monteverde. 150 km/6 Std. Früh geht es zum Wasserfall La Fortuna und danach einmal um den Lago Arenal mit Badestopp in Nuevo Arenal. Nach langer Tour ist abends das Wandergebiet Monteverde erreicht. Bummel und Essen in Santa Elena.

Tag 7: Miramar. 50 km/1:30 Std. Nach einer Wanderung in einem der Nationalparks in Monteverde ist es nur ein kurzes Stück bis Miramar. Chillen mit Blick auf die Bucht von Nicoya.

Tag 8: Matapalo. 250 km/3:30 Std. Der Pazifik ruft. Baden, bummeln, sonnen, Faultiere beobachten.

Tag 9: Playa Matapalo. Relaxen. Später ein Abstecher nach Uvita und in den Nationalpark Marino Ballena.

Tag 10: Sierpe/Corcovado. 60 km/1 Std. Früh starten und zeitig auf das Boot in die Drake Bay steigen. Unbedingt eine Nachttour machen.

Tag 11: Corcovado. Tour in den Corcovado-Nationalpark.

Tag 12: San Gerardo de Dota. 180 km/3 Std. Nach einem Mittagsstopp in San Isidro geht es weiter in das Tal der Quetzale. Spazieren und das Tal erkunden.

Tag 13: San José. 90 km/2 Std. Morgendliche Quetzaltour. Anschließend San José erkunden, vor allem den Markt und ein Museum.

Tag 14: Heimreise. Eindrücke verarbeiten. Pura Vida!

21-Tage-Rundreise

Wer mehr Zeit mitbringt, kann in Ergänzung zur 14-Tage-Tour noch einen Abstecher in den Norden Costa Ricas machen.

Tage 1–5: → 14-Tage-Tour

Tag 6: Tenorio-Nationalpark via Nuevo Arenal. 70 km/1:30 Std. Uferstraße am Lago Arenal genießen und baden im See.

Tag 7: Tenorio-Nationalpark. Tour in den Park und baden im Río Celeste.

Tag 8: Halbinsel Nicoya. 200 km/3 Std. Strandhopping und Nicoya erkunden.

Tag 9–14: Halbinsel Nicoya. Zeit, die Seele baumeln zu lassen. Sámara, Manzanillo und Montezuma besuchen.

Einfach mal abhängen

Tag 15: Fahrt mit der Fähre nach Puntarenas. Wiedereinstieg in die 14-Tage-Tour (Matapalo).

28-Tage-Rundreise – das Komplettpaket

Tag 1: Landung San José. Ankommen und nichts überstürzen.

Tag 2: Stadtbummel durch Chepe, die Hauptstadt der Josefinos.

Tage 3 und 4: Vulkane erobern im Valle Central. So viele!

Tag 5: Über den Vulkan Barva nach San Miguel Sarapiquí. 72 km/2:30 Std. Kurvig!

Tag 6: Raften und Wasserfall-Route in der Sarapiquí-Region erkunden.

Tag 7: Nach Fortuna am Vulkan Arenal. 70 km/1:30 Std. Impresionante!

Tag 8: Wandern und baden in der Arenal-Region. Vorsicht, heiß!

Tag 9: Besuch des Tenorio-Nationalparks. 70 km/1:30 Std. So blau!

Tage 10–12: Entspannen in Sámara auf Nicoya. Yeah. 170 km/3 Std.

Tage 13–15: Entspannen in Montezuma auf Nicoya, Hippie-Feeling! 85 km/3:30 Std.

Tag 16: Übersetzen von Paquera nach Puntarenas, Stopp im Badeort am Pazifik.

Tag 17: Weiter zur Osa-Halbinsel. Schön grün! 250 km/4 Std. (Puntarenas-Sierpe).

Tage 18–20: Besuch des Corcovado-Nationalparks. Wow.

Tag 21: Über die Panamericana-Inlandsroute nach Rivas am Chirrípo. Besteigen? 150 km/3 Std.

Tag 22: Besuch und Übernachtung im Quetzal-Nationalpark. Staunen. 65 km/2 Std.

Tage 22–27: Relaxen an der Karibik. 260 km/5 Std. (evtl. Anreise per Flug ab San José).

Tag 28: Rückflug und bald wiederkommen!

Im Land der Ngäbe in Süd-Costa-Rica

Landschaft und Geografie

„Dazwischen" beschreibt ziemlich gut die geografische Lage Costa Ricas: Es liegt in Zentralamerika, der Landenge zwischen Nord- und Südamerika, zwischen den Weltmeeren Atlantik und Pazifik und zwischen den Nachbarländern Nicaragua im Norden und Panama im Süden. Das kleine Land ist mit 51.000 km² in etwa so groß wie Niedersachsen (48.000 km²) und wird von der **Cordillera de Talamanca,** einer bis zu 3820 m hohen Gebirgskette, durchschnitten, die durch einen Zusammenprall der Cocosplatte und der karibischen Platte entstanden ist. Die drei weiteren Gebirge des Landes, die **Cordillera Central,** die **Cordillera de Guanacaste** und die **Cordillera de Tilarán,** sind dagegen vulkanischen Ursprungs und gleich sieben **Vulkane** sind nach wie vor aktiv und versetzen die Bevölkerung immer wieder in Alarmbereitschaft.

Der Name des Landes gibt einen Hinweis auf seine von Wasser umgebene Lage: **„Reiche Küste"** nannten die Spanier die Region. Während die Karibikküste recht geradlinig verläuft, ist die Pazifikküste zerklüftet und durch mehrere Isthmen und Halbinseln geprägt. Neben Seen und Lagunen tragen auch zahlreiche **Flüsse** zum Wasserreichtum und grünen Ambiente des Landes bei. Die längsten Flüsse sind der Río Grande (190 km), Térraba (160 km), Sixaola (150 km), Río San Carlos (140 km), Reventazón (140 km) und Pacuare (110 km). Tárcoles, Matina, Sarapiquí, Parrita, Tortuguero, Río Frio, Bebedere, Savegre, Barranca und Estrella sind noch weitere, die vom Wasserreichtum zeugen.

Die geografische Lage des Landes mit Küsten und Gebirgen bringt abwechslungsreiche **Vegetationszonen** hervor. Es gibt Regenwald in verschiedensten Ausprägungen, Trockenwälder und Nebelwälder. An den Küsten, vor allem am Pazifik, sind die Mangrovenwälder und Feuchtgebiete weit verbreitet. Geografie, Klima und Vegetation schaffen in Costa Rica eine einmalige Grundlage für eine artenreiche Tier- und Pflanzenwelt, ein perfektes Aushängeschild der Tourismuskampagnen Costa Ricas.

Klima und Reisezeit

Costa Rica kann ganzjährig bereist werden. Prinzipiell wird zwischen Regen- und Trockenzeit unterschieden. Das Klima ist im Tiefland tropisch-feucht und heiß bei Temperaturen zwischen 25° C und 35° C. Im Hochland ist es deutlich kühler, weshalb ein warmer Pullover mit ins Gepäck muss. Über Ostern und Weihnachten sollten Unterkünfte – speziell am Pazifik – im Voraus reserviert werden, denn dann sind auch die meisten Ticos im Urlaub und verbringen die wenigen freien Tage am liebsten am Strand.

Trockenzeit: Die beste Reisezeit ist von November bis April, da es – bis auf die Karibikregion – garantiert trocken ist. Vor allem zu Beginn dieser Periode, von November bis Januar, sind die Temperaturen niedriger, es regnet kaum und die Vegetation ist noch saftig grün. Das ist auch die beste Zeit zum Wandern, Zelten und um die Kaffeeernte im Norden mitzuerleben. Gegen Ende der Trockenzeit regnet es im Westen des Landes so gut wie gar nicht mehr und es kann mit Temperaturen bis zu 35° C sehr heiß werden. Für einen Besuch des dünn besiedelten karibischen Tieflandes mit seinen ausgedehnten Regenwäldern eignet sich die dortige kürzere Trockenzeit von Februar bis April. Den Rest des Jahres regnet es dort häufig – auch in der Trockenzeit, meist am Nachmittag.

Regenzeit: Die Regenzeit (Mai bis November) bedeutet nicht automatisch Dauerregen, sondern ab und an kräftige Schauer oder Gewitter, die auch etwas für sich haben und ein sattes Grün in

	Quepos (Pazifikküste)				Puerto Limón (Atlantikküste)			
	Ø Lufttemperatur (Min./Max. in °C)		Ø Niederschlag (in mm), Ø Tage mit Niederschlag ≥ 1 mm		Ø Lufttemperatur (Min./Max. in °C)		Ø Niederschlag (in mm), Ø Tage mit Niederschlag ≥ 1 mm	
Jan.	22,0	31,3	46	7	20,6	29,0	303	18
Febr.	22,0	32,0	26	4	20,6	29,1	228	16
März	22,6	32,4	40	5	21,2	29,8	196	17
April	23,5	32,2	157	12	22,0	30,2	270	16
Mai	23,3	31,4	389	23	22,7	30,5	327	18
Juni	23,1	30,8	413	24	22,8	30,3	300	19
Juli	22,8	30,5	445	26	22,5	29,6	439	23
Aug.	22,7	30,4	469	26	22,4	30,0	316	19
Sept.	22,6	30,3	544	27	22,4	30,6	146	14
Okt.	22,6	30,0	534	27	22,2	30,4	214	17
Nov.	22,6	29,8	349	23	22,0	29,6	380	17
Dez.	22,3	30,6	160	15	21,2	29,0	449	21
Jahr	**22,7**	**31,0**	**3571**	**219**	**21,9**	**29,8**	**3567**	**215**

Daten: WMO

allen Schattierungen hervorbringen. In der Regenzeit, besonders zwischen Juli und Oktober, kann Costa Rica im Einzugsgebiet eines Hurrikans liegen. Vor allem bei Wanderungen oder Trips in abgelegene Regionen und Nationalparks können Straßen und Zufahrtswege in dieser Periode verschlammt oder sogar verschüttet und damit unpassierbar werden. Vorteil dieser Zeit: Die Zimmerpreise sind oft deutlich niedriger, denn es sind weniger Touristen da.

Temperaturen: Ein Blick auf die Klimatabelle verrät, dass in den verschiedenen Teilen des Landes nicht nur unterschiedliche Niederschlagsmengen, sondern auch unterschiedliche Temperaturen herrschen: In San José, zentral gelegen auf 1200 m Höhe, liegen die Durchschnittstemperaturen ganzjährig zwischen 22 und 24° C, weshalb sie gerne als Stadt des ewigen Frühlings bezeichnet wird. In Liberia im Nordwesten schwanken die Temperaturen

Klimafreundlich: Costa Ricas Plan zur Dekarbonisierung 2018–2050

Bereits im Jahr 2015 hat Costa Rica es geschafft, seine Stromversorgung zu fast 100 % aus Ökostrom zu decken, der größtenteils aus der Wasserkraft sowie zu einem kleineren Teil aus Erdwärme erzeugt wird. Dann verkündete Präsident Carlos Alvarado im Februar 2019 vor der Versammlung der Vereinten Nationen das „Programa de Descarbonización", das Programm zur Dekarbonisierung, das Costa Rica bis 2050 zur Karbonneutralität verhelfen soll.

Im Zuge des ehrgeizigen Programms, das in drei Etappen gegliedert ist, sollen sowohl direkte als auch indirekte Effekte des Klimawandels bekämpft werden. Hervorzuheben sind vor allem der geplante Ausbau öffentlicher Transportmittel (mit einer Fokussierung auf erneuerbare Energien und Abgasneutralität) sowie erhebliche Einsparungen im Bereich des Frachttransports, der landesweite Ausbau des elektrischen Energiesystems (zu erschwinglichen Preisen), die Errichtung von klimaneutralen Wohn- und Arbeitsplätzen, die Modernisierung der Industrie, eine Umstrukturierung der Abfallwirtschaft sowie die gezielte Förderung einer kohlenstoffarmen Lebensmittelindustrie. Um diese Ziele in die Tat umzusetzen, kam es bereits 2019 zu einem Zusammenschluss des costa-ricanischen Instituts für Energie (ICE), der costa-ricanischen Erdölraffinerie (RECOPE), des Ministeriums für öffentliche Arbeiten und Transport (MOPT), des Ministeriums für Umwelt, Energie und Technologie (MINAET) und des Ministeriums für Agrikultur und Viehbestand unter dem Namen „Programa País".

Ein Hauptaugenmerk des Programms liegt zudem auf der Wiederaufforstung der Wälder: Die bewaldete Fläche soll bis 2030 auf 60 % der Fläche ausgedehnt werden. Gleichzeitig sollen auch in der Landwirtschaft neue Standards gesetzt werden, die auf eine rein ökologische und nachhaltige Bewirtschaftung ausgerichtet sind.

zwischen 26 und 29° C und sind zwischen Dezember und Mai am höchsten. In der Karibik-Provinz Limón ist es mit 26 bis 27° C wiederum etwas moderater. Nachts sinken die Temperaturen landesweit im Regelfall nie unter 20° C.

Kaffeeernte: Wer sie miterleben möchte, muss zwischen November und Februar anreisen.

Schildkröteneiablage: Sie kommen vor allem im August und September zur Eiablage an die Strände.

Pflanzenwelt

Costa Rica ist vor allem deshalb ein so beliebtes Reiseland, weil es eine äußerst vielfältige Pflanzen- und Tierwelt hat. Fast das ganze Land ist grün. Überall plätschern Wasserfälle und Vulkane schießen aus der Tieflandebene empor.

Tropischer Regenwald

Diese Vegetationszone gehört zu den artenreichsten und kompliziertesten Lebensräumen auf unserem Planeten.

Gigantischer Ceiba-Baum

Teile davon sind in den Nationalparks Cahuita, Corcovado und Manuel Antonio erhalten. Hier herrschen ganzjährig konstante Temperaturen zwischen 23 und 27 °C, Regengüsse sind nicht selten und sorgen so für das immerfeuchte Klima. Mindestens 4000 mm sind es im Jahresdurchschnitt. Die unberührten Regenwälder sind wie ein immergrünes Meer. Die Vegetation ist so üppig, dass kaum Licht, nur 10 %, auf den Boden fällt. Die massiven Baumkronen sind bis zu 70 m hoch, wie Kirchtürme. Auf einem Hektar finden sich 60 bis 100 Baumarten. In unseren Breiten sind es lediglich 12. Im Untergehölz wachsen großblättrige Sträucher, um die letzten Lichtstrahlen aufzufangen. Würger, besser bekannt als Lianen, hangeln sich die Baumstämme empor. Die Würgefeige, auch Baumtöter genannt, hingegen wächst auf Bäumen und ihre Luftwurzeln wachsen zum Boden, verdicken sich und umschlingen den Wirtsbaum, der dann abstirbt. Es gibt zahlreiche Epiphyten, die Aufsitzerpflanzen, wie Orchideen oder Bromelien. Sie wachsen auf anderen Pflanzen, ohne diese zu schädigen. Eine große Variation von Palmen ist ergänzend zu erwähnen. Das hohe Blätterdach bietet für mehr als 2/3 aller hier lebenden Tiere einen geschützen Lebensraum. Verschiedene Affenarten wie Brüll- und Klammeraffen tummeln sich in den Wipfeln. Mehr als 35.000 Insektenarten bewohnen die Pflanzen und den Waldboden. 227 Reptilien- und 160 Amphibienarten kommen hinzu. Inte-

Durch den Wald mit offenen Augen

Die Flora Costa Ricas hält zahlreiche Überraschungen bereit, die sich selbst mit ungeübtem Auge erblicken lassen:

Der bis zu 70 m hohe **Kapokbaum** bildet oft den krönenden Abschluss des tropischen Blätterdachs und ist eigentlich nicht zu übersehen.

Frisch gerodete Lichtungen werden oftmals von sogenannten „Pionierbäumen" eingenommen: In Costa Rica sind das die **Balsambäume,** deren helles, schnell nachwachsendes Holz für Möbel- und Schnitzarbeiten genutzt wird.

Die wohl „tropischsten" Pflanzenarten sind die **Lianen,** die sich an großen Bäumen hinaufschlängeln, um ihrerseits einen Teil des Sonnenlichts zu erhaschen, das den Boden der Regenwälder fast nie erreicht. Im Gegensatz zu den ebenfalls häufig vertretenen Würgefeigen, deren Wurzeln zunächst am Baum herunterwachsen und sich dann am Boden zu Stämmen verdichten, schaden sie dem Wirtsbaum nicht.

Die über 1000 **Orchideenarten** des Landes sind ebenfalls „Baumbewohner" und bilden Luftwurzeln aus, in denen sie die Feuchtigkeit des Waldes speichern. Auch die Nationalblume Costa Ricas, die lilafarbene **Guaria Morada,** ist eine Orchidee.

ressant sind die ungewöhnlich bunten Baumsteigerfrösche, der Pfeilgiftfrosch, der Blue-Jeans-Frosch mit seinem bläulichen Beinkleid oder der Glasfrosch, dessen Herz man schlagen sehen kann.

Tropischer prämontaner Regenwald

Diese Vegetationszone ist in Höhenlagen von 800 bis 1500 m anzutreffen. In den Monaten Juli bis Dezember kommt es durch die nordöstlichen feuchtwarmen Passatwinde, bekannt als „Alisios", zu verstärkter und regelmäßiger Wolkenbildung ab einer Höhe von 1200 m. Dieses Wetterphänomen hat starken Einfluss auf die Pflanzenwelt. Die höchsten Bäume erreichen 40 m. Die Strauchschicht ist mit 3 bis 5 m hohen Gewächsen stark ausgeprägt. Vor allem die Vertreter der Kaffeegewächse gedeihen in diesem Klima prächtig. Dies führte leider auch zur Verdrängung der Vegetation in dieser Zone hin zum großflächigen Anbau von Kaffeepflanzen. Die Böden der Zone sind stark von Farnen besiedelt. Das größte zusammenhängende Schutzgebiet dieser Vegetationszone ist im Nationalpark Braulio Carillo zu finden. Die Tierwelt kann sich auch in dieser Klimazone sehen lassen. Mehr als 500 Vogelspezies, darunter Kolibris, Tukane, Adler und Quetzales sowie zahlreiche Säugetiere wie Puma, Tapir und Ameisenbär finden hier ihren Lebensraum.

Nebelwald/Tropischer montaner Regenwald/Páramo

Das Kronendach der Bäume erreicht 20 bis 30 m und ist dicht geschlossen. Neben den Bäumen sind Baumfarne weit verbreitet. Die Höhe ab 1500 m aufwärts und die entsprechend hohe Luftfeuchtigkeit führen zu einem starken Bewuchs der Baumstämme mit Epiphyten. Neben Bromelien und Orchideen winden sich auch Aronstab- und Erikagewächse um die Stämme. Die Strauchschicht ist kräftig und dicht bewachsen mit vorwiegend Kaffee- und Schwarzmundgewächsen. Die gut ausgeprägte Krautschicht bilden Gräser, Farne und Moose. In manchen Teilen dieser Vegetationszone reißt die Wolkendecke fast nie auf. Hier spricht man vom Nebelwald. Dichte Nebelschwaden ziehen durch die gespenstisch mit Pflanzen bewachsenen Bäume hindurch. Moose, Flechten, Doldenblütler, das großblättrige Elefantenohr und die farbenfrohe Bomarea gehören zur typischen Vegatation des Nebelwaldes. Die Region um Monteverde und das Cloudbridge-Reservat sind bestens zur Erkundung des Nebelwaldes geeignet.

Ab 2300 m beginnt die obere Stufe des montanen Regenwaldes. Die Artenvielfalt und -anzahl der Baumschicht nimmt beständig ab. Eichen und andere hartlaubige Baumarten erreichen nur noch 30 m Höhe. Baumfarne und Bambusarten treten im Unterwuchs überwiegend auf. Die Vegetationszone reicht bis in eine Höhe von 3400 m. Danach schließt der Páramo an. Diese baumlose, steppenähnliche Zone mit viel Wind, Regen und Nebel wird von Sträuchern wie Vertretern des Johanniskrautes und Moosen dominiert, ähnlich der alpinen Pflanzen unserer Breiten. Mit der Fauna verhält es sich ähnlich spärlich. Neben verschiedenen Kolibri-Arten gibt es hier oben auch Jaguare, Kaninchen, Ozelot, Tapire und Kojoten.

Mangrovenwälder/ Feuchtgebiete

Entlang der Pazifikküste erstreckt sich dieser von Ebbe und Flut gekennzeichnete Lebensraum, der vor allem für Krebstiere, Garnelen und Fische wichtig ist: Mangrovenwälder, deren breites Wurzelnetz ein Schutzgeflecht vor der Erosion von Fluss- und Küstenstreifen bildet und deren brackige Gewässer von den Meeresbewohnern zur Eiablage genutzt werden. Alle 15 in Costa

Guanacaste: der Nationalbaum Costa Ricas

Eindrucksvoll spannt sich der Schirm aus lichten, gefiederten Laubblättern über den kräftigen Stamm, das helle Grün leuchtet kontrastreich vor dem blauen Himmel. 1959 wurde der Guanacaste-Baum zum Nationalbaum des Landes gekürt, als Würdigung und Erinnerung an die Annektion der gleichnamigen Provinz durch Costa Rica. Doch er wächst durchaus nicht nur hier, sondern ist von Mexiko bis Venezuela anzutreffen. So stammt auch sein Name, den ihm seine ohrenartigen Früchte einbrachten, aus der vor allem in Mexiko verbreiteten Sprache Nahuatl: „quauh" bedeutet Baum und „nacaztli" Ohr – fertig ist der Ohrenbaum. Diese „Ohren", Früchte mit einer harten, braunen Schale, und ihre Samen werden traditionell für die Herstellung von Ketten und anderem Schmuck verwendet. Auch Tiere mögen sie als Leckerbissen und bereits die Indios stellten fest, dass sich beim Schütteln der Frucht mit Wasserkontakt ein seifenartiger Schaum bildet. So nutzten sie die „Ohren" wegen ihres hohen Saponingehalts zum Waschen und als Rohstoff für die Seifenherstellung.

Rica vorkommenden Mangrovenarten müssen eines können, den Umgang mit der hohen Salzkonzentration des Meereswassers. Hierzu gibt es Mangroven, die den Salzgehalt tolerieren. Andere lagern Salz in ihren Blättern ab. Wieder andere Arten scheiden Salz aktiv über Blätter und Wurzeln aus. Häufig sind die Mangroven von Epiphyten wie Bromelien und Orchideen bewachsen. Andere Misch- und Feuchtgebiete wie das Schutzgebiet Caño Negro ganz im Norden des Landes und der Palo-Verde-Nationalpark im Nordwesten verwandeln sich während der Regenzeit in echte Marschlandschaften und sind ein Paradies für Ornithologen, denn hier brüten Tausende Wasservögel.

Tropische Trockenwälder

Die tropischen Trockenwälder Costa Ricas sind aufgrund der Abholzung rar geworden und mussten oft der Weidewirtschaft weichen. Ein gut ausgeprägtes und das einzige in Mittelamerika geschützte Trockenwaldgebiet liegt im Santa-Rosa-Nationalpark. Im Gegensatz zu den Regenwäldern werfen die Bäume hier in der Trockenzeit ihr Laub ab. Außerdem sind sie im Gegensatz zu den sechs „Stockwerken" der Regenwälder nur zweischichtig. Höhen von 10 bis 20 m und 20 bis 30 m prägen diesen Waldtyp. Vorwiegend kommen hier laubabwerfende Schmetterlingsblütler vor. Die untere Schicht ist von immergrünen Kaffeegewächsen wie dem Kalebassenbaum und dem gelbblühenden Butterblumenbaum besiedelt. Auch die mesoamerikanische Eiche mit einer Wuchshöhe von 8 bis 15 m findet hier ihren Lebensraum. Hinzu kommt eine bunte Fauna. Allein über 3000 Arten von Schmetterlingen und Nachtfaltern nehmen den Luftraum in Beschlag. Von den 155 vorkommenden Säugetierarten sind knapp die Hälfte verschiedene Fledermausarten. Auch Weißkopfäffchen, Gürteltiere, Hirsche, Tapire, Wildschweine, Wasch- und Nasenbären und

Epiphyten nutzen zum Wachsen andere Pflanzen

Jaguare fühlen sich in dieser Vegetationszone gut aufgehoben.

Nutzpflanzen

Wasserreichtum, nahrhafte Böden und optimale klimatische Bedingungen bilden die Grundlage für den Anbau einer breiten Palette landwirtschaftlicher Nutzpflanzen. Neben Obst wie Bananen, Papayas, Ananas und Melonen werden auch Kaffeekirschen, Kakaobohnen, Schnittblumen und Edelhölzer wie Teakholz für den Export angebaut. In den letzten Jahrzehnten wurden massiv Ölpalmenplantagen angelegt, um dem nicht enden wollenden Hunger der Industrienationen nach Palmöl gerecht zu werden.

Eine Bohne auf dem Vormarsch

Denkt man an Kakao und seine Ursprünge, tauchen sofort Bilder der alten Völker Mexikos vor dem geistigen Auge auf: Olmeken, Maya und Azteken schlürfen das heiße Getränk aus einer Kalebasse und stellen eine Schale für die Götter bereit, im Hintergrund eine wuchtige Pyramide und der Dschungel. Tatsächlich war die Kakaopflanze eines der wichtigsten Güter der indigenen Völker und ihnen heilig. Kulinarische Überbleibsel wurden in einigen Ruinen der Olmeken und Maya gefunden. Das Klima in Teilen Mexikos bietet für den Anbau von Kakao optimale Bedingungen. Das Volk der Olmeken im Tiefland an der mexikanischen Golfküste war wohl das erste, das den Trunk aus Kakaobohnen zu sich nahm und die Kultivierung der Kakawa-Pflanze vorantrieb. Das Geschmackserlebnis war eher bitter und hatte nicht viel mit dem heutigen Schokoladengenuss zu tun. Doch darauf kam es nicht an. Denn der Trank, genannt Xocoátl, wurde zu religiösen Zeremonien verabreicht und hatte in seiner Reinheit eine berauschende Wirkung. Die Früchte des Kakaobaumes galten als Geschenke Quetzalcoatls, des Gottes der Weisheit. Dem Trank wurde die Reinigung des Körpers vor dem Tod zugeschrieben. Aber auch bei körperlichen Beschwerden, wie Magenschmerzen und Fieber, sollte der Trank Abhilfe schaffen. Selbst als Aphrodisiakum war der Trank begehrt. Außerhalb der adligen Klasse wurden die Kakaobohnen als Zahlungsmittel verwendet. Nach der Eroberung der „Neuen Welt" durch die Spanier wurde Kakao zum Exportschlager in die „Alte Welt" und Mexiko als der Geburtsort der Schokolade bekannt.

Doch auch in Costa Rica hatten der Kakaobaum bzw. die Bohnen der Frucht für die prähispanische Bevölkerung eine wichtige Bedeutung. Auch hier wurden sie als Zahlungsmittel eingesetzt - sogar bis in die frühen 30er-Jahre des 20. Jahrhunderts! Als Exportgut Nummer Eins wurde allerdings Kakao vom Kaffee abgelöst. Heute wird die Kakaopflanze nur auf kleineren Farmen kultiviert, ca. 5000 t Kakao pro Jahr werden produziert, die vorwiegend exportiert werden. Das Zentrum für tropische Landwirtschaft und Hochschulbildung (CATIE) in Turrialba hat die weltweit größte Gendatenbank für Kakaopflanzen und entwickelt stets neue, resistente Pflanzen zur Kultivierung. Dennoch machte eine landesweite Pilzkrankheit den Kleinbauern in den letzten Jahren zu schaffen. Die Ernte brach um gut 70 % ein. Trotzdem wird dem Anbau von Kakao wieder größere Bedeutung beigemessen. Dem weltweiten Hunger nach Schokolade sei Dank.

Lass mich mal schauen ...

Tierwelt

Hier fühlen sich über 220 verschiedene Arten von Säugetieren und über 115 Fledermausarten wohl. Costa Ricas Luftraum ist wohl die eigentliche „Bühne“, denn hier sind über 860 heimische und sechs endemische Vogelarten zu bestaunen. Insgesamt sind es stolze 6 % aller Arten, die hier vertreten sind, was – in konkreten Zahlen ausgedrückt – 500.000 unterschiedliche Arten sind. Costa Rica zählt somit zu den artenreichsten Ländern unseres Planeten.

Die Affen sind los!

Rotrücken-Totenkopfäffchen, Weißschulter-Kapuzineraffe, Mantelbrüllaffe und Geoffroy-Klammeraffe – das sind die vier Affenarten Costa Ricas, die man mit etwas Glück auf nahezu jedem Ausflug in die Natur zu Gesicht bekommt. Nicht nur in den Nationalparks, sondern auch in direkter Nähe der Städte und Dörfer sind die lustigen Kletterkünstler anzutreffen. Die Affen sind tagaktiv und leben in größeren Gruppen zusammen.

Der schwarz-braune **Mantelbrüllaffe** (Mono congo) wird bis zu 55 cm groß und ist die wohl am häufigsten anzutreffende Affenart. Der Name ist Programm: Man behauptet, es handle sich hierbei um das lauteste Landsäugetier, das diese Erde bevölkert. Sieht man ihn nicht, dann hört man ihn: Seine wilden Ruf- und Heullaute sind ohrenbetäubend und über größere Distanzen hörbar. Die Rufe der Affen jagten den Europäern bei ihrer Ankunft einen ordentlichen Schrecken ein – sie waren der Meinung, es handle sich um Waldgeister!

Stark bedroht ist heute das **Totenkopfäffchen** (Mono tití), das schon Pippi Langstrumpf so gut gefiel. Herr Nilson und seine Artgenossen sind die kleinsten Affen Costa Ricas mit einer Körpergröße von lediglich 30–35 cm. Ihre Heimat sind die feuchten Wälder der Pazifikküste, ganz im Süden des Landes noch am häufigsten anzutreffen. Sie besitzen ein auffälliges, goldbraunes Rückenfell und sehr feine, kokette Gesichtszüge, die an einen

Totenkopf erinnern und ihnen ihren deutschen Namen einbrachten.

Ebenfalls gold- bis dunkelbraun, jedoch mit über 60 cm wesentlich größer und außerdem häufiger anzutreffen ist der **Klammeraffe** (Mono araña oder Mono colorado). Er ist der größte sowie der wohl geschickteste Kletterer des Landes, denn er kann sein komplettes Körpergewicht an seinem etwa 1 m langen Schwanz halten und sich dadurch elegant von Baum zu Baum schwingen.

Den **Weißschulter-Kapuzineraffen** (Mono capuchino) erkennt man leicht: Er ist im Gesicht, am Hals und im Brustbereich cremeweiß gefärbt, der Rest des Körpers ist dunkelbraun bis schwarz. So kam er zu seinem Namen, denn mit der weiß-schwarzen Farbmischung seines Fellmantels erinnert er an einen Kapuzinermönch. Der hübsche Geselle kann bis zu 50 cm groß werden und ist äußerst lebhaft. Anzutreffen ist er sowohl in den Waldgebieten als auch im Hochland Costa Ricas.

Weitere Säugetiere

Ameisenbären: Wer ausreichend Geduld im Gepäck hat, kann mit der Entdeckung von Ameisenbären belohnt werden: Die Rüsselträger gibt es in drei verschiedenen Ausgaben, wobei der Zwergameisenbär mit ca. 250 g zu den Fliegengewichten zählt. Wer seinen Blick über die Baumäste schweifen lässt, kann darüber hinaus den Kleinen Ameisenbären (auch Nördlicher Tamandua genannt) sichten. Mit einem Kampfgewicht von 30 kg hält sich der Große Ameisenbär ausschließlich am Boden auf, wo er mit seiner ausgeprägten Schnüffelnase auf Beutejagd geht. Hier ist der Name Programm, denn auf dem Speiseplan stehen vorrangig Ameisen und Termiten. Die Nahrung erfordert keine Zähne, umso mehr aber eine lange klebrige Zunge, um die Insekten zu fangen, die zuvor mit den effektiven Vorderkrallen ausgegraben wurden. Die beige-braune Fellfarbe eint alle Ameisenbären, darüber tragen sie von den Schultern bis zu den Hinterbeinen eine schicke schwarze Weste. Ihr Revier, das die Einzelgänger mit einem stark müffelnden Sekret abstecken, wird Tag und Nacht erkundet – nur mittags, wenn die Hitze des Dschungels drückt, ziehen sich die Ameisenbären zu einem Schläfchen zurück.

Nasenbären haben immer Hunger

Faultiere: Ein besonders gemütliches Tier ist fast im ganzen Land anzutreffen: das Faultier. Dieser Meister der Langsamkeit liebt es, eng an einen Baum gekuschelt auf diesem zu verharren – und sich so wenig wie möglich zu bewegen (→ Kasten, S. 254).

Fledermäuse: Sie sind in verblüffend großer Vielfalt in Costa Rica anzutreffen. Allein auf der Halbinsel Osa flattern rund 55 verschiedene Arten der nachtaktiven Flugakrobaten durch die Lüfte. Zum „Abhängen" versammeln sie sich gern in Höhlen oder Bäumen, um ihren stundenlangen Schönheits-Tagschlaf abzuhalten oder sich von der aufregenden nächtlichen Futterjagd zu erholen. Zur Leibspeise zählen Obst und Blütennektar, aber auch Insekten, kleine Wirbeltiere – und natürlich Blut. Doch die Aberglauben-Gruselgeschichten sind unbegründet, da es sich um scheue und völlig harmlose Winzlinge handelt. Per Ultraschall navigieren sie sich durch die Dämmerung des Tropenwalds, dessen zunehmender Rückgang durch Abholzung die Artenvielfalt stark gefährdet.

Gürteltiere: Eine weit verbreitete und besonders urtümliche Spezies ist das Gürteltier. Der gepanzerte Geselle ist in ganz Costa Rica anzutreffen und mag besonders die trockenen Gefilde wie Steppen oder Halbwüsten. Allerdings versteckt es sich tagsüber meist in eigens angelegten Höhlen, die es mit seinen langen Schaufelkrallen gräbt, und kommt erst nachts herausgetippelt, um sich auf Nahrungssuche zu begeben. Dabei ist es nicht sonderlich wählerisch, denn ihm schmeckt von Insekten über Früchte und kleine Wirbeltiere auch Aas – wir haben es also mit einem Allesfresser zu tun. Seine ausgeprägten Ohren und die längliche Schnauze helfen ihm dabei, die Leckereien aufzuspüren. Am häufigsten ist das Neunbindengürteltier in Costa Rica anzutreffen. Der anpassungsfähige Einzelgänger ist wie alle Gürteltiere besonders durch seinen markanten braunen Rückenpanzer gekennzeichnet, der aus 8 bis 10, meist aber aus 9 namensgebenden beweglichen Bändern besteht. Besonders vor größeren Raubkatzen muss sich das Gürteltier wegen seines delikaten Fleisches in Acht nehmen. Der Mensch hingegen hegt eher ein wissenschaftliches Interesse an ihm, da es Träger des Leprabakteriums ist und leider häufig für Versuchszwecke eingesetzt wird.

Kleinbären: Als Einzelgänger oder in Gruppen machen es sich sechs Arten von Kleinbären in Costa Rica gemütlich, dazu gehören der Krabbenwaschbär, der Makibär, das Mittelamerikanische Katzenfrett, der Nasenbär, der Nordamerikanische Waschbär und der Wickelbär. Bis auf den Nasenbär sind Kleinbären abends- oder nachtaktiv, tagsüber verstecken sie sich in Baumhöhlen oder Felsspalten. Sie können gut klettern und schwimmen und fressen alles, was ihnen unter die spitze Nase kommt. Auf dem Weg von La Fortuna nach Nuevo Arenal turnen immer Nasenbären am Straßenrand und auch sonst sieht man sie recht häufig. Sie können allerdings recht aufdringlich werden, wenn sie Futter wittern, also besser keine Leckereien anbieten.

Nagetiere

Aguti: Die meerschweinchenartigen Agutis sind mit ihren dünnen Hinterbeinen und kürzeren Vorderbeinen nicht nur drollig, sondern auch wendig beim Flüchten vor Feinden wie Jaguaren oder Ozelots. Mit ihrem braunen bis rötlichen Fell fallen die tagaktiven Tierchen im grünen Dschungel doch auf, die großen Augen und runden Ohren sind daher immer wachsam. Der etwa 60 cm große Pflanzenfresser lebt am Boden und kann erstaunliche 20 Jahre alt werden.

Paka: Das Paka ist ebenfalls eine Art hellgestreiftes Dschungel-Meerschwein und, wie das Cuy in Peru, eine einheimische Grillspezialität – allerdings ist das inzwischen verboten. Die monogam lebenden Nager gehören zu den größten Lateinamerikas und nutzen feste Laufwege zur Orientierung. Erfahrene Führer dürften also Pakas problemlos aufspüren können.

Huftiere

Pekaris: Die kleinen Huftiere sind die Wildschweine Costa Ricas. Sie sind gefährdet, da ihr Fleisch den Ticos gut schmeckt. Sie gehören zur Familie der Nabelschweine und es gibt sie in drei Varianten: Halsbandpekaris, Weißbartpekaris und Chaco-Pekaris. Meist sind sie in Rotten von mehreren Tieren unterwegs und hinterlassen dadurch deutliche Trampelpfade. Deshalb bedeutet ihr Name auch „Tier, das viele Wege durch den Wald macht". Mit ihrer Rüsselnase erschnüffeln sie alles, was der Waldboden so zu bieten hat, wie Gras, Wurzeln, Früchte, Eier und sogar Eidechsen. Wie alle Schweine lieben es Pekaris, sich im Schlamm zu suhlen. Sie schützen sich damit auch vor angriffslustigen Moskitos. Was vielleicht erstaunt: Sie sind auch gute Schwimmer, also nicht wundern, wenn Ihnen an einem großen Fluss ein Wildschwein entgegenschwimmt. Im Corcovado-Nationalpark werden Sie bestimmt auf ein paar Halsbandpekaris treffen.

Tapir: Der mittelamerikanische Tapir ist mit 2 m Länge und 300 kg auf der Waage das größte Säugetier Zentralamerikas und gehört wie Nashörner und Pferde zu den Unpaarhufern. Die Tapire sind Pflanzenfresser und lieben Früchte, Gras, Blätter und Zweige. Sie leben in der Nähe von Bächen und Sümpfen und sind gute Schwimmer. Sie lassen sich sogar auf den Boden von Flussbetten sinken, um dort zu grasen. Die meisten Tiere leben im Corcovado- und Tenorio-Nationalpark. Um sie zu schützen, werden biologische Korridore wie der „Path of Tapir" eingerichtet, der die Schutzgebiete Chirripó, Corcovado und weitere Gebiete wie ein grünes Band miteinander verbindet. Von einer Tapirmutter ist bekannt, dass sie sich gerne in der Gegend um die Rangerstation Sirena im Nationalpark Corcovado aufhält. Hier kann sie beobachtet werden, wenn sie sich am Tag im Schatten eines Baumes ausruht.

Raubkatzen

Jaguar: Der König der zentralamerikanischen Wälder ist ein Einzelgänger, kann 2 m lang und über 100 kg schwer werden. Er jagt am liebsten im Dunkeln und so ziemlich alles, was ihm unter die Krallen kommt: Leguane, Wildschweine, Affen, Faultiere, Boas, Kaimane und sogar Schildkröten. Die scheuen Katzen lassen sich allerdings fast nie blicken. Man hat schon Glück, wenn man ein paar frische Fußstapfen sieht. Am besten stehen die Chancen in den großen Nationalparks Tortuguero, Corcovado, Santa Rosa, La Amistad und im Biosphärenreservat Indio Maíz in Nicaragua. Hier hat die drittgrößte Wildkatze der Welt genügend Auslauf und Jagdmöglichkeiten.

Puma: Er ist fast so groß wie sein Vetter, der Jaguar, aber schlanker und nicht gefleckt, sondern hat ein rötlichbraunes Fell. Ein stattliches Männchen wird bis zu 2,4 m groß und 85 kg schwer. Pumas sind noch scheuer als Jaguare, leben aber auch in kleineren Reservaten. Neben den großen Nationalparks (→ Jaguar) kommt er im Nebelwaldreservat Monteverde und in den Nationalparks Carara, La Cangreja und Rincón de la Vieja vor.

Ozelot: Die Waldkatze ist mit 1 m Länge in etwa so groß ist wie ein europäischer Luchs und kann mit ihren stämmigen Beinen prima auf Bäume klettern. Sein gefleckt-gestreiftes Fell ist bei Pelzträgern beliebt, weshalb die Wildkatze gefährdet ist. Sie lebt in den meisten Naturparks, schläft aber tagsüber auf Bäumen im Dickicht, weshalb sie nur selten beobachtet werden kann. Sehr ähnlich sieht ihm der **Margay,** der allerdings nur so groß wie eine Hauskatze wird und am liebsten Affen jagt. Er lockt sie an, indem er ihre Laute nachahmt und dann einen mit einem kühnen Sprung erwischt. Der **Jaguarundi** ist ebenfalls so groß wie eine Hauskatze, aber schlanker, und hat ein Pumagesicht. Mit seinen im Vergleich zum länglichen Körper recht kurzen Beinen erinnert er zudem an ein Wiesel. Da er tagaktiv ist, kann man ihn durchaus zu Gesicht bekommen.

Meeressäuger

Auch vor den Küsten des Landes ist allerhand los, denn das Wasser ist hier sehr nährstoffhaltig. Im Pazifik und in der Karibik leben neben Haien, Rochen und Schildkröten auch Buckelwale, Delfine sowie Manatis. Tauchen ist hier meist ganzjährig möglich und die Sicht optimal. Beste Zeit für Tauchausflüge sind die Monate von Dezember bis Mitte Mai.

Wale: Regelmäßig ziehen die mächtigen, 25 bis 30 t schweren Buckelwale die Pazifikküste entlang. Sie werden bis zu 17 m lang und können 30 Minuten unter Wasser bleiben. Sie werden bis zu 50 Jahre alt. Sichten kann man sie im Marino-Ballena-Nationalpark, in der Drake Bay und im Golfo Dulce am besten von August bis Oktober und Dezember bis April. Häufig kann man sie sogar schon vom Strand aus sehen und das Ausblasen ihrer bis zu 6 m hohen Wasserfontäne über eine Distanz von 250 m hören.

Delfine: Flipper und seine Freunde sind Meeressäuger. Sie können 2 bis 4 m lang werden. In Nationalparks kann man sie vor allem im Marino-Ballena-Nationalpark von Juli bis Oktober und April bis November sichten. In der Karibik gibt es den Großen Tümmler und im Pazifik den Rundkopfdelfin, den Rauzahn und den Spinnerdelfin. In Costa Rica gibt es mindestens 25 Delfin- und Walarten.

Manatis: Die wuchtigen Tiere mit dem deutschen Namen Rundschwanzseekuh leben im Brackwasser, einem Mix aus Salz- und Süßwasser, also dort, wo Lagunen und Flüsse ins Meer münden. Noch vor wenigen Jahren waren die Karibikmanati vom Aussterben bedroht, da sie wegen ihrem Fleisch exzessiv gejagt wurden. Doch Zuchtprogramme wurden gestartet und nun ist ihre Population wieder stabil. Sie leben im Gandoca-Manzanillo-Nationalpark und wurden auch im Tortuguero-Nationalpark gesichtet. Sie können 3 bis 5 m groß und 30 bis 60 Jahre alt werden. Sie fressen Seegras im Salzwasser und Grundnesseln im Süßwasser, womit sie den ganzen Tag beschäftigt sind, denn sie vertilgen ein Viertel ihres Körpergewichtes.

Meeresschildkröten

Behäbig, urig, wunderschön – bei der Eiablage einer Schildkröte dabei zu sein, ist ein ganz besonderes Erlebnis. Costa Rica ist das perfekte Land dafür. Der Wahnsinn ist eine Arribada, eine Massenankunft, abzupassen. Dann kommt nicht nur eine, sondern Tausende Schildkröten auf einmal an den Strand. Fünf der sieben Meeresschildkrötenarten der Welt gehen in Costa Rica an Land – sowohl am Pazifik als auch an der Karibikküste. Sie stehen per Gesetz unter Schutz. Dennoch werden Nester nach wie vor geplündert, Eier verkauft, Schildkrötenfleisch gegessen. Es gibt deshalb viele Organisationen, die sich ganz der Aufgabe widmen, den Lebenszyklus von der Eiablage bis zum Schlüpfen zu überwachen. Oft helfen Freiwillige mit – auch aus Deutschland (→ Interview, S. 214) – und laufen Patrouille am Strand, übernehmen Reinigungsarbeiten und bewachen die Brutkästen.

Die Meeresschildkröte

Viele Eier: 80 bis 140 je nach Art

Langes Leben: Meeresschildkröten werden schätzungsweise 50 bis 100 Jahre alt. Bisher gibt es keine sichere Methode der Altersbestimmung.

Ganz schön schwer: Bis zu 150 kg kann die Grüne Meeresschildkröte wiegen, Lederschildkröten bringen mehr als 500 kg auf die Waage.

Ganz schön alt: Meeresschildkröten leben seit 120 Millionen Jahren auf der Erde und sind mit ihren Verwandten, den Landschildkröten (seit 200 Millionen Jahren), die ältesten Reptilien der Welt.

Ganz schön hungrig: Schnecken, Würmer, Quallen, Seegras und Algen sind das Lieblingsessen.

Tortuguero: Die besten Chancen, eine oder gleich mehrere Grüne Meeresschildkröten bei der Eiablage zu beobachten, ist von Juni bis Oktober in Tortuguero (→ S. 334). Die Tiere erreichen bis zu 1,10 m Größe und bringen bis 150 kg auf die Waage. Die Unechte Karettschildkröte schaut von Mai bis August ebenfalls hier vorbei und auch die gefährdete, mit einer Panzerlänge von bis zu 1,5 m wirklich riesige Lederschildkröte mag den langen, wilden Strand und vergräbt ihre Eier zwischen März bis Anfang Juni im Sand. Sie kann aber auch weiter südlich in Barra de Pacuare oder ganz im Süden im Gandoca-Manzanillo-Nationalpark beobachtet werden. Am Pazifik kommt sie an den Stränden des Nationalparks Las Baulas vor.

Halbinsel Nicoya: Olivgrüne Bastardschildkröten sind mit 70 cm Größe beinahe klein und können das ganze Jahr über, jedoch besonders von Juli bis Februar, an der Playa Nancite im Santa-Rosa-Nationalpark beobachtet werden. Auch im Refugio de Vida Silvestre Ostional, etwas weiter südlich, halten sich tausende Tiere in den Monaten der Eiablage auf. In den Nächten vor Neumond hat man gute Chancen, bei einer Arribada dabei zu sein. Die Pazifische Grüne Schildkröte legt von August bis Oktober ihre Eier an der Playa Ostional ab.

Karibik und Golfo Dulce: Die bis zu 80 cm große Echte Karettschildkröte lässt sich selten blicken und ist wegen ihres schönen Panzers, aus dem Schmuck, Kämme, Sonnenbrillen hergestellt werden, besonders gefährdet. Mit Glück kann man sie zwischen Mai und Oktober am Atlantik in Barra de Pacuare, Cahuita oder auch im Golfo Dulce am Pazifik beobachten. In Tortuguero ist es nicht erlaubt, echte Karettschildkröten bei der Eiablage zu beobachten, da diese Tiere unter besonderem Schutz stehen.

Verhaltenstipps bei der Schildkrötenbeobachtung:

Es dürfen keine Taschenlampen verwendet werden, nur die Guides haben Rotlicht.

Fotos sind generell verboten.

Moskitospray vorher im Hotel auftragen (Schildkröten können gut riechen).

Leise sein.

Nur mit lizensierten Guides die betreffenden Stellen besuchen.

Ein Leben voller Gefahren

Alle sieben Arten der **Meeresschildkröten** sind vom Aussterben bedroht – manche mehr, manche weniger. Es gibt viele Gefahren für die liebenswerten Kriechtiere. Nach wie vor werden die Eier von Menschen gegessen und auch die Grüne Meeresschildkröte hat ihren Beinamen „Suppenschildkröte" nicht ohne Grund. Da ihr Fett grün ist und dementsprechend auch die Suppe färbt, nannte man sie später „Grüne Meeresschildkröte" – was es eigentlich nicht besser macht, hat es doch auch mit dem Verzehr der Tiere zu tun. Wenn also nicht bereits die Nester von Menschen geplündert, von Hunden oder Waschbären aufgebuddelt und die Eier verputzt werden, warten nach dem Schlüpfen gierige Möwen und sogar Krabben am Strand, um die Kleinen auf ihrem Weg ins Meer zu erwischen. Gerade weil die Eier und kleinen Schildkröten ein wichtiges Glied in der natürlichen Nahrungskette bilden, legen die Tiere so viele Eier. Haben die Schildkröten das Wasser erreicht, sind sie auch hier noch lange nicht in Sicherheit. Haie und andere Raubfische haben sie auf ihrem Speiseplan und erst wenn sie erwachsen sind, wird die Gefahr geringer. In Tortuguero (→ S. 334) haben allerdings auch die Jaguare, deren Population stetig wächst, Appetit auf Schildkröten. Um die 400 Tiere werden hier jedes Jahr von Jaguaren gefressen. Doch auch das ist nicht die größte Bedrohung für die Schildkröten. Die größte Gefahr ist der Mensch. Umweltverschmutzung und Klimaerwärmung setzen den Tieren mehr zu als jeder Fressfeind. Schildkröten landen als Beifang in den großen Netzen der industriellen Fischerei, gelangen nicht mehr an die Oberfläche, um Luft zu holen, und ertrinken. Steigt der Meeresspiegel weiter, werden Strände vom Wasser überspült und Nistplätze zerstört werden. An manchen Stränden entstehen Hotels oder gar Flughäfen, wie im Jahr 2018 auf den Malediven. Das Foto einer Schildkröte, die alternativlos ihre Eier auf dem dunklen Asphalt der Startbahn des Maafaru Airports ablegte, ging ein Jahr später um die Welt. Das künstliche Licht all dieser Tourismusprojekte kann zudem die frisch geschlüpften Schildkröten irritieren, denn sie orientieren sich am Mondlicht. Fehlgeleitet durch gleißende Neonlampen, finden manche den Weg ins Meer nicht und sterben an Land. Mikroplastik, bis zu 5 mm große Teile, die im Meer treiben, ist ein weiterer Risikofaktor. Eine Studie der University of Exeter und des Plymouth Marine Laboratory von 2018 hat bei 102 toten Tieren aus dem Pazifischen und dem Atlantischen Ozean sowie aus dem Mittelmeer Plastikteilchen im Darm nachgewiesen. Daran sind die Schildkröten verendet. Und es wird so weitergehen, wenn der Mensch nicht verstehen lernt, dass Plastikmüll nicht an die Strände und Meere gehört, wenn Schiffe weiter ihren Müll im Meer entladen, wenn es nicht genügend Aufklärungs- und Bildungskampagnen gibt, vor allem in den lateinamerikanischen Ländern, wo es immer noch für viele Urlauber selbstverständlich ist, Plastikmüll einfach liegen zu lassen. Da hilft auch ein Strohhalmverbot nicht weiter.

Weitere Reptilien und Amphibien

Der Dschungel, die Lagunen und Seen sind bevölkert von Reptilien und Amphibien, die im dichten Blättergrün meist gut versteckt sind. Wer sie beobachten will, muss aufmerksam und leise nach ihnen suchen. Naturführer sind oftmals hilfreich, denn sie wissen genau, wo sich Frösche, Schlangen und Co. am liebsten aufhalten.

Schlangen: Insgesamt gibt es in Costa Rica 162 Schlangenarten, darunter 22 giftige. Die am häufigsten vorkommende Terciopelo, die bis zu 3 m lange Buschmeister und die Klapperschlange gehören zu den Grubenottern, die an ihrem dreieckigen Kopf erkennbar sind. Die Korallenottern sind auffällig farbig geringelt und haben kurze Reißzähne, die ein tödliches Gift enthalten. Aber keine Angst, Schlangen sind nachtaktiv und fressen am liebsten Mäuse, Ratten oder andere Schlangen. In den seltensten Fällen kriechen sie einem freiwillig über den Weg. Wenn sie auf Nummer sicher gehen wollen, stampfen Sie ein bisschen auf überwucherten Wegen mit den Füßen auf, denn Schlangen sind sehr scheu und verkrümeln sich bei der Erschütterung.

Was tun bei einem Schlangenbiss?

Erste Hilfe: Panik vermeiden, das heißt den Betroffenen beruhigen und ruhigstellen, damit sich das Gift nicht so schnell im Körper verteilt. Die Bissstelle desinfizieren und ansonsten in Ruhe lassen, stattdessen enge Kleidung oder Schmuck entfernen, bevor die Wunde anschwillt. Sofort den Notdienst rufen oder den Patienten ins Krankenhaus bringen, wobei er sich möglichst nicht bewegen sollte. Es ist wichtig, dem Arzt das Aussehen der Schlange zu beschreiben oder am besten ein Foto von ihr zu machen, falls möglich. Nur so kann schnell das richtige Gegengift verabreicht werden.

Bloß nicht: die Bisswunde aussaugen, abbinden oder ausbrennen. Das Gift verteilt sich dadurch nur schneller im Körper oder es kommt zum Blutstau oder zusätzlichen Blutungen.

Symptome: Lähmungserscheinungen der Gesichts- und Kiefermuskulatur, später auch der Atemmuskulatur, was zur Erstickung führen kann. Muskelschmerzen und Nierenversagen, Blutgerinnungsstörungen, Kreislaufprobleme und allergische Reaktionen. Bei einem Schlangenbiss sollte man immer zum Arzt bzw. ins nächste Krankenhaus gehen.

Frösche: Der Rotaugenlaubfrosch ist schon beinahe ein Symbol Costa Ricas, denn diesem kleinen Kerl mit seiner knallgrünen Froschhaut und den rot leuchtenden Augen persönlich zu begegnen, gehört für viele Naturliebhaber zum Standardwunsch einer Costa-Rica-Reise. Der Glasfrosch ist spektakulär, da er durch seine transparente Haut einen Blick auf seine Organe erlaubt. Beliebt sind außerdem die winzigen Pfeilgiftfrösche (Dendrobatidae), auch Baumsteigerfrösche genannt, die in verschiedenen Versionen daherkommen. Sie mögen nur Höhen bis zu 1200 m und haben es sich an der Karibikküste und am südlichen Pazifik gemütlich gemacht. Neben der leuchtenden Farbe sind ihre Hautdrüsen besonders. Sie produzieren Gifte, die sie vor Fressfeinden wie Vögeln, Schlangen und Säugetieren schützen sollen. Damit diese gewarnt sind, haben sie ihr Leuchtgewand angezogen. Die Indígenas nutzten das Gift der Frösche, um ihre Pfeilspitzen damit einzureiben und dadurch Tiere bei der Jagd zu lähmen. Wie stark das Gift ist, hängt von Ameisen ab, von denen sich die Baumsteiger ernähren. Da die Frösche in Gefangenschaft kaum Ameisen essen, verliert die Haut schnell ihre giftige Wirkung. Zu den acht Arten, die in Costa Rica leben, gehört der rote Pfeilgiftfrosch, der wegen seiner blauen Beine auch „Blue

Jeans Frog" genannt wird. Der Düstere Blattsteiger, der Schwarz-Grüne Goldbaumsteiger (Dendrobates auratus), Granulierte Baumsteiger (Dendrobates granuliferus) und der Gestreifte Blattsteiger (Phyllobatus vittatus) mit leuchtend-gelben Streifen auf dem Rücken sind weitere Vertreter. Die besten Orte, um Pfeilgiftfrösche zu beobachten, sind die feuchtwarmen Gebiete der Karibik wie Tortuguero, Barra de Pacuare und die Nationalparks bei Cahuita und Manzanillo sowie an der zentralen und südlichen Pazifikküste. Am besten unter den Blättern nachschauen.

Echsen: Ihnen begegnet man am häufigsten: großen Grünen Leguanen und Schwarzleguanen (iguanas) und Basilisken, wie der knallgrünen, langschwänzigen Jesusechse („Jesus Christ Lizard"), die wie Christus übers Wasser laufen kann. Süß sind die kleinen Geckos, die gerne Zimmerwände hochkraxeln und glucksende Geräusche von sich geben. Sie sind gern gesehene Gäste, denn sie verputzen Moskitos, Spinnen und Schaben und halten somit die Zimmer sauber.

Krokodile und Kaimane: Zu den größeren Reptilien gehören Krokodile und Kaimane. Sie leben in Flüssen, Sümpfen und Seen und sind am besten bei einer Bootsfahrt zu beobachten. Highlight für Krokodilbeobachtungen ist der Fluss Tarcoles, aber auch in anderen Flüssen und Lagunen, z. B. rund um Tortuguero, Sierpe und am Grenzfluss zu Nicaragua, dem Río San Juan, können sie beobachtet werden. Kaimane sind kleiner als Krokodile, sie werden normalerweise 1,5 bis 2,2 m lang. Im Tortuguero-Nationalpark und im Nationalpark Caño Negro ist es bei einer Bootstour nahezu sicher, die Tiere zu sehen, mit Glück auch mit ihren Babys. Kaimane können 40 bis 100 Jahre alt werden.

Insekten

Costa Rica ist ein Paradies für Insektenliebhaber. 99,9 % aller in Costa Rica

Rotaugenlaubfrosch

vorkommenden Insekten sind nicht giftig. Schaut man genauer hin, kann man sich durchaus für diese Spezie begeistern.

Spinnen: Radnetzspinnen leben in freier Natur und sind an ihren kunstvoll gesponnenen Netzen zu erkennen. Vogelspinnen gibt es auch reichlich. Ihr Lebensraum sind kleine Erdlöcher. Horrorgeschichten über die pelzigen Achtbeiner sollten beiseite gelegt werden. Ein Biss ist schmerzhaft und nicht tödlich. Geißelspinnen sind nicht gerade ansehnlich und erinnern etwas an einen Skorpion. Eine Begegnung in der Behausung sorgt nur für einen Schrecken. Sonst droht keine Gefahr. Da kann der Stich eines Skorpions, die den Spinnentieren zugeordnet werden, wesentlich schmerzhafter sein. Tödlich sind nur einige Arten seiner nordamerikanischen und asiatischen Verwandten. Skorpione sind in Löchern und unter Steinen anzutreffen und verstecken sich auch gern einmal in Schuhen oder abgelegten Kleidungsstücken.

Hundert- und Tausendfüßler: Diese Insektenart ist in Costa Rica sehr viel häufiger anzutreffen. Einige Exemplare können bis zu 10 cm Körperlänge haben. Sie lieben Feuchtigkeit und halten sich vorwiegend unter Steinen und Laub auf. Ein Duschbecken im Hotelzimmer ist auch ein beliebter Aufenthaltsort. Ein Biss ist sehr schmerzhaft.

Ameisen und Termiten: Ameisen sind in Costa Rica kein seltener Anblick. Sie befallen schneller als man denkt die eingekauften Lebensmittel. Blattschneideameisen bahnen sich gern ihre Wege durch die Nationalparks und fallen durch große, „laufende" Blattschnipsel auf, die sie herumtragen. Die schleppen sie in ihren Bau, wo sie von Arbeiterameisen zerkaut werden, wodurch Pilzkulturen entstehen. Erst die sind die Nahrung für die Ameisenkolonie.

Bienen, Wespen, Moskitos: Ein Stich dieser fliegenden Plagegeister ist, wie aus unseren Breiten bekannt, kein Desaster. Schmerzhafter können da schon die von Moskitos übertragenen Krankheiten wie Malaria, Zika und Dengue sein. Deshalb ist Schutz mit entsprechenden Repellentien und langer Kleidung angebracht.

Dies und das: Verschiedene Schrecken, Käfer, Libellen, Zikaden und Schaben komplettieren das bunte Sortiment. Alle sind schön anzusehen und bieten auch außergewöhnliche Fotomotive. Wer die Schauergeschichten ausblendet, findet gar gefallen an dem Getier.

Vögel

Ein Paradies für Ornithologen? Hier ist es! Über 900 Arten – mehr als doppelt so viele wie in Mitteleuropa – sind inzwischen bekannt, darunter 50 Kolibri-Arten, 15 Papageienarten, viele Wasservögel wie Ibisse, Silberreiher, Rosa Löffler, Pelikane und Brauntölpel, Eisvögel, verschiedene Tukanarten, Raubvögel wie Geier und Harpyien, sowie Trogone (→ Liste, S. 398). Zu ihnen gehört auch der bedrohte Quetzal mit seinen prächtig langen Schwanzfedern, der bereits von den Ureinwohnern als Göttervogel verehrt wurde. Der Legende nach tötet sich ein Quetzal in Gefangenschaft selbst – deshalb gilt er als Symbol der Freiheit.

Im Folgenden finden Sie eine Auflistung der besten „Birding Spots" in Costa Rica:

Region Vulkan Poás: Auf dem Weg von Alajuela über San Pedro de Poás schraubt man sich immer höher auf kurvigen Straßen den Poás hinauf. Auf rund 2000 m erreicht man schließlich ein Gebiet mit vielen Erdbeerverkaufsstellen und Cafés. Bei Freddo Fresas (gegenüber des Lokals) gibt es einen Garten mit Kolibrifütterung (außerdem die besten Erdbeermilchshakes der Welt). Am Poás-Osthang, im ehemaligen Dorf Chinchona, wird bei der „Soda y Mirador Chinchona" mit Bananen und Obst angefüttert. Es darf mit Laucharassari, Andenbartvogel und Silbertangaren gerechnet werden. Gegen eine Spende kann man Fotos machen.

Region Boca Tapada: Die Region im Tieflandregenwald nahe der Grenze zu Nicaragua nördlich von Pital war bis vor kurzem noch ein Geheimtipp. Es gibt drei Lodges, die sich auf Birdwatching verstehen. Für „Hardcore"-Birdwatcher ist die „Laguna Lagarto Lodge" bestens geeignet. Fischertukan, Soldatenara und Königsgeier können gesichtet werden. Landschaftlich sehr schön und gleichzeitig gut auf Vogelbeobachter ausgerichtet sind die „Maquenque-lodge" und das „Pedacito de Cielo". Hier sieht man Türkisnaschvogel, Grauwangenpapageien und Halsbandarassaris. Alle drei Unterkünfte füttern mit Obst an und bieten auch Bootstouren, wo Blaureiher, Schlangenhalsvögel und Amazonasfischer beobachtet werden.

Region Caño Negro: Das Gebiet steht im Zusammenhang mit dem gigantischen Feuchtgebiet des Lago Nicaragua im Norden Costa Ricas nördlich von La Fortuna. Das „Hotel de Campo Caño Negro" liegt an einer der Lagunen und bietet eigene Kanus. Es gibt einen kleinen Trail auf dem eigenen Gelände. Bootstouren, die hohe Trefferquoten für Rosa Löffler, Erzfischer und Jabiru haben, sind ebenfalls im Angebot. In dem Dorf selbst, an den Bootsanlegern, findet man gute Orte, um mit dem Spektiv zu spotten.

Region Vulkan Arenal: Im Dorf El Castillo westlich des Vulkans findet man im „Nepenthe B & B" gute Möglichkeiten zur Vogelbeobachtung. Vom Hotel und dem Garten bieten sich gute Perspektiven in die angrenzenden Bergregenwaldbestände mit dem Spektiv. Schotterwege laden in der Umgebung ein, in „Birdwatchinggeschwindigkeit" mit dem Fernglas umherzustreifen. Zielarten sind Gelbwangenamazone, Swainson-Tukan und Goldbraue. Aber auch Lachhabicht und Rotkehlguan sind häufig. Der in der Nähe liegende Privatpark „Vulkan 1968" lädt auf rund 5 km langen Wegen zu Wanderungen mit dem Fernglas ein. Schwarzhalstaucher, Kahnschnabel und Langschwanzhäher sind regelmäßige Gäste.

Region La Cruz: Die „Finca Canas Castilla" ganz im Norden der Provinz Guanacaste mit 65 ha Grund im Trockenwald und mit extensiver Bewirtschaftung bietet mit der Lage an einem aufgestauten Fluss unweit der Pazifikküste die Zutaten für eine sehr artenreiche Vogelwelt. Sie bietet dazu rund 10 km Wanderwege in einer abwechslungsreichen Landschaft. Es wird nicht angefüttert. Zielarten sind Rotnackenzaunkönig, Glatzenkopfpapageien und Veilchentrogon. Nebenbei ist es der beste Ort in Costa Rica für die Beobachtung von Klammeraffen, Brüllaffen und Faultieren. Die nahe Playa Puerto Soley direkt hinter La Cruz ist ein Tipp für eine Exkursion in den Lebensraum Mangrove. Brauner Pelikan, Rotbrustfischer und Regenbrachvogel sind hier häufig zu sehen.

Region Uvita: Der beste Ort in der Region Pazifik Süd ist wohl die „Finca Bavaria". Es wird zwar nicht gefüttert, aber viele Fruchtbäume locken Feuerschnabelarassari, Purpurmaskentangare und Azurnaschvogel an. Gelbkopfkarakara und Ziegenmelker fühlen sich hier ebenfalls zuhause. Eigene Wanderwege führen durch den pazifischen Tieflandregenwald. Es lohnt ein Ausflug zu einer Mangroventour ab Sierpe. „Kokopelli" von Claudia bietet die besten Trips mit Sichtungen von Hellrotem Ara, Urutau-Tagschläfer und Gelbstirnblatthühnchen.

Region San Gerado de Dota: Hier auf rund 2500 m gibt es den Quetzal, den Göttervogel der Maya. Gute frühmorgendliche Touren bieten die „Rio Savegre Lodge" und die „Trogon Lodge". Beide verfügen auch über Futterstellen und gute Wanderwege auf eigenem Gelände und im Nebelwald. Zielarten sind neben dem Quetzal Eichelspecht, Sturzbach-Kleintyrann und Einfarb-Hakenschnabel. Aber auch Raritäten wie Tropfenwachtel, Langschwanz-Seidenschnäpper oder Hoffmannsittich flattern umher.

Region Turrialba: Hier im Lebensraum Bergregenwald ist unbedingt das „Casa Turrire" empfehlenswert für Leute, die einen Hauch Kolonialzeit in einem Naturgarten nahe eines Sees genießen möchten. Mit Glück trifft man auf das Schneekrönchen, einen seltenen Kolibri mit weißer Haube! Auf Vogelbeobachter spezialisiert ist außerdem die „Rancho Naturalista" beim Dorf La Suiza. Hier gibt es lokale Guides, die sich mit der Vogelwelt auskennen, und hauseigene Trails.

Infos bereitgestellt von Vogelexperte Stephan Martens, www.dienaturreise.de.

Die beliebtesten Vögel in Costa Rica

Im Land leben 920 verschiedene Vogelarten. 45 haben einen Platz in dieser Liste gefunden. Spanische Namen spielen beim Birdwatching fast keine Rolle. Die heimischen Birdwatcher kennen oft nur die englischen Namen.

Deutsch	Englisch	Spanisch
Wasservögel		
Am. Schlangenhalsvogel	Anhinga	Anhinga
Braunpelikan	Brown Pelican	Pelicano Pardo
Aztekenmöwe	Laughing Gull	Gaviota Guanaguanare
Königsseeschwalbe	Royal Tern	Charran Real
Grünreiher	Green Heron	Garcita Verdosa
Kanadareiher	Great Blue Heron	Garza Azulada
Rosalöffler	Roseate Spoonbill	Espatula Rosada
Jabiru	Jabiru	Jabiru Americano
Regenbrachvogel	Whimbel	Zarapito Esquimal
Gelbstirn-Blatthühnchen	Northern Jacana	Jacana Centroamericana
Cayenneralle	Gray-necked Wood-Rail	Cotara Chiricote
Greife und Geier		
Rabengeier	Black Vulture	Zopilote Negro
Königsgeier	King Vulture	Zopilote Rey
Wegebussart	Roadside Hawk	Busardo Caminero
Breitflügelbussart	Broad-winged Hawk	Busardo Aliancho
Krabbenbussart	Common Black-Hawk	Busardo negro
Fledermausfalke	Bat Falcon	Halcon Murcielaguero
Karakara	Crested Caracara	Carancho Norteno

Kolibris		
Violettdegenflügel	Violett Sabrewing	Colibri Morado
Weißnackenkolibri	White-necked Jacobin	Colibri Nuquiblanco
Braunschwanzamazilie	Rufous-tailed Hummingbird	Amazilia Tzacatl
Papageien		
Veraguasittich	Crimson-fronted Parakeet	Aratinga de Finsch
Tovisittich	Orange-chinned Parakeet	Catita Churica
Grauwangenpapagei	Brown-hooded Parrot	Lorito Encapuchado
Großer Soldatenara	Great Green Macaw	Guacamayo Ambiguo
Hellroter Ara	Scarlet Macaw	Guacamayo Macao
Trogone		
Veilchentrogon	Gartered Trogon	Trogon Violaceo
Quetzal	Resplendent Quetzal	Quetzal Guatemalteco
Rackenvögel		
Blauscheitelmotmot	Blue-crowned Motmot	Momoto diademado
Amazonasfischer	Amazon Kingfisher	Martin Pescador Amazonico
Tukane und Spechte		
Halsbandarassari	Collared Aracari	Arasari Acollarado
Fischertukan	Keel-billed Toucan	Tucan Piquiverde
Königsspecht	Pale-billed Woodpecker	Picamaderos Piquiclaro
Sperlingsvögel		
Schwefelmaskentyrann	Great Kiskadee	Bienteveo Comun
Trauerkönigstyrann	Tropical Kingbird	Tirano Melancolico
Nördlicher Gelbhosenpipra	Red-capped Manakin	Saltarin Cabecirrojo Norteno
Langschwanzhäher	White-throated Magpie-Jay	Urraca Hermosa Cariblanca
Gilbdrossel	Clay-colored Thrush	Zorzal Pardo
Rotnacken-Zaunkönig	Rufous-naped Wren	Cucarachero Rufiblanco
Passerini-Tangare	Passerini's Tanager	Tangara Costaricense
Bischofstangare	Blue-gray Tanager	Tangara Azuleja
Türkisnaschvogel	Red-legged Honeycreeper	Mielerito Patirrojo
Morgenammer	Rufous-collared Sparrow	Chingilo Comun
Dohlengrackel	Great-tailed Grackle	Zanate Mexicano
Montezumastirnvogel	Montezuma Oropendola	Cacique de Moctezuma

Nationalparks, Naturschutzgebiete und Reservate

25,6 % der Gesamtfläche Costa Ricas stehen unter Naturschutz. Costa Rica verfügt über Nationalparks, Reservate, Biosphärenreservate und Naturschutzgebiete. Viele von ihnen sind echte Schutzzonen zum Erhalt bedrohter Tier- und Pflanzenarten. Seit 1994 ist die Behörde SINAC (Sistema Nacional de Áreas de Conservación) für die Verwaltung der staatlichen Schutzgebiete zuständig. Die Gründung dieser Behörde sowie die beständige Erweiterung der bestehenden Nationalparks und die Gründung neuer Parks waren durchaus notwendig. Abholzung und extensive Erweiterung landwirtschaftlich genutzter Flächen ging seit dem kontinuierlich zurück. Im Gegenzug belagern nun mehrere Millionen Touristen die vielen Nationalparks und dies hinterlässt auch Spuren. Bei nüchterner Betrachtung gleicht der Nationalpark Tortuguero einem vergnügungsparkähnlichen Konstrukt, welches mehr als 50.000 Touristen jährlich besuchen. Neben den staatlichen Gebieten gibt es eine Vielzahl von Schutzgebieten, welche auf privatem Engagement beruhen. Hier stehen nicht immer, aber oft wirtschaftliche Interessen im Vordergrund.

Auch die zahlreichen Sanctuaries und Rescue Centres zum Auffangen und Pflegen verunfallter und misshandelter Tiere müssen sich am Ende rechnen.

Die Gebiete sind je nach Schutzstatus unterschiedlich kategorisiert:

Nationalparks: Ein „Parque Nacional" erlaubt lediglich eine begrenzte Nutzung durch den Menschen zu touristischen oder wissenschaftlichen Zwecken und dient primär der Erhaltung von Tier- und Pflanzenarten.

Biologische Reservate: Die „Reservas Biológicas" sind Gebiete, deren meist einzigartiges Ökosystem einem speziellen Schutzstatus unterliegt. Die Reservate dürfen jedoch zu Bildungs- und Forschungszwecken genutzt werden.

Nationale Naturschutzgebiete: Ein „Refugio Nacional de Vida Silvestre" wird nicht von der SINAC, sondern von der Dirección General de Vida Silvestre verwaltet und unterliegt wesentlich lockereren Bestimmungen als die „Reservas Biológicas". Besiedlung und landwirtschaftliche Nutzung sind eingeschränkt möglich.

Naturreservat: Das einzige „Reserva Natural Absoluta" Costa Ricas ist das Naturreservat Cabo Blanco (Provinz Puntarenas) am südlichen Ende der Nicoya-Halbinsel, das bereits 1963 gegründet wurde und somit das erste Schutzgebiet des Landes war. Das vom Ehepaar Olof Wessberg und Karen Mogensen ins Leben gerufene Reservat beherbergt heute die Biologische Forschungsstation San Miguel, die neben Laboren auch Klassenzimmer und eine Bibliothek besitzt.

Gesellschaftliches Zusammenleben

Die Geschichte Costa Ricas liefert den Grund, warum heute viele verschiedene Ethnien in dem kleinen Land zusammenleben. Aber auch der für Mittelamerika auffällige Wohlstand des Staates lockt Menschen aus anderen Ländern an.

Einwohnerzahlen und -gruppen

2021 hatte Costa Rica gut 5 Mio. Einwohner. Damit erhöhte sich die Einwohnerzahl innerhalb von 30 Jahren um beachtliche 2 Mio. Köpfe. Hellhäutige Nachfahren der europäischen Einwanderer, ob nun spanischer Konquistadoren, deutscher Kaffeebarone oder US-amerikanischer Quäker, gelten als „Weiße und Mestizen" und machen 83,4 % der Bevölkerung aus. Die 7 % afrostämmigen Ticos sind die Kinder, Enkel und Urenkel der jamaikanischen Eisenbahnarbeiter und afrikanischen Schildkrötenjäger, die schon im 16. Jh. an der Karibikküste siedelten. 0,2 % sind Asiaten. Die indigenen Stämme machen mit ca. 60.000 Menschen nur etwas mehr als 1 % der Bevölkerung aus. Die meisten von ihnen leben in abgelegenen Reservaten.

Costa Rica ist ein Einwanderungsland. 2020 lebten 521.000 Migranten hier und die Zahl der Asylsuchenden (hauptsächlich aus Honduras, El Salvador, Guatemala und Nicaragua) steigt jährlich weiter an. Das Land ist ein Magnet für Migranten aus Süd- und Mittelamerika. Viele Einwanderer erhoffen sich ein besseres Leben in Costa Rica. Als Erntehelfer und Tagelöhner sind sie für die Volkswirtschaft gar nicht so unwichtig, denn für viele Jobs sind sich die Ticos mittlerweile zu fein. Andere Einwanderer führt der Weg weiter an die US-amerikanische Grenze mit der Hoffnung auf Asyl in den USA.

Indigene Bevölkerung (Indígenas)

Die Geschichte der indigenen Bevölkerung in Costa Rica ähnelt der im restlichen Lateinamerika. Bei der Ankunft der Spanier flohen viele Einheimische in abgelegene Bergregionen, um der Zwangsarbeit zu entgehen. Dennoch unterlag der größte Teil der indigenen Bevölkerung Costa Ricas in der Folgezeit den aus Europa eingeschleppten Krankheiten. Ganze Stämme wurden ausgerottet. Archäologen rechnen damit, dass bis zu 400.000 Ureinwohner in Costa Rica lebten, als Kolumbus 1502 ankam. Während die mit den mexikanischen Nahua verwandten Stämme aus dem Norden kamen, sind die Gruppen der Makro-Chibcha-Ethnie mit Bevölkerungsgruppen des nördlichen Südamerika verwandt.

Heute leben nur noch **acht indigene Ethnien** in Costa Rica (→ Kasten, S. 402), die größtenteils ihres Landes beraubt wurden, woran auch das Gesetz zum Schutz der indigenen Völker aus dem Jahr 1977 nicht mehr viel änderte. Die Indígenas wurden nun auf Reservate verteilt, die sich vor allem im Süden des Landes befinden. Später wurden ihnen das Wahlrecht und die Staatsangehörigkeit zuerkannt. Die verbliebenen Stämme versuchen, ihre alten Traditionen zu pflegen. Manche öffnen sich für den Tourismus und können besucht werden.

Im Gegensatz zu den Mayas, Azteken oder Inka gelten die indigenen

Zu Gast bei den Ngäbe

Indigene Ethnien in Costa Rica

Borucas (Bruncas): Im Kanton Buenos Aires im Süden des Landes befindet sich das indigene Reservat der Borucas, das aus mehreren Gemeinden besteht: El Centro de Boruca, Rey Curré, Changuena, Maíz und Bijagua. Hier leben etwa 2000 Borucas. Sie sind vor allem für zwei Dinge bekannt: ihr farbenfrohes Kunsthandwerk sowie die „Fiesta de los Diablitos", das „Fest der Teufelchen", das vom 30. Dezember bis zum 02. Januar gefeiert wird (→ S. 453). Thema der Feierlichkeiten ist der Kampf der Ureinwohner – der „Teufelchen" gegen die spanischen Konquistadoren, symbolisiert durch einen Stier. Das Fest ist die Gelegenheit, die traditionellen Teufelsmasken der Borucas aus nächster Nähe zu bewundern.

Bribri: Holzarbeiten, Kakaoanbau und die Korbflechterei sind die Spezialität der Bribri, deren Gebiet sich am südlichen Pazifik, in den Provinzen Puntarenas und Buenos Aires, sowie am südlichen Atlantik in der Provinz Limón erstreckt (Reservate: Salitre, Cabagra, Talamanca). Die etwa 10.000 Bribri sind die zweitgrößte indigene Ethnie Costa Ricas.

▪ Touren zu Dörfern der Bribri sowie landwirtschaftliche Führungen werden von vielen Hotels in der Talamanca-Region angeboten, so z. B. von Cahuita oder Puerto Viejo aus.

Cabecares: Die Cabecares sind heute die größte indigene Ethnie Costa Ricas. Sie leben in Regionen um den Chirripó, das Valle del Pacuare, das Reservat von Talamanca sowie zwischen Cartago und Limón. Ihre aktuelle Bevölkerungszahl wird auf über 14.000 geschätzt. Die Cabecares haben viele Elemente ihrer Kultur und Tradition in die Moderne gerettet. Sie sprechen nicht nur ihre eigene Sprache, sondern leben auch noch traditionell im Patriarchat, wo die Stammesoberhäupter mit mehreren Frauen zusammen sein dürfen. Wichtig sind ihnen zudem die Naturmedizin, die traditionelle Jagd und der Fischfang.

Chorotegas: Die Chorotegas sind ein sowohl in Nicaragua als auch in Costa Rica verbreiteter Stamm, zu dem heute knapp 750 Menschen zählen. Damals wie heute sind sie für die Herstellung von kunstvoll bemalten Keramiken und Töpferwaren bekannt. Sie leben in der Provinz Guanacaste, in Hojancha, im Reservat Matambú sowie in den Dörfern San Vicente, Guaitil und Santa Barbara (→ Kasten, S. 190). Die Sprache der Chorotegas zeigt klare mexikanische Wurzeln, wird jedoch heute so gut wie nicht mehr gesprochen.

Guatusos/Malekus: Die Sprache der Guatusos wird als „Maleku ihaíca" bezeichnet und heute noch von bis zu 70 % der Bevölkerung gesprochen, die auf 600 bis 1000 Personen geschätzt wird. Die Guatusos leben im Norden des Landes, in den Kantonen Guatuso und San Carlos (Provinz Alajuela).

■ Die „Reserva Indígena de los Malekús" bietet Touren für Touristen an. Man hat die Möglichkeit, mit einem Vertreter des Stammes durch den Regenwald und durch ein Dorf zu wandern und die Lebensweise der Bevölkerung kennenzulernen.

Huetares: Die Huetares gelten heute im eigentlichen Sinne als ausgestorben, doch existieren noch Bevölkerungsteile, die sich auf die Ethnie berufen, in San José (Kanton Puriscal) sowie in Zapatón (Cerrito Quepos). Die Blütezeit des Volkes lag in der Zeit zwischen 800 und 1500 n. Chr., als sie nahezu das komplette Zentralland Costa Ricas bewohnten und die wichtigste Bevölkerungsgruppe bildeten. Heutzutage stellen die Nachfahren der Huetares vor allem Objekte und Textilien aus Pflanzenfasern mit natürlichen Färbungen her.

Ngäbe/Ngöbe-Buglé/Guaymí: Vor der Ankunft der spanischen Invasoren lebten die Ngäbe in der Region um die heutige Stadt Guayabo in der Provinz Cartago, flohen jedoch von dort vor den Europäern. Heute bewohnen sie den Westen Panamas sowie insgesamt fünf Reservate auf dem Territorium des modernen Costa Rica, davon vor allem in den Kantonen Osa, Corredores und Coto Brus im Süden des Landes sowie im Kanton Limón (→ Kasten, S. 292). Die Ethnie zählt schätzungsweise 200.000 Individuen, die über beide Länder verteilt leben. Die Wurzeln ihrer Sprache „Ngöbere" reichen in die Chibcha-Sprachfamilie des nördlichen Südamerika zurück.

■ Wenn Sie einen Ökotourismus-Urlaub auf der Halbinsel Osa planen, ist Mariano Marquínez' „Aguas Ricas Lodge" zu empfehlen (60 € pro Nacht inklusive Verpflegung, www.caminosdeosa.com). Von hier aus lassen sich geführte Touren auf den Spuren der Ureinwohner unternehmen.

Térrabas: Weniger als 1500 Individuen zählt heute das Volk der Térrabas, die ihre als ausgestorben geltende Sprache „Teribe" kaum noch sprechen. Sie sind mit den Ethnien der Cabeceras und Chorotegas verwandt und bewohnen Teile des Reservats Térraba-Boruca (Buenos Aires) im südlichen Costa Rica.

Bevölkerungsgruppen Costa Ricas nicht als Hochkulturen, obwohl sie stark von den Kulturen der Nachbarländer beeinflusst wurden. Ihre Architektur blieb jedoch einfach – noch heute findet man die schlichten Hütten aus Holz und Palmblättern in den Reservaten. Auch ihre Wirtschaft reichte gerade einmal zur Selbstversorgung. Bis auf die berühmten „Steinkugeln" haben sich daher kaum permanente Zeugnisse vergangener indigener Kulturen erhalten.

Demografie

Die durchschnittliche Lebenserwartung der Ticos liegt bei knapp 80 Jahren und ist damit die höchste in Lateinamerika. Jede Tica bringt im Durchschnitt 1,89 Kinder auf die Welt. Die Bevölkerung wächst aktuell um 1,13 % pro Jahr. Nach derzeitigem Stand wird die Einwohnerzahl in rund 45 Jahren auf 9 Mio. ansteigen. Die Bevölkerungsdichte beträgt 94 Einwohner pro km² und ist damit die dritthöchste in Mittelamerika. Im Vergleich zu Deutschland ist das Land dünn besiedelt. In Deutschland sind es immerhin 232 Menschen pro km². Doch auch in Costa Rica hat die Bevölkerung ihre Vorlieben. Nur 20 % der Ticos leben in ländlichen Gebieten. Der Rest bevorzugt das Leben in einer der Städte. Vor allem das Valle Central ist stark besiedelt. Hier leben auf 10 % der Landesfläche 50 % der Bevölkerung.

Emanzipation

Es geht voran im Land der Machos und Faultiere. Nur in konservativen Haushalten werden die Jungs – vor allem von den Müttern – noch wie kleine Prinzen behandelt und nicht selten die Schwestern zum Bedienen und Helfen aufgefordert. Vor allem in der Stadt sind viele junge Frauen gebildet, gehen an die Uni oder sogar zum Studieren ins Ausland. Inzwischen sind Frauen auch in der Politik tätig und 2010 wurde **Laura Chinchilla** zur ersten Präsidentin des Landes gewählt.

Familie

Wie überall in Lateinamerika ist die Familie eine wichtige Instanz im Leben. Man hält zusammen, unterstützt sich und zeigt den Eltern gegenüber Respekt. Doch die Institution der Großfamilie beginnt sich aufzulösen. Frauen bekommen nur noch 1,89 Kinder im Schnitt. 1990 waren es noch 3,17 Kinder. Zum Studium schicken die Besserverdiener ihre Zöglinge gerne an eine renommierte Uni in einer der Großstädte oder sogar außerhalb der Landesgrenzen. Auf dem Land und in den ärmeren Bevölkerungsschichten sieht die Lage noch anders aus. Hier wohnen oft noch mindestens drei Generationen zusammen unter einem Dach. Der Mann will nach wie vor das Oberhaupt der Familie sein, doch die Emanzipation macht auch vor Costa Rica nicht halt und viele junge Frauen sind gebildet, selbstbewusst und schauen genau, mit wem sie die Ehe eingehen und ihre Zukunft aufbauen wollen.

Religion

Mit der Landung von Christoph Kolumbus auf dem Gebiet von Costa Rica bei seiner vierten Südamerika-Reise im Jahr 1502 und mit der Gründung der ersten spanischen Siedlung 1524 wurde auch in Costa Rica der Grundstein zur Übernahme der **christlichen Religion** gelegt – bei gleichzeitiger Zurückdrängung indigener Glaubensrichtungen. Knapp 73 % der Bevölkerung Costa Ricas (ca. 3,2 Mio. Einwohner) bekennen sich auch heute noch zum christlichen Glauben, wobei der römisch-katholische Zweig mit etwa 76 % klar vor dem protestantischen mit ca. 13 % liegt. Etwa 9 % der Costa Ricaner bezeichnen sich laut eigener Aussage als religionsfrei und weitere Randgruppen wie die Zeugen Jehovas oder die Mormonen machen nicht mehr als 1 bis 2 % der Bevölkerung aus.

Städte leer, Strände voll: die verrückte Osterzeit

San José ist seltsam ruhig, die Straßen beinahe verwaist. Auch in Cartago, Heredia, Turrialba und dem restlichen Valle Central hält sich der Verkehr in Grenzen, viele Geschäfte sind geschlossen, Supermärkte leer. Der „Domingo de Ramos", der Palmsonntag, an dem Jesus laut Bibel in Jerusalem einzog, leitet alljährlich die Osterwoche ein, eine der wenigen Ferienzeiten in Costa Rica, es ist schulfrei. Gründonnerstag (jueves santo) und Karfreitag (viernes santo) sind offizielle Feiertage, staatliche Institutionen und Banken sind geschlossen, Busse fahren kaum. Offiziell darf an diesen beiden Tagen auch kein Alkohol verkauft oder ausgeschenkt werden, gebietet das „Ley seca", das trockene Gesetz. Und obwohl die Mehrheit der Bevölkerung katholisch ist, verbringen sie diese Zeit nicht nur bei Prozessionen und in der Kirche, sondern viele nutzen die „Semana Santa", die heilige Woche, um endlich mal wieder Urlaub zu machen. Und das nicht alleine oder zu zweit, oft verreisen ganze Familienclans miteinander. Und wohin? Es geht natürlich ans Meer und so sind die Strände am Pazifik und in der Karibik umlagert, viele Unterkünfte ausgebucht, Halligalli im Wasser und an Land. Es wird viel gelacht, gemeinsame Picknicks veranstaltet, viel getrunken, gut gegessen – vor allem Meeresfrüchte und Fisch, besonders gerne Bacalao, ein getrockneter und in Salz eingelegter Stockfisch. Als Dessert gibt es Empanadas con miel de chiverre (Maisteigtaschen mit Feigenblattkürbis-Marmelade), Miel de coco (Süßspeise aus Kokos) und Arroz con leche (Milchreis). Überall herrscht gute Laune und man merkt es den Menschen an, dass sie jede Minute dieser Auszeit genießen. Und umso mehr zieht es sie an die Strände, da Ostern ans Ende der Trockenzeit fällt und damit in die heißeste Jahreszeit in Mittelamerika. Alle sehnen sich nach einer frischen Brise und einer Abkühlung im Meer. Konservativere Ticos, die Ostern nicht im Familienurlaub verbringen, gehen zu einem der vielen Gottesdienste am Karfreitag und Ostersonntag oder nehmen an einer der zahlreichen Prozessionen teil. Sie schildern den Leidensweg Jesu durch Jerusalem, von der Verhandlung mit Pontius Pilatus bis zu seiner Hinrichtung auf dem Berg Golgatha, das Kreuz auf dem Rücken, die Dornenkrone in die blutverschmierte Stirn gedrückt. Teilnehmer verkleiden sich als römische Soldaten und die beiden Verbrecher, die neben Jesus gekreuzigt wurden, Mutter Maria wird dargestellt und ebenso Maria Magdalena. Die jeweiligen Rollen zu spielen ist heiß umworben und eine Ehre für den Schauspieler.

Der wichtigste Ort religiöser Zeremonien ist Santo Domingo de Heredia. In der Karwoche beten Gläubige besonders vor dem Bild „Tricentenaria de Jesús Nazareno del Consuelo". Am Karfreitag wird das Bild von Christus dann in einer feierlichen Prozession in einem reich dekorierten Sarg gemeinsam mit dem Bildnis der „Virgen Dolorosa" durch die Straßen getragen, umringt von den Gläubigen.

Ostermontag ist in Costa Rica wieder ein ganz normaler Arbeitstag – nach einer Woche Auszeit läuft das Leben wieder geregelt ab, durch die Straßen brummen die Autos, die Städte sind wieder voller Menschen.

Leider ist es nicht nur der **indigene Glaube,** der durch die Europäer größtenteils verdrängt wurde, sondern damit einhergehend auch die indigene Bevölkerung, die heute zurückgezogen in extra eingerichteten Territorien, z. B. in der Talamanca-Region, lebt. Dort pflegen sie nach wie vor ihre traditionellen Riten und Gebräuche. Einige dieser indigenen Gebiete kann man besuchen (→ z. B. die Bribri, S. 366).

Ende des 19. Jh. kam es zwar zu einer offiziellen Trennung von Kirche und Staat, doch ist der gesellschaftliche und politische Einfluss der Kirche nicht von der Hand zu weisen. Die starke katholische Prägung des Landes zeigt sich nicht zuletzt in der **Osterwoche:** Hier, wie auch in anderen katholisch geprägten Ländern Mittelamerikas, sind es vor allem die aufwändigen Karfreitagsprozessionen, die das Highlight der Osterfeierlichkeiten bilden und ein klares Zeugnis gelebter Glaubenstraditionen sind. Das ganze Land feiert und befindet sich sozusagen im Ausnahmezustand – und der Teil der Bevölkerung, der es sich leisten kann, nimmt sich mindestens eine Woche Urlaub, der dann mit Prozessieren oder Baden (oder beidem) verbracht wird (→ Kasten, S. 405).

Ein weiterer religiöser Feiertag ist der 2. August. An diesem Tag wird die Schutzpatronin von Costa Rica, die **Virgen de los Ángeles,** in der katholischen Kirche in Cartago verehrt, der Basilika Nuestra Señora de los Ángeles (Basilika Unserer Lieben Frau von den Engeln, → Cartago, S. 74). Diese Kirche bzw. ein Raubüberfall in dieser Kirche hat das Leben eines ganz besonderen Mannes auf den Kopf gestellt und prägt ihn bis heute (→ Literatur, S. 418).

Doch auch außerhalb der hohen Feiertage und der Kathedralen des Landes kann man anhand kleiner Details die alltäglichen „Glaubensbekenntnisse“ der Bewohner entdecken: seien es die Kruzifixe und Heiligenbildchen über Türen, Portalen und Auto-Rückspiegeln oder die kleinen Devotionalien und Altäre in den privaten Haushalten der Menschen. Viele Ticos bekreuzigen sich außerdem, wenn sie an einer Kirche oder einem anderen heiligen Ort vorbeikommen.

Probleme

Gewalt ist in armen Familien nicht selten ein Thema, auch sexueller Missbrauch, der zu Teenagerschwangerschaften und jahrelangen Traumata führt. Abtreibung ist in Costa Rica strafbar. Noch. Ein Gesetzentwurf, der die Rahmenbedingungen für Abtreibungen neu klärt, liegt seit Jahren unangetastet vor. Schätzungen gehen davon aus, dass aufgrund der bisherigen rechtlichen Grauzone etwa 27.000 illegale Abtreibungen pro Jahr heimlich durchgeführt werden.

Traditionen und Bräuche

Andere Länder, andere Sitten: In einem fremden Land sind nicht nur das Essen oder die Sprache anders, sondern auch die Traditionen und Bräuche. Oft ist ihr Hintergrund religiöser Natur oder geht auf historische Ereignisse zurück. In Costa Rica ist es ein bunter Mix aus beidem (→ Feiertage und Feste, S. 453).

Einmal Wallfahrt und zurück

Viele Ticos sind sehr religiös und wer ein guter Katholik ist, sollte auch einmal gepilgert sein. Die berühmteste Romería, wie solche Wallfahrten in Costa Rica heißen, geht nach Cartago zur berühmten **Basilíca de los Ángeles.** Etwa 2 Mio. Menschen machen sich auf den

Weg, um am 2. August die schwarze Statue der Jungfrau Maria, la Negrita, aufzusuchen (→ Cartago, S. 74), die in einem Schrein in der Kathedrale steht. Die klassische Route führt über 22 km von San José nach Cartago, doch viele Ticos pilgern auch einfach von ihren Heimatorten aus. Daneben gibt es noch weitere Romerías. Neben den in die Luft gestreckten Smartphones, um ein Foto von der Statue der heiligen Jungfrau zu erhaschen, weinen auch viele Menschen bei ihrem Anblick.

Auf die Stiere, fertig, los

Sie sind berühmt, sie sind berüchtigt, sie sind beliebt: **Stierkämpfe** gehören in Mittelamerika zu einer großen Fiesta einfach dazu. So auch in Costa Rica. Hier heißen sie „Toros a la tica". Das Ganze funktioniert so: Ein Stier wird in eine Arena getrieben und ein paar verrückte Ticos tun es ihm gleich. Sie versuchen, über seinen Rücken zu springen oder dem Stier einen Gegenstand abzujagen, der an seinen Hörnern befestigt ist. Der rast auf seine Verfolger zu und nicht selten zieht ein Tico den Kürzeren. Ein Krankenwagen steht meist bereit. Für die Ticos. Denn dem Stier passiert bei diesen Wettkämpfen nichts. Von den Zuschauern auf den Rängen der Arena ist ein Murmeln und Raunen zu hören, sobald der Stier seinen massigen Körper in Bewegung setzt. Lautes Schreien ertönt, wenn ein Torero stürzt und der Stier auf ihm herumtrampelt. Es werden auch Wetten abgeschlossen. Die Tradition des Stierkampfes haben natürlich die Spanier mitgebracht, doch die Nähe zur USA hatte Einfluss, sodass der costa-ricanische Stierkampf eine Mischung aus spanischer Corrida de Toros und amerikanischem Rodeo ist. In ganz Costa Rica bekannt sind z. B. die „Fiestas de Zapote" bei San José zwischen Weihnachten und Neujahr. Die Stierkämpfe hier haben mit dem klassischen Kämpfen aus Spanien nichts gemein, sie dienen mehr der Belustigung. Spielerisch wird der Stier herausgefordert und nach getanem Spiel nicht geopfert. Größere Städte unterhalten für diese Events eine Arena. In kleineren Ortschaften wird für dieses Spektakel eine abenteuerliche Arena aus Brettern, Balken und Stämmen zusammengezimmert.

Gestriegelt und dressiert

Huf hoch, Huf runter, ein Schritt vor, zwei zurück: sogenannte **Topes** sind Paraden der besonderen Art. Denn nicht Menschen stehen bei diesen Umzügen im Mittelpunkt, sondern Pferde. Stolze Tiere, schick zurechtgestriegelt und bis zur Perfektion dressiert. Was sie drauf haben und wie gut sie parieren, wird bei den Pferdeparaden zur Schau gestellt. Manche Pferde scheinen regelrecht Salsa zu tanzen. Doch auch die Reiter machen sich schick und setzen auf Trachten und auffällige Hüte. Die Straßenränder sind gesäumt mit Schaulustigen, während Pferde mit Flechtfrisuren und Schleifchen im prachtvollen Schweif ihre Trippelschritte vollführen. Interessant zu sehen, aber irgendwie kurios und man sucht den Sinn dahinter. Berühmt ist die Tope Nacional de San José am 26. Dezember.

Die Teufel sind los

Was wäre wenn: die Spanier verloren und die Einheimischen gesiegt hätten? Zur **Fiesta de los Diablitos** in Boruca und Rey Curré, den beiden Hauptsiedlungen der indigenen Borucas im Kanton Buenos Aires von Puntarenas, stellt man sich genau das vor. Während traditionelle Flöten- und Trommelklänge durch den Ort schallen, verkleiden sich die Bewohner mit Teufelsmasken und Stierkostümen und führen Schaukämpfe und Tänze auf. Die Teufel stellen die indigenen Stämme dar, die Stiere sind die Spanier, die von den Teufeln ordentlich eins auf die Hörner bekommen. Das rührt daher, dass die Boruca zur Zeit der Konquista eines der indigenen Völker der Region war, das sich wie besessen gegen die Eroberer zur Wehr gesetzt hat. Aber am Ende doch unterlag. Nicht so bei dem Fest der Teufel. Die Geschichte der Kolonialisierung wird auf den Kopf gestellt. Dazu trinken die Tänzer und Teilnehmer das althergebrachte Chicha, ein alkoholisches Getränk aus fermentiertem Mais, das schon die Maya und Azteken kannten. Das Fest der Teufel wird in Boruca vom 30. Dezember bis 2. Januar gefeiert, in Rey Curré am ersten Wochenende im Februar. 2017 wurde es zum immateriellen Kulturerbe Costa Ricas erklärt.

Die Jungfrau auf dem Meer

Bei der **Fiesta de la Virgen del Mar** werden der Jungfrau zu Ehren Fischerboote und Yachten bunt dekoriert, um zu einer gemeinsamen Fahrt auf See aufzubrechen. So wird die Virgen del Carmen, Schutzpatronin von Puntarenas, um Sicherheit und Wohlergehen für die Seefahrer im kommenden Jahr gebeten. Das Festival erinnert an einen Sturm im Jahr 1920, der in der geschäftigen Hafenstadt Puntarenas großen Schaden angerichtet und mehrere Menschenleben gefordert hat. Eine andere Version erzählt, dass 1913 die „El Galileo" vor Punarenas Schiffbruch erlitten hat, doch die Mannschaft wie durch ein Wunder gerettet wurde. Als sie an Land ankamen, sahen die Seeleute eine Frau, die sie für ihre Rettung verantwortlich machten. Als sie in der Kirche von Puntarenas zum Beten gingen, sahen sie dieselbe Frau noch einmal und waren sich nun ganz sicher, dass die Virgen ihnen geholfen hatte. Zum Dank entstand das Fest. An Land wird dabei mit Musik, Ochsenkarrenparaden, Tänzen, Livemusik und Sportveranstaltungen ordentlich gefeiert. Das Festival findet jedes Jahr an einem Wochenende um den 16. Juli statt. Menschen aus ganz Costa Rica strömen dann nach Puntarenas – am besten rechtzeitig ein Hotel buchen.

Weihnachten bei den Ticos

Natürlich wird im katholischen Costa Rica auch Weihnachten gefeiert, und zwar ähnlich, wie wir es aus Europa kennen. Ein Baum wird mit Kugeln und Lichtern geschmückt, der kann allerdings aus Plastik sein oder – stilvoller – eine Zypresse. Auch die Häuser bekommen Weihnachtsdeko ab. Noch wichtiger ist aber die Krippe, die mit Moos, Tieren, einer Hütte, Maria, Josef und den Heiligen Drei Königen dekoriert wird. Traditionell werden in ganz

Parade zu Pferd beim Stadtfest in Liberia

Mittelamerika sogenannte **Posadas** abgehalten. Dabei ziehen vor allem Kinder von Haus zu Haus und bekommen dort etwas zu essen oder zu trinken. Erinnert wird mit der Posada an die Herbergssuche von Maria und Josef kurz vor der Geburt von Jesus. Am 24. Dezember kommt auch in Costa Rica die Familie zusammen. Nach dem Kirchgang gibt es ein gemeinsames Essen, das allerdings deutlich später am Abend stattfindet als in Deutschland. Serviert werden Carne asada (gegrilltes Fleisch) und Tamales, auch Eierlikör gehört an dem Abend einfach dazu. Die Bescherung ist um Mitternacht. Viele Tiefgläubige gehen dann auch noch einmal zur Messe. Am 25. Dezember beginnt im Dorf Zapote bei San José das **Zapote-Fest** (Fiestas de Zapote) mit Fahrgeschäften, Essensständen und Stierkämpfen (s. o.). Am 5. Januar ist der Trubel dann vorbei.

Ostern geht's rund

Da Costa Rica sehr katholisch ist, spielt die Osterzeit eine große Rolle im Land. Viele haben frei, besuchen eine der zahlreichen Prozessionen oder verbringen Zeit mit der Familie. Fakt ist: Das ganze Land ist auf den Beinen. Unterkunft vorbuchen! (→ Kasten S. 405 und Religion, S. 404).

Karneval auf Karibisch

Feiern können sie nicht nur in Río, sondern auch in Puerto Limón an der Karibikküste. Hier hat der 12-tägige Karneval seinen ganz eigenen Rhythmus (→ Limón, S. 328).

Mittendrin: Ák Kuè – ein Fest für die Ahnen

Tanzen, singen, zusammen sein: Das Ák Kuè Festival ist ein Fest für die Ahnen der **Bribri**, einer indigenen Ethnie, die in den Talamanca-Bergen in der Nähe von Puerto Viejo und Cahuita leben (→ Reserva Indígena de Talamanca, S. 366). Der Hauptakt besteht darin, einen großen, schweren Stein einige Meter weit zu ziehen. Dieser wurde von einem spirituellen Anführer, dem Awa, ausgewählt, um ihn zu einer Familie seines Stammes zu bringen. Denn sie wird diesen geweihten Stein zum Mahlen von Mais, Kakao, Getreide und anderen Samen nutzen. Auch andere traditionelle Ereignisse finden während des Festivals statt, die sich allesamt um die Spiritualität des Bribri-Alltags drehen: Gesänge in der Muttersprache, Tänze der Vorfahren, die eng mit der Natur verbunden sind, Wettbewerbe im Mahlen von Mais und Kakao, auch Kunsthandwerk wird ausgestellt. Das Festival findet jedes Jahr in der **letzten Septemberwoche** statt und dauert drei Tage. Es wird in der **Gemeinde Amubri** im Distrikt Telire gefeiert. Um dorthin zu kommen, dringt man tief ins Bribri-Gebiet ein und Flussfahrten über den Río Lari und den Río Soki sind Teil der Anreise. Wer dabei sein möchte – die lokale Reiseagentur Gandoca Tours kümmert sich in Zusammenarbeit mit der Asociación de Guías Indígenas Bribris (AGITUBRIT), einer Vereinigung der Bribri-Touristenführer, gerne um Anreise, Verpflegung und Unterkunft vor Ort. Anmeldung unter ✆ 87628848 (WhatsApp) oder www.gandocatours.com.

Postgebäude in San José

Staat, Politik und Verwaltung

Wie beinahe alle Staaten Lateinamerikas ist Costa Rica eine **Präsidialrepublik** nach dem Vorbild der USA. Der Präsident ist Staatsoberhaupt und Regierungschef in einer Person – in anderen Ländern zudem militärischer Befehlshaber, was in Costa Rica seit 1949 mit der Abschaffung der Armee nicht mehr vorgesehen ist. Der Präsident wird für vier Jahre direkt vom Volk gewählt und kann nach einer Legislaturperiode nicht gleich wiedergewählt werden. Gegenwärtiger Staatspräsident ist seit dem 8. Mai 2022 der frühere Finanzminister Rodrigo Alberto de Jesús Chaves Robles. Costa Rica blickt inzwischen auf über 60 Jahre liberale Demokratie zurück und hat sich in dieser Zeit zum Land mit dem höchsten Entwicklungsstand in Mittelamerika etabliert.

Der sechswöchige Bürgerkrieg 1948 mündete in die Grundsteinlegung eines umfassenden **Sozialprogramms.** Staatliche Institutionen kümmerten sich um die Versorgung der Bevölkerung mit Zugang zu Strom, Wasser und Telekommunikation. Als 1949 per Verfassung die Armee abgeschafft wurde, nutzte man die dadurch freigesetzten Gelder für den Ausbau eines soliden Bildungs- und Gesundheitssystems. Außerdem wurde im selben Jahr das Frauenwahlrecht verfassungsrechtlich verankert.

Nicht nur die schöne Berglandschaft, sondern auch die im Jahre 1983 ausgerufene politische Neutralität und die erreichte wirtschaftliche und soziale Stabilität brachten Costa Rica den Beinamen „Schweiz Zentralamerikas" ein.

Verwaltung

Der Staat Costa Rica ist in sieben Verwaltungseinheiten untergliedert. Die Provinzen San José, Alajuela, Cartago, Heredia, Guanacaste, Puntarenas und Limón sind in insgesamt 82 Kantone mit jeweils lokalen Regierungen unterteilt. Diese werden alle 4 Jahre neu zur Wahl gestellt.

Parteien

Gut 16 Jahre hielt sich ein Zweiparteiensystem bestehend aus der **Partido Liberación Nacional (PLN)** und der christlich-sozialen **Partido Unidad Social Cristiana (PUSC)** mit wechselnden Machtübernahmen. Doch die neoliberale Neuausrichtung des Landes in den 1990er-Jahren brachte das Mustermodell „Costa Rica" zum Wanken. Korruptionsskandale und das einvernehmliche Vorgehen dieser beiden großen Volksparteien in puncto Privatisierung staatlicher Unternehmen sowie Budgetkürzungen im Gesundheits- und Bildungssektor wurden von der Bevölkerung kritisch betrachtet und letztendlich nicht hingenommen. Ein **Generalstreik** im Jahr 2000 führte zur Rücknahme der geplanten Vorhaben und zur Entstehung einer neuen Mitte-Links-Partei, der **Partido Acción Ciudadana (PAC).** Sie wurde bei den Parlamentswahlen 2002 mit 26 % der Wählerstimmen die drittstärkste politische Kraft. Trotzdem wurde am neoliberalen Kurs festgehalten und im Jahr 2009, nach einer knapp entschiedenen Volksabstimmung, ein Freihandelsabkommen mit den USA, der Dominikanischen Republik und den restlichen Staaten Mittelamerikas verabschiedet (→ CAFTA, S. 415).

2014 ging schließlich erstmals ein Präsidentschaftskanditat der PAC, **Luis Guillermo Solís,** als Sieger aus den Wahlen hervor.

Präsidentschaftswahlen 2022

Bei den Präsidentschaftswahlen am 6. Februar 2022 konnte im ersten Wahlgang kein Sieger ermittelt werden. Erst in einer Stichwahl am 3. April 2022 setzte sich **Rodrigo Alberto Jesús Chaves (PPSD)** mit 52,8 % der gültigen Stimmen durch.

Staatssymbole

Die **Nationalflagge** besteht aus horizontalen Streifen in der Reihenfolge blau-weiß-rot-weiß-blau. Die beiden am oberen und unteren Rad gelegenen blauen Streifen symbolisieren das Karibische Meer und den Pazifik, zwischen denen Costa Rica liegt. Die blaue Farbe steht zudem für den blauen Himmel über Costa Rica. Die weiße Farbe steht als Symbol für den Frieden und die rote Farbe für die tägliche Arbeit.

Das **Wappen** zeigt drei von Wasser umgebene Vulkane, über denen sieben Sterne schweben. Die Berge stehen für die drei größten Bergketten des Landes: die Cordillera de Talamanca, die Cordillera de Guanacaste und die Cordillera Central, das Wasser für Pazifik und Atlantik, die sieben Sterne stehen für die sieben Provinzen Costa Ricas: San José, Alajuela, Cartago, Heredia, Guanacaste, Puntarenas und Limón. Die beiden Schiffe erinnern an die Zeiten des Seehandels.

Wer morgens um 7 Uhr das Radio anschaltet und die **Nationalhymne** hört, muss sich nicht wundern – das ist bei fast allen Sendern so üblich und hilft dabei, die Hymne in den Köpfen der Ticos zu verankern. Beinahe jeder kann die Melodie mitsummen und den Text aufsagen. Die Melodie der Hymne wurde vom aus Heredia stammenden Komponisten **Manuel María Gutiérrez Flores** geschrieben und im Jahr 1852 das erste Mal öffentlich gespielt. Grund war damals ein Besuch von Diplomaten aus Großbritannien und den USA. 1903 lobte der damalige Präsident, Ascención Esquivel, ein Preisgeld in Höhe von 500 Colones für den Entwurf eines Textes zur Hymne aus. Der Gewinner war der costa-ricanische Schriftsteller **José María Zeledón.** Obwohl seine Eltern früh starben, er bei zwei Tanten aufwuchs und statt eine höhere Schule zu besuchen zeitig arbeiten musste, schaffte er es, sich als Zeitungsreporter einen Namen zu machen und schrieb bald für die wichtigsten Tageszeitungen des Landes. Bis Musik und Text zusammen allerdings zur nationalen Hymne wurden, vergingen noch etliche Jahre. Erst seit 1979 gehört sie zu den Staatssymbolen des Landes.

Noble patria tu hermosa bandera
Expresión de tu vida nos da:
Bajo el límpido azul de tu cielo
Blanca y pura descansa la paz.

En la lucha tenaz de fecunda labor
Que enrojece del hombre la faz,
Conquistaron tus hijos, labriegos sencillos,
Eterno prestigio, estima y honor,
eterno prestigio, estima y honor.

Salve oh tierra gentil!
Salve oh madre de amor!
Cuando alguno pretenda tu gloria manchar,
Verás a tu pueblo, valiente y viril La tosca herramienta en arma trocar.

Salve patria! tu pródigo suelo
Dulce abrigo y sustento nos da;
Bajo el límpido azul de tu cielo
Vivan siempre el trabajo y la paz!

Edles Vaterland, deine schöne Flagge
ist für uns Ausdruck deines Lebens:
Unter dem klaren Blau deines Himmels
ruht weiß und rein der Frieden.

Im hartnäckigen Kampf der fruchtbaren Arbeit,
die das Antlitz der Menschen rot färbt,
eroberten deine Kinder, einfache Arbeiter,
ewigen Ruhm, Wertschätzung und Ehre,
ewigen Ruhm, Wertschätzung und Ehre.

Sei gegrüßt, oh sanftes Land!
Sei gegrüßt, oh Mutter der Liebe!
Wenn jemand deine Herrlichkeit beflecken will,
wirst du dein Volk erblicken, mutig und männlich,
das grobe Werkzeug eingetauscht gegen Waffen.

Sei gegrüßt Heimat! Dein furchtbarer Boden
gibt uns süßen Schutz und Nahrung;
unter dem strahlenden Blau deines Himmels
lebe für immer die Arbeit und der Frieden!

Korruption – keine weiße Weste

Transparency International hat Costa Rica beim **Korruptionsindex** für 2022 mit 54 Punkten (je höher die Zahl, die zwischen 1 und 100 liegt, desto korrupter) auf Platz 48 von 180 Ländern gesetzt. Costa Rica ist damit nach Uruguay und Chile am wenigsten korrupt unter den Ländern Lateinamerikas.

Ein Fluss – viel Streit: Zankapfel Río San Juan

Der Río San Juan verläuft über 199 km vom Nicaraguasee in Nicaragua bis zur Atlantikküste und mündet bei der Ortschaft San Juan de Nicaragua ins Meer. Über viele Kilometer bildet er aber auch die Grenze zwischen Costa Rica und dem nördlichen Nachbarn. Und das gibt immer wieder Streit. Seit 1858 gehört der Fluss offiziell und vollständig zum Territorium von Nicaragua, doch die Costa Ricaner haben das Recht auf freie Schifffahrt, was auch für den Tourismus lukrativ ist. Seit 2010 kommt es über die Rechte am Fluss aber immer wieder zu erbitterten Streitigkeiten zwischen beiden Ländern. Costa Rica hat Nicaragua einer Invasion und Umweltschäden auf der unbewohnten Insel Calero beschuldigt, die im Mündungsgebiet des Río San Juan ins Karibische Meer und der südlich gelegenen Mündung des Río Colorado liegt. Nachdem Nicaragua in dem Gebiet mit einem Bagger die Erweiterung der Fahrrinne im Delta des San Juan in Angriff genommen und einen militärischen Kontrollpunkt eingerichtet hat, landete der Fall mehrfach beim Internationalen Gerichtshof in Den Haag. Nicaragua macht seinerseits Costa Rica für Umweltschäden durch den Bau einer Straße am Ufer des Río San Juan verantwortlich. Ihr Weiterbau wurde 2012 vom Zentralamerikanischen Gerichtshof verboten, den Costa Rica allerdings nicht anerkennt. 2018 verurteilte der Internationale Gerichtshof in Den Haag Nicaragua zu hohen Strafen für die besetzte Insel. Es bleibt spannend am Grenzfluss.

Doch auch hier gab es Fälle, die für Wirbel sorgten, z. B. die schweren Korruptionsvorwürfe gegen mehrere (Ex-)Präsidenten, darunter der ehemalige Präsident Rafael Calderón (1990–1994). Er soll Millionen veruntreut haben, die zum Kauf von medizinischen Geräten gedacht waren. Er wurde zu drei Jahren auf Bewährung verurteilt. Ex-Präsident Miguel Ángel Rodriguez (1998–2002) wurde im Frühling 2011 zu fünf Jahren Haft verurteilt, da er sich bei der Vergabe zur Modernisierung des Telefonnetzes von der französischen Telekommunikationsgesellschaft Alcatel bestechen ließ. Und Ex-Präsident Abel Pacheco (2002–2006) ist in einen Korruptionsskandal um nicht deklarierte Wahlkampfspenden verwickelt.

Zuwanderung – ein Blick auf die Nachbarn

Die meisten Zuwanderer in Costa Rica sind **Nicaraguaner.** Seit Ausbruch der Unruhen in Nicaragua im April 2018 baten erneut mehrere Tausend Nicaraguaner um Asyl im Nachbarstaat. Inzwischen hat sich die Lage in Nicaragua entspannt. Dennoch ist das Einkommen in Costa Rica deutlich höher, weshalb die Migration nach wie vor attraktiv ist. Das Verhältnis zwischen Ticos und Nicas ist nicht einfach. Als billige Erntehelfer und Reinigungskräfte sind die Nicas in Costa Rica willkommen. Sonst eher nicht. Die Situation ist ähnlich wie für die in den USA lebenden Mexikaner. Vorurteile entstehen schnell und haben Bestand, auf beiden

Seiten. Für den Anstieg der Kriminalität und Arbeitslosigkeit werden schnell und vorbehaltlos die im Land lebenden Nicas verantwortlich gemacht. Der immer noch schwelende Streit über den Grenzverlauf am Río San Juan (→ Kasten, S. 413) zwischen den beiden Nachbarstaaten macht die Gesamtsituation nicht einfacher.

Drogenhandel

Costa Rica liegt, wie auch andere Länder Mittelamerikas, auf dem Weg zwischen den Koka-Anbaugebieten in Südamerika und dem großen Drogenmarkt in den USA. Kriminelle Organisationen und Kartelle werden auch in Costa Rica immer präsenter und schmuggeln die Ware durch das Land in die USA und nach Europa. Immer wieder gibt es kleinere und größere Drogenfunde im Meer, auf kleinen Fischerbooten und an der Grenze zu Nicaragua. Das US-Militär soll deshalb seine Truppenpräsenz im Land aufstocken, was mehrheitlich kritisch gesehen wird, da die militärische Unabhängigkeit auf dem Spiel steht.

Das Verhältnis zum wohlhabenden südlichen Nachbarn **Panama** ist deutlich besser. Mit dem Parque Internacional la Amistad gibt es sogar ein gemeinsames Umweltprojekt. Sie haben freundschaftliche Beziehungen und eine offene Grenze. Bürger beider Länder können ohne übermäßige Anforderungen von einer Seite zur anderen gehen. Der Reisepass reicht aus. Außerdem gibt es ein gemeinsames Projekt zum Bau einer binationalen Brücke über den Fluss Sixaola durch die öffentlichen Baubehörden beider Länder. Nach der Aufnahme diplomatischer Beziehungen zwischen Panama und China wurden außerdem Studien zum Bau einer Eisenbahnlinie begonnen, die Panama-Stadt mit der Grenze Costa Ricas verbinden soll.

Wirtschaft

Costa Rica hat im letzten Jahrzehnt einen starken Wandel vom klassischen Agrarland zum Dienstleistungs- und Industrieland vollzogen. Hierbei kommt dem **Tourismus** als wichtigstem Devisenbringer und Arbeitsplatzgarant eine überragende Bedeutung zu. Mehr als 3 Mio. Touristen kamen 2018 nach Costa Rica und bescherten der Branche einen neuen Besucherrekord. Trend steigend. Der Anteil am BIP stieg auf 6,7 %.

Aber auch andere Industrien wie der **Technologiesektor** haben eine zunehmende Bedeutung für die costa-ricanische Wirtschaft. Vor allem US-amerikanische Konzerne haben Costa Rica als Produktionsstandort für sich entdeckt.

Nach wie vor ist auch die **Landwirtschaft** wichtig, auch wenn ihr Anteil am BIP auf 5,2 % gesunken ist. Traditionell sind immer noch Bananen und Kaffee die Exportschlager. Aber auch Ananas, Honigmelonen, Macadamianüsse und Papaya werden vom Ausland gerne gekauft. In den letzten Jahren nahm die Produktion von Palmöl stark zu, damit verbunden leider auch der starke Ausbau der Monokulturen und die damit einhergehende Belastung für Umwelt und Mensch. Die extensiv betriebene und umweltzerstörende Zucht von Rindern mit ca. 3 Millionen Tieren tut ihr Übriges, um die Burger der Fast Food Restaurants zu füllen.

Bei den Importen stehen Produkte der chemischen Industrie, Maschinen, raffiniertes Petroleum und Fahrzeuge wie Pkws und Lkws ganz oben.

CAFTA – Freier Handel zu welchem Preis?

Freihandelszonen sollen den Handel zwischen Wirtschaftspartnern erleichtern und die Außenwirtschaft der beteiligten Länder vorantreiben. Das Central America Free Trade Agreement (CAFTA) zwischen den USA und den mittelamerikanischen Staaten Costa Rica, El Salvador, Guatemala, Honduras und Nicaragua, sowie der Dominikanischen Republik (deshalb auch die Abkürzung DR-CAFTA), ist 2006 in Kraft getreten. Zukünftig soll der Warenverkehr zwischen den Teilnehmerstaaten weitgehend zoll- und einfuhrsteuerfrei sein und gegenüber Exporten aus Drittländern bevorzugt werden. So können z. B. die Produkte der zentralamerikanischen Bekleidungsindustrie durch CAFTA billiger angeboten und vor wachsender Konkurrenz, vor allem aus Asien, geschützt werden. Exportbeschränkungen, Importquoten, z. B. von ausländischen Arbeitskräften, oder nationale Normen bilden nun keine Hindernisse mehr. Oft jedoch können Freihandelsabkommen – vor allem, wenn sie zwischen wirtschaftlich unterschiedlich starken Partnern geschlossen werden, – verheerende soziale Folgen haben. DR-CAFTA garantiert z. B. etablierten US-Firmen den uneingeschränkten Zugang zum Markt der mittelamerikanischen Länder. Bis 2015 sollten diese Länder alle Importhürden für US-Produkte und Dienstleistungen abgebaut haben. Allein Costa Rica musste dafür eigens 13 nationale Gesetze ändern. Multinationale Konzerne, vor allem aus der Pharmaindustrie, sind durch CAFTA rechtlich bevorteilt, da es in den CAFTA-Mitgliedsstaaten jetzt verboten ist, Nachahmerpräperate anzubieten, wenn Konzerne Patente auf deren Inhaltsstoffe besitzen. Die Kosten vieler Medikamente haben sich dadurch deutlich erhöht. Vor allem die mittelamerikanischen Kleinbauern, die den Binnenmarkt beliefern, müssen fürchten, dass ihre Produkte mit den durch Subventionen verbilligten US-Importen nicht mehr mithalten können. Sie bangen, dass sie nun gentechnisch verändertes Saatgut und dafür entwickelte Pestizide von US-Firmen beziehen zu müssen. DR-CAFTA verpflichtet zudem dazu, Aufträge für Dienstleistungen international auszuschreiben. Die Unterzeichnung des Abkommens löste daher viele Proteste in Mittelamerika, aber auch in den USA aus. US-Wirtschaftsverbände sehen durch billige Lohnarbeiter aus dem Süden nationale Arbeitsplätze in Gefahr. Mittelamerikanische Unternehmen fürchten dagegen die überlegene Konkurrenz der US-Wirtschaft. Weitreichende positive Auswirkungen von CAFTA, wie sie durch die teilnehmenden Regierungen versprochen wurden, sind jedenfalls noch nicht in Sicht.

Das **BIP** betrug 2022 gut 68,4 Mrd. $ und wird bis 2026 mit 80 Mrd. $ prognostiziert. Das Pro-Kopf-Einkommen liegt mittlerweile im gehobenen mittleren Bereich. Der Wohlstand ist auf Wachstumskurs. Nichtsdestotrotz steht die amtierende Regierung vor großen Aufgaben. Die Neuverschuldung muss eingedämmt und die Verteilung des Wohlstands gerechter werden. Auch gilt es, die relative hohe **Arbeitslosenquote** von 12 % zu senken.

Wichtigster **Handelspartner** für Costa Rica ist die USA. Im Jahr 2004 wurde das zentralamerikanische Freihandelsabkommen CAFTA abgeschlossen (→ Kasten, S. 415). 40 % aller Exporte gingen 2018 in die USA. Die Exporte nach Deutschland betragen nur 1,1 %, bedeutsamer ist zwischen beiden Ländern die Kooperation hinsichtlich Klima- und Arbeitsmarktpolitik.

Verkehr und Umwelt

Costa Rica ist der Musterknabe in Sachen Umweltschutz in Lateinamerika. Zahlreiche Schutzgebiete für Flora und Fauna werden beständig erweitert. Etwa 50 % der Landesfläche sind bewaldet und es soll laut nationalem Aktionsplan noch mehr werden. Konzepte und Projekte für eine nachhaltige umweltschonende Wirtschaft werden entwickelt und umgesetzt. Seit 2019 sind die Herstellung und der Import von Einwegplastik verboten. Die Verwendung in öffentlichen Einrichtungen ist schon länger untersagt. Das Ziel, bis 2021 frei von Einwegplastik zu sein, wurde zwar verfehlt, aber die Richtung stimmt. Generell liegt kaum Müll herum, auch die Städte sind relativ sauber. Eine Veränderung hinsichtlich des Klimaschutzes ist auch in der Landwirtschaft zu erkennen. Klimafreundliche Anbau- und Verarbeitungsmethoden von Kaffee werden schon angewendet und sollen verstärkt zum Einsatz kommen. Trotzdem gibt es noch viele Baustellen im Lande. Durch die intensive industrielle Landwirtschaft kommt es zu Bodenerosion und durch den Einsatz von Düngemitteln zu starker Wasserverschmutzung. Ebenso ist die starke Luftverschmutzung vor allem in den Ballungszentren ein zentrales Thema. 250 zugelassene Autos kommen auf 1000 Ticos. Oft sind die Autos wahre Dreckschleudern. Ein staatliches Anreizprogramm soll für die

Lkw sind vielerorts unterwegs

Modernisierung der Flotte sorgen. Zum 200. Jahrestag der Unabhängigkeit von Spanien im Jahr 2021 sollten keine fossilen Brennstoffe mehr im Straßenverkehr verwendet werden. Die Umsetzung bleibt eher eine Vision bzw. wurde auf 2050 verschoben (→ S. 381).

Dafür könnte Costa Rica das erste Land sein, welches seine Stromversorgung zu 100 % aus erneuerbaren Energien bezieht. Der aktuelle Anteil beträgt 98 %. Mit dem weiteren Ausbau der Windenergie und den geo-thermischen Kraftwerken sollte das Ziel bald erreicht sein. Im Tourismussektor wird schon lange auf Nachhaltigkeit gesetzt. Das spürt der Reisende vor allem durch das große Angebot an Ökolodges und Naturexpeditionen. Strom und Warmwasser werden häufig durch Solarenergie erzeugt, Restaurants setzen auf Produkte von lokalen Märkten und Touranbieter achten auf das korrekte Verhalten in der Natur und im Umgang mit Tieren. Meistens jedenfalls.

Bildung und Soziales

Das Land profitiert von einer der gerechtesten und fortschrittlichsten Sozialstrukturen in Lateinamerika. Die Alphabetisierungsrate Costa Ricas liegt bei beachtlichen 95,8 %. Sie ist damit die fünfthöchste unter den amerikanischen Ländern.

Schulsystem

Alle Schüler müssen die **Grundschule** (Primaria) für neun Jahre besuchen. Schulbildung ist kostenlos. Die **weiterführende Schule** (Secundaria) hat zum Ziel, die Schüler innerhalb von drei weiteren Schuljahren auf den Besuch einer Universität vorzubereiten. Der Besuch der Einrichtungen ist kostenlos. Nur wenige Kinder brechen die Schule ab. In diesen Fällen ist der Zuverdienst durch Arbeit für die Familie wichtiger als die Bildung ihres Kindes.

Zur Zeit der Kaffeeernte müssen zudem viele Kinder auf den Plantagen arbeiten, um Geld für Schulbücher, Hefte, Stifte und Kleidung zu verdienen. Auch die Schulen selbst gehen mit den Kindern auf die Plantagen, weshalb die Schulferien genau in der Erntezeit liegen.

Costa Rica hat ungefähr 180.000 Studierende, welche sich auf die vier staatlichen und zahlreiche private **Universitäten** verteilen. Die großen renommierten staatlichen Einrichtungen sind die Universidad de Costa Rica in San Pedro und die Universidad Nacional de Costa Rica in Heredia.

Im Herbst 2019 wurde nach deutschem Vorbild die **duale Berufsausbildung** in Costa Rica eingeführt. Die Berufsbildung soll somit gestärkt und der jungen Generation eine Perspektive gegeben werden.

In San José gibt es auch eine Deutsche Schule mit angeschlossenem Kindergarten. Das **Colegio Humboldt** wurde 1912 gegründet. Ein 15-köpfiges Lehrerkollegium führt die 800 Schüler bis zum deutschen Abitur.

Gesundheitssystem

Costa Rica verfügt über ein gut ausgebautes Gesundheitssystem, welches im Vergleich zu den anderen lateinamerikanischen Ländern vorbildhaften Charakter hat. Allerdings fallen die Standards zwischen Großstadt und Land weit auseinander. Im Großraum San José findet man durchaus bestens ausgestattete Krankenhäuser, die in Hinsicht auf Hygiene und Versorgung an europäische Maßstäbe reichen. Auf dem Land hingegen kommt es oft zu

Versorgungengpässen. Vor allem in abgelegenen Regionen kann die gesundheitliche Versorgung kaum gewährleistet werden. Mobile Krankenstationen sollen nun die ländlichen Gemeinden versorgen.

Der Zugang zum Gesundheitssystem ist für die Ticos über die **staatliche Krankenversicherung** abgesichert. Die monatlichen Versicherungsbeiträge übernimmt der Arbeitgeber zu 100 %. Allgemein ist die costa-ricanische Sozialversicherung CCSS (Caja Costarricense de Seguro Social) jedoch in keinem guten Zustand. Die Qualität der Leistung sinkt beständig und die Verschuldung nimmt zu. Laut einer Analyse einer deutschen Stiftung sind tiefgreifende Reformen zum Erhalt und zur Verbesserung des Systems notwendig.

Seit 1941 gibt es in Costa Rica ein staatliches Rentensystem. Alle Arbeitnehmer sind in der Rentenkasse pflichtversichert und zahlen 1–5 %, je nach Berufsgruppe, monatlich in diese ein.

Durch die demografische Entwicklung erleidet das System die gleichen Probleme wie andere Länder. Der Schuldenberg wird größer. Die Rente scheint hier nicht sicher.

Arbeitslosigkeit

Die Arbeitslosenquote in Costa Rica liegt zurzeit bei 12 %. Befeuert wird die Quote durch die sehr hohe Jugendarbeitslosigkeit im Lande. Diese liegt bei ca. 25 %. Betroffene Jugendliche werden zu der „NiNi-Generation" gezählt, was so viel wie „weder-noch" bedeutet. Diese Jugendlichen haben weder Arbeit noch einen Ausbildungsplatz. Es fehlen die Möglichkeiten, der jungen Generation Perspektiven aufzuzeigen. Die Einführung des dualen Bildungssystems ist hier ein erster Schritt. Eine weitere Maßnahme wäre die Einschränkung der Freiwilligenarbeit. Immer mehr junge Ausländer verbinden im Rahmen eines Freiwilligendienstes in Costa Rica das Angenehme mit dem Nützlichen. Dass der „Voluntourismus" den heimischen Arbeitsmarkt belastet, ist unumstritten.

Kunst und Kultur

Obwohl Costa Rica ein kleines Land ist, gibt es eine große Kunst- und Kulturszene in ganz verschiedenen Bereichen (→ auch „Traditionen und Bräuche", S. 406). Um sie zu fördern, findet jedes Jahr von Ende März bis Anfang April das **Festival Nacional de las Artes** statt, meist in San José. Künstler, die in weniger entwickelten Regionen leben, sollen dabei unterstützt und generell die Vielfalt verschiedener Kunstformen gefeiert werden. Es finden viele Open-Air-Konzerte statt und überall geben Straßenkünstler ihr Können zum Besten. Aber auch Lesungen und Ausstellungen der Bildenden Künste kommen nicht zu kurz.

Literatur

Die zentralamerikanische Literatur befindet sich, ganz im Gegensatz zu der bekannten Literaturlandschaft Mexikos, Kubas, Perus, Brasiliens oder Argentiniens, noch im Dornröschenschlaf. Die Literatur von Costa Rica dringt nur selten über die eigenen Landesgrenzen hinaus. Es mögen die (kolonial-)geschichtlichen Bedingungen sein, die dazu beitragen haben, dass eine eigenständige literarische Entwicklung erst viel später einsetzte als in anderen Regionen des Kontinents: In Costa Rica kam es erst in den 1840er- und 1850er-Jahren zur Herausbildung

Aktuelle Literatur aus und über Costa Rica auf Deutsch

Luis Chaves: „Salvapantallas" (2014)

In dem autobiografischen Roman verarbeitet Luis Chaves die Momente seiner Kindheit in Costa Rica, die Spuren seines Erwachsenenlebens und die Träume, die er mit sich herumträgt und von denen er hofft, dass sie sich eines Tages bewahrheiten.

Fernando Contreras Castro: „Der Mönch, das Kind und die Stadt" (span. Los peor, 1995)

Schauplatz ist das moderne San José. In einem Bordell arbeitet die Schwester des verschollenen Mönchs Jerónimo Peor als Köchin. Dieser steht eines Tages nach jahrelanger Rundreise durch Mittel- und Südamerika wieder vor der Tür. Als er sich des einäugigen Kindes Polyphem aus ungewollter Schwangerschaft annimmt, beginnt er San José mit anderen Augen zu sehen und neu zu entdecken.

Anna Paredes: „Alle Farben des Himmels" (2016)

Eine New Yorker Familie entschließt sich dazu, mit ihren beiden kleinen Kindern nach Costa Rica zu reisen, um dort Zuflucht auf der familieneigenen Kaffeeplantage zu suchen.

einer kolonialen Oberschicht, deren Reichtum vor allem von den Kaffeeplantagen herrührte. Erst mit **Juan Mora Fernandéz,** der das Land von 1824 bis 1833 regierte, etablierte sich ein Rechtssystem, wurde das Bildungssystem eingeführt und die erste Zeitung des Landes gegründet. Ab dem 20. Jh. begann sich langsam eine intellektuelle literarische Szene zu bilden: Auf den **Costumbrismo,** der die Sitten und Bräuche der (spanischen) Gesellschaft skizzierte, folgte der **Simbolismo** und schließlich bildeten gesellschaftskritische Themen den Schwerpunkt und so ist es bis heute.

Hervorzuheben sind die Schriftstellerin **Carmen Lyra** (1888–1949), die das Leiden der Landbevölkerung und Bauern wohl am anschaulichsten in ihren Romanen beschrieb, sowie die sozialrebellischen Autoren **Carlos Luis Fallas** (1909–1966) und **Fabián Dobles** (1918–1997). Im Roman „Die grüne Hölle" (1940) beschreibt Fallas, der Anführer des Bananenarbeiterstreiks, sein Leben auf den Plantagen der United Fruit Company in eindrücklicher Art und Weise. In deutscher Übersetzung findet man außerdem das Werk „Die Glut und ihr Schatten" (1963) des Autors **Joaquín Gutiérrez** (1918–2000), das sich ebenfalls um das harte Leben der Plantagenarbeiter dreht. Die andere Seite der Medaille beleuchtet **Alberto Cañas** (1920–2014) in seinem Roman „Die Mühlen Gottes" (1992), denn hier wird das Leben und politische Wirken der oftmals aus Deutschland stammenden Kaffeepflanzer beschrieben. Auch heute ist die Literatur des Landes immer noch im „Findungsprozess" und stark von europäischen Einflüssen geprägt. Der wohl bekannteste Autor des Landes ist **José León Sánchez** (geboren 1929). Mit gerade mal 19 Jahren wurde der politisch aktive Schriftsteller zu Unrecht eines Diebstahls in einer Kathedrale beschuldigt und verbrachte die nächsten 20 Jahre unschuldig hinter Gittern auf der Isla San Lucas (→ S. 228). Seine Erfahrungen verarbeitete er in dem weltbekannten Werk „La isla de los hombres solos" („Die Insel der einsamen Männer", bisher nicht ins Deutsche übersetzt), ein zweites wichtiges Werk ist „Tenochtitlán: Die letzte Schlacht der Azteken" (Unionsverlag, 2004).

Nur wenige Bücher zeitgenössischer Autoren aus Costa Rica wurden ins Deutsche übersetzt, z. B. einige Werke von Luis Chaves und Fernando Contreras Castro. Auch die Autorin Anna Paredes ist eine aktuelle Vertreterin ihres Landes und schuf mit „Alle Farben des Himmels" eine komplexe und feinfühlige Costa-Rica-Familiensaga, die auch in Deutschland viele Leser fand. Inzwischen hat sie mehrere weitere Costa-Rica-Romane herausgebracht. Das Literaturportal **„Centroamérica cuenta"** (https://www.centroamericacuenta.com) richtet jedes Jahr ein gleichnamiges Literaturfestival aus. Im Jahr 2019 fand das Festival in San José statt.

Film

„Jurassic Park", „1492 – Die Eroberung des Paradieses", „Congo" und „After Earth" – dies sind nur einige berühmte Filme, die sich der beeindruckenden costa-ricanischen Naturkulisse bedienten. Der costa-ricanische Film an sich ist jedoch wesentlich unauffälliger und unbekannter als diese Blockbuster. Nur selten – und wenn dann nur auf kulturell ausgerichteten Filmfestivals – findet ein Film aus Costa Rica seinen Weg auf europäische Leinwände. Die meisten dieser Produktionen entstehen dabei nicht eigenständig, sondern in amerikanischer, französischer und lateinamerikanischer Co-Produktion. **„El camino"** von Ishtar Yasin Gutiérrez ist solch ein Film (Costa Rica – Frankreich 2008). Die Handlung: Die zwölfjährige Saslaya aus Nicaragua reißt mit ihrem kleineren Bruder Dário aus, um nach ihrer Mutter zu suchen, die acht Jahre zuvor auf der Suche nach einer besseren Zukunft nach Costa Rica ausgewandert ist. Auf ihrer Reise, die die Kinder durch atemberaubende Landschaften führt, erleben sie Land und Leute der zentralamerikanischen Grenzregion hautnah. Aufbruch, Hoffnung und Migration werden von der Regisseurin Ishtar Yasin Gutiérrez, die zusammen mit Tausenden von illegalen nicaraguanischen Immigranten eine Reise an die Grenze Costa Ricas unternommen hat, meisterhaft inszeniert. Costa Rica gilt im Vergleich zu anderen Ländern Süd- und Mittelamerikas als ein friedvolles Traumland, in dem soziale Stabilität und Wohlstand herrschen – viele Menschen verlassen deshalb ihre zentral- und südamerikanischen Heimatländer auf der Suche nach einem besseren Leben. Jedes Jahr findet in Costa Rica das **Festival Internacional de Cine** statt, bei dem nationale und lateinamerikanische Filme im Wettbewerb antreten und prämiert werden (www.costaricacinefest.go.cr).

Malerei

Die umwerfenden Landschaftskulissen Costa Ricas finden sich in der nationalen Landschaftsmalerei, **„Arte casita"**, die bis heute die prägende Gattung der costa-ricanischen Malerei bildet. Bis in die 1930er- und 40er-Jahre hinein ist die Kunstszene des Landes nicht gerade als aktiv zu bezeichnen, was viele berühmte Künstler, wie den Bildhauer **Francisco Zúñiga Chavarría**, dazu brachte, ihre Heimat zu verlassen. Wer das **Museo de Arte Costarricense** (www.mac.go.cr) am Parque La Sabana in San Jóse besucht, wird jedoch merken, dass es ebenso viele Künstler gibt, die ihrem Land treu geblieben sind. Die Werke des in Nicaragua geborenen **Rolando Castellón** und der gesellschaftskritischen Bildhauerin und Fotografin **Priscilla Monge**, die als bekannteste Künstlerin Zentralamerikas gehandelt wird, haben es sogar bis in die Londo-

Filme aus und über Costa Rica

El despertar de las hormigas (2019, OmeU)

Der Spielfilm von Antonella Sudasassi Furniss schaffte es auf die Berlinale: „Das Erwachen der Ameisen" handelt von der Näherin Isa, die mit ihren Pflichten als Hausfrau, Mutter, Ehefrau, Schwiegertochter und im Beruf überlastet ist. Ihr Mann wünscht sich dagegen noch ein drittes Kind, einen Sohn, doch Isa hat andere Träume und besorgt sich die Antibabypille.

Two Fridas (2018, engl.)

Das Drama „Two Fridas" von Ishtar Yasin Gutierrez ist ein Film über die mexikanische Malerin Frida Kahlo und ihre Beziehung zur Krankenschwester Judith Ferreto, die Frida während ihrer letzten Lebensjahre pflegte.

Violeta al fin (2017, OmeU)

„Am Ende Violeta" von Hilda Hidalgo dreht sich um die frisch geschiedene 72-jährige Violeta. Sie genießt ihre neue Freiheit, ihren tropischen Garten und plant, aus ihrem Haus eine Pension zu machen. Die Familie ist entsetzt. Als die Bank das Haus versteigern will, setzt Violeta Himmel und Hölle in Bewegung.

About Us (2016)

Auf Spanisch „Entre Nosotros" (Über uns) ist eine romantische Komödie von Hernán Jiménez. Sie wurde für den besten fremdsprachigen Film bei den 89. Oscar-Verleihungen nominiert, hat aber nicht gewonnen.

Viaje (2015, OmeU)

Im Spielfilm von Paz Fábrega lernen sich Luciana und Pedro auf einer Kostümparty kennen und lieben. Unter dem Motto „Carpe diem" reisen sie am nächsten Tag gemeinsam los, zelten unter Sternen und genießen die Leidenschaft ihrer Begegnung. Ein Morgen gibt es nicht, nur der Moment und das Leben zählen.

ner Tate Gallery geschafft. Wer sich mehr für Design und die aktuelle Kunstszene interessiert, wird im **Museo de Arte y Diseño Contemporaneo** in San José (www.madc.cr) auf seine Kosten kommen.

Architektur

Die Architektur des Landes ist noch immer von traditionellen Lehmziegelbauten geprägt. Auch beim ältesten Sakralbau des Landes, der **Iglesia de San Blas** aus dem 16. Jh. in Nicoya, findet sich die typische **Adobe-Architektur** mit den luftgetrockneten Lehmziegeln, die traditionell mit einem weißen Kalk-Anstrich versehen und somit vor allzu heftigen Wettereinflüssen geschützt wird.

Auch die zu großen Teilen in Holz- und Adobe gebauten Villen der Plantagenbesitzer – viele von ihnen in der direkten Umgebung der Hauptstadt – bilden noch heute ein eindrucksvolles

Zeugnis **kolonialer Architektur** und belegen den Reichtum der Kaffee- und Bananenbarone der 1920er- und 30er-Jahre. Die dort angestellten Arbeiter lebten zusammen mit ihren Familien in simplen ein- bis zweigeschossigen Hütten mit Satteldächern, eine Architektur, die sich auch noch in vielen kleineren Dörfern des Landes findet.

Bereits die Hauptstadt bietet mehrere architektonische Highlights, so etwa das **Teatro Nacional** (www.teatronacional.go.cr), eines der beeindruckendsten Gebäude Costa Ricas, das von 1891 bis 1897 erbaut wurde und in seinem Aussehen durchaus an die Semperoper erinnert. Das wichtigste Theater des Landes wurde im Jahr 1897 mit einer Opernversion von Johann Wolfgang von Goethes („Faust") eröffnet und verfügt über eine neoklassizistische Fassade, die unter anderem Statuen von Calderón de la Barca und Ludwig van Beethoven zieren. Im Innern des Baus findet sich ein Wandzyklus des Milaneser Malers Aleardo

Handbemalte Carretas in Sarchí

Villa, der die Wichtigkeit des Bananen- und Kaffeeanbaus thematisiert. Dies ist nicht verwunderlich, denn zur Finanzierung eines solchen Baus entschied sich der damalige Präsident José Joaquín Rodríguez Zeledón zu einer radikalen Maßnahme: Er erhob einfach eine Steuer auf Kaffeebohnen, das wichtigste Exportprodukt des Landes.

Die vielfältige Architektur des Landes erschließt sich sehr gut bei einem Stadtrundgang durch die Barrios der Hauptstadt sowie entlang der bekannteren Gebäude und Parks: dem Nationaltheater, dem Mercado Central und der alten Poststation von 1917 sowie dem Parque Nacional, dem Parque Morazon und dem Regierungsbezirk (→ San José, S. 26).

Tipp: Auch die deutsche Hauptstadt ist hier vertreten. Auf dem Innenhof der Cancillería Costarricense (Av. 7–9/C. 11–13), dem Außenministerium in San José, befindet sich ein Stück der **Berliner Mauer,** ein Geschenk der deutschen Regierung an das Land Costa Rica.

Kunsthandwerk

Von Hand hergestellte Kunstwerke, **Artesanías,** finden sich nahezu an jeder Straßenecke bei fliegenden Händlern und vor allem auf den größeren Märkten des Landes. Produkte aus Kokosnussholz, Muscheln, Keramik und farbenfrohe Webereien und Stickereien sind dabei besonders beliebte Mitbringsel. Meist stammen die Produkte gar nicht aus Costa Rica selbst, sondern aus den Nachbarländern Guatemala und Mexiko, wo sie seit jeher traditionell hergestellt werden. Dies tut der Freude an Form- und Farbenvielfalt jedoch keinen Abbruch, sondern bereichert das breite Spektrum der kunsthandwerklichen Produkte. Als Geheimtipp gilt das Gebiet von Sarchí und Umgebung. Die bunten **Carretas** – traditionelle Ochsenkarren in allen Farben und Formen von „life size" bis Miniaturgröße – sind ein Symbol des Landes und ein beliebtes Souvenir. Die Fábrica de Carretas Joaquín Chaverri in Sarchí, gegründet im Jahr 1903, wirbt damit, eine der ältesten Fábricas de Carretas zu sein und bietet neben einem oftmals überfüllten Shop auch einen Abstecher in den Arbeitsbereich der Werkstätten an.

Tipp: In San José selbst sind viele Produkte etwas teurer als auf dem Land. In nahezu jedem Dorf befindet sich ein kleiner Marktplatz, ein Mercado Central, auf dem sich meist bessere Geschäfte machen lassen, als in großen Souvenirläden der Hauptstadt oder touristischer Gebiete.

Tanz und Musik

Guanacaste ist nicht nur die nordwestlichste Provinz Costa Ricas, sondern auch die Region, in der sich die costaricanische (und speziell guanacastekische) Folklore und Musik in all ihrer Pracht am eindrucksvollsten erhalten hat. Die Folkloretänze, die hier traditionell vom einsaitigen Bogeninstrument **Quijongo** begleitet werden, finden hier regelmäßig statt. Die traditionellen Tänze sind durch mündliche Überlieferungen von Generation zu Generation weitergegeben worden und spiegeln das soziale und kulturelle Leben der guanacastekischen Bevölkerung. Beeinflusst wurden die Tänze mit den klingenden Namen „El Punto Guanacasteco", „El Zapateado" oder „El Pavo y la Botijuela" im Laufe der Zeit unter anderem von Stilelementen des spanisch-andalusischen Zapateado.

Musiker werden in Costa Rica als echte Künstler und Bewahrer der Tradition geschätzt, doch auch vor modernen Einflüssen verschließt sich die weltoffene costa-ricanische Musikszene nicht, wie die Singer-Songwriterin **Guadalupe Urbina** eindrucksvoll vor Augen führt (http://guadalupeurbina.org/sobre-guadalupe/). Als einer der wichtigsten Akteure der Pop-Szene gilt die bereits mehrfach international ausgezeichnete Gruppe **Malpaís** (www.grupomalpais.com), der es ebenfalls erfolgreich gelingt, die traditionellen Klänge des Landes mit Tönen des Reggae, Rock, Latin und Jazz zu vermischen. Neben all dem bietet Costa Rica auch etwas für die Freunde klassischer Musik: das **Orquesta Sinfónica Nacional de Costa Rica** in San José (https://cnm.go.cr/category/osn/), das vor kurzem sein 78. Jubiläum feiern konnte.

Geschichte

Präkolumbische Zeit – Costa Rica vor der Ankunft der Europäer

Lange bevor Christoph Kolumbus den amerikanischen Kontinent für Europa entdeckt hatte und bevor die Grenzen des Staates Costa Rica festgelegt wurden, lebten in der Region indigene Stämme wie die Diquis, Huetar, Boruca, Chibcha oder Chorotega. Die ersten Menschen betraten den amerikanischen Kontinent vor mindestens 13.000 Jahren über verschiedene Wege: einige Gruppen kamen über die vereiste Beringstraße ganz im Norden, andere – laut einigen Forschern schon vor 30.000 bis 50.000 Jahren – über das Meer in kleinen Booten.

Die Indígenas lebten keineswegs nur friedlich zusammen, sondern bekriegten sich um Land und Ressourcen. Dabei war Costa Rica im Gegensatz zu anderen Regionen dünn besiedelt. Die **Ureinwohner** bauten keine großartigen Tempelstädte wie die Maya und Azteken, sondern lebten in einfachen Hütten aus Holz, Stroh und Lehm. Wie die anderen Völker in Mittelamerika bauten auch sie Bohnen, Mais und Tomaten an und berauschten sich während der Rituale für ihre vielen Götter mit dem Maisgetränk Pulche. Archäologen haben Schmuck, Töpferwaren und Skulpturen gefunden, die bis zu 2000 Jahre alt sind – darunter auch aus Jade, die aus anderen Ländern gehandelt wurde. Viele der kunstvoll gearbeiteten Funde sind heute im Jademuseum in San José ausgestellt (→ S. 34). Aufgrund der Lage zwischen Süd- und Nordamerika führten die Handelsrouten zwangsläufig auch über Costa Rica. Herausragend und bis heute rätselhaft sind die riesigen **Steinkugeln,** die an ganz verschiedenen Orten im Land, jedoch vor allem im Süden, gefunden wurden und bspw. auch in Nicaragua vorkommen. Forscher nehmen an, dass es sich dabei um kultische Objekte der Diquis-Kultur handelt (→ Kasten, S. 271).

Eine weitere bedeutende Hinterlassenschaft der alten Stämme ist das **Nationalmonument Guayabo** an den Hängen des Vulkans Turrialba. Es ist die größte archäologische Stätte des Landes und war zwischen 1000 vor unserer Zeit und 1400 unserer Zeit eine dicht besiedelte Stadt (→ S. 92).

> Unter dem Begriff „Monumento Nacional" verbergen sich historisch bedeutende Stätten – für Costa Rica ist dies bis dato lediglich das Nationalmonument von Guayabo (Provinz Cartago), dessen Blüte in die Zeit zwischen 1000 v. Chr. und 1400 n. Chr. datiert.

1502 bis 1821 Kolonialzeit – die Spanier kommen

Nachdem **Christoph Kolumbus** 1492 seinen Fuß auf die Bahamas-Insel Guanahani gesetzt und damit Amerika (wieder-)entdeckt hatte, war die Eroberung des Kontinents durch die Europäer unaufhaltbar. Zu sehr lockten die Geschichten über verborgenes Gold und Jade, aber auch die tropischen Früchte, Hölzer und Tiere weckten das Verlangen der Bleichgesichter.

1502 landete Kolumbus auf der Karibikinsel Uvita, wenige Kilometer vor Puerto Limón – der erste Kontakt zwischen Europa und Costa Rica. Noch waren die Indigenen den Fremden freundlich gesonnen. Ab 1520 gab es, auf der Suche nach Gold, mehrere Siedlungsversuche der Konquistadoren. So gründete Francisco Hernández de Córdoba im Jahr 1524 die erste spanische Siedlung am Pazifik, La Villa de Bruselas. Die Vorhaben an der Pazifikküste wurden nach heftigen Angriffen indigener Stämme jedoch schnell wieder verworfen – auch Bruselas hielt sich nur bis 1528. Die frühen spanischen Ansiedlungen an der Atlantikküste namens Marbella und Badajoz wurden neben indigenen Überfällen auch von Piraten angegriffen. Es dauerte nun immerhin noch über 40 Jahre, bis die Spanier unter dem Konquistador Juan Vázquez de Coronado den Grundstein für die erste dauerhafte Hauptstadt ihrer neuen Kolonie legten: erst 1563 wurde **Cartago,** am Fuß des Vulkans Irazú, gegründet. Vielleicht lag es daran, dass der Landstrich gar nicht so reich war, wie die Europäer zuerst vermutet hatten, als sie ihm den Namen Costa Rica – reiche Küste – gaben.

Armes Costa Rica

Juan Vázquez de Coronado war ab 1562 der erste Gouverneur der Kolonie, der die Indígenas nicht brutal unterdrückte, sondern ein friedliches Auskommen mit ihnen suchte. So arbeiteten manche sogar freiwillig mit den Spaniern auf ihren Feldern, doch die Siedler waren sauer. Nichts ging voran, sie wollten die Indígenas als Arbeiter und Sklaven nutzen, so wie es das Encomienda-System vorsah (→ S. 425). Reichtum und ein leichtes Leben war ihnen beim Aufbruch in die neue Welt versprochen worden, nun ackerten sie tagein tagaus, als wären sie selbst Sklaven. Auch das erhoffte Gold gab es nicht. Als der Nachfolger Coronados den Siedlern

Das Encomienda-System

Um die Kontrolle über die Indios zu erlangen, den Handel in den neu gegründeten Kolonien profitabel zu gestalten und die politische Macht auf dem amerikanischen Kontinent zu behaupten, wurde im Jahr 1503 von Königin Isabella I. von Kastilien das Encomienda-System (span.: *encomendar* = anvertrauen) eingerichtet. Riesige Ländereien mitsamt der dort lebenden indigenen Bevölkerung wurden in die treuhänderische Obhut einzelner Konquistadoren gegeben, den *„encomenderos"* (Auftragnehmern). Zum Auftrag gehörte die freie Verfügbarkeit über die Arbeitskraft der Indios und neben deren Schutz auch die Missionierung. Wer sich weigerte, getauft zu werden, musste mit dem Schlimmsten rechnen. Obwohl die Indios per Gesetz von 1512/13 (Leyes de Burgos) nicht als Eigentum, also als Sklaven, der *encomenderos* galten, erging es ihnen schlechter als in einer echten Sklaverei. Da sie eben nicht das Eigentum der Gutsherren waren, wurde ihr Wert noch geringer geschätzt und die Menschen durch Schwerstarbeit, Züchtigung und erbärmlichste Lebensumstände zu Grunde gerichtet. Die indianische Bevölkerung dezimierte sich schnell, was die spanische Krone zum Handeln bewog – mehr aus wirtschaftlichen, denn aus moralischen Gründen. Ab 1536 standen den *encomenderos* nur noch Tributzahlungen der Indios zu, nicht aber mehr deren Arbeitskraft. Praktisch änderte sich dadurch allerdings nichts. Als die *encomienda* von den Gutsherren schließlich als ein erbliches Privileg beansprucht wurde, wollte Spanien die Macht der *encomenderos* nachhaltig einschränken und erließ 1542 die „Neuen Gesetze" (Leyes Nuevas). Sie verboten erneut die Sklaverei und die Erblichkeit der *encomiendas*. In den Kolonien löste dies einen Sturm der Entrüstung bis hin zu blutigen Revolten aus. Spanien ruderte zurück, der Erbpassus wurde gestrichen. Die erlassenen Reformen blieben ohnehin weitestgehend wirkungslos, da sie sich über die Distanz und die eingeschränkten Möglichkeiten der Kommunikation (eine Gesetzesurkunde war wochenlang per Schiff und über Land unterwegs, die Antwort ebenso) nur schwer durchsetzen ließen. Offiziell wurde das *Encomienda*-System 1549 durch das modifizierte System des *Repartimiento* („Zuteilung"), zeitlich begrenzte Arbeitseinsätze für den Staat, abgelöst. Praktisch bestand die *encomienda* in vielen Regionen weiter und führte z. B. in der Karibik zur Ausrottung der indigenen Bevölkerung. Sie wurde durch zwangsdeportierte afrikanische Sklaven ersetzt. Erst nach und nach konnte das *Encomienda*-System zurückgedrängt werden, überdauerte in Form der Hacienda aber bis in das 20. Jh.

wieder mehr Befugnisse gegenüber den Ureinwohnern gewährte, flohen viele **Indígenas** in das Talamanca-Gebirge oder wurden ermordet. Andere starben an eingeschleppten Krankheiten. Da Costa Rica bei der Ankunft der Spanier mit ca. 400.000 Menschen sowieso recht dünn besiedelt war, blieben kaum Arbeitskräfte übrig. Eine Volkszählung von 1778 gibt folgende ethnische Zusammensetzung der Bevölkerung an: 12 % Indígenas, 18 % Schwarze und Mulatten, 60 % Mestizen und 10 % Spanier. Florierende Plantagen wie in anderen Kolonien blieben ein Traum. So verarmte die Kolonie und den Siedlern ging es nach der Hetze auf die Indigenen eher schlechter als besser. Sie betrieben simple Landwirtschaft mit Tabak und Weizen, den sie immerhin exportierten, wenn auch nur mit mangelhaftem Ruf. Es wurden außerdem Esel gezüchtet und an die Nachbarkolonie Panama verkauft, die sie für den Warentransport vom Atlantik zum Pazifik einsetzten. **Piraten** und Schmuggler fühlten sich in dem einsamen Landstrich umso wohler. Das **Generalkapitanat Guatemala,** eine Verwaltungseinheit innerhalb des Vizekönigreichs Neuspanien, das die heutigen Staaten Guatemala, Belize, Honduras, El Salvador, Nicaragua und Costa Rica sowie den mexikanischen Bundesstaat Chiapas umfasste, war weit weg und an der wirtschaftlich schwachen Kolonie nicht interessiert. Nach einem Jahrhundert bestand Cartago immer noch aus nur wenigen Lehm-Häusern und einer simplen Kirche, die beim Ausbruch des Irazú 1723 verbrannten. Um stadtähnliche Siedlungen hervorzubringen, zwang man die Bevölkerung, um die neu gebauten Kirchen zu siedeln, gründete 1717 Heredia (Cubujuquie), 1737 San José (Villaneuva de la Boca del Monte) und 1782 Alajuela (Villa Hermosa). Heute kaum zu glauben – aber damals war Costa Rica die ärmste Region Neuspaniens. Es sollte noch etwas Zeit vergehen, bis die fruchtbaren Böden des Landes gepaart mit dem reichen Wasservorkommen ihren Möglichkeiten entsprechend genutzt wurden. Eine Pflanze, die zu Beginn des 19. Jh. alles veränderte, war der Kaffee.

1821 – die Unabhängigkeit

Es war ein harter Kampf, den fast alle zentralamerikanischen Länder gemeinsam gegen die spanische Krone ausfochten – nur Costa Rica hielt sich ausgerechnet in diesem Bestreben zurück, obwohl es von der spanischen Kolonialverwaltung in der Vergangenheit nicht sonderlich unterstützt worden war. Im Jahr 1821 wurde dieser Kampf schließlich belohnt, das Generalkapitanat Guatemala, zu dem auch Costa Rica gehörte, erklärte seine Unabhängigkeit von Spanien und der 15. September wird seither von Mexiko bis Costa Rica als Tag der Unabhängigkeit gefeiert.

Nun stand eine Entscheidung an: Die konservativen Kräfte in Cartago und Heredia wollten einen Anschluss an das Kaiserreich Mexiko, das von Agustín de Iturbide regiert wurde, die liberalen Städte San José und Alajuela dagegen einen Zusammenschluss mit den anderen unabhängigen Staaten Mittelamerikas zu einer Zentralamerikanischen Konförderation. In einem **Bürgerkrieg** entschieden die Liberalen die Schlacht in den Ochomogo-Hügeln bei Cartago für sich und die Entscheidung war gefallen.

1823 bis 1838 – alle unter einem Dach

Costa Rica trat gemeinsam mit Nicaragua, El Salvador, Honduras und Guatemala der **Zentralamerikanischen Konföderation** bei – allerdings nur für 15 Jahre. Die Zeit war von großem Optimismus, aber auch von Unruhen und Machtkämpfen geprägt. Als eine seiner ersten Amtshandlungen verlegte der erste Präsident Costa Ricas, **Juan Mora Fernández** (1824–1833), die Hauptstadt vom konservativen Cartago ins liberale San José. 1834 führte das Parlament allerdings ein Turnus-Prinzip *(Ley de la Ambulancia)* ein, nach dem der Regierungssitz alle vier Jahre zwischen den

Wandgemälde zum Export von Kaffee

Städten Alajuela, Heredia, Cartago und San José wechseln sollte. San José, Gegner dieser Idee, betrieb eine sarkastische Pressearbeit gegen das Provinznest Alajuela, das mit dem Turnus startete. Im Herbst 1835 kam es zu einem Bürgerkrieg (Guerra de la Liga) zwischen Alajuela, Heredia und Cartago auf der einen und San José auf der anderen Seite. San José konnte mit seinen Truppen die Oberhand gewinnen und wurde in der Folge des Konflikts zur alleinigen Hauptstadt ernannt.

Da die Konförderation nicht stabil genug war, weil die Teilnehmer-Länder mehr Rivalen als Partner waren und es immer wieder zu Grenzstreitigkeiten mit Nicaragua kam – Guanacaste entschied sich zum Anschluss an Costa Rica statt, wie bisher, für Nicaragua –, trat Costa Rica 1838 aus der Konföderation aus und nahm sein Schicksal selbst in die Hand.

1838 bis 1870 – die Zeit der Kaffeebarone

Machthaber des wieder unabhängigen Costa Ricas wurde 1838 **Braulio Carrillo Colina** (1835–1837 erste Amtszeit, 1838–1842 zweite Amtszeit), der diktatorisch regierte. Er förderte den Anbau von Kaffee und führte fortschrittliche Neuerungen ein: das Zivil- und Strafrecht, einige kirchliche Feiertage und die Kirchensteuer wurden abgeschafft, eine Steuer auf Landbesitz wurde eingeführt.

Um den guten Boden im Valle Central effektiv zu nutzen, verschenkte die Regierung in den 1830er-Jahren Kaffeesetzlinge und Flächen für den landwirtschaftlichen Anbau an die heimischen Bauern. Nun kamen die ersten Kaffeebarone ins Land und begannen die aromatischen Bohnen systematisch zu vermarkten. Bald schon wurde Kaffee zum Exportschlager, vor allem die Briten waren ganz verrückt danach. Der Wirtschaftsmotor des Landes kam in Gang. Straßen, Häfen und die Eisenbahn (→ Kasten, S. 96) wurden (aus) gebaut. Während der Kaffee nach Europa ging, brachten die neuen Handelspartner und Unternehmer europäische Trends mit nach Costa Rica. Häuser in viktorianischem Stil wurden gebaut, Bücher von Charles Dickens oder Theodor Storm gehörten zum guten Ton.

1842 wurde Braulio Carillo von **Francisco Morazán Quesada** (1842) gestürzt, der allerdings schnell in Ungnade fiel, da er zurück zur Konförderation wollte und neue Steuern einführte.

Noch im selben Jahr wurde er im Parque Central in San José hingerichtet.

Nach einem kurzen Intermezzo von Antonio Pinto Soares (11.–27. September 1842) wurde **José María Alfaro Zamora** (1842–1844 und 1846–1847) zum Staatschef ernannt. Er ließ die Straßen und Universität ausbauen und verabschiedete die zweite Verfassung des Landes. In ihr wurde unter anderem die politische Verwaltung strukturiert und das Recht auf Bildung verankert.

Auch wirtschaftlich ging es voran. Die **Cafetaleros** wurden schnell wohlhabend und mächtig, so mächtig, dass sie sogar den amtierenden Präsidenten Costa Ricas, **José María Castro Madriz** (1847–1849], stürzen konnten und mit Kaffeebaron **Juan Rafael Mora Porras** (1849–1859) ihren eigenen Kandidaten aufstellten. In seiner Amtszeit wurde die Unabhängigkeit Costa Ricas durch die ehemalige Kolonialmacht Spanien offiziell anerkannt. Außerdem bekämpfte er vehement die Piraten unter William Walker. Trotzdem wurde auch er nach zehn Jahren gestürzt und hingerichtet. Und so lieferten sich die rivalisierenden Kaffeearistokraten über mehrere Jahrzehnte einen Putsch nach dem anderen – je nach persönlichen Interessen. Ende des 19. Jh. wanderten auch viele Deutsche nach Costa Rica aus und investierten in Kaffee.

1856 – im Fokus der Freibeuter

Der wachsende Wohlstand Zentralamerikas blieb einem speziellen Zeitgenossen nicht verborgen: Der US-amerikanische Freibeuter **William Walker** drang von Nicaragua aus nach Costa Rica vor und wollte auch den Rest Zentralamerikas erobern (→ S. 428), doch die costa-ricanischen Truppen besiegten ihn und seine Filibuster gemeinsam mit den Truppen der verbündeten Nachbarstaaten in zwei Schlachten, die bis heute gefeiert werden: die **Schlacht von Santa Rosa** in Guanacaste am 20. März 1856 und die **Schlacht von Rivas** in Nicaragua am 11. April 1856. Bei dieser zweiten Schlacht setze ein Trommlerjunge der Armee, **Juan Santamaría,** die Barrikaden der Filibuster in Brand und verlor dabei sein Leben. Für dieses Opfer wird er heute als Nationalheld verehrt.

Der Einfall Walkers war trotz des Siegs ein herber Rückschlag für die wirtschaftliche Entwicklung Costa Ricas, da viele Soldaten gefallen oder so geschwächt waren, dass sie einer Cholera-Epedemie nicht gewachsen waren, die sich auf das ganze Land ausweitete und 10 % der Bevölkerung das Leben kostete.

1870 bis 1900 – Bananenkönige

Den Ausbau der Eisenbahnlinie von San José bzw. Alajuela zum Karibikhafen Puerto Limón und von San José nach Puntarenas am Pazifik übernahm ab 1871 der New Yorker Unternehmer **Minor Cooper Keith.** Was für den Export von Kaffee gedacht war, mündete in einen weiteren Exportschlager: Cooper Keith bekam von der Regierung als Gegenleistung für Hilfe bei der Finanzierung des Eisenbahnbaus Land, auf dem er die ersten Bananenplantagen des Landes anlegte und die jamaikanischen Arbeiter, die zuvor am Bau der Bahnstrecke geschuftet hatten, gleich weiter beschäftigte. 1899 verband Bananenkönig Keith sein Unternehmen mit der Bostoner Fruit Company, die bisher Bananen von Jamaika in die USA exportiert hatte, zur **United Fruit Company** (heute Chiquita Brands International). Noch mehr Land wurde hinzu gekauft und der Bananen-Markt lag vollständig in US-amerikanischer Hand – ein wirtschaftliches Abhängigkeitsverhältnis, das auch politische Einmischungen der USA in Costa Rica begünstigte.

Die wachsende Wirtschaft, der Kontakt mit Europa und der relative Wohlstand Costa Ricas mündeten jedoch auch in eine liberalere Innenpolitik: Die Befugnisse von Kirche und Staat wurden getrennt, Kulturinstitute und

Freibeuter William Walker – ein Mann mit 1000 Gesichtern

Er kam, sah und siegte – so ähnlich wie der Erfolg des großen Caesar wirkt die unglaubliche Geschichte des William Walker aus Tennessee. 1824 in Nashville geboren, wuchs er als ehrgeiziger Junge auf, der seine kranke Mutter pflegen musste. Zum Medizinstudium ging der sprachbegabte Teenager aus gutem Hause an die Universitäten von Edinburgh, Göttingen, Heidelberg und Paris und machte seinen Abschluss in Pennsylvania. Er arbeitete kurz als Arzt und widmete sich dann einem weiteren Studium, den Rechtswissenschaften. Auch als Anwalt arbeitete er nur kurz und wurde lieber Verleger einer Zeitung und arbeitete als Journalist, der die Sklaverei und imperialistischen Interessen in seinen Artikeln verurteilte. Vom Gold in Kalifornien hatte er ebenfalls gehört und so versuchte er als Goldgräber sein Glück. Doch er wollte mehr, eine aufregende Karriere, wie all seine männlichen Vorfahren, der Großvater, die Onkels und Cousins, die in großen Kriegen und bitteren Schlachten gekämpft hatten. Ihre Heldentaten wurden in der Familie weiter tradiert. Nachdem er im Goldrausch Gräueltaten an den Eingeborenen miterlebt hatte und seine große Liebe Helen am Gelbfieber starb, wandelte sich sein Charakter grundlegend und er fand den Weg seiner großen Karriere in dem Dasein als **Filibuster.** Vom niederländischen *vrijbuiter* kommend, bedeutet das, ein Freibeuter bzw. ein Pirat zu sein. Im Amerika des 19. Jh. wurden auch Söldner so genannt, die sich militärisch in die Politik der lateinamerikanischen Staaten einmischten. Und genau das wollte der ambitionierte Walker nun – Präsident einer Republik werden. Der erste Versuch führte ihn ins mexikanische Baja California. Mit einer Truppe von 45 Söldnern, Europäer und Amerikaner, die er auf der Goldrausch-Transitroute durch Nicaragua angeheuert hatte, besetzte er die Region und rief sich zum Präsidenten von Baja California aus. Doch kurze Zeit später musste er sich wieder zurückziehen, die Mexikaner ließen sich das nicht gefallen. In den USA musste er für den Tatbestand der illegalen Kriegsführung vor Gericht, wurde aber freigesprochen.

Da kam ihm das Schicksal zu Hilfe. Nach der Auflösung der zentralamerikanischen Konförderation rief er sich selbst zum Präsidenten Nicaraguas aus und führte die Sklaverei wieder ein. Nachdem er 1856 auch in Costa Rica einfiel, hier aber geschlagen wurde, zog er sich wieder nach Nicaragua zurück und dehnte seine Macht hier weiter aus. Er wusste schließlich die Großgrundbesitzer der US-amerikanischen Südstaaten als Geldgeber hinter sich. Sie sollten das Gebiet besiedeln und die Einheimischen für sich arbeiten lassen. Unglaublich, aber wahr – die USA erkannten Walker als Staatsoberhaupt an. Seit dem Ausbruch des Goldrausches schwelte zwischen England und den USA ein Konflikt über die Rechte der Transitroute auf dem Río San Juan. Er wurde nun beendet, indem Walker die Strecke an sich riss und einen Nicaragua-Kanal plante. Erst jetzt wurden die USA aktiv und der Pirat aus Tennessee von der US-Armee gefangen genommen, jedoch auch diesmal wieder schnell entlassen. Er hatte einflussreiche Leute auf seiner Seite.

Ein Raubzug gegen British-Honduras sollte ihn aber teuer zu stehen kommen. Die Engländer waren nicht zimperlich in der Verteidigung ihre Interessensphären. Sie zwangen Walker zur Kapitulation und übergaben ihn den Behörden von Honduras. Vor eine Wand gestellt, wurde er am 12. September 1860 von einem Erschießungskommando hingerichtet.

Museen eröffnet, das Wahlrecht (für Männer) eingeführt. **Präsident Tomás Guardia Gutiérrez** (1870–1882) regierte zwar autoritär, verbesserte aber das Bildungs- und Gesundheitssystem, schaffte die Todesstrafe ab und reglementierte die Macht der Kaffeebarone. Die Bevölkerung wuchs auf 300.000 Einwohner an.

Bis 1945 – Probleme, Streiks, Reformen

Der Kaffeeanbau und United Fruit brachten nicht nur Wohlstand, sondern auch Probleme mit sich. Die indigene Bevölkerung wurde vertrieben, Urwald gerodet und der Boden durch die Monokulturen ausgelaugt. Als nichts mehr zu holen war, verließ United Fruit zuerst die Karibikküste (1930) und später auch die Pazifikküste (1984) und hinterließ Arbeitslosigkeit, Krankheit und Perspektivlosigkeit. Die Arbeiter streikten, die Gewalt und Armut nahmen wieder zu. Dass Costa Rica mit Beginn des Zweiten Weltkriegs einen Großteil seines Absatzmarktes in Europa verlor, verschärfte die Lage noch zusätzlich. Der republikanische Präsident **Rafael Ángel Calderón Guardia** (1940–1944) versuchte die Situation durch soziale Reformen in den Griff zu bekommen und führte Mindestlöhne, eine Sozialversicherung und Gewerkschaften ein. Als formeller Kriegsgegner Deutschlands wurde der Grundbesitz deutscher Einwanderer konfisziert und viele in Internierungslager gesteckt. Den Kaffeeoligarchen passte der politische Kurs Calderóns nicht und sie unterstützten die Opposition. Aus einem fünfwöchigen **Bürgerkrieg** im März/April 1948 ging **José Figueres Ferrer** als neuer Präsident hervor.

Ab 1945 – auf dem Weg zur Demokratie

Figueres (1948–1949, 1953–1958 und 1970–74) dachte fortschrittlich und demokratisch. Banken wurden verstaatlicht, Frauen erhielten das Wahlrecht, das aktive Militär wurde im Mai 1949 abgeschafft und die **Partido Nacional de Liberación (PLN)** ins Leben gerufen. Gleich drei Universitäten wurden gegründet und es ging wirtschaftlich wieder bergauf: Neue Firmen kamen ins Land, der Kaffee- und Bananenexport boomte. Doch der Aufschwung kostete Geld und das Land nahm gleich mehrere Auslandskredite auf. Gleichzeitig floss ein Großteil des auf costa-ricanischem Boden erwirtschafteten Gewinns in die USA. Zu Beginn der 1980er-Jahre konnte dann Costa Rica seine Schulden nicht mehr bezahlen und war auf die finanzielle Hilfe der USA angewiesen. Die nutzten im Gegenzug das Tico-Territorium und nördliche Grenzgebiet, um aktiv ihre Interessen im **Nicaragua-Konflikt** durchzusetzen. Ende der 1970er-Jahre war die nicaraguanische Somoza-Diktatur von den linksgerichteten Sandinisten gestürzt worden. Ihre Partei, die FSLN, wollte neben weitreichenden Reformen auch die Einmischung der USA im Land beenden. Da die USA ihre Interessen in Nicaragua mit Auswirkungen auf ganz Lateinamerika bedroht sahen, schmuggelten sie Waffen und Geld an die Gegner der Sandinisten, die sogenannten Contras, die sich vorwiegend aus der alten Nationalgarde des Diktators Somoza rekrutierten. Die Medienberichterstattung in Costa Rica über den Krieg wurde von den USA kontrolliert. Als der Krieg drohte, sich auf Costa Rica auszuweiten, demonstrierten Tausende Ticos auf der Straße für den Frieden. Die Welt schaute zu.

Die Schweiz Lateinamerikas

Costa Rica erklärte 1983 unter Präsident **Luis Alberto Monge Álvarez** (1982–1986) seine „dauerhafte und aktive unbewaffnete Neutralität" im Nicaragua-Konflikt – eine politische Positionierung, die Costa Rica neben seinem Wohlstand den Beinamen „Schweiz

Lateinamerikas" eingebracht hat. Bereits im Jahr 1948 hatte der Präsident die Armee abgeschafft. Was zählte, war Frieden – am besten für immer. Folglich strömten Tausende Flüchtlinge nach Costa Rica, vor allem aus Nicaragua. **Óscar Arias Sánchez** (1986–1990) schaffte es als neuer Präsident Costa Ricas, mit den USA die Zahlung von Hilfsgeldern zu vereinbaren und gleichzeitig die Neutralität seines Landes zu garantieren. Das marode, aber vorbildhafte Bildungs-, Sozial- und Gesundheitssystem wurde weiter vorangebracht. Außerdem vermittelte Arias im Friedensprozess in Mittelamerika und brachte alle Konfliktparteien dazu, einen Friedensplan zu unterzeichnen, wofür er 1987 den **Friedensnobelpreis** erhielt.

Das 21. Jahrhundert

2007 wurde in der zweiten Amtszeit von **Óscar Arias Sánchez** (2006–2010) das umstrittene Freihandelsabkommen **CAFTA** mit den USA, Zentralamerika und der Dominikanischen Republik mit knappen 51,6 % der Stimmen abgeschlossen. Es gab viele Gegner, darunter private Kampagnen unter dem Slogan „Mein Herz sagt nein"! (¡Mi corazón dice no!).

Umstritten ist heute auch das **Stauseeprojekt El-Diquís** im Térraba-Tal, das die Zerstörung eines natürlichen Lebensraums im Süden Costa Ricas und die Umsiedlung der etwa 1500 indigenen Térraba bedeutet. Es sollte bis 2024 fertiggestellt sein. 2018 gab das Instituto Costarricense de Electricidad (ICE) jedoch bekannt, dass das Wasserkraftprojekt El-Diquís im Südpazifik nach sieben Jahren Bauzeit und einer Investition von 146 Mio. $ auf unbestimmte Zeit ausgesetzt wird.

Die Bedeutung von Bananen und Kaffee haben der wachsende Tourismus und die Produktion von Mikrochips abgelöst. Costa Rica ist das beliebteste Reiseland in Mittelamerika und laut dem „Happy Planet Index" das glücklichste Land der Welt, wobei Kriterien wie Bildung und Einkommen allerdings nicht berücksichtigt werden, dafür der Fokus auf Nachhaltigkeit, Gesundheit und Wohlbefinden liegt → Blaue Zonen, S. 188).

Nach mehreren Korruptionsskandalen ist allerdings das Vertrauen der Bevölkerung in eine verlässliche Regierung stark gesunken (→ Korruption, S. 411).

Corona-Krise

Der Ausbruch der Corona-Krise im März 2020 hat auch die Wirtschaft Costa Ricas stark getroffen. Nachdem der erste Corona-Fall bestätigt wurde, kam es zu massiven Einschränkungen im nationalen und internationalen Reiseverkehr. Anfang 2022 wurde mit der 1G-Regelung der Zutritt zu bestimmten Bereichen wie Hotels und Restaurants reguliert. Obwohl die Infektions- und Todesfallzahlen im Zusammenhang mit Covid-19 in Costa Rica relativ gering ausfielen, leidet das Land noch immer an den Folgen der Einschränkungen. Vor allem der Einbruch im Tourismus machte dem Land arg zu schaffen. Seit dem 1. April 2022 sind alle Einschränkungen hinsichtlich der Pandemie hinfällig und der Tourismus erholt sich wieder.

WiFi gibt es fast überall

On the road again

Anreise

Endlich – es geht nach Costa Rica! Die Anreise erfolgt in der Regel über den Luftweg. Manch einer möchte aber auch über die Nachbarländer Nicaragua oder Panama ein- und ausreisen. Hier gibt es alle Infos im Überblick.

Einreisebestimmungen

EU-Bürger und Schweizer benötigen für die Einreise nach Costa Rica einen noch mindestens sechs Monate gültigen Reisepass. Für einen Aufenthalt bis zu 90 Tagen ist kein Visum erforderlich. Auf den Eintrag der maximalen Aufenthaltsdauer in den Pass besteht kein Anspruch, es ist üblich, dass eine kürzere Aufenthaltsgenehmigung gewährt wird, entsprechend der geplanten Ausreise. Diese wird meist abgefragt. Außerdem kann der Nachweis des Rückflugtickets oder eines Tickets für die Weiterreise per Flugzeug oder Bus in ein Nachbarland verlangt werden. Wer länger als 90 Tage bleiben und sich die Verlängerungs-Prozedur bei der Einwanderungsbehörde in San José (www.migracion.go.cr) ersparen möchte, muss offiziell für mindestens 72 Stunden nach Panama oder Nicaragua aus- und dann wieder einreisen. In vielen Fällen drücken die Grenzer auch ein Auge zu und lassen Reisende eher wieder ins Land zurück. Wer länger als 180 Tage in Costa Rica bleiben möchte, benötigt ein Visum, das bei den diplomatischen Vertretungen erhältlich ist. Aktuellste Informationen stellt das Auswärtige Amt auf seiner Homepage bereit: **www.auswaertiges-amt.de.**

Mit dem Flugzeug

Mehrere **Airlines** bieten schnelle Verbindungen von Europa nach San José (Alajuela) und Liberia an. Lufthansa fliegt direkt von Frankfurt und München nach San José (ca. 11 Std.). Außerdem fliegt die Airline Edelweiss von Zürich direkt nach San José. Die spanische Iberia fliegt über Madrid in ca. 11 Std. von Europa nach San José, Air France über Paris, KLM über Amsterdam, British Airways über London. Alle weiteren Anreiseoptionen führen mit Zwischenstopp über die nordamerikanischen Staaten. Diese Option ist zwar meist günstiger, jedoch mit einer mehrstündigen Verlängerung der Reisezeit und vorab mit der Beantragung eines gebührenpflichtigen Visums für Kanada (eTA) oder die USA (ESTA) verbunden.

- Fluglinien und Vergleichsportale: www.iberia.com, www.lufthansa.de, www.flyedelweiss.com; www.flug.idealo.de, www.skyscanner.de.

Bei der Ausreise aus Costa Rica wird eine **Flughafensteuer** fällig, diese ist jedoch bei fast allen Airlines bereits **im Reisepreis enthalten!**

Die **Gepäckoptionen** variieren von Airline zu Airline. In der Regel ist ein Festgepäckstück von 20–23 kg im Reisepreis enthalten. Sperrgepäck wie Surfboards und Ähnliches sollten im Vorfeld mit der Airline besprochen werden.

In Costa Rica landet man zumeist am **internationalen Flughafen Juan Santamaría** in Alajuela bei San José. Das Terminal ist überschaubar. Es gibt einige Bankfilialen mit Geldautomaten, Wechselstuben und eine Touristeninformation. Hier und in Flughafennähe sind alle bekannten und unbekannten Mietwagenverleiher angesiedelt. Lizensierte Taxis warten direkt vor dem Terminal auf Kundschaft. Eine Fahrt ins Stadtzentrum kostet ca. 30 $. Achten Sie darauf, dass das Taxameter eingeschaltet ist. Es gibt auch öffentliche Busse, die das nahegelegene Alajuela und San José anfahren. Abfahrt ist im 10-Minuten-Takt direkt an der Hauptstraße vor dem Terminal. Die Fahrt kostet ca. 2 $ und dauert, je nach Verkehrsdichte, 30 Min. bis 1 Std.

- Mehr Infos, Pläne und Hinweise zum Geschehen am Flughafen gibt es unter www.flysanjose.com.

Einreise über/in die Nachbarländer

Costa Rica hat nur zwei direkte Nachbarländer, **Nicaragua** im Norden und **Panama** im Süden, mit denen es über fünf Grenzübergänge verbunden ist. Internationale Buslinien verkehren von und nach Costa Rica über alle weiteren mittelamerikanischen Länder (→ Internationale Busse, S. 441).

Bei der Einreise nach Costa Rica müssen alle Touristen ein **Rückreise- oder Weiterreise-Ticket** innerhalb der erlaubten Aufenthaltszeit dabeihaben. Wer nicht mit dem Flugzeug reist, muss an der Grenze ein Busticket oder einen anderen Beleg für eine Ausreise aus Costa Rica vorlegen. Oder man bucht sich ein Hotelzimmer in einem der Nachbarländer, welches bei Nichtbedarf kostenfrei storniert werden kann.

Grenzübergänge nach Nicaragua

Seit 2018 ist die Einreise über Land nach Nicaragua mindestens 7 Tage zuvor online anzumelden. Das Online-Formular gibt es hier: **solicitudes.migob.**

gob.ni. Für die Ausreise von Costa Rica wird eine Gebühr von i. d. R. 7 USD, zahlbar auch in CRC, manchmal auch nur per Kreditkarte, am Grenzposten fällig.

> Es ist nicht möglich, mit dem **Mietwagen** die Grenzen von Costa Rica nach Nicaragua zu passieren!

Peñas Blancas – Sapoá: Es ist der wichtigste Grenzübergang zwischen Costa Rica und Nicaragua. Vom Örtchen Peñas Blancas in Costa Rica kommt man nach Sapoá in Nicaragua. Hier geht es trubelig, laut und hektisch zu, Geldwechsler suchen nach Kundschaft, manch anderer möchte bereits ein Hostal oder den Weitertransport vermitteln. Je nach Verkehrslage dauert der Grenzübertritt nur wenige Minuten (Nebensaison unter der Woche) bis zu mehreren Stunden (Hochsaison, v. a. an Weihnachten und anderen Feiertagen, am Wochenende). Es empfiehlt sich, immer früh morgens an der Grenze zu sein. „Salida" ist die Schlange/der Schalter für die Ausreise, „Entrada" die Einreise. Zwischen den Grenzposten muss ein Weg von ca. 1 km zu Fuß zurückgelegt werden. Den Pass immer bereithalten, da die Beamten beider Länder ihn sehen wollen. Achtung Schlepper: Es ist nicht nötig, die Angebote von Personen anzunehmen, die ihre Hilfe bei den Grenzformalitäten anbieten. Alles läuft unkompliziert ab: Pass vorzeigen, Einreisegebühr bezahlen, Stempel rein, fertig. Die Grenzgebühr in Costa Rica für die Ausreise ist bezahlbar mit Kreditkarte an einem Automaten oder in der Banco Credito Agricola (BCA).

- Mo–Sa 6–22, So 6–20 Uhr.

Weiterfahrt: Auf beiden Seiten fahren tagsüber regelmäßig Busse nach Rivas/Nicaragua (alle 30 Min.) bzw. San José und Liberia/Costa Rica (Transnica 6-mal tägl. 5–18 Uhr, nach Liberia öfter). Busse von Ticabus, Transnica und Central Line verkehren zwischen San José und Managua (→ Bus, S. 441). Es gibt auch Taxis, die in Costa Rica deutlich teurer sind als in Nicaragua.

Los Chiles – San Carlos: Von einem Río-San-Juan-Trip in Nicaragua zurückkommend, ist die Fahrt von San Carlos (Nicaragua) aus mit dem Boot über den Río Frío nach Los Chiles (Fahrzeit 45 Min.) möglich. Achtung: Unbedingt

Grenze Costa Rica – Nicaragua

den Ausreisestempel im Zollamt in San Carlos einholen, geöffnet 8–16 Uhr.

▪ Zur Zeit der Recherche fuhren die Boote nur unregelmäßig bzw. nur, wenn mindestens 8 Passagiere zusammenkamen. Am besten in San Carlos erkundigen, ob es möglich ist. Private Anbieter gibt es auch, wie Transporte Turistico Osprey, ✆ +50589632845 (WhatsApp), Evert.

Weiterfahrt: In San Carlos in Nicaragua fahren Busse in Richtung Managua und Boote über den Río San Juan oder zu den Solentiname-Inseln (→S. 121).

Las Tablillas – San Pancho: Inzwischen ist die Brücke der Nic 258 bei Santa Fé in Nicaragua über den Río San Juan fertig, sodass der Grenzübergang Las Tablillas/Costa Rica bzw. San Pancho/Nicaragua nun auch per Bus und Auto erreichbar ist. Die Grenze ist auf beiden Seiten von 8–16 Uhr geöffnet und eine sichere Alternative zum Boot-Grenzübergang Los Chiles.

Grenzübergänge nach Panama

Sixaloa – Guabito: Der Río Sixaloa bildet die natürliche Grenze zwischen den Orten Sixaloa in Costa Rica und Guabito in Panama, beide an der Karibikseite. Wer hängen bleibt, findet einfache Übernachtungsmöglichkeiten.

▪ 8–18 Uhr.

Weiterfahrt: Busse fahren auf beiden Seiten zu den nächstgelegenen Orten (alle weiteren Infos → Reisekapitel).

Paso Canoas – Capacho: Der Grenzübergang liegt im Süden Costa Ricas in der Nähe der Stadt Ciudad Neily. Es gibt einfache Unterkünfte und Colectivos.

▪ 6–24 Uhr, die Mittagspause von 11.30–12.30 Uhr wird regelmäßig eingehalten.

Weiterfahrt: Busse fahren zu den größeren Orten auf beiden Seiten (alle weiteren Infos → Reisekapitel).

Ausrüstung und Reisegepäck

Reiserücktrittsversicherung: Diese Versicherung ist günstig für alle, die lange im Voraus buchen. Sie greift in der Regel bei Krankheit (ärztliches Attest notwendig), Tod von Angehörigen oder aber auch plötzlicher Arbeitslosigkeit. Wie bei der Krankenversicherung ist sie möglicherweise in der Kreditkarte mit enthalten und muss dann nicht noch einmal separat abgeschlossen werden.

Gepäckstücke: Sperriges Gepäck wie z. B. ein Surfbrett kann bei den Fluggesellschaften, oft kostenfrei, als Sperrgepäck angemeldet und im Frachtraum mitgenommen werden. Kinderwagen müssen erst am Gate oder an der Gangway vor dem Abflug abgegeben werden und stehen nach der Landung auch gleich wieder dort bereit. In vielen Städten Costa Ricas ist aufgrund der hohen Bordsteine eine Babytrage oder Kleinkindkraxe geeigneter. Für Reisegepäck gibt es keine grundsätzliche Empfehlung. Wer mehr Strecke zu Fuß zurücklegt, sollte den Rucksack dem Rollkoffer vorziehen.

Kleidung: Im Allgemeinen ist leichte Sommerkleidung die beste Wahl. Für einige Regionen bzw. Landesteile braucht man feste Schuhe und eine lange Hose, auch wegen der Mücken. Für das Hochland ist eine wärmere Jacke nötig. Auf gar keinen Fall dürfen Badekleidung und der nötige Sonnenschutz wie Kappe, Sonnenbrille und Sonnencreme mit hohem LSF von mindestens 30 fehlen. Badeschuhe sind für Ausflüge an Wasserfälle, Wanderungen durch Flussbetten und manchen steinigen Strand ganz brauchbar. Es kann auch nicht schaden, ein Moskitonetz einzupacken, denn nicht jede Unterkunft ist damit ausgestattet. Wichtige Hygieneartikel wie Tampons, Kontaktlinsen, spezielle Medizin sollten ebenfalls mitgenommen werden.

Packliste

Geld & Dokumente

◊ Flug- und Bahntickets

◊ Buchungsbestätigungen (z. B. vom ersten Hostel)

◊ Impfpass

◊ Allergiepass

◊ Reisepass, Kopie Reisepass, evtl. laminiert

◊ Kreditkarten (VISA Card & MasterCard als Backup, da nicht überall alles geht)

◊ Versicherungskarte der Auslandskrankenversicherung

◊ Ausdruck der Nummer und Adresse der Auslandskrankenversicherung

◊ Bargeld $ und € in sinnvoller Stückelung, 1-$-Noten als Trinkgeld

◊ (Internationaler) Führerschein

◊ Internationaler Studentenausweis

◊ Tauchschein & Logbuch

◊ Sperrnummern der Kreditkarten

◊ Blutgruppe & Kontakt zu Hause. Am besten auch als laminierte Karte, die im Tagesrucksack oder in der Gürteltasche verbleibt

→ Laminieren ist sinnvoll. Falls der Reisepass verlangt wird, kann man oft die Kopie als Pfand hinterlegen, z. B. beim Rollerverleih, Kajakverleih oder im Hostel. Notfallnummern knittern nicht in Gepäckstücken und bleiben leserlich.

Kleidung

◊ Hals- oder Kopftuch

◊ Kopfbedeckung

◊ Kurze Hose, 3/4 Hose, lange Hose

◊ Gürtel

◊ Regenjacke

◊ T-Shirts, Tops

◊ Fleecejacke oder Softshell-Jacke

◊ Kapuzenpulli, Sweatshirt

◊ Abendgarderobe

◊ Sandalen, Flip-Flops, Trekkingschuhe

◊ Unterwäsche, Socken

◊ Bikini, Badeshorts

◊ Reisehandtuch, schnell trocknend

◊ Schlafsachen

◊ Kleid, Rock

Kosmetik

Es bietet sich an, die meisten Dinge im Reiseformat in der Drogerie zu erstehen.

◊ Sonnenmilch mit hohem Lichtschutzfaktor

◊ Mückenschutzmittel

◊ Verhütungsmittel

◊ Zahnbürste, Zahnpasta, Zahnseide

◊ Rasierer, Ersatzklingen, Rasierschaum

◊ Gesichtswasser, Gesichtscreme

◊ Kamm, Bürste

◊ Deo, Parfüm

◊ Duschgel, Shampoo

◊ Nagelschere, Nagelknipser

◊ Pinzette, Nagelfeile

◊ Kontaktlinsen, Kontaktlinsenlösung

◊ Wattestäbchen, Wattepads

◊ Taschentücher

◊ Klopapier-Rolle, feuchte Toilettentücher

◊ Tampons, Slipeinlagen

◊ Make-up

◊ After-Sun-Lotion (vor Ort sehr teuer)

◊ Haarspray, Haargel

◊ Ohrenstöpsel, Schlafbrille

Medikamente (→ Reiseapotheke, S. 456)

Technik

◊ Fotoausrüstung mit Kameratasche, Ladekabel, Speicherkarten, Akku, USB-Kabel, USB-Kartenleser

◊ Notebook/Tablet

◊ USB-Stick, Maus

◊ externe Festplatte als Backup für die Fotos

◊ Weltreiseadapter

◊ Ladekabel für alle technischen Geräte

◊ Smartphone

◊ Kopfhörer

◊ Taschenlampe oder Stirnlampe

◊ Fernglas

◊ Reiseföhn

◊ Mehrfachsteckdose mit langem Kabel

Sonstiges

- ◊ Reiseführer/Literatur
- ◊ Sonnenbrille
- ◊ Feuerzeug
- ◊ Taschenmesser (Achtung: nicht ins Handgepäck)
- ◊ Tagebuch
- ◊ Moskitonetz
- ◊ Wäscheleine, Waschmittel
- ◊ Näh- und Flickzeug
- ◊ Teelichter
- ◊ Schlafsack, alternativ Bettbezug (manchmal ist es vor Ort nicht so sauber, und da freut man sich, in den eigenen, dünnen Bettbezug zu schlüpfen, kann alternativ auch als Strandtuch genutzt werden)
- ◊ Tagesrucksack mit Regencape (ca. 10–20 l)
- ◊ Geldgürtel/Gürteltasche für Wertsachen
- ◊ Hänge-Kulturbeutel
- ◊ Sportgeräte (Taucherbrille, Schnorchel)
- ◊ Zeltausrüstung

Verkehrsmittel vor Ort

In Costa Rica kommt man am besten mit dem Mietauto oder öffentlichen Bussen voran. Für weitere Strecken steht ein gut ausgebautes Netz an Inlandsflügen bereit. Ein Streckennetz der Eisenbahn gibt es nicht mehr. Lediglich im Großraum San José wurden die Strecken nach Heredia und Cartago für den öffentlichen Nahverkehr reaktiviert.

Die Fortbewegung ist in der Regel sicher, einfach und kostengünstig. Die Infrastruktur ist um die größeren Städte und zu den meisten Attraktionen des Landes gut ausgebaut, die Panamericana führt durch Costa Rica. Dagegen sind kleinere Straßen oft nicht asphaltiert und in schlechtem Zustand.

Eigenes Auto/Mietfahrzeug

Wer mit dem eigenen Auto durch Mittelamerika fährt, braucht die nationale und internationale Fahrerlaubnis und die Fahrzeugpapiere im Original auf eigenen Namen. Ebenso sind auf Verlangen die Importerlaubnis des Fahrzeugs und obligatorische Versicherungspolicen vorzuzeigen. Der Aufenthalt des Kfz wird bei Einreise für drei Monate genehmigt. Die obligatorische Versicherung für den gesamten Zeitraum beträgt ca. 65 $. Das geforderte Mindestalter zum Autofahren liegt in Costa Rica bei 21 Jahren.

Mietfahrzeuge

Alle bekannten Mietwagenfirmen befinden sich am Flughafen von San José. Das ist günstig, wenn man gleich weiterreisen möchte. In San José selbst ist ein Auto eher hinderlich. Auch im Stadtzentrum oder an vielen anderen Standorten im Land sind die Verleiher präsent (→ Ortskapitel). Meist kann man auch über die Hotels ein Auto anmieten. Einen guten Ruf haben amiGO, Alamo, Budget oder Adobe Rent a Car.

Bei Anmietung sind der Reisepass, der internationale oder nationale Führerschein sowie eine gültige Kreditkarte vorzulegen. Das Mindestalter zur Anmietung beträgt 21 Jahre. Viele Vermieter erheben eine zusätzliche Gebühr für Fahrer unter 25 Jahren. Es kann sinnvoll sein, das Auto an einem anderen Ort als dem der Anmietung wieder abzugeben. Dafür wird eine Einweggebühr fällig. Je nach Vorhaben, z. B. Fahrten in abgelegene Gebiete oder unwegsame Nationalparks, ist es ratsam, ein Auto mit Allradantrieb anzumieten. Auch der Süden von Nicoya, wie Mal País, ist bisher nur per Allrad erreichbar.

Die Anmietung sollte stets mit einer Vollkasko-Versicherung erfolgen, die Schäden an Reifen und Glas beinhaltet sowie eine niedrige Selbstbeteiligung hat. Bei Übergabe des Mietautos sind alle Schäden am Fahrzeug aufzunehmen. Ein kurzes Abfilmen des Fahrzeugs mit dem Handy gibt Sicherheit im Zweifelsfall. Im Schadensfall ist immer die Polizei zu holen, welche das Geschehene dokumentiert. Ebenfalls muss der Vermieter umgehend in Kenntnis gesetzt werden. Achtung: Wasserschäden bei der Durchfahrt von zu tiefen Flüssen, sind i. d. R. nicht ver-

Tankstellen sind gut verteilt in Costa Rica

sichert. Mietwagen können nicht mit über die Grenze genommen werden.

Costa Rica lässt sich auch auf zwei Rädern wunderbar bereisen. Die Vermietung von **Motorrädern** und geführte Touren bietet Fredy Imfeld in Orosi an. ✆ 83327777 (WhatsApp), www.costarica-moto.com.

Tanken

Moderne Tankstellen sind weit verbreitet und man kann überall mit Karte zahlen. Man sollte beim Mietfahrzeug sicher sein, ob Diesel oder Benzin, in Costa Rica 91 Oktan oder 95 Oktan genannt, in den Tank kommt. In der Regel steht dies auf dem Tankdeckel des Autos. Sollte einem in entlegenen Gegenden doch einmal der Sprit ausgehen, kann man auch Anwohner nach „gasolina" fragen. Oft gibt es jemanden, der ein paar Liter vorrätig hat und lokal damit handelt.

Verkehrsregeln

Die Ticos fahren eine flotte Sohle und schrecken auch vor riskanten Überholmanövern nicht zurück. Entspannt bleiben und lieber den Ticos den Vortritt lassen. Verkehrsregeln und -zeichen entsprechen grundsätzlich den deutschen Standards.

Rechtsabbiegen: Ist in Costa Rica bei roter Ampel immer erlaubt, auch ohne grünen Pfeil.

Sicherheitsgurt: Der Gurt ist immer anzulegen und Kinder sind in entsprechenden Sitzen und Schalen zu befördern.

Höchstgeschwindigkeiten: Innerorts 50 km/h, außerhalb geschlossener Ortschaften 80 km/h, Autobahn 90 km/h. Geschwindigkeitsmessungen der Polizei werden häufiger als gedacht durchgeführt. Die Geldstrafen dafür sind hoch.

Straßenverhältnisse: Sehr unterschiedlich, vom glatten Asphalt bis zur staubigen und schlaglochübersäten Piste ist alles dabei. Im Valle Central in und um San José herrscht viel Verkehr, inklusive vieler Lkws auf engen Straßen. Immer angepasst und wachsam fahren! Auf Nachtfahrten sollte aus Sicherheitsgründen verzichtet werden. Hinzu kommen unbeleuchtete Fußgänger, Radfahrer und Autos, welche ein erhebliches Unfallrisiko darstellen. In den Bergen kann das Wetter schnell umschlagen, sodass mit Regen und Nebel während der Fahrt gerechnet werden muss.

Bußgeldkatalog: In Costa Rica sehr umfangreich. Die Strafen sind bedeutend höher als in Deutschland. Auf Alkohol am Steuer sollte grundsätzlich verzichtet werden. Hier ein Auszug:

> Missachten der Anschnallpflicht: 140 €
>
> Handy am Steuer: 400 €
>
> Geschwindigkeitsüberschreitung: ab 70 €
>
> Stoppschild/rote Ampel missachten: 290 €
>
> Am Strand fahren: 70 €
>
> Fahren ohne Windschutzscheibe: 30 €
>
> Alkoholisiertes Fahren ab 0,5 Promille: 500 €

Achtung, Bußgelder sind niemals direkt an die Polizei zu zahlen. Sollte ein Polizist dies trotzdem verlangen, notieren Sie die Nummer auf seiner Uniform und das Nummernschild seines Autos. Den Vorgang melden Sie dann bitte der zuständigen Abteilung des MOPT (Verkehrsministerium), Av. 20 y 22/C. 9, San José, ✆ 22577798. Meistens genügt schon die Kenntnis des Vorgangs, um Polizisten davon abzuhalten.

Verkehrszeichen:

- ALTO – Stopp
- Ceda el Paso – Vorfahrt beachten
- No adelantar – Überholen verboten
- No estacionar – Parken verboten
- Curva peligrosa – gefährliche Kurve
- No hay paso – Einbahnstraße

> **Checkliste: Sicherheit für Auto und Insassen**
>
> Bewachte Parkplätze nutzen
>
> Keine Wertsachen sichtbar liegen lassen
>
> Nachtfahrten vermeiden
>
> In Großstädten in ärmeren und belebten Gegenden an Ampeln von innen verriegeln/Fenster nicht zu weit öffnen
>
> Immer auf alles gefasst sein
>
> Im Verkehr passiv mitfließen

Navigation

Google Maps oder **Waze** zeigen auch kleinere Straßen im System. Man kann die Karte und die Navigation noch im Hotel im WiFi aufrufen – es hält im Speicher auch offline mehrere Stunden an, sodass die Navigation auch ohne mobiles Internet funktioniert.

Manchmal ist es hilfreich, eine detaillierte **Straßenkarte** zur Hand zu haben. Die Karten von Freytag & Berndt, Michelin und National Geographic sind empfehlenswert.

Bus

Der Busbahnhof heißt **Terminal de autobuses** oder **Estación de autobuses.** Es können moderne Busbahnhöfe oder olle Trampelacker sein. Oftmals gibt es keinen zentralen, sondern mehrere kleinere Abfahrtsstellen der einzelnen Busunternehmen, die verschiedene Richtungen bzw. Reiseziele bedienen. Die Busverbindungen in Costa Rica sind gut und preiswert. Jeder Winkel des Landes ist mit dem Bus erreichbar. Nur Zeit muss man für die entlegenen Ecken mitbringen.

Lokale Stadtbusse

Es sind nicht die neuesten Modelle, sie bieten keinen Komfort und wenig Platz für großgewachsene Reisende. Erschwerend halten sie an jeder Ecke, auch wenn zuvor von einer Direktver-

Überlandbusse verbinden Städte und Dörfer miteinander

bindung gesprochen wurde. Dafür lernt man so Land und Leute hautnah kennen und kommt schnell ins Gespräch. Ein- und ausgestiegen wird nach Bedarf. Ein lautes „parada" lässt den Fahrer den Ausstiegwunsch wissen. Einen festen Fahrplan an den Zwischenstopps sucht man vergeblich. Der Ticketpreis ist per Aushang im Bus gut sichtbar für alle angebracht und wird vom Fahrer oder Gehilfen kassiert.

Regionale Überlandbusse

Sie sind oft neuer als die Busse im lokalen Stadtverkehr. Es gibt unzählige Transportunternehmen, die zum Teil nur zwischen zwei Orten verkehren. Wie überall sollten besonders an den Haltepunkten das eigene Gepäck im Auge und die wichtigsten Sachen sowieso am Körper bzw. auf dem Schoß behalten werden. Aktuelle Busfahrzeiten können unter **www.horariodebuses.com** oder als PDF unter **www.visitcostarica.com** (als grobe Richtlinie) abgerufen werden. Für die eigene Reiseplanung gilt: Die angegebene Zeit, nicht die Kilometer sind ausschlaggebend.

Internationale Busse

Mehrere Anbieter bedienen den grenzübergreifenden Busverkehr in Zentralamerika von Mexiko bis Panama. Dabei werden jeweils die Hauptstädte angefahren. Die Busse sind komfortabel, mit verstellbaren Rückenlehnen, WC, TV, Klimaanlage ausgestattet, und sie sind die sicherste Variante, um weite Strecken zurückzulegen und Grenzübergänge zu passieren (allerdings werden oft die typischen US-Actionthriller in einer ohrenbetäubenden Lautstärke abgespielt, also lieber Oropax einstecken). Auch die Klimaanlagen sind oft so kalt eingestellt, dass eine Decke oder ein Schlafsack wirklich wichtig sind. Meist sammelt der Busbegleiter an der Grenze die Pässe und Gebühren ein und erledigt die Formalitäten. Bekannte Buslinien sind **www.ticabus.com** und **www.nicabus.com.ni.**

Shuttle

In Costa Rica gibt es einen weit verbreiteten Shuttle-Service. Alle touristischen Spots werden von den bequemen, klimatisierten Shuttles angefahren. Die Buchung erfolgt über das Hotel oder eine Reiseagentur. Die Kosten sind natürlich um einiges höher als in Bussen, Kinder zahlen meist weniger. Bekannt sind **www.interbusonline.com, www.graylinecostarica.com** oder **www.caribeshuttle.com.**

Inlandsflüge

Costa Rica verfügt über ein gut ausgebautes Netz an Inlandsflügen. Gerade für entlegene Ecken wie Tortuguero, den Corcovado-Nationalpark oder Puerto Jiménez kann sich solch ein Domestic Flight lohnen. Somit ist es auch für Reisende mit wenigen Urlaubstagen möglich, viele Ecken des Landes schnell, relativ preiswert und komfortabel kennenzulernen. Die Airlines **Sansa, Skyway, Aerobell** und **Aerotour** teilen sich den nationalen Markt. Die Flugrouten gehen nicht immer zwangsläufig über die Hauptstadt, es gibt auch zahlreiche direkte Flüge zwischen anderen Orten. Die Gepäckbestimmungen variieren von Airline zu Airline und sind online abrufbar. In der Regel sind bis zu 20 kg Festgepäck und ein Handgepäck zulässig, jedoch nicht im Preis inkludiert. Ebenso sind die Preise für Sperrgepäck wie Surfboards oder Fahrräder im Vorfeld zu klären.

▪ www.sansaair.com; www.skywaycr.com; www.aerobell.com; www.aerotour.com.

Taxi und Uber

Taxis gibt es in allen Großstädten, sie sind an ihrer roten Lackierung und dem gelben Dreieck an der Tür zu erkennen. Die Lizenz des Fahrers muss gut sichtbar im Innenraum zu sehen und das Taxameter, María genannt, eingeschaltet sein. Die Kosten sind günstiger als in Deutschland. Für größere Entfernungen empfiehlt es sich, zuvor einen Festpreis zu verhandeln.

Die Alternative in San José heißt **Uber.** Schnell, günstig und transparent. Einfach via App bestellen und ruckzuck ist man von A nach B gefahren und kann nebenbei noch mit dem einheimischen Fahrer plauschen.

Fahrrad

Das Radfahren wird als Freizeitaktivität immer beliebter. Vor allem das Mountainbiking ist sehr beliebt (→ Sport & Aktivitäten). Als allgemeines Transportmittel zum Bereisen des Landes ist es jedoch eher ungeeignet. Die klimatischen Bedingungen, die geografische Lage und die ungenügende Verkehrssicherheit sprechen grundsätzlich dagegen. Nur an wenigen Orten in Costa Rica ist der Drahtesel für Touren geeignet. Er dient besser als regionales Fortbewegungsmittel, wie zu den Stränden um Puerto Viejo und im Orosi-Tal.

Manchmal passt's: unterwegs mit dem Bici

Hotel in Samara auf Nicoya

Übernachten

In Costa Rica hat sich über die letzten Jahrzehnte eine interessante und vielfältige Bettenlandschaft entwickelt. Vom kostenfreien Schlafplatz in der Hängematte oder im Zelt am Strand bis zum Super-Luxus-Dschungelresort ist für jeden etwas dabei.

Haben Sie schon einmal in einem wohnlich eingerichteten Zelt direkt am Strand übernachtet? Oder in einer abgelegenen Yoga-Oase hoch oben in den Bergen oder einer Lodge tief im Dschungel? Unzählige Übernachtungsmöglichkeiten und Unterkunftsarten neben den klassischen Hotels sind in Costa Rica zu finden. In den Reisekapiteln werden Sie so manche Besonderheit entdecken. Wer etwas besonders Schönes möchte, muss allerdings auch bereit sein, dafür tiefer in die Tasche zu greifen.

Preiskategorien

Die im Buch bei den einzelnen Unterkünften verwendeten Preiskategorien beziehen sich auf ein Doppelzimmer mit Bad:

€	bis 50 €
€€	50–100 €
€€€	100–150 €
€€€€	über 150 €

Verglichen und gebucht wird meist online. Dazu gibt es eine ganze Reihe von **Buchungsportalen,** die bekanntesten haben nicht immer die besten Preise. Eine direkte Anfrage in der Unterkunft ist nach wie vor möglich.

- www.agoda.de; www.etrip.net; www.expedia.de; www.booking.com.

Cabinas

Die Cabinas sind in vielen kleineren Städten zu finden. Es sind häufig sehr einfache Unterkünfte mit eigenem Bad und Familienanschluss. Preislich liegen die Cabinas eher im unteren Segment. Komfortable Extras wie Frühstück, Restaurant und Pool sind unüblich.

Camping und Glamping

Das Campen ist nur noch in wenigen Nationalparks und an Stränden gestattet. Es gibt auch reguläre Zeltplätze. Diese sind sehr einfach angelegt und verfügen oft über mangelnde Sanitäreinrichtungen. Das Glamping erfreut sich in den letzten Jahren größerer Beliebtheit. Das Wort vereint Glamour und Camping. In schön gestalteten Wohnzelten mit Terrasse und Badezimmer muss lediglich auf eine Klimaanlage verzichtet werden. Preislich bewegt sich das Erlebnis im gehobenen Bereich.

Hostels

Hostels sind eher günstig und einfach gehalten und zielen auf junge Reisende ab. Sie werden auch Hostales und Hospedajes genannt. Da in dieser Kategorie eine starke Konkurrenz herrscht, sind auch kleine Juwelen in dieser Kategorie zu finden. Diese bieten kostenfreies Frühstück, kultiges Ambiente oder den freien Flughafenshuttle für ihre Kundschaft.

Lodges

Lodges sind gut ausgestattete Unterkünfte in ländlichen Gebieten und eingebettet in satte Natur. Vor allem um die Nationalparks gibt es eine große Anzahl. Die Preise sind eher gehoben. Oft übernachtet man in gemütlichen Cabañas. Das sind Bungalows, oft rustikal gehalten und gemütlich eingerichtet.

Hotels

Hotels gibt es überall. Je kleiner und unbedeutender der Ort, desto geringer die Auswahl und umso bescheidener sind die Hotels. In der Regel ist das Angebot aber groß: Vom Ökohotel über Boutiquehotels bis hin zu einfachen Stadthotels ist für jeden Geschmack und Geldbeutel etwas dabei.

Selva Bananito Lodge

Essen und genießen unter Palmen

Essen & Trinken

Ob Streetfood, einfache Soda oder gehobenes Restaurant – für jeden Geldbeutel und jeden Geschmack wird etwas geboten.

Essen kann man in Costa Rica gut. Die costa-ricanische Küche ist grundsätzlich sehr stärkehaltig und je nach Geldbeutel fleischlastig. Die traditionelle Küche verwendet Bohnen (frijoles), Reis (arroz), Mais (maíz), frittierte Bananen (plátanos fritos) und Tamales. Ab und an gibt es auch Maistortillas. Das tägliche „comida corriente" wird in **Sodas** serviert, kleinen, einfachen Lokalen, in denen die Ticos ihre Mahlzeiten zu erschwinglichen Preisen einnehmen. Meist sind für 4–6 $ pro Menü eine kleine Vor- und Nachspeise sowie ein Getränk inklusive.

In den touristischen Regionen geht das Angebot oft weit über heimische Kost hinaus. Weit verbreitet und beliebt sind italienische Restaurants mit Pizza und Pasta. Aber auch Sushi und andere asiatische Gerichte werden angeboten. Auch hat sich das Angebot an vegetarischer und veganer Kost in den letzten Jahren gut entwickelt. Internationale Fastfood-Restaurants sind mehrheitlich in den Metropolen des Landes angesiedelt und bringen Altbekanntes auf die Tabletts.

Preiskategorien

Die Preiskategorien bei den einzelnen Lokalen beziehen sich auf den Preis für ein Hauptgericht ohne Getränke.

€	bis 10 €
€€	10–15 €
€€€	über 15 €

Von früh bis abends – die einheimische Küche

Der Tag beginnt für viele Ticos mit einem kräftigen **Gallo Pinto** (gefleckter Hahn) zum Frühstück (desayuno).

Klassisch besteht es aus gebratenem Reis, vermischt mit schwarzen Bohnen. Dazu gibt es Rühr- oder Spiegelei (huevos revueltos/fritos). Und wem ein anstrengender Tag bevorsteht, der gönnt sich noch ein Stück gebratenes Fleisch dazu. Garniert wird der „Hahn" mit einem kräftigen Schuss Sauerrahm. Maistortillas ergänzen das sättigende Gericht. Die heiße Tasse Kaffee darf auch hier am Morgen nicht fehlen.

Die Speisekarten für den Mittagstisch (almuerzo) und das Abendessen (cena) sind ähnlich gehaltvoll wie das Frühstück. Unangefochtener Klassiker ist **Casado,** eine Art Eintopf aus Gemüse und Fleisch. Dazu gibt es wieder Reis und Bohnen sowie frittierte Kochbanane (plátanos oder patacones). Je näher man einer Küste kommt, desto reicher wird das Angebot an **Meeresgetier.** Makrele, Thunfisch und Rotbarsch kommen häufig auf den Tisch. Sie werden meistens im Ganzen gebraten und mit Reis und Salat serviert. Gebratene Garnelen mit Gemüsereis sind auch stets beliebt. Das aus Peru bekannte **Ceviche** hat in den letzten Jahren einen wahren Siegeszug über den mittelamerikanischen Kontinent angetreten. Rohfisch wird mit Limettensaft mariniert und mit Zwiebeln, Knoblauch und Koriander verfeinert. Weitere Lieblingsspeisen der Ticos sind die **Sopa negra,** ein Eintopf aus schwarzen Bohnen, oder die **Chorreadas,** eine Art Eierkuchen aus Maismehl. Die **Palmfrucht** ist auch gern zu Tisch gesehen, entweder im Salat (ensalada de palmito) oder im Suppentopf (sopa de pejiballe). Pejiballe, die Samen einer Palmenfrucht, die meist an Straßenständen verkauft werden, ist bei den Ticos sehr beliebt. Durch ihr leuchtendes Rot-Orange fallen sie schon von weitem auf. Einfach mal probieren!

Auf der Karibikseite kommen die kulinarischen Einflüsse der afroamerikanischen Bevölkerung hinzu, wo viel mit Kokos gekocht wird (→ Reiseteil).

Als süße Nachspeise wird geschnittenes **Obst,** mit Zimt und Rosinen verfeinerter **Milchreis, Pastel de tres leches,** ein saftiger Milchkuchen, oder ganz einfach Wackelpudding, die **Gelatines,** serviert.

Getränke

Das Getränkeangebot in Costa Rica ist reich und vielfältig. Vor allem Säfte aus exotischen Früchten bereiten ein erfrischendes Geschmackserlebnis, ob Mango, Ananas, Melone, Orange oder Maracuja. Es gibt die Säfte pur, **fresco** oder **refresco natural,** mit Wasser als **agua de fruta,** oder als **batido** mit eiskalter Milch gemischt. Wer es exotischer mag, der probiert Jackfruit, Guanabana oder Cas, eine Guavenart, die nur in Costa Rica vorkommt.

Am Straßenrand findet man häufig auch Verkaufsstände mit der Aufschrift **„Agua de Pipa"** – das Kokosnusswasser aus der gekühlten Kokosnuss ist eine köstliche und gesunde Erfrischung und heilendes Elixir im Falle von „Montezumas Rache".

Ansonsten findet man in Costa Rica die gängigen Erfrischungsgetränke (refrescos) der großen Markenhersteller. Und wer einfach nur den Durst zuckerfrei löschen will, dem steht ein breites Sortiment an Trinkwassern zur Wahl. Diese sind mehrheitlich still, also „sin gas". In besseren Restaurants ist auch „agua con gas", Sprudelwasser, erhältlich.

Heißgetränke wie Kaffee, Tee und Schokolade sind in Costa Rica heiß und kalt geliebte Klassiker. Der Tico mag seinen Kaffee frisch gebrüht im traditionellen Baumwollfilter am Chorreado, dem Beutelhalter.

Zwei große Brauereien beliefern das Land mit **Bier** (cerveza). Es gibt Imperial, Pilsen und Bavaria. Viele Mikro-

Brauereien ergänzen regional das Angebot. **Wein** kann in Costa Rica nicht angebaut werden. Deshalb wird er vorwiegend aus Chile und den USA importiert. Viel **Hochprotzentiges** aus nationaler Produktion gibt es in Costa Rica nicht. Der Rum Centenario schmeckt gut, wird aber oft durch ausländische, günstigere Marken verdrängt. Ansonsten sind natürlich alle international gängigen Spirituosen in Restaurants und gut sortierten Supermärkten erhältlich.

Genusstouren

Neben dem Genuss von tropischen Früchten und hausgemachten Casados können Sie die Herstellungsprozesse so mancher Köstlichkeiten „live" erleben und selbst mit anpacken.

Kakaotouren: Bei einer Chocolate Tour in La Fortuna am Arenal können Sie Schokolade in einem Workshop selbst herstellen und haben gleich ein leckeres Souvenir (→ S. 125). Eine Schokotour zum Mitmachen bietet auch das **Café Caburé** in Monteverde an (→ S. 147).

Kaffeetour: Das Familienunternehmen **Trapiche** sitzt bei Santa Elena. Während der Tour über die Kaffeeplantage darf man sogar in einem traditionellen Ochsenkarren fahren (→ S. 147).

Ananastour: Don Rudolfo zeigt auf seiner **Finca Sura** in der Sarapiquí-Region seine ökologische Feldwirtschaft. Ein „sauberer" Anbau der Ananas ist ihm besonders wichtig (→ S. 110).

Käsetour: Köstlicher Käse wird in dem kleinen Dorf **Santa Cruz** in der Nähe von Turrialba hergestellt. Hier darf man probieren, zuschauen und natürlich auch Käse kaufen. Jedes Jahr im Juli findet die Feria del Queso statt – ein fröhliches Event mit Käse-Wettbewerben, Musik und bunten Traditionen rund um das Landleben (→ S. 186).

Das traditionelle Gallo Pinto gehört zu fast jedem Essen

Surfen, wandern, raften – alles möglich in Costa Rica

Sport & Aktivitäten

Für sämtliche Outdoor-Sportarten ist Costa Rica das perfekte Land. Die Vulkane und Kaffee-Landschaften laden zum Wandern und Reiten ein, der Pazifik, Atlantik und die Flüsse zum Surfen, Segeln, Tauchen, Schnorcheln, Schwimmen, Fischen und Rafting.

Baden/Schwimmen: Schwimmer erwarten in Costa Ricas Meeren und Seen stets angenehme Wassertemperaturen. Das Schwimmen im glasklaren Wasser des Lago Arenal ist ein Traum. Im Meer sollte man immer auf Strömungen und Wellen achten, vorhandene Warnhinweise zu Herzen nehmen und die eigenen Kräfte gut einschätzen. Vor allem die Gewässer des Pazifiks sind unberechenbar. Immer wieder kommt es zu Badeunfällen. Eine Gewässeraufsicht bzw. Rettungsschwimmer gibt es in den seltensten Fällen. Wasserfälle und Flüsse sind oft wesentlich kälter und bieten erfrischenden Badespaß z. B. nach einer Trekkingtour.

Canopy: ein sehr beliebtes Sport-Vergnügen. Anders als bei einem herkömmlichen Kletterparcours besteht ein Canopy-Trail ausschließlich aus Seilrutschen (Flying Fox), man fliegt in teils großer Höhe wie Tarzan durch den Wald, von Baum zu Baum. In der Region um Monteverde und auf der Halbinsel Nicoya sind zahlreiche Anlagen zu finden. Auch wenn es keine technische Überwachung durch öffentliche Ämter gibt, sind die Anlagen gut gewartet. Letztlich trägt jeder das Risiko selbst.

Golf: Golf ist auch in Costa Rica einer kleinen Schicht vorbehalten. Wer im Urlaub nicht darauf verzichten will, findet im Großraum San José einige Plätze. Auch auf der Halbinsel Nicoya gibt es Plätze, die immer zu einem luxuriösen Resort gehören und den dortigen Gästen zur Nutzung vorbehalten sind.

Hochseefischen: Wer Jagd auf Marline, Thunfische oder den Mahi Mahi machen will, findet an den Yachthäfen der Karibik- und Pazifikküste entsprechende Angebote. Am Südpazifik sind die Gewässer um die Osa-Halbinsel geeignet. Ausflüge starten von Golfito und Puerto Jiménez. Tambor und Mal País sind Ausgangspunkte für die Nicoya-Halbinsel. Vorwiegend werden die recht kostspieligen Ausflugstouren von nordamerikanischen Touristen gebucht.

Kajakfahren: Mit dem Kajak geräuschlos über das Wasser zu gleiten ist eine schöne und entspannte Form, sich der Natur zu nähern, ob zu den Inseln im Golf von Nicoya, in Flussarmen des Tortuguero-Nationalparks oder den Mangrovenwäldern der südpazifischen Küste. In geeigneten Regionen gibt es entsprechende Verleiher. Oftmal haben Hotels auch Kajaks zur Miete vorrätig.

Kite-Surfen: Kite-Surfen ist in Costa Rica noch nicht sehr verbreitet. Die bekannteste Bucht dafür ist die Bahía de Salinas an der nördlichen Pazifikküste. Auch der Lago Arenal ist sehr gut dafür geeignet.

Mountainbiking: Seit einigen Jahren erfreut sich das Biking größerer Beliebtheit. Das liegt sicher auch daran, dass die Verleiher immer professionelleres Equipment zur Verfügung stellen. Außerdem nimmt der Verleih von E-Bikes rasant zu. Somit ist es fast jedem möglich, die teils anspruchsvollen Strecken zu bewältigen.

Rafting: Costa Rica hat einige Flüsse mit perfekten Voraussetzungen für dieses wilde Vergnügen. Ganzjährig befahrbar sind die Flüsse Pacuare, Reventazón und Pejibaje in der Region um Turrialba. Im Norden Costa Ricas ist der Río Sarapiquí bestens geeignet, auch für Familien mit kleineren Kindern.

Reiten: Ausflugstouren hoch zu Ross sind nahezu in allen Landesteilen möglich und meist als geführte Tour zu buchen. Dabei beläuft sich der Preis pro Stunde auf ca. 20 $.

Schildkrötenbeobachtungen: An der Karibik- und Pazifikküste kann man Schildkröten bei der Eiablage beobachten. Manche Gebiete sind jedoch schwer oder nur mit gesonderter Erlaubnis zugänglich. Von Juli bis Oktober sind Beobachtungen im Nationalpark Tortuguero möglich. Am Pazifik sind Playa Nancite und Naranjo im Nationalpark Santa Rosa und Playa Langosta im Las-Baulas-Nationalpark bekannte Spots.

Segeln: Mehrtägige Segeltörns werden in den größeren Städten wie Puntarenas, Quepos und Jacó an der Pazifikküste angeboten, meistens in Verbindung mit Hochseefischen.

Surfen: In Costa Rica kann man das ganze Jahr über surfen und dies in allen Surflevels. Von sanften Beachbreaks bis hin zu gezeitenabhängigen Steilwänden ist alles dabei. Hinzu kommt die gut ausgebaute touristische Infrastruktur mit chilligen Hostels, bestens sortierten Surf-Shops, renommierten Schulen und preiswerten Verleihern für Surfausrüstung. Playa Cocles bei Puerto Viejo ist der Spot an

der Karibikküste. Nur für Profis ist der Playa Naranjo etwas nördlich von Puerto Viejo, anspruchsvoll und gefährlich. Die gesamte Pazifikküste ist mit Surfspots übersät. Hotspots sind hier Mal País auf der Halbinsel Nicoya sowie Dominical und Pavones ganz im Süden.

Tauchen: Die Gewässer um Costa Rica mit ihren lebhaften Meereswelten, angenehmen Wassertemperaturen und klaren Sichtverhältnissen garantieren meist spannende Tauchgänge. Tauchschulen und Touranbieter finden sich in fast jeder größeren Bucht. Die bekanntesten fünf Tauchregionen sind die Islas Murciélagos (Guanacaste), die Isla de Coco (Puntarenas), die Isla del Caño (Puntarenas), das Refugion Nacional de Vida Silvestre Gandoca-Manzanillo (Limón) sowie die Islas Catalinas (Guanacaste).

Trekking/Wandern: Zahlreiche Wanderwege in den verschiedenen Nationalparks und Reservaten bieten die Möglichkeit, die reizvolle Natur Costa Ricas zu durchstreifen. Dabei bewegt man sich in den verschiedensten Klimazonen und Höhenlagen mit jeweils unterschiedlichen Ansprüchen. Ob ein entspannter Nachmittag im Nationalpark Cabo Blanco oder ein steiniger Aufstieg zum Kraterrand des Miravalles oder zum Gipfel des Cerro Chirripó – für jeden Wandertyp ist in Costa Rica das Richtige dabei.

Vogelfans fahren nach Caño Negro

Vogelbeobachtung: Vogelkundler aus aller Welt reisen nach Costa Rica, um die artenreiche Vogelwelt zu bewundern. Gut 850 Vogelarten und damit mehr als in Europa beleben das kleine Tropenland. Hier gibt es farbenprächtige Aras, seltene Wasservögel wie den Jabiru (Riesenstorch) oder sogar Quetzale mit ihren bis zu 1 m langen, prächtigen Schwanzfedern zu sehen (→ Vogelarten, S. 398). Grundsätzlich gilt: Fernglas nicht vergessen! Zahlreiche Experten bieten professionelle Ausflüge in die bunte Vogelwelt an, z. B. Stephan Martens, kompetent und auf Deutsch, www.dienaturreise.de.

Walbeobachtungen: Die pazifischen Gewässer eignen sich hervorragend für Walbeobachtungen. Die beste Zeit dafür ist Juli bis November und Januar bis April. Im Nationalpark Marino Ballena können mit etwas Glück Buckel-, Finn-, Pott- und Grindwale beobachtet werden. Auch die Gewässer um die Osa-Halbinsel und der Golf von Papagayo sind gut geeignet.

Yoga: Costa Rica ist ein wahres El Dorado für Yoga-Reisende. Auch Anfänger finden hier optimale Bedingungen vor. Das ganzjährig warme Klima, die Ruhe und traumhaft schöne Natur sind beste Rahmenbedingungen. Ob Einsteigerkurs oder eine mehrwöchige Intensivausbildung zum Yoga-Lehrer – hier ist alles möglich. Umrahmt werden die Kurse häufig von Angeboten zum Übernachten und zur weiteren Freizeitgestaltung, wie Reitausflüge oder Kochkurse.

Reisepraktisches von A bis Z

Ärztliche Versorgung/Apotheken

Die Gesundheitsversorgung ist grundsätzlich, vor allem aber im ländlichen Raum, nicht mit europäischen Standards vergleichbar. Größere Eingriffe sollten daher in Deutschland erfolgen, solange noch eine Verlegung möglich ist. Im Fall der Fälle sind bei ernsthaften Erkrankungen/Unfällen die **Krankenhäuser** im Großraum San José aufzusuchen, da hier die Ausstattung wesentlich besser ist als in anderen Landesteilen. Dennoch gibt es in allen größeren Ortschaften niedergelassene **Ärzte,** die zum Teil Deutsch oder Englisch sprechen, sowie **Gesundheitszentren,** die rund um die Uhr geöffnet sind.

Die **Kosten** für eine medizinische Behandlung sowie Medikamente müssen in der Regel vor Ort sofort beglichen werden. Vor Reiseantritt sollte unbedingt eine Auslandsreise-Krankenversicherung abgeschlossen werden, die auch die Kosten für einen Rücktransport im Notfall abdeckt.

Auslandsreisekrankenversicherung

Die sollte man haben, und zwar mit Rücktransport-Option für den Fall der Fälle. Der Vertragsabschluss ist über alle Reisebüros oder Banken möglich. Extremsportler sollten klären, ob auch entsprechende sportbedingte Unfälle abgedeckt sind. Wer eine Jahres-Auslandsreisekrankenversicherung hat, ist in der Regel bis zu einem Aufenthalt von 45 Tagen dadurch versichert. Oft ist sie auch bei Kreditkarten mit dabei – je nach „Blue", „Gold" oder sonstigem Status. Privat Versicherte sollten sich bei ihrem Anbieter erkundigen, inwieweit Auslandsleistungen abgedeckt sind. Bei einer Behandlung vor Ort müssen die Kosten erst vorgestreckt werden und können dann bei der Versicherung eingereicht werden. Wichtig ist eine ordentliche Rechnung des Arztes oder des Krankenhauses.

Apotheken erkennt man am grün blinkenden Kreuz, sie heißen Farmacia.

Tipps zur Gesundheitsvorsorge → S. 455.

Diplomatische Vertretungen

Deutschland **Deutsche Botschaft in Costa Rica (Embajada de Alemania):** Mo–Do 7.30–16, Fr bis 13.30 Uhr. Torre La Sabana, 8. Stock, Sabana Norte, San José, ✆ 22909091, im Notfall ✆ 83817968, https://san-jose.diplo.de/.

Costa-ricanische Botschaft in Deutschland (Embajada de la República Costa Rica): Mo–Fr 9.30–13 und 14–17.30 Uhr, Fr nur bis 16.30 Uhr. Reinhardtstr. 47 a, 10117 Berlin, ✆ 030/26398990, www.botschaft-costarica.de.

Honorarkonsulat Costa Rica in Frankfurt: Mo und Mi 10–13 Uhr. Nieder Kirchweg 22, 65934 Frankfurt am M., ✆ 069/39043656.

Honorarkonsulat Costa Rica in Hannover: Di und Fr 10–14 Uhr. Marienstr. 8, 30171 Hannover, ✆ 0511/281127.

Honorarkonsulat Costa Rica in Leipzig: Mo und Mi 10–13 Uhr. Brandvorwerkstr. 52, 04275 Leipzig, ✆ 0341/9096732.

Österreich **Österreichisches Honorarkonsulat in San José (Consulado General de Austria):** Mo–Fr 9–12 Uhr. Paseo Colón, Edificio Colón, 7. Stock, San José, ✆ 22214306, www.rree.go.cr.

Costa-ricanische Botschaft in Österreich: Mo–Fr 9–16 Uhr. Flossgasse 7, 1020 Wien, ✆ 0043/2633824, embcr-at@rree.go.cr.

Schweiz **Schweizer Botschaft in San José (Embajada de Suiza):** Mo–Fr 9–12 Uhr. Paseo Colón, Edificio Centro Colón, 10. Stock, San José, ✆ 22214829, www.eda.admin.ch/sanjose.

Costa-ricanische Botschaft in der Schweiz: Mo–Fr 9–17 Uhr. Marktgasse 51, 3011 Bern, ✆ 0041/313727887, http://www.rree.go.cr/.

Drogen

Auch Costa Rica ist mit dem transkontinentalen Drogenhandel von Süd- nach Nordamerika zwangsläufig konfrontiert. Zusätzlich wird in unzugänglichen Regionen, wie dem Hinterland der Karibikküste, reichlich Marihuana angebaut. Der Konsum von Drogen jeglicher Art ist in den letzten Jahren rasant angestiegen. So sitzen über 40 % aller Gefängnisinsassen wegen Drogendelikten und Verbrechen unter Drogeneinfluss ein. Drogenbesitz und -handel, egal welche Art von Droge, wird von den polizeilichen Behörden strafrechtlich verfolgt. Bei einer Festnahme ist mit einer Verurteilung zu einer mehrjährigen Haftstrafe zu rechnen!

Einkaufen und Souvenirs

In allen Städten gibt es **Supermärkte** und diverse Ladengeschäfte. Das Angebot wird häufig von US-amerikanischen Produkten beherrscht. Auch in den ländlichen Gegenden gibt es mindesten eine **Pulpería,** einen Tante-Emma-Laden mit dem Notwendigsten. Die Preise für Lebensmittel sind auf deutschem Niveau, manchmal sogar etwas teurer. Frisches Obst und Gemüse kauft man am besten auf den örtlichen **Märkten** oder an den zahlreichen Straßenständen.

In touristischen Regionen gibt es natürlich auch **Souvenir-Shops.** Diese werden allerdings häufig von guatemaltekischen Produkten dominiert. Holzschnitzereien und Keramiken von der Halbinsel Nicoya sind beliebte Mitbringsel. Auch Kaffee ist ein originelles Souvenir. Diesen kauft man am besten direkt auf einer Kaffee-Finca. Bitte stets die zollrechtlichen Bestimmungen für die Ausfuhr und Einfuhr bestimmter Waren im Blick halten. So ist die Ausfuhr von Pflanzen, Tieren und Muscheln verboten. Bestimmte tropische Hölzer, Lederwaren, Waren aus geschützten Tierarten und Muscheln stehen beim deutschen Zoll auf dem Index. Am besten man macht sich vorher schlau: www.zoll.de für Deutschland, www.bmf.gv.at für Österreich und www.ezv.admin.ch für die Schweiz.

Öffentlich rauchen ist vielerorts verboten

Elektrizität

Die Netzspannung beträgt 120 Volt/60 Hertz. Ein Adapter mit flachen Steckkontakten ist notwendig und kann in manchen Hotels und Baumärkten (Ferreterías) erworben werden. Am besten man erledigt die Besorgung schon zu Hause. Gängige Modelle kosten unter 10 €.

Feiertage und Feste

Es gibt nationale und regionale Feiertage. Jedes Dörfchen feiert mindesten einmal im Jahr seinen Schutzheiligen (→ auch „Traditionen und Bräuche", S. 406). Die meisten Geschäfte sind dann geschlossen.

Nationale Feiertage **1. Januar:** Neujahr (Año Nuevo)

19. März: St.-Josephs-Tag (Día de San José), Feierlichkeiten für den Schutzheiligen von San José. Viele Veranstaltungen in San José. Traditionell wird der Vulkan Poás besucht.

Ostern – Gründonnerstag bis Ostersonntag: Am Karfreitag finden zahlreiche Prozessionen statt.

11. April: Jahrestag der Schlacht von Rivas (Día de Juan Santamaría)

1. Mai: Tag der Arbeit (Día del Trabajo)

Mitte Juni: Fronleichnam (Día Corpus Cristi)

25. Juli: Feiertag der Annexion von Guanacaste im Jahr 1824 (Día de Guanacaste)

2. August: Tag der Jungfrau von los Ángeles (Virgen de los Ángeles), Feiertag für die Schutzheilige von Costa Rica

15. August: Mariä Himmelfahrt und Muttertag (Asuncíon und Día de la Madre)

15. September: Tag der Unabhängigkeit (Día de la Independencia)

12. Oktober: Kolumbus-Tag, Tag der Entdeckung von Amerika (Día de la cultura oder Dia de la Raza genannt)

8. Dezember: Mariä Empfängnis (Inmaculada Concepción)

24./25. Dezember: Weihnachten (Navidad)

30. Dezember – 2. Januar: indigenes „Fest der Teufelchen" in Boruca (Fiesta de los Diablitos)

Regionale Feiertage Die Schutzheiligen einer jeden Gemeinde werden mit üppigen Festen (fiestas patronales) mit Prozessionen, Feuerwerk und anderen Spektakeln gefeiert. Diese Feste verteilen sich über das ganze Jahr. Wer zufällig zu einem solchen Fest vor Ort ist (→ jeweils die Hinweise bei den Zielen), sollte kräftig mitfeiern.

Fotografieren

Das Fotografieren und Filmen von Einrichtungen, Fahrzeugen und Personal des Militärs und der Polizei ohne entsprechende Genehmigung ist nicht gestattet. Dasselbe gilt für Gefängnisse bzw. Gebäude der Gefängnisverwaltung. Bei Verstoß droht Beschlagnahme des Foto-/Filmapparates und Festnahme. Bei Aufnahmen von Menschen sollte zuvor immer gefragt werden „Puedo tomar una foto de usted?" (Darf ich ein Foto von Ihnen machen?). Eine verneinende Antwort sollte immer respektiert werden.

Frauen unterwegs

Costa Rica gilt als gemeinhin sehr sicheres Reiseland, auch für alleinreisende Frauen. Dass in einer Macho-Gesellschaft die Männer nicht unbedingt zurückhaltend auf Frauen reagieren, ist unbestritten. Pfiffe, Handküsse und Komplimente gehören hier zum Alltag und sollten nicht überbewertet werden. Wird die Angelegenheit zu aufdringlich, sollte ein klares Nein ausreichen. Ein selbstsicheres, energisches Auftreten ist dabei wichtig. Leider kommt es auch in Costa Rica zu Fällen von sexueller Belästigung. Deshalb sollten unbekannte, unbelebte Ecken bei Einbruch der Dunkelheit gemieden werden. Für den späten Rückweg ins Hotel ist ein Taxi die beste Variante.

Geld und Währung

Die offizielle Währung ist der **Colón** (CRC). Der **Wechselkurs** lag im Mai 2023 bei 560 CRC für 1 €. Den jeweils aktuellen Kurs hat z. B. www.oanda.de. Es gibt Banknoten zu 1000, 2000, 5000, 10.000, 20.000 und 50.000 Colones. Die Münzen gibt es in 5, 10, 20, 25, 50, 100 und 500 Colones. Es ist allerdings auch üblich, in **US-Dollar ($)** zu bezahlen. Die meisten Geschäfte akzeptieren die Währung, oftmals werden die Preise z. B. für Touren gleich in US-Dollar angegeben. Dann sollte man auch in der ausgepreisten Währung bezahlen, um Umrechnungsgebühren zu vermeiden. Grundsätzlich sollte möglichst in der heimischen Währung bezahlt werden, um diese zu stützen und schlechte Dollar-Umrechnungskurse zu umgehen. Der Euro spielt keine Rolle und wird nur selten akzeptiert. In diesem Buch sind die Preise für Hotels und Restaurants in den angegebenen Preiskategorien ausgezeichnet. Eintrittsgelder und sonstige Preise sind in $ oder CRC angegeben.

Bargeldwechsel: Wer fremdländische Währung bei sich trägt, wechselt diese am besten in Wechselstuben, den Casas de cambio. Auch Bankfilialen tauschen Fremdwährung. Dies ist allerdings etwas umständlich, da es mit teils langen Wartezeiten verbunden ist. Am Flughafen gibt es jedoch gleich mehrere Schalter verschiedener Banken mit einem guten Kurs, sodass es hier auch schnell gehen kann. Wer Bargeld wechseln will, muss grundsätzlich seinen Reisepass vorlegen. Nur im Notfall sollte auf dem „mercado negro", dem **Schwarzmarkt,** Geld getauscht werden. Zwar sind die Geldwechsler (coyotes) meist in Ordnung, doch schwarze Schafe gibt es immer wieder, vor allem an den Grenzübergängen zu den Nachbarländern.

Geldautomaten, Kreditkarten: Geldautomaten (cajeros automatícos) sind in allen Bankfilialen und den meisten Supermärkten vorhanden. Das Abheben mit EC-Karten und Kreditkarten ist relativ unproblematisch, in Touristengebieten bildet sich gern mal eine Menschenschlange davor – Zeit zum persönlichen Austausch mit anderen Reisenden. Die Abhebung von Bargeld am Geldautomaten mit Kreditkarte ist meist bis zu einer Höhe von ca. 200.000 CRC pro Tag (ca. 300 €) möglich. Die zusätzliche Gebühr der costaricanischen Bank sowie die der heimischen Bank sollte beim Abheben im Auge behalten werden. EC-Karten werden nur von Maestro-fähigen Automaten der Scotiabank, Banex, Coopealianza und Interfin akzeptiert. Die Auto-

Schön bunt sind die Colones

maten der BCR (Banco de Costa Rica) geben wahlweise Colones oder US-Dollar aus.

Die Zahlung selbst kleinster Beträge ist in vielen Geschäften, Restaurants und Hotels per Karte möglich. Manchmal werden allerdings Gebühren (ca. 5 %) für den Service aufgeschlagen.

> Vorsicht: **Geldautomaten** werden in Mittelamerika gern für Missbräuche manipuliert. Umsichtig sein und bestenfalls überwachte Geldautomaten im Innern von Bankgebäuden nutzen.

Verlust und Geldbeschaffung: Um im Verlustfall schnell handeln zu können, sollte man sich die Nummern der Kreditkarten sowie die Sperr-Telefonnummer der jeweiligen Bank separat notieren oder im Handy abspeichern. Hat man alles verloren und nur noch diesen Reiseführer zur Hand, dann hilft der kostenpflichtige

> **Sperr-Notruf** ✆ +0049/116116.

Eine sehr schnelle und sichere Geldversorgung ist im Notfall durch Western Union Money Transfer, über die ReiseBANK AG oder die Post in Deutschland möglich. Angehörige können Geld an eine Bank an einem bestimmten Ort senden, das gegen Vorlage des Ausweises abgeholt werden kann. Der Geldtransfer kann bei Western Union einfach über die Webseite angewiesen werden: www.westernunion.com.

Gesundheitsvorsorge

Der Hausarzt berät Sie gerne hinsichtlich relevanter Schutzimpfungen, notwendigem Medikamentenbedarf und weiterführender Beratung durch Reise- und Tropenmediziner. Auch zahlreiche Portale geben guten Rat in Sachen Reisemedizin:

- www.crm.de; www.gesundes-reisen.de; www.dtg.org

Für eine ausführliche **Impfberatung** kontaktieren Sie ein Tropeninstitut oder einen Reisemediziner in ihrem Umkreis:

Deutschland Institut für Tropenmedizin, Augustenburger Platz 1, 13353 **Berlin,** ✆ 030/450565700, www.tropeninstitut.charite.de.

Institut für Reisemedizin und Gelbfieberimpfung, Friedrichstr. 39, 01067 **Dresden,** ✆ 0351/4803805.

Tropenmedizinische Ambulanz, Moorenstr. 5, 40225 **Düsseldorf,** ✆ 0211/8117031, www.uniklinik-duesseldorf.de.

Tropenmedizinische Impfberatung, Kreuzbergring 57, 37075 **Göttingen,** ☏ 0551/395806.

Bernhard-Nocht-Institut für Tropenmedizin, Bernhard-Nocht-Str. 74, 20359 **Hamburg,** ☏ 040/428180, www.bnitm.de.

Tropenmedizinische Ambulanz, Im Neuenheimer Feld 324, 69120 **Heidelberg,** ☏ 06221/5622999.

Uni-Klinik Abt. Infektions- und Tropenmedizin, Liebingstr. 20, 04103 **Leipzig,** ☏ 0341/972 4970, Infektions-Tropenmedizin@medizin.uni-leipzig.de.

Tropeninstitut LMU München, Leopoldstr. 5, 80802 **München,** ☏ 089/218013500, www.tropinst.med.uni-rostock.de.

Uniklinikum Abt. Tropenmedizin und Infektionskrankheiten, Ernst-Heydemann-Str. 6, 18057 **Rostock,** ☏ 0381/4947511.

Institut für Tropenmedizin & Reisemedizin, Wilhelmstr. 27, 72074 **Tübingen,** ☏ 07071/298 2365.

Österreich Institut für Reise- und Tropenmedizin, Lenaugasse 19, 1080 **Wien,** ☏ 0043/140268610

Schweiz Zentrum für Reisemedizin, Hirschengraben 84, 8001 **Zürich,** ☏ 0041/900811811, zrm@ebpi.uzh.ch.

Impfungen: Bei der direkten Einreise aus Deutschland werden für Costa Rica keine Pflichtimpfungen benötigt. Trotzdem ist es von Vorteil für eventuelle Arztbesuche in Costa Rica, den eigenen Impfpass oder zumindest eine Kopie dabei zu haben. Bei Einreise aus einem Gelbfiebergebiet ist der Nachweis einer gültigen Gelbfieberimpfung erforderlich. Standardimpfungen wie Tetanus, Diphtherie, Mumps, Masern, Röteln (MMR), Influenza und Pneumokokken sollte man auf jeden Fall haben. Als optionale Reiseimpfungen wären Hepatitis A, bei Langzeitaufenthalten auch Hepatitis B, Tollwut und Typhus sinnvoll.

Mückenschutz: Wo Mücken sind, ist Tag und Nacht ein ausreichender Mückenschutz wichtig, da es immer wieder Fälle von Dengue- und Chikungunyafieber und dem Zika-Virus gibt, auch Fälle von Malaria treten immer wieder auf. Wirksame Sprays gibt es überall im Land zu kaufen. Ein guter und wirksamer Schutz ist auch das Tragen von langer Kleidung. Hingegen wirkt das Auftragen von Parfums und Schweißgeruch eher anziehend. Am besten fragt man auch die Einheimischen, ob vor Ort eine Gefährdung besteht, denn Dengue ist z. B. eher ein Problem unsauberer Städte und kaum der ländlichen Regionen.

Cholera: Fälle von Cholera treten immer wieder auf. Es sollte auf jeden Fall nur in Flaschen abgefülltes Wasser getrunken werden und Lebensmittel sollten korrekt gewaschen und gekocht werden.

Tollwut: Im Land besteht Tollwutgefahr. Wildtieren, auch Affen, sollte man sich besser nicht nähern.

Wasserhaushalt: Es ist wichtig viel zu trinken, da man durch die Hitze viel Flüssigkeit verliert.

Empfehlungen für eine Reiseapotheke

- Persönliche Medikamente (z. B. Pille, chronische Erkrankungen)
- Kopf- und Schmerztabletten
- Wund- und Heilsalbe
- Pflaster
- Desinfektionsspray oder -tücher
- Durchfalltabletten (Kohletabletten)
- Elotrans
- Übelkeitstabletten (für Busfahrten, Bootstouren ...)
- Salbe gegen Mückenstiche (Tigerbalm, Antihistamine)
- Mückenspray & Klamottenmückenspray mit Deet (kann man auch gut im Zielland kaufen)
- Fieberthermometer
- Thrombosestrümpfe oder -socken (fürs Flugzeug, falls nötig)

AIDS: Costa Rica hat die niedrigste HIV-Rate in Mittelamerika. Dennoch sollten, insbesondere bei Gelegenheitsbekanntschaften, Kondome benutzt werden.

Chikungunya: Es gibt auch Fälle von Chikungunya-Virusinfektionen in Costa Rica. Chikungunya zeigt ähnliche Symptome wie das Dengue-Fieber (s. u.) und wird ebenfalls über die tagaktive Aedes-Mücken übertragen. Chikungunya ist selten, und wenn dann überwiegend bei Kleinkindern und alten Menschen lebensgefährlich. Typische Symptome sind hohes Fieber, Gliederschmerzen sowie Kopf- und Muskelschmerzen. Das Virus sollte rechtzeitig medizinisch behandelt werden, damit es nicht zu chronischen Muskel- und Gelenkbeschwerden oder Behinderungen kommt. Ein Impfstoff oder eine Chemoprophylaxe existieren bisher nicht.

Dengue: Dengue wird landesweit durch den Stich der tagaktiven Mücke Aedes Aegypti übertragen. Die Erkrankung geht in der Regel mit Fieber, Hautausschlag und ausgeprägten Gliederschmerzen einher. Da es derzeit weder eine Impfung bzw. Chemoprophylaxe noch eine spezifische Therapie gegen Dengue gibt, besteht die einzige Möglichkeit zur Vermeidung der Infektion in der konsequenten Minimierung von Mückenstichen, z. B. durch lange bedeckende Kleidung bzw. Auftragen von Repellentien auf unbedeckte Hautpartien.

Durchfallerkrankungen: Durch eine entsprechende Lebensmittel- und Trinkwasserhygiene lassen sich die meisten Durchfallerkrankungen – Montezumas Rache – vermeiden. Man sollte ausschließlich Wasser sicheren Ursprungs trinken, z. B. aus Flaschen, nie Leitungswasser. Im Notfall gefiltertes, desinfiziertes und abgekochtes Wasser benutzen. Bei Nahrungsmitteln gilt: Kochen oder selber schälen. Unbedingt Fliegen von der Verpflegung fernhalten. Häufig Hände waschen, vor allem vor dem Essen. Desinfektionstücher für die Hände einpacken.

Malaria: Es besteht ganzjährig ein geringes Risiko in der Region Limón an der Karibikküste. In den ländlichen Regionen ist das Risiko minimal. Höher gelegene Regionen und Städte gelten als malariafrei. Die Übertragung der Malaria erfolgt durch den Stich der abend- und nachtaktiven Anopheles-Mücken. Unbehandelt verläuft insbesondere die Malaria tropica nicht selten tödlich. Eine Malaria-Erkrankung kann auch noch Wochen bis Monate nach dem Aufenthalt ausbrechen. Beim Auftreten von Fieber in dieser Zeit ist ein Hinweis auf den Aufenthalt in einem Malariagebiet an den behandelnden Arzt notwendig. Eine Vorab-Prophylaxe ist für Costa Rica nicht nötig. Wer sicher gehen will, nimmt sich ein Stand-by-Medikament mit.

Optimaler Mückenschutz

Lange, helle Kleidung

Mückenschutzmittel tagsüber (Dengue, Chikungunya, Zika), aber auch abends bzw. nachts (Malaria)

Moskitonetz

Es gibt auch Öle ohne chemische Zusatzstoffe (z. B. Zitronenöl)

Zika-Virus: Die Erkrankung verläuft ähnlich wie das Dengue-Fieber, stellt allerdings für ungeborene Kinder eine Gefahr dar. Eine Impfung oder spezifische Therapie steht noch nicht zur Verfügung. Schwangere und Frauen, die schwanger werden wollen, sollten nicht in ein Zika-Virus-Ausbruchsgebiet reisen, da ein Risiko frühkindlicher Fehlbildungen bei einer Infektion der Frau gegeben ist. Frauen sollten für zwei Monate nach Rückkehr aus den Ausbruchsgebieten eine Schwangerschaft verhindern. Da auch eine sexuelle Übertragbarkeit möglich ist, sollte man nach der Reise den Partner für die Dauer von zwei Monaten entsprechend schützen. Am besten aktuell beim Auswärtigen Amt erkundigen, wie die Lage in Costa Rica ist.

Informationen

Vor Ort: Costa-ricanisches Fremdenverkehrsamt **San José Instituto Costarricense Turismo** (ICT), Mo–Fr 8–16 Uhr. Östlich der Brücke Papa Juan Pablo II in La Uruca, San José, ✆ 229 95800, www.ict.go.cr. Weitere Informationsstellen des ICT sind am Hauptstadtflughafen **Juan Santamaría** und den Grenzübergängen **Peñas Blancas** (Nicaragua) und **Paso Canoas** (Panama) zu finden. Dort werden Kartenmaterial, Broschüren und weitere touristische Informationen bereitgehalten.

Webseiten:

www.auswaertiges-amt.de

www.botschaft-costarica.de

www.visitcostarica.com

www.costarica-nationalparks.com

www.globetrotter.org

Internet

Internet-Cafés sind eine aussterbende Spezies. Kostenfreies WiFi wird von fast allen gastronomischen Einrichtungen und Hotels zur Verfügung gestellt. Mancherorts sind sogar die zentralen Plätze und Parks der Städte mit öffentlich zugänglichem Internet ausgestattet. Wer das Smartphone nicht aus der Hand legen kann, sollte sich für die Urlaubszeit eine costa-ricanische SIM-Karte in einem der Telefonshops von Claro, Liberty oder Kölbi zulegen. Am besten gleich vor Ort einlegen und aktivieren lassen und loslegen. Mit den gängigen Apps wie Skype, Whatsapp, Instagram und Co. hält man die Daheimgebliebenen auf dem Laufenden.

Karten

Neben **Google-Maps** gibt es eine Vielzahl an weiteren Möglichkeiten, sich sicher durch das Land zu navigieren. Zum einen gibt es Offline-Karten im App-Store zu erwerben. Diese installiert man auf dem Smartphone und kann so vor Ort ohne Internetzugang

Infopoint Golfito

navigieren. **Maps.Me** und **Waze** sind kostenfrei und empfehlenswert.

Nichts geht über den guten, alten Faltplan. Ja, richtig. Die Landkarten gibt es immer noch käuflich zu erwerben und sie sind durch Detailreichtum und nützliche Ergänzungen eine gute Begleitung. Gute Karten gibt es von **Freytag & Berndt, Michelin, Reise Know How** und **National Geographic.**

Kinder

Costa Rica bietet für Kinder viel Natur, viele exotische Tiere in freier Wildbahn, Baden in ruhigen Gewässern und vieles mehr, was Spaß macht. Die hygienischen Bedingungen und das Gesundheitswesen sind im Vergleich zu anderen lateinamerikanischen Ländern annehmbar. Dinge des kindlichen Bedarfs wie Windeln, Feuchttücher und Babynahrung sind in jedem kleineren Ort erhältlich, wenn auch etwas teurer als hierzulande. Die Übernachtung in Hotels ist für Kinder bis 6 Jahre meistens kostenfrei. Manche Hotels halten sogar ein Babybettchen bereit. Auch Eintrittsgelder für Naturparks und Museen oder das Busticket werden erst ab einem Alter von 7 Jahren kassiert.

Zu Fuß unterwegs mit Kindern empfiehlt sich eine Babytrage oder Tragekraxe. Ein Kinderwagen ist durch die hohen und ungleichmäßigen Gehsteige nur selten empfehlenswert.

Für eine Reise per Mietwagen empfiehlt es sich, noch zu Hause, z. B. in einem Second-Hand-Shop, einen gebrauchten, günstigen Kindersitz/Sitzschale zu kaufen, der nach der Reise im Land bleiben kann, sodass man ihn auf dem Rückflug „los ist". Außerdem ist die Leihe eines Kindersitzes bei den Autovermietern ziemlich teuer. Und sicherlich findet sich gegen Ende der Reise eine einheimische Familie, die sich über einen geschenkten Kindersitz freut.

Klima und Reisezeit

Costa Rica kann ganzjährig bereist werden. Grundsätzlich unterscheidet man zwischen der Trockenzeit von November bis Mai mit viel Sonne und der Regenzeit von Juni bis Ende Oktober mit feuchtem Wetter. Doch ganz so strikt ist das durch den Klimawandel auch hier nicht mehr und viele Ticos wundern sich über Wetterkapriolen wie täglichen Regen in der Trockenzeit. Die Karibikseite ist generell regenreicher. Die Preise im Land und auch die Flüge sind zur Regenzeit deutlich günstiger – mal sehen, wie lange noch, wenn sich die Jahreszeiten weiter vermischen. Wenn es regnet, ist das Land wunderbar grün, abgelegene Ecken sind dann allerdings meist nur über schlammige Pisten erreichbar. Das passende 4x4-Auto schafft Abhilfe. Zu Klima und Reisezeit auch → S. 380.

LGBT+

Costa Rica ist eher ein konservatives Land. Fast 75 % der Bevölkerung sind katholisch. Trotz dieser Umstände wird Homosexualität toleriert, so lange sie sich im privaten Bereich abspielt. Im August 2018 urteilte das Verfassungsgericht, dass Ehen zwischen gleichgeschlechtlichen Paaren erlaubt sein müssen, was 2020 per Gesetz erlaubt wurde. Für gleichgeschlechtliche Paare ist Costa Rica ein sicheres Reiseland. Zahlreiche Reiseveranstalter, wie z. B. **www.costaricagaytraveler.com** und **www.gaytourscr.com** haben die Zielgruppe für sich entdeckt. Einige Reiseveranstalter wie Expedia vermitteln LGBT-freundliche Hotels und Reisepakete.

Medien

Zahlreiche Zeitungen berichten über Aktuelles, auch mit Blick über die Landesgrenzen hinweg. Die Zeitungen **La República** (www.larepublica.net) und

La Nación (www.nacion.com) sind die bedeutendsten Blätter. Wer sich online seine Meinung bilden will, landet bei **Al Día** (www.aldia.cr).

Die wöchentlich auf Englisch erscheinenden Zeitungen **Costa Rica Today** und **Tico Times** liegen kostenfrei in Hotels bereit und enthalten neben reichlich Werbung auch so manchen nützlichen Tipp für den persönlichen Veranstaltungskalender.

Nationalparks

In einigen der vielen Nationalparks ist es inzwischen obligatorisch, die Eintrittstickets vorab online zu buchen bzw. ein Zeitfenster zu reservieren (→ Hinweise im Reiseteil). Alle betreffenden Nationalparks, sowie Infos zu den Preisen und das Buchungsportal finden sich unter www.sinac.go.cr.

Notfälle

Die Nationale Notrufzentrale ist unter **911** erreichbar und leitet eingehende Anrufe an die zuständigen Stellen weiter.

Nationaler Notruf: ✆ **911**

Krankenwagen: ✆ **128** und ✆ **911**

Öffnungszeiten

Die Öffnungszeiten öffentlicher Einrichtungen sind verlässlich. Dagegen sind die Zeiten von Geschäften eher als Orientierung zu verstehen. Die zweistündige Mittagspause wird dagegen gern beansprucht.

Banken: Mo–Fr 8.30–15.30, Sa 8.30–12.30 Uhr.

Post: Mo–Fr 9–17 Uhr.

Geschäfte: Die Kernzeit beträgt Mo–Sa 8–18 Uhr. Teilweise gibt es Geschäfte, Supermärkte und Shopping Malls mit einer 24-stündigen Öffnungszeit.

Ämter: Mo–Fr 8–13 Uhr.

Restaurants: Bessere Lokale, die Frühstück anbieten, öffnen bereits um 7 Uhr. Die landesweit verbreiteten Sodas öffnen teils schon um 6 Uhr. Klassische Restaurants 11–23 Uhr.

Museen: Die meisten Museen haben täglich geöffnet, einige schließen am Montag. Die Öffnungszeiten sind in der Regel von 9.30 bis 17 Uhr.

Wasserfall im Tenorio-Nationalpark

Orientierung

Costa Ricas Städte sind überwiegend in typisch spanischer Art schachbrettartig angelegt. Das macht es eigentlich einfach. Doch die Problematik kommt mit den Straßennamen: Es gibt sie, aber keiner nutzt sie. Adressen werden oft kryptisch nach markanten Punkten angegeben, wie z. B. dem nächstgelegenen Supermarkt, einer markanten Ampelkreuzung oder einem alten Krankenhaus, von wo aus dann eine Meterangabe und die Himmelsrichtung zum eigentlichen Ziel führen sollen.

Die **Calles (C.)** und **Avenidas (Av.)** tragen Namen, z. B. von berühmten Persönlichkeiten, oder sind durchnummeriert. Alle orientieren sich vom Parque Central aus, den es in jeder Stadt gibt. Avenidas verlaufen in Ost-West-Richtung, Calles in Nord-Süd-Richtung. Die Calle und Avenida direkt am Park heißt meist „Central". Von ihr beginnt die Zählung, wobei in je eine Himmelsrichtung nur die ungeraden bzw. geraden Straßen verlaufen. Konkret heißt das: nach Norden ungerade Avenidas, nach Süden gerade Avenidas, nach Osten ungerade Calles, nach Westen gerade Calles. Wenn man dieses Muster verinnerlicht, weiß man zumindest immer, wo in etwa das Zentrum der Stadt liegt. Die Adressangaben im Buch bestehen zumeist aus Avenida und Calle. Liegt ein Geschäft in einer Avenida, wird es duch die Calle davor und die dahinter eingegrenzt. Liegt es in einer Calle, wird es durch Avenidas eingegrenzt. Die Angabe Av. 7/C. 8 bedeutet, dass das Geschäft in der Avenida 7 an der Ecke zur Calle 8 liegt. In kleineren Ortschaften mangelt es häufig an Straßennamen und Nummerierungen. Dort werden Landmarken zur Orientierung und Navigation genutzt. So heißt es zum Beispiel: Das Hotel liegt 150 m östlich der Kirche.

Post

Büros der nationalen Post (correos) sind in allen Städten vertreten und wochentags 9–17 Uhr geöffnet. Hier kann man Marken (estampillas, ca. 1 $) kaufen oder lokale Anrufe tätigen. Die Reisedauer für einen Brief (carta) oder eine Postkarte (postal) nach Europa beträgt etwa 14 Tage per Luftpost (por avión oder correo aéreo).

Post zu empfangen, ist über die Postämter möglich. Dafür muss die Adresse der städtischen Post korrekt angegeben sein, was aufgrund fehlender Adressen so funktioniert:

> Empfängername in GROßBUCHSTABEN
> „Lista de Correos"
> Postamt
> Stadt
> Costa Rica

Für die Abholung wird der Reisepass benötigt. Die Post sollte innerhalb von vier Wochen abgeholt werden.

Preisangaben

In Costa Rica gibt es zwei Währungen, Dollar und Colón. Oftmals gehen die Preise im Land komplett durcheinander, deshalb auch in diesem Buch. Sehr touristische Ziele wie bekannte Nationalparks werden meist in Dollar ausgewiesen, kleinere und unbekanntere eher in Colones. Bezahlen kann man meist in beiden Währungen. Immer üblicher und mancherorts obligatorisch ist die Zahlung per Kreditkarte. Dann spielt auch die Währung kaum mehr eine Rolle.

Reisebudget

Costa Rica gehört schon seit langem nicht mehr zu den Low-Budget-Reisezielen. Das Preisniveau ähnelt dem wohlhabender europäischer Länder. Einfache Unterkünfte sind für bis zu 50 € zu bekommen. Ein Bett im Schlafsaal kostet 10–15 €. Ansonsten sind die Preise für Unterkünfte deutlich höher. Ein Doppelzimmer mit normalem Standard kostet 50–100 €.

Wer sich günstig verpflegen möchte, ist mit den überall anzutreffenden Sodas, den Speisesälen der Ticos, gut bedient. Vom Frühstück bis zum Abendessen werden anständige Mahlzeiten serviert. Die Preise liegen bei 5–8 $. Meistens wird ein Tagesmenü mit Getränk, Vor- und Nachspeise angeboten. Wer eine Gemeinschaftsküche im Hotel zur Verfügung hat, kann den einen oder anderen Euro sparen und sich selbst versorgen, wobei Lebensmittel im Supermarkt erstaunlich teuer sind.

Das Reisebudget wird kräftig von den Eintrittsgeldern in Nationalparks und Museen sowie gebuchten Touren belastet. Schnell werden 80–100 $ für einen Tagesausflug fällig. Grundsätzlich sind die Preise im Vorfeld zu klären. Nur so kann man vermeiden, dass im Nachhinein noch die in Costa Rica recht hohen Steuern oder Servicegelder hinzukommen.

Wer es sich auf der Reise nett machen und was erleben möchte, sollte mit 100–120 € pro Tag pro erwachsener Person kalkulieren.

Reisen mit Handicap

Man hat manchmal den Eindruck, Costa Rica ist in Sachen Gleichberechtigung für behinderte Menschen fortschrittlicher als Deutschland. Sehr viele Museen, Restaurants, touristische Attraktionen und weitere öffentliche Einrichtungen sind barrierefrei ausgestattet. Ein Gesetz von 2012 ebnete den Weg dafür. Ganz ohne fremde Hilfe wird man Costa Rica aber eher nicht bereisen können. Schlechte Gehsteige und hohe Bordsteinkanten sind ein Grund dafür. Mehr Informationen für Reisende mit Behinderung hält die Nationale Koordinationsstelle Tourismus für Alle e. V. bereit: Fleher Str. 317 A, 40223 Düsseldorf, ✆ 0211/3368001.

Reiseveranstalter

Die Naturreise: Stephan Martens und sein Team organisieren vor allem maßgeschneiderte ornithologische Reisen nach Costa Rica. www.dienaturreise.de.

DIAMIR: Spezialist für Gruppenreisen nach Costa Rica. www.diamir.de.

MIO Tours: Organisiert Rundreisen ab 2 Personen mit deutscher Reisebegleitung. www.mio-tours.de.

Esperanza Tours: Hier liegt der Fokus auf Nachhaltigkeit und der Gestaltung von Familientouren. www.nachhaltiger-reisen.de.

Lisa! Sprachreisen: Ob Einzelunterricht in San José oder Gruppenunterricht an der Karibik. Lisa! hat das passende Angebot. www.lisa-sprachreisen.de.

Alautentico Tours: Volker und sein Team arbeiten in San José und zeigen Highlights und Geheimtipps in Costa Rica. www.alautentico.de.

Sicherheit

Costa Rica ist das sicherste Reiseland Mittelamerikas. Trotzdem empfiehlt es sich natürlich, umsichtig und aufmerksam zu sein und Dinge, die man auch in einigen europäischen Städten nicht tun würde, zu vermeiden (z. B. im Dunkeln an einsamen Orten herumlaufen, auffällige Wertsachen zur Schau stellen). Ein erhöhtes Diebstahlrisiko gibt es vor allem an von Touristen stark frequentierten Orten wie Stränden, Märkten, den Grenzübergängen und auf Busbahnhöfen. Das Reisegepäck sollte nie unbeaufsichtigt sein.

Es ist ratsam, Kopien der wichtigsten Dokumente mitzuführen, sodass man sich im Ernstfall ausweisen kann. Der Pass sollte mit Einreisestempel kopiert werden. Im Zeitalter neuer Medien hilft es auch, ein Foto der Dokumente mit dem Smartphone zu machen. Die Bilder müssen natürlich noch per Mail versendet werden. Denn ist das Handy weg, sind die Bilder auch weg.

Im Falle eines Überfalles sollte kein Widerstand geleistet werden, da die Hemmschwelle der Täter niedrig ist.

Als allein reisende Frau muss man damit rechnen, angesprochen zu werden. Die Kommentare der Ticos reichen von netten Komplimenten bis zu rüden Sprüchen, sind aber meist harmlos. Dabei ist der Machismo im ländlichen Raum noch stärker zu spüren und das Verhältnis zwischen Mann und Frau nicht so einfach wie hierzulande. Am besten stellt man sich auf den Machismo ein, reagiert besonnen und weist schnell und freundlich die Grenzen auf. Ein Ehering am Finger oder der Hinweis auf den eigenen Freund kann solche Situationen wundersam entschärfen: *No me moleste por favor* – Bitte belästigen Sie mich nicht.

Für Reisen mit dem Mietwagen ist es ratsam, bewachte Parkplätz aufzusuchen. Und auch hier gilt, nie Wertsachen sichtbar im Auto liegen zu lassen oder nach Möglichkeit das Auto komplett leerzuräumen.

Weitere Sicherheitshinweise und sonstige Informationen auf der Webseite oder über die „Sicher Reisen"-App des Auswärtigen Amtes: **www.auswaertiges-amt.de.** Die App hat sogar eine Ortungsfunktion („Wo bin ich?") und einen „Ich bin OK"-Button, mit dem man Freunden oder Verwandten ein kurzes Lebenszeichen senden kann.

Bei Passverlust ist umgehend die heimische Botschaft in San José zu kontaktieren, um das weitere Vorgehen zu besprechen (→ S. 39). Verloren gegangene oder entwendete Kreditkarten sind sofort zu sperren (→ S. 455).

Sprache/Sprachschulen

Wer Spanisch spricht, hat es grundsätzlich leichter. Zum einen lernt man Land und Leute besser kennen. Zum anderen ist es im Kontakt mit offiziellen Stellen wie am Flughafen, Postamt oder in der Bankfiliale von Vorteil. Mit Englisch kommt man auch ganz gut durch das Land. Man sollte dies aber nie vorraussetzen.

Eine sprachliche Besonderheit in Costa Rica ist an dieser Stelle noch zu erwähnen. An der karibischen Seite Costa Ricas, vor allem im Großraum

Die etwas andere Speisekarte

von Limón, wird noch Patois gesprochen. Die vor allem auf Jamaika verbreitete Kreolsprache hat englische Wurzeln und fand Ausdruck in Musikrichtungen wie Reggae, Hiphop und Dancehall.

Costa Rica ist bestens für den Sprachurlaub geeignet, der wunderbar mit dem Besuch der touristischen Highlights kombiniert werden kann. Ob im trubeligen San José oder an den Stränden der Halbinsel Nicoya, es gibt ein breites Angebot an Sprachschulen.

Intercultura, in Samara, www.interculturacostarica.com

Costa Rican Language School CRLA, in San José, www.spanishandmore.com

Entweder man nimmt direkt Kontakt zu einer Sprachschule am Wunschort in Costa Rica auf oder verlässt sich auf das gute Händchen **heimischer Sprachreisenvermittler,** z. B. unter www.languageint.de.

Telefonieren

Internationale Vorwahlnummern:

Costa Rica	00506
Deutschland	0049
Österreich	0043
Schweiz	0041

Die Netzabdeckung ist in Costa Rica erstaunlich gut. Alle Ticos und Touristen sind mit Smartphones unterwegs. Öffentliche Münzfernsprecher gehören der Vergangenheit an. Die Kommunikation via Skype, Facebook und WhatsApp ist mittels WiFi in Restaurants und Hotels oder gar dem mobilen Internet auf dem eigenen Smartphone unkompliziert. Zum Erwerb einer ausländischen SIM-Karte → S. 458.

Toiletten

Öffentliche Toiletten gibt es kaum und wenn schon, dann fehlt wenigstens das Klopapier. Jedes Restaurant wird aber niemandem gegen ein kleines Entgelt die Nutzung seiner Einrichtung verwehren. Die Toiletten sind normale Sitztoiletten mit Wasserspülung. Toilettenpapier kommt grundsätzlich nicht ins WC, sondern in einen dafür bereit stehenden Mülleimer – leider fehlt meist ein Tretdeckel.

Trinkgelder

In den meisten Lokalen kommen die Trinkgelder für den Service noch zur die Gesamtrechnung hinzu und betragen 10–15 %. Wenn dann zuvor noch die Mehrwertsteuer aufgeschlagen wird, kommt ein ganz anderer Betrag heraus, als man vor dem Betreten des Restaurants erwartet hatte. Deshalb immer vorher abklären, welche Kosten noch auf die Preise in der Speisekarte aufgeschlagen werden. Ist das Trinkgeld nicht obligatorisch zu entrichten, kann man bei Gefallen des Besuchs 10 % TIP geben. Auch Taxifahrer, Zimmermädchen und Reiseguides freuen sich über einen Obolus. Dieser liegt jedoch im eigenen Ermessen.

Trinkwasser

Wie allgemein bekannt, ist Leitungswasser in fast allen Ländern der Erde nicht unbedingt zum Trinken geeignet. Das heißt, zum Duschen und Hände waschen ist es gut, Zähneputzen und Mundausspülen geht sicher auch noch. Trinken sollte man es auf keinen Fall. Stilles Trinkwasser gibt es an jeder Ecke von der 0,2-Liter-Flasche bis zum 5-Liter-Kanister zu kaufen. Leider immer im Einweg-Plastik-Behältnis. In Unterkünften steht oftmals ein großer Behälter (Garrafón) mit Trinkwasser zur kostenfreien Nutzung bereit.

Uhrzeit

Costa Rica befindet sich in der Zeitzone UTC-06:00 und hat keine Sommerzeit. Aufgrund seiner geografischen Lage, nur 9 Grad nördlich des Äquators, bleibt die Tageslänge das ganze Jahr über ziemlich konstant. Die Sonne geht relativ früh auf, gegen 5:30 Uhr, und es

Auf Müllvermeidung wird geachtet

wird gegen 17:30 oder 18:00 Uhr, je nach Jahreszeit, wieder dunkel. Während der mitteleuropäischen Sommerzeit liegt Costa Rica 8 Std. hinter MEZ zurück, in der Winterzeit sind es nur 7 Std.

Verhaltenstipps

Zu Gast in Costa Rica – das sollte man nie vergessen und sich dementsprechend verhalten. Dezente Zurückhaltung ist der bessere Begleiter.

Umgang mit Bettlern: Auch in Costa Rica gibt es Bettler. Der Umgang mit ihnen ist zwiespältig. Zum einen tut der eine Dollar einem nicht weh. Zum anderen unterstützt man häufig Drogenkonsum oder hält gar Kinder vom Besuch der Schule ab.

Fotografieren: Grundsätzlich sollte immer um Erlaubnis gefragt werden, wenn man jemanden fotografieren will. Das gebietet der Anstand.

Begrüßung: Es wird sich immer per Handschlag begrüßt. Ist das Verhältnis freundschaftlich, geben sich Frauen einen Wangenkuss.

Gringo: Allgemein übliche, abschätzige Bezeichnung für US-amerikanische Touristen.

Kleidung: Wie auf dem gesamten zentralamerikanischen Kontinent wird auch in Costa Rica großer Wert auf saubere und angemessene Bekleidung gelegt. So kann das zerschlissene Achselshirt samt Flipflops schon für unliebsame Blicke sorgen. An den Stränden von Nicoya und den touristischen Hotspots an der Pazifik- und Karibikküste nimmt man es entspannter.

Versicherungen

Auslandsreisekrankenversicherung: Die sollte man haben und zwar mit Rücktransport-Option für den Fall der Fälle. Der Vertragsabschluss ist über alle Reisebüros oder Banken möglich. Extremsportler sollten klären, ob auch entsprechende sportbedingte Unfälle abgedeckt sind. Wer eine Jahres-Auslandsreisekrankenversicherung hat, ist in der Regel bis zu einem Aufenthalt von 45 Tagen dadurch versichert. Oft ist sie auch bei Kreditkarten mit dabei – je nach „Blue“, „Gold“ oder sonstigem Status.

Privat Versicherte sollten sich bei ihrem Anbieter erkundigen, inwieweit Auslandsleistungen abgedeckt sind. Bei einer Behandlung vor Ort müssen die Kosten erst vorgestreckt werden und können dann bei der Versicherung eingereicht werden. Wichtig ist eine ordentliche Rechnung des Arztes oder des Krankenhauses.

Reiserücktrittsversicherung: Eine solche Versicherung ist günstig für alle, die lange im Voraus buchen. Sie greift in der Regel bei Krankheit (ärztliches Attest notwendig), Tod von Angehörigen oder aber auch plötzlicher Arbeitslosigkeit. Wie bei der Krankenversicherung ist sie möglicherweise in der Kreditkarte mit enthalten und muss dann nicht noch einmal separat abgeschlossen werden.

Visum

Reisende aus den Staaten der europäischen Union sowie der Schweiz müssen im Vorfeld kein Visum beantragen. Bei der Einreise wird in der Regel ein 90 Tage gültiges Touristenvisum erteilt. **Der Reisepass muss ab Einreisedatum noch mindestens 6 Monate gültig sein.** Wer einen längeren Aufenthalt plant, kann vor Ablauf der 90 Tage in eines der Nachbarländer reisen. Nach drei Tagen ist die Wiedereinreise mit erneuter Visa-Erteilung möglich. Für Aufenthalte im Rahmen eines Studiums oder Freiwilligendienstes ist unbedingt die Botschaft von Costa Rica in Deutschland zu konsultieren.

Wäsche waschen

Die sogenannten *lavanderías* gibt es in jeder Kleinstadt. So lässt sich das Reisegepäck klein halten. Dank Wäschetrockner ist die Wäsche meist am selben Tag zurück. Allerdings sollte man sich gut überlegen, ob das Lieblingsteil in die Wäscherei muss. Es könnte kleiner, ausgebleicht oder gar „vertauscht“ worden sein.

Zoll

Die **Einfuhr** von frischen Lebensmitteln wie Fleisch- und Wurstwaren, Obst und Molkereierzeugnissen ist verboten. Volljährige Reisende dürfen bis zu 3 l Alkohol, 500 g Tabak oder 400 Zigaretten einführen. Bargeldbeträge über 10.000 $ müssen bei Einreise deklariert werden.

Auch bei der **Ausreise** sind einige Dinge zu beachten. Dabei gilt besonderes Augenmerk exotischen Souvenirs, lebenden Tieren, wie z. B. Fröschen und Schildkröten, Muscheln und Korallen. Auch Antiquitäten und archäologisches Kulturgut dürfen nicht außer Landes gebracht werden.

Am besten macht man sich noch vor Reiseantritt schlau, da sich die Bestimmungen auch ab und an ändern. Dies aber stets zum Schärferen hin.

Freimengen für die Einreise in die EU und die Schweiz: 200 Zigaretten oder 100 Zigarillos oder 50 Zigarren; 1 l Spirituosen (mehr als 22 Vol.-%) oder 2 l (weniger als 22 Vol.-%), Schweiz 1 l mit mehr als 18 Vol.-% oder 5 l mit weniger als 18 Vol.-%.

Die Freigrenze für den nicht gewerblichen Gebrauch darf bei Einreise über den Luftweg in die EU nicht 430 € und in die Schweiz nicht 300 CHF Nettowarenwert überschreiten. Sollte dies jedoch der Fall sein, so sind die Einfuhrumsatzsteuer und eventuell Zölle fällig. Der nette Zollbeamte am Flughafen wird Ihnen gern weiterhelfen.

Nützliche Websites zur Info vorab:

www.zoll.de

www.bmf.gv.at

www.ezv.admin.ch

Fluss am Catarata Fortuna

Etwas Spanisch

Für Ihren Urlaub müssen Sie nicht unbedingt Spanisch lernen. Englisch und die Gebärdensprache reichen meist völlig aus, um einzukaufen, ein Auto oder Zimmer zu mieten. Wer aber näher mit den Menschen im Land in Kontakt kommen möchte, wird schnell merken, wie erfreut und geduldig die Ticos reagieren, wenn man sich ein bisschen Mühe gibt. Der folgende kleine Spanisch-Sprachführer soll Ihnen helfen, sich in Standardsituationen besser zurechtzufinden. Vor Ort fällt es dann leicht, ein vorhandenes Grundvokabular weiter auszubauen. Scheuen Sie sich nicht, am Anfang auch einmal Sätze zu formulieren, die nicht gerade durch grammatikalischen Feinschliff glänzen – wer einfach drauflosredet, lernt am schnellsten.

Aussprache

c	vor a, o, u und Konsonanten wie k (caliente = kaliente), vor e und i wie engl. th (cero = thero)
ch	wie tsch (mucho = mutscho)
h	ist stumm (helado = elado)
j	wie ch (rojo = rocho)
ll	wie j (calle = caje), manchmal auch wie lj
ñ	wie nj (año = anjo)
qu	wie k (queso = keso)
y	wie j (yo = jo)

Zahlen

¼	*un cuarto*	13	*trece*	50	*cincuenta*
½	*un medio*	14	*catorce*	60	*sesenta*
0	*cero*	15	*quince*	70	*setenta*
1	*un/una*	16	*dieciséis*	80	*ochenta*
2	*dos*	17	*diecisiete*	90	*noventa*
3	*tres*	18	*dieciocho*	100	*ciento, cien*
4	*cuatro*	19	*diecinueve*	200	*doscientos*
5	*cinco*	20	*veinte*	300	*trescientos*
6	*seis*	21	*veintiuno (-ún)*	500	*quinientos*
7	*siete*	22	*veintidós*	1000	*mil*
8	*ocho*	23	*veintitrés*	2000	*dos mil*
9	*nueve*	30	*treinta*	5000	*cinco mil*
10	*diez*	31	*treinta y uno*	10.000	*diez mil*
11	*once*	32	*treinta y dos*	100.000	*cien mil*
12	*doce*	40	*cuarenta*	1.000.000	*un millón*

Grüße

Guten Morgen	*buenos días*
Guten Tag (bis zum Abend)	*buenas tardes*
Guten Abend/gute Nacht	*buenas noches*
Hallo	*hola (sehr gebräuchlich)*
Auf Wiedersehen	*adiós*
Tschüss (= bis dann)	*hasta luego*
Gute Reise	*buen viaje*
Begrüßung/Verabschiedung	*pura vida*

Small Talk

Wie geht's?	*cómo está?*
(Sehr) gut und Dir?	*(muy) bién y tú?*
Wie heißt Du?	*cómo te llamas?*
Ich heiße ...	*mi nombre es ...*
Woher kommst du?	*de dónde vienes?*
Ich komme aus ...	*soy de ...*
... Deutschland	*Alemania*
... Österreich	*Austria*
... Schweiz	*Suiza*
Sprechen Sie deutsch?	*habla usted alemán?*
englisch/französisch/ italienisch	*inglés/francés/ italiano*
Ich spreche nicht spanisch	*yo no hablo español*
Ich verstehe (nicht)	*yo (no) comprendo/ entiendo*
Verstehst du?	*comprendes/entiendes?*
Ist das schön!	*qué bonito!*
Ein bisschen langsamer, bitte	*un poco más despacio, por favor*
In Ordnung/passt so/ o. k. (auch als Frage sehr gebräuchlich)	*vale? – vale!*

Minimal-Wortschatz

Ja	*sí*
Nein	*no*
Bitte	*por favor*
Vielen Dank	*muchas gracias*
Entschuldigung	*perdón*
Verzeihung	*disculpe/permiso*
groß/klein	*grande/pequeño*
gut/schlecht	*bueno/malo*
viel/wenig	*mucho/poco*
heiß/kalt	*caliente/frío*
oben/unten	*arriba/abajo*
Ich	*yo*
Du	*tú*
Sie	*usted*
Können Sie mir sagen, wo ...	*podría decirme dónde está ...?*
verboten	*prohibido*
Mädchen	*chica, nena*
Junge	*chico*
Frau	*señora*
junge Frau	*señorita*
Herr	*señor*

Fragen & Antworten

Gibt es ...	*hay?*
Was kostet das?	*cuánto cuesta esto?*
Wie/wie bitte?	*cómo?*
Wissen Sie ...?	*sabe usted ...?*
Ich weiß nicht ...	*yo no sé*
Wo?	*dónde?*
Von wo?	*de dónde?*
Wo ist ... ?	*dónde está ...?*
Haben Sie ...?	*tiene usted ...?*
Ich möchte ...	*quisiera ...*
Um wie viel Uhr?	*a qué hora?*
Ist es möglich/kann ich?	*está posible?*
Warum?	*por qué?*
Weil	*porque*

Orientierung

Nach ...	*a/hacia*
links	*izquierda*
rechts	*derecha*
geradeaus	*recto/derecho*
die nächste Straße	*la próxima calle*
hier	*aquí*

dort	*allí, ahí*
Adresse	*dirección*
Stadtplan	*mapa de la ciudad*
Ist es weit?	*está lejos?*

Zeit

vormittag(s)	*(por la) mañana*
nachmittag(s)	*(por la) tarde*
abend(s)	*(por la) noche*
heute	*hoy*
morgen	*mañana*
übermorgen	*pasado mañana*
gestern	*ayer*
vorgestern	*anteayer*
Tag	*el día*
jeden Tag	*todos los días*
Woche	*semana*
Monat	*mes*
Jahr	*año*
stündlich	*cada hora*
Wann?	*cuándo?*

Parken auch für Schildkröten

Wochentag

Montag	*lunes*
Dienstag	*martes*
Mittwoch	*miércoles*
Donnerstag	*jueves*
Freitag	*viernes*
Samstag	*sábado*
Sonntag	*domingo*

Jahreszeiten

Frühling	*primavera*
Sommer	*verano*
Herbst	*otoño*
Winter	*invierno*

Monate

Januar	*enero*
Februar	*febrero*
März	*marzo*
April	*abril*
Mai	*mayo*
Juni	*junio*
Juli	*julio*
August	*agosto*
September	*septiembre*
Oktober	*octubre*
November	*noviembre*
Dezember	*diciembre*

Uhrzeit

Stunde	*hora*
Um wie viel Uhr?	*a qué hora?*
Wie viel Uhr ist es?	*Qué hora es?*

Unterwegs

Wann kommt ... an?	*cuándo llega ...?*
Wie viel Kilometer sind es bis ...?	*cuántos kilómetros son de aquí a ...?*
Ich möchte bitte aussteigen!	*quisiera salir por favor!*
Hafen	*puerto*
Haltestelle	*parada*
Fahrkarte	*tiket/boleto*

Hin und zurück	*ida y vuelta*
Abfahrt	*salida*
Ankunft	*llegada*
Information	*información*
Kilometer	*kilómetro*
Straße	*calle*
Telefon	*teléfono*
Reservierung	*reservación*
Weg	*camino, sendero*
Autobus	*bus*
Bahnhof	*estación de tren*
Busbahnhof	*terminal terrestre/de bús a ...*
Flughafen	*aeropuerto*
das (nächste) Flugzeug	*el (próximo) avión*
Hafen	*puerto*
Schiff	*barco/yate*
Deck	*cubierta*
Fährschiff	*transbordador/ferry*
Reisebüro	*agencia de viajes*
(der nächste) Bus	*(el próximo) bús*
Boot	*lancha/fibra/panga/Zodiak*

Auto/Zweirad

Ich möchte ...	*quisiera ...*
Wo ist ...?	*dónde está ...?*
... die nächste Tankstelle	*... la próxima gasolinera*
Bitte prüfen Sie, ob ...	*por favor, compruébe usted si ...*
Ich möchte mieten (für 1 Tag)	*quisiera alquilar (por un día)*
(die Bremse) ist kaputt	*(los frenos) no funcionan*
Wieviel kostet es (am Tag)?	*cuánto cuesta (un día)*
Benzin	*gasolina*
bleifrei	*sin plomo*
Diesel	*diesel*
(1/20) Liter	*(un/veinte) litro(s)*
Auto	*carro/auto*
Motorrad	*moto*
Moped	*motoneta*
Anlasser	*starter*
Auspuff	*tubo de escape*
Batterie	*batería*
Bremse	*frenos*
Ersatzteil	*pieza de repuesto*
Keilriemen	*correa*
Kühler	*radiador*
Kupplung	*embrague*
Licht	*luces*
Motor	*motor*
Öl	*aceite*
Reifen	*rueda*
Reparatur	*reparación*
Stoßdämpfer	*amortiguador*
Werkstatt	*taller*
Autobahn	*autopista*
Baustelle	*obras*
Kreuzung	*cruce*
Einbahnstraße	*dirección única*
Straße gesperrt	*carretera cortada*
Umleitung	*desvío*
parken	*parquear/estacionar*
kann ich hier parken?	*puedo estacionar aquí?*

Bank/Post/Telefon

Wo ist ...	*dónde está ...*
Ich möchte ...	*quisiera ...*
... ein Tel.-Gespräch	*... una llamada*
Wieviel kostet das?	*cuánto cuesta?*
Bank	*banco*
Postamt	*correos*
Brief	*carta*
Karte	*tarjeta*
Briefkasten	*buzón*
Briefmarke	*estampilla*
eingeschrieben	*por certificado*
Reiseschecks	*traveler cheques*
Geld	*dinero*
mit Luftpost	*por avión*
Päckchen	*pequeño paquete*
Paket	*paquete*
postlagernd	*lista de correos*
Telefon	*teléfono*

Übernachten

Haben Sie ...?	*tiene usted ...?*
Gibt es ...?	*hay ...?*
Wieviel kostet es (das Zimmer)?	*cuánto cuesta (la habitación)?*
Ich möchte mieten (...)	*quisiera alquilar (...)*
für 5 Tage	*por cinco días*
Kann ich sehen ...?	*puedo ver ...?*
Kann ich haben ...?	*puedo tener ...?*
ein (billiges/ gutes) Hotel	*un hotel (barato/ bueno)*
Haben Sie nichts Billigeres?	*no tiene algo más barato?*
Zimmer	*habitación*
ein Doppelzimmer	*habitación doble*
Einzelzimmer	*habitación individual sencilla*
Ehebettzimmer	*habitación matrimonial*
Bett	*cama*
Pension (Voll/Halb)	*pensión (completa/media)*
Haus	*casa*
Küche	*cocina*
Toilette	*servicios higiénicos, baño*
mit ...	*con ...*
ohne ...	*sin ...*
... Dusche/Bad	*... ducha/baño*
... Frühstück	*... desayuno*
Reservierung	*reservación*
Wasser (heiß/kalt)	*agua (caliente/fría)*
Hoch/Nebensaison	*temporada alta/baja*
Campingplatz	*campamento*
zelten („wild“)	*acampar (libre)*
Zelt	*carpa*
Hauszelt	*tienda familiar*
Schlafsack	*saco de dormir*
Wohnmobil	*casa rodante*

Was ist da drin?

Im Restaurant/In der Bar

Landestypische Gerichte und Spezialitäten finden Sie im ausführlichen Kapitel „Essen und Trinken“ vorne im Buch.

Haben Sie ...?	*tiene usted ...?*
Ich möchte ...	*quisiera ...*
Speisekarte	*menú*
Wieviel kostet ...?	*cuánto cuesta ...?*
Die Rechnung (bitte)	*la cuenta (por favor) höflicher: la cuenta, quando pueda!*
zum Mitnehmen	*para llevar*

Getränke

Glas/Flasche	*vaso/botella*
(Glas) Bier	*cerveza*
Weinglas	*copa de vino*
Mineralwasser (sprudelnd/still)	*agua con/sin gas*
Wasser	*agua*
Hauswein	*vino de la casa*
Rotwein	*vino tinto*
Weißwein	*vino blanco*
süß/herb	*dulce/seco*
Saft	*jugo*
Kaffee	*café*
Milchkaffee	*café con leche*
Zucker	*azúcar*
Tee	*té*
Milch	*leche*

Einkaufen

Was kostet ...	*cuánto cuesta ...?*
Haben Sie ...?	*tiene usted ...?*
geben Sie mir bitte	*déme ... por favor*
klein/groß	*pequeño/grande*
1 Pfund	*una libra*
1 Kilo/Liter	*un kilo/litro*
100 Gramm	*cien gramos*
geöffnet	*abierto*
geschlossen	*cerrado*

Geschäft	*tienda*
Supermarkt	*supermercado*
Einkaufszentrum	*centro comercial*
Bäckerei	*panadería*
Konditorei	*pastelería*
Metzgerei	*carnicería*
Friseur	*peluquería*
Buchhandlung	*librería*
Apfel	*manzana*
Brot	*pan*
Butter	*mantequilla*
Ei(er)	*huevo(s)*
Essig	*vinagre*
Gurke	*pepino*
Honig	*miél*
Joghurt	*yogurt*
Käse	*queso*
Klopapier	*papel higiénico*
Knoblauch	*ajo*
Kuchen	*pastel*
Marmelade	*mermelada*
Milch	*leche*
Öl	*aceite*
Orange	*naranja*
Pfeffer	*pimienta*
Salz	*sal*
Seife	*jabón*
Shampoo	*champú*
Sonnenöl	*bronceador*
Streichhölzer	*fosforos*
Tomaten	*tomates*
Wurst	*embutido*
Zeitung	*periódico*
Zeitschrift	*revista*
Zucker	*azúcar*
Kleidung	*vestidos*
Bluse	*blusa*
Hemd	*camisa*
Hose	*pantalones*
Pullover	*saco/jersey*
Rock	*falda*
Schuhe	*zapatos*
Kann ich probieren?	*puedo probar?*
Es gefällt mir	*me gusta*
Ich nehme es	*lo tomo*

Hilfe & Krankheit

Hilfe!	*ayuda!*
Helfen Sie mir bitte	*ayudeme por favor*
Ich habe Schmerzen (hier)	*me duele (aquí)*
Gibt es hier ...?	*hay aquí ...?*
Ich habe verloren ...	*he perdido ...*
Haben Sie ...?	*tiene usted ...?*
Wo ist (eine Apotheke)?	*dónde hay (una farmácia)*
Um welche Uhrzeit hat der Arzt Sprechstunde?	*A qué hora es la consulta?*
Ich bin allergisch gegen ...	*yo soy alérgico a ...*
Deutsche Botschaft	*embajada alemana*
Polizei	*policía*
Tourist-Information	*oficina de turismo*
Arzt	*médico*
Krankenhaus	*hospital*
Unfall	*accidente*
Zahnarzt	*dentista*
Ich möchte (ein) ...	*quisiera (un/una) ...*
... Abführmittel	*laxante*
... Aspirin	*aspirina*
... die „Pille"	*la píldora*
... Kondom	*preservativo, condón*
... Penicillin	*penicilina*
... Salbe	*pomada*
... Tabletten	*pastillas*
... Watte	*algodón*
Ich habe ...	*yo tengo ...*
Ich möchte ein Medikament gegen	*quiero una medicina contra ...*
... Durchfall	*diarrea*
... Fieber	*fiebre*
... Grippe	*gripe*
... Halsschmerzen	*dolor de garganta*
... Kopf ...	*dolor de cabeza*
... Magen ...	*dolor de estómago*
... Zahn ...	*dolor de muelas*
... Schnupfen	*catarro, resfriado*
... Sonnenbrand	*quemadura del sol*
... Verstopfung	*estreñimiento*

Kartenverzeichnis

Costa Rica Übersicht — Umschlagklappe vorne

Herausnehmbare Karte — Umschlagklappe hinten

Agujitas de Drake	279
Alajuela und Umgebung	63
Cartago	76
Dominical	258
Heredia	57
Die Karibikküste	329
La Fortuna	127
Monte Verde und Santa Elena	145
Montezuma	223
Der Norden	102
Der Nordwesten	164
Puerto Viejo de Talamanca	362
Radtour um den Lago Cachí	82
Rund um den Vulkan Arenal	122
Sámara	208
San Gerardo de Rivas und Chirripó	311
San José – Stadt	44/45
San José Übersicht	28/29
Der Süden entlang der Panamericana	305
Südliche Pazifikküste	269
Tortuguero	342
Turrialba und Umgebung	91
Valle Central	54
Zentrale Pazifikküste	234

Zeichenerklärung für die Karten und Pläne

- Autobahn (mautpflichtig)
- Schnellstraße
- Hauptstraße
- Nebenstraße (meist asphaltiert)
- Nebenstraße (meist nicht asphaltiert)
- Piste (z.T. 4WD)
- Eisenbahn
- Fährverbindung
- Landesgrenze
- Provinzgrenze
- Kanal
- Fluss
- Korallenriff
- Tour/Stadtrundgang
- Atenas – besonders sehenswerte Orte

- Nationalpark
- Naturreservat
- Indigenen-Reservat
- Gewässer
- Stadtfläche
- Internationaler Flughafen
- Nationaler Flughafen
- Hafen
- Sehenswürdigkeit
- Museum
- Touristische Ausflugsangebote/ Freizeit und Sport
- Ruine
- Burgruine
- Natursehenswürdigkeit
- Eingang zum Nationalpark
- Leuchtturm

- Berggipfel
- Aussichtspunkt
- Basiscamp
- Wasserfall
- Gewässer
- Thermalquelle/Hot Spring
- Strand
- Surfspot
- Tauchspot
- Information
- Apotheke
- Ärztliche Versorgung/ Krankenhaus
- Waschsalon
- EC Bank/Geldautomat
- BUS Busterminal
- Autoverleih
- Fahrradverleih

Alles im Kasten

Mit dem Zug nach Cartago 43
Touren in und um San José 47
Costa Rica's Craft Brewing Company 51
Alles Käse? 88
Die Eisenbahn in Costa Rica 96
Abstecher nach Nicaragua I 120
Do it Yourself: Schokolade selbst herstellen 126
Ein Vulkan mit vielen Namen 132
Selbstfahrer: Anfahrt zum Bergnebelwald Monteverde 144
Weitere Anbieter für Canopy-Touren 159
Ohne Blätter: Warum ist der Trockenwald gefährdet? 175
Abstecher nach Nicaragua II 178
Drei Gründe, warum man den Erdbeerbaum selten zu Gesicht bekommt 182
Orientierung auf der Nicoya-Halbinsel 186
Älter als der Wald: die „Blaue Zone" von Costa Rica 188
Die Chorotega – die letzten Indígenas von Guanacaste 190
Mythos Schildkrötenei: gesund und aphrodisierend? 203
Interview mit Volontär Janis 214
Einfach und gesund – mein Traumleben am Traumstrand 220
Die Insel der einsamen Männer 230
Drei Fragen an Anja 253
Zwei oder drei Finger: Steckbrief eines Faultiers 254
Feiern an der Costa Ballena 260
Kugelrund und tonnenschwer: Wer schuf die mysteriösen Steinkugeln? 271
Drei Fragen an Jeffry 274
Abstecher zu den indigenen Ngäbe/Ngobe 292
Der Göttervogel Quetzal 308
Käse aus Canaán 310
Die Ananas: verführerisch süß – teuflisch ungesund 330
Karneval auf Karibisch 331
Pacuare – Einsatz für die Schildkröten 334
Abenteuer Schildkröte: das Wunder hautnah miterleben 336
Deutschland adé – ein Interview mit der Auswanderin, Biologin und Touristenführerin Barbara Hartung 344
Zu Besuch im Paradies – Selva Bananito Ecolodge 352
Umstrittenes Projekt: ein Besuch in der Faultier-Auffangstation 358
Karibisch lecker 363
Abstecher zu den indigenen Bribri auf eigene Faust 367
Abstecher nach Bocas del Toro in Panama 372
Pura Vida! 377
Klimafreundlich: Costa Ricas Plan zur Dekarbonisierung 2018–2050 381
Durch den Wald mit offenen Augen 383
Guanacaste: der Nationalbaum Costa Ricas 384
Eine Bohne auf dem Vormarsch 386
Die Meeresschildkröte 392
Ein Leben voller Gefahren 393
Die beliebtesten Vögel in Costa Rica 398
Indigene Ethnien in Costa Rica 402
Städte leer, Strände voll: die verrückte Osterzeit 405

Mittendrin:
Ák Kuè – ein Fest für die Ahnen 409

Ein Fluss – viel Streit:
Zankapfel Río San Juan 413

CAFTA – Freier Handel
zu welchem Preis? 415

Aktuelle Literatur aus und
über Costa Rica auf Deutsch 419

Filme aus und über Costa Rica 421

Das Encomienda-System 425

Freibeuter William Walker –
ein Mann mit 1000 Gesichtern 429

Packliste 436

Fotonachweis

Alle Fotos von Juliane Israel außer: S. 78, 168 (CATA) | S. 84, 85, 247, 251, 266, vordere Umschlagklappe (Bianca Hahn) | S. 308, 398 (Martin Kersting) | S. 395 (Stefan Manigatterer) | S. 60, 66, 68, 79, 157, 227, 229, 239 (Stephan Martens) | S. 198, 210, 213, 228 (Dr. Jürgen Ohlendorf) | S. 81, 83 (Uta Rümpler) | S. 65, 155 (Heike Urban) | S. 100, 123 (Dr. Roland Neuhaus)

Impressum

Text und Recherche: Juliane Israel | **Lektorat:** Carmen Wurm | **Redaktion:** Carolin Hellwig | **Layout:** D&M Services GmbH | **Karten:** Theresa Flenger, Judit Ladik, Annette Seraphim | **Herausnehmbare Karte:** Annette Seraphim | **Fotos:** siehe oben | **Innentitel:** Catarata del Toro | **Covergestaltung:** Karl Serwotka | **Covermotiv:** Rotrücken-Totenkopfäffchen in der Nähe von Pavones © mauritius images / Minden Pictures / Sean Crane

ISBN 978-3-95654-676-1

1. Auflage 2024

michael-mueller-verlag.de

Druck: Livonia Print, Riga.

Haftungsausschluss

Aktuelle Infos zu unseren Titeln, Hintergrundgeschichten zu unseren Reisezielen sowie brandneue Tipps erhalten Sie in unserem regelmäßig erscheinenden Newsletter, den Sie im Internet unter **michael-mueller-verlag.de** kostenlos abonnieren können.

Was haben Sie entdeckt?

Haben Sie ein besonderes Restaurant, ein neues Museum oder ein nettes Hotel entdeckt? Wenn Sie Ergänzungen, Verbesserungen oder Tipps zum Buch haben, lassen Sie es uns bitte wissen!

Schreiben Sie an: Juliane Israel, Stichwort „Costa Rica"

c/o Michael Müller Verlag GmbH | Gerberei 19 | D – 91054 Erlangen

juliane.israel@michael-mueller-verlag.de

Abruzzen ■ Ägypten ■ Albanien ■ Algarve ■ Algarve ■ Allgäu ■ Altmühltal & Fränk. Seenland ■ Amsterdam ■ Andalusien ■ Apulien ■ Australien – Der Osten ■ Auvergne & Limousin ■ Azoren ■ Bali & Lombok ■ Barcelona ■ Berlin ■ Bodensee ■ Bornholm ■ Bremen mit Bremerhaven ■ Bretagne ■ Brüssel ■ Budapest ■ Chalkidiki ■ Chiemgau & Berchtesgadener Land ■ Chios ■ Cilento ■ Comer See ■ Cornwall & Devon ■ Costa Brava ■ Costa de la Luz ■ Costa Rica ■ Côte d'Azur ■ Cuba ■ Dänemark Nordseeküste ■ Dolomiten ■ Dolomiten ■ Dominikanische Republik ■ Dresden ■ Dublin ■ Düsseldorf ■ Ecuador ■ Eifel ■ Elba ■ Elsass ■ Fehmarn ■ Florenz & Chianti ■ Föhr & Amrum ■ Franken ■ Fränkische Schweiz ■ Fränkische Schweiz ■ Friaul-Julisch Venetien ■ Fuerteventura ■ Gardasee ■ Gardasee ■ Golf von Neapel ■ Gomera ■ Gran Canaria ■ Hamburg ■ Harz ■ Haute-Provence ■ Ibiza & Formentera ■ Irland ■ Island ■ Istanbul ■ Istrien ■ Jerusalem ■ Kalabrien & Basilikata ■ Kanada – der Westen ■ Karpathos ■ Kärnten ■ Katalonien ■ Kefalonia & Ithaka ■ Köln ■ Kopenhagen ■ Korfu ■ Korsika ■ Korsika ■ Kos ■ Krakau ■ Kreta ■ Kreta ■ Kroatische Inseln & Küstenstädte ■ Kykladen ■ Lago Maggiore ■ Lago Maggiore ■ La Palma ■ La Palma ■ Languedoc-Roussillon ■ Lanzarote ■ Latium mit Rom ■ Lesbos ■ Ligurien ■ Ligurien ■ Limnos ■ Liparische Inseln ■ Lissabon & Costa de Lisboa ■ Lissabon ■ London ■ Lübeck ■ Lüneburg & Lüneburger Heide ■ Madeira ■ Madeira ■ Madrid ■ Mailand ■ Mainfranken ■ Mainz ■ Mallorca ■ Malta, Gozo, Comino ■ Marken ■ Marseille ■ Mecklenburgische Seenplatte ■ Mecklenburg-Vorpommern ■ Menorca ■ Midi-Pyrénées ■ Mittel- und Süddalmatien ■ Montenegro ■ Moskau ■ München ■ Münster & Münsterland ■ Naxos ■ Neuseeland ■ New York ■ Niederlande ■ Nord- u. Mittelengland ■ Nord- u. Mittelgriechenland ■ Norddalmatien ■ Norderney ■ Nordkroatien ■ Nördliche Sporaden ■ Nordportugal ■ Nordseeküste – Schleswig Holstein ■ Nordspanien ■ Normandie ■ Norwegen ■ Nürnberg, Fürth, Erlangen ■ Oberbayerische Seen ■ Oberitalien ■ Oberitalienische Seen ■ Odenwald ■ Oslo ■ Ostfriesland – Ostfriesische Inseln ■ Ostseeküste – Mecklenburg-Vorpommern ■ Ostseeküste – von Lübeck bis Kiel ■ Paris ■ Peloponnes ■ Pfalz ■ Piemont & Aostatal ■ Piemont ■ Polnische Ostseeküste ■ Porto ■ Portugal ■ Potsdam ■ Prag ■ Provence & Côte d'Azur ■ Provence ■ Regensburg ■ Rhodos ■ Rom ■ Rügen, Stralsund, Hiddensee ■ Rumänien ■ Rund um Meran ■ Salzburg & Salzkammergut ■ Samos ■ Santorini ■ Sardinien ■ Schottland ■ Schwarzwald Mitte/Nord ■ Shanghai ■ Sizilien ■ Sizilien ■ Slowakei ■ Slowenien ■ Spreewald ■ Sri Lanka ■ St. Petersburg ■ Steiermark ■ Stockholm ■ Straßburg ■ Südböhmen – Böhmerwald ■ Südengland ■ Südfrankreich ■ Südnorwegen ■ Südschwarzwald ■ Südschweden ■ Südtirol ■ Südtoskana ■ Südwestfrankreich ■ Sylt ■ Tallinn ■ Teneriffa ■ Teneriffa ■ Tessin ■ Thailand – der Norden ■ Thassos & Samothraki ■ Thüringen ■ Toskana ■ Toskana ■ Tschechien ■ Türkei ■ Türkei – Lykische Küste ■ Türkei – Mittelmeerküste ■ Türkei – Südägäis ■ Türkische Riviera – Kappadokien ■ Umbrien ■ USA – Südwesten ■ Usedom ■ Valdarno, Casentino & Florenz ■ Vancouver & Seattle ■ Varadero & Havanna ■ Venedig ■ Venetien ■ Wachau, Wald- u. Weinviertel ■ Wales ■ Warschau ■ Westböhmen & Bäderdreieck ■ Wien ■ Zakynthos ■ Zypern

MM-Travel **MM-City** **MM-Wandern**

Manzanillo

Register

Die in Klammern gesetzten Koordinaten verweisen auf die herausnehmbare Karte.

Affen 387
Aguacate (D3) 135
Aguas Termales Gevi (H6) 309
Agujitas (H8) 276
Aktivitäten 448
Alajuela (F4) 61
Museo Juan Santamaría 61
Zoo Ave (F4) 61
Ananas 330
Ángel Calderón Guardia, Rafael 430
Anreise 432
Apotheken 451
Arbeitslosigkeit 418
Architektur 421
Arias Sánchez, Óscar 431
Ärztliche Versorgung 451
Atenas (F4) 66
Auslandsreisekranken-versicherung 452
Ausrüstung 435
Autofahren 438

Baden 18
Baden/Schwimmen 448
Bahareque-Häuser 165
Bahía Ballena (D5) 225
Bahía de Salinas (A1) 177
Bahía Drake (H8) 275
Balneario Las Musas (E4) 73
Barra del Norte 349
Barra del Sur 349
Basílica de Nuestra Señora de los Ángeles 75
Bat Jungle (D3) 147
Bijagua de Upala (C2) 141
Bildung 417
Birding Spots 396
Blaue Zone 188
Blue Falls (F4) 105
Boca Viejo 247
Bocas del Toro (Panama) (L6) 371, 372
Borucas 402
Bosque Eterno de los Niños/ Bajo del Tigre (BEN) (D3) 157
Botanische Gärten
Jardín Botánico CATIE (H5) 86
Jardín Botánico Else Kientzler (F4) 72
Jardín Botánico Lankester (G5) 76
Jardín Botánico Wilson (J8) 320
Brasilito (A3) 197
Bräuche 406
Bribri (J6) 366, 367, 402, 409
Bürgerkrieg 430
Bus 40, 440

Cabecares 402
Cabinas 444
Cabo Matapalo (I9) 288
Cabuya (C6) 217
CAFTA 415
Cahuita (J5) 350
Camping 444
Canaán (H6) 311
Cañas (C3) 184
Caño Negro (D2) 117
Caño Palma (H2) 338
Canopy 73, 130, 159, 161, 448
Carate (H9) 282, 283
Cariari (H3) 95
Carretas (Ochsenkarren) 70
Carrillo Colina, Braulio 427
Cartago (G5) 74
Basílica de Nuestra Señora de los Ángeles 75
Mercado Municipal 75
Museo Casa Jesús Jiménez Zamora 75
Museo Municipal de Cartago 75
Templo Inconcluso de Santiago Apóstol 75
Casa del Soñador (G5) 82
Cascada el Pavón (H7) 267
Castro Madriz, José María 428
Catarata Aquiares (H5) 87
Catarata de Belén (B4) 207
Catarata del Toro (F4) 104
Catarata El Salto de la Novia (F6) 83
Catarate Escondida 169
Catarate La Cangreja 169
Catarata La Fortuna (E3) 124
Catarata Llanos de Cortés (C3) 166
Catarata Manantial de Agua Viva (E5) 239
Catarata Río Agrio (F4) 106
Catarata Río Savegre (G6) 306
Cataratas de Montezuma (C5) 219
Cataratas Las Minas (E4) 67
Cataratas Los Chorros (F4) 69
Cataratas Nauyaca (G7) 317
Cataratas Paraíso de Manantiales (F3) 104
Cataratas Viento Fresco (D3) 138
Catedral Metropolitana 33
Cavernas de Venado (D3) 135
Cerro Chato (E3) 125
Cerro Chirripó (H6) 309, 313
Cerro Kamuk (J7) 321
Cerro Tortuguero (H2) 337
Chorotega 186, 190
Chorotegas 403
Ciudad Neily (J9) 324
Ciudad Quesada (E3) 114
Cloudbridge Reserve (H6) 309, 317
Cóbano (C5) 209
Colegio Humboldt 417
Cooper Keith, Minor 428
Costa Ballena 252, 260
Cuajiniquil (B1) 176

Damas (F6) 246
Dekarbonisierung 381
Demografie 404
Diplomatische Vertretungen 452
Dominical (G7) 255
Dos Brazos (I9) 284, 288
Drake (H8) 276
Drake Bay (H8) 275
Drake Bay Trail (H8) 276
Drogen 452
Drogenhandel 414

Ecomuseo de la Cerámica Chorotega (B4) 191, 192
Einkaufen 452

Einreisebestimmungen 432
Eisenbahn 96
El Castillo (Nicaragua) (F1) 120
El Cocal (F6) 246
Elektrizität 453
Emanzipation 404
Encomienda-System 425
Erdbeerbaum 182
Essen 445
Estación al Atlántico 36
Estación Biológica La Selva (G3) 109
Estación de Tren Río Grande (F4) 67

Fahrradfahren 442
Familie 404
Faultiere 254, 358
Fauna 387
Feiertage 453
Feste 453
Festival del Mar 246
Festivals 260
Fieste de la Virgen del Mar 408
Fiesta de los Diablitos 407
Figueres Ferrer, José 430
Film 420, 421
Finca Sura (G3) 110
Finca Tierra Permaculture (K6) 364
Flagge 411
Flora 382
Fluganreise 433
Fotografieren 453
Frauen unterwegs 454
Freibeuter 428

Geld 454
Geografie 379
Gepäckstücke 435
Geschichte 423
Gesundheitssystem 417
Gesundheitsvorsorge 455
Glamping 444
Golf 448
Golf von Nicoya (C/D4) 213
Golfito (I9) 292, 294
Granada (Nicaragua) 179
Grecia (F4) 69
Grenzübergänge 433
Guabito (Panama) (K6) 371
Guadalajara (D3) 135
Guaitil (F5) 190, 192
Guanacaste (Baum) 384
Guápiles (G4) 95
Guatusos 403

Hacienda Barú (G7) 256
Hacienda Pozo Azul (F3) 112
Heredia (F4) 54
- El Fortín 55
- Museo de Cultura Popular 55
- Parroquia Inmaculada Concepción 55

Hochseefischen 245, 448
Hostels 444
Hotels 444
Huetares 403
Humedal Nacional Térraba-Sierpe (H8) 273
Hymne 411

Iglesia de Nuestra Señora de la Limpia Concepción 83
Impfungen 456
Indígenas 401
Informationen 458
Inlandsflüge 442
Insekten 395
Internet 458
Isla Bejuca (C4) 229
Isla Bolaños (A1) 177
Isla Caballo (D4) 229
Isla Cabo Blanco 217
Isla Cabuya (C6) 217
Isla de Chira (C4) 229
Isla del Caño (G8) 273, 276, 277
Isla Jesusita (D5) 228
Isla Murcielago (A2) 173
Isla Pájaros (C4) 183
Isla San Lucas (D5) 228, 230
Isla Tortuga (D5) 219
Isla Venado (C4) 229
Isla Violín (H8) 273
Islas Negritos (D5) 228
Islas Tortugas (D5) 228

Jacó (E6) 240
Jaguar Rescue Centre (K5) 364
Jardín Botánico CATIE (H5) 86
Jardín Botánico Else Kientzler (F4) 72
Jardín Botánico Lankester (G5) 76
Jardín Botánico Wilson (J8) 320
Jardín de Orquídeas de Monteverde 146

Kaffee 67, 87, 103, 125, 141, 147
Kaffeebarone 427
Kaffeetour 141
Kajakfahren 449
Kakao 109, 126, 147, 331, 337, 386
Karibikküste 326
Karneval 331, 409
Karten 458
Kinder 22, 459
Kite-Surfen 449
Kleidung 435
Klima 380, 459
Kolonialzeit 424
Kolumbus, Christoph 331, 424
Korruption 412
Kultur 418
Kunst 418
Kunsthandwerk 422

La Cruz (B1) 177
La Fortuna (E3) 124
La Garita (F4) 67
La Hacienda Los Trapiches 69
La Leona (H5) 282
La Palma (H9) 282, 291, 292
La Paz Waterfall Gardens (G4) 59
La Roca Loca (E6) 240
La Virgen (F3) 112
Lago Arenal (D3) 135
Lago de Cachí 81
Laguna Barva (F4) 58
Laguna Bosque Alegre 107
Laguna Botos (F4) 66
Laguna Congo 107
Laguna Copey (F4) 58
Laguna Gandoca (K6) 370
Laguna Hule 107
Laguna Pozo Verde (F4) 116
Landschaft 379
Las Catalinas (A3) 196
Las Hornillas Volcanic Activity Center (C2) 170
Las Juntas (D3) 159
Las Tablillas (E1) 119
LGBT+ 459
Liberia (B2) 165
- Museo del Sabanero 166
- Museo La Trifulca 166

Literatur 418, 419
Lodges 444
Los Alpes Private Reserve 73
Los Angeles Cloud Forest Reserve (E4) 73
Los Campesinos (G6) 247
Los Chiles (E1) 119
Los Patos 282

Mal País (C6) 211
Malekus 403
Malerei 420
Mangrovenwälder 384
Manzanillo (K5) 368
Mastatal (F5) 244
Matapalo (G6) 252
Medien 459
Meeresschildkröten 199, 202, 334, 336, 346, 391, 393
Mietfahrzeuge 438
Miramar (E4) 160
Monge Álvarez, Luis Alberto 430
Monte de la Cruz (G4) 55
Montes de Oro 160
Monteverde Butterfly Garden 146
Monteverde-Region (D3) 143
Montezuma (C5) 218
Monumento Nacional Guayabo (H4) 92
Mora Fernández, Juan 426
Mora Porras, Juan Rafael 428
Morazán Quesada, Francisco 427
Mountainbiking 449
Moyogalpa (Nicaragua) 179
Museo Casa Jesús Jiménez Zamora 75
Museo de Arte Costarricense 37
Museo de Arte Religioso de Orosí 80
Museo de Arte y Diseño Contemporáneo 37
Museo de Cultura Popular 55
Museo de Jade 34
Museo de los Niños 38
Museo de San Blas 189
Museo del Oro Precolombino 34
Museo del Sabanero 166
Museo Histórico Marino 236
Museo Juan Santamaría 61
Museo La Trifulca 166
Museo Municipal de Cartago 75
Museo Nacional de Costa Rica 34
Musik 423

Nachbarländer 433

Nationalparks 400
- Barra Honda (C4) 193
- Braulio Carrillo (G4) 58, 95
- Cahuita (K5) 357
- Carara (E5) 237
- Chirripó (H6) 309, 312, 317
- Corcovado (H9) 273, 276, 281, 283, 284, 288
- Diriá (B4) 187
- Guanacaste (B1) 174
- Juan Castro Blanco (F3) 115
- La Amistad (I6) 321
- La Cangreja (F5) 244
- Las Baulas de Guanacaste (A3) 198
- Los Quetzales (G6) 305
- Manuel Antonio (F7) 250
- Marino Ballena (G/H7) 265
- Palo Verde (C3) 182
- Piedras Blancas (I8) 297
- Rincón de la Vieja (C2) 168
- Santa Rosa (B2) 171
- Tapantí (H5) 306
- Tortuguero (I3) 346
- Volcán Arenal (D3) 132
- Volcán Irazú (G4) 78
- Volcán Poás (F4) 65
- Volcán Tenorio (D2) 139
- Volcán Turrialba (H4) 92

Naturschutzgebiete 400
- Alberto Manuel Brenes (E4) 160
- Arenal 1968 134
- Bahía Junquillal (A/B1) 176
- Barra del Colorado (G/H2) 349
- Bosque Nuboso Monteverde (D3) 152
- Cabo Blanco (C4) 213
- Cabo Blanco (C6) 211
- Caño Negro (D2) 117
- Gandoca-Manzanillo (K5/6) 369
- Golfito (I9) 295
- Indio Maíz (Nicaragua) (G2) 120
- Lomas Barbudal (C3) 181
- Oro Verde (H7) 262
- Ostional (A5) 202
- Reserva Espino Blanco (H4/5) 87
- Santa Elena (D3) 154
- Térraba-Sierpe (H8) 273

Navigation 440
Nebelwald 383
Ngäbe 292
Ngäbe/Ngöbe-Buglé/ Guaymí 403
Nicaragua 120, 178, 433
Nicoya (B4) 189
Nicoya-Halbinsel (C5) 185, 194
Nosara (B4) 204
Notfälle 460
Notruf 460
Nuevo Arenal (D3) 135, 136
Nutzpflanzen 385

Öffnungszeiten 460
Ojochal (H7) 267
Ometepe (Nicaragua) 178
Orientierung 461
Orosí (G5) 79
Ostern 405, 409
Ostional (A4) 202

Packliste 436
Pacuare (H4) 334
Palmar (H8) 270
Palmölplantagen 274
Panama 324, 371, 372, 435
Panamericana 302
Paquera (D5) 226, 228
Paraíso (G5) 83
Páramo 383
Parismina (I3) 333
Parque Ambiental Río Loro (G5) 76
Parque Arqueológico Alma Ata (F3) 110
Parque De Las Esferas (H8) 271
Parque Internacional La Amistad (I6) 321
Parque Marino del Pacífico 236
Parque Nacional Barra Honda (C4) 193
Parque Nacional Braulio Carrillo/Quebrada González (G4) 95
Parque Nacional Braulio Carrillo/Volcán Barva (G4) 58
Parque Nacional Cahuita (K5) 357
Parque Nacional Carara (E5) 237
Parque Nacional Chirripó (H6) 309, 312, 317
Parque Nacional Corcovado (H9) 273, 276, 281, 283, 284, 288
Parque Nacional Diriá (B4) 187

Parque Nacional Guanacaste (B1) 174
Parque Nacional Juan Castro Blanco (F3) 115
Parque Nacional La Cangreja (F5) 244
Parque Nacional Los Quetzales (G6) 305
Parque Nacional Manuel Antonio (F7) 250
Parque Nacional Marino Ballena (G/H7) 265
Parque Nacional Marino Las Baulas de Guanacaste (A3) 198
Parque Nacional Palo Verde (C3) 182
Parque Nacional Piedras Blancas (I8) 297
Parque Nacional Rincón de la Vieja (C2) 168
Parque Nacional Santa Rosa (B2) 171
Parque Nacional Tapantí (H5) 306
Parque Nacional Tortuguero (I3) 346
Parque Nacional Volcán Arenal (D3) 132
Parque Nacional Volcán Irazú (G4) 78
Parque Nacional Volcán Poás (F4) 65
Parque Nacional Volcán Tenorio (D2) 139
Parque Nacional Volcán Turrialba (H4) 92
Parque Zoológico y Jardín Botánico Nacional Simón Bolívar 39
Parroquia Inmaculada Concepción 55
Parteien 411
Paso Canoas (J9) 324
Pavones (I9) 299
Pazifikküste 232
Peñas Blancas (B1) 179
Península de Osa (I9) 269
Pflanzenwelt 382
Piedras 135
Playa Agujas (E5) 240
Playa Arco (H7) 261, 266
Playa Avellana (A4) 201
Playa Ballena (H7) 266
Playa Barrigona (B5) 206
Playa Bejuco (E6) 241
Playa Blanca 291
Playa Blanca (A1) 173
Playa Blanca (E5) 240
Playa Blanca (J5) 351, 357
Playa Buena Vista (B5) 206
Playa Cabuya (C6) 217
Playa Carbón (A3) 198
Playa Carbonera (I9) 288
Playa Carmen (C6) 210, 211
Playa Carrillo (B5) 207
Playa Cedros (C6) 219
Playa Chaman (H7) 262
Playa Chiquita (J5) 365
Playa Cocal (C5) 210
Playa Cocal (F6) 245
Playa Cocles (K5) 360, 364
Playa Colonia (H7) 262, 263, 266
Playa Colorada (H8) 277
Playa Colorada (I9) 285
Playa Conchal (A3) 197
Playa Copal (A1) 177
Playa Curú (D5) 225
Playa del Coco (B3) 195
Playa Dominical (G7) 255
Playa Dominicalito (G7) 256
Playa Escondido (F6) 251
Playa Espadilla (F6) 245
Playa Espadilla Sur (F6) 251
Playa Esterillos (E6) 241
Playa Flamingo (A3) 197
Playa Gandoca (K6) 370
Playa Grande (A3) 198, 199
Playa Grande (J5) 354
Playa Guiones (B5) 204
Playa Hermosa (B3) 195
Playa Hermosa (C5) 210
Playa Hermosa (E6) 241
Playa Hermosa (G/H7) 262, 263
Playa Herradura (E5) 240
Playa Jacó (E6) 240
Playa Junquillal (A4) 176, 202
Playa Las Caletas (H8) 277
Playa Las Manchas (C5) 219
Playa Mal País (C6) 210
Playa Mantas (E5) 240
Playa Manuel Antonio (F6) 251
Playa Manzanillo (K5) 368
Playa Matapalo (A3) 196
Playa Matapalo (G6) 253
Playa Montezuma (C/D5) 218
Playa Nancite (A2) 172
Playa Naranjo 230
Playa Naranjo (B2) 172
Playa Negra (J5) 354
Playa Negra (K5) 359
Playa Nosara (B4) 204
Playa Ocotal (A3) 195
Playa Órganos (D5) 226
Playa Ostional (A4) 202
Playa Palma (F6) 241
Playa Palo Seco (F6) 241
Playa Pan Dulce (I9) 288
Playa Panamá (B2) 195
Playa Papaturro (B1) 177
Playa Pavones (I9) 299
Playa Pelada (B4) 204
Playa Piñuela (H7) 266, 267
Playa Piñuelas (H7) 261
Playa Plantanares (I9) 285
Playa Pochotes (B1) 177
Playa Potrero (A3) 196
Playa Preciosa (I9) 285
Playa Puerto Soley (B1) 177
Playa Punta Uva (K5) 366
Playa Real (A3) 197
Playa Sámara (B5) 206
Playa San Josecito (H8) 277
Playa Santa Teresa (C5) 209
Playa Sombrero (I9) 285, 288
Playa Tamales (I9) 285
Playa Tamarindo (A3) 199
Playa Tambor (D5) 225
Playa Tortuga (H7) 267
Playa Uvita (H7) 261, 266
Playa Ventanas (A3) 198
Playa Ventanas (H7) 262, 267
Playa Zancudo (I9) 298
Playita (F6) 251
Politik 410
Posadas 409
Post 461
Potrero (A3) 196
Pozas Celeste (F4) 106
Pozas La Florida (C5) 225
Pozas La Presa (F3) 104
Präkolumbische Zeit 423
Präsidentschaftswahlen 411
Preiskategorien 445
Puerto Jiménez (I9) 284
Puerto Limón (J4) 328
Puerto Viejo de Sarapiquí (G3) 108
Puerto Viejo de Talamanca (K5) 359
Punta Banco (I9) 299
Punta Cahuita (K5) 357
Punta Manzanillo 370
Punta Mona (K5) 370
Puntarenas (D4) 235
Pura Vida Gardens (E5) 239

Quepos (F6) 245
Queso Turrialba 88
Quetzal 308

Radfahren 87
Rafting 21, 87, 104, 109, 112, 129, 449
Rainforest Adventures (G4) 95
Rainmaker Reserve (F6) 247
Rancho Las Tilapias (F6) 247
Rara Avis 111
Refugio de Aves Dr Alexander Skutch (H6) 317
Refugio de Vida Silvestre Ostional (A5) 202
Refugio Nacional de Fauna Silvestre Golfito (I9) 295
Refugio Nacional de Vida Silvestre Bahía Junquillal (A/B1) 176
Refugio Nacional de Vida Silvestre Barra del Colorado (G/H2) 349
Refugio Nacional de Vida Silvestre Caño Negro (D2) 117
Refugio Nacional de Vida Silvestre Gandoca-Manzanillo (K5/6) 369
Reiseapotheke 456
Reisebudget 461
Reisegepäck 435
Reisen mit Handicap 462
Reisepraktisches 451
Reiseveranstalter 462
Reisezeit 380, 459
Reiten 87, 449
Religion 404
Reserva Aguti 147
Reserva Biológica Alberto Manuel Brenes (E4) 160
Reserva Biológica Bosque Nuboso Monteverde (D3) 152
Reserva Biológica Indio Maíz (Nicaragua) (G2) 120
Reserva Biológica Lomas Barbudal (C3) 181
Reserva Biológica Oro Verde (H7) 262
Reserva Biológica Tirimbina (F3) 112
Reserva Biológica Werner Sauter (B5) 207
Reserva Bosque Nuboso Santa Elena (D3) 154
Reserva Curi-Cancha 156
Reserva de Vida Silvestre Curú (D5) 225
Reserva Espino Blanco (H4/5) 87
Reserva Indígena Boruca (I7) 319
Reserva Indígena de Talamanca (J6) 366
Reserva Matambú (B4) 190
Reserva Natural Absoluta Cabo Blanco (C6) 211, 213
Reserva Privada Arenal 1968 134
Reservate 400
Río Celeste (D2) 139
Río Lajas (B4) 219
Río San Juan 413
Río Sarapiquí (G2) 102, 103, 108
Río Savegre (G6) 304
Río Seco (D4) 161
Río Tempisque (B3) 183, 213
Río Toro (F3) 104

Sábalos (Nicaragua) (E1) 120
Sámara (B5) 205
San Carlos (Nicaragua) (D1) 120
San Francisco de Tortuguero (H3) 337
San Gerardo de Dota (G6) 304
San Gerardo de Rivas (H6) 309
San Isidro de El General (H6) 315
San Jorge (Nicaragua) 178
San José (G4) 26
- Barrio Escalante 37
- Barrio Escazú 38
- Barrio San Pedro 37
- Estación al Atlántico 36
- Hauptpost 32
- Iglesia La Merced 30
- Mercado Central 30
- Monumento al Zaguate 31
- Monumento Los Presentes 32
- Monumento Nacional 35
- Museo de Arte Costarricense 37
- Museo de Arte y Diseño Contemporáneo 37
- Museo de Jade 34
- Museo de los Niños 38
- Museo del Oro Precolombino 34
- Museo Nacional de Costa Rica 34
- Parque Diversiónes 39
- Parque Metropolitana La Sabana 30
- Parque Nacional 35
- Parque Zoológico y Jardín Botánico Nacional Simón Bolívar 39
- Paseo Colón 30
- Teatro Nacional 33
- Teatro Popular Melico Salazar 32

San José Catedral Metropolitana 33
San Juan del Norte (Nicaragua) (H1) 120
San Juan de Nicaragua (H1) 120
San Juan del Sur (Nicaragua) 178
San Miguel de Sarapiquí (F3) 103
San Ramón (E4) 72
San Vicente (B4) 190, 192
San Vito (J8) 319
Santa Bárbara (B3) 190, 192
Santa Cruz (H4) 186
Santa Elena (D3) 146
Santa Teresa (C5) 209
Santamaría, Juan 428
Santuario Ecológico Monteverde 148
Sarapiquí-Region 102
Sarchí (F4) 70
Schildkröten 334
Schildkrötenbeobachtungen 449
Schlangen 394
Schokolade 311
Schulsystem 417
Sea Turtle Conservancy (H3) 337
Segeln 449
Selvatura Park (D3) 156
Sicherheit 462
Sierpe (H8) 273
Siquirres (H4) 98
Sirena 282
Sixaloa (K6) 371
Sky Adventures Arenal Park (D3) 126
Sky Adventures Monteverde Park (D3) 154
Solentiname-Inseln (Nicaragua) (C/D1) 121
Souvenirs 452
Soziales 417

Sport 448
Sprache 463
Sprachschulen 463
Staat 410
Staatssymbole 411
Stierkämpfe 407

Strände 18
Playa Agujas (E5) 240
Playa Arco (H7) 261, 266
Playa Avellana (A4) 201
Playa Ballena (H7) 266
Playa Barrigona (B5) 206
Playa Bejuco (E6) 241
Playa Blanca 291
Playa Blanca (A1) 173
Playa Blanca (E5) 240
Playa Blanca (J5) 351, 357
Playa Buena Vista (B5) 206
Playa Cabuya (C6) 217
Playa Carbón (A3) 198
Playa Carbonera (I9) 288
Playa Carmen (C6) 210, 211
Playa Carrillo (B5) 207
Playa Cedros (C6) 219
Playa Chaman (H7) 262
Playa Chiquita (J5) 365
Playa Cocal (C5) 210
Playa Cocal (F6) 245
Playa Cocles (K5) 360, 364
Playa Colonia (H7) 262, 263, 266
Playa Colorada (H8) 277
Playa Colorada (I9) 285
Playa Conchal (A3) 197
Playa Copal (A1) 177
Playa Curú (D5) 225
Playa del Coco (B3) 195
Playa Dominical (G7) 255
Playa Dominicalito (G7) 256
Playa Escondido (F6) 251
Playa Espadilla (F6) 245
Playa Espadilla Sur (F6) 251
Playa Esterillos (E6) 241
Playa Flamingo (A3) 197
Playa Gandoca (K6) 370
Playa Grande (A3) 198, 199
Playa Grande (J5) 354
Playa Guiones (B5) 204
Playa Hermosa (B3) 195
Playa Hermosa (C5) 210
Playa Hermosa (E6) 241
Playa Hermosa (G/H7) 262, 263
Playa Herradura (E5) 240
Playa Jacó (E6) 240
Playa Junquillal (A4) 176, 202
Playa Las Caletas (H8) 277
Playa Las Manchas (C5) 219
Playa Mal País (C6) 210
Playa Mantas (E5) 240
Playa Manuel Antonio (F6) 251
Playa Manzanillo (K5) 368
Playa Matapalo (A3) 196
Playa Matapalo (G6) 253
Playa Montezuma (C/D5) 218
Playa Nancite (A2) 172
Playa Naranjo 230
Playa Naranjo (B2) 172
Playa Negra (J5) 354
Playa Negra (K5) 359
Playa Nosara (B4) 204
Playa Ocotal (A3) 195
Playa Órganos (D5) 226
Playa Ostional (A4) 202
Playa Palma (F6) 241
Playa Palo Seco (F6) 241
Playa Pan Dulce (I9) 288
Playa Panamá (B2) 195
Playa Papaturro (B1) 177
Playa Pavones (I9) 299
Playa Pelada (B4) 204
Playa Piñuela (H7) 266, 267
Playa Piñuelas (H7) 261
Playa Plantanares (I9) 285
Playa Pochotes (B1) 177
Playa Potrero (A3) 196
Playa Preciosa (I9) 285
Playa Puerto Soley (B1) 177
Playa Punta Uva (K5) 366
Playa Real (A3) 197
Playa Sámara (B5) 206
Playa San Josecito (H8) 277
Playa Santa Teresa (C5) 209
Playa Sombrero (I9) 285, 288
Playa Tamales (I9) 285
Playa Tamarindo (A3) 199
Playa Tambor (D5) 225
Playa Tortuga (H7) 267
Playa Uvita (H7) 261, 266
Playa Ventanas (A3) 198
Playa Ventanas (H7) 262, 267
Playa Zancudo (I9) 298
Playita (F6) 251

Surfen 20, 201, 202, 209, 240, 255, 263, 299, 449

Tamarindo (A3) 199
Tambor (D5) 225
Tanken 439
Tanz 423
Tapir Valley Nature Reserve (D2) 141
Tauchen 450
Taxi 442
Telefonieren 464
Templo Inconcluso de Santiago Apóstol 75
Termales El Guayacán 170
Terrabas 403
Territorio Indígena de Ngäbe-Buglé Conte Burica (J10) 292, 299
Territorio Indígena Ngäbe Alto Laguna de Osa (H9) 292
The Original Canopy Tour 159

Thermalbäder 128
Aguas Termales Gevi (H6) 309
Termales El Guayacán 170
Thermomania 170

Thermomania 170
Tierwelt 387
Tilarán (D3) 137
Toiletten 464
Topes 407
Tortuguero (H3) 334
Tourvorschläge 376
Traditionen 406
Trekking 450
Trinken 445
Trinkgelder 464
Trinkwasser 464
Trockenwälder 175, 385
Tropische Trockenwälder 385
Tropischer montaner Regenwald 383
Tropischer prämontaner Regenwald 383
Tropischer Regenwald 382
Turrialba (H5) 86

Uber 442
Übernachten 443
Uhrzeit 464
Ujarrás (G5) 83
Umwelt 416
Unabhängigkeit 426
United Fruit Company 428
Upala (D2) 142
Uvita (H7) 261

Valle Central 52
Valle de Orosí 79
Vázquez de Coronado, Juan 424
Veragua Rainforest Park (I5) 354
Verhaltenstipps 465
Verkehr 416
Verkehrsmittel 438
Verkehrsregeln 439
Versicherungen 465
Verwaltung 410
Visum 466
Vögel 396
Vogelarten 398
Vogelbeobachtung 396, 450
Volcán Arenal (E3) 132
Vulkane
Arenal (E3) 122, 132
Cacao (B1) 174
Miravalles (C2) 170
Orosí (B1) 174

Währung 454
Walbeobachtung 226, 450
Wale 262, 266
Walker, William 428, 429
Wallfahrt 406
Wandern 21, 450
Wappen 411
Wäsche 466
Weihnachten 408
Wirtschaft 414

Yoga 450
Yoko Hot Springs (C2) 170

Zancudo (I9) 298
Zapotal (C4) 160
Zentralamerikanische Konföderation 426
Zoll 466
Zona Protectora Volcán Miravalles (C2) 170
Zoo Ave (F4) 61
Zugfahren/San José 43
Zuwanderung 413

Parque Nacional Los Quetzales